U0118099

右傳

右傳

反右派鬥爭史

上冊

朱正

香港城市大學出版社
City University of Hong Kong Press

©2022 香港城市大學
2024 年第二次印刷

本書版權受香港及國際知識版權法例保護。除獲香港城市大學書面允許外，不
得在任何地區，以任何方式，任何媒介或網絡，任何文字翻印、仿製、數碼化
或轉載、播送本書文字或圖表。

國際統一書號：978-962-937-614-7

出　版　香港城市大學出版社
　　　　　香港九龍達之路
　　　　　香港城市大學
　　　　　網址：www.cityu.edu.hk/upress
　　　　　電郵：upress@cityu.edu.hk

©2022 City University of Hong Kong

Youzhuan: The History of the Anti-Rightist Movement in China (Volume 1)
(in traditional Chinese characters)

ISBN: 978-962-937-614-7

First published 2022
Second printing 2024

Published by City University of Hong Kong Press
　　　　　　　Tat Chee Avenue
　　　　　　　Kowloon, Hong Kong
　　　　　　　Website: www.cityu.edu.hk/upress
　　　　　　　E-mail: upress@cityu.edu.hk

Printed in Hong Kong

目 錄

上冊

下冊目錄

自 序

　　我二十五歲出版第一本書是魯迅的傳記，這以後又寫了幾本關於魯迅的書，這樣呢，就做過中國魯迅研究會第二屆的理事；此外在遇到適當的題材也喜歡寫點雜文，參加過雜文的筆會。到了六十多歲退了休了，才來開始做反右派鬥爭史這個題目。有人問：你不是研究魯迅的嗎？不是寫雜文的嗎？怎麼來寫反右史呢？我答：研究魯迅、寫雜文，是我的興趣，而研究反右史是我的責任。像反右派這一場鬥爭，在中華人民共和國史上，在二十世紀中國史上，都是重大的歷史事件，說得更長遠些，日後在中國通史上也是繞不開的一頁。這是應該有深入的研究著作的，可是我沒有看見。我想，我是應該來做這件事的。我甚至產生了一種使命感，覺得當年我被劃為右派分子，就是讓我來寫這部書的。我無權放棄這一份責任。

　　好些右派難友都支持我做這本書，他們把自己搜集的相關資料送給我，把自費出版的回憶錄寄給我，這些都給了我的寫作很大的幫助。我知道，他們是把寫作這本書的任務交給我了。我甚至認為寫這本書不是我個人的項目，而是個集體的項目，我不能不寫好它。特別是我想起許多右派難友已經不在世了，不能發聲了，我不能不代他們發聲。

　　在 1993 年初我開始做這個題目的時候，最重要的憑仗是自己的經歷和思考。引用的史料全部取之於公開出版的書籍和報刊，是無論何人只要願意都不難找到的材料，而沒有一點獨家的、罕見的內部資料。有一位香港出版家評論說，我這部書稿內容一般，沒有什麼內部資料，而香港這裏最喜歡揭秘東西，這是確實的，我至今也不知道檔案館的大門是朝東還是朝西，當然沒有什麼內部資料了。

　　這樣，好不容易到 1998 年初版才得以問世。以後它又在幾個地方用不同的書名出版過。每一次出版，我都作了一些增補，字數有所增加。現在我把各版的序言和後記都附錄在卷末，好讓讀者知道這本書演變的過程。

　　現在的這一版與舊版最大的不同之處是，書中有了大量當年的內部資料，應該為最喜歡揭秘東西的出版家和讀者所接受了。我是怎樣找到大量的內部資料的呢？是從宋永毅先生主編的《中國反右運動數據庫》光碟裏引用的。2006 年 5 月我在紐約「歷史真相和集體記憶：文化大革命 40 周年國際研討會」上結識宋永毅先生，後來他主編的《中國反右運動數據庫》

光碟在香港中文大學中國研究服務中心出版，他送了一張給我。這就是我書中大量內部資料的來源，這增加了大量的字數。

我高興的是，《數據庫》裏那許多原始材料極大地豐富了我的見識，印證了我原來的判斷，卻沒有遇見一件要我改變原來的判斷的。

書中註明引文出處的地方，凡是註明了版本頁碼、報紙日期的，當然都是引自出版物；而從《中國反右運動數據庫》光碟引來的，因為太多，不能一一註明，就率性一概不註了。

此外，我還從東方出版中心 2015 年 1 月出版、沈志華先生主編的《俄羅斯解密檔案選編・中蘇關係》引證了一些罕見的檔案材料。不過從這裏增加的字數並不多。

現在這個版本的字數一百萬有零，與先前版本相比，增加的篇幅大多數都是從《中國反右運動數據庫》光碟引來的，例如那許多黨內文件、許多黨內右派的案例、新華社的大量內部參考材料，都是一般讀者難以看到的。這樣做好不好？我以為沒有什麼不好。胡適 1953 年 1 月 6 日講的《搜集史料重於修史》中說：

> 台大前校長傅斯年先生曾說過，人家以為二十四史中《宋史》最多最麻煩，其實在二十四史中《宋史》的價值最高，這個見解我是很贊成的。因為《宋史》所保藏的原料最多，經過整理刪除的最少，有人以為《宋史》不好，要重新寫過一部，我卻以為幸而《宋史》替我們保留了許多材料。再說大家都知道唐書有兩部，一部《新唐書》，一部《舊唐書》，《新唐書》是宋時人作的，經過了一番整理，以做文章的方法來寫歷史，將材料改了很多，文章固然很謹嚴，一般做文章的人也許很恭維《新唐書》，但以歷史的眼光看，《新唐書》是遠不如《舊唐書》的，金朝學者王若虛就曾經寫過《新唐書》不好，我們可以說《新唐書》不但文章不通，而且原始的材料都掉了，《舊唐書》就是因為材料較多，所以篇幅也較多，差不多比《新唐書》多了一倍。這是它的好處。

我這樣做，也可以為後世研究這個題目的人多保存一點原料吧。

這一版我把書名改做了《右傳》，取其簡潔，意思就是關於反右派鬥爭的歷史。是不是有比附《左傳》的意圖？《左傳》的檔次太高，文筆太好，不敢比附的。至於說，要知道春秋時代的歷史，就少不了《左傳》這部書；

要知道反右派鬥爭的歷史，我想也少不了要看《右傳》這部書，程千帆先生看了本書初版以後給我的信中說：「若中國不亡，世界尚有是非，此書必當傳世。」我就在這個意義上比附一下吧。

本書初稿，是用鋼筆寫在稿紙上的（現在還保存着），這個新版卻是電腦完成的了。用電腦寫書才好哩，這本書需要引錄的許多文獻資料，引自光碟的，可以複製剪貼，引自書報的可以直接掃描，比用紙筆抄錄省時省力多了。只是我衰年變法，技藝難精，技術上不時出現一些問題，都是侄兒朱果和兒子朱曉幫助解決的，他們都比我會用電腦。一代勝過一代，世界在進步。

在這個新版將要出版之際，我想起最初促使我拿起這個題目並且給我許多具體幫助的邵燕祥兄，想起介紹初版出版的李銳老師，想起幫我借來資料的羅印文兄，想起從未見過面卻給我寄來資料的吳家謙兄，想起關心本書出版的舒蕪兄、公劉兄，他們都不能看到這個新版並且給它指教了。這真是這本書的不幸。我只好把這一版作為對他們的紀念了。

韓愈在〈祭十二郎文〉裏說他自己「吾年未四十，而視茫茫，而髮蒼蒼，而齒牙動搖」，甫近中年即老態畢現。我九十歲了，不能不服老。來日無多，這本書也無意再作修改，即使遇見新的史料也不再增補，我想以後總會有人接着做這個工作的。拜託拜託！老夫這廂有禮了。

2022 年 1 月 31 日，夏曆辛丑年除夕朱正於長沙

第一章

反右派鬥爭的遠因之一

——毛澤東對知識分子一貫的成見和敵意

毛澤東發動反右派鬥爭，不是偶然的。這是中國共產黨和知識分子的矛盾積累到極點時候的一次猛烈的爆發；是中國共產黨和一同致力於推翻國民黨統治的其他政治力量，即以中國民主同盟為主要代表的民主黨派的矛盾積累到極點時候的一次猛烈的爆發。它雖然發生在 1957 年，但是其遠因可以追溯到很久以前。至少可以指出的有：第一，毛澤東對中國知識分子一貫的成見和敵意；第二，毛澤東早就有了的對中國民主同盟的敵意。

現在先說第一點。毛澤東從他政治生涯的開始，就對中國知識分子懷有甚深的成見和敵意了。現在《毛澤東選集》第一卷第一篇文章〈中國社會各階級的分析〉，在最初發表的文本裏，是指知識分子為反革命或半反革命的。後來編入《毛澤東選集》的時候作了大量的刪改。在日本竹內實編輯的《毛澤東集》裏可以看到這篇文章刪改的情況。從這些被刪去的文字裏，人們可以看到他當時的想法。原文裏有一段是講「反動派知識階級」的，他這樣說：

> 反動派知識階級──上列四種人之附屬物，如買辦性質的銀行工商業高等員司，財閥、政府之高等事務員、政客，一部分東西洋留學生，一部分大學校專門學校的教授和學生、大律師等都是這一類。這一個階級與民族革命之目的完全不相容，始終站在帝國主義一邊，乃極端的反革命派。其人數大概不出一百萬即四萬萬人中四百分之一，乃民族革命運動中之死敵。（第一卷，東京蒼蒼社版 1983 年第 2 版，第 163 頁）

在被刪去的文字裏，毛澤東還將中產階級的知識分子分為右翼和左翼。被他指為右翼的是這樣一些人：他們「以小地主子弟的資格在國內專門學校大學校讀書受着那半土半洋回國留學生的薰陶」（第 165 頁），只要國民革命的爭鬥加緊，他們「一定會站入帝國主義一邊，一定變為完全的反革命，一定要成為我們正面的敵人」（第 165 頁）；即使是中產階級知識分子的左翼，「即與帝國主義完全無緣者」，毛澤東也認為他們「也包含許多危險成分，斷不能望其勇敢地跑上革命的路」（第 166 頁），談到中產階級「對於革命的態度」，他以為「右翼鄰於反革命，左翼有時可參加革命，但與敵人妥協，全體看來是半反革命」（第 172 頁表格）。這就是說，在毛澤東看來，不但被他命名為「反動派知識階級」的是革命的死敵，就是中產階級的知識分子（包括其左翼），也都是革命的敵人。

　　抗日戰爭時期許多左傾的青年知識分子投奔革命，千里間關，跑到延安。毛澤東在 1939 年 12 月 1 日寫的《大量吸收知識分子》這篇黨內文件批評了「恐懼知識分子甚至排斥知識分子的心理」，指出「沒有知識分子的參加，革命的勝利是不可能的」。他這樣說，首先是因為在實際工作中確實有此需要，也因為他看見了「資產階級政黨正在拚命地同我們爭奪知識分子，日本帝國主義也在利用各種方法收買和麻醉中國知識分子的嚴重性」。（《毛澤東選集》第二卷，第 618-619 頁）雖說文件上這樣寫，可是在事實上知識分子在延安的處境也很艱難，整風運動、搶救運動的打擊對象大都是那些投奔延安的知識分子。著名的一例是王實味，他就是因為一篇〈野百合花〉而遭到殺身之禍的。

　　1949 年初，中國共產黨將在戰爭中取勝已成定局，3 月，中共中央組織部在向毛主席的報告中說：

> 中國革命將要取得完全的勝利，新解放城市的青年知識分子已經或將要大批地湧入革命隊伍裏，參加工作或學習。如何團結、教育、改造他們，使之更好地為人民來服務，就成為黨在目前必須善為解決的一個重要的問題。（《陳修良工作筆記 1945-1951 年》，東方出版中心 2015 年版，第 54 頁）

這樣就完整地提出了一個「團結、教育、改造知識分子的政策」。

　　1956 年 2 月 24 日中共中央政治局通過的《中共中央關於知識分子問題的指示》中說：「黨中央在全國解放以前和以後，都十分重視知識分子問題，規定和執行了關於團結、教育、改造知識分子的政策。」（《建國以來重要文獻選編》第八冊，第 133 頁）不言而喻，這是把知識分子看成一個有待團結、有待教育、有待改造的異己的力量。說客氣一點，也只是一個有必要加以利用的異己的力量罷了。六個字當中，核心和重點是落在最末的「改造」二字之上。這個 1956 年的文件對中國知識分子的估計是這樣：「在現在的知識分子中，一般說來，只有百分之五左右的反革命分子和其他壞分子，他們已經處於孤立的地位；此外，還有百分之十幾的缺乏政治覺悟或者思想反動的分子。」這反革命分子和其他壞分子，加上缺乏政治覺悟或者思想反動的分子，就要佔中國知識分子總數的百分之二十左右了。由此可見對知識分子的改造是多麼重要和必要了。

這「改造」是怎樣具體執行的呢？1951 年 11 月 30 日，毛澤東簽發了《中共中央關於在學校中進行思想改造和組織清理的指示》，開始了在全國所有大中小學以至文藝界和整個知識界的思想改造運動，歷時近一年。對於這一場運動，中共中央黨史研究室編的《中共黨史大事年表》作了這樣的估計：

> 經過思想改造，知識分子在相當大的程度上克服了帝國主義、封建主義和官僚資本主義的政治思想影響，提高了愛國主義思想覺悟，同時也在一定程度上批判了資產階級思想，開始樹立了為人民服務的思想。但運動中存在着要求過急過高，方法簡單的偏向，使一部分知識分子的感情受到傷害。（人民出版社 1987 年版，第 245 頁）

這裏，在肯定成績的同時，也說到存在着偏向，態度可說客觀。只是這種高度概括的語句，對於它所說的「感情傷害」，並不能給人以較深的印象。身歷其境的過來人就說得具體一些。北京師範大學教授、教育學家董渭川說：

> 由於急切要求這些從舊社會來的高級知識分子拋棄他們的舊的立場、觀點，早日成為無產階級的知識分子，在解放初期的「思想改造運動」中要他們「排隊洗澡」，聽說那時教育部領導人的指示是，儘量用熱水燙這些人，只要燙不死就成。於是讓這些人在大會、小會上一次又一次地作檢討，一面用廣播、大字報揭露他們的「劣跡」，一面發動許多青年黨團員（助教、學生）給這些人「搓背」。在檢討會上通不過，再跟到老教師的家裏去，觀察他們的言行，只要有一言半語不合，第二天在檢討會中再加上新的罪名，甚至以莫須有的事實逼着承認。有些人幸而「過關」了，有些人一直留在「關外」。運動過後，領導者認為在高等學校裏把無產階級的紅旗掛起來了，而這些老教師認為蒙受了終生不忘的奇恥大辱。（董渭川：〈談高等學校中的黨群關係〉，據《六月雪》，經濟日報出版社 1998 年版，第 466 頁）

這也還是事後的概述，更具體的，可以去看看過來人的日記。史學家顧頡剛 1952 年的日記中有如下一些記載：

> 聖約翰中【學】有一教師蔡姓，今年五十八歲，為了思想改造太緊張，中風死了。（7 月 7 日）

思想改造，一定要寫文章說過去是如何如何的不好，此於我真是一難題，以向日予自覺是一不做壞事的人也。（7 月 13 日）

作〈六十年來我的生活的總檢討〉二千六百言。（7 月 15 日）

繼寫檢討二千言。（7 月 16 日）

立三反、思想改造兩簿，想到即寫。（7 月 17 日）

予在三反中是一個不重要的角色，本想不出什麼來，自聽了兩天的報告與提意見，居然想出十一條，然皆雞毛蒜皮也。蓋貪污浪費，在舊社會中本亦視為惡德，故予兢兢不敢犯，茲所提者皆平常不視為貪污者也。（7 月 19 日）

作三反總結，討論收穫及缺點，並各報告貪污總數。……予所開貪污單，解放前一千二百餘萬，解放後四十八萬。予戲語劍華云：「可套《金剛經》語曰：所謂貪污，即非貪污。」劍華大笑。（7 月 24 日）

到第五教室，聽王克強檢討，聲淚俱下。（7 月 21 日）

李琦同志因本組同人認識不夠，批評不真切，幫別人提意見亦不足，破口大罵，真有「到此方知獄吏尊」之感。（7 月 30 日）

各人所認貪污數字，先說不退，今又說要退，共產黨之言不可信如此。（8 月 2 日）

學委會派來幹部，每盛氣凌人，一副晚爺面目，自居於征服者而迫人為被征服者。此與思想改造有何好處，至多完成任務而已。安得毛主席化身千萬億，解除此偏差乎？（8 月 8 日）

聽李光信交代思想，未及半，即為李琦喝住。……光信為人，拘謹之甚。生平惟做教員，亦無為害人民之事實。思想交代，在彼實無可交代者。然而不能不交代，則惟有硬帶帽子，把惟利是圖，投機取巧，損人利己等往頭上套。李琦知其非也，不俟其說畢，即令停止改寫。此實難事，蓋彼如不套，便不得作交代矣。三反之時，不貪污不如貪污。思想改造時，則不反動不如反動，以貪污反動者有言可講，有事可舉，而不貪污不反動者人且以為不真誠也。好人難做，不意新民主主義時代亦然，可歎矣！光信已兩夜不眠，逼之過甚將成精神病，更可憐！（8 月 9 日）

　　　　王善業第三次交代，畢，開互助小組討論，逼得他大哭。……以光信之簡單，且多悔過之言，而提意見者仍極多。渠已四五日不能睡不能食矣。（8月12日）（顧頡剛：〈日記中的思想改造運動〉，載《萬象》第一期，1998年11月遼寧教育出版社出版，第42-70頁）

顧頡剛感覺到的，知識分子在思想改造運動中，就好像被征服者遇到了征服者，獄囚遇到了獄吏一樣。

　　另一位史學家鄧之誠1952年的日記中也有有關思想改造運動的記載。這時他在司徒雷登當過校長的燕京大學任教，這裏更是運動的重點。

　　　　晚，四系師生在舊穆樓百零三號教室開會，翦、聶二公自行檢討。（2月5日）

翦伯贊、聶崇岐都是史學家。翦還是公認的馬克思主義史學家，進步人士。所以鄧之誠日記中說：「檢討及翦公，則所未料也。」（2月3日）

　　　　鍾翰來言，昨聶檢討，黨部認為不滿，令其再行檢討，從政治背景追求。（2月7日）

　　　　一時開會，眾共批評聶，至三時半始畢，可謂嚴重。（2月8日）

　　　　下午四系討論會，閻簡弼暴露沈、聶辱罵領袖，群情奮激。由學校常務委員會開會，將沈、聶二人先行隔離看管。童騃狂悖一至於此，蓋天奪其魄矣，不勝憤悒。（2月15日）

　　　　學校宣佈沈、聶停職隔離反省。（2月16日）

　　　　昨日會場中，新聞系一年級學生高某，因其父高青山昔年被校中辭退，遂高呼：陸志韋跪下。（3月8日）（鄧之誠，〈思想改造時期的燕京大學〉，載《萬象》第一卷第三期，1999年3月遼寧教育出版社出版，第90-103頁）

陸志韋是一位語言學家、心理學家，擔任過燕京大學校長。北平淪陷期間，因為支持學生愛國活動，曾經被日本軍方逮捕。這時，由於他同司徒雷登有甚深的關係，就成了思想改造運動的重點對象。在鬥爭他的會上，也有人趁機泄點私憤。

　　這些都是當時的紀錄，雖極簡略，也可見一斑，楊絳的小説《洗澡》就是寫這個思想改造運動的，對運動作了生動而又深刻的反映。總之，這個運動是以徹底摧毀知識分子的自尊心和正義感為目標，使之產生一種原罪感和負罪感。他的出身、教養、經歷、社會關係、世界觀……無一不是有罪的。

　　對於知識分子來説，這不過是才開始。那些震動不大的審幹、學習、思想批判，不去説它了。1955 年緊接着肅清胡風反革命集團的鬥爭而開展的肅反運動，也是以知識分子為對象的。關於這一場運動，本書第五章將要細説。

　　這一場肅反運動給知識分子造成了怎樣的傷害，前面引過的董渭川的文章是這樣説的：

　　　　這一運動所起的副作用：一是使所有的人（不光被鬥者）俯首就範，從此再不敢有任何異議，所以在運動過後一段相當長的時期內，就連很熟的朋友見了面，也只是談談天氣，再也不敢提到國事、校事，惟恐被別人記在賬上，説不定哪一天又挨整。二是在運動中群眾被發動起來，誰不積極就是不認真肅反，狂風暴雨，深文周納，用盡一切手段逼供，等到風息雨止，冷靜下來，尤其是領導上宣佈向被鬥錯了的人道歉以後，大家在良心上感到不安而難以自處了。不管怎樣，客觀事實的表現是傷害了群眾的相互團結。三是從那些年輕的黨團員看，他們受到了些什麼教育，是值得深思的。至少説，再要他們和這些舊知識分子團結在一道，就更困難了。可能有人説，這是有批評有鬥爭的團結，那就要問，團結的效果在哪裏？所看見的是，彼此間的牆更厚了！

　　中國共產黨執政七八年，執行知識分子政策的成果，就是造成了一道厚牆。在 1957 年整風運動和反右派鬥爭爆發之前，中國共產黨與知識分子之間，就是這樣一種關係。

　　黨曾經有意改善一下這種關係。1956 年 1 月，中共中央召開了關於知識分子問題的會議，會上周恩來所作的主題報告中，第一次提出知識分子已經是工人階級的一部分。目前在知識分子問題上的主要傾向是宗派主義。為了最充分地動員和發揮知識分子的力量，第一，應該改善對於他們的使用和安排，使他們能夠發揮他們對於國家有益的專長。第二，應該對於所使用的知識分子有充分的了解，給他們以應得的信任和支持，使他們

能夠積極地進行工作。當然，周恩來的這篇報告也沒有忘記提到另一種傾向，即只看到知識界的進步而不看到他們的缺點，因而不去甚至不敢去對他們進行教育和改造工作。這樣，他就把兩個方面都說到了：在改善對於知識分子的使用和安排，也就是改善知識分子處境的同時，對於知識分子的思想改造方面還是有工作要做的。

周恩來的這個報告深受知識分子的歡迎。費孝通在〈知識分子的早春天氣〉一文中說：「周總理的報告對於那些心懷寂寞的朋友們所起的鼓舞作用是難於言喻的，甚至有人用了『再度解放』來形容自己的心情。」

第二章

反右派鬥爭的遠因之二

——毛澤東對中國民主同盟的敵意

中國民主同盟（簡稱民盟）是一些熱心政治的中國知識分子的組織。它成立的經過，1945 年 8 月 3 日張瀾在招待外國記者時介紹説：

> 中國民主同盟是 1941 年 2 月在重慶正式成立的。它本是中國國民黨與中國共產黨以外的若干黨派的一種結合。（包括國家社會黨、中國青年黨、第三黨、救國會、職教派、鄉建派）我們一些發起人當時都是第一屆國民參政會的會員。因為國民黨與共產黨發生新四軍糾紛的事件，深深感到為促進抗戰勝利，實有全國團結的必要。但要推進全國團結，各黨派不可不先自行團結。同時又感到政治不民主，全國團結，抗戰勝利，必無可能。因此經過多度商討多次籌備之後，乃有民主政團同盟的成立。

> 本同盟成立以來，實受了不少的壓迫。為擴大基礎，加強力量，去年九月曾經決議改組；把民主政團同盟改稱民主同盟了。從那時起，同盟中不屬任何其他黨派的盟員就更加多起來了。（《民主革命時期的民主黨派》，湖南人民出版社 1986 年版，第 203–204 頁）

這些不屬任何其他黨派的盟員，大都是中上層知識分子，他們不滿於國民黨的統治，對共產黨懷有好感。他們希望民盟成為進步的政治力量。到 1945 年抗日戰爭勝利之後，民盟就不止在西南和西北有了組織，在華南和華北的各大城市中也開始有組織了。並且在一些海外華僑和留學生中也建立了組織。羅隆基談過他的設想：「我個人對民盟的前途當時就有這樣的一種企圖，把民盟變成一個單一的統一的大政黨，成為在國民黨和共產黨以外的第三個大黨。」（《文史資料選輯》第 20 輯，第 199 頁）

1945 年 10 月他為民盟臨時全國代表大會（後來算是民盟第一屆全國代表大會）起草的政治報告也説了這個意思：

> 為在各種實力對峙中，尤其是兩大黨派的對峙中，樹立一個獨立的中立的集團，便為那種客觀環境所要求。於是產生了這個民主黨派聯合體的同盟。民國三十三年經過一度改組，把民主黨派的聯盟改為廣大民主人士的聯盟，即改為有黨派與無黨派的廣大民主人士的聯盟。改組後的中國民主同盟，仍不失為一個具有獨立性與中立性的民主大集團。所謂獨立性，是説它有獨立的政綱，有它獨立的政策，更有它獨立自主的行動。所謂中立性，是説它介在中國兩大政黨對峙的局面中，是兩大對峙力量組織中間

的一種，要求它保持不偏不倚的謹嚴態度，不苟同亦不立異，以期達到國家的和平、統一、團結、民主。(《民主革命時期的民主黨派》，第 233-234 頁)

　　到抗日戰爭勝利之時，民盟在中國知識分子中已經有一定的代表性和影響，成了國共兩黨之外中國最重要的政治力量。毛澤東向中國共產黨第七次全國代表大會 (即「七大」) 提交的政治報告《論聯合政府》裏提出的具體綱領中，有一項就是：「立即宣佈廢止國民黨一黨專政，成立一個由國民黨、共產黨、民主同盟和無黨無派分子的代表人物聯合組成的臨時的中央政府」。(《毛澤東選集》第三卷，第 1067 頁) 表示了對中國民主同盟政治地位的承認。

　　可是這《論聯合政府》只是一個公開發表的文件，並不曾在「七大」上宣讀。在「七大」上他另外作了口頭報告，對於民主同盟，實際上他有更深的考慮。據李銳的〈毛澤東與反右派鬥爭〉一文說，「1947 年初在冀熱遼分局遷到林西時，我聽到分局負責人歐陽欽 (楊清) 做報告講過，『七大』時毛澤東在口頭報告講過這樣的話，我們戰勝蔣介石，革命成功之後主要的鬥爭對象就是民主黨派了。」(《炎黃春秋》2008 年第七期) 李銳所提供的這個信息在《毛澤東文集》第三卷裏可以得到印證。文集裏〈對《論聯合政府》的說明〉一文中有這樣一段話：

　　　　這個報告，蔣介石看了最不高興，中間派看了又高興又不高興。中間派是有前途的。外國人在蔣介石不行了的時候會扶他們，他們的壯大現在對我們是無害的。但他們是動搖的，蔣介石讓步了他們就會擁護。3 月 1 日蔣介石發表講話，羅隆基就寫文章歡迎「還政於民」；2 日我們廣播了新華社記者對蔣介石講話的評論，民主同盟在 10 日又發表談話反對國民黨包辦國民大會。所以，他們是可以聽我們的，但需要我們的堅強領導。(第274 頁)

　　這裏說得很清楚「他們的壯大現在對我們是無害的」。那麼，到了「將來」，即共同的敵人蔣介石不再存在了的時候，民盟的「壯大」對「我們」就必然是有害的了。《文集》裏〈在中國共產黨第七次全國代表大會上的口頭政治報告〉裏毛澤東還說了這樣一段話：

　　　　自由資產階級也同我們爭領導權，不要以為自由資產階級就革命得不得了，同共產黨差不多。自由資產階級也有它獨立的意

見，有它獨立的政治團體，現在就是民主同盟。民主同盟裏有一部分小資產階級，但主要的是自由資產階級，它有它的性質。最近《參考資料》發表的民主同盟主席張瀾先生的一篇聲明，同志們不知道看了沒有，那就是他們的立場，他的獨立的政見。最近左舜生在招待外國記者的會上，又發表一個聲明，也有他獨立的立場。現在，民主同盟在聯合政府的主張上與共產黨是一致的，國民黨說民主同盟是共產黨的友黨，我們要團結它，聯合它。但是它有它獨立的意見，它現在是「左右開弓」，區別於兩方面，進行兩條戰線的鬥爭。一方面是不贊成國民黨一黨專政；另一方面也不完全同意共產黨，它說是站在國民黨和共產黨中間，這個話說得很透徹，是對的，它自己規定了它的性質，屬於中間派。（第 306 頁）

毛澤東還這樣估計了民主同盟的政治主張：

自由資產階級現在要民主，他們要他們所想的民主，因此他們是我們的同盟軍。自由資產階級在我們堅決的影響下，是能夠中立，以至於跟我們一道走的。比如對聯合政府這個口號，他們是贊成的。（第 318 頁）。

請注意「他們要他們所想的民主」這句話，這表明毛澤東心裏十分清楚，共產黨和民主同盟雙方所要的「民主」並不是同一個概念，並不是一回事。〈在中國共產黨第七次全國代表大會上的結論〉中，毛澤東就把這兩種民主的區分講得十分明確了。他說：「民主同盟是舊民主主義我們是新民主主義，這是基本的區分。」（第 386 頁）不要小看了他說的這個「基本的區分」，它預示了最終會要同這一合作者的決裂。這裏簡單地說一說這個問題。

其實，民主主義就是民主主義，並無新舊之分。陳獨秀就認為，沒有必要強調「無產階級民主」和「資產階級民主」的區別。他在 1941 年 11 月 28 日寫的〈我的根本意見〉的第八條就是這樣說的：

民主主義是自從人類發生政治組織，以至政治消滅之間，各時代（希臘、羅馬，近代以至將來）多數階級的人民，反抗少數特權之旗幟。「無產階級民主」不是一個空洞名詞，其具體內容也和資產階級民主同樣要求一切公民都有集會、結社、言論、出版、罷工之自由。特別重要的是反對黨派之自由，沒有這些，議

會或蘇維埃同樣一文不值。(《陳獨秀著作選編》第五卷，上海人民出版社 2009 年版，第 359 頁)

現在把「民主主義」稱為「舊民主主義」，而另外提出一種跟它頗不相同的主張，叫做「新民主主義」的，其實就並不是民主主義了。

　附帶講一下民主主義和社會主義的關係。按說，民主主義是社會主義的根本屬性和本質內容之一，不能設想有什麼不要民主反對民主的社會主義。而提出所謂新民主主義的人卻認為，這是社會主義之前的一個發展階段，因此有所謂「從新民主主義過渡到社會主義」一說。如果這裏說的是指蘇聯模式(或曰斯大林模式)的社會主義，倒是合乎事實的：給民主主義加上若干限制，就成了新民主主義，再加上更多的限制，就成了蘇聯模式的社會主義了。毛晚年所推出的社會主義，就是這種東西，過來人記憶猶新。這些也確實是從他的這種「新民主主義」一步一個腳印地發展過來的。

　毛澤東説得完全正確，民主同盟要的是舊民主主義，對於新民主主義改造是頗為抵觸的。到了 1957 年，這區分終於採取了猛烈爆發的形式。可以這樣表述：這一場反右派鬥爭就是新民主主義同舊民主主義的鬥爭。

　到過延安，在 1943 年脱離了共產黨的司馬璐在他的回憶錄裏説：

　　既然對國共都不滿，因此在章伯鈞、鄧初民的介紹下我參加了民主同盟。

　　據我當時的了解，中共與第三方面政治團體(即後日所謂民主黨派)是貌合神離的。中共對民盟的政策是表面捧場，背後拆台；一面打擊，一面拉攏；上層敷衍，下層分化。在基本上，他們很討厭民主同盟，不願意民主同盟在組織上有所發展。當民盟接近瓦解的時候，他們也會從旁托一下。因為民盟這塊招牌的存在，對中共是有利的，可以為中共壯聲勢，與中共的政策相呼應。但是當民盟一旦在組織上展開的時候，他們又從中阻撓，以免對中共產生威脅。中共在民盟內部的活動，可以用兩句話概括：外圍之外有外圍，核心之內有核心。

　　我參加民盟以後，發現一個重要的事實，當時的民盟絕非如國民黨所宣傳的是共產黨的尾巴。民盟的主流，當時的確有些理想的，民盟後日向左傾斜，一部分原因是國民黨逼出來的。

當然最後民盟也的確做了共產黨的尾巴黨了。（《中共歷史的見證──司馬璐回憶錄》，明鏡出版社 2004 年版，第 134 頁）

他的這個觀察是相當準確的。

從 1945 年中共七大那時毛澤東的這些考慮就可以知道：共產黨和民主同盟政治上的終於分手是不可避免的了。只是現在大敵當前，必須有一個共同對付國民黨的合作。所以在 1945 年 8 月毛澤東赴重慶談判時向黨內發出的有關通知中還是說到，「我黨亦有條件地承認國民黨的地位，造成兩黨合作（加上民主同盟）、和平發展的新階段。」（《毛澤東選集》第四卷，第 1153 頁）

重慶談判中，共產黨提出民主同盟作為參加政治協商會議的單位之一。國共兩黨初步商定，政治協商會議由國民黨、共產黨、民主同盟、社會賢達（即不屬於以上三個黨派的社會知名人士）四單位組成，每單位出席代表九人。開會前不久，民盟內部的青年黨橫生枝節，提出在民盟的九個代表名額中他們要佔五個。結果是青年黨從民盟分裂出去。共產黨支持民盟堅持九個名額，不要讓步。最後根據共產黨提出的方案，重新確定了名額的分配：國民黨八人，共產黨七人，民盟九人，青年黨五人，社會賢達九人。

當時關於改組政府的討論，國民政府委員為四十名，同意國民黨佔二十名，共產黨和民盟共同聯合要求十四名，即總名額三分之一，在涉及施政綱領的議案上有否決權的保證。周恩來對張瀾說：「在十四名代表名額，怎樣分配，那是我們共產黨同民盟雙方自己內部的問題。民盟是個許多單位合組而成的集體政團，你們數目少了，不好分配，將會影響團結。在目前的政治鬥爭中，民盟的團結要緊。在這十四個席位中，民盟可以自己斟酌，你們要幾個都可以商量。你們要六席，共產黨就八席，你們要七席，我們雙方就各半；你們要八席，我們就六席。你們大膽提出來，絲毫不要客氣，我們共產黨沒有問題。總之，民盟團結要緊。」（見《文史資料選輯》第二十輯，第 246 頁）從這些事情可以看出當時民盟在國共兩黨對峙中所處的地位，可以看出當時民盟同共產黨的關係了。

1945 年 12 月美國總統杜魯門派來中國在國共之間進行調處的美國特使馬歇爾，也希望民盟成為這樣一個能在兩大政黨之間起作用的力量。不過他也看出了民盟的缺點。1946 年 1 月 8 日蘇聯駐華大使館一等秘書費德林與馬歇爾會談，《會談紀要》裏說：

　　馬歇爾在評價中國民主同盟時聲稱，這個組織的缺點在於缺乏群眾基礎，這個同盟好像有 5-6 萬人，這個數字與中國 4.5 億居民來比，簡直微不足道。民盟第二個缺點是他們的隊伍缺乏統一性。參加這個同盟的各個黨派和社團之間有鬥爭，在追逐官運的土壤上產生相互敵視，讓己方成員掌握決定權的企圖在同盟中引起了內部矛盾，這些矛盾把他們本來就脆弱的組織性撕得粉碎。最後馬歇爾説，評價民盟的領導成員，與其説他們先進，還不如説他們特殊，民盟追求在中國達到民主自由，但他們的領導人中沒有一個人知道欲達此目標的實際道路。（《俄羅斯解密檔案選編・中蘇關係》第一卷，東方出版中心 2015 年 1 月出版，第 123 頁）

一次，馬歇爾對羅隆基説了自己對民盟的希望：

　　中國的自由主義分子應該聯合在一個單一的自由主義的愛國黨派之內，致力於人民的福利，而不是小黨派領袖的私利。這樣他們就能夠對政局施加影響，而這種影響將隨着這個黨派獲得職位和受到贊助而增長。這樣一個黨派可以站在兩大政黨之間，而任何一個大黨如果得不到這個自由主義黨派的支援，在正常情況下，就不可能採取有決定性的步驟。（《馬歇爾使華》，中華書局 1981 年版，第 436 頁）

　　據胡適 1947 年 2 月 6 日寫給傅斯年的信説，馬歇爾並不看好羅隆基：「我曾聽一個美國朋友説，馬帥對中國人士向不下明白坦率的判語，惟對於羅隆基，則曾坦白的説此人一無可取，且不可靠。此可見馬帥不是瞎眼人也。」

　　在羅隆基的思想上，甚至希望有在民盟影響之下的武裝力量。反右中他在民盟整風會上交代説：

　　那時候（指民盟初成立時），我還是想把民主同盟造成中國第三個大的政黨。那時候，我還有這個想法，中國的政黨非有武力不可，我就把民主同盟的基礎放在中國的西南，四川、雲南、廣東、廣西等省。當時四川有實力的三個軍人，鄧錫侯、潘文華、劉文輝是民盟主席張瀾的學生和朋友，張主席對他們是有影響的。李任潮先生在廣西，他對兩廣的軍人有影響。我在雲南西南聯大教書，通過繆雲台的關係我對當時雲南主席龍雲是做了一

番聯絡工作的。……那時候，我的想法以及西南地方軍人的想法都不是對共產黨的一面倒，而是以實力與北方共產黨的實力相呼應，迫使蔣介石不敢發動內戰，一方面中國抗日到底，另一方面，西南軍人可以保持實力。（8 月 13 日《人民日報》）

民盟在這方面，真也做了一些工作，民盟中央委員張志和在四川、西康等地搞起了一支武裝，對於後來 1949 年西南地區的解放起到了一些配合作用。

1945 年 2 月 14 日周恩來在重慶和蘇聯駐中國臨時代辦斯克沃爾佐夫會談，《會談紀要》説：

> 我向周恩來同志詢問了中國共產黨與中國民主同盟之間的關係，周對此的答覆是：民盟擁護中國共產黨，並與共產黨人協商他們的工作，因為他們自己單獨是不可能做成任何事情的。（《俄羅斯解密檔案選編·中蘇關係》第一卷，第 25 頁）

1946 年 6 月 26 日，國民黨撕毀停戰協定和政協決議，大舉圍攻中原解放區，從而開始了向各個解放區的全面進攻。新的全國內戰爆發。6 月 28 日，中共中央向各中央局發出《關於時局近況的通報》，通報了軍事、政治、經濟、民心、士氣、輿論反應等各方面的近況，共十五項。其中第六項是：「對於談判，民主同盟主張態度要強硬，堅決不讓，要打便打。他們認為戰爭不可免，並願與我們共患難。」（《中共中央文件選集》第十六冊，中共中央黨校出版社 1992 年版，第 219-220 頁）

1946 年 10 月 26 日，周恩來與蘇聯駐華大使彼得羅夫會談中國的政治局勢，《會談紀要》説：

> 我問：「第三勢力」代表中有誰持有像中共一樣的態度？

> 周説，完全同意中共立場的人數不多。章伯鈞（第三黨）、沈鈞儒（救國會）、郭沫若，他們不同意妥協。（《俄羅斯解密檔案選編·中蘇關係》第一卷，第 175-176 頁）

共產黨把民盟看作朋友，國民黨就把民盟看作敵人。據唐縱日記，1946 年 6 月 5 日，蔣介石在情報最高指導委員會的會議上作指示：「對民盟不必姑息，羅隆基、沈鈞儒、章伯鈞，應施打擊。」（見《在蔣介石身邊八年》，群眾出版社 1992 年版，第 622 頁）而共產黨卻關心他們的安全，

1947 年 3 月 4 日周恩來打電報給董必武說：「京、滬國特甚注意章伯鈞、羅隆基、史良三人，應告他們速佈置香港退路。」（《周恩來年譜（1898-1949）》，第 742 頁）

1946 年 11 月，國民黨違反政協決議片面召集國民大會。共產黨當然拒絕參加。民盟態度如何，關係甚大。張瀾從重慶打電話到南京民盟總部，堅囑反對參加。後來周恩來對張瀾說，那時他正坐在民盟總部的電話機旁邊，聽到張瀾這樣說，頓時有一種如釋重負的感覺。周恩來對此事評價甚高。他說，「我們也料想到青年黨、民社黨一定要參加『國大』，只要把民盟拉住不參加，『國大』開了就很臭。這個目的達到了。」（《周恩來選集》上卷，第 259 頁）「他單獨召開『國大』，中共不參加，民盟不參加，立刻就使它不能起作用，人民就不擁護它。」（同上書，第 275 頁）

1947 年民盟二中全會的政治報告中說：「民盟對國事自然應該明是非辨曲直。是非曲直之間就絕對沒有中立的餘地。民主同盟的目的是中國的民主，是中國的真民主。民主與反民主之間，真民主與假民主之間，就絕對沒有中立的餘地。」（《民主革命時期的民主黨派》，第 290 頁）宣告它已經由中立的立場轉到民主、真民主的立場，也就是轉向靠攏共產黨的立場了。

可是，在中國共產黨方面，並不很看好民盟的這次二中全會。在俄羅斯解密檔案裏有《彼得羅夫與董必武談話紀要：中國軍事和政治形勢》（1947 年 1 月 6 日），其中說：

> 然後董必武談到了在這個階段中國共產黨和中國民主同盟之間相互關係的複雜性。對中國共產黨來說很清楚，要鬥爭，對和平不能抱有幻想。但是民主派還生活在幻想中，而中國共產黨不能公開對他們說，現在和平是不可能的。
>
> 董必武說，在上海召開的民盟中央委員會第二次全會的任務是要找到國民黨和中國共產黨和解的道路。董必武認為，民盟的這些嘗試是徒勞無益的，他們堅持不懈的努力只能損害中國共產黨。民盟認為，雙方的讓步才是通向國民黨和共產黨之間取得協議的道路。初一看，這好像很合理。然而在現在形勢下，當中國共產黨處於無法繼續讓步的情況時，這種所謂的「雙方讓步」的要求是單方面地向中國共產黨施壓。董必武向民盟的領袖們說明了這一點，他們也無法不同意。此外，董必武還說，作為調停

人，自己先需要弄清，蔣介石的實際政策是怎樣的，這種政策的結果和後果是怎樣的。當問到民盟的領袖們是否知道蔣介石想要什麼，他的政策引向何方時，他們不得不說明，他們不知道。

董必武接着指出，在和民盟的關係方面，中國共產黨對待黨外不同人士採用不同的方式、方法。對那些與共產黨接近的人，如鄧初民、章伯鈞、沈鈞儒，共產黨講得比較坦率，他們也能聽取共產黨的話。……對其他一些人，如羅隆基、黃炎培等，共產黨說起來有點不一樣，會向他們證實，民盟的和平建議正中蔣介石下懷，因為中國共產黨已無處可退，繼續退讓將會導致中國共產黨被消滅。（《俄羅斯解密檔案選編·中蘇關係》第一卷，第187頁）

從董必武這一席話，可以知道這時候共產黨對章伯鈞的看法還不錯，對羅隆基的看法就不怎麼好了。

和談破裂。1947年2月，南京、上海、重慶的中共代表團撤回延安。撤離之前，他們把房產和財產委託民盟代管。民盟總部也就遷入南京梅園新村，即以周公館著稱的中共代表團駐地。這事顯然包含有表明政治態度的意義。

國民黨也隨即做出了反應。1947年10月7日公然槍殺了民盟西北總支部主任委員杜斌丞，27日宣佈民盟為非法團體。民盟即推派黃炎培和葉篤義去南京，想請邵力子轉圜。平日和顏悅色的邵力子這一天表現得非常嚴肅，他責怪民盟不該為杜斌丞被殺一事向蔣提抗議，還在報紙上聲明「要訴諸全世界」。邵力子直截了當地回答說：事情發展到這步田地，一切都無能為力了。碰了這個硬釘子，11月6日，張瀾迫不得已簽署了民盟總部的解散公告。

11月7日，《人民日報》發表了新華社時事評論〈蔣介石解散民盟〉。毛澤東在修改這篇文章的時候加寫了這樣一段：

民盟方面，現在應該得到教訓，任何對美國侵略者及蔣介石統治集團（或其中的某些派別）的幻想，都是無益於自己與人民的，應當清除這種幻想，而堅決地站到真正的人民民主革命方面來，中間的道路是沒有的。如果民盟能夠這樣做，則民盟之被蔣介石宣佈為非法並不能損害民盟，卻反而給了民盟以走向較

之過去更為光明的道路的可能性。(《毛澤東文集》第四卷，第314頁）

對於此事，當時周恩來也作了這樣的評論：

> 民盟由於抗戰特別由於政協的機緣，客觀上一時造成了他在全國的第三黨地位，使他中間許多領導人物代表着中產階級的想法，企圖在國共對立的綱領之外，尋找出第三條道路。……可是國民黨威脅一來，民盟有的領導人就表態宣佈解散，這又使民盟在人民中贏得的信任跟着喪失，從而也證明要想在國共之間建立起中間道路的第三大黨運動是失敗了。(《周恩來選集》上卷，第283–284頁）

民盟總部被迫解散之後，沈鈞儒、章伯鈞、周新民等到香港召開了民盟的一屆三中全會，否認在劫持與威脅下發表的解散公告，宣佈在香港設立臨時總部。全會的政治報告説：「自從本盟被南京反動獨裁政府勒令解散以來，一切所謂『中立』，『中間』的説法和幻想，實早已被徹底粉碎了。……我們要公開聲明與中國共產黨實行密切的合作。」(《民主革命時期的民主黨派》，第350頁）它已經不再可能中立於國共兩黨之間，全會提出了「徹底消滅獨裁賣國的國民黨反動集團」的口號。

民盟在香港宣佈重建領導機關，宣言與中國共產黨攜手合作。新華社當即發表了中共中央發言人就此事發表的談話，聲稱「我們歡迎民主同盟重建其領導機關，我們歡迎國民黨革命委員會的成立，我們願意在新民主主義的革命事業中，和所有一切反帝反封建的民主團體一道，為着共同目的而攜手前進」。(《中共中央文件選集》第十七冊，第87頁）

有着推翻國民黨統治的共同目的，當然只得攜手前進。但是，即使是在共同奮鬥當中，也不是沒有矛盾的。這時，大敵當前，有矛盾也只好隱忍，以最溫和的態度求得解決。1948年1月14日中共中央《關於對中間派和中產階級右翼分子政策的指示》，是毛澤東起草的，其中提出了處理這些矛盾的態度：

> 對民主同盟的恢復活動，對李濟深等國民黨反蔣派，對在美的馮玉祥，對一切可以爭取的中間派，不管他們言論行動中包含多少動搖性及錯誤成分，我們應採積極爭取與合作態度，對他們

的錯誤缺點，採取口頭的善意的批評態度。（同上書，第 12 頁，又見《毛澤東文集》第五卷，第 15 頁）

為了戰勝強大的敵人國民黨，像民主同盟這樣的政治力量的支持是重要的。為了團結，不得不採取一種克制的忍讓的態度，心裏其實是並不願意的。

1947 年 10 月 27 日《中共中央關於必須將革命戰爭進行到底反對劉航琛一類反動計劃的指示》是一個關於怎樣對待自由資產階級的重要文件，在這個文件中，毛澤東加寫了這樣一段：

> 在蔣介石打倒以後，因為自由資產階級特別是其右翼的政治傾向是反對我們的，所以我們必須在政治上打擊他們，使他們從群眾中孤立起來，即是使群眾從自由資產階級的影響下解放出來。但這並不是把他們當作地主階級和大資產階級一樣立即打倒他們，那時，還將有他們的代表參加政府，以便使群眾從經驗中認識他們特別是其右翼的反動性，而一步一步地拋棄他們。（《毛澤東文集》第四卷，第 312 頁）

從發出這個指示開始，到反右派鬥爭爆發，在這十年裏，中國共產黨就是照這個指示處理同民主同盟（以及其他民主黨派）的關係的。

如果說，這個指示裏只是說「自由資產階級特別是其右翼」，並沒有說明是民主黨派，那麼，一個月之後，11 月 30 日，毛澤東在致斯大林的一份電報中就說得明明白白了。蘇聯解體之後，檔案解密，人們也就有可能看到這份當年的密電了。在《庫茲涅佐夫致斯大林報告：毛澤東來電談中國局勢》這一份文件中，毛澤東的電報在談到各個戰場的情況之後，說到民主人士和中國民主同盟：他提出「在中國革命最終勝利的時候，將仿照蘇聯和南斯拉夫的模式，除了中國共產黨之外的所有政黨都應當從政治舞台上消失，從而將極大地鞏固和加強中國革命。」（《俄羅斯解密檔案選編·中蘇關係》第一卷，第 212 頁）

斯大林在 1948 年 4 月 20 日的覆電，即《斯大林致毛澤東電：中共對其他黨派的立場》中說：

> 我們不同意這樣做，我們認為，代表中國老百姓中間階層和反對蔣介石集團的中國各反對派政黨還將在很長的時期內存在。

中國共產黨應該與他們合作以反對中國反動派和帝國主義列強，但必須保持領導權即領導地位。如果可能，還要讓這些黨派的某些代表進入中國人民民主政府。這一政府應宣佈為聯合政府，以便以此擴大這一政府在民眾中的基礎並孤立帝國主義分子及其國民黨走狗。應當指出的是：在中國人民解放軍勝利之後，中國政府，按照自己的政策，至少在勝利之後的一個時期（這個時期的時間的長度現在還很難確定）內將是民族民主革命政府，而不是共產主義政府。

這意味着，暫且還不必實行整個土地的國有化和廢除土地的私有制，沒收從小到大的所有的商業和工業資產階級的資產，以及不僅沒收大地主的資產，而且沒收靠僱傭勞動生活的中小地主的資產。有必要等一個時期再進行這些改革。

謹告知您的是，在南斯拉夫，除了共產黨之外，還有其他黨派存在，這些黨派都是人民陣線的成員。（同上書，第 251–252 頁）

上面「以及不僅沒收大地主的資產，而且沒收靠僱傭勞動生活的中小地主的資產」這一句的譯文，看來是把意思弄反了。《中共黨史研究》2001 年第 2 期所載的〈毛澤東同斯大林往來書信中的兩份電報〉的譯文，這一句是：「和不沒收不僅大地主而且靠僱傭勞動生活的中小地主的財產」。（第 89 頁）

從這裏可以知道，早在 1947 年 11 月，那時國民黨還有強大兵力，戰爭勝負未分的時候，毛澤東就已經有了在勝利之後拋棄民主黨派的意思了。只是因為斯大林的電報，才把這事推遲了十年。這些民主黨派人士，當然不可能知道這些曲折，大約也不會想到幾年之後所提出的「長期共存」，最早淵源是來自斯大林吧。

國民黨在戰爭中不斷失敗。共產黨勝利在望。1948 年 12 月 30 日，毛澤東打電報給斯大林，談當前政治軍事形勢，其中特別說到了中國民主同盟的情況。《毛澤東致斯大林電：建立民主聯合政府問題》這一份文件說：

在徐州、北平兩大戰役結束之後，國民黨的主力部隊將不復存在，軍隊的數量將減少到 170 個師，其中大多數的師是重新編組的，且戰鬥力低下。

在政治協商會議和民主聯合政府的口號下，各民主黨派團體和香港、上海、北平、天津及其他大城市的人民組織的領導和活

動分子，紛紛來到或將來到我們的地區。這些人中大多數是我們曾經邀請來參加政治協商會議的。

美國政府毫不掩飾的侵略政策已經失敗，現在美國人企圖由積極支持國民黨轉為支持地方上的國民黨的軍國主義者和南方當地的軍閥，以便用他們的力量來抵抗人民解放軍，這是一方面。另一方面組織並派遣他們的走狗，鑽進政治協商會議和聯合政府，並在那裏組織反對派聯盟，從內部破壞人民革命陣線。其目的是使革命不能進行到底。

這個新的陰謀已有一系列表現。例如，他們派了一些外交工作人員和新聞記者到中國民主同盟右翼的領導人——羅隆基、張瀾、黃炎培和國民黨革命委員會領導人李濟深（此人正在來解放區的路上）那裏去，為的是在他們中間進行挑撥離間和誘騙工作。我們已經注意到這一點，無論如何我們要做到不能讓美國人的陰謀得逞。（《俄羅斯解密檔案選編·中蘇關係》第一卷，第330-331頁）

在打這個電報給斯大林的同一天，毛澤東為新華社寫了一篇新年獻詞〈將革命進行到底〉，其中說：

中國反動派和美國侵略者現在一方面正在利用現存的國民黨政府來進行「和平」陰謀，另一方面則正在設計使用某些既同中國反動派和美國侵略者有聯繫，又同革命陣營有聯繫的人們，向他們進行挑撥和策動，叫他們好生工作，力求混入革命陣營，構成革命陣營中的所謂反對派，以便保存反動勢力，破壞革命勢力。根據確實的情報，美國政府已經決定了這樣一項陰謀計劃，並且已經開始在中國進行這項工作。（《毛澤東選集》第四卷，第1374頁）

看了這個電報，人們就知道，毛澤東的這一篇新年獻詞是寫給羅隆基、張瀾、黃炎培、李濟深這些人看的。文章尖銳地向他們提出：

現在擺在中國人民、各民主黨派、各人民團體面前的問題，是將革命進行到底呢，還是使革命半途而廢呢？如果要使革命進行到底，那就是用革命的方法，堅決徹底乾淨全部地消滅一切反動勢力，不動搖地堅持打倒帝國主義，打倒封建主義，打倒官僚資本主義，在全國範圍內推翻國民黨的反動統治，在全國範

圍內建立無產階級領導的以工農聯盟為主體的人民民主專政的共
和國。

　　現在的問題就是一個這樣明白地這樣尖銳地擺着的問題。
兩條路究竟選擇哪一條呢？中國每一個民主黨派，每一個人民團
體，都必須考慮這個問題，都必須選擇自己要走的路，都必須表
明自己的態度。中國各民主黨派、各人民團體是否能夠真誠地合
作，而不致半途拆夥，就是要看它們在這個問題上是否採取一致
的意見，是否能夠為着推翻中國人民的共同敵人而採取一致的步
驟。這裏是要一致，要合作，而不是建立什麼「反對派」，也不
是走什麼「中間路線」。

可是這時羅隆基考慮的卻不是這些。後來吳晗在民盟中央整風座談會
上揭發了這樣一件事：

　　全國即將解放的前夕，沈衡老和民盟中央其他同志（引者
按：沈衡老即沈鈞儒，字衡山；「其他同志」指章伯鈞）都已從
香港到解放區，我在從上海到華北解放區的時候，羅隆基要我
帶一封信給已到解放區的沈衡老（以及章伯鈞。—— 引者），要
沈老（以及章伯鈞。—— 引者）代表民盟向中共中央提出幾個
條件，這些條件我現在還清楚地記得，主要是主張不要向蘇聯一
邊倒，實行所謂協和外交政策；民盟盟員與中共黨員彼此不要有
交叉；民盟要有自己的政治綱領，要和中共訂立協議，如果中共
不接受，民盟可以退出聯合政府，成為在野黨。這封信所提出的
政治綱領，全是羅隆基一人起草的，當時曾經提到上海盟內同志
討論，史良、許廣平、楚圖南，還有其他同志都不同意。（引者
按：這封以民盟留滬中委名義寫的信，當時參加了討論未表示不
同意的，有張瀾、黃炎培和葉篤義；表示不同意的，還有郭則
沉）但是羅隆基仍然要我帶到華北，要沈衡老向中共提出。我到
了華北以後，才知道沈衡老和其他民盟同志是在東北解放區。羅
隆基這次主張是十分荒謬的，當時我也就沒有把這封信交出來。
按照羅隆基的意思，要末中共接受羅隆基的反動的資產階級綱
領，使中國走資本主義道路，要末民盟就不參加政府，而以反對
黨的身份和中共對抗。

這件事，葉篤義的回憶錄中也説到了，可以參看：

　　1948 年 10 月間，中共方面的全面反攻已經開始。吳晗遭受北平國民黨當局的迫害，經過上海準備到東北解放區。這時候沈鈞儒和章伯鈞已經由香港到達了那裏。張瀾、黃炎培、羅隆基和我開了一個小會，由羅執筆，以留滬中委的名義寫了一個向中共的建議書，主要內容為：①內政上實行議會制度；②外交上採取所謂協和外交方針（即對美蘇採取同樣友好方針）；③民盟有退至合法在野黨的自由；④在盟內的共產黨員應公開身份，黨員和盟員避免交叉。在中委座談會上討論的時候，有人提出反對（我記得是史良、楚圖南和郭則沉），這個向中共的建議書終被取消。但是最後還是以中委致函沈鈞儒、章伯鈞的形式，要求沈章向黨提出這個建議。這封信是我當面交給當時住在王艮仲家裏的吳晗本人的。（葉篤義，《雖九死其猶未悔》，北京十月文藝出版社 1999 年版，第 67 頁）

這些意見，顯然是共產黨所無法接受的。第一條，實行議會制度。後來毛澤東在〈關於正確處理人民內部矛盾的問題〉中，就批評了那種「以為在我們的人民民主制度下自由太少了，不如西方的議會民主制度自由多」的意見。第二條，所謂協和外交政策。不久之後毛澤東就在〈論人民民主專政〉中針鋒相對地宣佈了向蘇聯「一邊倒」的根本國策。第三條，合法在野黨的問題，李維漢這樣回答說：「人民民主統一戰線是一個最廣泛的團結絕大多數人的組織。你們說要承認你們是一個『合法的在野黨』。既然是『合法的』，那就應當包括到統一戰線之內，而無所謂『合法的在野黨』了。我們要實行的是新民主主義而不是舊民主主義，不是在野黨和在朝黨互相交替，互相鬥爭，而是以無產階級為領導的各階級、各民主黨派的政治合作。」（同上書，第 72 頁）第四條，避免交叉問題。1952 年 6 月經毛澤東修改過的《關於民主黨派工作的決定》的第二條就明確宣稱：「在各民主黨派內應當有一部分共產黨員和非黨的革命知識分子，他們與左翼分子結合起來，形成骨幹」。（《建國以來重要文獻選編》第三冊，中央文獻出版社 1992 年版，第 253 頁）可見這種「交叉」是必不可少的，是組成民主黨派骨幹的要件之一。

　　在剛才引過的這一篇發言中，吳晗還揭發了這樣兩件事：

　　1949 年政協會議召開之前，羅隆基到了北平，毛主席和周總理都接見了他。現在有人揭發：羅隆基見毛主席之後就對他的朋友說：「毛主席這個人很厲害狡猾，比歷代統治人物都兇。」周總

理和羅隆基談話時，周總理說民主黨派代表民族資產階級和小資產階級，中共代表無產階級。羅表示不同意周總理的意見，他說周是南開出身的，毛是北大出身的，我是清華出身的，為什麼他們就能代表無產階級而要我代表資產階級和小資產階級呢？他說他曾向周總理表示，我們成立人民陣線，你們代表一部分人民，我們代表另一部分人民，這樣來共同協定合作組織聯合政府。(8月11日《人民日報》)

羅隆基同毛澤東的這一次談話，羅本人在這會上作的交代中是這樣說的：「我到北京幾天以後，毛主席約我單獨地談過一次話，談到民盟與黨的關係時，我向毛主席表示，希望在盟內的黨員公開，卻沒有說過要黨員退出民盟。毛主席接着說：『你不要在盟內清黨。』」(8月13日《人民日報》) 說的聽的都明白這話的分量，所以羅才覺得毛「比歷代統治人物都兇」吧。他也就明白了原先所祈求的合法在野黨的地位是一種多麼不切實際的幻想。

中華人民共和國成立，民盟的高層得到了安排。張瀾任中央人民政府六個副主席之一，沈鈞儒任最高人民法院院長，史良任司法部長，章伯鈞任交通部長，羅隆基任政務院政務委員……，一時呈現出相安無事的局面。

其實這種局面並不可能維持很長時間。在《羅申與劉少奇談話紀要：關於中國國內形勢》(1949年10月25日) 裏面，劉少奇告訴蘇聯大使：

> 不久前成立的聯合政府使各民主黨派很滿意。中國共產黨佔據了這個政府中所有的領導崗位，可以很容易地監督各民主黨派的活動。說實在話，所有這些政黨甚至不能算是真正的政黨，因為所有這些政黨在全中國的黨員總數只有三萬人，而中國共產黨有一百多萬黨員。但是，這些民主黨派的大多數代表着中國的資產階級，而政府又有意創造了中國資產階級發展的種種條件。中國共產黨估計，將來這些黨派會有一定程度的活躍。中國共產黨預計中國的聯合政府時期會持續十年到十五年，十年到十五年後，與資產階級合作的必要性就沒有了。(《俄羅斯解密檔案選編·中蘇關係》第二卷，第137頁)

在聯合政府成立還不到一個月的時候，就算定它的壽命不超過十年到十五年。

而在民主黨派方面，對這種局面也有不滿之處。章伯鈞當了部長，可是覺得這同他想像的內閣閣員那樣的部長並不完全一樣。一次他對擔任部長助理的共產黨員孫大光說，「現在部的權限太少了，上面管的人太多了，有委有辦，黨組上面還有工業交通部（引者按：當時中共中央的一個部），實際上管不了什麼事；所以當部長的勁頭都不大，有勁頭的是那些副總理或兼什麼委什麼辦的負責人。我要是黨內的，我也要兼點旁的什麼事。為什麼一個病號還要掛副總理的名義？現在文教界問題很多，林楓怎麼能把文教工作辦好？」（7 月 9 日《人民日報》）對民盟內部的人，他的話說得更難聽，據高崇民揭發，章伯鈞說，「我這個部長就是守靈牌。」（7 月 1 日《人民日報》）他覺得無所作為，於是跑古董鋪，買舊書，在政治上顯得消沉。他對人說：「生活上有二個東西，一個是物質的，一個是精神的。僅僅叫他穿西服、住高樓、吃西餐，而不叫他獨立思考，這就好比西郊公園裏的獅子和老虎，吃的雖好，可沒有自由。」（7 月 4 日《人民日報》）大有老驥伏櫪，髀肉復生的感慨。

當年國民黨以部長的位置拉羅隆基，經濟部或交通部任選一個。羅不幹。現在章伯鈞、史良都是部長，他不是，未免有些不快。為了給他安排一個部長的職位，1956 年 5 月 12 日第一屆人大常委會第四十次會議決定設立森林工業部。具體地說，是將原林業部分為兩個部，林業部只管營造林、護林等工作，而木材採伐、運輸、加工、綜合利用及林產化工等項，就是森林工業部的業務了。6 月 4 日，羅隆基被任命為森林工業部部長。可是他對於這個安排心裏並不滿意，據浦熙修在反右派鬥爭中揭發：羅總是認為當森林工業部長委屈了他的才能。解放初期他想當外交部長，後來又想當司法部長，現在是一心想當高教部長，認為這樣才能更好地抓大知識分子。（7 月 11 日《人民日報》）另據高崇民揭發，羅說過，我可以做外交工作，但是人家叫我去管木頭。（7 月 1 日《人民日報》）羅在森工部的秘書也揭發，羅說過，政府給我森工部，我也不懂業務，其實不如叫我搞司法部還恰當些。

事實上，羅隆基做了森林工業部部長，並沒有多大的權威，下級機構並不一定要執行他的指示。這裏以一件事為例。吉林省林業廳副廳長王其清（他後來被劃為右派分子）就曾經拒不執行森林工業部的指示。中共吉林省林業廳機關委員會《關於開除壞分子、右派分子王其清黨籍的決定》裏面就說了這樣一件事：

（王其清）1957 年拒絕執行森工部和煤炭工業部下達的關於坑木支撥的聯合指示，並狂妄地說：「中央有指示也不行，部長沒什麼了不起的，決定問題一樣有錯誤。」後來省委工業部對坑木支撥規格比例又作了規定，王仍不執行。經省委工業部肖部長再三指示，黨組作了決定才勉強執行。當時已嚴重的影響了煤炭的生產。

可見在下屬的眼中，羅隆基這個部長「沒什麼了不起的」。

章伯鈞、羅隆基都不滿足於冷官的位置。後來章在作檢討的時候說過不滿足的原因：「我有一套政治野心，就是抬高自己的政治地位，不是為作官，是為了實現我的政治主張。我有篇文章說得很清楚，就是 3 月間我在政協會議上的發言。我說我愛護共產黨，也愛護民主黨派。我愛社會主義，也愛民主。王造時看了以後，認為這兩句很好。我把民主與社會主義分開，總是認為蘇聯的制度缺少一些民主。我極力反對教條主義，主要是不滿意共產黨的無產階級專政。」（7 月 4 日《人民日報》）

羅隆基的想法也差不多，他也正是怕民盟的人只滿足於做官而忘了政治主張。他在一封信中說：「不是無條件馴服，以求在政府中佔得一官半職。此點若不明白，我們全局輸了。」（9 月 3 日《人民日報》）

如果目的只在做官，章伯鈞、羅隆基當然可以照舊當他們的部長。交通部也好，森林工業部也好，反正都是部長級嘛。如果給了官做還不滿足，還要實現一種政治主張，而且是章伯鈞說的那種要比蘇聯的制度多一些民主的主張，那就只好劃為右派分子了。

第三章

反右派鬥爭的近因之一

——反冒進和反反冒進

反右派鬥爭的近因，1958 年 3 月 19 日毛澤東在《一批按語》中說：

> 我們沒有預料到 1956 年國際方面會發生那樣大的風浪，也
> 沒有預料到 1956 年國內方面會發生打擊群眾積極性的「反冒進」
> 事件。這兩件事，都給右派猖狂進攻以相當的影響。（《毛澤東年
> 譜》第三卷，第 317–318 頁）

他說的這兩件事也就是發生反右派鬥爭的近因。他 1957 年 1 月 18 日在省
市自治區黨委書記會議上說：「去年這一年是多事之秋，國際上是赫魯曉
夫、哥穆爾卡鬧風潮的一年，國內是社會主義改造很激烈的一年。現在還
是多事之秋……」（《毛澤東選集》第五卷，第 339 頁）也是說的這兩件
事。所謂國際方面的大風浪，也就是赫魯曉夫、哥穆爾卡鬧風潮，是指蘇
共「二十大」和波蘭匈牙利事件，這些下一章再說，現在先說反冒進和反
反冒進這事。

1955 年 12 月 27 日，毛澤東為他主編的《中國農村的社會主義高潮》
一書寫了第二篇〈序言〉，談到在這年的下半年，「幾個月時間，就有五千
幾百萬農戶加入了合作社」。毛說，「這是一件了不起的大事」：「這件事告
訴我們，中國的工業化的規模和速度、科學、文化、教育、衛生等項事業
的發展的規模和速度，已經不能完全按照原來所想的那個樣子去做了，這
些都應當適當地擴大和加快。」（《毛澤東選集》第五卷，第 222–223 頁）
他就這樣吹響了各行各業全面冒進的號角。

在短短的幾個月裏，冒進的惡果大量顯現出來，劉少奇、周恩來這些
比較務實的領導人感到形勢嚴峻，覺得必須提出反冒進的問題，這就不得
不對毛澤東的權威有所冒犯了。在官方出版的《周恩來傳》裏寫了這樣一
件事：

> （1956 年）4 月下旬，毛澤東在中共中央政治局會議上主張
> 再追加二十億元的基本建設投資。與會的大多數人不贊成這樣
> 做，周恩來更是竭力勸阻。胡喬木回憶說：
>
> 1956 年各條戰線各省市根據毛主席 1955 年冬寫的《中國農
> 村的社會主義高潮》序言的精神，加快速度，擴大了預定計劃的
> 規模，增加了預算指標。4 月下旬，毛主席在頤年堂政治局會議
> 上提出追加 1956 年的基建預算，受到與會同志的反對。會上尤
> 以周恩來同志發言最多，認為追加預算將造成物資供應緊張，增

加城市人口，更會帶來一系列困難等等。毛澤東最後仍堅持自己的意見，就宣佈散會。會後，恩來同志又親自去找毛主席，說我作為總理，從良心上不能同意這個決定。這句話使毛主席非常生氣。不久，毛主席就離開了北京。（中央文獻出版社 1998 年版，第 269 頁）

5 月 11 日，周恩來在國務院的一次全體會議上說：「反保守、右傾，從去年 8 月開始，已經七八個月，不能一直反下去了！」（《周恩來年譜（1949–1976）》上卷，中央文獻出版社，第 575 頁）

1956 年 6 月 20 日《人民日報》發表社論〈要反對保守主義，也要反對急躁冒進〉。據吳冷西在《憶毛主席》一書中說：

> 原來這篇社論最初是由人民日報編輯部起草的。在中宣部討論時陸定一同志認為不能用，要重新起草。他請示了少奇同志。少奇同志要他根據政治局會議的精神親自組織中央宣傳部的同志起草。初稿由王宗一同志起草，在中宣部多次討論、修改後由定一同志送少奇同志和周總理審閱。他們兩位都作了一些修改，並提出再加斟酌的一些意見。定一同志根據這些意見又作了修改，最後送少奇同志和毛主席審定。少奇同志在個別地方作了修改後送毛主席。我們在最後定稿的清樣上看到，毛主席圈了他的名字，寫了「我不看了」這幾個字。（新華出版社 1995 年版，第 49 頁）

這一篇社論宣稱：急躁冒進已經成了「嚴重的問題」，並且認為「下面的急躁冒進很多就是上面逼出來的」，提出「要使我們的計劃、步驟符合於客觀實際的可能性」。雖然標題說的是「要反對保守主義，也要反對急躁冒進」，兩個方面都說到了，實際上是反冒進的。毛澤東對這篇社論十分惱怒，在這一天的報紙上批了這樣一些話：「尖銳地針對我」，「既然使幹部走到了另一個極端，不是方針錯了嗎？」（《建國以來毛澤東文稿》第七冊，中央文獻出版社 1992 年版，第 34 頁）

1956 年 11 月，周恩來在中共八屆二中全會上作了《1957 年度國民經濟發展計劃和財政預算的控制數字》的報告。報告的基調是反冒進。他認為，1956 年的經濟工作有冒進性質的錯誤。他說，「1953 年小冒了一下，今年就大冒了一下。」他提出：「過去設想的遠景規劃，發展速度是不是可以放慢一點？經過八大前後的研究，我們覺得可以放慢一點。」他以頗有

點犯忌諱的鋼產量為例，「原來設想鋼產量在第三個五年計劃的最後一年要達到年產三千萬噸，肯定地說，照現在這個速度是不可能實現的。」如果硬要定到三千萬噸，「其他就都要跟上去。那就會像我們常說的，把兩腳懸空了，底下都亂了，不好佈局，農業、輕工業也會受影響，結果還得退下來。」

周恩來在報告中提出：八大關於第二個五年計劃的建議所提出的數字，「也只是個建議，有某些達不到的指標是不是可以修改？我覺得是可以的。」「建議中有些數字當時覺得是恰當的，現在發現還有矛盾需要解決，那就應該解決，我想這是許可的。」

他還談到毛心愛的農業發展綱要四十條。他說，

> 這也是一個建議，是一個草案。……草案現在執行快一年了，事實證明有些是需要重新研究的，這些並不是不可以修改的。比如擴大耕地面積，要求十二年內開墾一萬四千萬畝顯然是有困難的。如果每年開墾一千萬畝，就要投資五億元。這五億元的投資，明年度無論如何也擠不出來，今後也不是每年都可以擠出來的。

他還說：

> 八大的建議和農業四十條，是規定了每年進度指標的。這兩個文件經過我們研究以後覺得可以修改。上不去，就不能夠勉強，否則把別的都破壞了，錢也浪費了，最後還得退下來。（《周恩來選集》下卷，第234頁）

在報告中，周恩來提出了一個「究竟應該怎樣估計第一個五年計劃」的問題。他的答案是：「經過國務院常務會議多次討論，大家認為，第一個五年計劃基本上是正確的，成績很大，但是錯誤不少。」（《周恩來選集》下卷，第234頁）

毛澤東不同意這種估計。這次中央全會結束的那天他講了話，反駁了周恩來所作的只是基本上正確的估計。他說，「第一個五年計劃根本正確。至於錯誤，確實有，這也是難免的，因為我們缺少經驗。」「總的說來，現來看不出第一個五年計劃有什麼大錯，有什麼根本性質的錯誤。」他還提出：「要保護幹部和人民群眾的積極性，不要在他們頭上潑冷水。」（《毛澤

東選集》第五卷，第 314–315 頁）顯而易見，他認為反冒進就是打擊幹部和人民群眾的積極性，就是在他們頭上潑冷水。為了反冒進這事，後來毛澤東還多次批評他。例如 1958 年 3 月的成都會議上，毛調侃地說：「恩來在 1956 年二中全會的報告敢說心裏話，這一點可取，雖然是錯的。」（《建國以來毛澤東文稿》第七冊，第 637 頁）可見他對這些反冒進的人怨毒之深了。

在 1957 年 10 月的中共八屆三中全會上，那時反右派鬥爭的高潮已過，毛澤東還把這筆舊賬拿出來算了。他說：

> 去年這一年掃掉了幾個東西。一個是掃掉了多、快、好、省。不要多了，不要快了，至於好、省，也附帶掃掉了。好、省我看沒有那個人反對，就是一個多、一個快，人家不喜歡，有些同志叫「冒」了。……去年下半年一股風，把這個口號掃掉了，我還想恢復。……還掃掉農業發展綱要四十條。這個「四十條」去年以來不吃香了，現在又「復辟」了。還掃掉了促進委員會。（同上書，第 474 頁）

毛澤東決定開展整風運動的目的，據報上刊登的中共中央〈關於整風運動的指示〉所宣佈的，是反對官僚主義、宗派主義、主觀主義和一些黨員的特權思想，從而改善執政黨的形象，改善黨與黨外群眾特別是知識界的關係。但是從毛在這前後發表的另外一些文章和講話中可以知道，還有一個在〈整風指示〉裏沒有宣佈的目標，就是要跟黨內那些「反冒進」的領導人算賬。

這可不是一件容易的事情。毛澤東知道，黨務系統在劉少奇手上，行政系統在周恩來手上，這些黨政機關的幹部都是他們的下屬，由誰出頭來向他們提意見呢？毛澤東想到了讓民主黨派來充當衝擊的力量。

毛澤東為什麼會這樣想呢？共產黨成了執政黨之後，中國的這些民主黨派就成了政治上的裝飾品。它的頭面人物雖說大都安排了頗高的職位，其並沒有什麼實權，不能做什麼實際的工作，更不要說施展自己的政治抱負了，因而顯得很是消沉。在蘇共二十大之後，特別是在毛澤東提出百花齊放、百家爭鳴、長期共存、互相監督的新方針之後，民主黨派一時頗覺興奮，他們就像經過了冬眠的蛇，想要活動活動了。1957 年 3、4 月間，各民主黨派中央機關紛紛開會：致公黨（3 月 21–23 日）、民主建國會（3

月 22–23 日）、九三學社（3 月 22–28 日）、中國國民黨革命委員會（3 月
25–30 日）、民主同盟（3 月 22 日–4 月 5 日）、農工民主黨（4 月 12 日）都
開了會。討論在這新氣候下的工作問題。這裏只舉民主同盟的情況為例。
民盟中央委員會副主席章伯鈞在民盟中央工作會議提出要大大發展組織，
每個民主黨派可以發展幾十萬人，幾個民主黨派合起來可以發展一二百萬
人，組織發展到縣一級。表示要更加廣泛地參與國是。他們的這種積極性
卻是毛澤東所厭惡的。這也就是後來他在反右派鬥爭中說的「黨要擴大，
政要平權」。（《建國以來毛澤東文稿》第六冊，中央文獻出版社，1992 年
版，第 503 頁）不過這時他想要打擊的還不是這些民主黨派，而是那些反
冒進的領導人。他想，是不是可以來一個「化消極因素為積極因素」呢？
民主黨派哇啦哇啦提意見，對於他來說當然是一種消極因素，只是如果把
他們提意見的積極性加以引導，使其鋒芒針對那些反冒進的領導人，那就
化為他所需要的積極因素了。他懷着這樣一種願望，就來着手調動民主黨
派這個力量了。

　　毛澤東採取的第一個行動是，在〈整風指示〉見報的前一天，1957 年
4 月 30 日，他約集各民主黨派負責人和無黨派人士在中南海頤年堂談話，
黨中央的幾位副主席劉少奇、周恩來、朱德、陳雲和總書記鄧小平也都到
場。毛講話的主旨就是請民主人士幫助黨整風，他說了這樣一些話：

> 　　目前各方面批評意見最多的是集中在高等教育部、教育部、
> 衛生部等部門。有人很擔心，怕矛盾一揭發，一批評不得了。我
> 們對人家提出的意見，不要害怕，應該歡迎，給人家以提意見的
> 機會。矛盾沒有什麼不得了，到處唱對台戲，把矛盾找出來，分
> 分類。如文學、藝術、科學、衛生等方面，提出的問題最多，矛
> 盾突出來了，應該攻一下，多攻一下。愈辯論愈好，愈討論愈發
> 展，人民民主政權愈鞏固。幾年來不得解決的問題，可以在幾個
> 月解決了。

> 　　整風主要是黨內整風，可是有黨外人士參加就更全面了。兩
> 種元素可以起化學作用。但黨外人士不是自己搞，而是幫助共產
> 黨整風。（葉篤義，《雖九死其猶未悔》，第 89–91 頁）

　　儘管他對民主黨派開的這些會並不高興，但是為了調動他們的積極
性，還是誇獎了幾句。他說：

最近各民主黨派都開了一些會議，開得不錯，提出了些問題。只要黨外人士談出來了，大家一齊搞，這就更好談了。希望黨外人士對共產黨多提些意見，幫助共產黨進行工作。

召開這樣的座談會清楚地表明：這時毛澤東希望得到民主黨派民主人士的合作，希望他們在他劃定的範圍之內多提些意見，這就是對國務院所屬的高等教育部、教育部、衛生部這些職能部門，也就是總理周恩來領導下的政府部門的工作提意見。對共產黨多提些意見，也就對劉少奇的黨務系統多提意見了。假如這些民主人士能夠多提意見，而且所提意見符合他的意圖，毛還許諾給予一份回報，解決一下民主黨派民主人士有職無權的問題。他說：

> 統一戰線中的矛盾是什麼呢？恐怕就是有職無權的問題吧！過去民主人士有職了，但是沒有權，所以有人講民主人士不大好當，有些惱火，現在不但應該有職，而且應該有權。因此，這次整風，在黨內對有職無權的問題也要整一整。（葉篤義，《雖九死其猶未悔》，第 93 頁）

毛澤東還講到改變高等學校領導體制的問題，他說，大學的管理工作如何辦？可以找些黨外人士研究一下，搞出一個辦法來。共產黨在軍隊、企業、機關學校都有黨委制。我建議，首先撤銷學校的黨委制，不要由共產黨包辦。這也是知識分子很歡迎的意見。不過，後來凡是引用這話的人都被劃成了右派分子。

整風指示公佈之後的第一個重大行動，是中共中央統戰部從 5 月 8 日開始邀集各民主黨派負責人和無黨派民主人士逐日舉行座談會，聽取他們的意見。這件事進一步反映了毛澤東借重民主人士進行黨內整風的意圖。統戰部長李維漢在會上說：在這次整風運動中，要集中地批判共產黨的缺點。因此，我們已經同各民主黨派和無黨派民主人士商量好，在一個時期以內，不要號召民主人士整風，而着重地發動黨外人士來給共產黨提批評意見，幫助共產黨整風。（5 月 11 日《人民日報》）

成問題的是，這些民主人士在座談會上的發言完全不符合毛澤東的意圖。他們並不在毛所劃定的範圍之內，對教育、衛生等等工作中的缺點提意見，批評這些工作中的保守主義，甚至有人在發言中還流露出反冒進的

意思，例如全國工商聯主任委員陳叔通，就提出了「八年來的工作中，究竟是由於保守所造成的損失大，還是由於冒進所造成的損失大」的問題（5月18日《人民日報》）。會上的許多發言談到黨委代替行政直接發號施令、外行領導內行、肅反運動的偏差，等等問題，實際上涉及共產黨執政的根本體制問題和嚴重弊端。這些都是毛沒有料想到也決不願意聽到的意見。

這些民主人士對於共產黨內的情況其實頗為隔膜，不知道（或很少知道）毛澤東和劉少奇、周恩來在反冒進問題上的意見根本對立，而把他們看成一個統一的領導集體，他們沒有想到在提批評意見的時候要分別對待，在批評劉少奇、周恩來工作中種種錯誤的同時要讚美毛澤東的英明正確，表示對毛澤東的尊崇擁戴。像儲安平的那篇要命的「黨天下論」，標題竟是荒謬的〈向毛主席和周總理提些意見〉（6月2日《人民日報》）。陳銘樞甚至直接寫信給毛，批評他本人，說毛澤東「好大喜功，喜怒無常，偏聽偏信，鄙夷舊的」（7月15日《人民日報》）。民主黨派民主人士的這種表現使毛澤東震怒。反右派鬥爭就從打擊民主黨派開始。

當年有機會經常接近毛澤東的李志綏在所著《毛澤東私人醫生回憶錄》中提出了這樣一個見解：

> 今日我的後見之明是：如果當時民主人士提的意見未涉及到毛，那麼「文化大革命」一定會提早十年，在1957年，而不是1966年發生。我們今天只記得反右派運動時對右派人士的恐怖行徑。其實毛開始時是想藉用民主黨派人士來替共產黨整風，目標是「反冒進」的那些領導。毛未料到民主黨派人士竟群起質疑「社會主義路線」和「共產政權」的合法性。毛萬萬沒有想到，民主人士提的意見愈來愈尖銳，攻擊的矛頭逐漸指向毛本人的統治。毛被迫暫時回頭和黨內反對他的同志聯合起來。黨內領導人人自危，大家一致槍口向外，出現了大團結的局面。（台北時代出版公司1997年版，第195-196頁）

由此可見，毛澤東的「反反冒進」確實是反右派鬥爭的一個近因。

第四章

反右派鬥爭的近因之二

——蘇聯和東歐的政治地震

毛澤東在省市自治區黨委書記會議上說的，「去年這一年是多事之秋，國際上是赫魯曉夫、哥穆爾卡鬧風潮的一年。」所謂赫魯曉夫鬧風潮，是指 1956 年 2 月他主持召開蘇聯共產黨第二十次代表大會，用「反對個人崇拜」這個提法批評了斯大林，第一次揭露了斯大林對無辜者的大規模鎮壓。二十大路線的出現有其必然性。它是蘇聯國內外矛盾發展到那時的公開表露。赫魯曉夫作為一個現實的社會主義國家領導人，第一個揭露出蘇聯模式社會主義的弊端，表示了必須有所變革的意思。二十大路線有著明顯的民主化和自由化的傾向，這在國際共產主義運動中是一劃時代的事件，其影響巨大而且深遠。三十五年之後蘇共的消亡和蘇聯的解體的原因，都應該溯源到這一事件。

說起斯大林，其實毛澤東對他早就有自己的看法。使他感到切膚之痛的，是斯大林對待中國、對待中國共產黨和對待他本人的態度。這方面的意見他說過不只一次。例如，他說：

> 斯大林對中國作了一些錯事。第二次國內革命戰爭後期的王明「左」傾冒險主義，抗日戰爭初期的王明右傾機會主義，都是從斯大林那裏來的。解放戰爭時期，先是不准革命，說是如果打內戰，中華民族有毀滅的危險。仗打起來，對我們半信半疑。仗打勝了，又懷疑我們是鐵托式的勝利，1949、1950 兩年對我們的壓力很大。（《毛澤東選集》第五卷，第 286 頁）

對於蘇聯的國內政策，毛也有看法。例如，他說：

> 蘇聯的辦法把農民挖得很苦。他們採取所謂義務交售制等項辦法，把農民生產的東西拿走太多，給的代價又極低。他們這樣來積累資金，使農民的生產積極性受到極大的損害。（同上書，第 274 頁）

斯大林在世，有看法也不敢講。斯大林死後不多久，毛澤東就開始思考蘇聯模式的得失了。據薄一波說：「在我的記憶裏，毛主席是在 1955 年底就提出了『以蘇為鑒』的問題。」他回憶說，「從斯大林逝世以後，蘇聯發生的事情，包括貝利亞被揭露、一批重要的冤案假案被平反、對農業的加強、圍繞以重工業為中心的方針發生的爭論、對南斯拉夫態度的轉變、斯大林物色的接班人很快被替換等，已使我黨中央陸續覺察到斯大林和蘇聯經驗中存在的一些問題。」而且，「也陸續發現蘇聯的某些經驗並不適合

我國國情。」（薄一波，《若干重大決策與事件的回顧（修訂本）》上卷，人民出版社 1997 年版，第 488 頁）作為一個有經驗有眼力的大國領袖，毛澤東並不需要蘇共二十大的啟發，就已經在思考蘇聯的教訓了。

1954 年 3 月 27 日中國駐蘇聯大使張聞天向中共中央辦公廳報送了題為《蘇聯宣傳中對斯大林提法的改變》的材料。這份材料指出：一年來，蘇聯宣傳中對於斯大林的提法有了一些改變。這種改變從 1953 年 4 月已有些端倪，到 7 月後便已十分明顯。主要表現在兩個問題上：一是過去對於斯大林的功績提得過高，有些個人崇拜的偏向，為了糾正這個偏向，目前對於蘇聯在各方面的成就，包括在國家工業化、農業集體化、文化革命、偉大衛國戰爭等方面所獲得的成就，多強調群眾的功績，強調黨的領導，強調包括有列寧其他學生在內的黨中央委員會的集體領導，斯大林個人的功績則很少提到，更不單獨敍述。二是對列寧和斯大林兩人的評價，過去往往把斯大林和列寧相提並論，甚至比列寧提得還多些，現在有所糾正，特別強調斯大林是列寧的繼承者。今年蘇聯各報紀念斯大林逝世周年的文章，多以「斯大林是列寧事業的偉大繼承者」為標題。材料還介紹了蘇聯報刊對斯大林在革命運動與理論貢獻方面一些具體問題的提法的改變。4 月 28 日毛澤東將它批給劉少奇，以為這「是重要文件，宜作為內部文件，印發給在京及在各地的中委，候補中委，在京每〈某〉些應當閱讀的同志（如李維漢，安子文），請考慮酌定。」（《建國以來毛澤東文稿》第四冊，第 484 頁）當然這個報告也引起了他自己的思考。

世上也真有些碰巧的事。2 月 14 日是蘇共二十大開幕的日子，也正是從這一天開始，毛澤東逐日聽取國務院財經方面三十四個部委的彙報，目的是探索一條不同於蘇聯的發展道路。同時在莫斯科和北京進行的這兩個會的關係，薄一波回憶說：「在得知蘇共二十大批判斯大林消息後，我黨中央除召開了政治局擴大會議，專門作了討論外，彙報中同斯大林和蘇聯經驗相關聯的事也多了起來，『以蘇聯為鑒戒』的思想更加明確了。」（前引書，第 488 頁）

毛澤東這次聽取彙報的結果，是形成了《論十大關係》這篇報告。他說：

> 最近蘇聯方面暴露了他們在建設社會主義過程中的一些缺點和錯誤，他們走過的彎路，你還想走？過去我們就是鑒於他們的

經驗教訓，少走了一些彎路，現在當然更要引以為戒。（《毛澤東選集》第五卷，第 267 頁）

這篇《論十大關係》在毛澤東去世之後才公開發表。當時對蘇共二十大公開表明態度的，是 4 月 5 日以人民日報編輯部名義發表的〈關於無產階級專政的歷史經驗〉一文。這篇由陳伯達執筆起草的文章，經過毛澤東詳細修改補充。文章表示了對蘇共二十大新路線的支持：

> 二十次代表大會非常尖銳地揭露了個人崇拜的流行，這種現象曾經在一個長時間內的蘇聯生活中，造成了許多工作上的錯誤和不良的後果。蘇聯共產黨對於自己有過的錯誤所進行的這一個勇敢的自我批評，表現了黨內生活的高度原則性和馬克思列寧主義的偉大生命力。

> 中國共產黨慶祝蘇聯共產黨在反對個人崇拜這一個有歷史意義的鬥爭中所得到的重大成就。

毛澤東審稿時加寫了一些文字，既批評了斯大林，也在能夠為之辯解的地方為他作了辯解。他說：

> 他驕傲了，不謹慎了，他的思想裏產生了主觀主義，產生了片面性，對於某些重大問題做出了錯誤的決定，造成了嚴重的不良後果。

> 斯大林在他一生的後期，愈陷愈深地欣賞個人崇拜，違反黨的民主集中制，違反集體領導和個人負責相結合的制度，因而發生了例如以下的一些重大的錯誤：在肅反問題上擴大化；在反法西斯戰爭前夜缺乏必要的警惕；對於農業的進一步發展和農民的物質福利缺乏應有的注意；在國際共產主義運動中出了一些錯誤的主意，特別是在南斯拉夫問題上作了錯誤的決定。

> 有些人認為斯大林完全錯了，這是嚴重的誤解。斯大林是一個偉大的馬克思列寧主義者，但是也是一個犯了幾個嚴重錯誤而不自覺其為錯誤的馬克思列寧主義者。我們應當用歷史的觀點看斯大林，對於他的正確的地方和錯誤的地方做出全面的和適當的分析，從而吸取有益的教訓。不論是他的正確的地方，或者錯誤的地方，都是國際共產主義運動的一種現象，帶有時代的特點。

這篇文章還把蘇聯發生的問題同中國的情況聯繫了起來。認為：

　　我們有不少的研究工作者至今仍然帶着教條主義的習氣，把自己的思想束縛在一條繩子上面，缺乏獨立思考的能力和創造的精神，也在某些方面接受了對於斯大林個人崇拜的影響。

　　我們也還必須從蘇聯共產黨反對個人崇拜的鬥爭中吸取教訓，繼續展開反對教條主義的鬥爭。

中國所受到的斯大林的影響，這裏僅僅說到了不少研究工作者的教條主義習氣，其實是遠遠不止這些。中國共產黨是在共產國際的幫助和領導之下建立和發展起來的，共產國際（實際上就是斯大林）的左傾錯誤和右傾錯誤，無不經過他的代理人王明影響到中國共產黨。毛澤東在悼念斯大林的文章〈最偉大的友誼〉中說：

　　從列寧逝世以來，斯大林同志一直是世界共產主義運動的中心人物。我們圍繞着他，不斷地向他請教，不斷地從他的著作中吸取思想的力量。

　　中國共產黨和中國人民正是遵循列寧斯大林的學說，得到了偉大的蘇維埃國家和各國一切革命力量的支持，而在幾年以前獲得了歷史性的勝利。

　　蘇聯共產黨⋯⋯在過去和現在是我們的模範，在將來也還是我們的模範。

後來據吳冷西說，毛對人說過，這篇文章「從感情上來說我不願意寫，但從理智上來說，又不能不寫，而且不能不那樣寫」。（吳冷西，《憶毛主席》，新華出版社 1995 年版，第 20 頁）從感情上來說，他確實不願意這樣讚頌斯大林，可是這裏說的斯大林對於中國共產黨的巨大影響，卻是事實。

　　1949 年 7 月，劉少奇率代表團秘密訪問蘇聯，就即將建立的新國家的許多問題，從內外政策、機構設置、重要的人事安排等等事項，直接向斯大林討教。幾年間，確是把蘇聯作為模範。諸如：共產黨在國家生活中的地位、計劃經濟、五年計劃、優先發展重工業、對農業手工業和資本主義工商業的社會主義改造⋯⋯等等方面，一步一步把蘇聯模式移植了過來。

　　在指導理論方面所受到的斯大林的影響，這裏可以舉一個例。1928 年斯大林在〈論工業化和糧食問題〉的演說中說：

隨着我們的進展，資本主義分子的反抗將加強起來，階級鬥爭將更加尖銳。

向社會主義的前進不能不引起剝削分子對這種前進的反抗，而剝削分子的反抗不能不引起階級鬥爭的必然的尖銳化。（《斯大林全集》第十一卷中文版，第 149、150 頁）

1937 年他又在《論黨的工作缺點和消滅托洛茨基兩面派及其他兩面派的辦法》的報告中說：

我們的進展愈大，勝利愈多，被擊潰了的剝削階級殘餘也會愈加兇惡，他們愈要採用更尖銳的鬥爭形式，他們愈要危害蘇維埃國家，他們愈要抓住最絕望的鬥爭手段來作最後的掙扎。（《斯大林文集（1934-1952）》，人民出版社 1985 年版，第 153 頁）

這是斯大林有名的公式，正是這個公式導致了蘇聯肅反的嚴重擴大化。

1955 年，對胡風文藝思想的批判轉變為肅清胡風反革命集團的鬥爭，《人民日報》就此發表社論〈必須從胡風事件吸取教訓〉，毛澤東審稿時加寫了三段文字。其中他說：

在為國家的社會主義工業化和建成社會主義社會的偉大運動中，階級鬥爭更加尖銳，反革命分子必然要更加進行破壞活動。

由此可見，反胡風鬥爭，和以此為序幕的肅反運動的指導思想，就是斯大林的這個公式。

中蘇兩國的異同，毛澤東〈在成都會議上的講話〉中說：「1956 年 4 月的《論十大關係》，開始提出我們自己的建設路線，原則和蘇聯相同，但方法有所不同，有我們自己的一套內容。」（《毛澤東文集》第七卷，第 369-370 頁）換句話說，同的是原則，是大的方面；異的是方法，是小的方面：大同小異吧。或者說，用有所不同的方法去實現相同的原則。

還有一點很大的不同。從十月革命到二十大，蘇共執政已經三十九年。或者換一個計算方法，從 1927 年打垮了托洛茨基，到 1953 年去世，斯大林大權獨攬二十六年。在這三十九年或者二十六年的漫長歲月中，蘇聯在國內以及在對外關係方面已經積累了大量的矛盾，不少弊病已很明顯，以致第二十次代表大會不得不突出地提出這個問題，表示出改弦更張

的態度。而這時，中國共產黨執政還不過七八年時間，還在向蘇聯模式轉變的過程之中，時間還不長，這種模式的弊病還不很顯著。這時的包袱還不重，還有較大的行動自由。毛澤東就決心不再亦步亦趨，《論十大關係》就是他探索新路的第一次重大的努力。他說，十大關係的基本觀點就是同蘇聯作比較。除了蘇聯辦法以外，是否可以找到別的辦法比蘇聯、東歐各國搞得更快更好。（轉引自薄一波同上書，第487頁）

在考慮了蘇聯、東歐的不足和失誤，考慮了中國的情況之後，毛澤東提出了他的新方針。《論十大關係》中談到黨和非黨的關係，主要是共產黨和民主黨派的關係，他提出的方針是長期共存，互相監督。這一點是和蘇聯不同的。蘇聯不允許其他政黨存在，在二月革命中一同推翻沙皇的其他社會主義政黨都被取締。毛澤東說：

> 在我們國內，在抗日反蔣鬥爭中形成的以民族資產階級及其知識分子為主的許多民主黨派，現在還繼續存在。在這一點上，我們和蘇聯不同。我們有意識地留下民主黨派，讓他們有發表意見的機會，對他們採取又團結又鬥爭的方針。（《毛澤東文集》第七卷，第34–35頁）

4月28日，毛澤東在中共中央政治局擴大會議上說，藝術問題上的「百花齊放」，學術問題上的「百家爭鳴」，應該成為我國發展科學、繁榮文學藝術的方針。5月2日的最高國務會議上，他又把這「十大關係」、「雙百」方針這些意思向黨外的高層人士說了一遍。

在談到這些新方針的時候，還應該提到1月間中共中央召開的關於知識分子問題的會議。長時期以來實行的知識分子政策，是爭取、團結、教育、改造。1949年執政以後，不必再提「爭取」，其餘三項不變。不言自明，這是把知識分子看作有待爭取、有待團結、有待教育、有待改造的一種異己的力量。周恩來在會上所作的主題報告對知識分子重新作了估計。他說，我們現在所進行的各項建設，正在愈來愈多地需要知識分子的參加，知識分子已經成為我們國家的各方面生活中的重要因素，他們中間的絕大部分已經是工人階級的一部分，應該改善對於他們的使用和安排，使他們能夠發揮他們對於國家有益的專長，應該給他們應得的信任和支持。周恩來的報告還指出：目前在知識分子問題上的主要傾向是宗派主義。當然，周恩來也沒有忘記提到另一種傾向，即只看到知識界的進步而不看到他們的缺點，因而不去甚至不敢去對他們進行教育和改造工作。這樣，他

就把兩個方面都說到了：在改善對於知識分子的使用和安排，也就是改善其處境的同時，仍舊要進行對知識分子的改造工作。（《周恩來選集》下卷，第158–189頁）

毛澤東4月28日在政治局擴大會議上和5月2日在最高國務會議上提出「百花齊放、百家爭鳴」方針的兩次講話，在他生前沒有發表。對於這一方針的官方闡述，最早見於中共中央宣傳部長陸定一的〈百花齊放，百家爭鳴〉一文。這是他5月26日在懷仁堂向自然科學家、社會科學家、醫學家、文學家和藝術家共二千人的一篇講話，經毛澤東審閱修改，於6月13日發表。陸定一說：

> 中國共產黨對文藝工作主張百花齊放，對科學工作主張百家爭鳴，這已經由毛主席在最高國務會議上宣佈過了。

> 要使文學藝術和科學工作得到繁榮的發展，必須採取「百花齊放，百家爭鳴」的政策。文藝工作，如果「一花獨放」，無論那朵花怎麼好，也是不會繁榮的。

> 我國的歷史證明，如果沒有對獨立思考的鼓勵，沒有自由討論，那末，學術的發展就會停滯。反過來說，有了對獨立思考的鼓勵，有了自由討論，學術就能迅速發展。

> 我們所主張的「百花齊放，百家爭鳴」是提倡在文學藝術工作和科學研究工作中有獨立思考的自由，有辯論的自由，有創作和批評的自由，有發表自己的意見、堅持自己的意見和保留自己的意見的自由。

> 「百花齊放，百家爭鳴」，是人民內部的自由在文藝工作和科學工作領域中的表現。

在回答「為什麼現在才着重提出這樣的政策」這一問題時，陸定一談到國內政治狀況、知識界狀況的變化。首先是這樣一條：

> 社會主義改造在全國基本地區內已在各方面取得決定性的勝利，剝削制度將在今後幾年內在這些地區被消滅。一切原有的剝削者將被改造成為自食其力的勞動者。我國即將成為沒有剝削階級的社會主義國家。

陸定一只説了這麼多，只説了國內的原因，沒有説國外的影響。他的副手周揚在中國作家協會文學講習所的一次講話中是説到了國外的影響的。他説：

> 最近中央提出了「百花齊放，百家爭鳴」的方針，……這和蘇共第二十次代表大會提出對斯大林的批評有關。……我們不否認對於斯大林的批評在全世界引起了很大的混亂，但這個混亂現在看起來不是主要的，主要的是收穫。我們是在這樣一個狀況下提出「百花齊放，百家爭鳴」的。（《周揚文集》第二卷，人民文學出版社 1985 年版，第 405 頁）

陸定一的這篇講話還向不久前在對《紅樓夢研究》的批判中受到粗暴批評的俞平伯表示了歉意。他説，「俞平伯先生，他政治上是好人，只是犯了文藝工作中學術思想上的錯誤。」陸定一並且承認一些批判文章「缺乏充分的説服力量，語調也過分激烈了一些。至於有人説他把古籍壟斷起來，則是並無根據的説法。」看來，已經無意於全盤肯定幾年來給知識分子造成無端傷害的那些思想批判運動了。

羅隆基熱烈擁護百家爭鳴的方針，在 1956 年 6 月開的全國人大一屆三次會議上的發言中，這樣談到他對百家爭鳴方針的理解，他説：「社會主義、集體主義時代的『百家爭鳴』，如同一個偉大的管弦樂隊。樂隊中彈琴的、吹笛的、敲鑼的、打鼓的，在樂器上各有專長，在技術上各顯神通，而這些音樂家的技術專長是相輔而行相得益彰的。但樂隊的目的是為人民服務的，樂隊隊員每個人的目的亦必須是為人民服務的。這樣，樂隊在為聽眾演奏的時候就必須有組織、有領導、有指揮，而後演奏出來才有和聲、有節奏。這是集體主義社會主義時代『百家爭鳴』同動亂時期春秋戰國時代的『百家爭鳴』不同的地方。」羅隆基苦心孤詣分辨了兩個不同時代的「百家爭鳴」，可是他以樂隊為喻來作論證，卻不能不説是比擬不倫。一個管弦樂隊，不管是五十個人還是一百個人組成的，不管是用五種樂器還是十種樂器，當他們一同登台演奏某一樂曲的時候，只能算是一家，而不是五十家或者一百家。每個隊員只能嚴格按照樂譜演奏，不能在樂譜的規定之外顯一點神通。他的這個不倫的比喻卻可以理解為一種政治上的表態，他在共產黨領導的統一戰線中就好比在一個管弦樂隊中，他願意在這個有組織、有領導、有指揮的樂隊裏參加「爭鳴」，何嘗有一點反指揮、反領導的意思？

周恩來關於知識分子問題的報告，陸定一關於百花齊放百家爭鳴的講話，使許多知識分子好像感受到一種新的空氣，頗覺興奮。費孝通的〈知識分子的早春天氣〉一文寫出了那時許多知識分子的心情：

> 去年 1 月，周總理關於知識分子問題的報告，像春雷般起了驚蟄作用，接着百家爭鳴的和風一吹，知識分子的積極因素應時而動了起來。

> 周總理的報告對於那些心懷寂寞的朋友們所起的鼓舞作用是難於言喻的，甚至有人用了「再度解放」來形容自己的心情。知識分子在新社會裏的地位是肯定了，心跟着落了窠，安了。心安了，眼睛會向前看，要看出自己前途，因此，對自己也提出了新的要求。有的敢於申請入黨了，有的私下計議，有餘錢要買些大部頭書，搞點基本建設。這種長期打算的念頭正反映那些老知識分子心情的轉變。不說別人，連我自己都把二十四史搬上了書架，最近還買了一部《資治通鑒》。

> 百家爭鳴實實在在地打中了許多知識分子的心，太好了。知識分子的思想改造是從立場這一關改起的。劃清敵我似乎還比較容易些，一到觀點、方法，就發生唯心和唯物的問題，似乎就不簡單了。比如說，擁護黨、政府，愛國家、人民，對知識分子來說是容易搞得通的，但是要批判資產階級唯心主義思想體系，就有不少人弄不大清楚什麼是唯物的，什麼是唯心的那一套。

> 百家爭鳴恰好解決當前知識分子思想發展上發生出來的這些問題。據我的了解，百家爭鳴就是通過自由討論來明確是非，即是知識分子進一步的思想改造，在觀點、方法上更進一步的接受辯證唯物主義。現在絕大多數知識分子是有接受辯證唯物主義的要求的。他們希望具體地弄清哪些是唯物的，哪些是唯心的，唯心的為什麼不對，口服心服地在思想上進入工人階級。他們歡迎百家爭鳴，因為百家爭鳴可以保障不會冤屈任何一點正確的東西，而且給任何一點可以長成為正確的東西充分發展的條件。（《費孝通文集》第七卷，群言出版社 1999 年版，第 25–32 頁）

費孝通把百家爭鳴理解為知識分子進一步改造思想、接受辯證唯物主義的途徑，這真顯示出了七八年來對知識分子教育改造的巨大成績。要是百家爭鳴真達到了這個目的，也就不枉毛澤東陸定一的一番提倡了。只是

對於這一方針的貫徹，費孝通並不怎樣樂觀。就知識分子方面說，「對百家爭鳴的方針不明白的人當然還有，怕是個圈套，搜集些思想情況，等又來個運動時可以好好整一整。」不久以後發生的反右派鬥爭這一事實表明，這些並不是知識分子的過慮。就具體領導知識分子工作的幹部來說，「等到鳴了起來，聞到一些唯心主義的氣味，就有人打起警鐘：『唯心主義氾濫了』、『資產階級的思想又冒頭了』。大有好容易把妖魔鎮住了，這石碣一揭開，又會衝出來，搗亂人間的樣子。對這方針抗拒的人固然不算多，但是對這方針不太熱心，等着瞧瞧再說的人似乎並不少。」後來發生的實際情況比費孝通這篇文章估計的還要嚴重一點，對這方針抗拒的人也並不少。

9 月舉行的中國共產黨第八次全國代表大會的基調，依然是《關於無產階級專政的歷史經驗》和「百花齊放，百家爭鳴」方針。毛澤東在預備會議上講話，說「對斯大林要三七開」（《毛澤東選集》第五卷，第 298 頁），談到學習蘇聯，他說，「當然，是要學習先進經驗，不是學習落後經驗。我們歷來提的口號是學習蘇聯先進經驗，誰要你去學習落後經驗呀？」當初提出「學習蘇聯先進經驗」這口號的時候，卻是不能作這樣的解釋的。1952 年 11 月 11 日毛澤東有個批示，「凡有蘇聯顧問之單位，務必徹底解決幹部中是否全心全意向蘇聯專家學習的問題，凡不虛心學習者應受到批評。」這意思顯然是說，凡蘇聯經驗都是先進的，學蘇聯就是學先進經驗。那時一些不這樣理解的人都是吃了苦頭的。現在毛澤東作出這種解釋，表明他對蘇聯經驗有看法，他決定探索一條同蘇聯有所區別的發展道路。

中共八大公開發表的文件，對蘇共二十大表示了明確的支持。毛澤東在開幕詞中說：

> 蘇聯共產黨在不久以前召開的第二十次代表大會上，又制定了許多正確的方針，批判了黨內存在的缺點。可以斷定，他們的工作，在今後將有極其偉大的發展。（《中國共產黨第八次全國代表大會文獻》，第 9 頁）

劉少奇的政治報告也說，「今年 2 月舉行的蘇聯共產黨的第二十次代表大會是具有世界意義的重大政治事件。」並且特別提到二十大「批判了在黨內曾經造成嚴重後果的個人崇拜現象」。劉少奇的報告還提到了「雙百方針」：

為了繁榮我國的科學和藝術，使它們為社會主義建設服務，黨中央提出了「百花齊放，百家爭鳴」的方針。科學上的真理是愈辯愈明的，藝術上的風格是必須相容並包的。黨對於學術性質和藝術性質的問題，不應當依靠行政命令來實現自己的領導，而要提倡自由討論和自由競賽來推動科學和藝術的發展。

對於國內形勢的估計，政治報告認為，「現在，革命的暴風雨時期已經過去了」，從而提出了加強民主和法制的問題，「目前在國家工作中的一個重要任務，是進一步擴大民主生活，開展反對官僚主義的鬥爭。」、「必須使全國每一個人都明瞭並且確信，只要他沒有違反法律，他的公民權利就是有保障的，他就不會受到任何機關和任何人的侵犯」。報告中還提到「各民主黨派同共產黨一道長期存在，在各黨派之間也能夠起互相監督的作用」。（同上書，第 42、47、49、53、56 頁）

鄧小平在修改黨章的報告中也說：「關於堅持集體領導原則和反對個人崇拜的重要意義，蘇聯共產黨第二十次代表大會作了有力的闡明，這些闡明不僅對於蘇聯共產黨，而且對於全世界其他各國共產黨，都產生了巨大的影響。」（同上書，第 87 頁）

這些報告反映了蘇共二十大對中共八大的影響，至少在這時中共還是基本上接受了蘇共二十大的新路線的，提出並且力求貫徹一個在政治上和意識形態上都更加開放的方針，就明顯反映出這一點。

「百花齊放、百家爭鳴」方針公開提出之後，在知識界引起的反應很不一致。一些人在新方針的鼓舞之下積極從事創作活動和創造性的研究；一些人歡迎新方針，可是還有疑慮，一時不敢有什麼動作；一些人對新方針是有抵觸，甚至抗拒的。

「雙百方針」在文學方面引起的第一個回應，是二十二歲的王蒙發表小說《組織部新來的青年人》以及圍繞這篇小說的種種評論。

王蒙應該說是新方針呼喚出來的新人。多年之後他回顧往事，說：

1956 年「雙百」方針剛剛提出時便立見成效。那時候很快就出現了新的各種各樣的作品和新的藝術探索。

我自己也是在「雙百」方針的鼓舞下創作了《組織部新來的年輕人》，當時這個勇氣是被「雙百」方針鼓勵起來的。因為它

為文學藝術家們創造了一種輕鬆自由的氣氛，它鼓勵了人們進行批評的勇氣。（見《新華文摘》1986 年第 7 期，第 156 頁）

這篇描寫青年人反對官僚主義的小說在 1956 年 9 月號《人民文學》一發表，立刻以它的尖銳性引起了廣泛的注意和爭論。一方面它受到熱烈的歡迎，一方面又受到嚴厲的指摘。解放軍總政治部文化部馬寒冰的文章認為，這是「一部不真實的作品」，他從「典型環境和典型性格」這一文學範疇出發，認為像小說描寫的這樣的區委會是完全不可能有的，至少在中共中央所在地的北京市不可能有這樣的區委會。如果真有，也只能寫篇新聞報導來批評，卻不宜寫小說。大約他是以為這沒有典型性吧。李希凡的文章也是以這種典型環境論來批評王蒙：「在典型環境的描寫上，由於作者過分的『偏激』，竟至漫不經心地以我們現實中某些落後現象，堆積成影響這些人物性格的典型環境，而歪曲了社會現實的真實。」李希凡認為，這篇小說「把黨的一切組織、人員、工作，都寫成了『一片黑暗』」。也有人發表文章，表示不同意這種批評，說這是「用社會學的一般法則，代替了文學藝術的獨特規律」。

馬寒冰不只是不滿意王蒙的小說，對於提出百花齊放方針以來文藝界的局面更是憂心如焚。他和他們總政治部文化部副部長陳其通以及兩位同事陳亞丁和魯勒四人聯名，在 1957 年 1 月 7 日《人民日報》上發表〈我們對目前文藝工作的幾點意見〉一文。這可是當年的一件大事，在下面第六章裏將要詳細說到。

在這一段時間裏，也組織了民主黨派討論了長期共存、互相監督的方針。這種討論的情況，正如傅雷寫給他兒子傅聰的信中說的，「捧場恭維的遠過於批評的」（《傅雷家書》增補本，三聯書店 1994 年版，第 147 頁），儘管如此，還是出現了一些離經叛道的言論。例如章乃器在 1956 年中國民主建國會一屆二中全會上提出：資產階級已經沒有兩面性了。後來他的一些文章雖然補充了一些條件和限制，基本上還是這個意思。1957 年 5 月 31 日他在民建全國工商改造輔導工作座談會上說，「經過『五反』和全行業合營高潮，工商業者交出了生產資料，如仍教條主義地強調兩面性，這對工商業者自我改造的信心有很大影響。」他還說，「哪個階級都有兩面性，工人階級也有，只不過積極、消極兩面的比重大小不同，這是一個先進和落後的問題。」關於定息的性質，章乃器以為，「不應該把定息說成剝削」。（6 月 2 日《人民日報》）

毛澤東把蘇共「二十大」批評斯大林稱作赫魯曉夫鬧風潮，同時他還提到哥穆爾卡鬧風潮，說的是波蘭政局的劇烈變化。6月，波蘭發生波茲南事件，工人上街示威遊行，軍隊開槍鎮壓，死七十四人，傷九百多人。形勢進一步惡化。在波蘭統一工人黨的八中全會上，被關了幾年的哥穆爾卡取代奧哈布，擔任第一書記。匈牙利的亂子鬧得更大，黨中央第一書記拉科西被迫下台，最後是蘇軍出動了坦克車，才把遍及全國的騷亂鎮壓下去。這兩件事情被統稱為波匈事件。毛澤東看到國內知識界對蘇共「二十大」和波匈事件的熱烈反應，十分反感。他反覆在想一個問題：在中國，是不是也有發生波匈事件特別是匈牙利事件的可能性。他以為，是有這種可能性的。當然，他是力求避免中國出現「匈牙利事件」的。從這個時候開始，在毛澤東的思慮中，可以說是有了一個「匈牙利情結」。採取什麼對策來避免中國出現「匈牙利事件」呢？他想到的一項對策，就是開展整風運動。

波匈事件是國際共產主義運動中的一件大事。其間，中國共產黨派出了劉少奇、鄧小平率領的代表團去莫斯科同赫魯曉夫交換意見。1956年11月舉行的中共八屆二中全會，一個主要的議題就是波匈事件。會上，幾天前才回國的劉少奇報告了他就波匈事件同赫魯曉夫會談的情況，他在報告中提出：我們要吸取波匈事件的教訓，不能片面強調發展重工業，要重視發展農業和輕工業，要關心人民的生活；要擴大社會主義民主，反對幹部中的官僚主義特權思想；要限制領導人的權力，加強對領導人的監督。（《劉少奇年譜》下卷，中央文獻出版社 1996 年版，第 379 頁）

在全會上，毛澤東也談了他對波匈事件的看法。他說：

> 波蘭也好，匈牙利也好，既然有火，總是要燃燒的。燒起來好，還是不燒起來好？紙是包不住火的，現在燒起來了，燒起來就好了。匈牙利有那麼多反革命，這一下暴露出來了。匈牙利事件教育了匈牙利人民，同時教育了蘇聯的一些同志，也教育了我們中國的同志。（《毛澤東選集》第五卷，第 318 頁）

> 東歐一些國家的基本問題就是階級鬥爭沒有搞好，那麼多反革命沒有搞掉，沒有在階級鬥爭中訓練無產階級，分清敵我，分清是非，分清唯心論和唯物論。現在呢，自食其果，燒到自己頭上來了。（同上書，第 323 頁）

後來，就在整風運動正在進行、反右派鬥爭快要公開發動的時候，1957 年 5 月 22 日，周恩來約見蘇聯駐中國大使尤金。從《俄羅斯解密檔案選編・中蘇關係》第七卷中的〈尤金與周恩來談話紀要：整風運動與知識分子問題〉這一份文件可以知道：在這一次和尤金的談話中，周恩來把中共中央關於當前正在進行的整風運動和即將發動的反右派鬥爭的一些考慮告訴他，文件記載：

> 接着周恩來說，在開展這樣一個對黨和政府的缺點進行批評的廣泛運動的時候，中共中央自然會對所有導致採取這一措施的積極因素和消極因素進行仔細的分析。在這一問題上也會考慮到匈牙利的經驗。

> 周恩來說，中共中央認為，匈牙利事件絕不會在中國重演，因為黨和政府緊緊地控制並掌握着國家的形勢。（第 273 頁）

這說明了匈牙利事件是發動反右派鬥爭的一個重要因素。

至於波匈事件的起因，毛澤東不僅談到了他們階級鬥爭沒有搞好，那麼多反革命沒有搞掉這一方面，還談到他們自己的工作犯了錯誤，脫離群眾這一方面。他說：

> 比如說，像我們這樣的人，可能犯錯誤，結果鬥不贏，被別人推下去，讓哥穆爾卡上台，把饒漱石抬出來。（《毛澤東選集》第五卷，第 319 頁）

> 如果脫離群眾，不去解決群眾的問題，農民就要打扁擔，工人就要上街示威，學生就要鬧事。（同上書，第 324–325 頁）

當然，中國要避免出現此種前景。就必須汲取東歐國家那麼多反革命沒有搞掉的教訓，對策之一就是行之有效的經驗豐富的老辦法：鎮壓反革命。在全會上，他說，「對反革命一定要殺掉一批，另外還捉起來一批，管制一批。」（同上書，第 318 頁）另一個準備採取的對策就是開展整風運動。他在這次全會上宣佈：「我們準備在明年開展整風運動。整頓三風：一整主觀主義，二整宗派主義，三整官僚主義。」（同上書，第 327 頁）為什麼開展整風運動就能夠防止發生匈牙利事件呢？原來他這時所設想的整風運動是這樣的：

> 你要搞資產階級大民主，我就提出整風，就是思想改造。把
> 學生們統統發動起來批評你，每個學校設一個關卡，你要過關，
> 通過才算了事。所以教授還是怕無產階級大民主的。（同上書，
> 第 326 頁）

這裏的「大民主」「小民主」這話，原是新華通訊社國際部副主任李
慎之說的。關於這事，本書後面第十七章還要詳細說到。李慎之本來不是
這個意思，在全會上毛「借用這個話」（同上書，第 323 頁）並按自己的
意思重新作了解釋。按照毛的意思，有兩種「大民主」。像匈牙利事件，
以及不久之後右派分子的大鳴大放，亂鳴亂放，猖狂進攻，是資產階級的
大民主；而整風運動，人人過關，發動學生來鬥爭教授，如同前幾年行之
有效的思想改造運動，或者幾個月之後的反右派鬥爭，就是無產階級的大
民主。「整風就是思想改造」，這句話是毛這一篇講話的精髓，萬萬不可忽
略。人們從他說的這句話，以及他對整風運動的描寫（讓學生批評教授），
從這裏可以知道，這時他所設想的整風運動，其實和後來的反右派鬥爭是
差不多的東西。牢記了這一點，就不會對即將開展的整風運動有所誤解
了，毛澤東就是寄希望於這樣的整風運動以防止發生匈牙利事件。

這一段話，是他在談到民主黨派和教授即大知識分子的時候說的。對
於工人農民基本群眾和青年學生，他卻是主張作一點讓步，以緩和同他們
的關係。在全會上，他說：

> 現在有這樣一些人，好像得了天下，就高枕無憂，可以橫
> 行霸道了。這樣的人，群眾反對他，打石頭，打鋤頭，我看是該
> 當，我最歡迎。而且有些時候，只有打才能解決問題。共產黨是
> 要得到教訓的。學生上街，工人上街，凡是有那樣的事情。同志
> 們要看作好事。……要允許工人罷工允許群眾示威。遊行示威
> 在憲法上是有根據的。以後修改憲法，我主張加一個罷工自由，
> 要允許工人罷工。這樣，有利於解決國家、廠長同群眾的矛盾。
> （同上書，第 325 頁）

毛澤東的這些講話，都是在黨內的會議上講的，當時沒有公開發表。
中國共產黨對波匈事件鄭重的公開表明態度，是 12 月 29 日發表的〈再論
無產階級專政的歷史經驗〉。這篇也還是署名人民日報編輯部的文章，是由
胡喬木執筆起草的（順便說一句：毛澤東死後，胡已將此文編入《胡喬木

文集》第一卷了），比起前一篇〈關於無產階級專政的歷史經驗〉來，對待蘇共二十大新路線的態度有了明顯的改變。

在批評斯大林問題上，和前一篇相銜接，〈再論〉還是說了一些這樣的話：

> 蘇聯共產黨第二十次代表大會，在破除關於斯大林的迷信、揭露斯大林錯誤的嚴重性、消除斯大林錯誤的後果方面，表現了巨大的決心和勇氣。全世界的馬克思列寧主義者和同情共產主義事業的人們，都支援蘇聯共產黨糾正錯誤的努力，希望蘇聯同志的努力得到完滿的成功。

但是全篇的主旨卻不是要說這些，而是要竭力為斯大林辯解：「甚至在他犯錯誤的時候，他的悲劇也在於，他相信那是捍衛勞動者的利益不受敵人侵害所必須的。」

關於斯大林的功罪，毛澤東審稿時加寫有這樣一段：

> 儘管在某些時候為了糾正這些錯誤而對這些錯誤加以強調是必要的，但是為了做出正確的估價，不使人們發生誤解起見，將這些錯誤放在適當的地位也是必要的。我們認為，斯大林的錯誤同他的成績比較起來，只居於第二位的地位。

這也就是他不止一次說過的三七開的意思。為什麼必須這樣分析呢？他已經感覺到，全盤肯定斯大林，全面照搬斯大林模式，波匈事件證明，是已經行不通的了，必須有所更張。現在他又從波蘭匈牙利的實例看到，否定斯大林，發展下去，勢必鼓勵人們起來反對斯大林模式的政治經濟體制。對斯大林的三七開，就是對二十大的三七開，有三成是可以接受的，七成是不能接受的。這三七開，也是容許批評的界限，批評在三之內，是建設性的。到三之外，就是破壞性的批評了。簡單地說，斯大林遺產中的那些最刺眼、最噁心、最令人厭惡的部分是要消除的，消除這一切的目的，正是要把這體制更好地保存下來，他不認為這些弊端是體制本身的一部分。

所以，〈再論〉不但為斯大林辯護，還要為產生了斯大林的制度辯護。這個辯護是針對鐵托的。11月11日鐵托在普拉演說，指出斯大林的錯誤「是一種制度的產物」，他說，「這裏不僅僅是一個個人崇拜問題，而是一

種使得個人崇拜得以產生的制度問題。」〈再論〉不接受這一個意見，斷言「斯大林的錯誤並不是由社會主義制度而來；為了糾正這些錯誤，當然不需要去『糾正』社會主義制度。」為什麼呢？〈再論〉並沒有費心提出自己的理由。不過這一沒有講明道理的宣告是重要的，它表明不能容忍涉及制度本身的批評。

不是制度問題。那麼，發生斯大林錯誤的原因又是什麼呢？〈再論〉回答道：

> 在這裏，決定的因素是人們的思想狀況。斯大林後期被一連串的勝利和歌頌沖昏了頭腦，他的思想方法部分地但是嚴重地離開了辯證唯物主義，而陷入了主觀主義。他開始迷信個人的智慧和權威，不肯認真地調查和研究各種複雜的實際情況。不肯認真地傾聽同志們的意見和群眾的呼聲，以致使自己所決定的一些政策和措施往往違反客觀實際情況。而且，他往往在一個長時間內固執地要推行這些錯誤的東西，而不能及時地改正自己的錯誤。

這種解釋其實是經不起推敲的。當時北京大學物理系四年級學生譚天榮就寫了一篇〈教條主義產生的歷史必然性〉來反駁，指出這裏的「全部論證在邏輯上不過是同語反覆，斯大林之所以犯錯誤是因為斯大林犯了錯誤，個人崇拜的產生是因為個人崇拜的流行」，他說，「在我看來，斯大林的錯誤，不能用斯大林的個人品質來說明，正如落體運動不能用物質結構來說明一樣。」（據《原上草》，經濟日報出版社 1998 年版，第 47–48 頁）

多年之後，執筆者胡喬木本人也承認了他的這種提法是缺乏說服力的。1980 年他在〈《歷史決議》中對「文化大革命」的幾個論斷〉這篇講話中說：「每個人都有他的品格，他的品格裏面都有好的方面，不好的方面，假如強調了這個方面，就如同赫魯曉夫批評斯大林一樣，蘇聯人民也認為沒有講出個道理來。幾十年的歷史，光用性格就解釋了嗎？」（見《胡喬木文集》第二卷，人民出版社 1993 年版，第 148 頁）

不能涉及制度，當時也並不只是〈再論〉這樣說。就是胡喬木在這裏提出的赫魯曉夫，也是把事情歸咎於斯大林的個人品質，一個字也不涉及制度問題。赫魯曉夫願意做的，是在這個制度之下，做一個比斯大林仁慈一些的斯大林。這也難怪。他也是在斯大林制度那所學校訓練出來的政治家。

〈再論〉一文是這樣總結匈牙利事件的：

> 在過去時期的匈牙利，勞動人民的民主權利和革命積極性受
> 到破壞，而反革命分子卻沒有受到應有的打擊，以致反革命分子
> 在一九五六年十月間能夠很容易地利用群眾的不滿情緒，組織武
> 裝叛亂。這就說明了過去時期的匈牙利還沒有認真地建立起無產
> 階級專政。

這也同毛澤東的內部講話一樣，〈再論〉實際上也是指出了事情的兩個
方面。只是像「勞動人民的民主權利和革命積極性受到破壞」這樣的表述
方式，是說得過於含蓄了。

4月間的那篇〈關於無產階級專政的歷史經驗〉，說的是「必須展開反
對教條主義的鬥爭」，12月的〈再論〉說的是「我們在堅決反對教條主義
的時候，必須同時堅決反對修正主義」，側重點是明顯轉移了。

因波匈事件的發生，毛重新檢討了蘇共「二十大」路線。他在前面引
用過的八屆二中全會上的講話中說：

> 關於蘇共二十次代表大會，我想講一點。我看有兩把「刀
> 子」：一把是列寧，一把是斯大林。現在，斯大林這把刀子，俄
> 國人丟了。哥穆爾卡、匈牙利的一些人就拿起這把刀子殺蘇聯，
> 反對所謂斯大林主義。歐洲許多國家的共產黨也批評蘇聯，這個
> 領袖就是陶里亞蒂。帝國主義也拿這把刀子殺人，杜勒斯就拿起
> 來要了一頓。這把刀子不是借出去的，是丟出去的。我們中國沒
> 有丟。我們第一條是保護斯大林，第二條也批評斯大林的錯誤，
> 寫了〈關於無產階級專政的歷史經驗〉那篇文章。我們不像有些
> 人那樣，醜化斯大林，毀滅斯大林，而是按照實際情況辦事。

> 列寧這把刀子現在是不是也被蘇聯一些領導人丟掉一些呢？
> 我看也丟掉相當多了。十月革命還靈不靈？還可不可以作為各國
> 的模範？蘇共二十次代表大會赫魯曉夫的報告說，可以經過議會
> 道路去取得政權，這就是說，各國可以不學十月革命了。這個門
> 一開，列寧主義就基本上丟掉了。（《毛澤東選集》第五卷，第
> 321–322頁）

這就是說，在國際共產主義運動總路線的問題上，毛澤東已經在考
慮他同赫魯曉夫的分歧了。〈再論無產階級專政的歷史經驗〉這篇文章可

以說預告了幾年之後的反對所謂現代修正主義的鬥爭。文章概括列舉了五條「蘇聯革命和建設的基本經驗」，到 1963 年中蘇論戰的時候，就擴充為二十五條「關於國際共產主義運動總路線的建議」了，這實際上是預示了幾年之後中蘇意識形態的論戰，只是當時未必有人想得這麼遠。

4 月間的那一篇，多少有一點被動地表明態度的性質，表示對二十大路線的支持。12 月的〈再論〉卻從積極方面提出了自己的主張，對二十大路線表示了更多的保留，不要單純以為這是從 4 月的立場後退了一步，這裏反映了更深一層的思考。也不要以為〈再論〉就是表示最後拋棄二十大的自由化和民主化的傾向，這一試驗還要持續半年左右的時間。

為了避免匈牙利那種事態，這篇文章還第一次公開提出了兩類社會矛盾的思想：「在我們面前有兩種性質不同的矛盾：第一種是敵我之間的矛盾，……第二種是人民內部的矛盾……」。

這是毛澤東新近產生的一種想法。12 月 4 日他在覆黃炎培的信中說：

> 社會總是充滿着矛盾。即使社會主義和共產主義社會也是如此，不過矛盾的性質和階級社會有所不同罷了。既有矛盾就要求揭露和解決。有兩種揭露和解決的方法：一種是對敵（這說的是特務破壞分子）我之間的，一種是對人民內部的（包括黨派內部的，黨派與黨派之間的）。前者是用鎮壓的方法，後者是用說服的方法，即批評的方法。我們國家內部的階級矛盾已經基本上解決了（即是說還沒完全解決，表現在意識形態方面的，還將在一個長時期內存在。另外，還有少數特務分子也將在一個長時間內存在），所有人民應當團結起來。但是人民內部的問題仍將層出不窮，解決的方法，就是從團結出發，經過批評與自我批評，達到團結這樣一種方法。（《毛澤東文集》第七卷，人民出版社 1999 年版，第 164 頁）

在不久之後舉行的最高國務會議上，毛澤東對這個如何處理人民內部矛盾的思想作了詳細的闡發，它成了即將開始的整風運動的主題。

12 月 24 日，毛澤東在審閱中共中央統戰部《關於加強政協地方委員會工作的意見》時，給中央指示加寫了這樣一段話：

> 大約在 1957 年夏季，中央將召開一次專門討論全國統一戰線工作的會議，請你們早作準備，將所屬地區的統一戰線工作

（包括少數民族工作）加以認真的檢查和安排。對於有些在黨外
人士面前愛擺老爺架子，宗派主義作風極為嚴重的同志，應當認
真地給以批評和教育，端正他們的態度和作風。（《建國以來重要
文獻選編》第九冊，中央文獻出版社 1994 年版，第 541-542 頁）

可見這時他是有意改善一下幹部作風，改善一下同黨外人士的關係。

第五章

插說一下兩年前的肅反運動

1955 年毛澤東發動了一場肅清胡風反革命集團的鬥爭，實際上是揭開了肅反運動的序幕。宣佈要開展肅反運動的第一個文件是 1955 年 7 月 1 日中共中央發出的《關於展開鬥爭肅清暗藏的反革命分子的指示》（即《七一指示》）。它一開頭就從「6 月 10 日，人民日報繼以前發表的兩批材料之後，發表了《關於胡風反革命集團的第三批材料》和社論」說起，並且提出：「中央認為，應當利用胡風事件，在全國範圍內大張旗鼓地進行一個廣大的肅清暗藏的反革命分子的運動。」清楚地表明即將開展的這一場肅反運動就是反胡風鬥爭的繼續和擴大，就是「肅清胡風反革命集團」這一場鬥爭的毫無間歇的延伸。

為什麼要發動這一場肅反運動？《七一指示》的說法是這樣的：

> 隨着我國社會主義事業的進展，階級鬥爭必然日益尖銳化和複雜化；高崗、饒漱石事件，潘漢年、楊帆事件，胡風事件，就是這種階級鬥爭狀況的反映。這些事件表明，帝國主義、蔣介石匪幫和資產階級中的反動分子，正在採取各式各樣的鬥爭方式，加緊進行他們反革命的陰謀破壞活動。敵人知道，中國共產黨和人民政府在廣大人民群眾中具有無限的威信，人民民主專政十分鞏固，公開反對共產黨和人民政府是得不到人民群眾的任何擁護的，因此反革命分子就採取最陰險的、隱蔽的鬥爭方式，以兩面派手法偽裝革命，鑽進革命隊伍，甚至爬上革命工作的領導崗位，從革命隊伍內部來進行破壞。這種暗藏的反革命分子是革命的最危險的敵人。高饒反黨集團企圖篡奪黨和國家的最高權力；潘楊反革命集團主要是在公安機關這樣一個要害部門裏同我們進行鬥爭；胡風反革命集團企圖從思想戰線文藝戰線上來推翻黨的領導。暗藏的反革命分子，既然可以用兩面派的手法，在上述這些機關裏和戰線上同我們進行鬥爭，那末，可以設想，暗藏的反革命分子必然而且已經以財政經濟、政治法律、文化教育、學術思想、統一戰線、群眾運動、建黨工作以及其他許多機關裏和戰線上鑽了進來，進行陰謀活動，破壞人民民主制度和社會主義的事業。因此，高饒集團、潘楊集團、胡風集團的揭露，僅僅是我們肅清暗藏的反革命分子的鬥爭的開始，而不是這個鬥爭的終結。正確的估計應當是：在很多部門，在很多地方，大量的暗藏的反革命分子是還沒有被揭露和肅清的。（《中國共產黨組織史資料》第九卷，中共黨史出版社 2000 年版，第 292-293 頁）

造成如此嚴重情況的原因，這個《指示》作了這樣的分析：

> 這是因為：第一，我們的黨組織、國家機關、人民團體、文化教育機關和經濟機關，在接收工作人員的時候，缺乏嚴格的審查；第二，我們是勝利者，各種人都向我們靠攏，其中魚龍混雜，我們還沒有來得及作徹底的清理；第三，暗藏的反革命分子是採取兩面派的欺騙手段來進行破壞活動的，辨別和清理暗藏的反革命分子這件事，是要依靠領導機關的正確指導和廣大群眾的高度覺悟相結合才能辦到，而過去，我們在這方面的工作是有缺點的。（同上書，第 293 頁）

人們可以看出：這一段話是從 6 月 15 日毛澤東為《關於胡風反革命集團的材料》一書寫的序言中稍改幾個字搬過來的。毛澤東在這篇序言中，同語反覆地說了徹底清理幹部隊伍的必要性：

> 就胡風分子的許多個別的人來說，我們所以受他們欺騙，則是因為我們的黨組織，國家機關、人民團體、文化教育機關，或企業機關，當初接收他們的時候，缺乏嚴格的審查。也因為我們過去是處在革命的大風暴時期，我們是勝利者，各種人都向我們靠攏，未免泥沙俱下，魚龍混雜，我們還沒有來得及作一次徹底的清理。還因為辨別和清理壞人這件事，是要依靠領導機關的正確指導和廣大群眾的高度覺悟相結合才能辦到，而我們過去在這方面的工作是有缺點的。（《毛澤東選集》第五卷，第 161–162 頁）

這一段話在抄到《七一指示》中去的時候，刪的改的僅僅是下面用括弧標明的極少幾個字。例如：

> 我們的黨組織、國家機關、人民團體、文化教育機關或經濟（企業）機關，在（當初）接收工作人員（他們）的時候，缺乏嚴格的審查。

> 我們是勝利者，各種人都向我們靠攏，其中（未免泥沙俱下，）魚龍混雜，我們還沒有來得及作（一次）徹底的清理。

基於對敵情的嚴重估計，《指示》強調提出：在開展肅反運動的時候，必須「反對『寧右勿左』的思想」：

反對在黨內鬥爭、思想鬥爭、幹部工作、人事工作方面的「寧右勿左」的思想。這種思想，是與「寧左勿右」的思想同樣錯誤的。「寧左勿右」的錯誤思想，曾經使我們在過去的工作中出過偏差，這是我們應當引為教訓的，我們必須避免重複這樣的錯誤，但是決不能因此就束縛住我們自己的手足，不敢發動群眾去進行對暗藏的反革命分子的鬥爭。全國解放後，在我們的許多幹部中實際上滋長了一種「寧右勿左」的思想。這主要表現在我們隊伍中許多人喪失了對於共產黨人極為寶貴的政治警惕性，不能辨別暗藏的反革命分子，在革命隊伍內部發現了反革命分子和反革命思想也不敢堅決地去進行鬥爭，許多機關在吸收工作人員的時候往往不經嚴格的審查而完全信任私人的介紹。暗藏的反革命分子，不但會披上馬克思主義的外衣，來散佈反動的思想，會表面裝得勤勞、刻苦，來騙取信任，以便背後搞鬼，而且還會偽造歷史，假造黨的介紹信，假造文件，假造勳章，利用我們的麻痹大意，利用我們隊伍中的自由主義、個人主義等缺點錯誤，鑽到我們的機關裏和黨裏來。「寧右勿左」的思想，恰恰是幫助了他們，幫助了反革命，與「寧左勿右」的思想是幫助了反革命一樣。（同上書，第 294 頁）

運動進行的步驟，《指示》作了具體的佈置：

應該毫無例外地在所有機關、團體、工礦、部隊、學校中，首先在五百萬知識分子和幹部中，用報告、閱讀（《關於胡風反革命集團的材料》一書），討論（大會討論和小組座談）的方法，反覆進行肅清暗藏的反革命分子的教育。報告應由首長負責，自己動手。……（同上書，第 295 頁）

這一場肅反運動的審查面，毛澤東在審閱中共中央《關於揭露胡風反革命集團給各地黨委的指示》稿的時候，在第一條講到「我們現在的黨政軍民各種機關中，和廠礦學校中，其所有人員，包括起義人員、留用人員在內，絕大多數是好人」中的「絕大多數」後面，毛澤東加括弧寫了「百分之九十幾」；在講到「但同時，這些機關廠礦學校中，也都有暗藏的反革命分子，他們在全體人員中是絕對少數」的地方，毛澤東在「絕對少數」後面加括弧寫了「佔百分之幾，大約有百分之五左右」。《指示》就根據毛澤東提出的這個「百分之五左右」的控制指標作出規定：

必須認識，我們現在的黨政軍民各機關、團體、廠礦、學校中，所有人員，包括起義人員、留用人員在內，絕大多數（百分之九十幾）是好人。他們之中，有一些人是有錯誤和缺點的，但他們還是屬於好人一類的。如果忘記了大多數是好人這一點，我們就會犯錯誤。但是同時，這些人員中，也有百分之幾（大約百分之五左右）是暗藏的反革命分子或其他壞分子。（同上書，第294頁）

這個《七一指示》發下以後，全國各地各界各大小機關單位都立即開展了肅反運動。具體領導肅反運動的，是一個新設立的叫做「五人小組」的機構。中央和各省市都設立了（中央五人小組在 1957 年 7 月擴大為中央十人小組）。每一個基層單位也都有「五人小組」的機構，領導本單位的肅反運動。運動開始，五人小組事先按照一定的百分比，遵照《七一指示》的規定，是「大約百分之五左右」，這就是說，要按照各自單位人員總數的百分之五左右，選定一批肅反對象予以打擊。

各個單位的肅反運動是如何開展的，這裏舉中國作家協會的情況為例。據 1957 年 6 月 10 日新華通訊社編的《內部參考》上的一篇報導透露：

中國作家協會黨組從 1957 年 5 月 20 日起連續召開了四次黨外作家座談會，會上有人提出中國作家協會的「肅反運動中領導人有急躁情緒和主觀盲目性，鬥錯了不少人，總結的時候對偏差又沒有作應有的估計，而強調偏差產生原因是由於「小資產階級的狂熱性」。（作協肅反五人小組是劉白羽、嚴文井、康濯、阮章競、張僖組成的）據說，在肅反運動中五人小組對這樣兩個人的處理引起過不少意見：（以下是記者聽來的，未向五人小組核對）

（1）在文學講習所工作的老翻譯家、詩人李又然在運動剛開始時的一次漫談會上說，愛魯黎的詩也愛他這個人等等，他和胡風又有些關係。於是五人小組當場宣佈把他「隔離」起來，過了很久才補辦手續，後來經過文學講習所審查，在作出沒有問題的結論之後，五人小組不僅不迅速解決他的問題，反而仍然在許多會議上說李又然是托派等。現在李的身體很不好，神經也因刺激而受影響。

（2）《人民文學》編輯部在肅反時有二十四人，確定六個對象，四個重點。（結果都沒有問題）為首的是小說組副組長唐祈（民盟盟員），因為胡風在報告中說他講過讀者喜歡路翎的小說《初雪》，不喜歡劉白羽《遠方來信》。唐平時愛提意見，過去領導人——葛洛等人——對他的意見大多接受，年終鑒定時也說他的工作有創造性。可是到了肅反，全部反過來，把這些已被肯定的意見，都作為反黨言論。由於過早地為唐作了結論，他的年青的妻（今年才二十四歲，有二個孩子）就和他離了婚。最後，才重新推翻結論，平反。另外，肅反中鬥錯別人的「積極分子」都一直受到表揚提升，例如作協黨組副書記劉白羽曾經再三表揚過的《人民文學》的涂光群，在鬥倒唐祈之後竟然被委任為《人民文學》小說組組長。涂今年才二十多歲，文藝修養很差，只發表過不多幾篇普通雜文，而他卻領導了全國最大文藝刊物中最重要的一個組，這個組每月要處理一千二百多萬字的來稿。涂的工作態度也極其不好，任意退稿是他的家常便飯。有一次，要他去爭取茅盾的新作（一部長篇小說）來發表，他竟然想通過茅盾的秘書，先把作品拿來看過之後再去約，因為怕「拿來了不能用，被動」。涂對編輯部內的同志也是盛氣凌人，被許多同志稱為「老虎」。在 6 月 1 日《人民文學》編輯部召開的整風會上，一個大高個兒的男同志講到涂欺人太甚情形時泣不成聲。據說，涂的狂妄、專橫是和《人民文學》領導人葛洛、秦兆陽的偏愛分不開的，他們大大助長了他的氣焰。

總之，在作協機關內部來說，肅反運動遺留下的某些印象還未消除，幹部們還有顧慮。有幾次會上，有人提出，劉白羽又來領導整風，使人不得不有顧慮。

大約是認為下面的運動展開還不夠有力，8 月 25 日中共中央再發出一個新的指示：《關於徹底肅清暗藏的反革命分子的指示》，給以鞭策。這個由毛澤東修改定稿的《指示》對整個運動重新作出部署：「黨的、政府的、群眾團體（不包括工商聯）的機關，高等學校和幹部學校（包括全體教職員工和學生），中小學校（包括教職員工，不包括學生），軍隊、國營的、合作社營的、公私合營的企業（包括技術人員、職員和工人），均須無例外地進行肅清暗藏的反革命分子的運動。」（《建國以來重要文獻選編》第七冊，第 141 頁）並且再一次強調提出敵情的嚴重性，再一次批判「寧右勿左」的思想：

敵情是嚴重的，反革命分子和其他壞分子確已鑽進了我們的各個部門和各種機構，對反革命分子麻木不仁「寧右勿左」的右傾思想是反革命分子和其他壞分子的護身符。必須堅決反對右傾思想，徹底肅清一切暗藏反革命分子和壞分子，社會主義建設和社會主義改造的事業才能有成功的保證。（同上書，第 134 頁）

對於這一場肅反運動的審查面，8 月 25 日的《指示》也是重申《七一指示》中「大約百分之五左右」的規定，只是在前面所引《七一指示》那一段原話中刪去「必須認識」四個字，把「廠礦」改為「企業」而已。（《建國以來重要文獻選編》第七冊，第 138 頁）

這個《指示》同時還對運動提出了這樣堅決的要求：「在這次運動中達到在機關、團體、軍隊、學校、企業（國營的、合作社營的和公私合營的）中徹底肅清一切暗藏的反革命分子的目的。不完成任務不要收兵。」（同上書，第 135 頁）這就比《七一指示》說得有力得多了。

對於前一段運動中出現的一些情況，這個《指示》作出了反應。8 月 10 日陸定一將中央十人小組辦公室的一份情況簡報送呈毛澤東，其中說：在肅反運動中，國務院城市建設總局城市設計院經過群眾檢舉和查歷史，發現有不少是混進來的冒牌工程師，其中隱藏了反革命分子和壞分子。這些人技術低劣，政治歷史情況複雜。他們通過偽造歷史、學歷、誇張吹噓個人本領等手段，混入技術部門。而我們有些單位由於基本建設任務繁重，急需技術人員，到處搜羅，更不管真假，一概收錄，聽說是大學、專科畢業，便給個工程師職位，這就給這些冒牌工程師的混入開了方便之門。毛澤東批轉了這個報告。在 8 月 25 日的《指示》中，就有了這樣的規定：

> 對高級技術人員，執行下列政策：（一）假冒的堅決開除，送去勞動教養，犯罪的並需判刑；（二）確有技術，但又確有反革命現行活動的，查明證據確實，判刑後控制使用；……（《建國以來重要文獻選編》第七冊，第 147 頁）

1955 年 7 月 20 日中共陝西省委關於批准逮捕人犯工作中應注意的幾個問題給所屬並報中央的報告中說：

> 從最近反映的批捕人犯工作情況看，各地在原計劃第一批逮捕的人數中，不少擬捕對象罪證是失實的。其中有些是根本不該捕的；有些雖有一些過失，但也不屬於捕辦對象；有些是可疑分

子，但在關鍵問題上缺乏材料和證據，尚需查對。存在這些問題是由於過去工作中存在輕敵麻痺思想和工作不深入，對可否逮捕的政策界限不清，因而在將要進入大批逮捕時，唯恐難以按原計劃完成，產生了急於湊數的思想。根據這種情況，各級黨委必須注意：一、嚴格掌握中央公安會議規定的應捕和不應捕的政策界限，切實糾正為了完成任務馬虎湊數和對該捕的猶豫動搖的錯誤偏向。二、各地已組織起來的聯合辦公機構，應切實加強工作，特別是加強審查批捕人犯名單的工作。三、大捕以前除了加強審查工作外，還需做好一系列組織工作。四、鑒於各地準備工作還不夠充分，部分地區逮捕工作的時間應有所推遲。

毛澤東將這個報告批給公安部部長、中央十人小組副組長羅瑞卿：「此件所說問題帶一般性，請加注意。此件請你們商量一下，可否用中央名義轉發各省市黨委注意仿辦。」於是，在 8 月 25 日的《指示》中就有了有關逮捕人犯工作規定的一段：

> 逮捕的批准權，屬於省市委。是否逮捕，要看情況決定：少數極重要的反革命分子，應及早逮捕；但有些反革命分子，應暫時放在機關裏作為鬥爭對象，使群眾在同他們進行鬥爭的過程中提高覺悟，這樣的分子就以緩捕為有利；反革命分子起義的不要逮捕，坦白的看情節輕重和是否徹底坦白來決定是否逮捕，我們有材料但堅不坦白的必須堅決逮捕。（同上書，第 145 頁）

在其中「我們有材料但堅不坦白的必須堅決逮捕」一句下面，毛澤東加括弧寫了「我們無材料則不要輕易逮捕」一句。

在已經進行了近兩個月的肅反運動中，各地都發生了肅反對象自殺的事。於是在這個《指示》中就有一段談這個問題：「反革命分子畏罪自殺，這對我們除了喪失一部分材料以外，並無其他損失，我們決不要被這種情況所嚇倒。」不過當時就已經知道，有不少自殺的肅反對象是怎麼也無法把他定案為反革命分子的，就拿肅反運動的政策標準來說，也只能說是好人自殺了。於是這個《指示》說了這樣一段話：

> 另有一種自殺，是有嚴重的或比較嚴重的缺點錯誤的好人的自殺。這種事件為數不多，但應引起嚴重的注意。發生這種情況的地方，常常是運動並沒有起來，領導機關沒有積極負責，政策沒有交代清楚的地方，或者是壞分子佔了局部領導地位的地方。

防止的辦法，是實行嚴格的組織控制：凡是依照計劃還輪不到展開運動的地方，不許擅自展開運動；五人小組、組長等名單必須經過嚴格審查批准；反革命分子陷害好人，必須徹底查究。（同上書，第 140 頁）

在談到「反革命分子畏罪自殺」的地方，毛澤東加括弧寫了「但是為了保存有用材料的目的，也要盡可能地防止反革命分子的自殺」一句。其實這是很難防止的。在當時一再批判「寧右勿左」思想的空氣之下，哪一個肅反幹部願意犯右傾的錯誤呢？上面批判「寧右勿左」的思想，下面的肅反幹部就只能「寧左勿右」了，這就是使得那些肅反對象自殺的根本原因。《指示》中列舉的那些原因，不過是這個根本原因之下的具體細節。

為了各個單位同時進行肅反和日常業務工作，毛澤東在這個《指示》中加寫了一段話：

除了分批進行這一部署以外，在一個工作單位中，凡是同完成五年計劃中的年度月度計劃有關的單位，必須將領導人員分為兩部分，一部分人主持日常工作，在大問題上兼顧肅反，另一部分人專門主持肅反工作。群眾則須在工餘課餘進行肅反，在必要的時候也可以佔用一部分工課時間，但以不誤工課為原則。（同上書，第 142 頁）

毛澤東在給劉少奇、鄧小平的信中說明了加寫的理由：「不加這一段則沒有完全解決誤工誤課問題。」

這個《指示》還對清查出來的反革命分子的處理作出了規定：

對這次運動清查出來的反革命分子和其他壞分子，除判處死刑的和因為罪狀較輕、坦白徹底或因為立功而應繼續留用的以外，分兩種辦法處理。一種辦法，是判刑後勞動改造；另一種辦法，是不能判刑而政治上又不適於繼續留用，放到社會上去又會增加失業的，則進行勞動教養，就是雖不判刑，雖不完全失去自由，但亦應集中起來，替國家做工，由國家給與一定的工資。各省市應即自行籌備，分別建立這種勞動教養的場所。全國性的勞動教養的場所，由內務部、公安部立即籌備設立。（同上書，第 146 頁）

這裏提出了勞動改造和勞動教養兩種處理辦法。為什麼要在已有的勞動改造之外再弄出一個勞動教養來呢？決策者顯然是基於這樣一種考慮：《中華人民共和國憲法》第八十九條規定：「中華人民共和國公民的人身自由不受侵犯。任何公民，非經人民法院決定或者人民檢察院批准，不受逮捕。」要是把一個公民弄去勞動改造，就得經過一定的法律程序。而勞動教養就什麼法律程序都不需要了。這樣就創造出了一種在法律程序之外剝奪公民人身自由的手段。這個辦法在 1955 年的肅反運動中還沒有廣泛使用，到了 1957 年制定出來的一個《關於勞動教養問題的決定》，就成了懲罰右派分子的主要手段。這是後話，下面第二十六章再細說。

「肅反運動」是「肅清暗藏的反革命分子的運動」的簡稱。這裏要作一點名詞解釋。什麼叫做「暗藏的反革命分子」？如果這是指潛伏的特務、外國的間諜、秘密的殺手之類，那是無論哪個國家都要力求肅清的。不過這種人在任何時候也不會有一個很大的數目，這種人注意的目標，通常是軍事首腦機關、兵器工廠、外交機關、反間諜機關等等，決不可能遍及全國一切機關、團體、學校、企業的。那麼這個運動所要肅清的暗藏的反革命分子又是些什麼人呢？他們絕大多數是一種被叫做歷史反革命分子的人。就是說，他們在 1949 年中國共產黨執政以前，在當時的政權機關（包括北洋政府、國民黨政府、汪精衛政府、偽滿洲國等等）擔任過一定級別以上的官職，例如科長鄉長之類，以及軍隊中（包括北洋軍隊、國民黨軍隊、汪精衛軍隊等等）擔任過一定級別以上的軍官，例如連長排長之類，如此等等，都是歷史反革命分子。這些人還有個共同的特點，就是他們只是在履歷表上有這種那種反革命經歷，卻都並沒有現行破壞活動。如果兼有現行活動的，那就不叫歷史反革命分子，而要算作罪責更為嚴重的現行反革命分子了。只是現行反革命分子不會有許多，據 1957 年 7 月 18 日《人民日報》社論說，「在 1955–1956 年清查出來的反革命分子中，現行犯有三千八百餘名之多。」這就是興師動眾的肅反運動的實際戰果。立案審查一百四十餘萬人，查出了現行犯三千八百餘名，還不足百分之零點三。要搞一個這樣大規模的肅反運動，就只能以歷史反革命分子為主要對象，查出一些歷史上有各種問題的人，然後加以懲處。這篇社論以後還要詳細談到。我們知道，現代法學思想中有一重要原則，就是法律不溯既往，除了根據案發以前所制定及公佈的一切法律之外，法庭絕對不得判定任何人的犯法行為。而肅反運動是徹底破壞了這個「法律不溯既往」的原則，甚至創造出了一個「歷史反革命分子」的專用名詞，把在中華人民共和國成立

之前在舊政權擔任官職都算作一種犯罪。這也就説明肅反運動就是以追溯既往為主要手段的運動，完全是一個無法無天的運動。

人們回憶一下，當可以記得，人民解放軍橫渡長江之後幾天，曾經用佈告向全國人民「宣佈約法八章」，要求「全體人民一律安居樂業，切勿輕信謠言，自相驚擾」。由於各地強大的地下組織的努力，這個佈告常常在人民解放軍到達之前就廣泛傳佈了。《約法八章》中的第五章宣佈：

> 除怙惡不悛的戰爭罪犯和罪大惡極的反革命分子外，凡屬國民黨中央、省、市、縣各級政府的大小官員，「國大」代表，立法、監察委員、參議員、員警人員、區鎮鄉保甲人員，凡不持槍抵抗、不陰謀破壞者，人民解放軍和人民政府一律不加俘虜、不加逮捕、不加侮辱。責成上述人員各安職守，服從人民解放軍和人民政府的命令，負責保護各機關資財、檔案等，聽候接收處理。這些人員中，凡有一技之長而無嚴重的反動行為或嚴重的劣跡者，人民政府准予分別錄用。（《毛澤東選集》第四卷，第1458頁）

那些自認為是怙惡不悛的戰爭罪犯和罪大惡極的反革命分子的，看到這個佈告都知道自己不見容於新制度，都逃跑了。一些輕信了謠言妄自驚擾的人，也逃跑了，只有那些輕信了這個佈告的人才留了下來。到了1950年10月，在派兵入朝鮮參戰的同時開展的第一次鎮壓反革命運動中，這些人受到了第一次的衝擊。雖然這一次要打擊的是土匪、惡霸、特務、反動黨團骨幹分子和反動會道門頭子，和這些留用人員的牽涉應該説並不很多，但是正如當時主持其事的公安部長羅瑞卿説的，「1951年鎮壓反革命運動高潮的後期，由於領導控制不嚴和某些地方基層組織不純，因而在若干地方發生過程度不同的粗糙草率的『左』的錯誤，捕了一些可捕可不捕的人，也殺了極少數可殺可不殺的反革命分子，甚至錯捕了個別好人。」（《中國共產黨第八次全國代表大會文獻》，第283頁）不過，留用人員和知識分子在鎮反運動中被捕被殺的並不是很多的。可是，到了1955年的肅反運動中，這些留下來的國民黨中央、省、市、縣各級政府的大小官員，「國大」代表，立法、監察委員、參議員、員警人員、區鎮鄉保甲人員等等，很少例外地成了運動要清查打擊的對象。

1957年整風和鳴放期間，人們議論紛紛的，主要是1955年的肅反運動。在1951年至1952年的三反運動中，把運動中打作貪污犯的人員叫做

「老虎」，各單位都要編制「打虎預算」，事先規定打出「老虎」的數目再去物色對象。1955年的肅反運動也沿用了「老虎」這個稱呼，也把運動的對象叫做「老虎」。運動開始，每個單位都遵照統一部署成立一個叫做「五人小組」的機構，領導本單位的肅反運動。五人小組事先按一定的百分比，據中共中央《關於徹底肅清暗藏的反革命分子的指示》的規定，是「大約百分之五左右」（《建國以來重要文獻選編》第七冊，第138頁），這就是說，要按照各自單位人員總數的百分之五，選定一批老虎。這通常是一些政治歷史比較複雜的人。如果這個單位沒有那麼多歷史複雜的人，也可以找一些歷史並不複雜的人湊數，這當然以本單位領導人認為可惡的人為限，例如對他提過意見的人之類。老虎選定之後，即宣佈限制其人身自由，吃飯拉屎都有專人看管，也不許與家屬見面通信。實際上等於把監獄或者看守所分散到每個單位去辦。以前三反運動中的老虎也是這樣辦的。後來「文化大革命」中群眾專政的「牛棚」也差不多。如果這一位或者兩位負責看管的專人為人還好，他在執行看管任務的時候並不給老虎以額外的折磨。如果運氣不好，碰上的看管人員是個不怎麼正派不怎麼厚道的人，或者碰上一個需要做出一些進步表現的人，這老虎就得多吃許多別出心裁的苦頭。每隻老虎的遭遇並不一樣，有幸有不幸。這裏面倒也真有一點「百花齊放」。

老虎們的日常功課是寫檢查，寫交代。交代歷史，交代社會關係。另一方面，五人小組派出的外調專幹全國滿天飛，收集材料。（在羅瑞卿《我國肅反鬥爭的成就和今後的任務》報告中提供了這樣幾個數字：「全國有專職肅反幹部七十五萬多人，還有上百萬個肅反積極分子。全國參加外出調查研究的達三百二十八萬多人次。」（《學習》1958年第一期）由此可知這一場運動的規模了）還要開若干次批鬥會，這一方面可以給老虎施加壓力，一方面可以在單位內部造成緊張的運動空氣。為了造成較大的聲勢，有時候還可以選出幾隻條件適宜的老虎，宣佈逮捕法辦，從所在單位捉去，關到看守所，等運動結束時再放回來。希望通過這種辦法起到殺雞嚇猴的作用，給多數並不捕去的老虎以威懾，還可以聲動遠近視聽。即使只是這樣在一部分單位有選擇有限制的抓幾個，也都使看守所一時有人滿之患，可見決不可能將全部老虎統統關押，而只能將看守所分解，由各單位自辦了。

對於抓幾個以造聲勢這種妙用，當時並不是很容易看明白的。中國致公黨主席陳其尤在中共中央統戰部召開的座談會上就談過這樣一件事：中

國致公黨有個黨員在中國科學院工作，肅反運動開始，他被捕了。致公黨不知道他犯了什麼事，正要開除他的黨籍，誰知他關了幾個月，又放了回來，而且恢復了工作。一捉一放，致公黨方面都不知道這是怎麼回事。（5月 10 日《人民日報》）陳其尤不懂得，這其實只不過是他的黨和這個黨員為造成運動聲勢而作的一點小小貢獻，或者說小小犧牲。

公安部長羅瑞卿在中共第八次全國代表大會上發言承認，1955 年的肅反運動也是有缺點和錯誤的。他說：

> 在 1955 年下半年開始的肅反運動中，也發生了一些缺點和錯誤。在社會上捕了一些本來可以爭取投案自首的反革命分子，甚至錯捕了個別的好人。在機關內部，某些單位也有鬥爭面過寬的缺點，鬥了少數不該鬥的人。（《中國共產黨第八次全國代表大會文獻》，第 284 頁）

「過寬」，有多寬？「少數」，是多少？羅瑞卿沒有提供具體材料。1957年 7 月 18 日《人民日報》發表的胡喬木撰寫的社論〈在肅反問題上駁斥右派〉卻提出了可供推算的數字。

這篇社論列舉了「1955 年肅反運動的成績，有以下四個主要的方面」，第四項成績是群眾警惕性和識別力的提高，無法計量。前面三項成績都是可以計量的，這裏就來看看社論提出的數字。

> 第一，清查出來的反革命分子，就現在已經定案的來說，有八萬一千多名（普通的歷史反革命分子，由於國家採取了更加寬大處理的政策，不以反革命分子論處，沒有計算在內。）

這裏有八萬一千多人，是經過清查以後定案為反革命分子的。經過清查，也就是曾經列為肅反對象。清查以後定案為反革命分子，這就是說，按照當時的政策，查他們是查對了，肅對了的。

另外還有未宣佈具體數字的一些人也清查了，清查的結果，他們只是普通的歷史反革命分子。這些人也應該認為是查對了的，肅對了的。並不是他沒有問題，僅僅是因為實行了更加寬大的政策才不以反革命分子論處的。

以上兩者合計，列入肅反審查對象，而又可以認為沒有肅錯的，是八萬一千多人再加上另外的若干人。

　　第二，由於肅反運動，反革命分子內部日益趨向於分化和瓦解。一年多來，全國有十九萬餘名反革命分子投案自首。

　　這裏說的投案自首，我們姑且設想他們全都是在立案審查之前主動跑來的。既然是不勞清查，不勞外調，不勞批鬥，這十九萬餘人可以認為並未列入肅反審查對象，可以不計入鬥爭面。

　　第三，在肅反運動中，還有一百三十多萬人弄清楚了各種各樣的政治問題。

　　這句話是什麼意思呢？這就是說，給一百三十多萬人寫出了並非反革命分子的定案材料。在給這一百三十多萬人作出並非反革命分子的結論之前，必定都曾經立案審查，也就是說都劃入了肅反對象的，要不然，他就無案可定了。這些人在經過坦白交代、清算鬥爭、內查外調等等這一系列必經的程序之後，他還是夠不上定案為一名反革命分子。所以，肅反運動對於這一百三十多萬肅反對象來說，是肅錯了。

　　前面已經說過，投案自首的十九萬餘人不計入鬥爭面，只說第一、第三兩項成績，肅對了的八萬一千多人，加上肅錯了的一百三十多萬人，再加上這兩個數字被省略掉的尾數，再加上並非肅錯但由於政策更加寬大而不以反革命分子論處的若干人，列入鬥爭面的當在一百四十萬人以上。這裏只取整數一百四十萬做分母，1955年肅反運動中錯案約佔百分之九十四強，不錯的約佔百分之六弱。

　　這裏所說肅對了的，是以當時政策為標準說的。其中有一些到後來又說是錯案了。就說《七一指示》特別提到的潘揚集團和胡風集團吧，潘漢年一案，已於1982年8月經過法律程序並由中共中央發出通知平反昭雪；胡風一案也已於1980年9月經過法律程序並由中共中央發出通知，為胡風本人和胡風反革命集團平反。這都屬於最大的錯案之列。一些名氣沒有潘漢年胡風這樣大的人，也有不少平反的，只因為不是名人，不為人所知罷了。如此說來，當年肅對了的就還不足百分之六了。當年肅反運動所定的案，後來沒有翻過來的，想來是有也不多了。

　　這是後話，可以不提，因為按照當時的標準，肅他們總是肅對了的。

　　就在胡喬木寫的〈在肅反問題上駁斥右派〉這篇社論裏，列舉了表明肅反運動成績的十個案例。其中第一個案例是：「曾經是內務部戶政司司長

的周維斌，原來是叛變投敵，做過日偽員警分局長而且負有血債的反革命分子。」而在《百年潮》月刊 2007 年第二期上朱元石寫的〈《胡喬木文集》中應為周維斌加個注〉一文中指出：「這是一件冤案。周維斌不是一個叛變投敵的反革命分子，而是一個為革命做了大量秘密地下工作，特別是為中共接收哈爾濱地區作出了重大貢獻的人。」這篇文章詳細介紹了他的經歷：周維斌（1907–1993），遼寧遼陽人，1931 年加入中國共產黨，1932 年加入蘇聯極東情報組織，1936 年赴蘇聯學習，1937 年被派遣回國擔任蘇聯遠東軍青年突擊隊小隊長。1939 年春被日軍捕獲，以反滿抗日罪判處無期徒刑。日本投降後出獄，被推為中共北滿臨時省委書記，不久被任命為哈爾濱市公安局局長。1946 年 4 月 28 日蘇軍撤出哈爾濱，中共先頭部隊在周維斌等地方幹部的配合下及時進駐哈爾濱市區。1948 年他改任哈爾濱市社會局局長。1955 年 8 月，他在中央人民政府內務部戶政司司長的職位上被捕。1958 年 4 月 15 日由北京市高級人民法院判處無期徒刑。後減為有期徒刑 18 年，刑滿後在遼寧凌源農場就業。1985 年平反。胡喬木寫的社論是將這一案例作為典型，來證明開展肅反運動的必要性的。朱元石的這篇文章表明，這確實可以作為一個典型案例，由此可見這一場肅反運動是如何顛倒是非，顛倒功罪，污衊無辜的。

至於那一百三十多萬肅反對象，即使按照當時的標準，即使按照並不更加寬大處理的政策，清查之後也是終於沒有能夠定案為反革命分子的。弄出了這樣數以百萬計的錯案，為什麼《人民日報》社論反而要將它算作肅反運動的一項巨大成績呢？社論的邏輯是：對於這些肅反對象來說，「對他們弄清了疑點，做出了結論，使他們去掉了精神負擔，便於積極工作。」能夠這樣凡事退一步想，當然好極了，至少可以使自己多少得到一點心理上的平衡，精神上的勝利。不過事實上這樣想的人並不很多。否則，鳴放整風期間就不會有那麼多肅反對象出來訴說冤苦了。這是鳴放整風中或者說右派猖狂進攻中的一個大題目，以致《人民日報》不得不專門發表社論〈在肅反問題上駁斥右派〉，中共八屆三中全會通過的《劃分右派分子的標準》中不得不專門規定了一項：「攻擊肅清反革命分子的鬥爭」的，應劃為右派分子。

這篇駁斥右派的社論主旨是宣揚肅反運動的成績，但它還是以可尊敬的坦率承認肅反運動也有錯誤。這些段落同時還相當準確地描述了承受這錯誤的一百三十多萬人的心態。社論說：

不少單位錯鬥了一些好人。這些單位曾經根據一些不確實的材料，沒有經過認真的調查和仔細的分析，把本來沒有政治問題的好人錯認為壞人。還有一些人平日工作上出過容易引起懷疑的差錯，肅反運動一來，這些單位的領導方面沒有冷靜地加以分析，混淆了工作上的差錯和反革命破壞，以致把這些人當作反革命分子鬥爭了。……錯鬥了一些好人，傷害了他們的感情，損害了他們的名譽，使其中一些人暫時地同黨和政府疏遠了，使社會主義建設事業的某些環節暫時地受到了一定的損失，對於這些錯誤必須坦白承認，並且徹底糾正。

這篇社論還承認，「在 1955 年肅反運動初期小組鬥爭的高潮當中」，「在一個短的時間內，有些地方，在鬥爭方式上犯了錯誤，例如打人罵人等等」。這打人罵人，當然更加是傷感情，損名譽的事。

在當時，一百三十多萬這數字是個什麼意思呢？那時全國各個層次的知識分子總數大約是五百萬人，一百三十多萬人佔百分之二十六，化為近似的簡單整數比，是四分之一，即每四個知識分子中有一個肅反對象。還可以採取另一種計算方法，當時全國有行政工作人員約一百七十萬人，教育系統約二百萬人，此外商業系統和事業系統一共作三百萬人估計，全國各種機關團體學校企業這些單位的脫離生產的人員共計約六百七十萬人，在這些人員中，每五個人就有一個肅反對象。鬥爭面就是這樣：四分之一或五分之一。而每一百個肅反對象中，又只有六個在運動結束時被定案為反革命分子。換句話說，當運動結束時，每一個定案為反革命分子的，平均有十六個不能定案為反革命分子的鬥爭對象作陪。儘管情況是這樣，在運動結束時，對於一些沒有能夠定案為反革命分子的鬥爭對象，還是給了記過、降級、撤職之類的行政處分，以表示並沒有肅錯。難怪在鳴放整風中有那麼多人訴說肅反運動的偏差，他們幾乎每人都能說出一篇肅反運動的故事。這裏，只說其中的一個故事。並不是這一案例特別重大特別有趣特別典型，而只是因為這一位事主孫大雨鬧得很有些與眾不同。

孫大雨，著名的翻譯家和詩人，復旦大學教授，曾經把莎士比亞的詩劇《黎琊王》、《罕秣萊德》等譯成中文，把許多唐詩譯成英文。1946 年由羅隆基介紹加入民盟。1947 年國共兩黨在戰場上互爭勝負的時候，他參加了受共產黨地下組織領導的上海市大學教授聯誼會，被推為幹事會主席。解放後擔任復旦大學黨委書記的李正文當時也是幹事之一。這件事反映了

他當時在教授們中的聲望，反映了他當時的政治傾向，也反映了當時中共地下組織對他的態度。

1954 年 9 月，孫大雨在中共中央華東局統戰部召開的會議上批評了復旦大學前黨委書記李正文，說他在思想改造運動中打擊報復。1955 年 2 月，他又寫信給上海市長陳毅，對一些人提出批評。陳毅收到信，約他談話，批評了他。在場的一些人也批評他，柯慶施說他鑽牛角尖，局長陳其五說他反黨、反政府。最後，陳毅對他說，我們是朋友，我今天代表黨來批評你，是很溫暖的。將來絕不會有任何人對你打擊報復。

可是到了 8 月，孫大雨就成了肅反運動的鬥爭對象。拿來鬥爭他的材料，比如說孫大雨講中國共產黨認為統一戰線不要了；又比如說孫大雨曾經說自己的馬列主義水準很高，共產黨內只有周恩來總理才有資格與他講講話。還有一條是說他打擊蘇聯專家。這一條材料的根據是這樣的，1954 年他視察污水處理問題，污水處理廠旁邊有個無線電台。孫提出：那裏造廠是不適當的。人家說這是蘇聯專家講的。孫問：蘇聯專家知道這裏有無線電台嗎？回答說：他不知道。孫說：那是你們的錯。這一次對話，到了肅反運動中，就變成他講蘇聯專家造的發電廠發不出電。到肅反運動結束時，根據這樣一些材料不夠定案為反革命分子，只好算是那一百三十多萬弄清了各種問題中間的一人，沒有事了，依舊當他的教授。到了 1956 年，毛澤東 4 月在《論十大關係》中談到以蘇聯為鑒戒，不要「人家的短處也去學」（《毛澤東文集》第七卷，第 41 頁），11 月在中共八屆二中全會上又批評了那種「認為蘇聯的東西都好，一切照搬，不應當搬的也搬來了不少」（《毛澤東選集》第五卷，第 320–321 頁）的態度之後，這年年底，上海市委書記魏文伯對孫說，肅反裏你搞反對學習蘇聯，你基本上對的，他們錯了。百花齊放百家爭鳴開始，孫大雨多次在各種座談會上發言，訴說自己在肅反運動中遭到的冤屈，什麼「從早上八點幫助到晚上八點」呀，鬥爭會上揭發他的一些話他並沒有講過呀，等等等等。其實他這樣的費力聲辯是並不必要的。就算那些材料並非歪曲捏造，全部屬實，難道他就應該算是一個反革命分子麼？許多肅反對象也同他一樣，在整風鳴放中，不惜舌敝唇焦去辯白肅反運動中那些橫加的惡名。並不是說這些申辯真有什麼必要，只是反映了一種不願蒙受不白之冤的心情，一種要求公道的心情。可悲憫的人的可悲憫的心情呵！

孫大雨的與眾不同之處，就是他不僅要人家承認他不是反革命分子（這一點黨委在他肅反運動的定案材料中已經承認他不是反革命分子了），還要反過來說那些打擊他的人是反革命分子。1956 年 12 月他在上海市政協會議上發言，把陳其五、李正文、復旦大學現任黨委書記楊西光、市高教局主任曹未風、復旦大學教授章靳以、漆琪生等人說成是一個反革命集團，把這些人在肅反運動中和運動前後對他的打擊都說成是反革命活動。他還幾次向毛澤東周恩來寫信，檢舉這些他所說的反革命分子。他幾次提出的反革命分子名單，最後累計數達到六十多人，其中包括史良和上海市副市長金仲華。（1957 年 8 月 22 日《新華社新聞稿》）他這樣鬧到天翻地覆慨而慷，弄得毛澤東都來過問了。7 月 9 日，毛在上海幹部會議上講話，點了他的名，把他和章伯鈞、羅隆基、章乃器、陳仁炳、彭文應、陸詒並列（《毛澤東選集》第五卷，第 450 頁）。因此，他夠得算上一名欽定的右派分子。

其實，孫大雨這樣不需要什麼根據就把自己所不滿的人宣佈為反革命分子，只不過是模仿了五人小組在肅反運動中的做法。既然你們可以這樣隨心所欲地血口噴人、誣人為反革命，我為什麼不可以也這麼來胡鬧一下子呢？只是五人小組有權給人定案並決定懲處，孫大雨並無此項權力。他只能在會上這麼說一說，聊以快意，算是一吐胸中的積憤。孫大雨的這些「檢舉揭發」，可以看作是對肅反運動的漫畫化。

孫大雨當然得為他這樣的胡鬧付出代價。陳其五、楊西光、李正文等十六人聯名向上海市人民檢察院遞交投訴狀，告他的誹謗罪了。經過例行的法律程序，孫大雨被判處有期徒刑六年，坐牢去了。

這裏提前插說一下後來的事情。到了中共中央通盤處理反右派鬥爭這一公案，絕大部分右派分子都在 1979 年、1980 年「改正」了，可是中共復旦大學黨委、中共上海市委還是堅持認為孫大雨屬於不予改正之列。他的這個問題是因為他當年的學生胡鼎新即胡喬木的過問才在 1984 年解決的。他恐怕是全國最後一個改正的右派分子。這件事的經過，據賀越明〈孫大雨右派問題改正的波折〉一文說：

> 約在 1983 年底或 1984 年初，事情終於有了轉機。中共上海市委統戰部部長、上海市政協副主席張承宗到北京開會，中共中央政治局委員胡喬木對他說，自己有位老師是上海的一位教授，研究莎士比亞的專家，還戴着右派的帽子，至今沒有改正，

他們能不能關心一下。但具體究竟應該怎麼辦，他沒有明說。張承宗回滬後一查，孫大雨確實還戴着右派帽子，但中央決定不予改正的右派名單中又沒有孫大雨。那個時候，右派摘帽、改正工作早就完成了，上海打成的右派，除了中央點名不能平反的，差不多都平反了，例外的只有極個別，而孫大雨就成了極個別之一。……在中央領導的關心以及上海市委的敦促下，復旦大學黨委不再堅持原議，於 1984 年 7 月 3 日報送了《關於孫大雨教授錯劃為右派的改正結論》。（《炎黃春秋》2014 年第 3 期）

關於肅反運動的偏差，最高人民法院院長、黨組書記董必武在第一屆全國人民代表大會第三次會議上的發言（1956 年 6 月 22 日）中提供了幾個可供參考的數目。這篇題為《關於肅反鬥爭中的審判工作問題》的發言中說：

> 在這次肅清反革命分子的鬥爭中，各級人民法院大大加強了對審判工作的監督活動……全國各地區高級和中級人民法院今年第一季度審理的上訴、抗議（疑是「抗訴」之誤──引者）的反革命案件中，發回更審的不下於百分之四十，改判減刑的在百分之二十以上，改判無罪的佔百分之三左右。（董必武，《論社會主義民主和法制》，人民出版社 1979 年 6 月版，第 123 頁）

他作這發言的時候，肅反運動還沒有結束，從他說的這些改判的數字，也可見肅反運動的偏差之大了。

肅反運動有多大的偏差，肅反對象有多大的怨氣，知識分子對這事有怎樣的議論，毛澤東還是相當明白的。他也想把這問題解決一下。1957年 2 月 27 日他在最高國務會議上講話，講十二個問題，其中第二個就是肅反問題。他在談到斯大林的錯誤的時候說，這兩類矛盾本來是容易混淆的，容易混起來，我們也有時不免混起來，我們在肅反工作中，也曾經並且常常把好人當作壞人去整，把本來不是反革命，懷疑他是反革命去鬥，有沒有？有的，從前有，現在還有。毛澤東提出了一項糾正這種錯誤的重大措施，他說，我們提議今年明年來一次大的檢查，全面來檢查一次，總結經驗。中央由人大常委跟政協常委主持，地方由省市人民委員會和政協主持。毛提出了這次檢查的原則，一不要潑冷水，二有錯必糾，一定要改正那個錯誤，這個包括公安部、監察部的工作，勞改部門。毛澤東還說，勞改部門有許多毛病。由人大常委，政協常委主持，並且我們希望這些常

委，人民代表，政協委員還可以參加，凡是有可能的，都參加這樣的檢查，全面的檢查一次，這對於我們的法制工作會有幫助的。

毛澤東的這個對於肅反工作做一次全面檢查的提議，受到了人們的歡迎。羅隆基在中共中央統戰部邀集的民主黨派負責人座談會上發言，把毛的這個提議加以具體化，他主張「由人民代表大會和政治協商委員會成立一個委員會，這個委員會不但要檢查過去三反、五反、肅反運動中的偏差，它還將公開聲明，鼓勵大家有什麼冤屈都來申訴。這個委員會包括領導黨，也包括民主黨派和各方面的人士」。羅隆基提出，「平反」的機構一定要同「三反」、「五反」、「肅反」的原領導機構分開。而且他還主張地方人代會和政協也應該成立這樣性質的委員會，使它成為一個系統。(5 月 23日《人民日報》)

反右派鬥爭中，羅隆基的這個主張被標上「平反委員會」這個題目，成了他本人的最大罪狀之一。吳晗批判說，這個意見牽涉到兩個問題：一個是他對黨領導的「三反」、「五反」、「肅反」等機構是不信任的。一個是他把全國人民代表大會這樣一個最高權力的立法機關，全國政治協商委員會這樣一個協商機關，下降或者改變為司法行政機關，這和這兩個機關的性質是不符合的。(6 月 11 日《人民日報》)

吳晗的第一條意見是說，這是羅隆基不信任共產黨。其實羅分明說了「包括領導黨」，可見他並沒有背着共產黨另搞一套的意思。至於說「平反」的機構一定要同「三反」、「五反」、「肅反」的原領導機構分開，只不過是法學中迴避原則所提出的要求。1980 年 1 月 1 日起實施的《中華人民共和國刑事訴訟法》第二十三條規定：「審判人員、檢察人員、偵查人員有下列情形之一的，應當自行迴避，當事人及其法定代理人也有權要求他們迴避：（一）是本案的當事人或者是當事人的近親屬的；……（三）擔任過本案的證人、鑒定、辯護人或者附帶民事訴訟當事人的代理人的；（四）與本案當事人有其他關係，可能影響公正處理案件的。」(1996 年 3 月 17 日全國人大八屆四次會議修改通過的《刑事訴訟法》，這條已改為第二十八條) 1983 年 10 月 1 日起試行的《中華人民共和國民事訴訟法（試行）》第四十條也就迴避問題作出了規定。在肅反運動中，從選定鬥爭對象，到內查外調，到定案處理，都有勞足下了，現在覆查，依照法理請足下迴避一下，難道不是很自然的要求嗎？

　　吳晗的第二條意見，以為羅隆基不應該主張由全國人民代表大會和政治協商委員會來主持其事，以為這樣是把最高權力機關和協商機關降低為司法行政機關。他卻沒有想一想，最先提出這個主張的，並不是羅隆基，而是毛澤東。就是在後來正式發表的《關於正確處理人民內部矛盾的問題》裏，人們還可以看到：毛澤東說：「我提議今年或者明年對於肅反工作全面檢查一次，總結經驗，發揮正氣，打擊歪風。中央由人大常委會和政協常委會主持，地方由省市人民委員會和政協委員會主持。」（《毛澤東選集》第五卷，第 378 頁）

　　有意思的是，羅德里克・麥克法夸爾，這一位細心地研究中國的英國學者，以為吳晗批評的矛頭實際是指向毛澤東。（羅德里克・麥克法夸爾，《文化大革命的起源》第一卷中文版，求實出版社 1989 年版，第 315–316 頁）這裏顯出他研究中用心太過以及外國人的隔閡，吳晗終其一生也沒有想到過要批評毛澤東的。後來說他寫的劇本《海瑞罷官》誹謗了毛，不過是毛自己的多心。至於說吳晗所批判的羅隆基的主張是來源於毛澤東的主張，這一點麥克法夸爾並沒有看錯。

　　當時把毛澤東的這個提議加以具體化的，還不只羅隆基一人。民革中央常委、組織部長朱蘊山於當年 5 月 30 日在中共中央統戰部邀集的座談會上也說了這方面的意見，他說：

　　　　肅反運動是有成績的，過去通過群眾路線來肅反，也是正確的，要根據有反必肅有錯必糾的方針，那是更無可疑義的。問題是在執行工作方面部分的發生偏差，把肅反面擴大化了。我建議在本年人大代表會議後，人大常委會和政協常委會應即召開聯席會議根據毛主席在最高國務會議的指示，迅即組織一個臨時檢查機構，會同有關機關方面分往各地認真檢查，所謂肅反遺留問題，依我看來不外四種情況，要根據四種情況分別處理：

　　　　1. 根本搞錯了的，應徹底平反，並賠禮道歉。曾經在什麼樣規模的群眾會上宣佈有罪，現在也應該在同樣規模的會上宣佈無罪，使被錯鬥了的人，在精神上得到安慰。

　　　　2. 沒有搞錯，但處理不適當，應根據肅反政策糾正。

　　　　3. 僅有嫌疑而無確鑿證據，或僅因歷史不清而發生懷疑者，均應早作結論不拖尾巴。

4. 沒有搞錯而予以寬大處理的，應該向他說明不能跟着嚷「平反」，不許翻案。在糾正錯誤過程中，肅反幹部，包括共產黨員在內，有人說是不是需要檢查呢？我想，也不應對領導肅反的幹部潑冷水。（5 月 31 日《人民日報》）

朱蘊山也同羅隆基一樣，歡迎毛澤東關於檢查肅反工作的提議，並且同樣將毛的這個提議加以具體化。只是二人側重的方面有些不一樣，羅側重機構設置的原則，朱側重檢查工作進行的要點，並且注意到了毛的不給肅反幹部潑冷水的要求。結果朱沒有事，羅卻闖下了滔天大禍。這裏更根本的原因還不是二人在說法上有一點不同，而是因為朱蘊山不屬於需要加以打擊的人物，而羅隆基即使沒有說這些意見，民盟的那些活動也足夠他成為一個需要加以打擊的右派分子了。現在有了這一條，並且把它作為羅的頭一條罪狀來批判，還一種顯然的利益，就是再也沒有人膽敢提起毛澤東說過的檢查肅反工作的事了。

在肅反運動中這一百三十多萬被肅錯的人看來，他們是蒙受了冤屈，希望對於肅反運動能夠有一次公正的檢查，糾正其偏差。而領導肅反運動的幹部卻往往持另一種觀點，認為發生這些錯案是難以避免的。要用這種「難免」論來說服那些肅錯了的人。〈在肅反問題上駁斥右派〉這篇社論就說：

> 有些人不大喜歡「難免」論。……像肅反這樣的鬥爭，你或者根本不進行，那只能把反革命分子保留下來；或者認真地進行，那就確實有一部分錯誤是難以避免的。

> 在最英明的統帥所指揮的完全正義的戰爭中，也無法保證被炮火擊中的都是該受攻擊的。不但普通居民，有時甚至自己方面的戰士，也會受到誤傷。但是我們能不能根據這些無心的過失，去否定一場革命戰爭或者衛國戰爭的必要性和正義性呢？我們能不能因此而把犯了這些過失的將士看作冤仇呢？

這就是說，肅反運動不是沒有錯誤，而是不應計較這些錯誤，因為這是難免的。

社論中的這一段話，是具體有所指的。它是反駁 1956 年 10 月 29 日《人民日報》上的雜文〈說「難免」〉。這篇雜文引用了《文匯報》上的一段文章：

在大運動中，（例如在肅反運動中），有時發生一點過火的鬥爭，傷了自己人的感情，甚至錯誤地搜了自己人的腰包，這也是難免的。但是有些領導幹部，把「難免」二字作為免戰牌，陶醉於「運動是健康的，成績是主要的」，於是把「亡羊補牢」的善後工作草草了之——這同樣也是缺乏人道主義的表現。

這篇雜文贊同這些意見，並且補充説：

説是「難免」的事，未必都是真正難免的事。至於「把『難免』二字作為免戰牌」掛起來的地方，我看那下面簡直就不是什麼難免的事。

某些開口就是「難免」的領導幹部，他們雖不是「常求其死」，常求其有罪，至少也不是力求「能免」而竟「難免」，卻是早就預期着「難免」，結果當然就有人「不免」。他們其實是粗枝大葉，浮光掠影，安閒得很，又有什麼「難」在哪裏！所以他們説起「難免」時，也就那麼就飄飄然了。（《舒蕪集》第七卷，河北人民出版社 2001 年版，第 126-127 頁）

這篇雜文被毛澤東看到了。他在省市自治區黨委書記會議上説：

對於一些有害的言論，要及時給予有力的反駁，比如人民日報登載的〈説「難免」〉那篇文章，説我們工作中的錯誤並不是難免的，我們是用「難免」這句話來寬恕我們工作中的錯誤。這就是一種有害的言論。這篇文章，似乎可以不登。既然要登，就應當準備及時反駁，唱一個對台戲。我們搞革命和建設，總難免要犯一些錯誤，這是歷史經驗證明了的。〈再論無產階級專政的歷史經驗〉那篇文章，就是個大難免論。（《毛澤東文集》第七卷，第 196 頁）

雜文作者署名尉遲葵，是方管的筆名，他的另一個更常用的、更為公眾熟知的筆名是舒蕪。後來他被劃為右派分子，算是給了他最有力的反駁。

1955 年肅反運動中那些被錯鬥的人，所以被列為肅反對象，大都是因為他所在單位的領導人覺得他可惡。用魯迅的話來説，是犯了「可惡罪」。他們為什麼被認為可惡，為什麼僅僅因為可惡就遭此無妄之災呢？這就可以用宗派主義、官僚主義、主觀主義來解釋了。可以説，1955 年肅反運動中的種種做法，種種偏差，正好是宗派主義、官僚主義、主觀主義的一次

集中的反映。現在整風運動號召反對這三個主義，這些被錯鬥的人是有話可說有冤要伸的。控訴肅反運動的偏差，是整風期間最叫各單位領導人頭痛的問題。這是右派分子猖狂進攻最重要的突破口之一。

這個最大的突破口後來變成了最大的陷坑。那些因肅錯而大訴冤屈的人，就都給加上了攻擊肅反運動這罪名，紛紛掉下這陷坑，成為右派分子。

這些人是因為被本單位領導人認為可惡才列入肅反對象的，只是因為要定案為反革命分子有一些硬性的界限，如果他沒有當過營長連長、沒有當過鄉長保長、沒有入國民黨三青團、不信一貫道、沒有跟胡風通過信，等等等等都算不上，到了最後定案的時候，也無法把他定入那八萬一千餘人之中去，而只能把他定入那一百三十多萬人之中去，算是給他弄清楚了問題。現在好了，現在是反右派鬥爭，所有原來那些界限都是不需要的了。根據劃分右派分子的標準，只要有「攻擊肅清反革命分子的鬥爭」這一條就足夠了。你呼了冤，叫了屈，你就是攻擊了肅反運動，就應該劃為右派分子了。在肅反運動中費了那麼大力氣沒有做到的事情，在反右派鬥爭中不費吹灰之力就可以做到了。在這個意義上說，反右派鬥爭是肅反運動的最後完成。

這裏有一個可供參考的數字有力地表明了反右派鬥爭與肅反運動的關係。李哲人寫的〈在反右派鬥爭中站穩立場〉一文中說：

> 在對外貿易部揭發出來的九十四名右派分子中，有反革命分子和歷史上有反革命行為根據寬大政策不以反革命論處的二十三人，因有問題在鎮反、三反、五反、肅反等運動中被鬥爭或被管制的二十七人，出身於剝削階級、曾長期為帝國主義和國民黨反動派服務，或其家屬親友在運動中被鬥爭或被鎮壓、一貫堅持反動立場，對黨和政府不滿的分子三十二人。（9月8日《人民日報》）

由此一例，可以想見在當年所劃的右派分子裏，本人或家屬親友曾經是肅反對象的佔有一個怎樣的百分比。

肅反對象攻擊了肅反運動而被劃為右派分子的，有外文出版社副社長劉尊棋（1911-1993），又名劉質文，祖籍湖北省鄂州市。1928年，他以第一名的優秀成績從北平基督教青年會財政商業專門學校畢業，隨即進入燕京大學政治系任秘書，同時，旁聽燕京大學的課程。1930年5月，劉尊棋

被介紹到蘇聯塔斯通訊社駐北平分社擔任英文翻譯和記者。1931年經中共北平市委書記任國楨批准他加入中國共產黨。他與順直省委宣傳部的潘東周接洽後，負責省委文件的保管工作。1931年5月20日，由於叛徒告密被捕，關押在北平陸軍反省院即草嵐子胡同監獄。同被關押的有薄一波、安子文、劉瀾濤、楊獻珍等人。1932年1月31日中國民權保障同盟北平分會得到了當時華北最高軍政當局、北平軍分會代理委員長張學良的同意，由軍分會秘書王卓然陪同中國民權保障同盟的楊杏佛、胡適、成舍我三人前去視察關押政治犯的北平陸軍反省院。這一天胡適用英語同劉尊棋交談。為了解救他們，王卓然在當事人不知情的情況下，撰寫了劉尊棋與徐步雲等三人「退黨啟事」刊於北平《晨報》上，劉尊棋等被釋放出獄。

出獄後，劉尊棋千方百計尋找黨組織，卻無法找到。他不知道，因為那份「退黨啟事」，黨組織已經把他看做危險人物，正在極力地迴避這個「叛徒」。薄一波等在獄中看到「退黨啟事」後，決定開除劉尊棋的黨籍。為了生存，劉尊棋繼續回到蘇聯塔斯社北平分社擔任翻譯和記者。1934年8月，塔斯社北平分社撤銷，劉尊棋又到北平《晨報》當了兩年記者。劉尊棋通過在北平活動的孔祥楨，重新聯繫上黨組織。1937年11月，徵得八路軍南京辦事處葉劍英、李克農的同意，劉尊棋重返中央社任戰地記者。1942年12月，他應美國新聞處處長麥克·費希爾的邀請，擔任美新處中文部主任。

1949年9月21日，劉尊棋作為新聞界的代表參加了新政協會議。同時，新中國準備成立「中華全國新聞工作者協會」，劉尊棋擔任了協會籌備委員會常委。中央人民政府新聞總署成立後，下設主持對外宣傳的國際新聞局，局長為喬冠華，副局長為劉尊棋。1952年後，劉尊棋任外文出版社副社長兼總編輯。

1955年開始了肅反運動，10月，劉尊棋突然接到通知：停職審查。二十二年前北平的一張舊報紙《晨報》擺在他的面前。二十多年來，他第一次得知當年的報上，曾有過「自己」宣佈「退黨反共」的「啟事」。他回答說：「我不知道這件事，事前不知道，事後我也沒有看過。」此時，王卓然任國務院參事，他對營救劉尊棋的事一直記憶猶新。早在1952年，在寫給中央統戰部的自傳中，就記述了保釋劉尊棋出獄的事情。然而，此時無人前去調查，也沒有人出來為劉尊棋作證。

1956 年 1 月，國家機關黨委召開大會，宣佈揪出劉尊棋是繼「胡風反革命集團」案之後的中央機關的又一大案，罪名是：叛變出獄、軍統特務，同時還為美帝國主義服務。肅反運動後，他被調到英文部作校對工作。整風運動中他說明自己並不是自首變節被釋，對那個「退黨反共」的「啟事」自己也毫不知情。就說他企圖借機翻案，攻擊肅反運動中組織上對他的審查。說他否定肅反運動的成績，說過「肅反前幾年中，在政治上被懷疑的幹部名單不是逐年縮小，而是逐年擴大」。說黨的幹部政策是「宗派主義」。他還批評過外文出版社的領導人，說：「領導人可以忙於一切其他事，就是不必鑽研業務，掌握業務，好像在一切其他方面都不能有錯誤，而在業務上搞得多麼糟也不算失職。」反右派鬥爭就使劉尊棋順理成章地由肅反對象變成右派分子了。1958 年，劉尊棋作為被遣送到北大荒的右派分子離開北京。文化大革命第二年的 1967 年 3 月 16 日，中共中央印發了「專案組」《關於薄一波、劉瀾濤、安子文、楊獻珍等人自首叛變問題的初步調查》，揪出了所謂「六十一人叛徒集團」。1936 年春，為營救薄一波等獄中難友，負責傳遞劉少奇指示的孔祥楨就住在劉尊棋家，劉尊棋成為「專案組」可以獲得為所謂「六十一人叛徒集團」定罪的有力證明材料的突破口。1968 年 5 月，他被逮捕押回北京，關在半步橋監獄。「專案組」批示：「此人永遠不能放回社會。」1969 年 12 月，劉尊棋被押到長沙。1970 年 6 月底，因為身體原因，他被轉往位於洞庭湖赤山島上的湖南第一監獄。因為沒有判決書，他成為這裏的一名「寄押犯」。

1975 年初王卓然聽說劉尊棋還因叛徒一案被關押之中，於是挺身而出為他作證，寫了一份證詞：《保釋劉尊棋的經過》。證明劉沒有辦任何手續，是由他保釋出獄的。寫完這篇證詞 20 天，王即與世長辭。這篇證詞起了作用，8 月，劉尊棋出獄，被安排在湖南農校圖書室當管理員。

1978 年 2 月，胡喬木指示調劉尊棋回北京，建議大百科全書出版社調劉尊棋到社裏工作。那時，並不知道他人在哪裏。閻明復找到劉尊棋的兒子劉小軍，才得知他被關在洞庭湖的一座死囚島上。由於監獄管理人員覺得他有文化，讓他做了文書，他才免於一死。閻明復將此情況報告給胡喬木，胡喬木批示，派人把他從死囚島接回北京，參加大百科全書出版社的工作。

1978 年 11 月，經多方調查，事實真相全部查清：劉尊棋的叛徒、特務罪名純屬歷史誤會，中央組織部給劉尊棋正式平反，恢復了他從 1931 年 1 月入黨的黨籍。1978 年 11 月至 1981 年，劉尊棋被任命為中國大百科全書

出版社臨時領導小組副組長、《不列顛百科全書》中美聯合編審委員會中方主席和《簡明不列顛百科全書》（中文版）主編。（關於劉尊棋的一段據《閻明復回憶錄》，人民出版社 2015 年版，第 1064-1066 頁）

　　肅反對象攻擊了肅反運動而被劃為右派分子的，還可以舉中山大學歷史系副教授羅應榮為例。羅應榮（1918-1971），廣東興寧人。清華研究院畢業。1948 年 1 月赴美國留學，先後在華盛頓州立大學、加利福尼亞大學就讀。據他在美國留學時候的同學何炳棣的自述《讀史閱世六十年》裏面說：「可喜的是他（羅應榮）研究國際公法極邀導師（維也納學派奠基人 Hans Kelsen 老教授）青睞，兩篇研究班文章皆獲 A++ 殊榮，博士學位半年至十個月可望完成。」可是當他聽到中國人民志願軍到朝鮮同美國軍隊作戰了，他就在 1950 年 12 月匆匆回到中國了。回國之後，羅應榮先在北京華北人民革命大學政治研究院學習半年後，1951 年 12 月，因為嶺南大學校長陳序經的聘請，羅應榮擔任了嶺南大學歷史政治學系副教授。不久院系調整，嶺南大學撤銷，併入中山大學，羅應榮就成了中山大學政法學系副教授。這時候，羅應榮的父親，在土地改革運動中以惡霸地主兼資本家的罪名處死。1955 年，羅應榮到北京大學法律學系進修，不久就發生了肅清胡風反革命集團的大案。被捕的胡風分子朱谷懷是廣東興寧人，廣東興寧人羅應榮也就被牽連進胡風一案之中，就成了一名肅反對象。

　　1957 年開展了整風運動，5 月 19 日和 6 月 8 日，中共廣東省委第一書記陶鑄兩次到中山大學同一些教授和副教授開座談會，在第一次座談會上羅應榮沒有發言，第二次座談會上他發言了，其中對肅反運動說了這樣一些意見：

　　　　肅反是一件好事，把敵人消滅，鞏固我們的政權，大有助於我們民主生活的發揚。不過 1955 年肅反運動起了副作用，社會效果不良，肅反運動中所謂的思想批判比 1952 年的要兇暴得多，不人道得多。按道理說，肅反運動應該有條件搞得好的。1955 年已沒有朝鮮戰爭了，國際和平相對穩定下來，國內的反動階級已肅清了。黨有了「三反」的經驗，掌握了幹部的基本材料，原可從容進行肅反運動，事實恰恰相反。

　　　　我們的黨是很忽視法制的，肅反運動暴露出人民政府本身是違反憲法的規定。政府逮捕了教授和一般幹部，經過法院審判手續的有幾個人？

據新華社記者許實寫的〈廣東省右派言論綜述〉一文報導：

> 對肅反政策誣蔑最兇的要算中大副教授羅應榮，他認為肅反搞得比「三反」還要糟。他說，中大的肅反工作沒搞好，不能由龍潛負責，也不能如陶鑄同志所說的「由省委負責」而應該由黨中央負責，因為肅反政策本身是錯誤的，它是違反憲法的，是打擊知識分子的政策。他懷疑肅反是斯大林的做法在中國的貫徹。他不同意說肅反「成績是主要的，缺點是次要的」。他說，一個醫生醫一百個人，治好了八十個，誤死了二十個，能說他是好醫生嗎？（1957 年 6 月 19 日新華社《內部參考》）

羅應榮父親被鎮壓，本人又攻擊了肅反運動，這就有了成為右派分子的充分根據了。1957 年 6 月 11 日《南方日報》刊出〈羅應榮認為肅反政策違反憲法　懷疑是斯大林做法在中國貫徹〉的文章批判他。羅應榮被劃為右派分子之後的悲慘遭遇不忍細說，只說他最後的結局，文化大革命中，他以反革命罪在廣東花縣監獄勞改礦產場服刑。1971 年 5 月他病重垂死的時候，監獄通知中山大學接他回去，11 月 5 日在哥哥家中去世。羅應榮死後，還有一點尾聲。外交部曾經派人到中山大學找過羅應榮，才知道他已經不在人世，只得失望而去。（本書關於羅應榮的材料，都是據陸健東，〈羅應榮：1957 年的「失蹤者」〉，見《歷史的反光鏡》，廣東人民出版社 2015 年版，第 33-55 頁）

在當年因攻擊肅反運動而被劃為右派分子的，不僅有肅反對象，也有領導幹部因為提出要如實總結肅反運動而被劃右派的，像上海市工商行政管理局局長兼黨組書記楊延修就是這樣的一個。報紙上公佈他的罪行說，「他還到處聲明肅反運動不是他領導的，『所以問題不少』。」「他抓住我們工作中個別缺點，否定肅反運動基本成績，散佈了『肅反副作用很大，肅反運動是消極因素的根源，是工商局的主要矛盾』等一系列反動言論。」報紙說他「和黨外右派裏應外合，瘋狂地攻擊肅反運動」。（1958 年 1 月 8 日《解放日報》）

《中國青年》雜誌編輯盛禹九也因為類似的原因被劃為右派分子，他所著《懷念與思考》裏記下了自己劃為右派分子的經過：

> 1957 年開始「鳴放」時，我沒有什麼「反黨反社會主義」言論，還積極參加反右鬥爭。例如，中宣部常務副部長許立群在清

華大學作反右報告，是我幫他記錄整理的。我去中南海許立群處取稿的當天，接到社裏追蹤打來的電話，説晚上開黨支部會，總結肅反工作，你參加了肅反工作，要發表意見。

在晚上的支部會上，支部書記首先發言，強調總結肅反，是為了取得經驗，吸取教訓，每個黨員都應「知無不言，言無不盡」，「言者無罪，聞者足戒」，等等。於是，我根據自己所見所聞，正面提了兩條意見：現在看來肅反擴大了些，可否先審幹，再肅反；再，有一些（逼供信）工作方式是否可以改一下。我是學法律的，知道許多國家的法律是「無罪推定」，而我們的肅反是「有罪推定」；先設想出問題，再想方設法去求證；當時有關領導也是這樣佈置我進行外調的，調查的結果恰恰相反。支部會中間休息，支委們議論，有人提出：盛禹九是肅反工作人員，怎麼對肅反提意見？真是荒謬的邏輯。正因我是肅反工作人員，了解真實情況，才有資格和根據提出意見嘛！會後，黨支部把我的發言上報團中央。團中央主管書記羅毅説：「盛禹九的材料不夠右派。」於是，支部一些極左分子反覆給我做工作，要我「對黨交心」，什麼「清理好思想後就沒事了」等等。於是，我就對照當時報紙上所有的「右派言論」，不同意的，有共鳴的，一一和盤托出，結果「向黨交心」的思想也成了「罪行」，於是我成了「右派」。

現在回想起來，我被打成右派是偶然，也是必然：毛當時規定各單位要有 5% 到 10% 的右派。許多單位領導人為了「保烏紗帽」，努力完成或超額完成下達的指標任務，想方設法尋找對象，設置圈套，使人上鉤。當時，我們社裏有職務比我高、問題比我多的「大右派」，他的言論都是白紙黑字寫在刊物上，是「浮在水面上的大魚」；只因他和社裏「第一把手」有某種特殊關係，被保護起來，讓他去參加「世界青年聯歡節」了。可見「抓右派」並不是「人人平等」的，其中大有「貓膩」。鄙人平時愛説實話，有自己的見解，有時對執行某些領導指示不是那麼完全得心應手，因此社裏「第一把手」對我有看法。那次支部會是為我安排的，也就是「釣魚」，之後又逼我「向黨交心」，完全是有預謀、有步驟、有計劃的，即所謂「陽謀」是也。自己傻里巴交地上了鉤，沒有一點警覺，是一生難以挽回的教訓。（香港天馬出版有限公司，2015 年版）

反右派鬥爭不僅是肅反運動的最後完成，而且是肅反運動的進一步擴大。不但有不少的人因為攻擊肅反運動而成了右派分子，還有一些人因為反右派鬥爭而成了反革命分子，一些原來沒有定性為反革命的事件，到了反右派鬥爭中，忽然變成了反革命案件。本書在以後第十三章裏將要提到的張志和、第十六章裏將要提到的葛佩琦兩個案件為例，他們都是因為先有了右派言行，才變成反革命的。

1957 年 11 月，這時反右派鬥爭高潮已經過去，中央十人小組發下了一個《關於處理反革命分子和其他壞分子以及某些肅反清查對象的若干政策規定》，提出了肅反運動怎樣在反右派鬥爭中繼續進行的問題。這個文件說：「整風運動以來，在我們內部留用的反革命分子和其他壞分子以及某些肅反清查對象的政治面貌，又有了一次很大的暴露。由於他們中有很大一部分人在鳴放中又犯了反黨反社會主義的罪行或者表現不好，根據黨的政策，必須重新加以嚴肅的處理。同時，我們在處理反革命分子和其他壞分子的工作中，也發生了一些右的和「左」的偏差，需要加以糾正。為此特作下列規定」。文件的第二項是「關於留用反革命分子和其他壞分子的處理問題」。有以下幾條：

> 第一、凡是已經被劃為右派分子的，應當在政治上鬥臭、思想上鬥透以後，新老賬合併一起算，以反革命分子者其他壞分子從重論處。第二、凡是有現行破壞活動的，應當一律依法捕處。第三、凡是罪證確鑿，而不低頭認罪，不老老實實接受改造，乘機翻案的，應當重新論處，一般應當給以行政上的開除處分，送去勞動教養，情節惡劣的應當依法逮捕判刑。第四、在鳴放中散佈反動言論，表現不好，但沒有被劃為右派分子的，一般也應當給以行政上的開除處分，送去勞動教養。第五、凡是沒有顯著的悔改發現、工作不積極的，應當結合精簡機構，有計劃地安置他們參加勞動生產，在勞動中監督改造。但這種處理應當同幹部下放、勞動鍛煉嚴格區別，不要混同起來。有專門技術特長、有真才實學，為工作所必需的；或者悔改表現較好，工作積極、有突出表現的；或者是在肅反運動中立過顯著功勞，現在表現尚好的，可以繼續留用，在工作中監督改造。第六、黨的工作部門、政法、外交部門、機要部門、人事部門、人民解放軍、黨報、廣播電台以及機關企業單位的要害部門，不應當留用反革命分子和其他壞分子。已經留用的，應當堅決地清洗出去，重新安置，以

確保這些部門的純潔。第七、對於留用的反革命分子和其他壞分子，應當按照新分配的工作職務，經濟上實行同工同酬，但在政治上，一定時期內（例如五年左右）不應當擔任任何領導職務，不應當提職和提級，不應當選他當人民代表、勞動模範，先進工作者等等。已經提職、提級的要降下來，在領導崗位的應當堅決調離。沒有開除黨、團籍的，應當開除。在一定時期內（例如三年左右）不要摘掉他們的反革命或壞分子的帽子。已經摘掉帽子的，如果表現不好，可以重新戴上。只有那些在勞動生產中、工作中立有特殊功勞，確實證明政治上得到改造的，才可以提前摘掉反革命或壞分子的帽子，並且相應地給以政治上、工作上的信任。

文件的第三項是「關於下降的肅反清查對象在整風中又劃為右派分子的處理問題」。有以下幾條：

第一、凡是在肅反中被清查過，經過查明確無反革命性質問題，但在整風中被劃為右派分子的，應當按照對待右派分子的政策處理。第二、凡是在肅反中被清查過，但在運動前作過交代或因政策界限放寬不以反革命論處的普通反革命分子和其他反動分子，以及起義人員中不咎既往的反革命分子，在整風中被劃為右派分子的，應當按反革命分子或其他壞分子論處，雖然不夠劃為右派分子，但是表現不好的，可以安置勞動生產，在勞動中監督改造。第三、凡是在肅反中被清查過結論不是反革命，但在整風中又發現有新的反革命活動，罪證確切的，應當重新定案處理。

這個文件正好證明了反右派鬥爭不僅是肅反運動的最後完成，而且是肅反運動的進一步擴大。

第六章

不平常的春天

1957 年中國的春天，是一個不平常的春天。

開年第一件值得一提的事，是人民解放軍總政治部文化部副部長陳其通，和他的三位同事陳亞丁、馬寒冰、魯勒，四人聯名發表〈我們對目前文藝工作的幾點意見〉一文。他們對於提出百花齊放方針以來文藝界的局面憂心如焚。這篇發表在 1 月 7 日《人民日報》上的文章，在有禮貌地稱頌新方針「給社會主義的文學藝術事業帶來了新的繁榮和無限的創造性」之後，筆鋒一轉，就大談他們認為的新方針所帶來的消極現象了。文章說：

> 在過去的一年中，為工農兵服務的文藝方向和社會主義現實主義的創作方法，愈來愈很少有人提倡了。

> 真正反映當前重大政治鬥爭的主題有些作家不敢寫了，也很少有人再提倡了，大量的家務事、兒女情、驚險故事等等，代替了描寫翻天覆地的社會變革、驚天動地的解放鬥爭、令人尊敬和效法的英雄人物的足以教育人民和鼓舞人心的小說、戲劇、詩歌，因此，使文學藝術的戰鬥性減弱了，時代的面貌模糊了，時代的聲音低沉了，社會主義建設的光輝在文學藝術這面鏡子裏光彩暗淡了。甚至使有些小品文失去了方向，在有些刊物上反映社會主義建設的光輝燦爛的這個主要方向的作品逐漸少起來了，充滿着不滿和失望的諷刺文章多起來了。

四位作者有一句話沒有明白說出來，那就是「百花齊放、百家爭鳴」的方針害多利少。

毛澤東看了，當天就批示將此文印發給政治局、書記處以及就要來北京出席各省市自治區黨委書記會議的各人。據當時在中共中央宣傳部工作的李曙光（筆名黎之）回憶說：

> 就在這次召開的書記會議上，毛澤東又系統地講了「雙百」方針的意義。在談到陳其通等人的文章時他說：陳其通等四同志對文藝工作的意見不好，只能放香花，不能放毒草。我們的意見是只有反革命的花不能讓它放，要用革命的面貌放，就得讓它放。（周揚有一次提到，文化部提出「力爭香花，避免毒草」，毛說：這話本身就是毒草，毒草怎麼避免得了呢）也許這四位同志是好心，忠心耿耿，為黨為國，但意見是不對的。

奇怪的是這次書記會議以後，不少省市傳達時說：毛主席是肯定四人文章，説他們為黨為國。許多省市報刊轉載了陳其通等四人文章，有的加按語肯定，並配發擁護文字。有的地方還開座談會擁護四人文章並檢討本地區 1956 年文藝工作中的「問題」。這可能是未聽懂毛澤東的講話，同時也反映了當時許多人同四人文章有共鳴。（黎之，《文壇風雲錄》，河南人民出版社 1999 年版，第 71 頁）

黎之説的這次省市自治區黨委書記會議是 1 月 18 日至 27 日開的。毛澤東在會上的講話表現出了他的「匈牙利情結」。可以想見兩三個月以來他一直在想着這事：這是怎樣發生的？中國有不有可能發生？怎樣避免在中國發生？對於匈牙利事件的原因，他作出了意識形態的解釋：

第二次世界大戰以後，蘇聯共產黨，東歐一些國家的黨，不講馬克思主義的基本原則。階級鬥爭，無產階級專政，黨的領導，民主集中制，黨與群眾的聯繫，這些他們都不講了，空氣不濃厚了。結果出了個匈牙利事件。（《毛澤東選集》第五卷，第 357 頁）

毛澤東遠比拉科西輩高明的地方，是在作出這種意識形態解釋的同時，還看到了事情的另一方面，更本質、更合乎實際的方面：

脱離群眾，官僚主義，勢必要挨打。匈牙利的領導人，沒有調查研究，不了解群眾情況，等到大亂子出來了，還不曉得原因在什麼地方。（同上書，第 358 頁）

不要什麼事情總是捂着。人家一發怪議論，一罷工，一請願，你就把他一棍子打回去，總覺得這是世界上不應有之事。不應有之事為什麼又有了呢？可見得是應有之事。你不許罷工，不許請願，不許講壞話，橫直是壓，壓到一個時候就要變拉科西。（同上書，第 354 頁）

在講話中，毛澤東對蘇共「二十大」表示了明顯的不滿：

對蘇共「二十大」，我們黨內絕大多數幹部是不滿意的，認為整斯大林整得太過了。這是一種正常的情緒，正常的反映。

蘇共「二十大」一來，有些從前擁護斯大林非常積極的人，這時候也反得很積極。我看這些人不講馬克列寧主義，對問題

不作分析，也缺乏革命道德。馬克思列寧主義也包括無產階級的革命道德。你從前那麼擁護，現在總要講一點理由，才能轉過這個彎來吧！理由一點不講，忽然轉這麼一百八十度，好像老子從來就是不擁護斯大林的，其實從前是很擁護的。（同上書，第334頁）

這些話是批評赫魯曉夫的，他從前確實是很擁護斯大林的。斯大林的罪行中也有他的一份責任。現在轉而批評斯大林，也確實「理由一點不講」。就說他的那個第一次提出斯大林問題來的秘密報告，雖然引發了強烈而持續的政治「地震」，可是並沒有對事件作出理論的分析，沒有講「理由」。對此事作出理論分析的，只有毛澤東和鐵托，只是他們兩位的分析頗不相同。

更使毛澤東反感的，是中國國內特別是中國共產黨黨內對蘇共「二十大」和波匈事件的反應。他說：

蘇共「二十大」的颱風一刮，中國也有那麼一些螞蟻出洞。這是黨內的動搖分子，一有機會他們就要動搖。他們聽了把斯大林一棍子打死，舒服得很，就搖過去，喊萬歲，說赫魯曉夫一切都對，老子從前就是這個主張。……黨內黨外那些捧波、匈事件的人捧得好呀！開口波茲南，閉口匈牙利。這一下就露出頭來了，螞蟻出洞了，烏龜王八都出來了。他們隨着哥穆爾卡的棍子轉，哥穆爾卡說大民主，他們也說大民主。（同上書，第334頁）

中國是不是也有發生「匈牙利事件」的危險呢？除了黨內的動搖分子這個因素之外，國內的敵對階級也是發生「匈牙利事件」的社會基礎。他說：

還有資產階級，還有地主、富農，還有惡霸和反革命。他們是被剝奪的階級，現在我們壓迫他們，他們心懷仇恨，很多人一有機會就要發作。在匈牙利事件發生的時候，他們希望把匈牙利搞亂，也希望最好把中國搞亂。（同上書，第351頁）

毛澤東說，事情「要放在最壞的基礎上來設想」，最壞，「無非是出全國性的大亂子，出『匈牙利事件』，有幾百萬人起來反對我們，佔領幾百個縣，而且打到北京來。我們無非再到延安去」。（同上書，第352頁）這當然不過是一種最極端的估計。對局勢，他其實是頗有信心的，他說：「我們

的農村政策是正確的，我們的城市政策也是正確的。所以，像匈牙利事件那樣的全國性大亂子鬧不起來。」（同上書，第 337 頁）

在講話中，毛澤東談到了他對知識分子和民主黨派的一些思考。在知識分子政策方面，一年以前，周恩來在《關於知識分子問題的報告》中，談到了對知識分子的安排和改造這兩個方面，而側重點是在改善安排。經過一年的實踐，在毛澤東看來，這是做得有點過分了。他說：

> 在知識分子問題上，現在有一種偏向，就是重安排不重改造，安排很多，改造很少。百花齊放、百家爭鳴一來，不敢去改造知識分子了。我們敢於改造資本家，為什麼對知識分子和民主人士不敢改造呢？（同上書，第 338 頁）

對於民主黨派的性質，毛澤東講了他的這樣一個看法：

> 帝國主義國家和我們之間，是你中有我，我中有你。我們支持他們那裏的人民革命，他們在我們這裏搞顛覆活動。他們裏頭有我們的人，就是那裏的共產黨，革命的工人、農民、知識分子、進步人士。我們裏頭有他們的人，拿中國來說，就是資產階級中間和民主黨派中間的許多人，還有地主階級。（《毛澤東文集》第七卷，第 188–189 頁）

毛澤東在《論十大關係》中提出「長期共存、互相監督」這一方針的時候，宣稱「所有民主黨派和無黨派民主人士雖然都表示接受中國共產黨的領導，但是他們中的許多人，實際上就是程度不同的反對派。」（同上書，第 35 頁）這樣說還不打緊，因為國會內合法的反對派正是民主政治不可缺少的要素。而現在這個說法卻不能不叫人害怕了。他是把「民主黨派中間的許多人」同敵對階級地主一樣看做是「他們」的人，是帝國主義的人，而且是帝國主義「在我們這裏搞顛覆活動」的人，也就是說，是敵人了。

既然是敵人，那麼，為什麼「他們在波蘭、匈牙利鬧風潮的時候還沒有鬧亂子」呢？毛澤東說，「對於他們的這個守規矩，應當有分析。因為他們沒有本錢了，工人階級、貧下中農不聽他們的，他們腳底下是空的。如果天下有變，一個原子彈把北京、上海打得稀爛，這些人不起變化呀？那就難說了。」（《毛澤東選集》第五卷，第 333 頁）基於這樣一種估計，重

要的是決不可以讓他們變得「有本錢」。於是，他就提出了一個剝奪民主黨派和知識分子政治資本的任務，辦法是這樣的：

> ……我們把資本家包了下來，還給他們七年的定息。……出這麼一點錢，就買了這樣一個階級。……資本家加上跟他們有聯繫的民主人士和知識分子，文化技術知識一般比較高。我們把這個階級買過來，剝奪他們的政治資本，使他們無話可講。剝的辦法，一個是出錢買，一個是安排，給他們事做。這樣，政治資本就不在他們手裏，而在我們手裏。我們要把他們政治資本剝奪乾淨，沒有剝奪乾淨的還要剝。（同上書，第 337 頁）

所謂「出錢買」，是對資本家說的，就是給定息的意思。所謂「給他們事做」，是對民主黨派和知識分子說的，指安排人大代表政協委員之類的榮譽職務或者政府機關的副職，目的也在於剝奪他們的政治資本。這兩種剝奪的辦法都是很溫和的，甚至可以說是讓人感到舒服和陶醉的。魯迅說過，「中國的人們，遇見帶有會使自己不安的朕兆的人物，向來就用兩樣法：將他壓下去，或者將他捧起來。……壓不下時，則於是乎捧，以為抬之使高，擡之使足，便可以於己稍稍無害，得以安心。」（魯迅《華蓋集・這個與那個》）這時，毛澤東還在想用捧的辦法而不是壓的辦法。並不是壓不下，半年之後的反右派鬥爭，就是改用壓的辦法徹底剝奪民主黨派和知識分子的政治資本，在他，似乎更加得心應手。不過，至少在 1957 年 1 月這個時候，他還沒有說出第三個辦法，即壓的辦法：給戴上右派分子帽子。

　　不過，毛在這次省市自治區黨委書記會議上的講話中，已經提出了後來反右派鬥爭中一些辯論的題目，一些政策和策略。例如：

> 有些民主人士和教授放的那些怪議論，跟我們也是對立的。他們講唯心論，我們講唯物論。他們說，共產黨不能管科學，社會主義沒有優越性，合作化壞得很；我們說，共產黨能夠管科學，社會主義有優越性，合作化好得很。（同上書，第 351 頁）

> 要足夠地估計成績。……在民主人士裏頭有一種議論：「你們總是講成績是基本的，這不解決問題。誰不知道成績是基本的，還有缺點錯誤呀！」但是確實成績是基本的。（同上書，第 339 頁）

一定要肯定肅反的成績。肅反的成績是偉大的。錯誤也有，當然要嚴肅對待。要給做肅反工作的幹部撐腰，不能因為一些民主人士一罵就軟下來。（同上書，第359頁）

統購統銷是實行社會主義的一個重要步驟。（同上書，第335頁）

這些，都是半年之後同右派分子「大辯論」的重要題目。鬥爭的政策和策略，這篇講話中也說了一些：

對民主人士，我們要讓他們唱對台戲，放手讓他們批評。……至於梁漱溟、彭一湖、章乃器那一類人，他們有屁就讓他們放，放出來有利，讓大家聞一聞，是香的還是臭的，經過討論，爭取多數，使他們孤立起來。他們要鬧，就讓他們鬧夠。多行不義必自斃。他們講的話愈錯愈好，犯的錯誤愈大愈好，這樣他們就愈孤立，就愈能從反面教育人民。我們對待民主人士，要又團結又鬥爭，分別情況，有一些要主動採取措施，有一些要讓他暴露，後發制人，不要先發制人。（同上書，第355頁）

以上，是根據《毛澤東選集》第五卷所載的文本作的介紹。估計在編入《毛選》時經過刪節整理，例如黎之回憶錄中說的對於陳其通等四人文章的批評，即未見編入。即從現在發表的來看，似乎可以把這次會議看作反右派鬥爭的預備會議，儘管毛本人這時並沒有自覺地意識到這一點。當然，這是一次黨內高層的會議，未作報導，公眾都不知道。

2月27日，毛澤東採取了一個公開的重大步驟，以動員知識分子投入「百花齊放、百家爭鳴」的運動。回顧一下，陸定一在懷仁堂作報告，動員百花齊放，百家爭鳴，可以看作是「鳴放」運動的開始。大半年過去了，黨外知識界反應並不熱烈。他們的觀望態度其實是六七年來歷次政治運動特別是思想改造運動的成果。經歷了對電影《武訓傳》的批判，對梁漱溟的批判，對胡適思想的批判，對《紅樓夢研究》的批判。不久以前又狂飆驟起，經歷了肅清「胡風反革命集團」的鬥爭和肅反運動，他們中的好些人，本人或者親友，成了這個運動或者那個運動的對象，多少有點像《水滸傳》上描寫的吃過殺威棒的軍犯一樣，他們還能夠對求言詔表現出多大的熱情來呢？現在號召百花齊放，百家爭鳴，是擴大民主權利，可是回應者寥寥，這就反映出了「黨和非黨群眾特別是非黨的知識界的某種緊張關

係」（1957 年 4 月 23 日《人民日報》社論中語）《人民日報》發表的陳其通等四人的文章，也更使一些人覺得還是沉默的好。

毛澤東決心打破這種可怕的沉默，他要親自出馬來給鳴放以有力的推動。1957 年 2 月 27 日他召開最高國務會議第十一次（擴大）會議，以「如何處理人民內部的矛盾」為題，向各方面人士，包括來京出席和列席政協第二屆全國委員會第三次會議的人員，共一千八百多人講話，從下午三點講到七點，講了四個鐘頭。

開宗明義，講話一開始，毛就指出存在兩類問題：敵我之間的矛盾，人民內部相互之間的矛盾。這兩類問題性質不同，解決的方法也不同。人民內部的問題是是非問題，不是敵我問題。

毛澤東說，思想問題，人民內部問題，不能夠採用粗暴的方法來解決。用粗暴的方法來解決思想問題，來解決精神世界的問題，解決人民內部的問題，這樣一些想法是錯誤的。企圖以行政命令的方法，壓制的方法來解決思想問題，這樣的方法是沒有效力的，是有害的。比如宗教，不能以行政命令來消滅宗教，不能強制人家不信教。唯心主義，不能強制別人不相信。凡屬思想方面的問題，應該用討論的辦法，辯論的辦法，批評的辦法，教育的辦法，說服的辦法，使人家相信你。

馬克思發現了剩餘價值，毛澤東發現了兩類不同性質的矛盾。毛正是從馬克思主義思想史或者說國際共產主義運動史的高度來論證他的這一發現的意義。他說：人民內部矛盾，如何處理這個問題是一個新問題。歷史上馬克思、恩格斯對於這個問題談得很少。列寧談到了，簡單地談到了，說是社會主義社會對抗消滅了，矛盾存在着。那是說的所謂對抗消滅了，資產階級打倒了，但是人民之中還有矛盾，列寧已經說人民之間還有矛盾存在。列寧來不及全面分析這個問題。關於對抗，人民內部的矛盾有沒有可能由非對抗性的矛盾轉變為對抗性的矛盾？應該說是有可能的，但是列寧那個時候還沒有，可能未詳細觀察這個問題，只有那麼短的時間。十月革命以後嘛，在斯大林負責這個時期，他是在很長時間內把這兩類矛盾混合起來了。本來是人民內部的問題，比如說，講政府的壞話，說政府，不滿意政府，不滿意共產黨，批評政府，批評共產黨。但是批評有兩種，有敵人批評我們，有敵人不滿意共產黨；有人民批評我們，有人民批評共產黨，這應該分別。斯大林在很長時期內，他是不加分別的，差不多是不加

分別的。有一些在蘇聯作過很長時期工作的人給我說，那是不加區別的，只能講好話，不能講壞話，只能歌功頌德，不能批評，誰如果批評了，那麼就懷疑你是敵人，就有坐監獄的危險，就有殺頭的危險。這兩類矛盾本來是容易混合的，我們也有時不免混起來，我們在肅反工作中，也曾經並且常常把好人當作壞人去整，把本來不是反革命，懷疑他是反革命去鬥，從前有，現在還有。問題是，我們就是有一條：分清敵我，懷疑就鬥，有些鬥錯了，就平反。

毛在這天的講話中，把這個意思還說了一次。休息之後在講百花齊放百家爭鳴長期共存互相監督這問題的時候，他又說：這個人民內部矛盾，列寧不是說過嗎？人民內部是有矛盾的，社會主義社會對抗消滅了，矛盾存在著。我說列寧那個時候，他不可能全面來考察這個問題，缺乏經驗，他就死了。斯大林在一個長時期就是不承認社會主義社會有矛盾。

在國際共產主義運動史上，這問題是馬克思恩格斯談得很少，列寧來不及全面分析，而斯大林在這個問題上是犯了錯誤的。提出這個問題的任務就歷史地落在毛澤東的雙肩之上了。躊躇滿志之態溢於言表。他是有理由自負的。他能提出兩類不同性質的矛盾這思想，的確是他比斯大林高明許多的又一證據。也許應該說，他是思考了蘇共二十大對斯大林的批評，吸取了斯大林的教訓，才提出兩類矛盾這思想的。

在談到匈牙利事件的時候，毛澤東也流露了躊躇滿志的情緒。他說，匈牙利事件以後，中國有沒有什麼風波呢？有那麼一點小風波。「風乍起，吹皺一池春水」。那春水是吹皺了，但是七級颱風引起那樣大的波浪是沒有。這是個總的估計，具體事例他講了這樣一件：在地球上有個中國，中國就有個北京，北京就有個航空學院，航空學院裏就有個共產黨支部，共產黨支部就有個支部副書記，此人叫做什麼名字？這個人應該給他揚一揚名吧（台下有人說：馬雲鳳），馬雲鳳就寫標語一個。叫什麼「反對蘇聯出兵匈牙利」。這大約就是一池春水面上的漣漪吧。毛說，這個人只是開除了黨籍，但是還留在那裏讀書。

談到資本主義改造問題，毛澤東針鋒相對地反駁了章乃器。他說，有人說是資本家就不用改造了，與工人差不多了，甚至說資本家比工人還高明一點。有些人這麼說，當然可能是少數人，有這麼一種思想，「如果要改

造，為什麼工人階級不改造？」誰說工人階級不要改造？工人階級是要改造。階級鬥爭中間改造整個社會，也改造了工人自己，這是恩格斯説的。

為了説明工人階級也需要改造，毛澤東甚至以自己為例。他説，比如我們在座的這些人，我們每年都有進步，這也是一種改造。我這個人從前也是個知識分子，各種思想都有。我朝過南嶽山，為我母親還願。我信過無政府主義，又信過康德的唯心論，你看我這個人多複雜。馬克思主義後來才鑽進去，把我腦筋改了一下，名之曰改造，主要是在階級鬥爭中改造的。這幾年來，資本家就那麼高明，一點不要改造了？我看不然，我都要改造，你不要改造了嗎？聽他這樣一説，會場上都笑了起來。

毛説，你沒有兩面性了？只有一面性了？這是形而上學的觀點。只有一面性對事物不能分析，總有優點缺點，兩點論唄。而且資產階級根子還沒有脫離，資產階級還沒有摘掉帽子，摘掉帽子還有一個時期思想改造，取消論這種觀點如果勝利，那麼資產階級的學習任務就沒有了。現在我們大家都學習嘛，政府工作人員都要學習嘛。

毛的這些意見，章乃器表示能夠接受。他在聽了毛的這篇講話之後，3月3日寫信給毛澤東，説「您在第十一次最高國務（擴大）會議中的講話有極大的教育意義，應該讓更多（盡可能多）的人能夠聽到、讀到。」顯然是很擁護的態度。他在信中提出：

> 關於民族資產階級的兩面性問題。我以為，這主要是名詞概念的爭執。如您所説的，是先進、落後的兩面性或者兩重性，他們是不會不接受的。畢竟，康有為那樣的人物，在今天是不會有了。值得回溯的歷史事實是，資本家們印象最深刻的兩面性，是「五反」中提出的有利於國計民生的一面和不利於國計民生的「五毒」的一面的兩面性（經濟上的），以及政治上的革命和不革命以至反革命的兩面性。這是使他們聽了要驚心動魄的。在努力提高他們的積極性的時候，籠統地提兩面性顯然是有害的。而如您那樣按照辯證法則的提法，則是可以被他們接受的。如能再説明：今天存在的兩面性已經不是「五反」時期的兩面性，那就更好。

> 過去許多人還堅持説：工人階級領導民族資產階級，是沒有兩面性的階級領導有兩面性的階級，或者是不需要改造的階級領導需要改造的階級，這也引起了思想上的問題。如您所説，就應

該是政治上先進的階級領導政治上落後的階級，這在我想來，他們也是可以接受的。

> 說自己比工人階級分子還要先進，從而用不着改造了。這種人即使有，一定也是極個別的，連「吹皺一池春水」都談不到的。我初步了解到，這是一個在1954年報告當地工商業會員百分之百違法的一個民建地方組織的代表人所反映的。這種人的反映有必要進行覆查。（《內部參考》1957年第2164期，第530–532頁。原題為：「章乃器對毛主席在最高國務會議上的講話提出四點意見——章乃器給毛主席的信」）

這些意思，章乃器後來還寫文章發表，他說，以前說工商業者的兩面性，是指有利於國計民生的積極的一面，與不利於國計民生的消極「五毒」的一面，這是從「五反」鬥爭學習得到的，印象無比深刻，一提起就驚心動魄。「另一種兩面性的概念是毛主席在第十一次擴大的最高國務會議所說的。毛主席是結合了一系列的客觀事物的辯證性質來說民族資產階級的兩面性的；而且說明任何階級、任何人都需要進行自我改造。顯而易見，這是思想、作風上的兩面性，而不是政治上、經濟上的兩面性，工商業家是完全可以接受的。」（章乃器，〈關於工商改造輔導工作的幾個問題〉，見1957年6月9日《大公報》）

章乃器表示能夠接受毛的這些講話，毛卻不能接受章的這些解釋。顯然，章乃器是按照自己的願望來理解毛的講話的。而毛在講話時那種設身處地推己及人和通情達理的態度，本來也使人樂於接受。

毛的這篇講話中最重要的，當然是談百花齊放百家爭鳴長期共存互相監督新方針的那一部分。毛澤東對右的和左的兩種傾向都提出了批評。他提到了鍾惦棐的〈電影的鑼鼓〉，說鍾把過去說了個一塌糊塗，否定一切。但是毛更着重批評了陳其通等四人的文章，說他們實際上是懷疑百花齊放、百家爭鳴這個方針。毛說，所謂自從這個方針提出來，就沒有大作品了，這個結論做得過早了一點，因為陸定一同志那篇文章是6月寫的，發表是去年7月了，8月、9月、10月、11月、12月，等到這四位同志寫文章是1月7日，只有五個月，幾萬字的文章怎麼寫得完？就只說是百花齊放、百家爭鳴提出來就沒有大作品了，不搞馬克思主義的作品了，不搞社會主義現實主義了，盡搞些壞的了。

說到這裏，毛澤東對《人民日報》提出了批評，批評他們發表陳其通四人文章之後長時間不表示態度。毛說，到現在這麼久了，我們的《人民日報》是什麼態度我也不清楚。在1月下旬開的省市委書記會上，我把他們四個人的聲明文章印出來給大家看了。當時有人民日報的同志在座，他表示了什麼？沒有表示什麼態度。現在又過了差不多一個月了，究竟怎麼辦？你們發表這個東西是贊成還是反對？今天在座的有沒有人民日報的？你總是要處理一下嘛！或者是商量一下，自己沒主意，你們找中央領導同志研究一下嘛！看如何處理。我現在表示我的態度，我不贊成那篇文章，那文章是錯誤的。

毛澤東接着說，世界上的東西各有不同，各人喜歡各人的。鍾惦棐的文章台灣就喜歡。陳其通、馬寒冰的文章社會主義國家很喜歡，《真理報》登出來了，《真理報》就不登陸定一那篇〈百花齊放，百家爭鳴〉，就喜歡陳其通、馬寒冰四位同志的。此外捷克登了，羅馬尼亞登了，很有市場。這時台下有人說：是《文學報》登了，不是《真理報》。毛說，是《文學報》？不是《真理報》？那還好一點。毛這一說，又引起了笑聲。毛接着說，「物以類聚，人以群分」，各個喜歡各個的東西，氣味相投。教條主義就喜歡教條主義，機會主義就喜歡機會主義。恐怕現在要批評一下子吧。

毛澤東還說，我們許多幹部中間，實際不贊成中央的方針——百花齊放，百家爭鳴，長期共存，互相監督的方針。是不是我的話講過頭了？我說高級幹部中十個有九個不贊成或半贊成，或者不甚通。真正通的，真正認為這個方針是正確的是少數，所以很需要做工作，做說服工作。

他還又一次提到對王蒙小說的批評。他說，有一青年作家叫王蒙，寫了一篇題目叫《組織部新來的青年人》，也發生事情來了。有贊成的，有反對的，講得他一點好處也沒有。其中有馬寒冰的批評。還有人批評說，北京是中央所在地，北京有一個共產黨區委有官僚主義，因此說他的典型環境放得不好，大概放在上海最妥當。我們這個地方就不行，因為是中央所在地。不曉得這個道理是從哪裏學來的。中央還出官僚主義，所在地為什麼不能出？中央出過陳獨秀，出過張國燾，出過高崗饒漱石，還出過李立三王明，那麼多哩！這麼一條道理，也是批評得不對。

毛澤東還說，中國是個小資產階級的王國，小資產階級有五億幾千萬人口，這是一個客觀存在。你要這些人意見都不發表，統統口上打封條，

只有吃飯時開一下，吃了飯就封起來，那怎麼行？我說口有兩個作用，一為吃飯，二為說話，把它堵住那是難辦到的。資產階級，小資產階級，他們的意識形態是一定要反映的，而且也要自己表現自己，用各種辦法，頑強地、千方百計地要表現自己。我們不能用壓制的辦法不讓它表現，只能在他們表現的時候跟他們辯論，寫文章批評。這些文章不是教條主義的文章，不能用形而上學的方法，而是要用辯證的方法。要有說服力，要有充分的說服力。他認為，教條主義的批評不能解決問題，而是助長這些不好的東西。

毛澤東提出了一個老幹部能不能批評的問題。他說，從馬克思以來，沒有一次說只能批評新幹部，不能批評老幹部。我們憲法上規定，人民在法律面前平等，那麼共產黨員非共產黨員在犯錯誤這個問題上，錯誤思想上，也應該是平等的。有一批人，比如是共產黨的老幹部，或者是民主黨派的老幹部，因為他老，他就享受一種不受批評的權力，可不可以？我看不行的。你活着不受批評，你死了人家還要批評你，我們就批評過死人，批評過孔子，打倒孔家店嘛！斯大林也是死後批評的嘛。

在談到如何處理罷工、罷課、遊行示威、請願這些問題的時候，毛澤東提到青年團中央提供的一個材料，去年二十八個城市裏頭，大學、中學，聽說二十九個學校有七千多學生鬧事。毛認為這個材料分析相當好，它指出產生鬧事的原因無非是官僚主義跟學生幼稚。青年工人和學生不知天高地厚，不知道艱苦奮鬥。同時，學校當局和辦事人，用各種手段欺騙他們，不跟他們同甘共苦。關於工人鬧事，毛澤東引用了總工會的報告，部分的統計，有五十幾起罷工，其中有幾個人的，有幾十個人的，最大的一次是一千多人罷工。他說，人民內部經常不斷地發生矛盾，罷工、罷課、農民打扁擔，去年有，今年還會有，以前幾年就有。不能都歸咎於匈牙利，說匈牙利事件一來，中國的事情就不好辦了。

怎樣對付群眾鬧事問題？毛澤東提出了四條對策：

第一條，努力克服官僚主義，恰當地處理矛盾，那麼人家就不鬧事了。

第二條，官僚主義沒有克服，他要鬧怎麼辦？讓鬧不讓鬧？我說還是讓鬧。這些鬧事者不能說主要是反革命，主要是我們工作中的缺點，我們不會教育，我們不會領導。

　　第三條，鬧起來就讓他鬧夠，不要草率收兵。鬧夠了就不鬧了。應該把罷工、罷課、農民打扁擔，看作是我們改善工作，教育工人學生的過程。

　　第四條，鬧事的頭子，領導人物，一般的不應開除。開除是國民黨的辦法，我們要一反國民黨之道而行之。鬧事的領袖人物，正確的應該留下，錯誤的也應留下，錯誤的留下幹什麼呢？留下當「教員」，這是難得請到的。

　　毛澤東還預言：我看將來問題還多，人心不齊，幾億人口，中間許多人會跟我們想法不同的。

　　對蘇共二十大，毛澤東說，批評斯大林是有兩方面的性質，一方面實在有好處，一方面是不好。揭破對斯大林的迷信，揭掉蓋子，這是一個解放運動；但是他揭的方法不對，沒有做好分析，一棒子打死，這麼一方面引起全世界去年下半年的幾次大風潮，後來又引起匈牙利、波蘭事件。毛提到〈再論無產階級專政的歷史經驗〉一文，說它雖然沒有指出二十次代表大會，但實際上講了。他說，我們與蘇聯同志當面講了些什麼呢？講他們對斯大林問題處理不當，講他們的大國沙文主義。

　　在這篇講話中，毛澤東談到鋼產量問題，他說，經過三個五年計劃，或者再多一些時間，我國的鋼產量可能由解放前最高年產量，即 1943 年的九十多萬噸，發展到二千萬噸，或者更多一點。這表明鋼產量已經進入毛的思慮之中。當時聽的人也許沒有怎麼注意，一年半之後，人們就會知道這是什麼意思。

　　真是緊鑼密鼓。最高國務會議開過沒有幾天，3 月 6 日，中國共產黨全國宣傳工作會議又開幕了。在與會的八百多人中，黨外的有關專業人員有一百六十餘人。會議開始，先讓大家聽了毛澤東 2 月 27 日在最高國務會議講話的錄音。接着，毛分別邀集到會的教育界、文藝界、新聞出版界的部分代表開座談會。

　　第一天開的是九個省市黨委宣傳部長文教部長座談會。會上有人提出：對於陳其通等四人的文章，這一回聽毛講話的錄音，同聽前次省市委書記會議傳達的精神不同，那一次有的省裏傳達說，毛認為那篇文章是對的。

毛澤東説，上次開會，我沒有專談陳其通等四人文章的問題，只是插話時談過，說這幾個同志忠心耿耿，為黨為國，但文章則不敢領教。傳達的時候，下面這一句沒有了。

康生插話：這可能反映到會同志的一些思想，上一截容易接受，後一句容易忽略。

毛接着説，他們的文章反映出對敵對思想的仇恨情緒，沒有這也不得了，這也要保護。問題是他們是教條主義，方法是錯誤的。百花齊放，百家爭鳴，現在不是放多了，是少了，應該再放，當然在放之中任何錯誤的東西應該批評。現在放夠了嗎？鳴夠了嗎？不夠的。人家還在猜我們的意圖。認為我們是「誘敵深入」，因此必須再放。現在開宣傳會議，大家同意這方針，要很好講究方法。第一，黨員不忙於寫文章，讓黨外先寫，當然要領導。第二，黨員也應當寫，但必須是要有説服力的，有研究的，有分析的，而不是形而上學，教條主義的方法，有分析就有説服力，我們應採取説明人家改正錯誤的態度，而不是一棍子打死的態度。毛澤東還説，陳其通四人文章，老幹部十之八九是同情的，但黨外不贊成，黨就孤立了。

毛説：馬寒冰文章是教條的，鍾惦棐則是右的，兩派我們都要批評。〈電影的鑼鼓〉基本方向不對。

周揚插話：鍾惦棐文章所提的一些缺點，的確是有的。中央電影製片廠一些同志情緒不對頭。部裏是不同意這篇文章的。

四川的幹部談到流沙河的詩《草木篇》，説曾經打算封閉刊登這篇作品的詩刊《星星》。毛澤東説，《草木篇》是應該批評的，如不批評真是讓毒草長起來了。但是他不贊成封閉《星星》。他説，這次會議一開，資產階級與小資產階級思想又會冒出來，不要急，我們不忙於理它，它又有勁頭了。你們不是反映有些教授説，「百花齊放、百家爭鳴」是誘敵深入嗎？我們對資產階級與小資產階級思想有兩條：一，必須批評；二，必須批評得好。因此必須要有準備，要有説服力。毒草在中國長了幾千年，再長七八年也不要緊。而且我們還是要做事情的。他們一肚子氣，可以讓他們講，毒草不可怕，如用壓下來的辦法，還是要翻的。

有人插話：《星星》所謂七君子中二個有殺父之仇的。

毛接着說，這樣，《星星》出現那些東西是有歷史原因的。我們如何對付不正確思想？要有方法，不要急躁，不要簡單，應該研究方法。中國有幾千萬地主、富農、資產階級與知識分子，高等學校百分之八十學生是他們子弟，那些有殺父之仇的，能不恨，不罵我們？但應估計到，剝削階級出身的知識分子大多數是可以爭取的。匈牙利高等學校百分之六十學生是工農子弟，照樣鬧事，反蘇反共，我們百分之八十是那樣子弟還沒有鬧事。

關於學生鬧事，有人說到，蘭州原要開除幾十個鬧事的學生，現在不開除了，又有點草率收兵。毛說，開除幾十個學生是國民黨辦法，事情結束如不解決問題，將來還是要鬧事的。如講到蘭州林業學校、護士學校招生騙人家，學生鬧事，我是站在學生這方面的。你欺騙人家麼！像這樣學校，你說是什麼問題？這兩校都是官僚主義，欺騙，又有官僚主義。不罷課怎能整掉官僚主義？

毛澤東還說，過去搞階級鬥爭，我們是有辦法的。現在是思想鬥爭，不能再用老辦法了。思想鬥爭是動口不動手，而且動口要恰當，不是採取專政的辦法。不要將敵人誇大而小估自己，沒有什麼可怕的。去年一些專業學校採取欺騙辦法，有十七個學校七千人罷課。全國有五百萬中學生，中學校長與黨委書記要好好研究如何辦好學校，五百萬學生鬧起事來，也不好辦啊。

毛澤東對這幾個省市黨委的宣傳部長文教部長說，第一書記要抓思想，回去告訴他們，希望第一書記把思想工作抓起來。管業務管得很好，不管思想工作，結果來了大民主，就會把你搞掉。各部門、各黨組一定要管思想工作。

這次座談會還涉及了共產黨能不能領導科學的問題。毛澤東說，我們是從政治上來領導科學，搞十二年規劃，向科學進軍，這個我還領導不得？有些知識分子說黨不能領導，實際上我們領導了，列寧懂得了半導體？但還是領導了。自然科學部門那麼多，科學家自己也是懂得這個不懂得那個的。梅蘭芳能夠領導京戲，還能領導話劇？他是旦角，難道能領導丑角，他領導得了程硯秋？結果還是外行領導內行，政治就是領導。他們事實上是說這麼一個問題：共產黨還沒有科學家。蘇聯情況和我們不同，他們已有大批黨員科學家。

　　第二天開的是七個省市教育廳局長座談會。毛澤東說，「要加強學校政治思想教育。每省要有一位宣傳部長，一位教育廳長親自抓這項工作。」（《毛澤東文集》第七卷，第 247 頁）毛談到，去年辦了很多學校，有的鬧事，無非是生活不好，學習不好。要召集所有教育局長講：要學生守紀律，艱苦奮鬥，跟學生一起辦學，進行創造性的工作。先生和學生同甘共苦，不許欺騙學生。招生不許瞎吹，不要不講困難，只講好的，要先潑冷水。

　　毛澤東提出，初中高中要增加政治課，要編政治課本。教材要減輕，課程要減少。古典文學要減少，「『關關雎鳩』這幾句詩一點詩味也沒有」。（同上書，第 248 頁）

　　他為什麼忽然要表示對《詩經》的不滿呢？這裏應該交代一下背景。中學有一門課程，1951 年以前叫「國文」，這以後採納了語文教育專家葉聖陶的意見改稱為「語文」。1952 年 9 月，在教育部的一次會議上副部長錢俊瑞提出「一切學習蘇聯之方針」。在語文教學方面，蘇聯學校是將「俄語」和「文學」分設兩科的，中國也應該這樣做。中央教育部責成人民教育出版社分別編印「漢語」和「文學」這兩門課程的教科書，1956 年開始使用。這年 7 月 1 日，還讓擔任教育部副部長的葉聖陶向幾百中學語文教師作了個《改進語文教學，提高教學品質》的報告，解釋分科的理由，說語言學是科學，而文學是藝術云云。其實葉聖陶並不贊成這個做法。由他署名的這篇《改進語文教學，提高教學品質》的報告也是別人起草經胡喬木審閱的。後來他不同意將這篇東西收入自己的文集。新編的高中《文學》課本是依中國文學史的系統編輯，第一課就是選自《詩經》的《關雎》。毛澤東在這裏說《詩經》沒有詩味，就是批評這套新編的課本，批評漢語跟文學分科這措施，批評什麼事都去學習蘇聯的態度。他尖銳地說：你們管教育，你們教育部是中國教育部還是蘇聯教育部？如果是蘇聯的，就要取消你們的教育部。毛澤東的批評使陸定一感到了壓力，他為了推卸責任，在全國人大常委會上批評人民教育出版社「一意孤行」。事後兼任人民教育出版社社長的葉聖陶聽到這話很覺憤慨。這件事本書以後還要談到。因為毛澤東批評了，漢語和文學也就不再分科了。

　　毛澤東還說：「蘇聯的教材，應當學的就要學，不應當學的就不要學。你們要來一個改革，不要照抄外國的，一定要符合中國的情況，並且還要有地方的特點。農業課本要由省裏編，地理可以編地方地理，文學也要有

鄉土文學，歷史可以有各省自己的史料。課程要減少，分量要減輕，減少門類，為的是全面發展。」（同上書，第 247–248 頁）

第三天毛澤東邀集文藝界部分代表座談。座談中他幾次涉及陳其通四人的文章，說他們「無非是來阻止百花齊放、百家爭鳴」。（同上書，第 249 頁）毛說，「放了一點，有些不好的東西出來，就慌了手腳。」（同上書，第 250 頁）陳其通四人好像聲明：「不得了，國家要亡了！」連電話也不搖一個問問宣傳部。「百花齊放」不是陸定一要放的。文章還要一字不許改，這些人不做皇帝還行呀！

有人提出，有很多地方把毛在省市委書記會上的話傳錯了。

毛說，我的報告（當是指 2 月 27 日在最高國務會議上的講話）就要印出來了。在省市委書記會議上我的發言只是幾段插話，沒有專談陳其通四個人的文章問題，總的是談百花齊放是要放了。有很多高級幹部、地委書記、專員以上幹部約一萬多人，其中是否有一千人是贊成「百花齊放，百家爭鳴」的都很難說，其餘十分之九都還是不贊成，這些都是高級幹部呢。

他還說，把我對陳其通四人文章的看法傳錯了，我也有些責任，當時沒有講清楚，但我是說要放的。說我說陳其通四個人的文章是好的，真奇怪，我說是要放的麼。

康生插話：這是他們對「百花齊放，百家爭鳴」政策有懷疑，陳其通等人的文章正適合他們的胃口。

毛接着康生的話說，所以我在會上嗅出這股味道。

茅盾提出：有人說，為工農兵的方向也不要了。

毛回答說：為工農兵服務是不錯的吧？陳其通他們四人的文章有這一句為工農兵服務的話是對的，你不為工農兵服務還為誰？資產階級也要改造成工人階級，知識分子也要是工人階級，你說不要為他們服務，中國就沒有人了。

毛澤東又提到了王蒙。他說，「我看到文藝批評方面圍剿王蒙，所以我要開這個宣傳工作會議。從批評王蒙這件事情看來，寫文章的人也不去調

查研究王蒙這個人有多高多大。他就住在北京，要寫批評文章，也不跟他商量一下，你批評他，還是為着幫助他嘛！」（同上書，第 255 頁）

毛還說，有些批評粗暴得很，對待這類批評，魯迅有個辦法，就是不理。

茅盾提出：現在有些人對寫真實有片面的理解，有些青年作家說，看到什麼就寫什麼，現實有的就可以寫，這就是說思想不能指導創作，和胡風的理論有相同的地方。否認作家觀察生活需要思想指導。

毛說，這種看法跟對社會主義現實主義的不正確看法有關，要求所有的作家接受馬克思主義世界觀恐怕是不可能，恐怕要幾十年，大多數人才有可能。在那些還沒有接受馬克思主義世界觀的，只要不學胡風搞秘密小團體，你寫你的，各有各的真實。

周揚說，秦兆陽用何直的名字寫了一篇〈現實主義 —— 廣闊的道路〉，有人批評他反對社會主義現實主義，他很緊張。

毛說，「社會主義現實主義這個問題，這次會議一時不能搞清楚，不能做結論，也用不着緊張，可以研究討論。」（同上書，第 257 頁）

毛澤東說，蘇聯十月革命後，1917 到 1927 年比我們現在更亂，教條主義也厲害得很，像文學團體「拉普」就強迫別人怎樣寫作。聽說那個時期還有一些言論自由，還有「同路人」，「同路人」還有刊物，說是宣傳真理的。我們就不讓人家辦，我們可不可以讓人家辦個唱反調的刊物？可以跟他講好，來個協定，只要不像台灣一樣就行。

有人插話：要他公開唱反調，他就不辦了。

毛說，不妨公開唱。蘇聯那時有人公開承認自己是「同路人」。可見這一點同我們今天是不同的。他在簡單回顧蘇聯四十年來經濟和政治的發展之後，說：「開頭幾年還可以唱反調，有些言論自由，以後只許講黨和政府的好話，不許講壞話不能批評，搞個人崇拜。斯大林常常把兩種矛盾混淆起來了。我們的文化教育政策不採取他們的辦法，我們採取有領導的百花齊放，百家爭鳴。現在還沒有造成放的環境，還是放得不夠，是百花想放而不敢放，是百家想鳴而不敢鳴。陳其通他們四人的文章，我就讀了兩遍，他們無非是『憂心如焚』，唯恐天下大亂。」（同上書，第 253 頁）

來自上海的巴金提出：我們大家這次討論「如何表現人民內部矛盾」，比方如何描寫官僚主義，大家覺得不好辦，很難，誰都不高興。還有雜文，上海有人說要全面，又有人說雜文不能全面，魯迅的雜文只講一件事。

毛澤東接着說的，並沒有直接回答巴金的問題，這問題他是到 12 日的大會上才談的。在座談中，他談到魯迅，他說：

> 魯迅不是共產黨員，他是了解馬克思主義世界觀的。他用了一番功夫研究，又經過自己的實踐，相信馬克思主義是真理。特別是他後期的雜文，很有力量。他的雜文有力量，就在於有了馬克思主義世界觀。我看魯迅在世還會寫雜文，小說恐怕寫不動了，大概是文聯主席，開會的時候講一講，這三十三個題目（引者注：指中共中央宣傳部辦公室 1957 年 3 月 6 日印發的《有關思想工作的一些問題的匯集》，是供參加全國宣傳工作會議的人員參考的，共彙集了三十三個問題），他一講或者寫出雜文來，就解決問題。他一定有話講，他一定會講的，而且很勇敢的。（同上書，第 253-254 頁）

說到勇敢，毛澤東又說了他不止一次說過的不要怕挨整、坐監獄、殺頭等等，真正的馬克思主義者是不怕什麼的。

老舍提出：外面有種空氣，說作家生活好，其實真正夠得上好的沒有幾個，職業化了，作家協會有些貸金，大家還是不願意借，願意自食其力。

巴金補充說：作家職業化，出版的紙張比較缺，有些書受紙張限制，印得很慢，或印不出來，影響作家生活。紙張缺乏是總的情況，分配也有些不合理的情況。

毛說，「教授、科學家的著作一時不能印出來，他們還有大學和科學院發的薪金可以維持生活。作家則不同，他們是靠版稅稿費生活，若是書籍雜誌沒有紙張印不出來，他們沒有稿費收入，就無法生活。」（同上書，第 256 頁）毛於是問文化部副部長錢俊瑞：紙張這樣緊張，你們怎麼辦呢？

錢俊瑞彙報了紙張分配情況，談到分配給社會用紙不少。

康生解釋說：社會用紙包括辦公用紙和工業包裝用紙等等。

毛說，紙張這樣緊張，就少給些社會用紙，免得他們多打假報告。這話又引得大家笑了。錢俊瑞接著又彙報了一些書籍的印刷、發行的情況。

毛說，作家協會能不能自己搞個紙廠？撥一些機器給你們，搞些原料。作家協會辦印刷廠，當然不是要老舍、巴金先生去辦，而是周揚、沈雁冰他們籌劃去辦。

毛澤東又向趙丹、蔡楚生問了電影界的情況，還問到去年生產故事片最多的是哪一個國家。他說，我們一年攝製三十多部故事片太少了，你們最好出品三百多部，日本八千多萬人口，出品三百多部，中國六億人口，出品才三十多部。

毛向趙丹問起因拍攝電影《武訓傳》受到批評的孫瑜，問他安排好沒有。

趙丹說，孫瑜血壓高，休養了很久。他又寫了一個電影劇本，現在導演片子，有助手幫助他。

毛說，那就很好。你們兩個受了批評，那沒有什麼。一個作品寫得不好，就再寫嘛，總該寫好它。

毛向周信芳問京劇方面的情況，周信芳說，過去劇目沒有開放，能演劇目少，因此影響劇團收入，所以劇團藝人生活困難。劇目開放了，劇目多了，營業也好轉，收入多了，所以生活也好了。但是如何改進劇目，許多藝人自覺性還不夠。

毛說，放一下不要緊，許多青年都不懂得什麼是牛鬼蛇神，讓他們看看也不要緊。

周信芳說，有些劇目，我也不主張演。

毛說，你是不贊成牛鬼蛇神？《四郎探母》還演不演？《四郎探母》中番邦蕭太后是不是契丹族？那是滿族吧？大概對漢族有些不好看？哈哈，四郎是漢奸吧？……

在周信芳又談了一些他的意見之後，毛說，拿個更好的東西來代替它當然很好，但拿不出來，還是讓他演吧！你又拿不出來，你又不登台演戲，那還不是讓他演。

在這一次座談中，毛還講了為什麼要把知識分子都定性為資產階級知識分子。他說，資產階級知識分子，不光看出身，我指的是他們接受的是資產階級學校教育，而資產階級是按照它的利益來教育人的。有的人後來又接受了馬克思主義。資產階級思想和小資產階級思想，如何區分法，我看很難。

不過他也說，「資產階級出身的知識分子，接受了馬克思主義，也蠻革命，我也是算在這個範疇之內的。」（同上書，第 252 頁）

毛對當時五百萬知識分子的態度作了這樣一種估計，一頭，相信馬克思主義，並且相當懂得，用來指導行動；一頭，不僅是不相信馬克思主義世界觀，還對社會主義抱敵對情緒。他認為，恐怕兩頭都沒有百分之十，現在兩頭去掉，剩下中間的還有百分之八十左右，還是大多數，他們中間，大多數人是擁護社會主義制度的，但不一定相信馬克思主義。馬克思主義者的任務就是怎樣去影響那百分之八十。

3 月 10 日，毛澤東和新聞出版界的部分代表座談，他對剛復刊不久的《文匯報》表示了讚賞，握着徐鑄成的手說，你們的《文匯報》辦得好，琴棋書畫，梅蘭竹菊，花鳥蟲魚，應有盡有，真是辦得好。我下午起身，必先找你們的報看，然後看《人民日報》，有工夫再看其他報紙。

徐鑄成提問：關於在報紙中宣傳「雙百方針」，我覺得心中無數，難以掌握。怕抓緊了犯教條主義錯誤，抓鬆了犯修正主義錯誤，請主席指示，該怎麼掌握。

徐鑄成關心的是，請示的是，怎樣才能宣傳好雙百方針，怎樣宣傳才合毛澤東的心意。可見他是既不願意犯教條主義錯誤，也不願意犯修正主義錯誤，即資產階級方向錯誤的。

毛沒有正面回答徐的提問，只是笑着說：我們當年打仗的時候，一點打仗的經驗也沒有，就在戰爭中學習戰爭。你們各位是有了二十多年辦報經驗，應該好辦得多了。如何掌握，這叫做從打仗中學習打仗嘛。

宣傳的尺度得自己掌握，不言而喻，宣傳的責任也得自己承擔了。

座談會上徐鑄成還談到了不久以前《文匯報》上關於電影問題的討論。1956 年底到 1957 年初，《文匯報》組織了「為什麼好的國產片這樣少」的

討論，收到來信很多，發表了鍾惦棐（署名朱煮竹）的〈為了前進〉、轉載了《文藝報》的評論〈電影的鑼鼓〉（也是鍾惦棐執筆），還有一些別人的文章，例如老舍的〈救救電影〉，尖銳地提出了電影業中存在的一些問題。剛發表了幾篇文章，就受到猛烈的圍攻，於是報紙只好發表一些肯定電影工作幾年來的成績的文章。徐鑄成說，請問主席，我們該怎麼應付？毛澤東回答說：

> 這次對電影的批評很有益，但是電影局開門不夠，他們的文章有肯定一切的傾向，人家一批評，又把門關得死死的。我看大多數批評文章提出的問題，對於改革我們的電影是很有益的。現在的電影，我就不喜歡看，當然也有好的，不要否定一切。批評凡是合乎事實的，電影局必須接受，否則電影工作不能改進。你們報上發表的文章，第一個時期批評的多，第二個時期肯定的多，現在可以組織文章把它們統一起來，好的肯定，不好的批評。電影局不理是不對的。這次爭論暴露了問題，對電影局和寫文章的人都有益處。（《毛澤東文集》第七卷，第 261 頁）

據徐鑄成說，毛還談到了宣傳的片面性問題。他說，不要怕片面性，片面性總是難免的嘛。我看任何人都難免有片面性，年輕人也有。李希凡有片面性，王蒙也有片面性。在青年作家中我看姚文元的片面性比較少。（以上據徐鑄成〈「陽謀」親歷記〉，見《徐鑄成回憶錄》，三聯書店 2010 年版，第 347–348 頁）這是一個不祥的預兆：上海灘上的小文人姚文元已經在毛澤東的眷顧之中了。

會上有人問，魯迅現在活着會怎麼樣？毛澤東回答說：

> 我看魯迅活着，他敢寫也不敢寫。在不正常的空氣下面，他也不會寫的，但更多的可能是會寫。俗話說得好：「捨得一身剮，敢把皇帝拉下馬。」魯迅是真正的馬克思主義者，是徹底的唯物論者。真正的馬克思主義者，徹底的唯物論者，是無所畏懼的，所以他會寫。現在有些作家不敢寫，有兩種情況：一種情況，是我們沒有為他們創造敢寫的環境，他們怕挨整；還有一種情況，就是他們本身唯物論沒有學通。是徹底的唯物論者就敢寫。魯迅的時代，挨整就是坐監獄和殺頭，但是魯迅也不怕。現在的雜文怎樣寫，還沒有經驗，我看把魯迅搬出來，大家向他學習，好好研究一下。（《毛澤東文集》第七卷，第 263 頁）

座談中已經接觸到了劃分學術問題和政策問題這一點。毛澤東說：

> 關於百家爭鳴問題，完全學術性的，在報上爭來爭去不會有影響。至於政策性的，恐怕就要分別一下情況。但是劃範圍也有困難，因為政策那麼多。比如，你們說的節育和晚婚的宣傳，報上文章一多了，有人就以為要修改婚姻法，趕快去結婚。這樣，報紙也難辦。（同上書，第 265 頁）

這裏，他分了一下層次。學術性的問題，魏晉清談似的，爭來爭去也不打緊。工作中具體政策上的爭論，就要分別一下情況。至於政治性的問題，這裏他沒有說，以後是說了的，10 月 13 日的最高國務會議上，他說他提出的百花齊放百家爭鳴，是限於文學藝術上的百花齊放，學術問題上的百家爭鳴。後來右派要涉及政治，就是什麼問題都要鳴放。（《毛澤東選集》第五卷，第 485 頁）這就是說，讓鳴放涉及政治領域的，是右派。

座談會上，毛說，說到辦報，共產黨不如黨外人士。由這一點又談到外行領導的問題。他說，說共產黨不能領導科學，這話有一半真理。現在我們是外行領導內行，搞的是行政領導，政治領導。至於具體的科學技術，共產黨是不懂的。他以為這在當時是不得已的，他說，這種行政領導的狀況，在現在的過渡時期，只好這樣，將來是要改變的。（《毛澤東文集》第七卷，第 264 頁）他無意於為外行領導辯護，以便長期保存這種狀況。到了反右派鬥爭中，這卻成了一條分界線，他在八屆三中全會上說：右派說我們不能領導，「外行不能領導內行」。我們駁右派說，我們能領導。我們能者是政治上能。（《毛澤東選集》第五卷，第 427 頁）在 1958 年5 月的中共八大二次會議上更說：「外行領導內行，是一般的規律。差不多可以說，只有外行才能領導內行。去年右派提出了這個問題，鬧得天翻地覆，說外行不能領導內行。」這就是說，批評外行領導的，是右派。

在座談會上，毛甚至說他想辭掉主席這個職務去給報紙寫文章，闢專欄，當專欄作家的奇想。（《毛澤東文集》第七卷，第 265 頁）這當然是他能夠作出的對於新聞工作的最高的評價。座談會上的老報人聽了，那種興奮和愉快的心情是可想而知的。

毛澤東又一次批評了陳其通和鍾惦棐。他說，目前思想偏向有兩種，一種是陳其通、馬寒冰他們幾個那一類的教條主義，一種是鍾惦棐那一類的右傾機會主義。右傾機會主義的特點是否定一切，鍾惦棐的文章就是否

定一切的。教條主義則把凡有懷疑的都一棒子打回去，肯定一切。聽說陳其通這人還好，馬寒冰就很霸道。他拿了文章跑到《人民日報》，一聲「聖旨到」，鄧拓就雙膝跪下了。鄧拓插話：當時他拿了文章來，一進門，就說他們有意見，想要爭鳴一下，希望文章不要改動。毛接着說，馬寒冰的文章，十分教條主義，我就看不下去，簡直強迫受訓。鍾惦棐這個名字很古怪，他的文章倒能看下去。他又說，馬寒冰他們幾個人的文章，方針不對，方法也不對。他們的方針是反對中央的方針，他們用的是壓的方法，不能說服人。

在座談臨近結束的時候，毛澤東扼要地概述了他的新方針。他說，我在最高國務會議上所談的問題，本來在心裏積累了很久，去年已經講了幾次，後來又看了些事情，看了陳其通、馬寒冰他們的文章，想到會有人以為他們的文章是代表中央的意見，因此覺得有好好談談的必要。因為〈再論無產階級專政的歷史經驗〉只解決了國際問題，現在我們國內階級鬥爭基本結束，人民內部矛盾突出，於是就有一股風，說批評多了，說人民鬧事，惶惶不可終日；另外有些人又覺得還不過癮。有些人要收，有些人要放。中央的方針到底怎樣，大家都要來摸底。其實中央也沒有什麼另外的底，方針就是那麼一個，不過有了新問題。罷工罷課都是人民內部的問題，罷課是因為去年招生太多，一招多，有些人恐怕招不夠，於是就騙人。騙人，學生自然不滿意。問題湊起來，就顯得嚴重。這樣的事情，今後還有。人民內部，絕大部分是小資產階級，一部分是民族資產階級，有許多民主黨派，還有無黨無派民主人士。現在是社會大變動，思想混亂就是反映了大變動，不反映出來倒是不可理解的。官僚主義是鬧事的直接原因，因為官僚主義又不肯改，群眾就會鬧事。中國人民是最守紀律的人民，上海副食品供應那麼緊張，我們把情況擺出來，把道理說清楚，叫大家想辦法，結果今年的春節不是過得很好嗎？現在過渡時期還沒有結束，每天都會發生大大小小的問題。

開過按專業劃分的座談會之後，3月12日，毛澤東在全國宣傳工作會議上發表了講話。一開始他就說，現在是處在一個社會大變動的時期。這樣的大變化就要反映到我們的思想上來，反映到我們的意識上來，存在決定意識。全國各個階級的相互關係都發生變化。

毛澤東分析了中國五百萬知識分子左中右的情況，他認為，希望社會主義總有一天要恢復到資本主義的這種人是很少數的，有人說有百分之

十，恐怕沒有那麼多，有百分之一、二或者更少一點。百分之九十都是愛國主義者，擁護社會主義。拿馬克思主義來說，大概有百分之十左右的知識分子（包括共產黨員同黨外人士）比較熟悉馬克思主義，贊成這個東西，擁護這個東西。對五百萬左右知識分子來說，他們是少數。在座的恐怕也有贊成社會主義不贊成馬克思主義世界觀的人。我們應該允許這些人不贊成。我們有一個宣傳馬克思主義的任務，只能說服人家接受。

毛談到了知識分子的改造問題。他說，知識分子是舊社會給我們遺下的遺產，這幾百萬知識分子先要受教育。認為社會主義改造就是改造別人，不要改造知識分子，這樣想恐怕不恰當。他說，這個改造時期可能要幾個五年計劃。他還提出，不能單從書本上學，還要跟工人農民學。

毛澤東宣佈：共產黨準備整風。今年先試驗試驗，明年比較普遍地推行。黨外人士自願參加，不願意，就不參加。他提到幾天以前陸定一發表的〈紀念整風運動十五周年〉一文，引述了其中說這是一次馬克思主義思想運動的話，說可以發展馬克思主義。毛說，違背基本原則就是修正主義，停止不前就變成教條主義。

談到知識分子的社會屬性，毛說，按其出身來說，知識分子是從剝削階層出來的，即使是小資產階級出身，但是進過資產階級的學校，這種知識分子也是資產階級的知識分子。比如我就是這麼一個人，就是放在資產階級知識分子這個隊伍裏頭的，馬克思主義是後頭學來的，開頭學的是資產階級知識，資產階級的世界觀。

在這篇講話中，毛澤東還提出了一個百家爭鳴實質上即兩家爭鳴的論點。他說，一百家，馬克思主義只佔一家，其他還有九十九家，還有那麼多。其實只有兩家，無產階級一家，資產階級一家。現在有西方世界，他們是一家，我們是一家。還有民族主義一家，他是站在中間地位。什麼叫百家？新聞就是一家，教育又是一家。新聞裏面，有這樣辦報紙的，有那樣辦報紙的，又是兩家。辦學校的，小學算一家，中學算一家。大學裏面可不得了，那個家就多了。科學院，工程技術人員，每一門學問可以有幾家。其實不是什麼百，大概有幾百家，幾千家，或者是一萬多家。說一百家，無非言其多也。有人講成馬克思主義一家，其他還有九十九家，你看我們勢力那麼大？其實現在世界上基本的只有兩家，就是無產階級一家同資產階級一家。

這個百家爭鳴實質上即兩家爭鳴的頗為新穎的論點，並不是毛澤東一時興之所至隨口說出的妙語，而是他的一種很執着的觀念。宣傳會議結束之後，他到一些城市巡行，在天津、濟南等地的黨員幹部會上又把這意思說了一遍。這篇講話在 1964 年正式發表時，刪去了不少內容，這一個論點卻沒有刪去，（《毛澤東文集》第七卷，第 273 頁）可見他到後來依然持這種看法。

把學術上的各家各派都依其世界觀歸口到無產階級和資產階級兩家中去，是什麼意思呢？用他後來修改這兩篇時加寫的字句來表達，這兩家爭鳴也就是「無產階級和資產階級之間在意識形態方面的階級鬥爭」。（同上書，第 230 頁）這種「爭鳴」的結局是預先就確定了的：只能是無產階級的意識形態克服資產階級的意識形態，一個吃掉一個，結果就只能是一家獨鳴了。這也就是不承認馬克思主義在百家爭鳴中也是平等的一家。這同原來對於百家爭鳴的解釋，例如他自己說的科學上不同學派的自由爭論，（同上書，第 229 頁）或者陸定一說的，在文學藝術工作和科學研究工作中有獨立思考的自由，有辯論的自由，有創作和批評的自由，有發表自己的意見、堅持自己的意見和保留自己的意見的自由，已經不是一回事了。從這裏可以看出毛澤東對這個問題的思考是很複雜的，是有反覆、有矛盾的。而這「兩家爭鳴」論，就是連結「百家爭鳴」和反右派鬥爭的過門。人們不應該把從整風到反右的這個轉變單純看成是他受到外界的刺激才作出的決策。

三十年之後，陸定一發表〈「百花齊放，百家爭鳴」的歷史回顧〉一文，反思了這個提法，他說：

> 毛澤東同志提出，百家爭鳴實質上是兩家，資產階級一家，無產階級一家。這句話對科學和藝術部門來說是不對的。照此去辦，科學和藝術部門只能是一言堂，而且會使「政治帽子」流行起來。對科學和藝術中的學派、流派，亂貼政治標籤，用簡單化的辦法來區分何者為資產階級的，何者為無產階級的，是不科學的，也就無復「百家爭鳴」可言。（《陸定一文集》，人民出版社1992 年版，第 844-845 頁）

這種兩家爭鳴的思想，在反右派鬥爭中還沒有顯示出它的全部威力。人們很容易聯想到 1966 年宣告「文化大革命」開始的《五・一六通知》，它批判「在真理面前人人平等」的口號，提出了與之對立的「無產階級在

上層建築其中包括在各個文化領域的專政」的口號，難道不正是「兩家爭鳴」思想更帶理論色彩的表述嗎？有「兩家爭鳴」這個思想，就會有反右派鬥爭，也就會有「文化大革命」，這相關聯的脈絡是夠分明的了。

毛澤東在全國宣傳工作會議上的這篇講話中，又說到了王蒙。毛澤東說，最近就在北京發生了一個世界大戰，有個人叫王蒙，大家想剿滅他。現在圍剿王蒙，也是解放軍圍的，就是開幾團，把他包圍起來。現在我們替王蒙解圍，要把這個人救出來，此人雖有缺點，但是他講中了一個問題，就是批評官僚主義。

他又提到鍾惦棐，說他做了一件好事，引起許多人發表文章，揭露電影事業中間的錯誤和缺點，這些我們管電影事業的人必須要注意，他們所揭露的那些壞事統統應該加以改正。當然他沒有忘記提到鍾惦棐的片面性。

他還再一次提到陳其通等四人的文章，說那個東西是不好的，並且傳錯了，說是我很贊成。我就不那麼贊成，今天又當着你們大家再說一遍，很不贊成。我講過，這幾個同志是出於什麼呢？說他們忠心耿耿，為黨為國，這對不對呢？我看也是對的，他們是要保護黨，保護工人階級的利益。他們有那麼一種情緒，就是怕毒草的情緒，其實王蒙這些東西不是毒草。百花齊放，放了這麼幾個月，百家爭鳴也只幾個月，據他們估計是成績甚少，壞處甚多，牛鬼蛇神都出來了，大勢不好，大有不可終日之勢。這個形勢的估計是錯誤的。因此，他就那麼急。方針，似乎他們也贊成，其實看來就是懷疑這個方針，他們在方針上有問題，他們的方法就是短促突擊，沒有分析的，沒有說服力的，人家看了文章不服的，批評王蒙的文章我看了就不服。這個人我也不認識，我跟他也不是兒女親家，我就不服。他這幾句小玩笑話引起了會場上的笑聲。

對於共產黨能不能領導科學這問題，毛澤東解釋說，在現在這個時期，我看是能領導又不能領導，你不懂，他懂，所以，你在自然科學這門科學那門科學的具體內容上你沒有法子領導。我說有一半對，就在這裏，但是有一半不對。共產黨能領導階級鬥爭，也就能領導向自然界作鬥爭。如果有這樣一個黨，叫共產黨，它就只會作社會鬥爭，要率領整個社會向自然做鬥爭它就不行了，一講到科學問題它就不行了，那麼，這樣一個黨就應該滅亡。他說，共產黨過去忙於階級鬥爭，一直到現在，階級鬥爭還沒有完結，許多政治問題要它來處理。有一批知識分子進了共產黨，可能

有幾十萬，有人說有一百萬，這些人還分不過身來研究自然科學，這種情況，要有幾十年工夫，至少有三、四個五年計劃，就可以改變了。

談到現在是人民內部的鬥爭為主，還是階級鬥爭為主，毛說，在好些同志的意思，講階級鬥爭為主恐怕好一點，舒服一點；講人民內部的鬥爭為主似乎就不太妙。而我恰好換了這個位置。我在最高國務會議上講的，就是如何處理人民內部的鬥爭。他說，人民內部鬥爭現在很突出，共產黨八大做了結論的，大規模的階級鬥爭已經完結了，現在突出的問題是人民內部的鬥爭。小資產階級的思想，這是人民內部的問題；中國的資產階級我們當做人民內部的問題處理。在現在這個時期，我覺得資產階級、小資產階級在有些時候是可以放在一起講，要分別哪一篇錯誤文章是屬於資產階級思想，另一篇是屬於小資產階級的，也很難。今天突出的問題是人民內部的問題，應該作具體分析，不要不適當的扣大帽子，加他一個資產階級。

毛澤東還談到雜文怎麼寫的問題。雜文是不是一定會帶片面性？他認為也可以有不帶片面性的雜文。他以列寧和魯迅的作品為例，是魯迅像列寧，還是列寧像魯迅，就不去講了。他說，列寧有一部分文章是雜文性質的，很尖銳的，很諷刺的。你說那個東西是片面性的嗎？不能那樣講。魯迅的雜文是對敵人的，列寧的雜文很多是對付同志的，批評黨的缺點，也有對付敵人的。魯迅對付敵人的鋒芒可不可以來對付我們自己內部呢？據我看也可以，假使魯迅還在，他就要轉過來對付我們的缺點、錯誤。

講到「放」還是「收」，毛澤東說，現在是有人想收了，中共中央的意見就是不贊成收，而是要放。會不會亂？有些人就怕亂。我說亂就有辦法，亂就治，一治一亂。會不會變成匈牙利？變不了。中國這個國家變不了匈牙利。變了匈牙利也不怕。匈牙利變好了，不是變壞了。如果我們有匈牙利那樣的錯誤，有那麼多反革命，帝國主義直接在那裏指揮，工作又搞得那麼壞，那麼該變。該變才變，怕有什麼用處。

談到群眾鬧事。毛澤東說，如果官僚主義十足，大民主不許可，小民主也沒有，甚至是小小民主都沒有，橫直是不解決問題，那就要逼上梁山。我看在那種情況下，罷工、罷課是一種解決問題的手段，是調解社會生活的一種方法。又說，百花齊放，百家爭鳴，這樣的方針有利於我們國

家的鞏固，人民對於嚴重的官僚主義者不堪忍受的情況下舉行群眾鬥爭，這對於我們的社會生活是一種調解。

毛澤東還提到流沙河的《草木篇》。他說，有那麼一篇詩，叫《草木篇》，印了沒有？趕快印一下，在座的是不是都看呀？好文章，很值得見識見識。你們四川同志不要以為我這一講就說我是贊成這個《草木篇》的，我不是根本反對你們去批評的，而是講你們可以等一會，徵求讀者的意見，可以放它一下。還是「放」，還是「收」？可以「放」一下，現在還「放」得不夠，不是「放」得有餘。不要怕「放」，不要怕批評，不要怕亂，也不要怕牛鬼蛇神，也不要怕毒草。我們百花齊放，百家爭鳴這樣的方針，只會發展真理，發展藝術，使我們少犯錯誤。他說，我們企圖用這種方法團結幾百萬知識分子，團結幾億人民，改變現在這種面目。

毛澤東的這些講話使得他的聽眾如醉如癡。傅雷應邀從上海來參加全國宣傳工作會議，會後他寫信給在波蘭留學的兒子傅聰，在這封完全不準備發表的家書中，他說：

> 毛主席的講話，那種口吻，音調，特別親切平易，極富於幽默感；而且沒有教訓口氣，速度恰當，間以適當的 Pause（停頓），筆記無法傳達。他的馬克思主義是到了化境的，隨手拈來，都成妙諦，出之以極自然的態度，無形中滲透聽眾的心。講話的邏輯都是隱而不露，真是藝術高手。滬上文藝界半年來有些苦悶，地方領導（按：指當時中共上海市委第一書記柯慶施）抓得緊，彷彿一批評機關缺點，便會煽動群眾；報紙上愈來愈強調「肯定」，老談一套「成績上是主要的，缺點是次要的」等等。（這話並不錯，可是老掛在嘴上，就成了八股）毛主席大概早已嗅到這股味兒，所以從一月十八至二十七日就在全國省市委書記大會上提到百家爭鳴問題，二月底的最高國務會議更明確的提出，這次三月十二日對我們的講話，更為具體，可見他的思考也在逐漸往深處發展。他再三說人民內部矛盾如何處理對黨也是一個新問題，需要與黨外人士共同研究；黨內黨外合在一起談，有好處；今後三五年內，每年要舉行一次。他又囑咐各省市委也要召集黨外人士共同商量黨內的事。他的胸襟寬大，思想自由，和我們舊知識分子沒有分別，加上極靈活的運用辯證法，當然國家大事掌握得好了。毛主席是真正把古今中外的哲理融會貫通了的人。（《傅雷家書》增補本，第 158 頁）

傅雷並不以研究馬克思主義著稱，他在這方面的讚揚並不足為榮，但他的景仰之情卻是十分真誠的。幾個月之前，波蘭政局劇變，這時還在動盪之中。傅聰在這樣一個環境中留學，情緒也頗受影響。傅雷在信中對他說：

> 你近來情緒不大好，你看了上面這些話，或許會好一些。千萬別忘了我們處在大變動時代，我國如此，別國也如此。毛主席只有一個，別國沒有，彎路不免多走一些，知識分子不免多一些苦悶，這是勢所必然，不足為怪的。（同上書，第 160 頁）

傅雷不是一個輕易佩服別人的人。從他的家書中，可以看出毛的這些講話是如何深深贏得了孤傲的知識分子的心。

2 月 27 日毛澤東在最高國務會議上批評了陳其通四人的文章，明確表示他不贊成，同時還對《人民日報》發表該文之後長時間不表示態度提出了嚴厲的批評。鄧拓聽了頗覺緊張，於是急急忙忙從來稿中找出陳遼的一篇批評文章登了在 3 月 1 日的報紙上。陳遼並沒有從對於新方針是擁護還是抵制這樣的高度來立論，還「認為其中有不少有價值的意見，對目前的文藝工作是有好處的」。他認為，這篇文章的毛病，「是在於他們把『百花齊放，百家爭鳴』的方針提出以後的文藝工作中的個別的、不是根本性的缺點，當作全面的、根本性的缺點，於是也就認為目前的文藝工作簡直是『糟得很』了，是很堪憂慮的了。」陳遼認為，「我們目前文藝工作的主流是『好得很』的，至少不是『糟得很』。」陳遼以他自己對文藝界狀況的估計，逐條反駁陳其通等人的估計。這基本上是一篇就事論事被動應戰的文章，與毛澤東的批評所提到的高度差距很大。只是《人民日報》一時間拿不出更加符合要求的批評稿件，匆忙間只好先發表這一篇再說。

接着，《人民日報》又約請茅盾寫來了批評文章（3 月 18 日見報）。茅盾已經聽過毛澤東的講話，因此他能夠站在新方針的高度來批評陳其通他們了。茅盾說：

> 他們的文章是缺乏説服力的，批評方法是教條主義的，其結果不但不能對小資產階級思想作有效的鬥爭，而且給讀者以「百花齊放、百家爭鳴」原來是弊多利少的印象，給廣大的、在「百花齊放、百家爭鳴」方針下鼓舞活躍的知識分子一瓢冷水。

陳其通等四位同志反對小資產階級藝術思想。我極端擁護他們這一個主張，而且我以為這應當是我們在文藝思想戰線上的一個重要的課題。但我們進行這一思想鬥爭時，要小心提防回到教條主義的老調，要同時大力反對教條主義；簡單地採取禁止「放」和「鳴」的方法，不能解決問題。小資產階級思想的肅清，是長期的、複雜而細緻的工作，我們的批評態度應當是從團結的願望出發、通過批評和鬥爭，在新的基礎上達到新的團結；我們的工作方法應當是讓大家來「放」，來「鳴」，開展自由討論，從討論中加強馬列主義的思想教育。

顯然，茅盾是把他從毛澤東的講話中聽來的一些意思寫到文章裏了。

在 3 月全國宣傳工作會議上毛澤東再次批評之後，4 月 4 日的《人民日報》集中發表了批評陳其通等的一組讀者來信。接着，周揚在答《文匯報》記者問中也批評了他們（4 月 9 日《文匯報》，11 日《人民日報》轉載），周揚說：

當現在正在要求排除「百花齊放、百家爭鳴」的障礙、鼓勵大家來「放」和「鳴」的時候，這篇文章實際起了一種障礙「放」和「鳴」的作用。因為照這篇文章所舉的例證看來，「百花齊放，百家爭鳴」的方針提出來還不過半年多的時間，就產生了如此之多的消極現象，以致反映在文藝上，「時代的面貌模糊了，時代的聲音低沉了」，那末，必然達到的邏輯的結論，就是只有將這個方針收起來。放呢，還是收？在這個迫切的問題面前，我們的作者根據錯誤的判斷作出了錯誤的回答。造成這個主要錯誤的原因就在作者對當前文藝狀況的考察是片面的，他們是用教條主義的眼光，帶着宗派的情緒去觀察事物的。（《周揚文集》，第二卷，第 489 頁）

周揚雖然指出了這篇起了障礙「放」和「鳴」的作用，還是筆下留情：教條主義嗎？只不過帶着這種眼光，宗派主義嗎？更談不上主義，不過一點宗派情緒。批評鍾惦棐，卻不說他有右傾機會主義的情緒，而是說他「採取了抹煞一切的態度，把解放幾年來電影事業的成就全部否定了」。

在這幾個月裏，毛澤東多次把陳其通等人作為教條主義的代表、把鍾惦棐作為右傾機會主義的代表同時拿出來批評，可是他只是催促《人民日報》批評陳其通等人，並不催促批評鍾惦棐。從這裏可以看出他當時的意

圖還是排除障礙動員鳴放，再說，他也明白，對於右的觀點從來就不會缺少批判的積極分子，並不必他去催促。

馬寒冰不久之後服毒自殺，未免令人歎息。忍死須臾，情況就會有所改變。不要多久百家爭鳴就會轉為反右派鬥爭，作為另一種傾向的代表多次跟他們一同受到批評的鍾惦棐，將成為最早一批的右派分子，而陳其通陳亞丁卻可以在《人民日報》（1957 年 8 月 21 日）上發表〈克服教條主義，投入反右派鬥爭〉的文章。

關於馬寒冰自殺一事，後來中國共產黨中國人民解放軍總政治部本部委員會《關於陳沂問題的決定》是這樣說的：

> 馬寒冰是一個政治品質、思想作風很不好的人，和陳沂氣味相投，所以陳對馬十分器重，使馬一身兼三職。馬的許多錯誤他是知道的，但都包庇下來，並且慫恿他。馬對黨內鬥爭的看法也和陳一樣，認為黨內鬥爭就是個人恩怨，就是宗派鬥爭。例如：1955 年馬對丁玲、陳企霞反黨集團的看法，就認為是宗派打擊。因之當總政決定馬不帶青年藝術團出國留下整風時，馬即認為黨內有一種不可抗拒的黑暗勢力要想把他整倒，對黨極度不滿，因而走上了叛黨自殺的道路。馬在自殺之夜，曾在陳沂家中說了許多對總政領導不滿的話，當時陳沂對他不但不予教育批評，反而火上加油，和馬寒冰、魯勒共同發洩對總政領導的不滿。根據魯勒、李偉同志揭發，陳沂當時沒說過一句正確的話，所有的話都是攻擊總政領導，目的是為了抵抗總政的決定，爭取改變這一決定。如，他曾說：給馬提意見的人是小人，是人身攻擊，是報復；秘書處印發材料是破壞人家的名譽；主任們主觀，偏聽偏信，……等。馬自殺後，他就利用當時文化部一些同志因不了解情況所產生的一些不滿情緒，在文化部掀起一個反領導的風浪。他在馬寒冰的屍體面前宣誓似地說：「我要控告！」他向許多人講：「總政首長偏聽偏信是官僚主義逼死人！」還說什麼「總政首長到該接受些教訓的時候了」。他讚揚馬寒冰是「詩人氣質」，並說：「士可殺不可辱」「老馬早就說過，不定什麼時候來他個屍諫，」將叛黨者比為屈原，把領導比為暴君楚懷王。當總政召開幹部會討論馬寒冰自殺問題時，他曾暗中對人說：「這是譚主任心虛，想把事情壓下去！」會議上很多人發言說馬的自殺是叛黨、叛變革命，他就說：「這真是十足的教條主義！」而對於個

別在會議上因馬的自殺公開攻擊總政領導的人，則倍加讚揚；當會議上有人批評陳沂是別有用心時，他暴跳如雷，揚言：「再這樣，矛盾的性質就要變了！」陳沂上述這些話不僅向軍內外的一些幹部講了，而且也向馬寒冰的妻子張玉蘭講了，並造謠說：「告馬寒冰的韓淮是右派」，使她在痛苦之餘，又加上對總政首長的不滿，要向軍委、中央和周總理告狀。

關於王蒙的小說《組織部新來的青年人》，《人民日報》於 3 月 12 日刊出林默涵的文章〈一篇引起爭論的小說〉。文章明顯反映出了毛澤東的意見。林默涵的文章表示，不能同意對這篇小說的「粗暴的、武斷的批評」，他指出，「說北京不會產生這種人物，不但不符合事實，也表現有些人對於藝術上的『典型環境』這個概念是沒有弄清楚的。」林默涵對小說及其作者作出了在他看來是很高了的評價：「小說的作者對於複雜的生活是進行了比較深刻的觀察和思索的，因此，他能夠在別人所習以為常的事物中看出某種值得注意的東西。可寶貴的，不但是作者的這種能夠捉住生活中某些值得注意的事物的能力，還有他的敢於向缺點進攻的勇氣。」「應該說，這篇小說在揭發生活中的消極事物，在描繪各種樣子的官僚主義者和政治衰退分子方面是比較成功的，是具有一定的深度的。」小說的問題，林默涵認為，是主人公林震的那種「脫離實際、脫離群眾的孤芳自賞的情緒」，以及作者「抱着同情和欣賞的態度，把那些缺點也當作優點來加以愛撫和讚揚」，「作者痛恨生活中的消極事物，可是他卻沒有找到能夠戰勝這種消極事物的真正的積極力量。」這些意見同毛澤東關於知識分子思想改造的一貫論斷也是相符的。

也就是在這時候，全國政協第二屆第三次全體會議開會了。這是一次明顯體現「百花齊放、百家爭鳴、長期共存、互相監督」新方針的會議。第一件引人注目的事是新增補了六十六名特邀委員，都是知識界和民主黨派中知名度甚高而過去沒有安排好的人士，例如王枕心、鄧介松、朱光潛、劉斐、吳文藻、沈尹默、陳銘德、林虎、羅翼群、張志和、覃異之、董竹君、賈亦斌、熊十力、熊秉坤、蕭作霖等人。像社會學家陳達，也在社會學家團體補缺為委員了。第二件事是列席的人特別多，出席的委員是六百二十二人，列席的有二百八十一人，超過到會總人數的百分之三十。那些有一定知名度，而又沒有能夠增補為特邀委員的，許多人都被請來列席了。第三件事是會期很長。2 月 27 日，所有出席列席這次會議的人員都應邀參加最高國務會議第十一次擴大會議，聆聽毛澤東關於正確處理人民

內部矛盾問題的講話，次日分組討論，可以認為會議實際上已經開始。3月5日舉行開幕式，20日舉行閉幕式，這會開了接近一個月。民主黨派負責人在會上的發言，都表示擁護新方針。還有一些委員和列席人員就各自的專業説了一些建議性意見。

民盟中央常務委員鄧初民顯然贊同從馬克思主義思想史的高度來評價人民內部矛盾的思想，他在大會發言中還為此説補充了文獻上的根據。他在引用了馬克思《哲學的貧困》中的話，引用了列寧的兩段話之後，接着説，「我國的黨和毛主席在新的條件下豐富和發展了馬克思列寧主義關於內部矛盾的理論。」

民進中央主席馬敍倫談到長期共存互相監督，他説，「在社會主義改造完成後，民主黨派最基本的一項工作就是要幫助它的成員和所聯繫群眾逐步地改造自己，消除資產階級思想殘餘」。

民盟中央副主席、中國農工民主黨中央主席章伯鈞的發言，在談「百花齊放，百家爭鳴」方針的時候，大抵是複述毛澤東講話中的一些意見，沒有發表什麼他自己的不同見解。在談「長期共存、互相監督」的時候，態度也很合作，他説，「我們不是為長存而長存，我們是要為實現社會主義而長存，為國家和人民謀福利而長存。為要做好工作，保證長期共存，依我看，就不要為發展而發展，而要繼續堅持發展與鞏固相結合的方針。在不穩固的基礎上遍地擺大攤子，大開放主義，是很危險的。」對於幾年來的肅反工作，章伯鈞表示了讚揚，以為這「對於人民對於國家建設是一件極有益的不可少的事情」，他認為民主黨派機關幹部和一些高級幹部都應該參加肅反運動。

民盟中央另一位副主席羅隆基的發言，題目是〈加強黨與非黨知識分子的團結〉。他認為「一年來在學術思想方面，『百花齊放』，放者不多，『百家爭鳴』，鳴者太少。基本原因還在一般高級知識分子顧慮太多，猜疑太重，以致花不敢放，家不敢鳴。」他以為，這是因為「某些黨員幹部和黨外少數進步人士，對思想學術的『放』者『鳴』者，不惜口誅筆伐，『包抄』『圍剿』，以求正人心，息邪説，衛道統。這就使一般舊知識分子無所適從，逡巡不進，瞻前顧後，栗栗危懼」。羅隆基提出了一個「『落後』與『外行』之間的隔膜」這樣的提法。意思大約是在一些幹部眼中，知識分子是「落後」，在知識分子眼中，一些幹部是「外行」吧。他還談到中國知識

分子的傳統，「願做脫穎而出的毛遂者少，願做隆中待訪的諸葛亮者多。若得三顧茅廬，必肯鞠躬盡瘁。」他沒有忘記聲明：「我不是說在今天的新社會裏，還必須用『禮賢下士』、『三顧茅廬』的舊方式來團結高級知識分子，這絕不是的。我必須指出，今天批評、鬥爭和改造的團結方式同『士』所期望的『禮』之『下』之是有矛盾的。」

在這篇發言中，他還談到民主黨派內部的情況。他說：「民主黨派中有些人的工作是『錦上添花，火上加油』，只是觀風色，看氣候，扣帽子，打冷拳。」反映了他對自己這幾年在民盟內部受到批判的積怨之深。

羅隆基在這篇發言中，還提出了一個「應該把個人和黨的界線分別清楚」的問題。他說：

> 領導幹部執行政策是可能發生偏差的，個人是可能犯錯誤的。一方面，不可以把個人的偏差看成政策的偏差，更不可以把個人的錯誤看成黨的錯誤。另一方面，接受黨的領導，不完全同於接受黨員個人的領導，黨員個人的威望不等於黨的威望。批評個別黨員，不管批評是否妥當，不等於反黨，更不等於反革命。

羅隆基說的這些落後與外行的隔膜，批評個別黨員不等於反黨等等，在不久之後的反右派鬥爭中，都是最觸忌諱的右派言論。

政協會閉幕之後不幾天，《光明日報》編輯部改組。4 月 1 日，儲安平就任總編輯，取代原任總編輯的共產黨員常芝青。不過，據《光明日報》右派分子殷毅所著的《回首殘陽已含山》一書說，「儲安平到職後，常芝青並未調走，只是不參加業務領導，黨的工作照管不誤。」（北京十月文藝出版社 2003 年版，第 3 頁）

《光明日報》1949 年 6 月 16 日創刊的時候，是中國民主同盟主辦的。1953 年又改為由中國各民主黨派、全國工商聯聯合主辦。不過這時候它實際上就是共產黨在辦了。為了把這張報紙還給民主黨派，增加黨外人士發言之地，這一改組早在 1956 年陸定一在懷仁堂作報告之後不久就開始醞釀了。曾經有過請徐鑄成主持該報的考慮。徐不肯脫離班底隻身到一個陌生的場地上去，敬謝不敏。現在鳴放正在推向高潮，這事不好再拖，胡喬木登門敦請，請出了儲安平。這件事，《徐鑄成回憶錄》裏有記載：

　　大約在 6 月初（1956 年），當時任中宣部副部長的姚溱兄
曾來《教師報》訪問。他對我説：「你對目前的工作，情緒怎麼
樣？」我説：「情緒很好，我已經安心把辦好《教師報》作為我
下半輩子的工作。」他笑着説：「這話，我不完全相信。一向搞
慣日報的人，每週兩期的專業報，怎麼會使你過癮？」接着他又
認真地説：「現在，黨中央已決定把《光明日報》還給民盟去辦，
黨員總編輯決定撤出，由章伯鈞先生任社長。黨的意見，想請你
去擔任總編輯。讓我先來徵求你的意見。」我説：「假使讓我自
己挑選，我還是願意繼續留在《教師報》，辦報好比組一個戲班，
我不能唱獨腳戲。我現在的班底都在《教師報》呀。」他點頭微
笑地走了。後來，才知道《光明日報》已找了儲安平兄去當總編
輯了。（三聯書店 2010 年版，第 224 頁）

　　儲安平（1909-1966），江蘇宜興人，可説是個天生的報人。他為《中
央日報》寫過社論，編過副刊。在英國倫敦大學從事過研究工作，當過復
旦大學新聞系的教授。他成為全國知名的人物，是因為在 1946 年創辦了
《觀察》這個政論性的週刊。費孝通説，這「是日本投降後到解放前這一段
內戰時期知識分子的論壇」，在創刊號封面上列名的撰稿人七十多位，其
中包括卞之琳、王芸生、吳恩裕、李廣田、宗白華、季羨林、胡適、柳無
忌、馬寅初、許君遠、曹禺、梁實秋、張東蓀、笪移今、馮至、馮友蘭、
曾昭掄、傅雷、傅斯年、費孝通、楊剛、楊絳、葉公超、雷海宗、趙超
構、潘光旦、樓邦彥、錢端升、錢鍾書、蕭乾等等，也可見是一個怎樣的
陣容了。刊物在知識分子中有眾多的讀者和很大的影響。儲安平本人，更
以他筆鋒犀利的政論，直斥國民黨的統治。例如，第一卷第三期（1946 年
9 月 14 日）刊出的〈失敗的統治〉，一開頭就説：

　　　　國民黨一黨專政，前後垂二十年。……反弄成今日這樣一個
　　局面：不僅黨的聲譽、地位、前途日漸衰落，就是國家社會，也
　　給弄得千瘡百孔，不可收拾。

　　那時正在聚精會神指揮同國民黨打仗的毛澤東也注意閱讀這本刊物。
1948 年 1 月 15 日他在楊家溝西北野戰軍前委擴大會議上的講話中，講了這
樣一段：

現在有許多人把希望寄託在共產黨身上，寄託在人民解放軍身上。最近看到外面的報刊如《觀察》雜誌上有文章這樣說：「假如二十年來的統治，不是如此腐敗無能，何致使許多人覺得前途茫茫，中心彷徨，轉而寄託其希望於共產黨？」（《毛澤東文集》第五卷，第22頁）

這裏所引的話見於《觀察》第三卷第九期（1947年10月20日）刊出的儲安平寫的〈評蒲立特的偏私的、不健康的訪華報告〉一文。

這一篇〈在西北野戰軍前委擴大會議上的講話〉中還說了這樣一些話：

去年春天有個人寫文章，說：現在全國人民對現政權可謂人人離心，個個厭惡。秋天這個人又寫文章，說蔣介石和中國現政府業已失去民心，如在太陽底下的影子。（《毛澤東文集》第五卷，第22頁）

這裏他說的兩篇其實也都是儲安平發表在《觀察》上的文章。「去年春天」的文章，指《觀察》第二卷第二期（1947年3月8日）刊出的〈中國的政局〉一文。「秋天」的這一篇指《觀察》第三卷第九期刊出的〈評蒲立特的偏私的、不健康的訪華報告〉一文。毛澤東的這篇講話中還說：

有人說共產黨是蔣介石逼出來的，「消滅了一個共產黨，同時製造了十個共產黨；消滅了十個共產黨，同時製造了一百個共產黨。」（第22-23頁）

這話也是引自儲安平的〈評蒲立特的偏私的、不健康的訪華報告〉一文：

我個人很率直的說，我認為國民黨的腐敗的統治是「共產黨之母」，它製造共產黨，它培養共產黨。製造共產黨培養共產黨的因素不先消滅，那裏能消滅共產黨？照現在的樣子，消滅了一個共產黨，同時製造了十個共產黨；消滅了十個共產黨，同時製造了一百個共產黨。

可見這時毛澤東認為儲安平和他的《觀察》是反映了公眾情緒。

1948年國民黨政府發行金圓券，規定物價凍結在8月19發行新幣的這一天。這個限價政策在堅持了七十多天之後終於失敗，於11月1日宣佈取消限價政策，一時物價飛漲，到處社會騷動。儲安平評論這事的文章，題目就是〈一場爛污〉。文章的開頭說：

在全國空前騷動，朝野爭議多日之後，政府終於放棄了他那「只許成功不許失敗」的限價政策！這是二十年來這一個政府第一次在人民面前低頭的一個紀錄！在這二十年中，這一個政府，憑藉他的武力，憑藉他的組織，憑藉他的宣傳，統治着中國的人民，搞到現在，弄得民窮財盡，烽火遍地。這次，在全國人民不可抗拒的普遍的唾棄下，他終於屈服了一次！

文章的結尾說：

七十天是一場小爛污，二十年是一場大爛污！爛污爛污，二十年來拆足了爛污！（《觀察》雜誌第五卷第十一期，1948年11月6日）

國民黨的軍隊在前線吃敗仗，蔣介石心情沮喪。當他看到《觀察》雜誌一篇接着一篇署名「觀察特約記者」的對戰場形勢的精闢分析，大為震怒了。1948年12月24日，上海警備司令部、上海市社會局和警察局派員查封了《觀察》雜誌，兩天之後，更將全社工作人員捕去。幸好那時儲安平已經離開上海，才避開了這次災禍。

全國解放以後，《觀察》在北京復刊，由週刊改為半月刊了。出了半年即告結束。改為《新觀察》，即與儲安平沒有什麼關係了。

1949年9月，文匯報總編輯徐鑄成在北京出席全國政協第一屆全體會議。他在9月29日的日記中記下了同儲安平的一次談話：

今天與安平兄談話，他說《觀察》即將復刊，領導上大力支持，但恐群眾思想難捉摸，如何辦好，毫無把握。他又說，近月曾至東北旅行，寫了旅行記二十五萬字，材料甚新，特別注重人事制度及工作效率。胡喬木看了極讚賞，力促早日付梓。他又說，他出發前及回來後，都與領導同志商談，反覆請教云云。

可見這時，儲安平與新政權是採取一種非常合作的態度。而這種態度，甚至使頗有點傲骨的徐鑄成反感。他的日記接着寫道：

甚矣，做事之難。《文匯報》之被歧視，殆即由予之不善應付歟？予如遇事諾諾唯唯聽命，《文匯報》亦不會有今日。以本性難移，要我俯首就範，盲目聽從指揮，寧死亦不甘也。（《徐鑄成回憶錄》，三聯書店2010年版，第177頁）

當然，形勢比人強，數年之後他也願意俯首就範聽從指揮了。

這時，儲安平被選中主持光明日報，大約也同他的這種合作態度有關。中共中央統戰部部長李維漢表示了支持他的工作。據費孝通 1957 年 6 月 3 日的日記，4 月 16 日，儲安平決定去光明日報之後，對費孝通說了這樣一件事：

> 儲安平說：「統戰部開過會，李部長說光明日報完全由民主黨派負責辦，統戰部推薦我做總編輯。以後光明日報黨組撤銷，要和人民日報唱對台戲，這就是方針，要使光明日報成為高級知識分子的論壇。」我說很多人有顧慮不願寫，儲說可以採取座談會方式。儲又問：〈知識分子的早春天氣〉一文為什麼不給他，以後要我多給光明日報寫稿，最好像《觀察》那時一樣，專闢一欄。那時儲談得很起勁，是把光明日報看成是他辦的企業。（《右派分子儲安平的言行》，中華全國新聞工作者協會研究部、中國人民大學新聞系合編，1957 年 9 月光明日報社印）

可見這時儲安平是把光明日報當做自己的事業來辦的。他上任的第一天，由社長章伯鈞陪同到報社。他對前來歡迎的各部主任說，我到這裏來工作，李維漢部長支援我，黨是我的後台。他馬上以全部精力投入新的工作，發出了一百多封徵稿的信件，派出好些記者到上海、南京、武漢、廣州、西安、蘭州、瀋陽、長春、青島這些城市去開座談會，動員鳴放。

毛澤東本人也要到一些城市去，向地方上黨的幹部宣講他的新方針。全國宣傳工作會議一結束，經過三天的準備，3 月 16 日他就啟程了。17 日在天津，18 日在濟南，19 日在南京，20 日在上海，都在當地黨員幹部會議上講話。4 月初中共中央上海局在杭州開會，毛也到了杭州，聽了到會各省市的彙報，同他們講了話。

同他在最高國務會議和全國宣傳工作會議上的講話比起來，這幾次的講話因為聽眾情況的不同，他講的側重點也不同。在北京的那兩次會議上的講話，是黨內黨外人士一起聽的，而且黨內的也多是一些高級知識分子。毛向他們講新方針，是為了解除他們的顧慮，動員他們積極鳴放。在外地的這幾次講話，聽的都是黨內的幹部，對自己的一些想法就講得更加坦率，目的是消除黨的幹部的疑慮，教他們不要害怕新方針，不要怕人家鳴放。

毛在各地的講話，看來是按照同一份提綱講的，大同小異。有些話，在天津説過了到濟南又説，在南京説過了到上海又説，有不少重複。

人們對待新方針的態度，毛澤東在南京説，「百花齊放，百家爭鳴」，還是要「放」，還是要「收」？現在黨外人士就説我們「放」的不夠，他們就深怕我們「收」。而我們同志呢，看那個樣子，似乎不對，就有一點不想「放」，有一點想收兵。他在濟南的講話甚至還作了定量分析：「百花齊放，百家爭鳴」，還有「長期共存，互相監督」這樣的方針，在我們黨裏頭有相當多的同志不甚了解，有一些同志就不大贊成這樣的方針，比如在北京，許多高級的同志，部長，我説十個人裏頭可能有一個人贊成，一個人想通了，其他幾個人有些相當贊成，但是不那麼十分贊成，各種程度不同。

這麼多人為什麼不贊成或者不那麼十分贊成呢？毛澤東描寫了他們的心態。他在天津説，「百花齊放」，那麼多花，恐怕有不好的東西出來了，怎麼得了啊！「百家爭鳴」，咱們共產黨只算一「家」，九十九家包圍我們，怎麼得了啊！他在濟南又説，「百家爭鳴」，那個是危險的很，咱們共產黨就是一家，其他九十九家把我們包圍怎麼得了，要請解放軍幫忙，殺開一條出路，殺出一條血路，才跑得出去哩。「長期共存」也是不贊成，那個民主黨派大概有什麼七、八年也就差不多了嘛！讓他們挖一個坑埋下去嘛！究竟誰監督誰，還要請他們監督共產黨呀！你有什麼資格監督共產黨呀？這些意思，他在上海又説：有些同志覺得這個方針太危險了。「百花齊放」，放出些鬼來怎麼辦？關於「長期共存，互相監督」，有人説：「民主黨派有什麼資格跟我們長期共存？還是短期共存吧！」「我監督你，我還用你監督呀？你民主黨派哪年打的天下？」所有這些意見都是反對「放」，主張「收」。

毛澤東是怎樣説服黨內這些反對「放」主張「收」的意思的呢？他並不認為這些意見沒有道理，錯了，而只認為這中間有誤會，這些幹部誤解了他的方針。於是，他就來消除他們的誤會。

首先他要他們放心的是「百家爭鳴」並不是一家和九十九家去爭，而是只有兩家來爭。他在天津説：百家爭鳴説是共產黨只有一家，其他有九十九家把我包圍了。當然不是這樣的意思。在社會科學，在世界觀這方面的問題上，不是什麼百家爭鳴，是兩家爭鳴。無產階級一家，資產階級一家。在濟南他又説，去年上半年階級鬥爭基本結束，所謂基本結束，就

是説還有階級鬥爭，特別表現在意識形態這一方面，只是基本結束，不是全部結束。這個尾巴也拖得挺長的。特別是意識形態這一方面的階級鬥爭，我説不是「百家爭鳴」，而是兩家爭鳴，這百家裏頭有兩家，一家是無產階級，一家是資產階級。這個爭鳴是要爭幾十年的。毛澤東在這裏用「意識形態這一方面的階級鬥爭」來説明「百家爭鳴」即兩家爭鳴，是很準確的，有了這種解釋，當然也就足以消除這些人要請解放軍幫忙突破九十九家包圍的顧慮了，他們有了必勝的信心。

毛在濟南的這篇講話中還説到，意識形態裏面的階級鬥爭，我們是把它當作內部矛盾來處理，對於民族資產階級我們把他當作內部矛盾來處理。這就是説，這些矛盾的性質並不是由其本身的狀況規定的，而是「我們把它當作」，這裏就能容納一點主觀隨意性了。

關於「長期共存，互相監督」，毛澤東也以為反對者並不是沒有道理的，他在濟南説，這些同志，你説他有沒有道理，我看也是相當有道理。民主黨派有什麼資格監督共產黨？究竟江山是誰打下來的呀？還是工人階級、農民階級打來的，共產黨領導他們，還是你們民主黨派打來的？所以聽他們的話是有不少道理的。毛表示贊同的這個道理是明白不過了：江山是誰打下的就是誰的。

那些反對「長期共存、互相監督」的幹部既有如此充足的理由，毛澤東又怎樣去説服他們接受這方針呢？毛説，正因為這些更需要長期共存互相監督。他在這篇講話中説，我們黨就是因為功勞太大，社會上的威望也很大，就發生一種危險，容易包辦代替，以簡單的行政命令。所以我們特為請那麼幾位來監督我們，並且長期共存。我們有一天，他們也有一天。談到民主人士的使用問題，山東有些人講他們沒有多少用處，甚至講是廢物。在向毛彙報的時候提到當時擔任山東省副省長的民主人士苗海南，他是英國曼徹斯特大學畢業，創辦濟南成通紗廠，自任經理兼總工程師，中國民主建國會中央委員。毛説，廢物也可以利用嘛！廢物為什麼不可以利用呢？我今天不能講具體，講苗海南是廢物，苗海南大概是很有用處的一個人。就是有些用處不多的人，也可以利用。

這個廢物利用的思想，毛澤東在南京又説了一次。他説，我們要使用民主黨派、民主人士。剛才講知識分子，民主黨派就是些知識分子。我們要用他們。人們説，用是好，可是他們沒有用處，是老廢物。廢物也要利

用，廢物也有好處。應該用他們，應該開會。這回北京開政協會議，我也跟他們講了一會，每年不要開會就是應付一下，應付一下過了就算了；而是要利用開會，每個省一年開一回兩回，利用這些機會，給他們做工作，說服他們，使他們替我們去做工作。因為他們聯繫一些人，經過他們去說服那些人。這樣的態度，就是一種積極態度，而不是一種消極使用他們的態度。就是「利用、限制、改造」嘛！我們同志喜歡後面兩條，一條叫「限制」，一條叫「改造」；就是不喜歡頭一條那個「利用」。我就「改造」你，我就「限制」你。當然那是對資本家講的，現在對民主人士不好這麼講，對民主人士不好講「利用、限制、改造」，可是我們同志事實上就是一個限制，就是不去改造，不去利用他們。他們可以做一些我們所不能做的工作。在講穿這個「利用、限制、改造」政策不好對他們講之後，毛緊接着說，要同他們講真心話，有很多事情不要用兩套，不要黨內一套，黨外一套。像我跟同志們講的話，我都可以跟他們講。不過他沒有忘記指出：我們也有一部分事情不跟他們講。剛才說的這「利用、限制、改造」政策，大約就屬於不跟他們講的吧。

毛澤東在這幾個城市說了他的「百花齊放，百家爭鳴，長期共存，互相監督」方針的真諦，那些幹部聆聽之後，心中有了底，也就樂於接受，不再疑慮了。不過，人們看到的是，並不是說服他們接受了一種新的方針，而是告訴他們，雖然採用了新的論述方法，其實這方針和他們所熟悉的那一套相去並不甚遠。原來如此，那還要怕什麼鳴放呢？

毛的這次出巡，除了向黨內幹部交底，使他們不再懼怕鳴放之外，另一個重要任務，就是佈置黨在知識分子中的工作。他在南京說，中國這個國家，知識分子太少，但是也有一批，大概有五百萬左右，其中不到一百萬進了共產黨，還有四百萬在黨外。對於這些人，毛把他們一概定性為資產階級知識分子。他在濟南、在南京，都說了這意思。他說，人們說要分別一下，究竟是小資產階級知識分子，還是資產階級知識分子？意思就是說，戴一頂小資產階級知識分子的帽子，比較資產階級的要舒服些。可是我說不然。我就是個資產階級知識分子，進的資產階級學校，那裏的社會空氣，是資產階級的空氣，搞的那一套，就是唯心論的什麼東西，康德的唯心論我就信過，你說那是小資產階級的？讀的是資產階級，信的是資產階級，你還能說是個小資產階級？你說，小資產階級世界觀是什麼東西啊？是半唯物主義嗎？我這個人馬克思主義是後來鑽進去的，是後頭學的。

在天津，毛澤東講到，現在有些人說，共產黨搞科學不行，共產黨大學裏頭教書不行，醫院裏頭當醫生不行，工廠裏頭搞工程，當工程師，當技術人員不行。毛澤東認為這個話講得合乎事實，就是我們沒有科學家、工程技術人員、醫生、大學教授。中學裏頭當教員的也少。文學藝術方面有點兒，也是三七開，我們有三分會，七分不會，優勢還是共產黨之外。大學教授幾乎全是共產黨以外的，醫生幾乎全是共產黨以外的。是不是？教育界有二百萬人，大、中、小學，所謂公教人員的「教」，有二百萬人之多，共產黨幹什麼事情呢？共產黨就是在學校裏名為領導，實際上就是不能領導，因為你不懂嘛。

在濟南，他說到這方面的意思。談到大學裏的情況，毛說：我們的黨員就是學生、助教多，講師裏面有一點也少，教授裏頭很少。那麼究竟是學生領導先生，還是先生領導學生呢？是助教領導教授，還是教授領導助教呢？出現這種現象的原因，毛說，就是我們過去忙了，我們幹了幾十年的階級鬥爭，忙於搞階級鬥爭，沒有機會搞這個。

為了解決這個問題，毛澤東提出了一個共產黨員、共青團員學科學的任務。他在天津說，大概需要有三個五年計劃，至少還要有十五年時間，我看是一定能學到的，沒什麼巧的。自然科學，開刀之類，你沒學就不會開，但是只要學就可以學到。現在的大學生，現在的共產黨員、共青團員就在學，過十五年，他們就是大學教授，就是工程師。此外，他還提出了一個更為直接的辦法，他說，現有的科學家、工程師、大學教授、中學教員中有一部分人，他們願意加入共產黨，條件適合的也可以接受他們加入共產黨。

這件事情其實早在一年多以前，1956 年 2 月 24 日中共中央政治局通過的《中共中央關於知識分子問題的指示》中就已經作了佈置：「關於在知識分子特別是高級知識分子中吸收黨員的工作，過去有嚴重的關門主義傾向，今後必須加以徹底的糾正。中央組織部應該按照黨章的規定訂出在知識分子中發展黨員的計劃，經中央批准後下達。其中高級知識分子的黨員，到 1962 年應該佔高級知識分子總數的三分之一左右。」（《建國以來重要文獻選編》第八冊，第 146 頁）

這個在知識分子中發展黨員的想法，毛澤東到上海就說得更具體些。他說，全國五百萬知識分子，其中大約有十分之一多一點加入了共產黨。

他提出，要在比如三個五年計劃之內（還有十一年），使整個知識界在學習馬克思主義方面，在跟工人農民結合方面前進一步，其中大概要有三分之一的知識分子或者進了黨，或者成為黨外積極分子。根據毛的這個設想來計算，即十一年之後，知識分子中的共產黨員人數，要比現在增加一百一十餘萬人，平均每年發展十萬人。

到了4月初的中共中央上海局的杭州會議上，毛澤東更把他的這個設想變成了工作部署。當有人彙報大學教授加入民主黨派的多的時候，毛説，大學教授加入了民主黨派的，也可以吸收入黨，做跨黨分子，只是其主要骨幹要求入黨的不要歡迎他。我進黨就不是熟悉馬克思主義才入黨的。你們回去具體考慮在六年之內吸收四分之一，三個五年計劃之內吸收三分之一入黨，今年爭取百分之十五到黨內來。這對爭取知識分子是一個很大政策問題，今年如果不爭取一批知識分子入黨，對社會主義不利。毛又説，這些人進了黨還要做半黨外人士，教育要經過他們本人的經驗。他還説，百花齊放，百家爭鳴是爭取知識分子的方針，如果只在政治上開門，可是在組織上關門，那就不相稱的。我們黨沒有大作家，大詩人，大教授，要招兵。過去辦不到，現在要努力。根據毛的這個意思，6月28日（這時已經是反右派鬥爭高潮中了），中共中央發出《關於在一兩個月後吸收一批高級知識分子入黨的通知》，提出「有必要在一兩個月之後，首先接收一批在這次運動中表現好的左派高級知識分子入黨」，包括「已經參加了其他民主黨派的高級知識分子」在內，並且規定，「他們入黨之後，不要退出原來的民主黨派」。（《建國以來重要文獻選編》第十冊，第358–359頁）

就是遵照這個通知，1957年吸收了一批知名度很高的知識分子入黨。例如著名京劇演員程硯秋就是這時由周恩來介紹入黨的。按照毛的設想，到第三個五年計劃完成時，知識分子有三分之一的入了黨，那就相當於軍隊中黨員的比例了（《毛澤東選集》第一卷，第83頁注[19]：「事實上紅軍中的黨員人數佔全軍三分之一左右即好，後來在紅軍和人民解放軍中大體上都是如此。」）所以他沒有提出更高的要求。

在大規模的群眾性的階級鬥爭基本結束，全黨要求搞建設的時候，毛澤東感覺到了黨內專業人才不足這個問題。在這種情況下，是不是可以考慮發揮黨外專業人才的作用呢？毛澤東想到的解決問題的辦法，第一，讓一些黨員團員去學習科學技術，以三個五年計劃為期，要求他們十五年之後成為黨內的專業人才；第二，讓一些條件適合的專業人才在取得黨籍之

後發揮作用。從這裏也可以看到毛澤東心目中反對宗派主義的邊界在什麼地方。

在杭州的會議上，浙江省反映：文教幹部文化水準低，工作有困難。地、市、縣宣傳部現在幹部文化水準，高中的十九人，初中的一百一十五人，小學的十四人。有人插話：還有不識字的縣長。毛說：過去在戰場打仗，動刀動槍，不識字的可以參加。現在是打思想仗，要有文化的參加，要把將校尉配齊，要選一批文教幹部，你們有四百一十所中學，下命令調。文教科長文化低不行，縣長不識字那倒可以。

這次會議還談到辦報的事。上海市提問：黨報與非黨報有什麼不同？黨委如何領導報紙？可否辦同人報？報上怎樣開展爭鳴？他們提出如何辦報有五條：有領導，有準備，有選擇，有說服力，有利。毛說，搞這麼多條，我去辦也難辦。五條裏只有說服力這一條有具體內容，其他的都很難說。有領導也會出毛病。《人民日報》的文章誰說都對，陳其通等人的文章就不對。我看每個省辦兩個報紙比較好，一個黨外辦，唱對台戲。

這次會上，浙江省還提出了中央美術學院華東分院的問題。這所設在杭州的美術學院，原院長江豐（已於 1951 年調北京）以及擔任副院長的著名油畫家莫樸都輕視中國畫，說國畫「不科學」，「不能反映現代生活」、「又不能為政治服務」，對老國畫家也很不尊重，讓他們去練習素描，說他們學院的老國畫家有當過漢奸的，一些人被降級降職。毛澤東聽了，說，為什麼不要國畫？國民黨還要國畫，他比國民黨還要次一等，他不是國民黨，又不像共產黨，是什麼黨，是第三黨嗎？他是搞醜術，不是搞美術。江豐、莫樸要搞回來交代，莫樸是宗派主義者，要審查黨籍。

經毛這麼一說，江豐、莫樸二人的黨籍果然在不久以後都被開除了，他們都被劃為右派分子。不過按問題的性質來說，同陳其通等人的文章一樣，是左了而不是右了。只是他們沒有陳其通、陳亞丁幸運，沒有得到「忠心耿耿，為黨為國」那樣的考語，而被定性為反黨反社會主義。

毛澤東的這一次出巡是很重要的，他教黨內十分之九（他的估計數字）的幹部消除了對「雙百方針」的誤會，而且給後世的研究者提供了一種有說服力的資料。人們從這裏可以看到，在蘇共二十大特別是匈牙利事件之後，他認識到已經不能再用過去的方法對待新問題，必須有所更張。可是

這多少有點突然，他對實行一個新方針的思想準備並不是很充足的。他說的兩家爭鳴，廢物利用等等意見，足以反映出他當時的思想傾向。人們不禁要想一想，他本人是不是也是他說的十分之九中間的一人。後來整風運動轉變為反右派鬥爭，不能單純認為外界刺激的結果，而是有深厚的思想基礎的。他喜愛的一個哲學命題：「外因是變化的條件，內因是變化的根據，外因通過內因而起作用。」（《毛澤東選集》第一卷，第 302 頁）正好用來說明他的這一次決策的轉變。

4 月間，劉少奇、周恩來也都離開北京，分赴各地宣傳新方針。劉少奇的這次活動以後再說。4 月 29 日周恩來在上海向知識界講話，使聽講的人感到很大鼓舞。《文匯報》派記者訪問了一部分聽講的人，請他們談感想。4 月 30 日該報刊登了一篇訪問記，包括電影導演石揮、作家王西彥、話劇演員喬奇、上海體育學院院長吳蘊瑞、工程師徐開坤、第五十一中學校長李楚材、優秀教師袁容這七個人的談話。石揮談到不久以前《文匯報》上關於電影問題的討論，他說，「教條主義、宗派主義佔着上風，使電影問題的討論遇到了阻礙；而右傾機會主義的文章，實質上是抹煞一切成績，理解極端片面，但看上去卻好像是替許多人在說話，它與教條主義針鋒相對地展開了『論爭』。這就更使問題複雜化了。我們許多人夾在這中間而無所適從，混亂起來。聽了周總理的報告，給予我的鼓舞是極大的，也鼓舞了我們許多同志更大膽的發言。我相信：存在於電影界的問題自會在這個基礎上繼續進行同志式的討論，同時也將促使今後電影創作的繁榮；推倒一切清規戒律，使『百花齊放、百家爭鳴』的方針，具體而生動地體現在電影事業上來！」石揮上個月到北京參加了中國共產黨全國宣傳工作會議，聆聽了毛澤東的講話，他在這裏，完全是按照毛澤東的意思說的，可以說是十分合作的態度。想不到的是，反右派鬥爭開始，他即被劃為右派分子遭到批鬥，隨即失蹤，不知所終。

4 月 10 日，《人民日報》發表以〈繼續放手，貫徹「百花齊放、百家爭鳴」的方針〉為題的社論，首次在報紙上正面闡發毛澤東 2 月 27 日在最高國務會議上的講話。社論說，「百花齊放、百家爭鳴」並不是什麼一時的、權宜的手段，而是為發展文化和科學所必要的長時期的方針。它說，我國知識分子的大多數屬於資產階級知識分子的範圍，他們的思想必然在學術文化領域內有所表現，這問題只能用說服的方法解決，如果採取壓服和禁止的辦法，那麼，對於黨和馬克思主義者說來，這並不是實現自己的

任務，只是取消自己的任務，而且這樣作的結果只能是壓而不服，禁而不止。社論還認為「雙百方針」只能幫助而不會妨礙馬克思主義的發展。

這篇社論對陳其通等四人的文章表明了自己的態度。認為他們「對於目前文藝界狀況畫了一幅嚇人的暗淡的圖畫」。社論説：

> 何以會有這種極端歪曲的估計呢？這是由於，到現在為止，黨內還有不少同志對於「百花齊放、百家爭鳴」的方針實際上是不同意的，因此他們就片面地收集了一些消極的現象，加以渲染和誇大，企圖由此來證明這一方針的「危害」，由此來「勸告」黨趕快改變自己的方針。但是，黨不能接受他們的這種「勸告」，因為他們的方針並不是馬克思主義，而是反馬克思主義的教條主義和宗派主義。

社論結尾處，《人民日報》還作了自我批評：

> 本報在發表了他們的文章以後，長期間沒有加以評論，是造成這種混亂的重要原因之一。

社論表示：

> 不但應該批判資產階級小資產階級的思想，而且應該批判對於馬克思主義的教條主義的歪曲（這是指陳其通四人文章），批判對於教條主義的自由主義態度（這是報社的自我批評）。

這時毛澤東剛從南方回來不久，看了這篇社論頗為賞識。當天中午，他把鄧拓，《人民日報》的幾個副總編輯胡績偉、王揖、黃操良，文藝部主任林淡秋、袁水拍找去，特別指名要這篇社論的執筆者王若水也去，在他的臥室裏談了一個下午。談話的情況，在《胡績偉自述》裏有一篇〈偉大領袖毛澤東對人民日報領導人的一次嚴厲批評〉，裏面有詳細的記述，這是幾個在場的人共同回憶整理出來的。全文如下：

> 1957 年 4 月 10 日，《人民日報》發表了社論〈繼續放手，貫徹「百花齊放、百家爭鳴」的方針〉（由王若水同志起草，鄧拓同志修改定稿）。當天鄧拓同志的秘書王唯一通知我們幾位副總編輯和袁水拍、王若水同志到鄧拓辦公室集合，説毛主席看了今天的社論，要接見我們，叫我們馬上到主席那裏去。我們都默不做聲，心中有點緊張，暗中猜測，不知今天毛主席見我們要「訓

斥」什麼？一會兒，胡喬木同志也來了。我們分乘兩輛小汽車，直奔中南海。汽車進了新華門，繞過寫着五個金色大字的「為人民服務」的影壁，沿着南海向東北方向行駛，到了毛主席住的豐澤園停了下來。我們下車，進了大門，穿過幾個小院，來到主席的住所。喬木先進去通報，然後把我們領進屋，穿過一個大廳，才進入主席的臥室。

一進去，我禁不住地暗暗吃驚。我是第一次進入他老人家的臥室。其實是一間堆滿書籍的書房。他靠在床頭，身穿用棉絨布做的已經穿舊了的睡衣，下身蓋着毛巾被，斜躺在床上，嘴裏叼着香煙。床是雙人床，不是新式的席夢思軟床，而是老式的硬硬的木板床，靠窗的半邊堆放着各種線裝古書，有許多都開卷卷着，看來是讀了放在一邊，準備再讀。床前一個小桌，上面放一本列寧的《哲學筆記》，好像是新出版的，另外還放有幾份文件。

來了這麼多客人，毛主席仍然躺在床上，只把煙頭放下來，向我們打了一個招呼。看來，他如此接見下級，不拘小節，已經成了習慣。鄧拓把我們引到床前，向他一一介紹。介紹到我時，他說了兩個字「認得」。介紹到王若水時說：「啊，哲學家，哲學家，很年輕哪！你寫了好文章。」

臥室裏只有兩個小沙發，服務人員從外邊搬進來幾把椅子，我們圍坐在他的床前。這時，陳伯達、周揚和袁水拍也趕來了。大家衣冠楚楚，正襟危坐，洗耳恭聽。毛主席則嬉笑怒罵，隨心所欲，毫無約束。我以為這次談話，可以說是一次「床前訓話」。

他斜靠在床頭，在整個談話中不停地抽煙，一支接一支，煙頭把煙灰缸塞得滿滿的。主席待大家坐定，他就開說了。

毛主席說：睡不着，找你們來談談。報紙雖然發表了幾篇社論（指有關教育的社論），但沒有聯繫到最高國務會議，好像沒有這回事。看了今天的社論，雖然發的晚了一些，但是好的。對陳其通四人的文章，也表了態。最高國務會議和宣傳工作會議，已經開了一個多月了，共產黨的報紙沒有聲音。陳其通四人的文章發表後，人民日報長期以來也沒有批評，直到今天，才有一篇社論，總算對陳其通四人的文章表了一個態。最高國務會議和宣傳工作會議開過一個多月了，共產黨的報紙沒有聲音，你們按兵不動，反而讓非黨的報紙（指《光明日報》和《文匯報》）拿去

我們的旗幟整我們。你們不是黨報，是派報。過去我說你們是書生辦報，不是政治家辦報，不對，應當說是死人辦報。你們到底是有動於衷，還是無動於衷？我看是無動於衷！你們多半是對中央的方針唱反調，是抵觸、反對中央的方針，不贊成中央方針的。

鄧拓趕快作檢討，但他的話多次被毛澤東的措詞尖銳而嚴厲的批評所打斷。鄧拓解釋說：過去中央曾有規定，黨的會議不發消息，主席講話未公佈前，也不引用。

毛主席說：什麼時候有這個規定？最高國務會議發了消息，為什麼不發社論？消息也只有兩行，為什麼把黨的政策秘密起來？宣傳會議不發消息是錯誤的。這次會議是黨內外人士參加的，不只是黨的會議，為什麼也不發消息？黨的報紙對黨的政策要及時宣傳。最高國務會議以後，《人民日報》沒有聲音，非黨的報紙在起領導作用。黨報被動，黨的領導也被動。黨報在非黨報紙面前丟臉。這裏有鬼。鬼在什麼地方？我在最高國務會議上的講話，目前還不能發表，但可以根據講話的意思寫文章。鄧拓檢討說：我對這件事，沒有抓緊。毛主席說：對黨最近的政策的宣傳，人民日報不是沒有抓緊，而是沒有抓！

氣氛很緊張，我們如坐針氈。毛主席很惱怒。他說，一月的省委書記會上，我印發了陳其通四人的文章。我說，你們是忠心耿耿，為黨為民，但是教條主義的，我是不同意他們的意見的。但你（指鄧拓）和一些省委書記回去傳達，卻說我表揚了他們。為什麼會聽錯？據說傳達錯了的人很多，但總有理解對的，康生同志就是一個，這叫做「各取所需」，地委書記以上一萬個黨員中，十分之九對「雙百」方針是抵觸的。他們過去不怕帝國主義，現在卻怕知識分子。你們登了一篇駁陳其通等人的文摘，（四月四日《人民日報》）是客觀主義的，也沒有報紙編輯部的意見。

毛主席肯定了當天報的那篇社論，詢問寫作過程。鄧拓說：「是王若水同志寫的。」毛說：「我要請你吃飯。」（以後並沒有請王若水吃飯，這話只是一種鼓勵）若水很客氣地說：「喬木同志對這篇社論做了不少修改。」毛說：「修改也總有個基礎吧！」

　　主席批評説，你們多半是對中央的方針唱反調，是抵觸、反對中央的方針，不贊成中央方針的。

　　我憋不住了，説：主席派喬木同志來領導人民日報，像這樣重大的宣傳，我們都要聽喬木同志的指揮，我們作了宣傳計劃，壓在喬木同志那裏，他沒有批。

　　胡喬木才解釋説，人民日報曾經搞了個計劃，組織過幾篇文章，我因為沒有把握，壓下來了。這事不能全怪報社，我也有責任。

　　毛主席聽了以後沒説什麼，繼續批評鄧拓説：寫文章要聯繫當前政治，這篇社論和那篇〈教育者必須受教育的〉社論，都沒有提到最高國務會議和宣傳工作會議，好像在世界上沒有發生這回事。連馮友蘭都要利用一切機會在他的文章中提到參加了「另一次會議」，而你們卻不提。中央開的很多會議你們都參加了，參加了會的人回去不寫文章，這是白坐板凳，唯一的作用就是增加板凳的折舊費。以後誰寫文章讓誰來開會。

　　主席在批評鄧拓的同時，又嚴厲批評了報社其他領導成員説：是不是鄧拓會團結人，你們的意見都那麼一致？幾個副總編輯像鐵板一塊，不敢批評他，不敢起來革鄧拓的命，有意見可以爭論嘛，為什麼不和鄧拓爭論？要民主集中，但內部可以爭吵，拍桌子。要敢於給鄧拓提意見，頂多開除黨籍、撤職、離婚、殺頭。為什麼一點風都不透？沒一個人向中央寫信報告情況，你們只要不到馬路上去鬧，什麼意見都可以講。大概鄧拓有德，你們不忍心反他。鄧拓要好好當劉備，劉備會用人。歷史上不是還提什麼「文景之治」嗎？實際上文帝、景帝只是守成，是維持會，庸碌無能從元帝開始每況愈下，元帝「牽制文義，優柔寡斷」，他説他父親宣帝「持刑太深」，主張起用儒生。宣帝生氣地説：「漢家自有制度，本以霸王道雜之，奈何純用德教，用周政乎？」並説：「亂我家者，太子也！」到了哀、平，更是腐敗，你就是哀平之治，你當了皇帝非亡國不可！李後主也是多才多藝，但不抓政治，終於亡國。

　　王若水聽了這話十分吃驚：「毛主席怎麼會突然冒出這些關於帝王的話，怎麼會從鄧拓扯到皇帝身上去呢？」這時若水特別注意看了看在毛身邊堆的書，絕大多數是線裝的古書，原來他對

歷代帝王的興衰是很關注的。顯然，鄧拓也感到這些話的分量，感到這是他再次提出辭職的時候了。他說：我不知道自己是不是漢元帝，不過，我實在感到能力不夠，難以勝任，幾次誠心誠意地提出過這個請求，希望主席考慮撤掉我的職務。

毛主席生氣地說：「我就不相信你那個誠心誠意！你只知道汽車出、汽車進，養尊處優。你不能佔着茅坑不拉屎。」

接着，毛主席作了長時間的談話，談到「雙百」方針對知識分子的政策。他說得很快，我們只記得大意是：現在對知識分子的政策究竟是什麼？所謂百家，實為兩家：資產階級，無產階級各一家。主席繼續說，知識分子百分之七八十是處在中間狀態的。爭鳴，即兩家爭取這中間狀態的知識分子。有人說，資產階級沒有了，哪裏還會有知識分子？「皮之不存，毛將焉附」，不，它可以附在無產階級的皮上。要跟非黨知識分子交朋友。我就有些右派朋友，到上海就找周谷城，在北京就找章士釗等人談心。左派我就不找，你已經是左派了，我還找你幹什麼？目前，有些知識分子找黨員，覺得沒有什麼可談的，要接近黨外知識分子，了解他們。現在的知識分子是身在曹營心在漢。他們的靈魂依附在資產階級那方面。《三國演義》說曹操是奸雄；不要相信那些演義。其實當時曹操是代表進步一方的，漢是沒落的。對知識分子和對資本家一樣，也是贖買政策，不過對資本家可以公開這樣說，對知識分子不能公開這樣說。

爭取知識分子，用什麼辦法？一種辦法是壓，這不會使人心服。一九五三年統購統銷時，黨和農民的關係很緊張。現在，黨和知識分子的關係相當緊張，知識分子魂魄不安。黨內也緊張。還要繼續緊嗎？我主張鬆，這樣他們就靠攏我們了，有利於改造。不能緊，愈緊他們和我們的距離愈遠。知識分子大多數是愛國的。反革命有，不多。要允許他們自由發表意見。我們的政策是放，不能收。很多同志不了解這一點。

主席說：對馬克思主義的基本原理可不可以批評？可以。我考慮過，如果對馬克思主義的個別原理和個別結論可以批評，而對馬克思主義的基本原理不可以批評，這樣說也不好，所以我主張在我們報告中，只是籠統地談到馬克思主義也可以批評。

　　主席還說:《光明日報》接連發表幾篇文章,都是討論當前重要政治情況的（如〈為放而爭〉等）。這些人民日報編輯部也應該討論。編委會應該讀讀費孝通的文章,這些文章提供了高級知識分子的思想動態。這些思想情況你們沒有注意。

　　主席說:發表了有錯誤內容的文章不要緊,問題在於要心中有數,要有反駁的文章,使毒草變成肥料。我看《武訓傳》也可以拿出來放給要看的人看看。〈電影的鑼鼓〉那篇文章,是階級異己思想,是右傾機會主義的代表,台灣轉載了。陳其通四人的文章,是教條主義的代表,《真理報》轉載了。這叫做各有所好。對〈電影的鑼鼓〉反駁得較好,對陳其通四人的文章,他們的意圖你（指鄧拓）應當看得出來。我看《人民日報》發表的時候,就沒有準備去反駁,我看你是給陳其通他們辦報。

　　主席談到報紙編輯工作和文章寫作時說:新民晚報趙超構曾問我,過去提過「短些,短些,再短些」,可不可以再加一個「軟些,軟些,再軟些」。他是代表資產階級知識分子的。我說,有兩個軟些就夠了嘛!當時是怕他們搞黃色的東西。這次出去看了看《新民晚報》,覺得這個報紙還是嚴肅的,沒有什麼黃色的東西,有些東西還硬了些,不敢放開講。《光明日報》有幾個副刊也還好,《文匯報》、《中國青年報》、《新民晚報》或《大公報》、《光明日報》比較活潑,最後是《人民日報》和各地黨報。這樣一個名次。《人民日報》標題就不吸引人,有些文章開頭一段就不吸引人。《人民日報》社論〈教育者必須先受教育〉（四月六日）講了知識分子問題,比較好。文章一開頭就引用恩格斯的一段話（若水說,是引用馬克思的一句話「教育者必須先受教育」）從引文講起,總是先講死人,外國人,這不好,應當從當前形勢講起。馬克思的文章較深,不好懂。恩格斯和列寧的文章好懂一些。斯大林的文章通俗,但斯大林的文章有教訓人的味道,不平等,動輒是「由此可見」、「這就是說」,論述不夠,說服力不強。從馬克思到列寧愈來愈通俗,今後寫文章要通俗,使工農都能夠接受。

　　說到這裏,主席轉過頭來對周揚說:「我覺得你的文章也有教條主義呢!」

這時有人說，人民日報刊登的公報和送往迎來的消息太多了，不容易生動。也有人說，程潛等人的詩沒有詩的味道，但非要登不可。

主席說：「公報、名單、送往迎來，肯定要登。程潛的詩，你們為什麼不登？不登，他就有意見。黃炎培的詩，也不能用詩的眼光去看。我是寫舊體詩的，他寫新體詩，不管怎樣，他是歌頌黨和社會主義的，要當做政治，要登。毛主席還說到魯迅的舊體詩，說他好像受龔定庵的影響但不知道為什麼魯迅沒有提到龔定庵。」

當時，哲學界正在討論哲學史、形式邏輯等問題，胡繩在《人民日報》發表了一篇關於哲學史的文章。周揚說，北大有人對這篇文章有不同意見。主席說：胡繩關於哲學史的文章，還講了一些道理嘛！談到形式邏輯問題時，主席表示周谷城的觀點比較對，並說，我曾告訴周谷城：人大有個王方名，他的觀點和你相同。

在談話過程中，主席還對周揚講過：「我看電影《武訓傳》，現在還可以上演。」

主席還談到人民日報為什麼出八個版，有了那麼多版面，還不宣傳中央的政策。

這時，胡喬木支支吾吾地說，「出八個版，是中央同意過的。」主席問：「中央是誰呀？」喬木說：「這事曾經請示過主席」，主席生氣地說，「如果是那樣，那是我說了昏話，我的很多話你們都聽不進去，這件事就聽進去了。」

有人提到現在雜文難寫，主席說，雜文要有，整個報紙文風要改進。雜文也可以寫得全面一些。魯迅的雜文就寫得很全面。我辭去國家主席的職務以後，可以給你們寫一些文章。

接着主席解釋了不想當國家主席的理由，還問王若水：「你贊不贊成？」鄧拓說，主席想寫雜文，《人民日報》可以闢一個專欄。主席說，用我的名字不方便，用筆名人家也看得出來，不好辦。

到這時，接見已經快四個小時了，主席問我們還有什麼話要說。

我鼓着勇氣説：我認為人民日報的一個關鍵，是要有一個敢於獨立思考、獨立決定問題的中央委員來主持報紙工作。我説：人民日報的工作十分重要，要學真理報，派一個中央委員，最好派一個政治局委員來人民日報坐鎮。

主席説：編輯工作困難是有的，但在現有條件下，還可以改進。人民日報樹大招風嘛！是需要有一個政治局委員主持工作，內外都能頂得住。但現在還沒有適當人選。胡喬木，我看你也是又管又不管。

最後，主席歸納了當天的談話，對辦好人民日報作了下列指示：

一、報紙的宣傳，要聯繫當前政治，寫按語、寫社論都要這樣，如最高國務會議、宣傳工作會議。

二、中央每一重要措施，報紙宣傳都得有具體佈置，看要寫那些評論、新聞和討論文章。

三、要在現有的條件下努力，改進工作，包括領導工作，編委會可以擴大一點。要改進編排和文風，文章要寫得短些，通順些，標題要醒目些，使讀者愛看。

四、要吸收社外的人參加編輯工作，團結好報社以外的專家、學者、作者，七、八版（理論、文藝版）請了一些顧問，這個辦法很好。這兩個版要有專門的編委會，請報社外的人參加，半獨立性質。主席問到了請了哪些顧問？（胡喬木回答説：有蕭乾、鄭昕等人）。主席説：人民日報的顧問，還是要黨員好。

五、將來可以考慮，中央調一個政治局委員到人民日報工作，從根本上解決領導問題。

六、公報等肯定要登。已經出了八個版，也不要輕易減少，這牽涉很大。大家還是要多寫東西。（《胡績偉自述》第二卷，香港卓越出版社 2006 年版，第 72-81 頁）

　　從這一次「床前訓話」就可以知道毛澤東對鄧拓辦報是不滿意到什麼程度了。6 月 13 日，他決定調新華社社長吳冷西去人民日報任總編輯，同

時還兼任新華社的工作。鄧拓雖然還保留着人民日報社社長的名義，當然他明白實權已經歸吳冷西了。

毛澤東在這篇講話裏説了：「我在最高國務會議上的講話，目前還不能發表，但可以根據講話的意思寫文章。」鄧拓不敢怠慢，於是《人民日報》立刻接二連三發表社論，通過這些社論把毛的講話內容透露出去。《人民日報》在 1957 年 4 月裏連續發表的一組社論是：

〈怎樣對待人民內部的矛盾〉（13 日）

〈從團結的願望出發〉（17 日）

〈工商業者要繼續改造，積極工作〉（22 日）

〈全黨必須認真學習正確處理人民內部的矛盾〉（23 日）

〈從各民主黨派的會議談「長期共存，互相監督」〉（26 日）

如果把這幾篇社論和先後收在《毛澤東選集》第五卷和《毛澤東文集》第七卷中的〈關於正確處理人民內部矛盾的問題〉和〈在中國共產黨全國宣傳工作會議上的講話〉這兩篇的最後定稿對照來看，就會發現兩者有些段落甚至字句都基本相同，有些字句不盡相同的地方也表達了相同的意思。可以設想，這些社論是根據兩篇講話的原始記錄稿（至多是早期整理稿）撰寫的。有些句子和段落甚至是直接從記錄稿抄下的。那時還在 5 月 14 日毛決心發動反右派鬥爭之前，還沒有感覺到必須對這兩篇講話作後來那樣根本性的修改，因此可以認為，這些社論相當確切地反映了毛兩篇講話原來的精神。

4 月 19 日，毛澤東又起草了《關於檢查對正確處理人民內部矛盾問題的討論和執行情況的指示》發給上海局，各省（市）委、自治區黨委、中央一級各部門和國家機關各黨組，要求限期將情況報告中共中央。全文如下：

> 關於正確處理人民內部矛盾問題，各地正在討論。請將黨內黨外贊成、反對兩方面的意見，你們自己的意見，你們對整個形勢的估計，地、縣兩級態度如何，你們委員會和書記處或黨組是否深刻地多次地討論了這個問題；第一書記和中央一級黨員部長或副部長（指黨外人士當部長的那些部）是否自己將這個極重要

的思想政治工作問題認真抓起來了，還是依然委託二、三把手去
管，自己仍和過去那樣不大去動腦筋；第一書記和各書記和各黨
員部長或副部長將報紙刊物和學校管起來沒有，看過報紙刊物上
有關這類問題的文章沒有，重要社論在發表之前你們看過沒有，
動筆修改過沒有；黨和黨外人士（主要是知識界）間的不正常的
緊張氣氛是否有了一些緩和，你們對人民鬧事採取了什麼態度；
黨內某些人中存在的國民黨作風（即把人民當敵人，採取打擊壓
迫方法，所謂人民民主，所謂群眾路線，所謂和群眾打成一片，
所謂關心群眾疾苦，對於這些人說來，只是騙人的空話，即是說
黨內有一部分人存在着反動的反人民的思想作風）是否開始有所
變化；你們向學校學生和工廠工人做過講演沒有，做過幾次，效
果如何，以上各項問題，請即寫成報告，在接此電報以後十五天
內用電報發來。北京各部門的報告，用書面送來。（《毛澤東文
集》第七卷，第 292-293 頁）

他要努力推動落實他的新方針。特別關心：「黨和黨外人士（主要是知識
界）間的不正常的緊張氣氛是否有了一些緩和。」

這時，在高等學校這些知識分子成堆的地方，也在組織座談會，討論
毛澤東的這篇怎樣正確處理人民內部矛盾的講話。座談中出現了很尖銳的
意見。像北京大學化學系教授傅鷹的發言，就語驚四座。他的這兩次發言
的記錄，登在中央中央宣傳部「只供領導同志參考」的黨內刊物《宣教動
態》1957 年第五十一期（5 月 12 日）上，是這一期的頭條，文如下：

傅鷹對黨和知識分子的關係提出尖銳的批評

北京大學教授傅鷹在北大化學系討論正確處理人民的內部矛
盾問題的座談會上作了幾次發言。

第一次（4 月 27 日）座談會上的發言如下：

年輕黨員如同國民黨特務

黨和黨外人士關係不好，首先是由於三反時的偏差。三反
後，教授們談話，只要來了個黨員，便都相視而笑，說些專門給
黨員聽的話，其實教授們並非在罵毛主席，也許是在談梅蘭芳的
《貴妃醉酒》。但欲加之罪，何患無辭。鬥爭時，黨員會說，某
次我聽見傅鷹在議論梅蘭芳，為什麼不尊重藝術家？這是什麼思

想？什麼根源？所以我對於年輕黨員的看法，就同在重慶時對國民黨特務的看法一樣。特別是對正在爭取入黨爭取轉正的人有戒心。他們愈多打你的幾棍子，入黨轉正的機會就愈大。

沒有把握不再來「三反」

現在說話雖然已無殺頭的危險，甚至也無失業的危險，但沒有把握不再來個三反。運動來了，給你提意見的不是毛澤東、周恩來（要是毛澤東、周恩來提意見，保證願意接受），而是那些年輕的黨員、團員。他們在大會上大罵你一通，罵你三分混蛋，你承認五分混蛋，這才鼓掌通過。事後說是搞錯了，他只到你一個人面前道歉。為什麼科學家都想到北京來？因為運動中偏差的大小與離北京的距離成正比。我相信黨，但不相信個別黨員不會作難。不怕官，只怕管。好漢不吃眼前虧。你可以批評人家沒骨氣，為什麼不扛起來？這種批評不對。求生是動物的本性，吊打是「不可逆」反應。

當然不是說所有黨員都壞，黨員和非黨員有一個共同之點：良莠不齊。

我最討厭思想改造

我最討厭「思想改造」，改造兩字，和勞動改造聯在一起。有了錯才要改，我自信一生無大錯，愛國不下於任何黨員，有什麼要改？現在所謂「改造」，就是要人在什麼場合，慷慨激昂說一通時髦話、引經據典，馬、恩、列、斯。何必要用任何人都聽不懂的話去說人人都懂的事？化學系只我一個人沒上夜大學，受不了。夜大學教員把人都當作全無文化。毛主席說一句話，本來清清楚楚，偏要左體會右體會。煤是黑的──就完了。非要說什麼「煤之黑也，其不同於墨之黑也，它和皮鞋油又如何如何」，全是廢話。

把不好的思想說成資產階級影響是不公平的

人們有什麼不好的思想行為，總說是資產階級思想影響，這是不公平的。資產階級思想的老祖宗無非是孔夫子，孔夫子幾曾教人貪污，損人利己，唯利是圖？我從小就念孔夫子那一套，不覺得有什麼錯。張子善、劉青山、高崗也不代表無產階級。

一個化學家怎麼可能是唯心的

我不懂一個化學家怎麼可能是唯心的。自然科學家自然而然就是唯物辯證的。我看過很多哲學書，很欣賞貝克萊，但他終於搬出上帝來，我就不信他了。

前年我在《化學通報》上寫了一篇文章（記者按：題為〈高等學校的化學研究 —— 一個三部曲〉，載《化學通報》1955 年 9 月號），范長江在北大演講，說我反對黨的領導，至少是對老幹部沒有同情心。那時我剛從石油學院來，石油學院的老幹部有一條公式：我是老黨員，你是群眾，所以，你是錯的。這還有什麼可說。石油學院的年輕黨員，指指點點，我應該如何如何做研究。受不了。他們要跟我談學問，還得先學五六年，還要下苦功學呢。在石油學院我跟兩個小孩子一起教普通化學，我根據多年經驗，建議把某個教學次序轉一下，那兩個小孩不聽，非要照格林卡（按：是蘇聯教本）的講。你不聽有自由。但反過來卻在校刊上批評我學習蘇聯不積極。其實，我一個人看的蘇聯文獻比全石油學院的教授看的還多，他們只看過一本格林卡。

×××「集教條主義之大成」應作公開檢討

學蘇聯要一板一眼的學，這是 ×××（引者注：當是指錢俊瑞）的主張，他集教條主義之大成。如果這樣何必還要師資，開答錄機就行了。據聞，××× 在黨內檢討過種種錯誤，檢討了什麼我們全不知道，不滿意。（邢其毅教授後來點明說，傅鷹的意思就是要 ××× 到北大或別的地方作公開檢討。邢說，× 在一次報告中說知識分子「三月不見歐美文獻，如喪考妣」，這簡直是罵知識分子的祖宗；× 在另一次報告中公然號召「學蘇聯就是要教條的學」。邢說，雖然 × 是中央候補委員，我對他還是有意見。他如果作個公開檢討，很有好處）。

我和黨是同奔一個門，事實證明，他認路比我認得好，我自然跟着他走，並沒有被領導的不愉快感。

黨對知識分子的脾氣還沒摸對

黨到現在對知識分子的脾氣還沒有摸對。知識分子的要求就是把我們當自己人，如此而已，並不需要優待。加了薪便感激涕零，那麼蔣介石給更多的錢，怎麼辦？豈不危險？看電影時，特

別留着好位子，坐在這種特殊座位裏，心裏就想：還是把我當客人。用現在比過去的方法教育知識分子，根本不對頭。現在比過去好，因此應該擁護現的政府，這個邏輯用於知識分子就很危險。過去我剛回國時，住了十三間房，五個澡盆，每月六百元薪水。按這個邏輯推下去，我豈不要反對政府？

知識分子就是愛國

知識分子就是愛國。我父親從前在外交部做事，從小我就聽他說，從康熙尼布楚條約到辛丑和約，每條都是中國吃虧。宣統三年我到上海，公園牌子上寫着「中國人與狗不許入內」。後來到美國，過國境到加拿大看瀑布，日本人可以自由來往，中國人就不行；我到物料科領藥品，那裏人說，「你們中國人學科學幹什麼？」我一生的希望就是有一天中國翻身，現在這個希望實現了，所以我擁護這個政府。共產主義我不了解，從書本上看來說，意識形態方面我不見得全同意，但共產黨把國家弄成現在的氣派，我擁護它。

但我心裏還是有不快，黨還是把我當外人。我十分力氣只使出六分、並不是不願意使出全力，是沒有機會，還沒有和黨做到知己。

第二次（4 月 29 日）座談會上的發言如下：

學校裏的衙門習氣比解放前還重

學校裏至今沒有建立起學術風氣，衙門習氣比解放前還濃厚。在教學、做研究方面，教授的把握最大，教授應對學校的一切有發言權，應尊重他們的意見。解放以來，教授沒有地位。留哪個畢業生做助教是由人事處決定的，全憑政治水準，入選的機會，黨員比團員大，團員比群眾大。什麼叫政治水準？我以為，愛國，百分之百擁護政府，政治就夠條件。人事處全是一幫孩子，不知大學該如何辦，不懂哪能不主觀？化學系一個復員軍人學生，黨員，去年因為侮辱女生，開除出黨了，校方處分是留校察看，今年他又在實驗本子上大罵教師，我們教研室教師全都認為這回該開除了，人事處不同意。不知人事處憑什麼資格不同意。最好廢除人事處。如果廢不了，至少要他們了解自己的地位，不能掌生殺之大權。教授評級，最後也是由人事處決定的。

人事處的毛孩子，有沒有「術」不知道，「不學」是定了的。不學的人在學校作主，何堪設想？馮新德教授太太神經有病，要求換個清靜房。唐有祺教授家人多，要求換個大房。總務科就是不理，我家旁邊有一幢大房子，空了一年，也不肯給他們住，現在給新上任的科學研究處副處長（指×××，新入黨）住了。現在是長字輩的吃得開，後果何堪設想？當長，什麼人都可以，擺一塊木頭在那裏，它也能當長。但木頭不能講課。當長等於穿一件衣，穿了脫了都無所謂的，長與學問並不成正比，常是成反比的，做學問的人就不是當長的料。

真進步是把意見貢獻出來

也不能完全怪學校領導，教授本身也要負責。不順眼為什麼不說？憲法規定了言論自由。毛主席提出了百家爭鳴以後很久並不熱鬧，現在才熱鬧起來。以前沒有人敢說，偶爾有幾個不識時務的人說了，好傢伙，我幾乎和胡風弄到一起去了，馬列主義教研室的人就是這樣說我的（按：指傅在《化學通報》上那篇文章的事），不敢說，是沒肩膀。很大一部分「進步分子」是光揀領導愛聽的話說，昨天還是國民黨，今天又申請入共產黨，這樣的人不只一個，算進步我不信。真進步是把意見貢獻出來，把國家辦好，中國知識分子有氣節傳統，不會阿諛諂媚。現在「氣節」兩字不時新了，說是封建的，三反時，凡是一九四九年以前的全都要不得。自己半輩子努力培養了多少學生，也全給批判掉了，說是為蔣介石服務。

並非主張教授治校，但應與教授商量

我並非主張教授治校，雖然有人這樣提了。工作應該與教授商量。這次北大校委會討論評獎問題，尊重教授意見，決定取消了，這才是民主；但早尊重教授意見，也不必花這麼多時間來討論。校長請教授去喝咖啡等等倒不必。把教授當作自己人，遇事徵求意見，教授意見錯了可以和他爭，如果敷衍敷衍，錯了也不駁，我就感到是把我當外人。

黨和知識分子關係緊張，是黨員瞎彙報的

邢其毅教授問為什麼人民日報社論說黨和知識分子的關係最緊張，我說，這又不知是底下的黨員如何向上瞎彙報的，我就

不信和知識分子的關係比和農民和資本家的關係還緊張。黨員瞎彙報的例子很多。周總理有一次說我國有機化學達到國際水準，我說沒有那回事，大概又是彙報得不對。（科學處）（轉引自龔育之，〈毛澤東與傅鷹〉，載《龔育之文存》上卷，上海人民出版社2000年版，第301-307頁）

傅鷹的這些話，給毛澤東留下了很深的印象。

4月，中共中央統戰部召開了第七次全國統戰工作會議，在統一戰線工作方面貫徹「雙百方針」。認為在大規模的群眾性的階級鬥爭基本上已經過去的時候，處理統一戰線內部各種矛盾要貫徹「放」的方針，「鼓勵黨外人士唱對台戲」。「對台戲」這提法也是從毛澤東那裏來的。1月他在省市自治區黨委書記會議上說，「對民主人士，我們要讓他們唱對台戲，放手讓他們批評。」（《毛澤東選集》第五卷，第355頁）對此，李維漢在會上作了這樣的解釋：

> 對台戲是人民內部和階級間公開合法的鬥爭，對處於執政地位和領導地位的我們黨來說，特別需要健全和發揚人民民主，需要廣大人民群眾包括民主黨派、民主人士的監督。在某種意義上說，這也是一種對台戲。這種對台戲，是我們同黨外人士一道解決問題和改進工作的最有效的方式，也是最生動地進行政治思想教育、促進思想改造的最好的方法。（李維漢，《回憶與研究》（下），第830頁）

這次會議還對去年以來階級鬥爭形勢和左中右的政治分野作了具體分析，認為1956年下半年「一股反社會主義制度的風，又一股反思想改造的風，逐漸地刮起來了。這股風主要是從右派那裏吹來的」，顯然他是把章乃器這樣的人劃入右派了。有意思的是，他說：「這些現象是人民內部矛盾的反映，要用處理人民內部矛盾辦法來對待這股風。右派也是人民的一部分，只能這樣對待。」（李維漢，《回憶與研究》（下），第829頁）從這裏也就可以知道，後來那樣的反右派鬥爭，〈1957年夏季的形勢〉所說的，「右派和人民的矛盾是敵我矛盾，是對抗性的不可調和的你死我活的矛盾」，「右派是反動派、反革命派」（《毛澤東選集》第五卷，第456頁），都在中央統戰部長意料之外。

1957年的春天，就在這樣的一個接一個的重要會議，從1949年以來沒有過先例的會議中度過了。人們看到的，是一派祥和之氣。

啊，多麼令人懷念的不平常的春天！

前人有詩歎曰：

　　　　此情可待成追憶，只是當時已惘然……

第七章

整風半月

1957 年 4 月 27 日，中共中央作出了關於整風運動的指示，於 5 月 1 日在全國各報同時發表。《指示》見報的前一天，4 月 30 日，毛澤東約集各民主黨派負責人和無黨派人士在中南海頤年堂談話，為即將開始的整風運動作了最後一次動員。這次談話也被稱為一次最高國務會議。

毛的這篇講話，章伯鈞曾在民盟傳達。其內容刊登在 5 月 10 日出版的民盟《中央工作簡報》第十五期上，全文如下：

中央常務委員會舉行擴大座談會
傳達毛主席 4 月 30 日在最高國務會議上的講話

1957 年 5 月 5 日中央常務委員會在民盟中央舉行擴大座談會，邀請在京中委、候補中委參加。章、羅、史、高四位副主席均出席了會議。

會上由章伯鈞副主席傳達了 4 月 30 日毛主席在最高國務會議上的講話，羅、史兩位副主席還作了補充。根據幾位副主席的傳達內容，綜合如下：

毛主席這次講話，是圍繞中共中央發表的整風指示內容而談的。參加這次最高國務會議的除政府各部的一部分負責人外，有各民主黨派的主席、副主席和幾個規模較大的大學校長。毛主席和劉少奇、周恩來、朱德、陳雲、鄧小平等負責同志都出席了會議。

毛主席首先談到，中共中央現在發表這個整風指示是一個好的機會。他說，凡是做一件事情必須要有機會、有條件。現在條件成熟了。「長期共存、互相監督」、「百花齊放、百家爭鳴」方針提出以後，各方面都已動起來，空氣生動了些，不是冷冰冰的，報紙上也都談起來了，所以現在提出整風是有條件了，機會成熟了。

毛主席說，我們講了好多時候要整風。整風是很重要的。黨在 1942 年開始的第一次整風，取得了很大的勝利。現在我們又要整風。這次整風的主題是處理人民內部的矛盾問題，就是用互相批評的方法來調整人民內部的矛盾。提起矛盾，可以說處處有矛盾，矛盾是永遠有的，我們就是生活在矛盾之中，如在座的沈雁冰部長筆名就叫「茅盾」。上一次我在最高國務會議上，提

出人民內部矛盾問題以後，報上一談，就覺得矛盾更多了。各方面都揭發了許多矛盾問題。目前各方面批評意見最多的是集中在高等教育部、教育部、衛生部等部門。有人很擔心，怕矛盾一揭發，一批評不得了。毛主席說，我們對人家提出的意見，不要害怕，應該歡迎，給人家以提意見的機會。矛盾沒有什麼不得了，到處唱對台戲，把矛盾找出來，分分類。如文學、藝術、科學、衛生等方面，提出的問題最多，矛盾突出來了，應該攻一下，多攻一下。愈辯論愈好，愈討論愈發展，人民民主政權愈鞏固。幾年來不得解決的問題，可以在幾個月解決了。

我們要承認矛盾、分析矛盾、解決矛盾，腳就站得住了。不要採取一棍子打死的辦法，要與人為善，治病救人。整風是改善關係，並不是要打破誰的飯碗。

矛盾是公開化了，黨內黨外都搞起來了，只有一齊搞才搞得好。整風主要是黨內整風，可是有黨外人士參加就更全面了。兩種元素可以起化學作用。但黨外人士不是自己搞，而是幫助共產黨整風。各省、市都要有黨外人士參加，幫助共產黨整風，打破沉悶空氣。最近各民主黨派都開了一些會議，開得不錯，提出了些問題，只要黨外人士談出來了，大家一齊搞，這就更好談了。

自從「長期共存、互相監督」、「百花齊放、百家爭鳴」的方針提出以後，民主黨派、無黨派民主人士一致歡迎，只是黨內有些人不十分歡迎，這就需要做工作，共產黨第一書記要抓住這個問題進行工作。「百花齊放、百家爭鳴」的方針，在中國做得很好，但越南勞動黨也搞了一下，就搞出一些偏差來，現在已逐步得到糾正。(毛主席說這個話的意思，是說明我們的條件成熟了，但是每個國家的情況不同，不是都可能這樣辦的)

毛主席說，在整風期間，各單位的理論學習工作，可以暫時停止一下。當然，學習馬克思列寧主義是重要的，但這是長期的事情，不要與整風同時進行。這樣會沖淡了運動。

毛主席說，從今年 2 月以來，學習人民內部矛盾問題，事實上已經就是進行整風工作了。整風是歡迎黨外人士參加的。整風指示中提到，以共產黨為主，民主黨派可以自由參加，也可以自由退出。希望黨外人士對共產黨多提些意見，幫助共產黨進行工作。

（章副主席在這裏補充説，隨後 5 月 1 日那天，李維漢部長又找各民主黨派負責人談話，特別指出，各民主黨派中央對整風工作不要單獨自己搞，不要發指示、發號召，不然就會影響工作，把事情搞亂了。還是自願參加，主要是幫助共產黨搞好整風工作。《光明日報》最好也不要發表社論）

毛主席繼續談到這次整風指示中的第四部分即關於幹部參加體力勞動的問題，毛主席説明了勞動的重要性，並説明國家機關的黨員領導幹部，要親自動手，參加體力勞動。毛主席説，我們要加強黨與廣大群眾的聯繫，要徹底改變許多領導幹部脫離群眾的現象。應當在全黨內提倡各級黨、政、軍、有勞動力的主要領導幹部，以一部分時間來同工人、農民一起參加體力勞動，並要使這個辦法逐步成為永久的不變的制度。毛主席説，我也可以做些體力勞動，我們這班人掃掃街道總可以吧！過去在延安時候有些人是參加體力勞動搞生產的，只是後來很多共產黨員不直接參加勞動生產了，現在勞動一下很好。陳雲副總理以前在延安時，就自己紡棉花，自己有紡車，紡得很好。我們這些人不直接參加勞動，與工人、農民的思想感情是不容易打成一片的。有些幹部到合作社去工作，不參加勞動，群眾很有意見。我們黨在歷史上一直是長期的與工、農、兵同甘共苦的，正因為如此，革命才取得勝利。

毛主席説，現在人大代表、政協委員到下面去視察時，如果不與工人、農民共同生活，要想了解真實情況，是不容易的。他們不認識你，為什麼要向你講真實話呢？平素不聯繫，一見面就要他們講真話，我相信勞動人民是不會説真話的，至少不能完全説真話。只有與他們共甘苦，同勞動，才能得到真實的情況。不管到南京去，到北京去，都要和人民群眾一道參加勞動，跟他們熟悉了，他們才會和你講真話。如在南方的人可以打打秧耙，除除草也是可以的。多少參加一些勞動，尤其是我們知識分子，同他們格格不入，參加一點勞動是有好處的。高級知識分子參加勞動，對於進行思想改造，改變一下階級意識也有好處。年高體弱的人，做些零星的體力勞動，也是好的。

我們國家有一個特點，就是有六億人口，十六億畝土地，有這樣多的人，可是土地不夠多，這是先天的困難，我們應當克勤克儉地來建設我們的國家。講起整風來，大家不知道怎麼整，

實際上我們已整了兩個多月了。我們在討論人民內部矛盾，揭發缺點，這就是整風的開始。我們要讓大家講，敞開地講。統一戰線中的矛盾是什麼呢？恐怕就是有職無權的問題吧！過去民主人士有職了，但是沒有權，所以有人講民主人士不太好當，有些惱火。現在不但應該有職，而且應該有權。因此，這次整風，在黨內對有職無權的問題也要整一整。

毛主席問馬寅初校長、許德珩部長和陳垣校長，你們是否有職有權？毛主席説，我看沒有好多權，現在民主人士還是「早春天氣」，還有些寒氣，以後應做到有職有權，逐步解決這個問題。

毛主席説，大學的管理工作如何辦？可以找些黨外人士研究一下，搞出一個辦法來。共產黨在軍隊、企業、機關、學校都有黨委制。我建議，首先撤銷學校的黨委制，不要由共產黨包辦。請鄧小平同志召集民盟、九三等方面的負責人談談如何治校的問題。

毛主席説，我們的社會主義，大家都在講，但我不相信一下子大家都能接受社會主義，特別是大家都能接受唯物辯證法。中國的知識分子很多，舊知識分子有五百萬，這些人都有進步，但是否真正完全改變了世界現，還很難講。不是一下子就可以接受這個東西的。希望在五年、十年或十五年以後，五百萬知識分子當中，能夠有三分之一左右真正接受了馬列主義的世界觀，那就算是好的了。也許可能改變得還會多一些，但也可能少一些，也許還有一些人是很難改變的。思想改造頗不容易，長期的習慣是不容易改變的，這是一個艱苦的工作。五百萬知識分子，過去是為舊社會服務的，現在為新社會服務，大多數人好像相信「猴子變人」，但要宗教家相信就辦不到。有些教授在講課時完全是馬列主義，講得頭頭是道，可是一下課，對自己又不是馬列主義了。

毛主席説，在上海碰到一個教歷史的左翼教授。問他高級知識分子的「爭鳴」情況怎樣。這位教授説，解放後教書感到「魂魄不安」。舊知識分子中這樣的人還有，有話不肯講，怕講了會影響吃飯。今天工人、農民都知道有前途。只有知識分子「魂魄不安」，不知道過渡到什麼地方去？這究竟是什麼道理，是什麼問題呢？這是一個經濟基礎問題。毛主席談到，我們經過了土改

等運動和三大改造的運動，社會是處在大變動時期，許多知識分子生活也處在大變動中而感覺不到。經濟基礎已經改變了，資本主義的經濟基礎被消滅，工商業實行公私合營，農業、手工業都合作化了，但是上層建築是不易改變的，資產階級的思想還存在，與基礎脫節吊在半空中，成了「樑上君子」，過去知識分子依靠的東西沒有了。所謂「皮之不存，毛將焉附」。「皮」就是經濟基礎，舊的皮不存在了，新的皮就是工、農階級，知識分子今後就要附在工、農身上，今後是吃國家所有制和集體所有制的飯了。中國的產業工人，解放前有五百萬，現在發展到一千二百萬。加上國家軍隊、行政幹部、教職員、經濟工作人員總共是二千六百萬。我們這一千四百萬人是依靠那一千二百萬工人養活。這就是新的皮。我們的毛就要安定在新的皮上。社會前進不前進，不在於農民有多少，而在於工人多不多。全國的合作社要改為國營農業，還不知道要哪一年。我們要依靠工人，五百萬知識分子就是附在一千二百萬工人身上的。有些人不腳踏實地，不了解我們要依靠工人、農民才能生活，還是以過去的思想看問題，沒有了解到我們的牆腳早已被挖空了，若不了解要依靠工農，就成「樑上君子」了。必須了解，從舊社會到新社會，改變舊的世界觀到馬列主義的世界觀，是要經過一個痛苦的過程。毛主席作了一個比喻說，改變為馬列主義的世界觀和我們從不吃狗肉、蛇肉、螞蚱到吃狗肉、蛇肉、螞蚱的道理是一樣的。大多數人是不吃這些東西的，最初不喜歡吃，最後變為喜歡吃，而且吃出鮮味來，是要經過很大鬥爭的。狗在中國是深入人心的，以為它是忠心於我們的，大家都認為吃狗肉不人道，不願吃。孔孟之道，不吃狗肉，我就不相信。養成吃狗肉要經過一番鬥爭，我們要學習馬列主義，也要經過一個艱苦、長期的鬥爭過程，要逐步地形成習慣。

要知識分子的世界觀改變過來，不要勉強，這是長期性的。有些知識分子，掛個小資產階級思想就比較舒服。掛個資產階級思想就不舒服。其實並無大、小之分。兩者實際上是一個東西，小資產階級思想就是資產階級思想。沒有什麼資產階級思想與小資產階級思想之分，而只有資產階級思想和無產階級思想之分。

毛主席又說，社會主義是好東西，但大家是否都相信，是個很難說的問題。相信社會主義不是一件容易的事。現在知識分子中，究竟有多少人相信社會主義？依我看，工人階級發展很快，

成分很複雜，其中有一部分是不相信社會主義的。農民是否完全相信？依我看，也有一部分不相信的。知識分子也有一部分是不相信的。共產黨員也有一部分不相信。勢必有一部分知識分子，永遠不會改變世界觀。不要相信每一個人都相信共產主義。有一批人包括一些共產黨員，他們只相信民主主義，不相信社會主義。例如河北省的一個副省長，是共產黨員，反對統購統銷，這就是不相信社會主義的。我想，明年糧食和油，應由合作社自己去辦。有些事還是由他們自己去管好一些。我們要少管一些，地方要多管一些。共產黨員就有一部分是不相信共產主義的，你們民主黨派是否都相信共產主義？我不敢講，恐怕也有一部分是不相信的。這些人都相信民主主義，這是真的。要求民主、自由，這是事實，到了搞社會主義，對他不利，就不完全相信了。社會主義這個東西，不是容易搞的，各方面都有一部分人不相信，工人、農民中有一部分人對社會主義搞得成搞不成有懷疑。另有一些人要看看，但他們不敢說。這好比上了「賊船」，非跟着「強盜」走不可了。

毛主席說，過去我們搞的是階級鬥爭，是和剝削階級作鬥爭，是和壓迫我們的統治階級作鬥爭，是和資產階級作鬥爭，是人與人開戰。我們花了幾十年的精力，才把他們推倒，才取得了勝利。要是從鴉片戰爭算起，就有一百多年的歷史了，從北伐戰爭到現在也有三十多年了。

毛主席繼續談到共產黨能否領導科學的問題。有人說，共產黨善於打仗，能領導階級鬥爭，共產黨不能領導科學。這話也有一部分對，我們過去搞階級鬥爭也翻過筋斗。現在要向自然界開戰，就是要向科學進軍。對科學就是不大懂，1949年我寫的一篇文章說過，不懂就是不懂，不要裝懂，但也有人認為知識分子是有學無術，共產黨是有術無學。黨領導階級鬥爭三十多年，這是一個大學問，這也是科學。黨懂得馬列主義，懂得階級鬥爭，也就是懂得科學，所以不能說共產黨無學。你說我們階級鬥爭無學，我不承認，我們的外交都是階級鬥爭。現在國內階級鬥爭基本結束了，新的鬥爭開始，今後主要是與自然界作鬥爭，新時代有新的任務，要學會新的鬥爭，但要一個過渡時期，我們沒有經驗，現在不能做總結，總結還要幾十年時間才行。要在不斷的學習和進行中積累一些經驗。過去的學和術都是階級鬥爭的學和術，現在這一套不懂就不懂，可能還要照階級鬥爭那樣來學。

　　九三、民盟都有一些專家，向自然界開戰是懂得的，我們要在不斷學習中取得經驗，也許有蘇聯的榜樣，我們可以搞得快一點和好一點，我想我們一定能夠搞得好一點。現在向自然界作鬥爭，要從頭學起，肯定可以學。共產黨不懂就不懂，長時期的學，要學懂科學。過去我們沒有經驗，現在開始學，一直學到懂為止。

　　毛主席說，有人批評共產黨辦事「朝令夕改」，有一部分是這樣。我們常常開會，就是要改，因為我們做工作時沒有經驗，常常有不合適的地方，發現了就要改，特別是工作計劃，訂了要改，五年計劃搞出後，去年我找了幾十個部長談話，才知道搞大了些。就提出十大關係，中央與地方、輕工業與重工業、沿海與內地、國防工業等方面的比重都有所改變。今年已將國防工業減少了一些，開了一個月會，才把思想打通。過去大家都很重視軍需工業，怕搞少了，其實搞好了國民經濟，國防也就自然加強了。所以計劃經濟要積累經驗，要總結國家的建設經驗。我們準備在今年，總結一下國家建設經驗，做做看，暫不下結論。合作社的經驗，也可以總結。總結的結果，可能比蘇聯搞得快些、好些，也許搞得差一些或者差不多，但要等二三十年後才能下結論。

　　毛主席還談到關於幹部問題。他說，我們這些國家的負責幹部都喜歡住在北京。我認為北京有兩個特點：一個是「全」（全面），一個是「空」（空虛）。共產黨有一個決定，黨的幹部以後每年要輪流下去搞四個月。天天都在北京城不出去，看看《參考消息》，要看死人的。北京城也還有一個好處，城牆厚，攻官僚主義不大容易，可是看不到真實的東西。我想出去跑一跑，天天在家裏照相，照相，要悶死人的。我們大家總要能夠多到地方去看看。（轉引自葉篤義，《雖九死其猶未悔》，第88-99頁）

　　民盟中央整理的這篇記錄看來似乎很詳細。只是有一項重要內容在記錄稿中看不到了，2013年12月出版的《毛澤東年譜（1949–1976）》在1957年4月30日條記下了這篇講話的要點，其中在末尾有這樣一句：「明年二屆人大，一定辭去國家主席，減少一部分工作，以便集中精力研究一些問題。」（《毛澤東年譜（1949–1976）》第三卷，中央文獻出版社，第142頁）這《年譜》肯定是根據中共中央的檔案編撰而成的。這一句在民盟中央的記錄稿被刪去，可以推斷，是中共方面甚至就是毛澤東本人在審閱

記錄稿時刪去的，別人哪有刪改毛澤東講話的膽量呢。這一刪改不論出於什麼考慮，它表明：可以認為中共方面甚至毛澤東本人審閱了並且認可了這份記錄稿。

如果把《毛澤東年譜》中所載的這一篇講話的要點同民主同盟的記錄稿對照閱讀，就會發覺字句雖然有些出入，意思是差不多的，可以認為這篇記錄稿是可信的。

陳叔通和黃炎培兩人聽了毛澤東在講話中說下一屆選舉國家主席不要提名他為候選人，以為萬萬不可。第二天就聯名寫信給劉少奇和周恩來，說了下一屆國家主席必須還是毛澤東的種種理由。毛澤東看了陳叔通和黃炎培的聯名信，在信上寫了批語，說：「此事去年在北戴河已在幾十人的會上談過，大家認為可行。並且談到黨的主席，也認為將來適當時機可行，只是暫時還不可行。」他並且批示，要將這一封聯名信印發全體中央委員、候補委員，黨的全體八屆全國代表，各省市自治區黨委及全國人大代表所有代表及政協委員。

這時候民革中央常委陳銘樞卻來自投羅網了。他於 5 月 18 日寫了一封信給毛澤東，表示擁護毛說的他不做下一屆國家主席的意見。陳在這封信裏面說：

最敬愛的毛主席：

昨在民革中央聽到傳達您 4 月 30 日講話中有將於明年大選時辭去主席職務一節，初覺突然，旋思以乃至美至喜之事。非目光爍射俯察寰區，照見未來者，決不足以有此。歡喜感歎之餘，用攄所見以當讚頌。

八年以來，我國社會主義制度基本奠定，馬克思列寧主義普遍陶鑄人心。「百花齊放，百家爭鳴」自作為方針提出後，已顯示了各方面前所未有的繁榮和進步，一片祥和氣象，蔚然盛世，影響遍五大洲，效驗已著於今日。風流所播，將千萬世亦受無窮之賜。非特具慧眼與大魄力，曷克臻此。

目前黨中央領導核心空前團結，政權在握，內外翕和，黨內濟濟多士，全國亦不乏上駟之才，革命大業，來日方長。您乘時引退，率天下以謙讓，矯末俗之競奔，開賢路以待後起，留有餘以補不足。此天下之至公，大智、大勇、大仁之所為也。華盛

頓以開國元首，當國八年即行引退，卒奠定了美國的資本主義世界，今歷史家猶樂道之。您所建造的偉績，以及此項出乎此類、拔乎其萃的智舉，所含意義之深且廣，華盛頓瞠乎其後矣。

自大革命失敗以還，您首創農村根據地，中經十年內戰、八年抗日，三年解放戰爭，卒以旋乾轉坤，翻開歷史新頁。以往數十年，您無一事不首當要衝，無一日不躬上鬥爭前線，亦無一日不與民休戚，險阻艱難，備嘗之矣，民之情亦盡知之矣！解放後，國家草創之初，萬端待理，您殫精竭慮，有加無已。其後國家規模日具，體制日備，您以黨的最高領袖，而兼國家元首，禮儀接待之際，不免受形式的約束。且一日萬機，縱使巧手安排，亦難有從容寬裕的暇日。正由於此，自不免於個人修養上的熱而不淡，疾而不舒，燥而難寧，察而難周之失；也難免於影響察人聽言、決策定計的睿斷，以及在政策措施上的畸輕畸重，失緩失急。事理乃爾，雖固無損君子之大德，而施濟的宏效，與瞻矚的境界，蓋尚有足以提高者在。苟於此時，暫息仔肩，以國事付劉、周諸領導人物，以在野之身督察國家大事，深入工農群眾，體察民間疾苦，並與知識分子促膝談心，且利用這暇豫心緒，增加深潛寬博的修養，更加強健身心，這不只有益於默察時宜，洞悉民隱，從旁補漏救弊，且為再度重任國家衝要的準備。由於寧靜致遠，眼界開拓，對國際局勢的演變亦能若網在綱，有條不紊，使社會主義陣營與人類和平事業愈加鞏固發展，此固非常之功，非常人之舉也。

茲舉小焉者而類似之二例。當日爾曼民族統一後，俾士麥當國三年即立刻辭職，他對威廉第一陳述的理由為：在位日久，將易主觀臆斷，耳目失聰。一己為珍惜聲名，事有未放手，對相隨日久的人，因念其汗馬勳勞，縱有不肖不忍也不能去之。繼起新銳，新鉶初試，必能割此癰疽，一掃頹習，己則從旁監督，旨銳力於將來，更為有利。日本明治維新時伊藤博文師俾士麥的故智，均收同樣效用。此二例雖嫌比喻不倫，但亦可作為借鑒的一個側聞。

我深感於黨的領導諸同志，一般均缺乏個人師友的關係。在過去乃屬事有必至，自取得政權後，此種風氣，對於人的精神生活，總不免失之單調。我認為這是一個嚴重的損失。荀子云：是吾而當者吾友也。此乃至理名言。當國者更應懸諸座後。當此整

風期內，對此加意提倡，更屬必要。我素稔您樂於與非黨人士接觸，這是難能可貴的。但我從旁觀察，所常接觸者，仍多趨附之輩，耿介不苟者實屬寥寥。至於能犯顏敢諫者，我尚未見其人。

建國後，黨為化敵為友，對來自舊中國的某些人士，使用多從效用出發，很少兼及其品格與能力的遴選，以次拔擢，累累若若，闖茸滿目，修潔潛光。至於貪天之功者有之，不虞之譽者有之，爭名獵位祿蠹充斥。以至黨內有不平之氣，黨外嘖有煩言，尤其甚者，新社會風貌受其玷污，工農幹部受其影響，青年學生蒙其毒害。此種世俗之見，雖由來已久，但以革命作幌子，包藏卑媚，相將成風，尤足殷慮。

與此相反，我國民族素有溫柔敦厚的氣質，廣大人民守法服從，若出天性。加以重理性，講公道，愛和平，知恩報德。治國者苟能重視民族精神，導之以正，示之以公，齊之以嚴肅，人民之歸附。將如水之就下，莫之能禦。今天，在狂風暴雨之後，繼以麗日風光，則上行下效，如影隨形，如響斯應，其收功之速且大，可斷言者。故來日大戰，不患人民之不樂於赴命，而患在劃於現在的水準，不發揚民族智慧和潛力的最高領域和最大的可能性。社會主義陣營的解放全人類的最終事業，將首先通過中國而實現出來。您的藎慮，得毋在此？

您此一舉，不僅打破個人崇拜，樹立世界高潔宏大的風範，對於百千萬黨與非黨幹部，亦能使之發揚蹈厲，知所警惕。特別對非黨人士之享高位，尤斤斤於名位得失者，知有所懷，風行草化，拭目可待。

由於您負國家的重任，日理萬機，要求面晤，一罄所懷，確非易事。故趁此向您略盡規諫如下：

（一）您在最近講話中，皆述及自己有好大喜功之處，我也有同感，希望能更加深入體察，以求究竟。

（二）我感到您有時尚不免為喜怒所乘，在一個浪潮之下，輕易挫傷高級幹部的自尊心和他們固有地位。同樣，有時被狡黠者乘您喜怒之際，俟隙淆亂黑白，投其所好。

（三）您有時尚不免輕信幹部的虛偽彙報與教條主義的分析方法，未經鄭重細緻的研究，即作過激的決定。

（四）由於您對於新的事物具有「至心皈命」的虔忱，這是共產黨人最高品質，我是無限敬佩的，而由此而產生的另一面極端——過分鄙夷舊的，但也值得商榷。如您致臧克家論詩內的函件中有「因為是舊體詩，怕謬種流傳，遺誤青年」之句。此雖是指您自己的詩詞而言，但治舊體詩者，總以為是一種「刺隱」之筆，弦外之音，大傷他們的自尊心。這是一個不慎。就您的舊體詩而論，何嘗不具有中國古典詩歌的特長呢？如開朗的胸襟，絕逸的旨趣，高亢的聲調，簡練的詞彙，恢闊的風懷……等等，怎能因為是舊體而遽目為是謬種呢？說明了您對古典文學尚有不夠尊重之處。從西洋移植來的新體詩，未得到繁榮，時間固有關係，脫離中國文學基礎，乃是一個根本問題。不能抹煞這一事實。至於目前新體詩的造詣如何？我國新體詩與外國新體詩的比較如何？得留以後有機會再陳。

　　肅此，上陳　並致以敬禮

陳銘樞　5 月 18 日

　　連日在中央統戰部座談會上聽了各界人士的發言，均接觸到兩個中心問題：一為黨的領導與國家政權的結合問題；一為幹部政策問題。從全國範圍所揭出的問題看來，實應有所改進。但事關國體與政體，且某些措施已成定型，改弦匪易，應當明確，此項改進屬於國家的形式問題，不應有絲毫影響到無產階級專政的內容。繼續發揮黨的核心作用，使黨對國家政權如身之使臂、臂之使指，而不互相混淆，互相矛盾，使上層建築等更適宜於新的基礎，這是我國當前主要矛盾的關鍵所在。至於幹部政策，在此前提下亦應有所更張。此兩事均具有世界意義，各兄弟國家之長短，有可資借鑒者，由於我們國家的特殊條件，馬克思主義國家觀將得到新的發展。我知您對此已在深思熟慮中，敢陳所見，以供抉擇。

　　銘樞又呈（1957 年 7 月 15 日新華通訊社編《內部參考》）

　　這信裏的許多話已經夠刺激了，更加要命的是在這封信裏面還寫了一大段「規諫」毛澤東的話。毛澤東在看了陳銘樞這封信之後是不是也寫了批語，我就不知道了。毛澤東對陳銘樞的這封信的反應，要到反右派鬥爭中人們才知道。5 月 22 日，鄧小平將這封信批給了楊尚昆：「此信請即印發明天所有到會同志，同時發各省市委和中央委員。」（《鄧小平年譜

（1904-1974）》（下），第 1367 頁）「明天的會」，指中共中央政治局擴大會議，鄧小平在會上作了關於整風運動的報告。陳銘樞的這封信顯然是作為反右派鬥爭的參考文件印發的。

5 月 1 日，全國各家報紙刊出了《中國共產黨中央委員會關於整風運動的指示》。

這個文件這樣説明了開展這一次整風運動的背景：我國正處在一個新的劇烈的偉大的變革中，黨在實現自己目標的鬥爭中必須同時改造自己；而執政黨的地位使許多黨員容易採取單純的行政命令的辦法去處理問題，一部分人還沾染了特權思想。因此決定進行一次以正確處理人民內部矛盾的問題為主題，以反對官僚主義、宗派主義、主觀主義為內容的整風運動。《指示》提出了「和風細雨」的整風方法，反映了毛澤東對存在問題大小的估計。他對形勢還是很有信心的，認為問題不大，不必大動干戈，來一點毛毛雨下個不停就夠了。具體的辦法，《指示》説，就是只開人數不多的小會，或者個別談心，不開批評大會或者鬥爭大會，避免片面的過火的批評。對於整風中檢查出來犯了錯誤的人，只要不是嚴重違法亂紀，一概不給以組織上的處分。還有一條規定，也是毛在宣傳會議上宣佈過了的，就是「非黨員願意參加整風運動，應該歡迎。但是必須完全出於自願，不得強迫，並且允許隨時自由退出。」

5 月 4 日，中共中央發出了毛澤東起草的《關於請黨外人士幫助整風的指示》，告知省部一級的黨組織説：「現在整風開始，中央已同各民主黨派及無黨派領導人士商量好，他們暫時（至少幾個月內）不要表示態度，不要在各民主黨派內和社會上號召整風，而要繼續展開對我黨缺點錯誤的批判，以利於我黨整風，否則對於我黨整風是不利的（沒有社會壓力，整風不易收效）。」《指示》明確地説：「黨外人士參加我黨整風座談會和整風小組，是請他們向我們提意見，作批評，而不是要他們批評他們自己」。

為了貫徹執行這兩個指示，各地各系統都舉行了許多座談會。

5 月 5 日中共湖北省委書記處在東湖客舍召開高級知識分子座談會。湖北省委第一書記王任重在座談會開始的時候，對到會的二十多個高級知識分子説：「爭鳴就必然有爭論，有批評。批評應該從團結的願望出發，應該抱着實事求是與人為善的態度，而不是用扣帽子和打棍子的方法。」

武漢大學中文系教授程千帆說：「我們搞古典文學的，喜歡尊師重道，正因為如此，在運動中叫學生罵老師，我們受不了，非常抵觸。」又說：「我校留助教，選留學生，差不多是黨團員包乾，群眾連百分之五也沒有。是不是說群眾政治水準都很低，低到連當留學生、助教也不行呢？其實過去所選的留學生和助教水準並不是最高的，往往倒是很差的。」他還談到自己在思想改造中受到的粗暴對待，談到機械學習蘇聯的情況。（這裏可以為程千帆提供一個注腳：在《俄羅斯解密檔案選編·中蘇關係》裏可以看到，蘇共中央與外國共產黨聯絡部副部長維諾格拉多夫致蘇共中央的信裏說：「在蘇聯高等和中等專業學校學習的中國大學生共有 1183 人，其中共產黨員 482 人，中共候補黨員 96 人，新民主主義青年團團員 577 人，無黨派 28 人。」（第五卷，東方出版中心 2015 年版，第 363 頁）

湖北醫學院院長朱裕璧說：「知識分子對祖國是熱愛的，黨對知識分子的愛國思想應估計得更高一些。『以馬上得天下，並不能以馬上治天下』，用簡單粗暴的方式來治國家，未免把這個工作看得太簡單了。」談到學習蘇聯的問題，他說：「我是一個搞外科的，我認為蘇聯的外科水準落後於資本主義國家的水準。」（1957 年 5 月 10 日《湖北日報》）

後來新華社記者海波又寫了〈朱裕璧一席談〉，刊登在 1957 年 6 月 19 日新華社《內部參考》上，這顯然是為了提供劃他為右派的材料了。其中有這樣一些話內容：

> 他對這個學校剛剛鬧過的學生風潮（罷課三天）大加讚揚。他說：「學生情緒非常正常，說話有分寸，所有學生秩序都很好，學生的頭腦是清醒的。」「必須知道，黨得不到技術人員的協助是辦不好學校的。今天不是知識分子和黨爭領導權的問題，這是客觀要求。」他說：「黨內沒有民主，黨內也應有一定的民主。」他說，「要求撤銷學校黨委制大概是因為黨員在學校的工作表現太壞了。黨委如果在學校包辦了行政工作。學校人事處應服從院長指揮，現在有的科長來校半年我還不知道。這叫我作什麼工作。」

> 他說：「教條主義學習蘇聯害死人。工程師涂建成告訴我，漢水鐵橋如按中國專家的意見建設，能省很多，而荊江分洪工程中的虎渡河閘修高了不能泄水。（上述兩項工程都是蘇聯工程師設計的——記者）這都是學習蘇聯的結果。而特別嚴重的是，那

些蘇聯專家們自高自大盛氣凌人，根本不聽中國專家的意見。」
「我國在學習蘇聯問題上不允許有爭論，一有反對意見就被扣上
一頂反動、反蘇帽子。醫學上的組織療法、無痛分娩法、封閉療
法似乎這些都是萬能，在中國鬧得很熱鬧，但實際效果怎樣呢，
天曉得，我問了蘇聯專家，連他們也說這些東西還沒有什麼理
論」。「中國為了學習蘇聯，就把資本主義國家的一切東西都否
定了，其實，蘇聯的化學分子和美國的化學分子都是一樣的。」
他說，「黨外人士有職無權也就是宗派主義是個普遍而嚴重的問
題。黨外人士是正職，黨員是副職兼黨委書記，而實權都在副職
手裏面正職形同虛設。」他說：「我們的領導幹部輕易否定一切。
為什麼我們不能向美國學習呢？我們中國現在非生產人員多、產
品成本高、品質低；但美國卻會理財，人家生產的東西成本低、
品質好、用不完。」他說：「現在幹部水準低得驚人。特別是大
批轉業幹部，他們搞土改、打遊擊有經驗，他們級別高、職位
高，但現在他們什麼也不知道。他們在領導崗位上不但不能作
事，反而壞事。例如有的打遊擊的人當副院長，他又無知識又自
高自大講享受，這個學校怎能辦好呢？必須把這些人調走，叫他
們去學習，待有了知識後再出來工作，而把他們的位子讓給有知
識的人。」他說：「解放幾年來，國家工作不是保守就是冒進，
現在顯然是冒進了。但少奇同志說：冒進是不可避免的，我看我
們慢一點會比現在快好得多。」他說：「文字改革有百害而無一
利。郭沫若等人說科學名詞只能用拉丁文寫，真是莫名其妙。一
個民族沒有自己的語言文字科學還有什麼前途呢？」他說：「現
在我們到處官氣十足，衙門氣重，到處崗哨林立，連東湖賓館門
口也放上拿槍的，而首長特權太多太大，不僅他們本人，就是他
們的汽車司機也是特權人物，敢在街上和員警吵架的就是他們，
這怎樣說黨和政府接近群眾呢？」他說：「資產階級民主值得我
們注意。過去的德國皇帝腓德烈‧福雷遲，人民就親切地稱他福
雷遲而不稱他腓德烈。他有這樣一個故事：他要修一座皇宮，要
修皇宮的土地上有一個私人磨房，他去和磨房的主人商談，要把
磨房買下讓主人搬走，但主人說：這是祖輩傳下的不肯出賣，皇
帝說，我是皇帝，你不肯賣我就徵購你的。主人說：『你要強徵
我就去法院告你』。結果官司打到法院，皇帝輸了，磨房直到現
在還在那裏。」

程千帆和朱裕璧不久都被劃為右派分子。

1957 年 5 月 7 日王任重主持召開整風座談會，耿伯釗在會上發言，要人們「勿做盛錫福帽店（引者按：盛錫福是北京最著名的帽店）的股東」，這個耿伯釗，在國民黨時期擔任過國大代表，湖北省政府委員。鄂豫皖三省剿匪總司令部政務委員，湖北省戡亂委員會副主任委員。武漢解放前夕任漢口市長，留了下來，加入民革。解放後被安排為湖北省人民政府委員、參事室主任、政協湖北省委員會副主席、民革湖北省委員會委員。這時他說：

> 我是最愛說話的人，在舊社會我到處講話，解放初期我也講得很積極，那時候李先念主席鼓勵我們講，他說多講，把會開的活躍些。但是後來有一個時期我沉默了，不講話了，這也有個客觀原因，共產黨與非黨之間有一道牆，牆又高又大，牆的門口還貼了條子，上邊寫着「機要重地、禁止閒人」。

> 我只好不說話了。黨中央提出「百家爭鳴，百花齊放」的方針以後，這道牆垮了半截，毛主席提出正確地處理人民內部的矛盾，這道牆倒了，這很好。但是現在牆基還存在，大家還不能像是自己家中人一樣來談話，要談也多半是一些應酬話，最多問一問「身體好不好」，黨的領導同志只是這樣來安慰我們一下。當然，目前黨已經看到這些問題，提出來糾正，我很贊同，這是一件大喜事。

王任重在座談會結束時說：「我們黨與民主黨派的關係一般是好的，但是也存在某些隔閡。耿伯釗先生說過去高牆變成了矮牆，現在矮牆也倒了。我看各個單位的情況是不一樣的，有的單位牆還沒有倒，需要努力去推倒。」「我們需要黨內鬥爭，也需要民主黨派的朋友們對我們進行監督、批評和幫助。我們歡迎非黨人士做我們的知心朋友，我們歡迎批評。朋友們應該知無不言，說錯了話沒有關係。」（《王任重文集》（上卷），中央文獻出版社 1999 年版）顯然他對耿伯釗的這篇發言是贊許和支持的，還作了引申和發揮。而耿伯釗的這篇發言對整風運動也是持十分合作的態度。可是想不到在一個多月之後他的這篇發言就被認為是右派言論。

這裏要幫王任重說一句話：他 5 月 7 日座談會上的態度很可能是真誠的，並不是存心欺騙耿伯釗。因為中共中央準備開展反右派鬥爭的第一個秘密指示《關於報導黨外人士對黨政各方面工作的批評的指示》是 5 月 14 日發出的。王任重這時無法預料到即將開展反右派鬥爭。

5月8日上海解放日報邀請了二十二位中、小學教師座談工作中所碰到的各種問題，報紙以一整版刊出了他們的發言摘要。

上海第一師範學校王浩川說：我們的校長（也是黨支部書記）站在雲端上，只顧作經驗介紹，而不抓學校內部的教學工作。在「評優」工作中也缺少民主氣氛。群眾認為一位蒙領導百般偏愛，事事出風頭在先、吃苦頭在後的教師，不應該享受優秀教師的榮譽，校長不但不考慮這些意見，還批評大家「文人相輕」，還在這裏介紹本校「評優」經驗，說得頭頭是道哩。很多教師對工資改革預先定好級別，討論時草草收場不滿意。在評級中，全校黨員除一人以外，都是評的最高級，而工作品質與教齡都超過他們的非黨員教師，卻大都偏低。在生活福利方面，不公平的事情也很多。如房屋分配，真正有困難的人得不到照顧，而暴跳如雷的人，或者是人事幹部，卻可以搬進新屋。校長搬進了新屋不算，還花了公家一百多元的裝修費，據說這是有關組織同意的。

上海建築工程學校林炳彰說：大家對領導偏聽偏信，造成了「牆」，很有意見。教師們說領導只愛聽幾個人的彙報，不愛聽群眾意見，以致校內歪風上升，影響教師工作情緒。一個教師說，我有話不願在小組上講，情願在大會上講，怕彙報的人走了樣。一位教師說：一個黨員的假話勝過十個群眾的真話。

鳳陽路第一小學吳蘊玉說，在小學教師提升中學教師時，許多團員都提升，但有教學經驗的大學畢業的中老年教師卻升不上。群眾提了意見，一個領導同志說：「黨團員是要培養的。」

第三師範學校過唯一說：我們這裏有這樣一個共產黨員，一開口就是「我是吃過苦的」。他對待同志的態度是怎樣呢？有一次他和教研室同志吵起來，那個同志哭了，我就跑進去和那同志談了幾句。當晚這位黨員就找我去談話說：「你在外面講我壞話。」接着就兩手插腰，眼睛一瞪。他生病了，有位教師說：「還是他生病的好，可以不發生什麼事情，我情願替他代課。」他和群眾關係的壞，可見一斑。

上海市商業職工學校蔡大慶說，我們學校機構龐大，人事臃腫。全校有近千個教職員工，教員只有七十多個，科以上幹部倒有一百多個。編制既不像軍隊，又不像機關，更不像學校。因人設事，官多兵少。因為校長是局長級幹部，校長下面設處，處長下面又設科。

　　成都第二中學石昭泰説，去年教育局杭局長忽然到我們學校來了。原來是司機把車子開錯了，把成都二中當做了成都中學，局長才發現我們這個學校。於是把這兒當重點搞了兩個月紀律教育。可是局長下基層沒有下到底，從來沒有找一個教師談過話，只是聽兩位視導的彙報。而視導又是包辦代替，他們搞了兩個月發現兩大問題：成績是基本的，缺點是次要的。大家都不同意這種看法，因為紀律問題根本沒有解決。二十六個班只有一個班紀律有好轉，怎麼能説成績是基本的呢？總結修改了兩三次完全要按領導的指示。教導主任説，「我一點自由都沒有，這不是我們的總結，是教育局在做總結。」最近還要把我們的經驗在五四中學推廣，大家聽了都哭笑不得！有些教師説，大概是局長下來不搞點成績不好交代。最近有些教師看了《教育的詩篇》電影，都在説：「我們的杭局長和視導員是和電影裏的教育局視察一樣的官僚作風！」

　　黎明中學楊澤民説，有一次我累得在課堂上痔瘡血流滿地，學生都勸我休息，我堅持上完了課，趕到醫院，醫生説，「你們的黨和行政太不關心人，人不是機器。」過了三天，黨支書和一個黨員來看我，聽説我身體太弱，要休養一些時候才能開刀，黨員馬上説：「要兩個星期呀！」同病房的病人聽了都不滿意。

　　延安東路小學劉霞英説，教育科對代課教師的態度可以説是「呼之即來揮之即去」。1955 年我就要分娩了，教育科來通知我去代課，結果在下雪天滑了一跤而早產。產後未滿一個月，又通知我四川南路小學需要代課，我回答身體還未復原，他們説這是「缺額」代課，即代了一學期後可轉正，我想了想就去了。搞了一學期工作後去教育科彙報，人事幹事説現在奉局命令一概不吸收新人員。我説：「那麼我不能轉正了嗎？」誰知這位幹事馬上臉孔一板，罵我：「原來你是找職業來的，你要明白我們這裏是教育科，你要找職業到勞動局去找！」我寫信給教育科説這位同志態度太欺人，教育科卻説我思想有問題。她還説，許多老年教師都埋怨自己為什麼早出世三、四十年，不然現在也能爭取入團入黨，取得領導上的信任。

　　控江二中趙寶禮説，我是畢業班班主任。初三有十二門功課，有些教材又重又深。每門課又抓得很緊，差不多每天有測驗。這學期還要考全年的課程。學生的擔子已經很重了，跟隨畢業來的是升學、自學、勞動等問題，於是又得進行思想教育等工作。這些工作教育局要管，青年團要管，管得學生更忙了，一聽大報告就是半天，大會之後又是小組討論。有些團

員和幹部還要先開幹部會，弄得學生功課學不好，缺了課又無時間補，身體也累垮了。我們班上就有兩個學生有嚴重的神經衰弱症。醫生要他們休息，有一個還死不肯休息。做班主任的對此感到很沉痛，我要叫：救救孩子吧。他還説：我們學校的黨群關係也很不好。黨員的權威思想還很重，獨斷獨行，不管下面行得通行不通，一個個命令往下發。比如工資改革，校委會和工會都不同意領導的做法，領導就是堅決不改。評選優秀教師也是這樣。領導提出一個剛從小學教師升做初中教師的人為優秀教師，群眾認為他是個四平八穩的人，業務也並不好，大家很有意見，可是領導置之不理。他還提到了校舍問題。他説，我們榆林區有些小學的校舍條件實在太差了，白天開電燈上課，六十個人擠在一間陰暗的小教室裏，鼻子都碰得着黑板。應該照顧孩子們的健康。（5 月 10 日《解放日報》）

毛澤東很重視這些意見。他要求劉少奇、周恩來、陳雲、鄧小平、彭真都來看。他在這張報紙上批示：這一整版值得過細一看，不整風黨就會毀了。請你們注意看上海解放日報、南京新華日報、上海文匯報、北京日報、光明日報，集中看人民內部矛盾和我黨整風消息，這是天下第一大事。這個批示明顯表示出他對這些意見是持歡迎態度的。

5 月 8 日，北京日報邀請十多位中學教師和行政幹部座談中學教育中的問題，會上五中語文教師、民進支部組織、宣傳委員李慕白發言甚多，他説：「現在文學課成了『雜八湊』和『萬金油』了。比如要對學生進行勞動教育，就在文學課裏加上有關這方面的教材；今天加勞動教育，明天加衛生運動，這樣七湊八加，到底文學課起什麼作用呢？」他還説：「五級分制並不是蘇聯的先進經驗，早在帝俄時代，就採用五級分制。」（5 月 14 日《北京日報》）後來，這李慕白被劃為右派分子。（9 月 7 日《人民日報》）

5 月 13、14 日，全國人民代表大會常務委員會委員鄧初民在太原工學院視察，召集了百餘名教師和職員進行座談。會上，張俊仁説，工學院「肅反」偏差是比較嚴重的。但領導上在善後工作中，態度不誠懇，不是實事求是，只是説成績是主要的，缺點是不可避免的。他説，在「肅反」中，我是由行政宣佈開除團籍的，就當時説也明明是錯誤的，可領導上不願意承認錯誤，給我説「當時開除團籍是對的，現在恢復團籍也是對的」，這是什麼邏輯？劉培德也批評「肅反」運動中有違法行為。他説，我不是反革命分子，像「肅反」中那樣對待我是違法的。在「肅反」中被「整」的人，領導上要以物質賠償來賠償他們精神上受了的損失。李梅説，民主黨派在

學校裏是點綴品，黨沒有把民主黨派作為開展工作的力量。黨對民主黨派應該是互相尊重，互相信任，有職有權。張俊仁還談到宗派主義問題，他說，工學院有一個學生幾門課程不及格，學校早應開除了，但後來退了學，不知道怎樣卻當上了學生科科長，讓他來領導學生工作，他還在院刊上發表什麼如何學習、怎樣學習這一類的文章。這簡直是笑話！自己學習不好，還要教別人怎樣學習。我有一個學生，人是好人，但功課糟糕，補考也及不了格，結果沒畢業，倒又成了教材研究科的科長，他反而來領導我了，為什麼會發生這些奇怪的事呢？因為他們是黨員。（5月18日《山西日報》）後來，這張俊仁、劉德培、李梅等人都被劃為右派分子。

當時更重要的，是中共中央統戰部邀各民主黨派負責人和無黨派民主人士舉行的座談會。《人民日報》逐日作了報導，下面，摘錄一部分《人民日報》刊載的座談會上的發言。

5月8日：

會議開始，主持會議的中共中央統戰部部長李維漢說，召集這個會的目的，就是請大家幫助我們進行整風，幫助我們改正缺點和錯誤。通過統一戰線的方式來推動我們整風，這在我們黨的歷史上還是第一次。因此，希望大家多發表一些批評意見。這裏他說的「通過統一戰線的方式」，就是毛澤東考慮的利用民主黨派做衝擊力量的意思。

民盟中央副主席、農工民主黨中央主席章伯鈞談到了黨與非黨關係問題。幾天前毛澤東在中南海頤年堂談到民主人士有職無權的問題，現在章伯鈞就用一些具體事例來證實這一點。他說到，選拔留學生，學校留助教，都是首先考察政治條件，有些有能力、有專長的人，常被認為歷史複雜而不能入選，非黨人士出國學習的機會不多。非黨幹部要得到提拔很困難，黨員提升得快，好像只有黨員才有能力，有辦法。章伯鈞大約是根據他在交通部任職的體會，分析說，在非黨人士擔任領導的地方，實際上是黨組決定一切，都要黨組負責。既然要黨組負責，就不能不要權，這是形成非黨人士有職無權的根本原因。

九三學社主席許德珩談到「長期共存」問題時說：有人說民主黨派害了「帶病延年」症，我們九三學社帶病是帶病了，是否能夠延年，還是個問題。去年以來，九三學社有二百多人參加了中國共產黨，這是進步。但

是他們入黨後，有些人就要退出原來在社中擔任的工作，南京和杭州兩位九三學社的主任委員入黨後都退出去了。長期共存究竟怎樣共存法？

民革中央常委陳銘樞談到了高等學校的黨委制問題，這也是幾天之前毛澤東在中南海頤年堂談到的題目，當時他是表示了有意在某種程度上改變學校黨委制的想法的，提出應當集中在校務委員會或教授會。陳銘樞回應了毛的這個提法，他說，機關中的黨組同學校中的黨委制有很大區別，機關中的黨組今後仍然應該存在。學校中的工作他以為應該更多地依靠教師和學生。

民主建國會副主任委員章乃器提出，要解決有職有權問題，必須克服宗派主義思想，這樣就首先要明辨是非，現在有一部分黨員，黨內一個是非，黨外一個是非，把「黨黨相護」當作黨性。有人批評了黨員，明明提的意見是對的，黨員也不承認。有人提的意見儘管是符合黨的政策的，但是只要黨員負責同志一搖頭，非黨員要堅持意見也是很困難的。章乃器談到他自己，說，不過，我是有職有權的。在糧食部裏，黨組和我的關係是正常的，黨組管思想政治領導，我管行政領導，黨組和我有了分歧意見，要能說服我，我才同意。但是我這個有職有權，是鬥爭得來的。經過鬥爭達到了團結的目的。

章乃器認為，4月22日《人民日報》社論〈工商業者要繼續改造，積極工作〉中教條主義不少。社論中說，「從一個資本家變為一個自食其力的勞動者，這不像孫悟空要變就變那樣輕而易舉，而是一個脫胎換骨的過程。」章乃器認為，脫胎換骨這說法不只是教條主義，而且是宗教上的信仰主義和神秘主義。照道教的說法，脫胎是脫凡胎，換骨是換仙骨。現在工商界已經過了五關（戰爭關，土地改革關，抗美援朝關，五反關，社會主義關），脫胎換骨的改造也改造過了，還要脫胎換骨，只能使工商界增加無窮的憂慮。

5月9日：

民主建國會副主任委員胡子昂說，工商界有人懷疑，「放」、「鳴」與「整」是三部曲，「放」、「鳴」以後有被「整」的危險。他說，黨與非黨的關係中間，好像有一堵牆，一道門檻，有些黨員一副嚴肅的「政治面孔」，使人敬而遠之。

致公黨主席陳其尤談到不久以前的那一場肅反運動，2月毛澤東在最高國務會議上也談到了肅反中的問題，他並且提議要進行一次檢查。陳其尤說，機關肅反時民主黨派成員有被捕的，但是民主黨派根本不知道，或者知道了也不清楚到底因為什麼而被捕。致公黨有一成員，在科學院工作，被捕了。他被捕後幾個月，致公黨一直不知道，等到知道了，就決定開除他的黨籍，但是，不久他又出來了，而且恢復了工作，至於到底為什麼被捕？又為什麼釋放？致公黨根本不知道。究竟為什麼不給民主黨派知道呢？是不信任？還是以為民主黨派與他的成員不相關？

農工民主黨副主席黃琪翔在發言中高度評價了中國共產黨的統一戰線工作部對民主黨派的幫助。他說，過去參加民主黨派的一些共產黨員，一般地都起了團結和密切兩黨關係的作用，給過他們黨一些幫助。因此，近來共產黨要把參加了民主黨派的共產黨員都抽回去，只能使人感到失望。現在，各民主黨派同共產黨的政治目標愈來愈接近了，共產黨應該切實地把民主黨派當作兄弟黨來對待。

5月10日：

民革中央常委邵力子談到黨政關係問題。他說，黨在政府部門的領導，最好是通過黨組。一切重大問題，黨組決定後，交由黨員去運用，使能貫徹執行。如果直接由黨發號施令，就會差一些。特別是縣以下的領導機關，黨政關係問題較大，這主要是以黨代政。縣長，一般是不被看重的，而縣委權力極大。縣人民委員會各部門的工作同樣不被看重。一切工作由縣委決定。黨中央、省委，因為工作繁重，下設許多工作部門，是有必要的，但縣級是否有此必要？當然，縣委的機構還是要存在的，但權力應該放在縣人民委員會，縣委主要是推動工作，而不是發佈政令。在過去，黨中央有時同國務院聯合發佈指示，當然起作用很大。但今後可否考慮分別發佈指示，國務院向各政府部門，黨中央向黨的系統。

民盟副主席羅隆基說，民主黨派和共產黨長期共存，首先要解決民主黨派長期存在的問題。現在有些知識分子不願意參加民主黨派，怕別人說他「落後」，而願意爭取加入共產黨。有人問：加入民主黨派是否影響加入共產黨，如果有影響，就不參加。黨如果吸收了這樣的人入黨，不但影響黨的威信，而且勢必使民主黨派發展的人都是挑剩下的。共產黨在工農群

眾中發展，而民主黨派就不能在工農群眾中發展，主要在舊知識分子中發展，而他們多是三、四十歲以上的人。這個矛盾應該儘快解決，否則就很難共存下去。

談到互相監督，羅隆基說。現在各民主黨派都參加了政權，但是過去有很多重大的政策問題，往往都是在領導黨內講過以後才拿出來協商。他希望今後這些問題要在黨內討論的同時，也交民主黨派去討論，並由有關方面事前提供情況和資料。又說，現在黨決定的很多事情都不通過行政，而從黨的系統向下佈置，只能使擔任行政工作的民主黨派成員感到有職無權。羅隆基說完，民盟的另一位副主席史良立刻表示，她要和羅隆基爭鳴一番。她說，民主黨派能不能與共產黨長期共存，並不在於民主黨派成員人數的多少，而在於民主黨派是否能在社會上發揮作用。不能說共產黨發展快，民主黨派就不能「長存」，也不能說所有的知識分子都只能是民盟的盟員，不能加入共產黨才叫「長存」，這兩種看法都是不對的。史良還用她自己的體驗來說明不參加共產黨也是信任的，並不發生所謂對黨外人士就不信任的問題，也沒有感到在黨的領導下不能發揮作用。最後史良表示，她認為各民主黨派也應該參加這次整風，通過整風可以使民主黨派更加團結。

對於史良的這個提議，主持座談會的統戰部長李維漢立即作了說明。他說，現在共產黨內的整風運動剛開始，在這次整風運動中，要集中地批判共產黨的缺點。因此，我們已經同各民主黨派和無黨派民主人士商量好，在一個時期以內，不要號召民主人士整風，而著重地發動黨外人士來給共產黨提批評意見，幫助共產黨整風。

民盟中央常委楚圖南接着發言，他談到各學校黨政領導上對民主黨派能夠發揮的作用估計不足，民主黨派不能在高等學校充分地發揮作用，不但是民主黨派的損失，而且是國家的損失。

民盟另一位中央常委曾昭掄的發言中，在談到互相監督問題時，他提出的要求沒有羅隆基的那麼高，他說，領導黨對國家重大問題先討論，是沒人反對的；不過，民主黨派是不是也可以比較早一些參加討論，早了解情況？

5月11日：

農工民主黨中央執行局委員王一帆說，毛主席說黨內有百分之九十的人對「長期共存、互相監督」的方針思想不通。以共產黨員的思想水準，尚且如此，民主黨派的成員和群眾就會有更多的人思想不通。他希望中共黨員和民主黨派黨員有更多的交叉關係，共產黨員不但不應該從民主黨派中逐步撤退，而且更要在民主黨派成員中多多培養發展黨的對象，以改變大家的看法。

民主建國會中央委員千家駒談到有職有權問題，說，共產黨是領導黨，黨員要在工作中多負些責任，黨組要保證機關工作任務的完成，這是應該肯定的，沒有人反對。但事實上現在黨委或黨組代替行政，黨組的決定有時不通過行政而下達，有些決定，擔任科員、秘書工作的黨員都知道了，而非黨的領導幹部還不知道。黨的系統應該是一條粗線，但是行政系統不應當是虛線。

談到知識分子，千家駒希望能夠深入地了解高級知識分子的思想情況，而不要專聽黨員的片面彙報。他說，中國高級知識分子有高度自尊心，服從真理而不懾於權威，「士可殺不可辱」，這是優良傳統，不應該打擊。解放後唯唯諾諾靠攏黨，這是不好的。千家駒還認為在「三反」「思想改造」或「肅反」中鬥錯了的人，應向他解釋清楚，這不是算老賬。中國高級知識分子是有自尊心的，傷了他的自尊心，積極性長期內不能恢復。

致公黨中央常委黃鼎臣也談黨政關係問題，他說，過去黨組常常直接代替行政佈置工作，使非黨領導人員感到有職無權。現在民主黨派成員也可以參加某些黨組會議，但是討論以後仍由黨組直接向下佈置。我以為今後行政方面的工作，還是由行政上下達命令較好。

5月13日：

農工民主黨中央執行局委員嚴信民談長期共存問題時說，總的說來，共產黨是強大進步的，民主黨派是弱小落後的，在這種情況下談平等是很困難的。當然，並不要求一切和共產黨平等，也不應該這樣要求。但現在「長期共存、互相監督」方針提出來了，民主黨派要擔負一部分政治任務，總得像個樣子。否則不但任務完不成，而且共存也共存不下去。

　　農工民主黨另一位中央執行局委員李伯球提出有些共產黨員的特權思想問題，這也正是中共中央關於整風運動的指示提出來了的問題。李伯球說，許多黨員忘記了黨這種教育，機械的用階級鬥爭的原則，來掩護他的特權思想；靠着黨和黨中央、毛主席在人民群眾中的崇高的威信來行使自己的特權。

　　在談到黨與非黨關係的時候，李伯球舉了這樣一個例子：天津有一個醫院副院長是共產黨員，院長是非黨員。副院長常常不經大家討論自己決定問題，非黨院長批評他，他還說：有什麼事，我負責任好了。非黨院長說，這樣要我幹什麼。

　　談到人們對民主黨派的看法，李伯球講了自己一段這樣的經歷，他說，我在 1954 年往四川勞軍，有人介紹了我是民主黨派，當地的人差一點不把我當慰問團的團員看待，我只得請以後介紹我時不要介紹我是民主黨派，介紹我的政府職務好了。

　　擔任教育部長的無黨派民主人士張奚若談到，有不少黨員知識水準太低，不夠他現在所擔負的工作所需要的水準。談到宗派主義，張奚若說，有些黨員認為「天下是咱家打的」，於是老子天下第一，以革命功臣自居。他們認為「給你一碗飯吃，給你官做就夠了，一切不過是為了團結，並不是你真有什麼本事。」因此，他有事情就照他的辦法辦，正是「一朝權在手，便把令來行」。

　　在這裏，張奚若批評了有些黨員認為「天下是咱家打的」這種思想，顯然他是不知道 3 月 18 日毛澤東在濟南黨員幹部會議上講的一段話。毛說：這些同志，你說他有沒有道理，我看也是相當有道理。民主黨派有什麼資格監督共產黨？究竟江山是誰打下來的呀！所以聽他們的話是有不少道理的。如果張奚若早知道毛澤東認為這種論調有不少道理，大約他不會針鋒相對地提出這一點吧。

　　在這次整風宣佈要反對的三個主義之外，張奚若還提出了一個教條主義，他說，有些人知識水準低，經驗不足，為了解決問題，想不出辦法，就搬教條，搬蘇聯經驗，依靠教條解決問題。對某些黨員來說，教條成了他辦事的唯一藍本。教育部許多工作沒有做好，教條主義之害實在是「大矣哉，大矣哉」。

5月15日：

擔任北京大學校長的無黨派民主人士馬寅初在發言中說，目前有些批評不夠實事求是，有否定一切的現象。從團結的願望出發，不能光講壞處，好處一點不說，如現在對北京大學的批評，壞的地方說得很詳細，好的地方一點也不說，這是無法令人心服的，也不好共事。

馬寅初不贊成取消學校黨委制。他說，學校黨委制有他的好處，以北京大學為例，北大有八千個正規生，這八千個正規生的思想、家庭情況，黨委都知道。如果黨委退出去，我是無法了解的，叫我做校長，我也管不了，而且我管得多了，俄文也不能念了，研究工作也不能作了，山也不能爬了，身體也不能鍛煉了。他說，單純批評黨委制不好是不對的，黨委制好的地方也要表揚。「牆」必須從共產黨和民主黨派、無黨派人士兩方面拆，單靠一方面拆是不成的。他的結論是：學校中的黨委制無論如何不能退出學校。不過他認為現在的情況也要改變，只要黨與行政合作，開誠佈公，互通聲氣，相信一定可以辦得好。他說，照我想，北京大學的教授是靠近共產黨的，因為他們都親眼看到共產黨的好處，只要共產黨接近他們，他們一定願與黨合作。

這是馬寅初在座談會上的正式發言。不過從新華社記者雷朋寫的《內部參考》可以知道他對他在北大工作職務上的意見：

他說：「我對黨沒有啥，我與江校長的關係，我不能說，說了不但不能解決矛盾還要增加矛盾。中國人的傳統美德是要有厚道。今後我還要與他共事，要為北大着想。」

我當時問他：「聽說北大試行黨委制，那麼過去與你如何來決定學校行政？其中有否矛盾？如何解決」？他說：「如何解決我拿不出辦法，但是我覺得在高等學校中不要民主人士不行，抽調黨員副校長也不行。」接着他給我講了他曾三次要求辭職，毛主席和總理沒答應的事。並說在大學裏要有黨委會才能工作。他說：「要掌握教師和學生的思想材料非黨不行，三反五反要我搞我搞不了，高等學校的院系調整，不是黨的力量根本辦不到。」他接着說：「北大這幾年全靠江校長，好的方面是主要的。」我當時就問：「那麼你對江校長在與你共事中有些什麼意見沒有？」他說：「有，我不能談。」我說，「毛主席提出的解決內部矛盾，

就是要把這些在工作上的意見談出來。」他說:「人並不是那麼單純,談了好像就沒事了,其實只有增加矛盾。如果毛主席要找我個人談,我可以說,但也只能適可而止。總之,我不給你談,還不能發表。」

5月8日,我到北大參加座談會後的休息時間,又碰到馬寅初。他把我拉到牆角邊對我說:「意見這麼多,再搞下去,他們(意即江校長和黨委員)怎麼下台,應該適可而止,你可以反映一下。」接着他又對我說:「我同江校長的關係如果由我來講了,將來保險會有人從我們倆人中間來挑是非。」(1957年5月18日新華社《內部參考》)

可見他和黨員副校長江隆基的共事並不是很愉快的。

民革中央常委陳銘樞在這座談會的第一天就發表了贊成取消學校黨委制的意見,他在聽了馬寅初發言之後,又把自己的意見再說了一遍。他說,我是同意實行校務委員會,取消學校中的黨委制。他認為,機關中的黨組與學校中的黨委會性質不同,他不贊成取消機關中的黨組。

擔任文化部部長的無黨派民主人士沈雁冰說,宗派主義的表現方式是多種多樣的,比方說,一個非黨專家,在業務上提了個建議,可是主管的領導黨員卻不置可否,於是非黨專家覺得這位黨員領導者有宗派主義。可是在我看來,這是冤枉了那位黨員了。事實上,這位黨員不精於業務,對於那位非黨專家的建議不辨好歹,而又不肯老實承認自己不懂(因為若自認不懂,便有傷威信),只好不置可否,這裏確實並無宗派主義。可是,隔了一個時期,上級黨員也提出同樣的主張來了,這時候,曾經不置可否的黨員,就雙手高舉,大力宣揚,稱頌上級黨員英明領導,但是壓根兒不提某非黨專家曾經提過基本上相同的建議,是不是他忘記了呢?我看不是,仍然是因為若要保住威信,不提為妙。在這裏,就有了宗派主義,如果那位非黨專家不識相,自己來說明他也有過那樣的建議,但未被重視,於是乎百分之九十很可能,那位黨員會強詞奪理,說那位專家的建議基本上和這次上級的指示不同,或者甚至給他一個帽子:誹謗領導,誹謗黨。這裏,宗派主義就發展到極嚴重的地步。從這樣的例子,是不是可以說:不懂裝懂,念念不忘於什麼威信,於是促成了像上面所說的宗派主義,但是通常可以把這種情況稱之為官僚主義,可見兩者有點親戚關係。

沈雁冰在這裏說得很具體，很生動，很帶一點感情。大家都知道，當時他正是以非黨專家的身份出長文化部的。這裏說的非黨專家的遭遇，是不是包含了他本人工作中的經歷呢？如果他真是在說自己，骨鯁在喉，不吐不快，那麼，他是一位部長，能夠管得着部長的主管的領導黨員是什麼人，那一位上級的上級又是誰，誰才夠得上英明領導這樣的讚頌，所有這些他都沒有說，人們也就不必去猜測吧。

沈雁冰還談到官僚主義。他說，據我所見，中央幾個部的官僚主義是屬於辛辛苦苦的官僚主義，這個官僚主義產生的根源是主觀主義、教條主義的思想方法，而滋長這種官僚主義的土壤卻是對於業務的生疏乃至於外行。拿文學藝術來說，究竟是專門學問，沒有這門學問的基礎，專靠幾本「幹部必讀」不能解決業務上的具體問題，不能解決，可又等着你作主張，怎麼辦呢？捷徑是：教條主義、行政命令。有一個時期，沒有學問而靠教條主義辦事的領導者，用各種帽子來壓服提意見的人，使得本來沾染教條主義比較少的人也加緊學習教條主義，而結果反被稱為「進步」。這個時期是不是一去不復返了，還不敢這樣說。

沈雁冰在這裏提到的「幹部必讀」，需要作點說明。這是 1949 年 2、3 月間經毛澤東審批的一套書目，共十二種，即《社會發展簡史》，列昂節夫《政治經濟學》，馬克思恩格斯《共產黨宣言》，恩格斯《社會主義從空想到科學的發展》，列寧三本，即《帝國主義論》、《國家與革命》、《左派幼稚病》，斯大林《列寧主義基礎》、《聯共（布）黨史簡明教程》、《列寧斯大林論社會主義建設》、《列寧斯大林論中國》、《馬恩列斯思想方法論》。五十年代曾大量印行，並且發行了售價低廉的普及本。沈雁冰說的，就是這一套書。其實當時也並沒有多少幹部當真遍讀了這十二部書，沈雁冰把這些人還稍微估計高了一點。

沈雁冰最後說，宗派主義、教條主義也同知識水準低、業務不通有關係。而官僚主義，如就辛辛苦苦的官僚主義而言，則主要是或大部是業務不通之故。光了解情況還不夠，你沒有這門學問，拿不出自己的主張，於是舉棋不定，今天聽甲的話，明天聽乙的話，主觀上要把事辦好，客觀上卻是官僚主義。

民盟中央常委兼婦委主任劉清揚表示贊同馬寅初的意見，她以為馬寅初提出的不能光講共產黨的缺點，不講優點，學校中的黨委制不能取消，

這個意見各民主黨派應該很好考慮。她認為應設法讓在各方面擔任工作的民主黨派成員不光是揭露矛盾，也要提出解決矛盾的建設性意見。她覺得不能使黨員消極，不能使黨員受委屈，因為揭露矛盾是為了解決矛盾，是為了更加團結。

張奚若再次發言，講四種偏差。這四種偏差是：第一，好大喜功；第二，急功近利；第三，鄙視既往；第四，迷信將來。

他說，好大喜功分兩方面。第一是大：一種是形體之大，另一種是組織之大。形體之大最突出，很多人認為，近代的東西必須是大的，大了才合乎近代的標準。拿北京的一些新的建築物來說，北京飯店新樓禮堂，景山後街的軍委宿舍大樓，西郊的「四部一會」辦公大樓，王府井百貨大樓，這些從外表看來，似乎是很堂皇，而實際上並不太合用。很多人對「偉大」的概念不大清楚。偉大是一個道德的概念，是一個品質的概念，不是一個數量概念。體積上尺寸上的大，並不等於精神上的偉大。大是大，偉大是偉大，這兩個東西並不相等。可是，他們把形體之大誤會為品質之大，把尺寸之大誤會為偉大。另一種是組織之大，就是龐大。很多人把龐大叫做偉大。在他們看來，社會主義等於集體主義，集體主義等於集中，集中等於大，大等於不要小的。由於有這個基本思想，所以工商業組織要大，文化藝術組織要大，生活娛樂組織形式也要大。不管人民的生活和消費者的需要如何，只要組織規模大才過癮。本來這些工商業和社會組織都是為人民服務的，但現在這個辦法不管人民的實際需要，好像人民為他們服務。

為什麼這些人喜大呢？除剛才說的把尺寸上的大和精神上的大未分開而外，還有一種是幼稚的表現，也是思想籠統、腦筋簡單的表現。

第二，急功近利。這個態度與好大喜功似乎是不一致的，實際上一面是好大喜功，另一面又是急功近利。急功近利的一種表現就是強調速成。在某種情況下速成是需要的，但要把長遠的事情用速成的辦法去作，結果是不會好的，事情應該分長遠與一時的，百年大計與十年小計自有不同。急功近利，不但對有形的東西如此，對無形的東西，尤其對高深的學問，也是如此。現在高等學校培養人才的辦法，似乎沒有充分認識到這一點，以為大學畢業，作了副博士、博士就差不多了，其實除個別人以外，一般的還差得很遠。舊學問如此，新學問也如此。

　　第三，鄙視既往。歷史是有繼承性的，人類智慧是長期積累起來的。但許多人卻忽視了歷史因素，一切都搬用洋教條。他們把歷史遺留下來的許多東西看作封建，都要打倒。他們認為，新的來了，舊的不能不打倒。其實，我們的歷史給我們留下了豐富的文化遺產，而他們對中國歷史和新社會都很少了解。

　　第四，迷信將來。當然，將來要比現在好。但不能説將來任何事情都是發展的。將來有的發展，有的停滯，有的後退，有的消滅。而發展也有不平衡的，不是機械地等速的發展。總之，將來的事情，不是不分青紅皂白，事無巨細都是發展的。因此，否定過去，迷信將來，都是不對的。

　　張奚若説的這些，其實意思和 5 月 18 日陳銘樞寫給毛澤東的信中説的「好大喜功，喜怒無常，偏聽偏信，鄙夷舊的」差不多。只不過他是就他所見的一些事例所作的概括，並不是專門説毛澤東的。而陳銘樞信中説的那些意見，卻是針對毛澤東了。7 月 14 日民革中央小組開會批判陳銘樞，主要內容就是揭發批判他寫給毛澤東的那封信了。顯然，收信人已經把那封信提供給批判者。會上，吳茂蓀批判説，陳銘樞信中用了這樣四句話批評毛澤東，就是「好大喜功，喜怒無常，偏聽偏信，鄙夷舊的」，還「把毛澤東説成是『個人修養上的熱而不淡，疾而不舒，躁而難寧，察而難周之失，也難免影響到察人聽言，決策定計的睿斷，以及在政策措施上的畸輕畸重，失緩失急。』」吳茂蓀還批判，「陳銘樞污衊毛主席『好大喜功』，並要毛主席『更加深入體察，以求究竟』。他説毛主席有時『為喜怒所乘，在一個浪潮之下，輕於挫傷高級幹部的自尊心和他們的固有地位』。他説毛主席『輕信幹部的虛假彙報與教條主義的分析方法，未經鄭重細緻的研究，即作過激的決定』。他認為毛主席『過分鄙夷舊的』，『對古典文學尚有不尊重之處』」。(7 月 15 日《人民日報》)

　　張奚若和陳銘樞的這些話很使毛澤東反感。在 1958 年 1 月 28 日第十四次最高國務會議上，毛説，有一個朋友説我們「好大喜功，急功近利，輕視過去，迷信將來」，這幾句話恰説到好處，「好大喜功」，看是好什麼大，喜什麼功？是反動派的好大喜功，還是革命派的好大喜功？革命派裏只有兩種：是主觀主義的好大喜功，還是合乎實際的好大喜功？我們是好六萬萬人之大，喜社會主義之功。「急功近利」，看是否搞個人突出，是否搞主觀主義，還是合乎實際，可以達到平均先進定額。過去不輕視不行，大家每天都想禹湯文武周公孔子是不行的。對過去不能過於重視，但

不是根本不要。外國的好東西要學，應該保存的古董也要保存。南京、濟南、長沙的城牆拆了很好，北京、開封的舊房子最好全部變成新房子。「迷信將來」，人人都是如此，希望總是寄託在將來。這四句話提得很好。還有一個右派說我「好大喜功，偏聽偏信，喜怒無常，輕視古董」。「好大喜功」前面已說過。「偏聽偏信」，不可不偏，我們不能偏聽右派的話，要偏聽社會主義之言。君子群而不黨，沒有此事，孔夫子殺少正卯，就是有黨。「喜怒無常」，是的，我們只能喜好人，當你當了右派時，我們就是喜不起來了，就要怒了。「輕視古董」，有些古董如小腳、太監、臭蟲等，不要輕視嗎？

1959 年廬山會議期間，毛在一次講話中重提張奚若陳銘樞的這幾句話，他說，偏聽偏信，就是要偏。資產階級、小資產階級、無產階級，左中右，總有所偏，只能偏聽偏信無產階級的。同右派作鬥爭，總得偏在一邊。（李銳，《廬山會議實錄》，香港天地圖書有限公司 1993 年版，第 64 頁）可見他對這些話一直耿耿於懷了。

5 月 16 日：

民革中央常委黃紹竑談到黨政關係問題，他說，我所以提黨政關係問題，絕不涉及黨的領導權問題，而是領導方法問題。我覺得過去某些地方某些工作上，沒有通過人民，通過政府，而直接向人民和政府發號施令，各地方或機關黨委五人小組在肅反運動中直接處理案件，如黨和政府共同發佈決定而沒有把黨對各級黨委的指示和政府對於人民的指示分開來，這樣就可能導致人們或某些黨員認為黨的領導方法就是直接向人民發號施令，這樣對於動員和團結全國人民完成國家過渡時期總任務是有妨礙的，這樣會造成很多官僚主義、宗派主義、主觀主義問題。

談到法制問題，黃紹竑認為，我們的立法是落後於客觀形勢的需要的，刑法、民法、違警法、公務員懲戒法都尚未制定公佈，經濟方面的法規更不完備，五年計劃快完成了，但是度量衡條例還沒有制定。他說，公務員懲戒法和各機關的組織條例辦事規則是與整風最有密切關係的法規，必須早日制定。

關於以往成績的宣傳，黃紹竑認為「成績是主要的，偏差錯誤是個別的」已經成為工作報告中的一種公式，任何工作報告都套上這個公式，我認為這樣會意味着強調成績掩蓋錯誤，造成更多錯誤的危險。個別錯誤即

僅僅是百分之二、三，也不能用百分之九十七、八的成績來掩護它、忽視它。就司法方面來說，百分之二、三的錯誤案件，在全國範圍內不知要造成多少人家破人亡、流離失所。就國家經濟建設來說，百分之二、三的錯誤不知要造成多少億元國家的財政損失，而人民間接的損失也是可觀的。我覺得宣揚成績、誇耀成績、掩護錯誤、忽視錯誤都是官僚主義的作風，也是鋪張浪費的來源。成績說得保守一些，錯誤偏差放在成績的前面，並不等於掩沒了成績，而是成績更加可靠，更加鞏固，是有後備力量的成績。人民對於政府的成績是心中有數的，不強調的說，他們也會知道；說得有一點漏洞，一點不確實，他們也會知道的。強調地說，並不增加他們的信仰；稍微有一兩點不確實，就會減少他們好幾分的信仰。

最後黃紹竑談了兩個具體問題，一個是受勞動教養的據說有兩萬人，大多數是機關幹部，知識分子，他們既夠不上刑事犯罪，已經勞動教養了一年多，應該定出一個整個的解決辦法，不宜拖下去。一個是解放戰爭時期有些國民黨人傾向革命，為奔走和平或參加工作，多少出了一些力；但因歷史的關係被懷疑，判了重罪，希望徹底檢查，無辜的平反，歷史上有罪的也應酌情處理。

全國工商聯主任委員、無黨派人士陳叔通談到黨與群眾之間的牆與溝，他說，有些黨員總以為天下是自己打下來的，非黨人士在革命勝利以後，吃現成飯，享現成福，而且高高在上，當然氣不過。黨員還認為非黨人士不懂政治，即使有其他長處，不懂政治，也沒有用處，並且在這些長處之中，都含有毒素。因此，看不起非黨人士。有些黨員認為工人階級同工商界、小資產階級是階級問題，搞在一起，就會受侵蝕，他們怕受傳染，因此惹不得，還是同他們生疏好些。這樣不知不覺地就在黨群之間有了牆和溝。為了推翻牆，填平溝，要請黨員先伸出手來。

陳叔通希望黨在整風中能檢查兩個問題。一個是檢查一下，八年來的工作中，究竟是由於保守所造成的損失大，還是由於冒進所造成的損失大。這裏陳叔通看來似乎對這兩個方面無所輕重，但他心裏的傾向還是很明確的，他說了，一般說來，非黨員多是比較保守，黨員多是比較激進。他提出這個問題，顯然是受到1956年反冒進的影響，對於毛澤東來說，這是個很犯忌諱的題目。陳叔通提出的另一個是檢查一下全面和個別兩個方面的問題，是不是有忽視個別問題的情況。他認為，非黨員往往擴大個別問題，抹煞全面，而黨員卻容易忽視個別問題，強調全面看問題。陳叔通

説，對於個別問題，如果還有類似的個別問題，就不是個別的了；並且有的個別問題，可能發展成全面的問題。就是以個別問題而論，要是性質嚴重的，也不應忽視。何況這些個別的問題，落在一個人、一個村、一個鄉上，就受不了。誠然，非黨員不應該擴大個別問題抹殺全面，另一方面黨員也不應該忽視個別問題。

陳叔通認為非黨員要多了解些新東西，黨員也要多了解些舊東西，就可以曉得舊的歷史時期的事物和社會情況。現在的黨員對舊社會太生疏了，不能理解那時確實存在的一些事實。

陳叔通又説，有些格言成了金科玉律，我看值得懷疑。比如「矯枉必須過正」，在解放初期這樣提是正確的，因為土地改革、「三反」、「五反」等大運動，不如此是搞不起來的。但是是不是永遠都是金科玉律，有沒有毛病？領導上能不能加以考慮？還有「克服困難」，當然應該克服困難，但是不能任何問題都抬出這四個字，都叫人克服困難。三個人的飯五個人吃，這個困難可以克服；如果三個人的飯要十個人吃，這個困難就很難克服了。講大道理不能當飯吃，吃了飯講大道理可以，但餓着肚子講大道理就不行。不能把「克服困難」當成口頭禪，什麼問題都叫人「你去克服困難吧」！

陳叔通最後談到中共中央和國務院聯合發佈指示的事，他説，我不懂為什麼要這樣作。當然，國家是由黨領導的，黨可以抉擇方針政策問題，但國務院是最高行政機關，我以為有關行政方面的問題應由國務院發指示。因為聯合發指示容易在人民中造成一種印象：黨和政府一道發的指示就是重要的，國務院單獨發就不重要，這樣就無異削弱了國務院的權力。

致公黨中央副秘書長嚴希純説，合作共事關係搞得好不好，黨與非黨兩方面都有責任，今天本着「春秋責備賢者」的精神，黨員應該負主要責任。許多黨員不了解解放前在白區工作的艱苦，不了解當時共產黨和民主人士一同鬥爭的血肉關係，僅僅把今天對民主人士工作的安排當做照顧，當做點綴；至於工作，則於這些人無關。談到機關中如何體現黨的領導問題，他説，黨的領導並不等於不管黨員稱職不稱職，就把他放在什麼「長」的位置上，就體現了黨的領導。嚴希純舉出了這樣一件事例：一個圖書館內有一個圖書館專家，做了十幾年工作，但領導上卻派一個文化不高的黨員作他的科長。嚴希純説，有的在科學機關作領導工作的黨員，自己不懂

科學，又不虛心學習，尤其不好的是不懂還要裝懂。有些黨員還把領導科學技術機關看成帶軍隊一樣，把科學家、教授、工程師，一律當成自己的下級，不尊重他們的意見，也不給以應有的禮貌。他還說，科學技術工作在研究過程中是允許失敗的，但現在則一遇失敗就要追查科技人員的責任，甚至懷疑有政治問題，加以逮捕。這樣專家們如何敢於負責呢？

嚴希純還談到當時推廣先進經驗中的一些問題，例如混凝土用竹筋代替鋼筋。他說，聽說有些地方已經用竹筋造了三四層樓的房子，我很擔心，幸而最近國務院否定了這種所謂先進經驗。又例如北京築了很多品質不好的馬路，今年全部翻漿，據說原來認為以少數的錢造很多的路是先進經驗，其實這是常識都通不過的事，根本不應認為是先進經驗。

最後談到人事工作，他說，黨外領導人對人事工作是無權過問的。人事部門往往只重政治，選派一個留學生，就挑了一個考試成績最壞的學生，就因為他是黨員。這是很大的浪費。有一黨外幹部出國路經蘇聯，回來說紅場沒有天安門廣場大，竟叫他當眾檢討。嚴希純還希望早日解決那些在國民黨時期因失掉革命的關係自己去創造條件進行革命工作，今天因肅反、審幹中的偏差而抬不起頭的共產黨員和民主人士的問題。

民盟中央副秘書長葉篤義談到長期共存的方針，他說，民主黨派的組織不是要學習共產黨，把組織搞得更加嚴密，由於民主黨派成員的成分不同，組織鬆懈一些，反而有利於黨派的長存。而目前民盟、民進、農工民主黨和九三學社，都是團結不同方面的知識分子的黨派，工作對象互相交叉，因而發生「爭人」的現象。從團結五百萬知識分子着眼，他建議把四個黨派解散，另組一個知識分子的政黨。其實這不能算是葉篤義的創意，幾年之前中共中央有過這樣的考慮。宋雲彬 1949 年 5 月 27 日的日記中記有：「晚，周恩來、李維漢等在北京飯店邀請救國會同人晚餐。周表示，新政協開會後，各黨派除國民黨革命委員會、民主同盟、民主建國會外，其餘均可解散。」（宋雲彬，〈北行日記〉，見《新文學史料》2000 年第四期）可知當時的思路是只保留三個黨派，分別以原國民黨人員、知識分子和資本家為工作對象。新政協開過之後，11 月，政協的參加單位三民主義同志聯合會和中國國民黨民主促進會即宣佈結束，併入中國國民黨革命委員會。12 月，救國會宣佈結束。因為它本是民盟的發起單位，結束之後其成員多成了盟員。不久之後毛澤東有了新的考慮，其餘的幾個黨派就不再解散，保留至今。幾年間，顯出了工作對象交叉、相互「爭人」等等現象。

葉篤義看到了這些，因而舊話重提吧。葉篤義的這個主張在民盟基層得到了回應，在民盟旅大市委的會議上有人揭露，民盟旅大市委主任委員喬傳珏在中共旅大市委統一戰線工作部的座談會上，表示贊同葉這意見，以為組織知識分子聯盟，對開展工作有很大好處，這樣會增加力量，增強團結。(6 月 29 日《旅大日報》)

民進中央常委金芝軒談黨與非黨的關係問題。他以為適當安排職位是次要的問題，首先是要信任黨外人士。黨外人士都知道黨員是代表黨來領導的，要是以用人不疑的態度，而且誠懇地幫助他們，知識分子就認為是知己者，問題就可以少一些。要是以「主人」自居的態度，抱純粹使用觀點，來對待非黨人士，那麼，非黨人士就自然會有偃傌觀點。更嚴重的是，有些黨員專談他們的缺點，說他們落後，那問題就多了。像這樣的黨員往往喜歡聽好話，有這樣一批歌功頌德鼻子抹白粉的「積極分子」來灌迷魂湯，而自己社會經驗又不足，他還以為有群眾基礎，漸漸地就投入官僚主義、宗派主義的迷宮。上級當然應負主要責任，現在的確有小官僚欺騙大官僚的，因為大官僚也喜歡這一套。

陳銘樞就昨天沈雁冰和劉清揚的發言作了書面發言。他說，昨天聽沈雁冰同志說，一些幹部由於成了教條主義者，也就成為進步分子了。這句話使我想到了我們國家對於使用幹部的標準——德才資。若單就抽象的政治進步而定為德，就會失之毫釐，差之千里。因為一個人的政治思想是否真正進步，必須結合他的思想品質和生活作風來考查，也需看他是否真正完成了任務。抽象的進步是沒有的。

他又說，昨天劉清揚同志說，整風不應單提幹部的缺點而不提優點。她以為這樣做會使黨員幹部在群眾中喪失威信。我認為她這意見與黨中央的整風精神不符，而且不符合事實。誰都知道黨對人民的貢獻，是沒有什麼可比擬的。縱使黨員幹部犯了任何嚴重的錯誤，也不會抵消黨的功績。但是黨員幹部中有了歪風，將會影響和危害黨的事業的發展，故歪風必正是有絕對意義的。歪風猶如人身的毒菌，不及早預防，必致蔓延，必須除去而後安，如果一個身體健康的人有毒菌，你反而對他說：你的身體健康，毒菌莫奈你何。或說：你可以抵消他。這不是「雖曰愛之，其實害之」嗎？

陳銘樞說：從延安整風以來，以至這次整風，黨與非黨人士所提出的批評，都談缺點，沒有談到優點，這是符合黨的整風精神的。我認為這是好現象。至於說，單提缺點，怕影響幹部的威信這一點，恰巧與延安整風以來的事實相反，人愈能揭發缺點，並認真修正錯誤，愈能在群眾中提高威信，反之則降低威信。這已是共產黨員久已行之有效的一個真理，一個公式，用不着懷疑。黨之所以偉大，也就在此。

發言完畢，到了散會的時候，主持會議的李維漢宣佈：從明天起，這個座談會將休會幾天，成立一個小組，把大家所談的問題加以排隊，準備以後繼續開會。

在場的人大約沒有誰意識到，事實上剛才李維漢是宣佈整風運動的終結。

4月30日毛澤東在中南海頤年堂要求民主黨派幫助共產黨整風的整風運動；

5月1日報紙刊登中共中央指示，宣佈開展的整風運動；

5月4日中共中央指示所說的請黨外人士幫助的整風運動；

5月10日李維漢在統戰部召開的座談會上回答史良建議時說的，要求黨外人士提出批評意見以幫助共產黨進行的整風運動；

一句話，就是本來意義上的整風運動，熱熱鬧鬧地進行了半個月之後，是到此為止了。

這樣的座談會開了七次，每次開會的翌日，《人民日報》都作了詳細報導。正如李維漢在散會前說的，「對全國整風運動起了推動作用」。中共中央整風指示公佈之後，全國各地各機關團體學校等等，都開始整風。一些人以這些民主人士的發言為範本，一些人得到這些發言的啟發，在自己所在單位的整風會上慷慨陳辭……

就在這七次座談會上，一些最重要的右派分子已經出場，一些後來遭到集中批判的右派言論，例如說黨不應直接發號施令，外行不能領導內行，成績是不是主要的，等等，也已經或顯或隱地提出來了。

在基層單位的整風運動中，有些地方出現了很尖銳很刺激的意見。據新華社《內部參考》報導，昆明師範學院就發生了反動標語和反動公開信事件：

新華社昆明25日電　昆明師範學院從5月15日開始停課三天學習和討論毛主席的講話。二千多名師生員工在頭二天中對學校領導的官僚主義作風和教師太少、教學品質低；伙食不好和學校黨、團組織存在宗派主義以及本學期開除三個學生等事提出了上千條意見。5月15日早上，忽然在東、西兩學生食堂、員工食堂和學校後門四處，出現了十六張用「民眾團體」署名寫的標語。十六張標語的內容涉及了黨的性質、任務和社會制度方面的問題，例如「共產黨萬歲」「廢除共產黨的一黨專政！」「打倒專制獨裁！」「廢除不民主政策！」「不要在學校建立黨團制度！」「我們青年應該堅決起來反抗不合理制度！」和「共產黨應趕快回頭了！」等。

標語出現後，群眾情緒激昂，對貼標語紛紛表示憤慨。學校黨組織和行政領導經過學習領導小組開會研究後，決定學習仍按照原來計劃進行。在當天下午開了全院師生員工大會，肯定這兩天大家在討論中提出的意見很好，歡迎繼續提意見批評。學校並讓這些標語原樣保存在那裏，供大家參觀，又翻印出來發給各學習組討論。

群眾對貼標語有兩種意見。大多數人反對這種行為，於是在十六張標語的周圍貼出了許多以個人簽名或全班名義寫的針鋒相對的大字報和標語。分別用事實駁斥了十六條標語。有的寫着：「民眾團體閣下，為什麼不在光天化日之下提意見？要當見不得人的夜遊神！」但是，也有少數人認為這是思想問題，標語中有些意見還是對的，只是這種提意見的方法不好。

三天停課期滿後，學校照常上課。有些學生貼出公告，邀請寫秘密標語的人出來公開報告和討論他們的意見。但是，沒有人出來。

5月18日，民盟雲南省委收到一封用「師院學生」名義「致民盟、民革、民建、致公黨、農工民主黨、九三學社及光明日報

的公開信」，信中除誣指那十六張標語是共產黨派人貼出的外，還提出六項主張：一、廢除一黨專政，打倒賣國政府。二、廢除喪權辱國的中蘇友好條約、驅逐蘇聯專家「間諜」出境。三、要求民主黨派執政，改善人民生活，維護人權，反對賣國賊。四、立即宣佈師院開除的學生無效，解散黨團特務組織，向被迫害者的人復仇。五、開放言論、信仰自由，打倒法西斯。六、要求民主黨派支持師院罷課、示威、請願。

民盟雲南省組織收到這封信後，即轉來師院。師院領導根據中共雲南省委第一書記謝富治的指示將原信公佈出來，並且還印發各學習小組，讓大家繼續討論。

這一封「公開信」貼出以後，學生們在周圍貼滿了五顏六色的漫畫、諷刺詩和標語，斥責這封「公開信」。學生們在標語上寫道，「師院學生是有光榮的革命傳統的，決不允許盜用和沾污『師院學生』的榮譽，我們堅決團結在中國共產黨的周圍！」原來對寫秘密標語的人多少有些同情的人，現在也明白了這些「黑夜工作者」的真正用意，他們也寫出了標語：「答民眾團體：感謝你們擦亮了我們的眼睛！」

雲南大學、昆明工學院、昆明醫學院和昆明市部分中等學校的學生也先後前來參觀標語和公開信。昆明工學院採礦系一年級及雲南大學數學系一些學生參觀回去後，馬上寫了大字報，針對十六張標語和信中內容，逐條駁斥。雲南大學的學生紛紛向黨委會、校刊室寫信、寫詩，說：「在師院上了一課，提高了覺悟，更加熱愛共產黨。」

到現在為止，寫秘密標語和匿名信的人，還沒有公開出來承認。（1957 年 5 月 27 日新華社《內部參考》）

這只是一例。從這裏可以看出基層群眾對於「整風運動」的理解，以及他們這時情緒激昂的程度。這是不能不認真對付的。

第八章

策劃於密室

中共中央統戰部邀各民主黨派負責人連續開了幾天座談會。5月16日統戰部長李維漢宣佈要休會幾天，到21日恢復開會。為什麼要休會四天呢？當時宣佈的理由是，要成立一個小組，把大家所談的問題加以排隊，準備以後繼續開會。

看來會場上的各位是不假思索就相信了這個説法的。現在人們都已經知道，這並不是休會四天的真正原因。

多年之後，李維漢公開了這個秘密：

> 在民主黨派、無黨派民主人士座談會開始時，毛澤東同志並沒有提出要反右，我也不是為了反右而開這個會，不是「引蛇出洞」。兩個座談會反映出來的意見，我都及時向中央常委彙報。5月中旬，彙報到第三次或第四次時，已經放出一些不好的東西，什麼「輪流坐莊」、「海德公園」等謬論都出來了。毛澤東同志警覺性很高，説他們這樣搞，將來會整到他們自己頭上，決定把會上放出來的言論在《人民日報》發表，並且指示：要硬着頭皮聽，不要反駁，讓他們放。在這次彙報之後，我才開始有反右的思想準備。那時，蔣南翔同志對北大、清華有人主張「海德公園」受不住，毛澤東同志要彭真同志給蔣打招呼，要他硬着頭皮聽。當我彙報到有位高級民主人士説黨外有些人對共產黨的尖鋭批評是「姑嫂吵架」時，毛澤東同志説：不對，這不是姑嫂，是敵我。……及至聽到座談會的彙報和羅隆基現在是馬列主義的小知識分子領導小資產階級的大知識分子、外行領導內行之後，就在5月15日寫出了〈事情正在起變化〉的文章，發給黨內高級幹部閱讀。……這篇文章，表明毛澤東同志已經下定反擊右派的決心。（李維漢，《回憶與研究》（下），第833-834頁）

這裏李維漢説毛澤東「就在5月15日寫出了〈事情正在起變化〉的文章」，説得不很細緻，他在5月15日寫的只是這篇文章的初稿〈走向反面（未定稿）〉。關於這篇文章的情況，在2013年出版的《毛澤東傳》裏説：

> 5月15日，毛澤東開始寫一篇文章，題為〈走向反面（未定稿）〉，署名是「本報評論員」，看來原本準備公開發表。他在審閱第一次清樣稿時，把文章題目改為〈事情正在起變化〉，署名變成「中央政治研究室」，並且注明：「內部文件，注意保存」。在6月12日印發黨內以前，作者又對文章作過多次修改。（中共

中央文獻研究室編，逄先知、金沖及主編，中央文獻出版社 1913
年版，第 1655 頁）

這就是説，這篇文章是 6 月 12 日才在黨內印發的。但是他開始寫的日子，
5 月 15 日，甚至更早一天，他就已經下定開展反右派鬥爭的決心了。5 月
14 日的《中共中央關於報導黨外人士對黨政各方面工作的批評的指示》明
白無誤地表明了他發動反右派鬥爭的決心。

這樣中途改變主意的事，他以前和以後都有，只是這一回的改變似乎
太快了一點。發佈關於整風運動的指示，是 4 月 27 日，到李維漢所説的毛
澤東下定反右派決心的 5 月 15 日，才過了十八天。既然意圖已經改變，中
央統戰部必須按照新的精神部署下一步的活動。座談會顯然不能再按原定
方案進行，必須調整部署，這就是休會四天的真正原因。

據李維漢的回憶中所説的，這一次是鳴放中的一些言論促使毛澤東改
變決策的。羅隆基大約沒有想到，他説的「馬列主義的小知識分子領導小
資產階級的大知識分子」這話，觸及了毛澤東內心深處最隱蔽的自卑感和
自尊心，深深地傷了他的心。天地良心，羅隆基這話並不是説毛澤東的，
他不會把毛也看作小知識分子。反右派鬥爭中吳晗揭發他這樣一件事：羅
隆基頗有點憤憤不平地對人説過，周恩來是南開出身的，毛澤東是北大出
身的，我是清華出身的，為什麼他們就能代表無產階級而要我代表資產階
級和小資產階級呢？(8 月 11 日《人民日報》) 可見他是把毛澤東周恩來看
作同他自己一樣的大知識分子的。他説的「馬列主義的小知識分子領導小
資產階級的大知識分子」這話，其實就是「外行領導內行」的另一種説法，
更深一層的説法，説的是當時幾乎遍及一切機關學校的普遍現象。座談會
上張奚若、沈雁冰、嚴希純等人的發言都談到了這一點。可是言者無心，
聽者有意，中等師範學校畢業的毛澤東卻感到受了刺激，他有過受到大知
識分子冷遇的痛苦經驗。這情形他曾同斯諾談過。那時，他在北京大學圖
書館擔任每月工資八元的助理員，「由於我的職位低下，人們都不願同我來
往。我的職責中有一項是登記來圖書館讀報的人的姓名，可是他們大多數
都不把我當人看待。在那些來看報的人當中，我認出了一些新文化運動的
著名領導者的名字，如傅斯年、羅家倫等等，我對他們抱有強烈的興趣。
我曾經試圖同他們交談政治和文化問題，可是他們都是些大忙人，沒有時
間聽一個圖書館助理員講南方土話。」(《毛澤東自述》，人民出版社 1993
年版，第 33 頁) 後來，還有從蘇聯回來的共產主義的大知識分子，也輕視

他，說山溝裏沒有馬克思主義。他自尊心受到的傷害多年都沒有癒合。直到他成了國家的元首，可是在內心深處，也還並沒有完全消除這種怕被大知識分子看不起的顧慮。1958 年 10 月 25 日他寫給湖南第一師範的同窗好友周世釗的信中說：「那些留學生們，大教授們，人事糾紛，複雜心理，看不起你，口中不說，目笑存之，如此等類。這些社會常態，幾乎人人要經歷的。」（《毛澤東文集》第七卷，第 430 頁）人人要經歷，就是毛澤東也經歷過的。寫這信的時候，他是不是也回憶到了當年傅斯年羅家倫輩以及王明洛甫等人對自己的冷淡呢？

這種個人心理方面的原因是十分隱蔽的，更重要的是政治方面的考慮。在這一段雖說時間不長的整風鳴放中，放出的言論不論其涉及範圍和尖銳程度都大大超出了毛澤東的預計。長時間裏，毛澤東受了自己所辦報紙的蒙蔽。報紙是受着嚴格控制的，任何強烈一點的不滿，任何稍稍涉及要害的批評，都不會出現在報紙的版面上。從一版到四版，看到的都是一片歌功頌德，感恩戴德。辦一些這樣的報紙以培植公眾對他的尊崇擁戴，當然很有必要，問題是自己不要相信它。當他長時間閱讀這種報紙之後，漸漸地，他也信以為真了，以為這些報紙反映的就是群眾的真實情緒。現在他發動整風運動，人們在和風細雨地批評某一位科長（甚至還有某一位處長！）的官僚主義、宗派主義、主觀主義、老爺架子等等的時候，一定會更加由衷讚頌領袖的英明偉大。沒想到事乃有大謬不然者。5 月 16 日，他在他起草的中央關於對待當前黨外人士批評的指示中承認：「自從展開人民內部矛盾的黨內外公開討論以來，異常迅速地揭露了各方面的矛盾。這些矛盾的詳細情況，我們過去幾乎完全不知道。現在如實揭露出來，很好。」（《毛澤東傳》，第 1657 頁）他沒有想到，七八年來的執政地位，而且不具備權力制約和輿論監督的機制，已經使他的黨受到了怎樣的腐蝕；他沒有想到，七八年間，一方已經積累了多少失誤，而另一方已經積累了多少怨氣。因此，當長期防範的悠悠之口一旦撤防，情況就像大河決堤一般不可收拾。他突然看見了他的臣民和他的黨之間矛盾的廣度與深度。他終於認識到：在中國的具體條件下任何民主化的試驗都是有害的，有限度的言論開放不但不能起到排氣閥的作用，反而會使不滿情緒得到擴散和加強，從而成為對思想控制的有力衝擊，必須迅速制止事態的這個發展趨勢。

當時是有人看到這一點的。6 月 6 日章伯鈞在全國政協文化俱樂部同民主同盟的幾位教授座談的時候說：

這次整風運動，要黨外的人提意見，其後果我想毛公一定是估計到的。民主黨派提意見向來總是客客氣氣的，但估計不足；沒估計到黨會犯這樣多的錯誤，現在出的問題大大超過了估計，真是「超額完成了任務」，弄得進退失措，收不好，放也不好。（7月4日《人民日報》）

章伯鈞說毛澤東對事態的發展估計不足，是事實；可是章伯鈞自己對毛澤東也太估計不足了。在這個局面之下，他也許有那麼一瞬間感到收不好放也不好吧，但至少當章伯鈞在座談會上作此種估計之前三個星期，他早已不再猶豫，下定收的決心了。只是這時他只跟黨內可靠的同志們打了招呼，而報紙上鳴放的勢頭並不稍減。6月6日章伯鈞和民盟的幾個教授在政協文化俱樂部開座談會的那時，他們還蒙在鼓裏，兩天之後突然在《人民日報》上看到〈這是為什麼？〉的社論，才瞠目結舌大吃一驚吧。

促使毛澤東下決心收的，除了整風鳴放中那些批逆鱗的言論之外，還有一個也許更重要的原因，就是鳴放揭露出來的矛盾使一些工人和學生情緒激昂，鬧起事來了。毛澤東寫〈事情正在起變化〉之前，5月13日，《人民日報》又以〈談職工鬧事〉為題發表社論，它一開頭就說：「最近一個時期，在某些企業裏，發生了一些職工群眾請願以至罷工之類的事件。」社論沒有舉出任何具體事例。某些企業是哪些？最近時期是哪天？請願罷工所為何事？經過如何？一概都沒有說。它只說了這些事件「發生得極少，範圍也很小」。不過人們可以設想，如果事情真是這樣不值一提，為什麼要讓《人民日報》專門為這事發一篇社論呢？大約可以認為，《人民日報》發社論，就表明這事有一定的數量和規模。在3月25日中共中央發出的內部指示《關於處理罷工、罷課問題的指示》裏倒是說出了鬧事的規模：

在最近半年內，工人罷工、學生罷課、群眾性的遊行請願和其他類似事件，比以前有了顯著的增加。全國各地，大大小小，大約共有一萬多工人罷工，一萬多學生罷課。這種現象值得我們嚴重地注意。（《建國以來重要文獻選編》第十冊，第154頁）

這個《指示》不但說了有工人鬧事，還說了有學生鬧事。毛澤東說：

在學校裏頭也出了問題，好些地方學生鬧事。石家莊一個學校，有一部分畢業生暫時不能就業，學習要延長一年，引起學生不滿。少數反革命分子乘機進行煽動，組織示威遊行，說是要奪

取石家莊廣播電台，宣佈來一個「匈牙利」。他們貼了好多標語，其中有這樣三個最突出的口號：「打倒法西斯！」「要戰爭不要和平！」「社會主義沒有優越性！」……北京清華大學，有個學生公開提出：「總有一天老子要殺幾千幾萬人就是了！」（《毛澤東選集》第五卷，第 332-333 頁）

1957 年對毛澤東更直接的刺激來自報紙。在習慣於黨性很強的黨報的眼睛看來，這一時期的黨外報紙《文匯報》、《光明日報》、《新民報》等等是太刺激了。〈事情正在起變化〉一文突出地提出了報紙問題。其中說，那些「有相當嚴重的修正主義思想」的右派，「他們否認報紙的黨性和階級性，他們混同無產階級新聞事業與資產階級新聞事業的原則區別，他們混同反映社會主義國家集團經濟的新聞事業與反映資本主義國家無政府狀態和集團競爭的經濟的新聞事業。」說的都是右派在新聞界的表現。而且，他還以為「新聞界右派還有號召工農群眾反對政府的跡象」。（《毛澤東選集》第五卷，第 424、425 頁）

就是這樣。政治界（民主黨派和無黨派民主人士）、新聞界（《文匯報》等等）、教育界（教師和大學生）……都出現了右派進攻的形勢，反擊右派是必不可免的了。

到了 5 月中旬，毛澤東已經決心反右。但是這時所確定的，僅僅是一個戰略進攻的方向，還沒有來得及對這一場鬥爭作出很具體很周密的考慮。甚至怎樣稱呼這一場鬥爭的對象也幾經斟酌。「右派分子」這名目並不是一開始就定下來的。5 月 14 日《中共中央關於報導黨外人士對黨政各方面工作的批評的指示》中說的是「對於黨外人士的錯誤的批評，特別是對右傾分子的言論，目前不要反駁」。（《毛澤東傳》，第 635 頁）「右傾」，還不過是一種政治傾向，還不算特別嚴重；5 月 16 日發出毛澤東起草的《中共中央關於對待當前黨外人士批評的指示》中說的是「使右翼分子在人民面前暴露其反動面目」（同上書，第 1656 頁），5 月 20 日《中共中央關於加強對當前運動的領導的指示》中說的是「現在的情況是，在上海、北京等運動已經展開的地方，右翼分子的言論頗為猖狂」，兩個指示用的都是「右翼分子」，這個用語就已經是着眼於政治上的歸宿，已經很接近於最後的定名「右派分子」了。而〈事情正在起變化〉一文中用的是「右派分子」一詞，這也就證明這篇文章的最後定稿是在 5 月 20 日之後。《毛澤東選集》第五卷在此文題目下面所注出的 5 月 15 日，是寫出初稿〈走向反面（未定

稿）〉的日期，以後又經過多次修改。如果說此文在 5 月 15 日就已寫定成為現在人們見到的這樣，那麼 5 月 16 日、20 日的指示就不會採用「右翼分子」這個後來沒有再用的稱呼了。

這些指示對於即將開展的反右派鬥爭作了部署。5 月 14 日的指示提出了這樣一項策略：

> 對於黨外人士的錯誤的批評，特別是對於右傾分子的言論，目前不要反駁，以便使他們暢所欲言。我們各地的報紙應該繼續充分報導黨外人士的言論，特別是對於右傾分子、反共分子的言論，必須原樣地、不加粉飾地報導出來，使群眾明瞭他們的面目，這對於教育群眾、教育中間分子，有很大的好處。（《毛澤東傳》，第 1655 頁）

5 月 16 日的指示再次提出了這個策略，其中說：

> 最近一些天以來，社會上有少數帶有反共情緒的人躍躍欲試，發表一些帶有煽動性的言論，企圖將正確解決人民內部矛盾、鞏固人民民主專政、以利社會主義建設的正確方向，引導到錯誤方向去，此點請你們注意，放手讓他們發表，並且暫時（幾個星期內）不要批駁，使右翼分子在人民面前暴露其反動面目。（同上書，第 1657–1658 頁）

5 月 20 日的指示提出：「左翼分子前一時期不宜多講話，共產黨員則採取暫不講的方針」，「在一個短期內，黨員仍以暫不發言為好」。

人們從毛澤東起草的 16 日指示中可以看到，他在下決心反右派的時刻，依然懷着聽取黨外人士批評以克服那些太刺眼了的弊端的願望。他說，「黨外人士對我們的批評，不管如何尖銳，包括北京大學傅鷹化學教授在內，基本上是誠懇的，正確的。這類批評佔百分之九十以上，對於我黨整風，改正缺點錯誤，大有利益。」

毛澤東在這個指示中還說：

> 從揭露出來的事實看來，不正確地甚至是完全不合理地對黨外人士發號施令，完全不信任和不尊重黨外人士，以致造成深溝高牆，不講真話，沒有友情，隔閡得很。黨員評級、評薪、提拔和待遇等事均有特權，黨員高一等，黨外低一等。黨員盛氣凌

人，非黨員做小媳婦。學校我黨幹部教員助教講師教授資歷低，學問少，不向資歷高學問多的教員教授誠懇學習，反而向他們擺架子。以上情況，雖非全部，但甚普遍。這種錯誤方向，必須完全扳過來，而且愈快愈好。

從這裏可以看出，毛澤東對於民主人士座談會上提出的一些意見，例如黨與非黨之間的牆和溝、一些黨員的特權思想、外行領導內行等等，實際上表示了接受。他說，這種錯誤方向，必須完全扳過來，而且愈快愈好。可見這時他一方面已經在部署反右派鬥爭，一方面還是希望消除一些整風鳴放中揭露出來的弊端，想作一些改善形象的努力。

宣告決策改變最重要的文件，是〈事情正在起變化〉一文。

文章一開篇，毛澤東就痛痛快快地論證了左比右好的道理。左，或者用當時常用的更規範的提法，教條主義，「這些人大都是忠心耿耿，為黨為國的，就是看問題的方法有『左』的片面性。克服了這種片面性，他們就會大進一步。」而右，或者說修正主義呢？「這些人比較危險，因為他們的思想是資產階級思想在黨內的反映」。如果說前一段整風鳴放的鋒芒主要是針對教條主義，即針對了左的話，那麼現在到了把方向轉過來的時候了。這篇文章認為，「幾個月以來」，大約是說從 2 月的最高國務會議劃分兩類矛盾和 3 月全國宣傳工作會議動員鳴放以來，「人們都在批判教條主義，卻放過了修正主義。」「現在應當開始注意批判修正主義」。而且，這篇文章認為，前一段的批教條主義，有批過頭了的，有批錯了的，「有些被攻擊的『教條主義』，實際上是一些工作上的錯誤。有些被攻擊的『教條主義』，實際上是馬克思主義，被一些人誤認作『教條主義』而加以攻擊。」這種情況當然必須糾正。前一階段左派受到過頭的、錯誤的攻擊，這種委屈將從對右派的打擊中得到補償。

這篇文章提出：「最近這個時期，在民主黨派中和高等學校中，右派表現得最堅決最猖狂。」這樣，民主黨派和高等學校就成了反右派鬥爭的重點。除此之外，這篇文章還提出了在文學藝術界、新聞界、科技界、工商界反右派的任務。

在幾百萬知識分子中要劃分出一部分右派來加以打擊，總得有一個劃分的標準。根據一個人批評的對不對來劃分行不行？不行。這篇文章認為，「右派的批評也有一些是對的，不能一概抹殺。凡對的就應採納。」這

就是説，即使你的批評被承認是對的，被採納了，也不見得你就一定不是右派。是否右派，要看政治態度。這篇文章提出：「在我們的國家裏，鑒別資產階級及資產階級知識分子在政治上的真假善惡，有幾個標準。主要是看人們是否真正要社會主義和真正接受共產黨的領導。」這也就是6月份在報紙上公開宣佈的六條政治標準中最重要的兩條。如果一個人聲明他真正要社會主義和真正接受共產黨的領導了，是不是就可以保證不劃右派呢？也不一定，因為，這篇文章表示：「什麼擁護人民民主專政，擁護人民政府，擁護社會主義，擁護共產黨的領導，對於右派説來都是假的，切記不要相信。」如此説來，這個標準的掌握，也就難了。幸好這篇文章還提出了一個判別邪正的簡易標準。它説，「右派有兩條出路，一條，夾緊尾巴，改邪歸正。一條，繼續胡鬧，自取滅亡。」只要看尾巴的狀態：夾緊的是正，翹起的是邪，就同用試紙檢驗溶液的酸鹼度一樣簡易和明瞭。這裏説的雖説是已劃右派之後，其原則也可以追溯到未劃右派之前。夾緊尾巴，低首下心，馴服之態可掬的，當然不必劃為右派；尾巴翹起，桀驁不馴，不易駕馭的，就以劃為右派為宜。

在這篇文章裏，毛澤東使用了「誘敵深入，聚而殲之」這樣的軍事語言，反映出他的心態，他是把反右派鬥爭當作一場戰爭來指揮的。

〈事情正在起變化〉一文還有一項重要的意義，就是提出了新的知識分子政策，宣告1956年周恩來關於知識分子問題的報告中提出的知識分子政策已經失了時效。當時，周恩來説，絕大部分知識分子「已經是工人階級的一部分」，「應該改善對於他們的使用和安排」，「給他們以應得的信任和支持」。而〈事情正在起變化〉一文中説：「我們同資產階級和知識分子的又團結又鬥爭，將是長期的。」這句話包含了三項內容：

第一，知識分子是跟資產階級相提並論的，對知識分子跟對資產階級是實行同一個政策。有一點馬克思主義常識的人都知道，資產階級是社會主義革命的對象，這樣一相提並論，就是把知識分子置於革命對象的地位，是需要加以打擊的社會成分了。一年之後的中共八大二次會議接受了毛澤東的這個見解，正式提出「我國現在有兩個剝削階級和兩個勞動階級」的思想，明確聲稱「正在逐步地接受社會主義改造的民族資產階級和它的知識分子」是兩個剝削階級中的一個，從而使毛澤東的這一意見具有某種理論的形態。

　　第二，對知識分子如同對資產階級的政策一樣，要領是又團結又鬥爭。1956 年毛澤東在同拉丁美洲一些黨前來參加中共「八大」的代表談話時，把這個「又團結又鬥爭的政策」講得很具體，就是「必須鬥爭的就作鬥爭，可以團結的就團結起來」。（《毛澤東選集》第五卷，第 310 頁）1957 年 1 月在省市自治區黨委書記會議上，毛說，「我們對待民主人士，要又團結又鬥爭，分別情況，有一些要主動採取措施，有一些要讓他暴露，後發制人，不要先發制人。」（《毛澤東選集》第五卷，第 355 頁）

　　對知識分子又團結又鬥爭，開始，可以團結的有郭沫若輩，必須鬥爭的有梁漱溟胡風輩；到了此刻反右派之時，必須鬥爭的有羅隆基、章乃器、曾昭掄、徐鑄成、儲安平、馮雪峰、丁玲等數十萬人，可以團結的有吳晗、翦伯贊、李達、老舍、邵荃麟、葉以群、劉綬松等一批人，團結他們來寫批判右派分子的文章，來作批判右派分子的大會發言；到了幾年之後的「文化大革命」中，這吳晗、翦伯贊、李達、老舍、邵荃麟、葉以群、劉綬松等人又成為不可以團結而必須鬥爭的了，這些人一直被鬥爭到或者自殺殞命或者瘐死獄中，「含冤去世」；到最後，可以團結的只有張春橋、姚文元、馮友蘭、楊榮國等幾個知識分子，而必須鬥爭的有若干反動學術權威，地富反壞右分子，二十一種人以及幾百萬臭老九。總之，可以團結的愈來愈少，必須鬥爭的愈來愈多。

　　第三，這將是一條長期執行的政策。果然，這條政策一直執行到 1978 年中共十一屆三中全會，共計二十二年。

　　〈事情正在起變化〉是個內部文件，甚至黨內不可靠的人也不給看的。一些獲准知道新精神的人，當他知道政策的突然轉變和政治風向的突然轉變，還是感到十分震驚。作家黃秋耘回憶說：

　　　　我記得十分清楚，1957 年 5 月 18 日的晚上，我在邵荃麟家裏聊天，順便向他請示一下有關《文藝學習》的編輯方針，因為韋君宜當時下鄉去了，《文藝學習》的編務是由我主持的。我跟邵荃麟很熟，幾乎無話不談，雖然在職務上他是我的頂頭上司，但我對他完全沒有下級對上級那種拘謹，他對我也完全沒有上級對下級那種嚴肅。那天晚上，他興高采烈，眉飛色舞地對我暢談他在浙江視察時的種種見聞（他當時是人大代表）。他在杭州召開過幾次文化界人士座談會，鼓勵大家大鳴大放，幫助黨整風，收效甚大，人心大快。（到了十年動亂期間，他這些行動都被說

成是「煽風點火」了）對於《文藝學習》的編輯方針，他強調要「放」，大膽地「放」。他認為，《文藝學習》組織對《組織部新來的年輕人》的討論，好得很，甚至引起了毛主席本人的注意。毛主席在全國宣傳工作會議上談到了這篇作品，還替這篇作品辯護了幾句，說北京甚至中央都有官僚主義，王蒙反對官僚主義並沒有錯。當然，小說是有些小資產階級情調的，但沒有政治性的錯誤。毛主席直接出面替一篇文藝作品說話，這是從來也沒有過的事。我們正在談得起勁的時候，桌上的電話鈴聲響了，邵荃麟連忙走過去接電話。不到兩分鐘，他登時臉色蒼白，手腕發抖，神情顯得慌亂而陰沉，只是連聲答應「嗯！嗯！」最後只說了一句：「明白了。好！我馬上就來。」我看了一下手錶，已經是九點二十分了，肯定是發生了出人意料之外的重大事件，要召開緊急會議。他放下了電話，沒頭沒腦地說了一句：「周揚來的電話，唔，轉了！」至於究竟怎樣轉法，他沒有說，我自然也不便問。沉默了好一會兒，他又叮囑我一句：「咱們今天晚上的談話，你回去千萬不要對別人說！暫時也不要採取任何措施，例如抽掉某些稿子，這樣會引起懷疑的。」我知道他馬上要出去，就連忙告辭了。（《黃秋耘文集》第四卷〈風雨年華〉，花城出版社 1999 年版，第 152–153 頁）

回憶了這一段往事之後，黃秋耘感慨說：「唉！倘若我早十天半月就知道了這個『轉』的消息，該有多好呵！我可以挽救許多人。當然，這是不可能的。在十天半月之前，也許誰也不會知道，風雲突變，馬上就要發動一場雷霆萬鈞的反右派鬥爭。」

那些沒有資格閱讀內部文件，沒有機會旁聽內部電話的人苦了。他們不知道反右派鬥爭正在一聲不響地從容佈置之中，還在一個勁地大鳴大放，向黨提意見，幫助黨整風。

經過調整部署之後，中共中央統戰部邀民主黨派負責人繼續舉行座談會。休會之後的第一次座談會在 5 月 21 日舉行。看來還是這樣一些人，還是一樣熱烈的發言，還是照舊每天詳細登報。看不出氣氛有什麼變化。如果他們之中有誰感覺到了事情正在起變化，就該不會那麼不識忌諱地侃侃而談了吧。座談會的主持者當然是成竹在胸，這時倒是真有一點釣魚之意了。就像《水滸傳》上阮小七對盧俊義唱的漁歌那樣，「準備窩弓收猛虎，安排香餌釣鼇魚」，甚至並不需要什麼香餌，就有鼇魚，不，鯊魚上鉤了。

下面依舊摘錄一點《人民日報》上刊出的座談會上的發言。

5月21日：

第一個發言的是章伯鈞。他說，近二十多天來，全國各地都在幫助共產黨整風，提出了很多意見，看來是很正常的。這證明鳴放並不影響共產黨的領導，而是愈益提高了共產黨的威信。他舉出引起了很多討論的學校中黨委治校問題為例，他說就他接觸到的朋友來說，大家的看法基本接近，都認為共產黨的領導是不可缺少的，黨是可以從政治上領導科學的。但是，另一方面，大家也都感到這種制度有缺點，發生了宗派主義、教條主義和官僚主義的缺點。因此大家認為應該更多地聽取教授和學生的意見。

章伯鈞還提出，現在只是中上層人物發表意見，今後應該徹底地廣開言路，希望這次整風能聽一聽基層人民的意見。他說，今後有關國家的政策、方針性的重大問題，可以多聽一聽各方面的意見。他提到過去一些工作中的失誤，如掃盲運動、五年一貫制、推廣雙輪雙鏵犁等問題，如果事先經過國務院的部長們，根據材料，多方面地進行討論，或經過民主黨派、高級知識分子、專家的討論，就會減少損失。如果黨內一決定，就那麼幹下去，是不能達到預期的目的的。再如文字改革，我認為既不是國防機密，又不是階級鬥爭問題，是一個人民內部的矛盾問題，卻只由少數熱心分子作了討論。這樣，是不是人人都搞通了呢？我看包括黨內的一些同志，大有問題，相當混亂。如果文字改革問題等於社會主義、共產主義，我沒有意見，我不能反對；如果是文化問題，就應該在黨內外展開討論，應該多從學術、政治、道理上進行討論。

章伯鈞說，現在工業方面有許多設計院，可是政治上的許多設施，就沒有一個設計院。我看政協、人大、民主黨派、人民團體，應該是政治上的四個設計院。應該多發揮這些設計院的作用。一些政治上的基本建設，要事先交他們討論，三個臭皮匠，合成一個諸葛亮。

關於政治設計院，章伯鈞就是說了這樣幾句話。這卻成了他的代表言論，在反右派鬥爭中受到集中的批判。周恩來在全國人民代表大會一屆四次會議作的政府工作報告中，說他提出的政治設計院是企圖在我們國家最高權力機關 ── 全國人民代表大會以外，另外成立的一種國家權力機關，目的不外是想使我們的國家政權離開工人階級和它的先鋒隊 ── 共產黨的領導。（6月27日《人民日報》）章伯鈞在民盟中央小組批判他的座談會上

解釋説，我説到政治上的設計院問題，設計是工程技術人員的事，不是居於領導地位的。(6 月 11 日《人民日報》) 看他説的政治上的四個設計院，沒有把共產黨包括在內，顯然是認為共產黨是領導黨，不僅僅是起一種提出設計方案的設計院的作用。章伯鈞不懂得，工程技術問題上是允許有許多設計院的，這在政治方面卻是不被允許的。即如鳴放，毛澤東説的，是學術問題上的百家爭鳴，文學藝術上的百花齊放，是右派才把鳴放涉及政治。對待鳴放尚且如此，當然更不能允許有什麼設計院設計出政治方面的方案來。章伯鈞是出於對共產黨領導地位的尊重，沒有把共產黨也算做一個政治設計院。毛澤東卻是把他自己的黨看作政治設計院的，這年 10 月 13 日，他在最高國務會議第十三次會議上講到全國農業發展綱要四十條，説「這個農業發展綱要草案，是中國共產黨提出的，是中共中央這個政治設計院設計出來的，不是章伯鈞那個『政治設計院』設計出來的」。(《毛澤東選集》第五卷，第 493–494 頁) 中共中央這個政治設計院是不加引號的，章伯鈞那個政治設計院是加了引號的。不言而喻，只有中共中央才是唯一的政治設計院，而毛澤東就是這個設計院的總設計師。

在這一天的座談會上，章伯鈞還説：大多數教授都反映會多，這要看什麼樣的會。假使是千篇一律的報告會，形式主義的會，最好是少開一點。比如國務院開會常是拿出成品要我們表示意見，這樣的形式主義的會，是可以少開的，但如果能夠提出問題，拿出材料認真討論，有豐富的內容，能夠發揮各個人的見解，這種會大家不會感到多的。章伯鈞的這個意見後來也遭到了集中的批判。

章伯鈞説完，邵力子立刻起來同他辯論。他説，我是參加了文字改革委員會工作的，伯鈞先生説文字改革只是幾個人關起門來搞的，這樣説是太冤枉了。事實上，每個方案提出時，文字改革委員會都徵求了社會各方面的意見，全國政協也討論過兩三次，伯鈞先生以全國政協副主席的身份，提出這樣的意見就相當嚴重了。

羅隆基接着發言。他針對邵力子的發言補充説明了一些情況。他説，文字改革問題，是討論過的。當時討論的是拼音字方案，而不是討論中國文字是不是要拼音。説到漢字簡化，也沒有討論漢字簡化的方向問題，拿出來討論的是簡化字。而且拿出來討論時，説是黨已經決定了，這樣，如果展開討論，就會説是反對黨的政策。當時很多人是不敢講話的。

章伯鈞接着說，邵力子先生對我的批評是對的。以前有些人說我是共產黨的尾巴，百依百順。但是，將漢字改為拼音文字，我是懷疑的，政協討論時，陳毅叫我講話，我不講話。但是大家贊成通過，我也不反對。

羅隆基說，毛主席是贊成拼音化的，這樣讓大家討論就很難發表意見了。

邵力子反問說，既然你有意見，當時為什麼不講？現在把事情都推到共產黨身上，太冤枉人。

章伯鈞回答說，今天就講了嘛。

這天的會上，民主促進會副主席許廣平和林漢達也發了言。許廣平說，當然，民主黨派需要有共產黨的領導，但是如果民主黨派做的事情於人民有利，不違犯政策，就應該發揮民主黨派的創造性獨立性。如過去我們民進基層去發動群眾和平簽名，常常碰到幹部說：黨還沒有佈置，慢點做。我們也就只好收起來不做了。我以為像這類不違犯政策的事情，可以讓民主黨派多做一些。這裏許廣平所說的「和平簽名」，是1955年以全國政協和中國人民保衛世界和平委員會的名義發動的一個運動，從2月14日中蘇友好同盟互助條約簽訂五周年紀念日開始，在全國城鄉廣泛徵集簽名於世界和平理事會常委會的《告世界人民書》之上。到4月10日簽名運動結束時，據宣佈全國簽名者超過四億五千萬人。她還談到，中小學提拔幹部偏重於黨團員，有些甚至是清一色的黨員，有些教書教不了，才提升為幹部。老教師不管經驗多麼豐富，也不能提拔。有些教師教學成績不好，批准入黨後馬上可被提拔。

擔任教育部副部長的林漢達談到有職有權問題。他說，我不是講我個人有職無權，而是說整個教育部都是有職無權。很多事情，教育部不知道。教育部發通知下去，不靈，加上國務院，還不行，非得中共中央、國務院發聯合指示才行。政府部門有什麼用？肯定你有成績，就有成績，說有偏差，就有偏差。比如1952年把祁建華一捧捧到天上，好像倉頡第二，孔子第二，第二年就打下去了，統統否定了。這裏要作一點注釋：祁建華是人民解放軍西南軍區某部的文化教員，利用注音符號作為識字教學的工具，當時報紙上說他創造了速成識字法，大力推廣。西南軍區政治部給他記特等功一次，政務院文化教育委員會給他頒發了獎狀。

林漢達還談到掃除文盲的工作。他說，1954 到 1955 年做得比較好，1956 年在冒進。冒進主要表現在規劃上，把七年完成的任務說成三年五年，實際上是紙上談兵。到春耕的時候掃盲工作本來已是在走下坡路了，《人民日報》還發表了一篇社論，糾正盲目冒進。《人民日報》社論哪裏來的？教育部的部長都不知道。誰能夠指揮教育部呢？說 1956 年掃除文盲九百萬人，其實這是 1954 到 1955 年的成績，1956 年的要到 1958 年才能看到成績。

林漢達談到這裏，馬寅初插了一句說：《人民日報》沒有根據是不會登的。

九三學社副秘書長李毅說，現在非黨人士幫助黨整風，提了很多意見，鳴放的高潮正在形成，有人有懷疑，我看很健康，不是糟得很，是好得很，不是放得太多，是放得還不夠。為什麼說放得還不夠呢？李毅說，報紙上雖然雷聲震耳，可是很多機關還是冷冷清清；北京上海雷聲震耳，很多城市還是冷冷清清。就是北京也還有許多人顧慮重重。這些人顧慮什麼呢？李毅說了一段十分有趣的話：歸根結底，都是怕打擊報復。他們說：鳴、放三部曲，一放；二收；三整。「誘敵深入，聚而殲之」。

李毅不知道，毛澤東在〈事情正在起變化〉這篇秘密文章中，正好也寫了「誘敵深入，聚而殲之」這兩句，這真是太巧的巧合，兩個人從不同的出發點想到一塊來了。李毅說的三部曲，第一部已過，正在演奏的是第一部和第二部之間的過門，第三部眼看就要開場。你都說出來了，可是你不懂，真是可悲憫的遲鈍啊。不過也難怪，比如《燒餅歌》上的預言，應驗之前也是無人能解的。

李毅把避免打擊報復的希望寄託在毛主席身上。他說，黨的領導人不都是毛主席、周總理，和尚不是菩薩，菩薩是經過苦修苦練的，爐火純青，和尚修煉時間不長。何況打擊的方式是多種多樣的，有許多是用馬列主義的外衣掩蓋起來的。所以我們社會主義學院現在就有好幾個同志夜裏睡不着覺，心裏打鼓，放吧不敢，不放吧，悶在心裏又難受。有人說，領導上應該從政治上、組織上作出進一步的保障，有人希望毛主席撐腰，公開講講不准打擊報復。

他不知道毛主席已經講了他的意見，只不過是秘密講的，其中有八個字已經給你碰巧猜着了。

李毅在發言中，還說他和章乃器先生有一點爭鳴：他以為，章乃器在《人民日報》發表的〈從「牆」和「溝」的思想基礎說起〉一文，只說明了問題的一個方面，即黨的方面；忽略了問題的另一方面，即非黨方面。事實上，牆是雙方砌的，溝是雙方挖的，需要雙方主動，才能推倒牆，填平溝。

李毅還說他和黃紹竑先生也有一點爭鳴。認為黃先生指出掩蓋缺點、誇大成績的偏向是對的；但是因為要糾正這個偏向，就把缺點放在前面，也是不對的。去年波匈事件鬧得很厲害，其中一個原因就是對成績和缺點的估計有問題，所以還是實事求是為好。

黃紹竑聽了，應聲說：我並沒有誇大缺點的意思，我是主張把缺點放在顯著的地位，目的是在於引起注意，不要忽視缺點。

5 月 22 日：

《人民日報》在報導這一天座談會上的發言時，前面有一小段文字，其中說，「這些發言，從不同的立場和觀點，對黨和國家的工作提出了各種不同的見解和意見。對某些問題，會上還展開了爭論。在這些意見裏面，有不少一部分涉及到國家工作中帶有原則性的問題。我們認真地研究、分析和討論這些意見，加以正確地對待，以便改進我們的工作，提高我們的思想覺悟，這對於每一個共產黨員和讀者，都是十分重要的。」

當時的讀者不知道是不是有誰注意了這段話，多年之後回過頭來看，這裏面就大有文章了。其中沒有一句對這些意見以及提意見的態度表示肯定的話，對待這些意見，也只說「加以正確地對待」，卻不說「加以採納」，而且提出了「不同的立場」問題，也就是含蓄地表示了其中有不能接受的意見。

這天第一個在會上發言的是周建人，他是 1948 年入黨的共產黨員。這時他以民進中央副主席的身份發言，持一種值得讚賞的立場和觀點，主張拆牆必須從兩面來拆。他說，作為一個民主黨派的成員，努力學習，搞通思想就是拆牆的妙法。他也說到，思想改造也是一件艱苦的工作。出身於小資產階級和資產階級的知識分子，必須經過艱苦的思想改造。他認為資產階級分子改造起來工程比小資產階級還要大些，他同意採用「脫胎換骨」這個提法。這顯然是反駁章乃器的意見。

民革中央常委陳劭先在發言中表示希望統戰部對民主黨派的思想改造工作還是要指導、幫助。因為既然要「長期共存，互相監督」，就不能拿舊思想、落後思想去監督新的進步的思想，也不能拿資本主義去監督社會主義。只有思想改造好了，才能「長期共存，互相監督」。陳劭先還表示希望統戰部在可能範圍內能在黨政方面的重要政策、措施制定之前，事先徵求民主黨派的意見。他說，有些事情民主黨派往往在登出報來後才曉得。事先不了解情況，如何進行監督？事先徵求意見，民主黨派才能起到監督作用。當然，屬於機密方面的問題，又當別論。

1933 年入黨的共產黨員王昆侖，這時以民革中央常委的身份發言，希望支援民主黨派充分參加國家事務，希望今後凡是憲法範圍以內的國家大計，不僅事前建議，事後批評，而且要做到參與他們自己職權內的決策、執行和檢查。談到肅反，王昆侖說，一方面堅持有反必肅的原則，一方面堅持有錯必糾的原則。希望深入進行檢查。凡是某些人在哪裏受到錯誤的處理的，在弄清楚以後，就在哪裏為他公開恢復名譽。如果的確是反革命分子，決不替他呼冤，決不替他要求平反。

民主促進會副主席王紹鏊也是 1933 年入黨的中共黨員，他在發言中也談到牆是兩方面砌起來的，也應該由兩方面動手拆，我們從舊社會出身的知識分子，往往自鳴清高，強調「士為知己者死」，這就是牆的來源之一。他還表示，他不能同意有些人提出的在學校中取消黨委制的說法。

民進中央常委嚴景耀反映了一些中小學教師的意見，他說，好些基層同志反映：把統戰部的「統戰」二字拆開看是「上統下戰」。說到鳴放，他說，有人反映：大學大鳴，中學中鳴，小學小鳴。他還談到，有一個學校，共產黨員的副校長因事出差，學校出了這樣的佈告：「副校長因公出差，校內一切事務均由校長代理。」嚴景耀表示，他很同意葉篤義的意見，把民盟、民進、九三學社、農工民主黨合併起來。他以為，如果能夠合併，可以叫「社會主義同盟」。

羅隆基發言時興致很高。他說，前一天陳叔通老先生對他說，現在的爭鳴氣候好像是「春眠不覺曉，處處聞啼鳥」。他又續上兩句：「一片整風聲，三害除多少」。他說，通過整風，黨加強了，民主黨派也提高了。他認為這次的爭鳴是很健康的。大家雖然提了不少意見，但並沒有人反對馬克思主義和社會主義。

　　針對昨天會上李毅説的有人怕打擊報復這問題，羅隆基説，有人要求黨提出保證，在他們對黨進行批評以後，不致在將來受到打擊報復。他認為要毛主席出來講話保證，那是笑話。但他提出了一個解決這個問題的具體方案，就是要由人民代表大會和政治協商委員會成立一個委員會，這個委員會不但要檢查過去三反、五反、肅反運動中的偏差，它還將公開聲明，鼓勵大家有什麼委屈都來申訴。這個委員會包括領導黨，也包括民主黨派和各方面人士。他以為這樣作有三個好處：一、可以鼓勵大家提意見，各地知識分子就不會顧慮有話無處説，而是條條大路通北京了；二、過去的「三反」、「五反」、「肅反」雖然有很大的成績，但是也發生了副作用，使人不敢講話。有人擔心在這次的「放」和「鳴」以後，還有「收」和「整」。在過去運動中受了委屈的，要給他們「平反」，就可以使他們減少同黨和政府的隔膜。他還主張，「平反」的機構一定要同「三反」、「五反」、「肅反」的原領導機構分開。因為他認為這幾個運動過去是共產黨領導着搞的。「平反」時，除了領導黨以外，還應該由各民主黨派和無黨派人士參加，説明運動的成績，也為受了委屈的人解決問題。受委屈的人，不只各民主黨派有，其實共產黨內也有；三、現在誰都不能保證在下級機關裏不發生打擊報復事件，有這個機構，敢於打擊報復的人，知所畏懼；受到打擊報復的人就有路可走，他們可以提出控告。他以為，這樣既檢查了肅反中的遺留問題，又配合了整風。因此，他還主張地方人代會和政協也應該成立這樣性質的委員會，使它成為一個系統。

　　羅隆基的這個主張在後來的反右派鬥爭中給標上了「平反委員會」這個題目，作為他的代表言論，受到集中的批判。其實這個主張並不是他的創造發明，他是援引和發揮毛澤東2月27日在最高國務會議上講的意見。當時毛在談到肅反問題時，曾經提出今年和明年應來一次大檢查，全面總結一次。中央由人大常委與政協常委主持，地方由省市人委與政協主持。羅隆基説的，就是從這裏來的。只是有一點不同。毛只是説要作一次大檢查，並沒有提出要為此建立什麼機構，而羅卻説要成立委員會，甚至要使它從中央到地方成為一個系統。後來羅在民盟中央小組批判他的座談會上作檢討，説他所以説這樣的話，是因為對毛主席的指示體會不深刻。（6月26日《人民日報》）羅説他體會不深刻，這是真的，他確實並不了解毛對這一問題的具體考慮。即如檢查的時限，4月間毛在上海局杭州會議上説，肅反檢查是查1955、1956年的，過去的不查了。而羅説的，不但是肅反，連過去的三反、五反也都包括在內。檢查的目的，毛説的是「總結經

驗，發揚正氣，打擊歪風」，「在檢查工作的時候，我們對廣大幹部和積極分子不要潑冷水，而要幫助他們」。更明白些說，就是幫助絕大多數正直地忠心耿耿地在肅反戰線和司法戰線上為人民服務的工作同志，進一步提高政治水準和業務水準。而羅說的是鼓勵有委屈的人向這個委員會申訴，使敢於打擊報復的人知所畏懼。可見兩人的出發點和目的並不相同。這也就是古人論文章所說的「貌同心異」吧。

在這一天的座談會上，羅隆基還談到，共產黨在發展組織方面，特別是在發展知識分子方面，是否有些太快了。在解放後這幾年裏，黨員很快地發展到一千二百萬。羅隆基不知道，毛澤東還認為黨內的大知識分子太少，因而決定加速發展知識分子入黨，到第三個五年計劃之末，入黨的要達到知識分子的三分之一，今年就要吸收百分之十五入黨。從這裏也可以看出羅同毛兩人想法的距離有多大。在羅隆基看來，解放初期在知識分子中，有這樣一些人，他們常是「打擊別人，抬高自己」，而這樣的人，卻被黨看成是積極分子，也就是進步分子，吸收進黨。他們「一朝權在手，便把令來行」，非黨知識分子感到不服氣，既影響了黨的威信，又造成了黨和非黨的隔膜。

關於有職無權的問題，羅隆基說，黨員固然有責任，機構也有問題。他說他在森林工業部裏面是有職有權的，但是部以上有國務院的八個辦公室，有國家計劃委員會和國家經濟委員會，另外還有黨中央的各部，你這個部沒有法子有權。很多事情都是從上往下貫徹，往下交任務。經委和計委向部裏要的數字任務，也只能是主觀主義的。計劃整個地建築在關起門來的主觀主義的基礎上。他認為在經委和計委和國務院各辦公室的領導人員多是黨員，這也正說明黨對舊知識分子很不信任。他以為黨員的政治雖強，技術知識和對經濟計劃工作的經驗不一定都豐富，應該放心的讓舊知識分子參加管理工作。

關於當前工作中的主要偏向是「保守」還是「冒進」這個頗為敏感的問題，羅隆基也說了些犯忌諱的意見。他認為從 1956 年以來主要是冒進，而不是保守。這不是哪個人的問題，也不是哪個部的問題，而是全部的冒進。

這天的座談會之後又休會七天，5 月 30 日才又接着開會。這次休會的原因，據後來薄一波說，是因為「5 月 21 日和 25 日，中央書記處連續召開

會議，研究報紙宣傳方針問題和寫文章爭鳴問題，並擬定了一批題目和指定了作者，確定了各文的審稿人和交稿日期」。（薄一波，《若干重大決策與事件的回顧（修訂本）》下卷，第 637 頁）只有作好了這一準備，才能在戰鬥打響之後迅速拋出一批有分量的批判文章。既然中央書記處在開會研究反右問題，民主人士的座談會當然得停下來，等到書記處研究出結果，統戰部才有所遵循，才好研究這個座談會怎樣配合當前的鬥爭。現在的任務已經是研究批判右派的文章的題目了，座談會的任務顯然不再是聽取有關整改的建設性批評，而是收集供批判用的右派言論。前一階段的座談會上，章伯鈞、羅隆基、章乃器這些最大的「鯊魚」都已經自動浮到水面上來了。他們大放特放，材料已經夠多。現在要研究的是，還欠缺哪些人的材料，還有哪幾個內定右派分子材料不足，應該想點什麼法子，叫他們也鳴一鳴，放一放。這就要有點時間去勸駕，做做工作，動員動員，所以就得再一次休會了。

5 月 30 日，座談會又繼續進行。農工民主黨中央執行局委員張雲川說，黨和非黨之間是有牆和溝的，在工作上、待遇上、工資上，都表現了黨員不是吃苦在前，享福在後，而是相反，形成特權，形成了牆。在這種情況下，儘管強調非黨人員要建立主人翁感，但是仍會很自然地有作客思想僱傭思想。

張雲川還建議，在中國革命史中不要只講共產黨的歷史，對民主黨派在各個歷史時期的作用也給予應有的評價。他還提出：最好有些年紀較大、社會知識較豐富的幹部做人事工作，因為青年對舊社會情況不了解，在審查別人歷史時容易割斷歷史，不能全面判斷。他建議把對高級知識分子的思想改造、肅反工作的成績和副作用摸一摸，比較和總結一下。

民革副主席龍雲說，他對張奚若先生、章乃器先生、陳叔通先生、章伯鈞先生及其他的先生在座談會上的發言非常欽佩，相信共產黨在這次整風中一定會得到很大的幫助。不過還有一些人的發言仍有顧慮，原因就在於過去的幾次運動使他們害怕了。他認為這次運動是幫助共產黨整風，同以往的歷次運動完全不同。首先要信任共產黨，信任毛主席。如有顧慮，就是不信任共產黨了。他認為，缺點和錯誤揭露得愈多愈好，如果掩飾起來，將來缺點和錯誤還會是很多的。

龍雲認為錯誤的根源多半在上面。上面發佈指示之前往往沒有全面地深刻地考慮，把天下事看得太易，求治心切，企圖百廢俱舉，殊不知下

面辦事的人員經驗不足，業務不熟，事體複雜而繁重，不能因地制宜，應付裕如，只能按令而行，造成紊亂，這也就產生了官僚主義。比如往年的教育事業一直在擴大，今年的教育事業突然要壓縮，結果使得國家感到困難。主管部門感到困難，社會和家庭都感到困難，這是冒進，也是輕率。又比如去年提倡穿花衣服，今年又提倡穿補釘衣服，使得下面無所適從。龍雲在這裏說的今年教育事業突然壓縮，不久之後就引起大麻煩了，這一點以後還要說到。至於提倡穿花衣服，那是因為同蘇聯的易貨貿易中進口了一批花布。

龍雲還提出：聽說北京師範大學有個附中，現在改為一〇一中學，學生完全是高級幹部的子弟，其他的學生就不收。資本主義的君主國家聽說有貴胄學校、貴族學校，平民一概不收。為什麼我們社會主義的國家，也要設這種類似的貴族學校呢？

民革中央常委朱蘊山談到，肅反運動是有成績的，問題是在執行工作方面部分地發生偏差，把肅反面擴大化了。他建議在本年人大代表會議後，人大常委會和政協常委會應即召開聯席會議，根據毛主席在最高國務會議的指示，迅即組織一個臨時檢查機構，會同有關機關方面分往各地認真檢查。根本搞錯了的，應徹底平反，並賠禮道歉。曾經在什麼樣規模的群眾會上宣佈有罪，現在也應該在同樣規模的會上宣佈無罪，使被錯鬥了的人，在精神上得到安慰。沒有搞錯的不許翻案。也不應對領導肅反的幹部潑冷水。

另一位民革中央常委劉斐說，黨和政府是兩個性質不同的系統，黨是領導國家事業的核心，但是，黨的領導要通過國家機器去實現，黨不應該代政，就像開機器的人，不能代替機器一樣。但是有些黨員不了解這種關係，而要把一切都抓在手裏，連評級評薪也要高人一等。以為這樣才是實現了黨的領導，提高了黨的威信。這是讓國家機器生鏽的作法，而且會滋長「三害」，加深人民內部矛盾。

劉斐還談到，過去有些地方沒有很好地執行知識分子政策，使一些人受了委屈。要改變這種情況，一方面要有錯必糾，為受了委屈的人恢復名譽，另方面要加強對黨員的教育，使他們改變對知識分子的強硬態度。這些人也就會消除成見，體諒過去錯誤之難免。

民進中央常委吳研因發言，對上次座談會上周建人的發言表示不滿。他說，現階段三害這牆只是在開始拆，而且遠遠沒有拆到下層的牆，比如民進的中小學教師會員就在喁喁向望，希望在下層拆牆時，他們也有機會幫拆。身為民進領導，不代表中小學教師講話，卻強調要思想改造，我認為周建老的話，至少是會沖淡整風運動的。

吳研因還談到，《人民日報》在報導周建人的上述發言時，用了「討論逐步轉向深刻化」、「周建人同意『拆牆』要從兩面來拆」這樣的大字標題，表示讚賞。吳研因說，我對周建老的發言固然不滿意，但並不想發言反駁，因為周建老有他自己的言論自由，我們雖然不同意，也用不着加以反駁。可是《人民日報》卻竟賞識周建老的發言，認為深刻化，《人民日報》是什麼用意？是不是怕別人幫黨拆牆，拆得太厲害了，暗示黨外人士不必多嘴，還是自己去改造思想，拆思想之牆，換句話說，「去你的吧，你還是回去閉門思過，不必來插手了」。

吳研因不知道，《人民日報》這樣處理周建人的發言，是適時的輿論導向，也就是他所說的暗示。如果他聽從了報紙所暗示的，即去閉門思過，不再插手，更確切說是不再插嘴，或者不至於被劃為右派分子了。不幸的是，他以為錯的是《人民日報》而不是他自己。吳研因更不知道，不只是《人民日報》賞識周建人的發言，毛澤東也賞識，因此，當浙江省長沙文漢被劃為右派分子，撤銷職務，周建人即衣錦還鄉，出任浙江省長。後來在文化大革命中，周建人還連續擔任中國共產黨第九屆、第十屆、第十一屆中央委員。他當年這樣的發言是毫不足怪的。

民革中央常委許寶駒發言說，一般群眾都覺得做人事工作的人太嚴肅，對於人事機構，感到很神秘，使人發生畏懼心理，產生一種隔膜。很多機關首長為了了解情況，聽取一部分人的彙報，是完全必要的，但是卻常引起人們一些疑慮。比如「彙報全面與否？正確與否？」

民進中央常委徐楚波談到一些中小學校的情況，他說，有宗派主義的地方，黨員校長和黨支部書記多半都是青年人，不大懂業務，和老教師鬧不團結。他們認為老教師落後，老教師認為他們不懂業務，彼此看不起。上級在提拔幹部時，多是重德不重才，黨員團員就行。提拔以後，就派到各個學校擔任校長、教導主任等職務。這些青年人又不虛心和老教師相處，向老教師學習。而教育行政部門了解工作情況，又是只聽他們的彙

報。他說，他在四川視察的時候，當地教育局介紹他到一個學校去視察，這個學校是被認為黨與非黨關係不錯的學校，校長是優秀校長。可是實際情況並不如此，教師提出的很多嚴重意見，甚至是一般學校少見的。

九三學社中央常委茅以升就「牆」與「溝」形成的原因提交了書面發言。談到人事制度，「服從組織分配」的問題，他說，被分配者應當服從，自是一種義務，而執行分配的組織，就應當慎重從事，真正做到學用一致，人地相宜，才算盡了責任。調配幹部是件極繁難的工作，而一般組織中主管人事的幹部很少「內行」，於是「亂點鴛鴦譜」的現象就不足為奇了，所苦的是被點的人可能抱恨終身。這首先表示在工作效率上，成為很大的浪費。他建議，在各機關編制中，可否保留四分之一的定員，編在「自由市場」中，這些人就是本機關各級領導認為不適當，或自認不相宜的，讓各機關的自由市場，相互自由流通。

茅以升還談到一個保密問題。他說，在任何國家，保密制度都是非常重要的，何況我們現在還在繼續肅反之中。然而保密要有限制，如果把它當作擋箭牌，認為一切公事皆可保密，無邊無際地發展下去，那麼，保密所到之處，就必然是牆溝所到之處了。有人說這些年來，在辦公室裏，很多文件看不得，很多事體問不得，回到家裏，一切公事說不得，任何工作寫不得。同行相遇，不談正文，學術報告，不免空話。有時教授帶學生學習，參觀不了工廠，工程師做設計，找不到必需的材料。這樣保密的結果，加上機構組織的有經無緯，就大大妨礙了有關情況的了解和經驗的交流，好的無從推廣，壞的無從覺察，不但助長了本位主義甚或關門主義，而且彼此保密，各搞一套，形成極大的浪費。從教育文化來說，知識如水，不流生腐，大家保密，學術如何交流，水準如何提高？他建議：除因國防上的要求外，對於一切科學技術資料的保密制度應從速考慮取消，讓它能在國內外自由流通，更好發揮它的作用。

6月1日：

這是這些民主人士發言的最後一次座談會，各民主黨派中央機關報《光明日報》總編輯儲安平作了發言。這篇發言真是來之不易。他事後交代說：

> 解放以後，一般說來，我很少在外面說話。鳴放開展以後，也很少講話。九三、作家協會來邀，都未發言，多少採取逃避的態度。一則我對發言的積極性不高，二則我也沒有什麼具體的問

題要談。所以統戰部座談會開得很久，我一直沒有去。5 月 30 日上午統戰部來電話要我去。我答應去，但說明不發言。下午聽說 6 月 1 日還要開會，統戰部彭處長希望我 6 月 1 日發一次言。我 31 日上午還在報社工作，31 日下午在家寫發言稿，那天下午和晚上一直在家，沒有外出。伯鈞同志說我的發言稿給羅隆基看過，並無其事。

可見這是一篇千呼萬喚始出來的作品。

儲安平這篇發言的標題是〈向毛主席和周總理提些意見〉，全文不長，照錄如次：

> 解放以後，知識分子都熱烈地擁護黨，接受黨的領導。但是這幾年來黨群關係不好，而且成為目前我國政治生活中急需調整的一個問題。這個問題的關鍵究竟何在？據我看來，關鍵在「黨天下」的這個思想問題上。我認為黨領導國家並不等於這個國家即為黨所有：大家擁護黨，但並沒忘了自己也還是國家的主人。政黨取得政權的主要目的是實現他的理想，推行他的政策。為了保證政策的貫徹，鞏固已得的政權，黨需要使自己經常保持強大，需要掌握國家機關中的某些樞紐，這一切都是很自然的。但是在全國範圍內，不論大小單位，甚至一個科一個組，都要安排一個黨員做頭兒，事無巨細，都要看黨員的顏色行事，都要黨員點了頭才算數，這樣的做法，是不是太過分了一點？在國家大政上，黨外人士都心心願願跟着黨走，但跟着黨走，是因為黨的理想偉大，政策正確，並不表示黨外人士就沒有自己的見解，就沒有自尊心和對國家的責任感。這幾年來，很多黨員的才能和他所擔當的職務很不相稱。既沒有做好工作，使國家受到損害，又不能使人心服，加劇了黨群關係的緊張，但其過不在那些黨員，而在黨為什麼要把不相稱的黨員安置在各種崗位上。黨這樣做，是不是「莫非王土」那樣的思想，從而形成了現在這樣一個一家天下的清一色局面。我認為，這個「黨天下」的思想問題是一切宗派主義現象的最終根源，是黨和非黨之間矛盾的基本所在。今天宗派主義的突出，黨群關係的不好，是一個全國性的現象。共產黨是一個有高度組織紀律的黨，對於這樣一些全國性的缺點，和黨中央的領導有沒有關係？最近大家對小和尚提了不少意見，但對老和尚沒有人提意見。我現在想舉一件例子，向毛主席和周總理請教。解放以前，我們聽到毛主席倡議和黨外人士組織聯合政

府。1949 年開國以後，那時中央人民政府六個副主席中有三個黨外人士，四個副總理中有二個黨外人士，也還像個聯合政府的樣子。可是後來政府改組，中華人民共和國的副主席只有一位，原來中央人民政府的幾個非黨副主席，他們的椅子都搬到人大常委會去了。這且不說，現在國務院的副總理有十二位之多，其中沒有一個非黨人士，是不是非黨人士中沒有一人可以坐此交椅，或者沒有一個人可以被培植來擔任這樣的職務？從團結黨外人士、團結全國的願望出發，考慮到國內和國際上的觀感，這樣的安排是不是可以研究？

只要有黨和非黨的存在，就有黨和非黨的矛盾。這種矛盾不可能完全消滅，但是處理得當，可以緩和到最大限度。黨外人士熱烈歡迎這次黨的整風。我們都願意在黨的領導下盡其一得之愚期對國事有所貢獻。但在實際政治生活中，黨的力量是這樣強大，民主黨派所能發揮的作用，畢竟有其限度，因而這種矛盾怎樣緩和，黨群關係怎樣協調，以及黨今後怎樣更尊重黨外人士的主人翁地位，在政治措施上怎樣更寬容，更以德治人，使全國無論是才智之士抑或孑孑小民都能各得其所，這些問題，主要還是要由黨來考慮解決。

「據參加會議的《光明日報》記者說，儲安平發言時，北京大學校長、著名的經濟學家馬寅初坐在沙發上擊節讚歎：“very good! very good!”（非常好！非常好！）」（見殷毅著，《回首殘陽已含山》，第 17 頁）

儲安平這篇一千二百字的發言成了當年右派分子向共產黨猖狂進攻的代表作。本來，比起章伯鈞、羅隆基、章乃器他們來，儲安平的地位和聲望要低些，就憑這一篇發言，他被看作是和章伯鈞羅隆基章乃器他們一樣的頭等大右派了。這篇發言是值得這樣的重視的，他把那許多右派分子絮絮叨叨說了半天的深溝高牆，外行內行，特權思想，教條官腔，用「黨天下」三個字概括了起來，指出這是一切宗派主義現象的最終根源。因此，這篇發言也就理應遭受到最集中的批判。

在這最後一天的座談會上，還必須提到何香凝的書面發言。她從孫中山的國民黨內存在着左派和右派的分野談起，說：

在共產黨和毛主席的領導下，我們走上社會主義。難道在這個時代，也就一切都是清一色，再也不會有左、中、右了嗎？不

會的。大凡忠心耿耿願意在共產黨領導下，誠誠懇懇地幫助領導黨，我想這就是左派。……對社會主義口是心非，心裏嚮往的其實是資本主義，腦子裏憧憬的是歐美式的政治，這些人我認為顯然是右派了。

這裏採用了「右派」一語。我們知道，怎樣稱呼這樣一些人，毛澤東曾經考慮過採用「右傾分子」、「右翼分子」這些名目，是〈事情正在起變化〉一文才確定採用「右派」這提法。如果這篇文章的最後定稿是何香凝發言之前，可說是不約而同；現在已經知道它的定稿是在何香凝發言之後，也就不能排除這是採用了何氏的用語了。

大家發言完了。6月3日的會是李維漢作總結發言，他的「發言稿事先經毛主席、少奇、恩來同志看過」。他回憶說：

> 6月3日，我在民主黨派座談會上的講話，還沒有說要反右。我問毛主席、少奇和恩來同志要不要表示反擊？恩來同志說，柯慶施在上海已經有所表示，你可以講。毛澤東同志審閱我的發言稿時，加了一句話，說座談會上提出的批評和意見，「有相當一部分是錯誤的」。（李維漢，《回憶與研究》（下），第835頁）

這時李維漢心裏想的已經是準備反右了，可是他在會上說出來的，還是一個月前的那些話。他說，整風剛剛開始，在整風過程中，我們將同時注意糾正缺點、錯誤，改進工作。他還說，中共誠懇地歡迎各民主黨派和黨外人士的監督和幫助。最近幾個月裏，全國範圍內民主黨派和黨外人士所提出的大量的批評和意見，就充分地說明了這種監督和幫助是必不可少的。有很多的批評和意見大大有助於中共克服自己隊伍中的主觀主義、官僚主義和宗派主義。這樣的一篇講話，儘管有毛澤東加上的一句伏筆，也不會使聽了的人覺得政治風向就要轉變的。這正是希望做到的。

為了穩住人們的情緒，這次座談會還協議成立民主黨派和無黨派民主人士的雙周座談會，成立有關民主黨派工作問題的討論會……

李維漢心中明白，這些會是一次也不會開的。距反右派鬥爭的公開發動已經沒有雙周時間了。此刻成立這樣根本不準備開的座談會和討論會，就像戰鬥打響以前有意製造些和平景象以麻痺敵軍，以增加襲擊的突然性，同時也好讓右派的進攻達到頂點。

第九章

北大民主牆

中國的大學生從來都是以年輕人的敏感和熱情關心着國內外的大事，關注着國家的命運，注視着世界上新出現的種種思潮。近代如清末的維新運動、辛亥革命、五四運動……一直都是這樣。蘇共「二十大」揭露斯大林的錯誤，波蘭匈牙利的政局發生劇烈的動盪，這些驚天動地的事件衝擊了長時間以來人們的思維習慣，校園裏的空氣也活躍起來。許多大學生都在思考這些事件，想要弄明白這些是怎樣發生的。

經過毛澤東修改定稿的〈再論無產階級專政的歷史經驗〉一文對這些事件作出了官方的解釋。談到發生斯大林錯誤的原因，這篇文章歸結說：「在這裏決定的因素是人們的思想狀況。」

前面已經說過，北京大學物理系四年級學生譚天榮就寫了一篇〈教條主義產生的歷史必然性〉，針鋒相對地作了反駁。他說：

> 難道這算是什麼回答嗎？如果我們還沒有忘記馬克思的名言，社會存在決定社會意識，那麼這就意味着：我們的僅僅提出而沒有解決問題，僅僅描寫了而沒有說明現象，我們的全部論證在邏輯上不過是同語反覆，斯大林之所以犯錯誤是因為斯大林犯了錯誤，個人崇拜的產生是因為個人崇拜的流行，如果稍微徹底一點想一想，就會伸延出無窮無盡的謬誤，這正是形而上學思維方法的特徵。
>
> 在我看來，斯大林的錯誤，不能用斯大林的個人品質來說明，正如落體運動不能用物質結構來說明一樣……（據《原上草》，經濟日報出版社 1998 年版，第 47-48 頁。下文所引北京大學的材料，都出自這本書）

他的這些說法，當然是有道理的。可是，他在論證「把錯誤歸斯大林個人是不公的」這個結論的時候，也沒有涉及制度問題，而是歸結為「形而上學的思維方法」。至於為什麼會有這種思維方法，這篇文章還是用長時間裏人們習慣的那些提法來作解釋了，比如什麼「蘇聯不得不在一個封閉的孤島上建設社會主義」，「蘇聯是處在日益尖銳的階級鬥爭中」。應該指出，就是在他所批評的這篇〈再論〉中，都已經不用「日益尖銳的階級鬥爭」這種論點來為斯大林辯護了。他這篇文章中的一些話，像「斯大林是一個堅強而純潔的無產階級戰士，他戰勝托洛斯基和布哈林，決不是偶然的」，雖說作了一點保留：「雖然在我看來，不能認為托洛斯基和布哈林一開始就是資產階級的代理人」，但許多意思可以說是從〈關於無產階級專

政的歷史經驗〉以及〈再論〉轉述來的。可以看出這篇文章論點的混亂和幼稚。

這篇文章中說的「即使列寧現在還活着，我們稱為個人崇拜的基本歷史情況決不會因此改變」倒是很有見地的。作為這種制度的奠基人，列寧假如活得足夠地長久，他晚年深為不滿的斯大林當然出不了頭，那就是由他本人來擔當斯大林這個歷史角色了。他也許不像斯大林那樣嗜血，可也決不是一個怎樣溫和仁慈的人。在這裏，重要的是制度問題，個性的因素並不會起太大的作用。這道理陳獨秀早就說過了，他在 1940 年 9 月給西流（即濮清泉）的信中說：

> 如果說斯大林的罪惡與無產階級獨裁制無關，即是說斯大林的罪惡非由於十月以來蘇聯制度之違反了民主制之基本內容（這些違反民主的制度，都非創自斯大林），而是由於斯大林的個人心術特別壞，這完全是唯心派的見解。

> 我們若不從制度上尋出缺點，得到教訓，只是閉起眼睛反對斯大林，將永遠沒有覺悟，一個斯大林倒了，會有無數斯大林在俄國及別國產生出來。在十月後的蘇俄，明明是獨裁制產生了斯大林，而不是有了斯大林才產生獨裁制。（《陳獨秀著作選編》第五卷，第 354 頁）

1957 年那時陳獨秀的著作還在禁錮中，譚天榮無從看到。

涉及列寧的，這個物理系四年級的大學生在這文章裏還寫了這樣一句話：「在列寧的名著《唯物論與經驗批判論》中許多命題，特別是物理學的命題，是錯誤的。」譚天榮的同學，著名物理學家方勵之在 1986 年發表的一篇文章，把這一點說得更加確定：

> 1908 年成書的《唯物主義與經驗批判主義》中用哲學對物理學家的研究作過具體指導，即對馬赫的時空理論的批評。現在應當有勇氣去說了，從物理學角度看，那些指導是錯的。它只表明指導者不懂（至少不了解）物理。應當特別強調的是，其錯誤並非是按今天的標準來衡量的結果，而是就當時的物理水準而言的。（方勵之，〈哲學和物理〉，原載《自然辯證法研究》1986 年第 5 期。據所著《哲學是物理學的工具》，湖南科學技術出版社1988 版，第 2–3 頁）

譚天榮的這一篇〈教條主義產生的歷史必然性〉，是當時頗受到一些人重視，頗有一些影響的文章。北京大學哲學教研室將它印出，本校和外校都有同學向譚索閱，反映出了大學生們都正在熱心思考這些題目。

隨着報紙上圍繞着「百花齊放、百家爭鳴」方針宣傳的深入，以及關於人民內部各種矛盾的進一步揭露，大學校園裏活躍起來了。人們都在熱烈地談論這些。

5月1日，報紙上刊出了中共中央《關於整風運動的指示》，提出要反對官僚主義、宗派主義和主觀主義這「三害」。這些很少（甚至毫無）社會經驗的大學生，憑着自己滿腔的理想主義和正義感，把自己見聞甚至親歷的那些令人氣惱令人傷感的事情，都解釋為正是這「三害」的表現，因此也希望自己能在這除「三害」的運動中有一點作為。他們想要積極投入鳴放，投入整風運動之中。

他們不知道政治風向正在醞釀着大的變化。5月14日中共中央發出了標誌着風向變化的第一個文件：《關於報導黨外人士對黨政各方面工作的批評的指示》，其中已經提出了「在群眾中暴露右傾分子的面貌」的問題。後來毛澤東還寫出了表示他決心開展反右派鬥爭的文章〈事情正在起變化〉，其中談到許多大學生屬於地主、富農、資產階級的兒女，談到有右傾思想的學生，以為他們有可能聽右派的號召起來。大學生們完全不知道這些秘密文件，興致還愈來愈高。

下面，講一講發生在北京大學的事情。5月19日清晨，北京大學大飯廳的牆壁上貼出了歷史系三年級團員學生許南亭寫的第一張大字報。這時，青年團第三次全國代表大會（即共青團「八大」）正在北京舉行。這張大字報質問：團委會出席「三大」的北大代表是如何產生的。接着，又貼出了一張：〈一個大膽的倡議〉，建議開闢「民主牆」，要求學校黨團組織領導支持，以幫助黨整風。被北大學生稱為「五一九運動」的，就這樣開始了。

當天晚上，在全校團員大會上，有人問起「民主牆」問題，黨委副書記崔雄昆答覆說：大字報不是最好的方式，我們不提倡也不反對。

第二天清早，人們就看到大飯廳附近的牆壁上，已經貼滿了五顏六色的大字報。許多大字報對昨晚崔副書記的態度表示了強烈的不滿，並對學校工作、校黨委工作提出了一些建議乃至尖銳的批評。

　　一張大字報是中文系三年級學生張元勳和沈澤宜合寫的詩《是時候了》：

　　　　　一

　　是時候了，

　　　年輕人

　　　放開嗓子唱！

　　把我們的痛苦

　　　和愛情

　　　一齊都瀉到紙上！

　　　不要背地裏不平，

　　　背地裏憤慨，

　　　背地裏憂傷。

　　　心中的甜、酸、苦、辣

　　　都抖出來

　　　　見一見天光。

　　　讓批評和指責

　　　急雨般落到頭上

　　新生的草木

　　　從不怕太陽光照耀！

　　我的詩

　　　是一支火炬

　　燒毀一切

　　　人世的藩籬

它的光芒無法遮攔，

　因為它的火種

來自──「五四」！！！

　　　二

　是時候了。

　向着我們的今天

　我發言！

昨天，我還不敢

　彈響沉重的琴弦。

我只可用柔和的調子

　歌唱和風和花瓣！

今天，我要鳴起心裏的歌，

　作為一支巨鞭，

　鞭笞死陽光中的一切的黑暗！

　為什麼，有人說，團體裏沒有溫暖？

　為什麼，有人說，牆壁隔在我們中間

　為什麼，你和我不敢坦率地交談？

　為什麼……？

我含着憤怒的淚，

　向我輩呼喚：

　　歌唱真理的兄弟們

　　　快將火炬舉起

火葬陽光下的一切黑暗！！！

這些年輕的北大人，自豪地把自己直接同「五四」聯繫了起來。

這天下午，譚天榮貼出了〈一株毒草〉的大字報。這一張在署名之前給自己加上了「一個強壯而又懷有惡意的小伙子」頭銜的大字報說：

> 到現在為止，百家爭鳴，百花齊放離我們無知的青年還有十萬八千里，我們國家沒有檢查制度，可是一切報刊（例如《人民日報》，《中國青年》和《物理學報》）的編輯們對馬克思主義的絕對無知，對辯證法的一竅不通，和他們形而上學的腦袋中裝着的無限愚蠢，就是一道封鎖真理的萬里長城。

這張大字報還再一次提出了他對〈再論無產階級專政的歷史經驗〉一文的批評，說，「把它歸結為『人們的思想情況』，這不是赤裸裸的唯心主義又是什麼？」

譚天榮還在大字報中提出了自己的建議。

> 我建議：
>
> 1. 讓我們北大學生自己創辦一個綜合性學術刊物。
>
> 2. 建立一個學生講座，讓我們向世界證明除了那些一般地禁止自己思維的「三好學生」（或叫白癡，或者優秀生，或者叫「小螺絲釘」，反正一樣）以外，中國青年還有的是成千上萬「才子佳人」，他們堅韌果斷才氣橫溢光芒四射，他們將使國際資產階級吃飯時丟落刀子。

一天之間，北京大學校園裏的大字報愈貼愈多。飯廳的牆壁上貼滿了，宿舍的牆壁上貼滿了。據當時校內一份《新聞公報》統計，截至20日下午五時二十分，共貼出了大字報一百六十二張。不僅有大字報，晚飯以後，幾百甚至上千學生開起辯論會來，他們把飯桌當作講台，發表自己的見解。

這天晚上，北京大學黨委書記、副校長江隆基代表黨委向全校師生宣佈：黨委完全支持大字報，並對崔副書記的態度表示遺憾。不過，他也以為大字報不是最好的形式。

21日，劉奇弟貼出了〈胡風絕不是反革命〉的大字報：

　　　　反胡風運動已過三年了，胡風及其「集團」被當作反革命分子遭到鎮壓，今天舊案重翻，我要為胡風說話，更精確地說，我要為真理說話。胡風絕不是反革命，我要求政府釋放胡風。

　　　　凡是正視事實的人都會清楚，在解放前胡風是一位進步的作家，是民主戰士。他辛勤地追隨着魯迅；在那萬惡的社會裏，他向人們揭露黑暗指出光明，他為青年所愛戴，尊敬。正因為這樣，正憑着這點，在解放後他才被選為人民代表。解放後他更不懈惰，帶頭高齡跑這跑那去鄉下參加土地改革；在朝鮮抗美援朝，勤勤懇懇體驗生活，從事創作。他們（胡風分子）寫的作品有血有肉，最為讀者所喜愛。這類人不是為人民服務，是為什麼？世上還會找到這樣一種邏輯，把他們說成反革命。

　　　　控告胡風的內容，不外就是那三次反胡風文件，大家都很熟悉。今天我們再來看一看，它到底有沒有理由？回答是：《關於胡風反革命集團的材料》完全是一本斷章取義，牽強附會，毫無法律根據的書。反把閒人聊天、侯寶林說相聲的邏輯和推理搬進了法庭。像這樣的辦法，只要他說過話寫過東西，都可以按這種斷章取義牽強附會的辦法，用說相聲的邏輯推演成反革命。

　　　　同學們，你們認為怎樣？讓我們徹底搞清楚吧，假如你們也認為胡風被冤枉，那麼讓我們一道來要求釋放胡風吧。

這張大字報在全校引起了轟動。跟着貼出了許多篇討論胡風問題的文章，不少人表示懷疑，認為根據三批材料不足以說明胡風是反革命分子。

　　大字報每天都在繼續增加，從生活區擴展到教室區了，內容涉及廣泛的方面，例如要求改革學制、開放全部禁書、改變考試制度、政治課改為選修、選拔留學生反對由黨團員包辦、要求公開考試等等。

　　不少大字報提到了剛剛過去不久的那一場肅反運動，要求學校黨委對運動中錯鬥了的問題公開作出說明，公佈一些學生自殺的真實情況和真實原因。一些無端挨鬥的肅反對象在牆上貼出了《申冤書》。還有學生要求看他本人的檔案材料，以免錯誤材料給他帶來災禍。

　　又一張引起熱烈爭論的大字報是沈迪克（署名「談談」）的〈談談無階級社會中人的等級〉，從印度的種姓制度、納粹的種族主義一直談到現實生活中人的等級：

①　留學生問題，大家這點談得很多，我就不多說了。

②　生產實習的問題，什麼機密的地方而去什麼等的人，在我校也有，請參考航空學院的爭論，那裏更尖銳。

③　畢業後工作分配的問題，某些工作，某些人是不能去的，例證之一就是原子能的和平利用研究，雖然在世界各國早已公開，甚至我們也幫有些資本主義國家建設，但它對於中國青年來說是保密的，是要由些「人事專家」根據人種論細細的劃清了你的等級後欽定的，如果你本來就是賤民階級，你就今生休想。

④　在各種運動中，如果你不是高貴等級，那你就準備挨打，挨鬥吧！縱使你沒有任何罪（請參考牆上那些申冤書）可以證實。

⑤　請參考各報上的發言，和前幾天報上的新聞記者的四個等級的區別。

好！夠了！大家自己想想看，自己日常生活周圍吧！只要你頭腦還不是空虛到一無所有，你會找到更多的例證的，至於那些想否定這些的人，他有不可告人的隱私，正如資產階級不敢承認資產階級社會有階級一樣，那是由於他的……而決定的。

在解放前和解放後初期，在思想上人的類型的這種劃分是具有進步意義的。但是逐漸的由於有了物質經濟基礎，於是「向上的心」就鼓勵着產生了一批鑽營吹捧，拍馬屁的，看臉色的積極分子，打擊別人，在小班上作威作福的人（三好學生）雖不見得是白癡，但也只有凡事乖乖聽話，正如胡適所說的，任人打扮的千嬌百媚的姑娘才行的。

他們的心情也是可以理解的，古語云：「好利之心，人皆有之」，上升到了一個高的等級，就有着許多的特權和物質利益在引誘呀！

譬如留學吧，不就更進了一步嗎？這種心情不值得「憐憫」和「同情」嗎？

聽聽那種似乎正經的所謂「爭取政治生命」的飯碗的呼聲吧！當然，要是真有願為共產主義建設貢獻一生願望的人是值得敬佩的！

但是在這種呼聲後面，人們可以嗅到更多的是米飯和肉湯的香味！我是學××和××的！我好像是第×個等級的分子，即使畢業了，那有些什麼來保障我的胃的要求和這個要求的進一步的提高呢？還是就加入到謀求等級轉變者的行列中去吧！千萬個為革命犧牲的烈士，將會為此在九泉下哭泣。

有些人平常大叫發揚五四精神，可是當青年們真正拿起火炬的時候，就張惶失措了，叫什麼和風細雨呀！趕快拿出反黨反革命的帽子來扣了呀！以及批評《是時候了》的那首馬雅可夫斯基式詩的作者們之流。讀者們！用上面我所揭露出的「人種論」去分析一下，就會揭露出它們為什麼會「如此」的「等級」根源來了，本來嘛，這是不值得什麼大驚小怪的，社會存在決定社會意識嘛！

這張大字報貼出之後，哲學系四年級一些同學就貼出了反駁的大字報。反駁者有自稱為「衛馬克思列寧主義之道者」的。同時也出現了回應的大字報。周大覺（署名「談論」）的大字報〈論「階級」的發展〉中提出了高級幹部的工資與工人農民的收入相比差距太大。他說：

我們要問，如此懸殊難道是符合社會勞動等價交換嗎？我看不是，只不過利用政權 ── 領導者自己對物質享受的感興趣，自己規定的。在整個社會生產力極低的情況下，如果不是不等價（指勞動量相同）交換，不可能相差八百倍，因為試想像：你周圍很落後的生產力，你一個人能創造如此多財富？毛主席等他們勞動竟如此珍貴？若告知天下農民，贊成者我看寥寥。

這張大字報進而談到社會地位的不平等：「一個小小的黨支部書記可以呵斥直到無辜的鬥爭，施以肉刑（變相的）。」談到不久前的肅反運動，大字報說：

北大有二百餘人鬥錯，被捕者兩人，也是早已有交代過反革命罪行的。可見現在根本沒有什麼人權，生命安全時時威脅，一觸犯上層貴族，就可以被冤殺枉鬥關上幾個月，還以一淡淡的道歉。

接着，大字報的作者憤激地說：

連生命也無保障，人的尊嚴隨時可被侮辱，這算什麼「美好幸福」的社會呀！如果這樣的「社會主義」萬歲，我寧願拚死，不願再存，簡直是牛馬的生活！！！

這張大字報還提出：「反對特權階級的存在」、「反對新的變相的階級壓迫」、「如果有一個集團堅決違反社會的發展、違反人民願望的話，我想人民一定會群起而攻之，真正的歷史創造者勞動人民知識分子萬歲！！一切違反歷史發展的怙惡不悛者應下台！」不過，大字報作者還是認為，「新的階級矛盾和舊的不同，可以利用群眾的壓力和平的方法解決，必要時也可以通過暴力——到無可救藥時。」

5月28日，這位作者又貼出了〈再論「階級」的發展〉這張大字報，進一步闡述他的觀點。指出社會上的許多矛盾實際具有階級矛盾的性質。他說，「我認為『人民內部矛盾』此語太抽象」：

在分配、社會地位等問題已出現一定矛盾，現在還不甚尖銳，叫內部矛盾也未嘗不可。但必須指出來，如果管理、分配、社會地位等問題不得到更好的完善，矛盾可以向前發展，而且基本上滿足「階級」關係的定義。因此，為了正視現實，重視這一問題，指出新「階級」是有一定的現實意義的，不能輕描淡寫地含糊的說一句「人民內部」矛盾。要解決它，必須從經濟上、政治上（社會地位上）解決，其他都是次要的。

這裏，他對毛澤東提出的「人民內部矛盾」這個提法作出了自己的解釋，或者說補充，或者說修正，總之是頗為刺激。

比大字報更為刺激的是辯論會。5月20日晚上在北大校園裏開始出現，愈來愈多，到22日，幾乎到處都是辯論會，演講台。發言者慷慨陳詞，即席發表自己的見解，這就彌補了大字報說理不易充分的缺陷。出現了很尖銳的意見，有主張停課開展民主運動的，也有不同意見的熱烈爭辯。22日晚上，在廿七齋前一個有幾百人參加的辯論會上，一群有組織的人圍攻兩個同學，說他們在辯論會上說了錯話，質問他們有何意圖。許多同學反對這種肅反鬥爭會那樣的搞法，同他們辯論，爭論了幾個小時，這些圍攻者大約不知道毛澤東起草的中共中央《關於對待當前黨外人士批評的指示》中已經說了「放手讓他們發表，並且暫時（幾個星期內）不要批

駁，使右翼分子在人民面前暴露其反動面目，過一個時期再研究反駁的問題」。而北京大學黨委是知道這個精神了。就在這次圍攻的第二天，校黨委廣播了一封致黨員的公開信，要求黨員不要壓制群眾說話。學生們聽了，覺得很受鼓舞，以為自己的這些活動得到了校黨委的支持。

北京大學學生的這些活動，新華社記者趙謙、卜昭文、丁寶芳、雷朋寫了一份內參材料：〈北京大學學生自發的貼出數百張大字報，要求學校積極開展整風〉，其中說：

> 北京大學學生在最近兩天中已貼出了數百張大字報，要求學校積極開展整風。貼大字報的起緣是這樣的：北京大學從 4 月 25 日就在主要教授中召開徵求意見的座談會。到 5 月 15 日大體告一段落，這時就分別按系在教授、副教授中開座談會。校一級的黨員負責幹部也隨着開始學習文件，黨委會認為：學校的主要問題在教師中，所以對黨員學生中如何整風以及徵求學生意見則沒有考慮。19 日下午，在大膳廳旁就出現了第一張由歷史系學生貼出的大字報——對北大這次參加青年團第三次全國代表大會代表的產生問題提出了質問。接着第二張大字報便提出建議：要開闢言論自由的民主園地。這時還只是少數幾張大字報。到晚上，團委會給全校團員上團課時，中途有人遞紙條要求黨委書記去給他們講話。當時，黨委副書記崔雄昆便去了，崔雄昆在講話中對大字報提出自己的看法。他說：你們要搞大字報，我們也不禁止。接着他說大字報並不是很好的發揚民主的方式。他在講話中並把全校六千多個團員錯說成八千多個團員。當夜學生很不滿意，認為黨委副書記連全校究竟有多少團員都不知道，對他們的大字報又表示不支持態度，於是意見很大。當晚就陸續有人貼大字報質問他。到 20 日下午五時半為止，大字報便貼出了一百零七張。到 21 日，大字報就更多了。北大副校長、黨委書記江隆基當晚即召集全校學生和職工講了二十多分鐘的話。他表示黨委會過去在執行政策中有很多錯誤和缺點，今後要有錯改錯，肅反搞錯了的要公開道歉。同時他並表示大力支持學生們貼大字報來揭發學校工作中的缺點，以及開設自由講壇。他在到大膳廳去講話時，膳廳內只有一兩百人，許多人都圍在外面，等到他講到中途時，許多學生都一個一個的進去了。當他講完時，學生已擠滿了大膳廳，最後並大鼓掌表示滿意。

　　但是問題並未到此為止。到 22 日為止，學生還在不斷地貼大字報。據估計，大字報已約有五、六百張。從這些大字報反映出了學生的一些思想情況及其要求。

這一篇內參介紹了好幾張大字報的內容，比方說有這樣一張：

　　物理系三年級學生何廷福在〈向中央進一言〉的大字報中，提出了兩個問題：

　　一、「關於胡風反革命集團」，我有一個疑問，胡風集團的罪行到底是什麼？按照法律作了何種解釋？能否說中央在這個問題上犯了宗派主義？以莫須有的罪名加在某些人頭上？

　　二、關於去年反保守的主觀主義：去年反保守是必要的，但也表現出急躁冒進，不根據中國實際和困難片面追求進度。今年在生活上的許多困難都是與此有關的。主觀主義創造了人為的困難？

這一篇內參還說到：

　　《春雷》是生物系四年級「一群同志」編的油印刊物，今天出版。報首印着：春雷在響，雨將臨，久旱的人們在等待暢飲。第一篇文章就是支持〈一株毒草〉的，文章寫道：「一株毒草的出現引起軒然大波，衛道者的面目完全暴露了。」「辱罵與恐嚇決不是戰鬥」，第二篇文章，支持〈是時候了〉，寫道：「毒草茁壯地生長吧，」「野火燒不盡，春風吹又生」。接着一篇〈論青年監督崗〉提出要組成一支「青年監督崗」的隊伍，由學生會領導，和一切不良現象作鬥爭。任務是：一、主動了解各部門工作情況、錯誤和缺點；二、揭發領導和群眾工作的一切偏向；三、收集同學意見；四、代貼大字報，管理民主牆，不修改，不積壓；五、主動提出問題開展集中討論；六、召開專題辯論會。〈漫談檔案材料〉的文章提出，今後檔案材料要公開，要本人簽字同意，領導不能隨意填寫檔案材料。〈論考勤制度〉的文章，敘述了這一制度的不合理，提議取消。

這一篇內參最後說：

　　當我們在今天下午六時離開北京大學時，學生們還在不斷地貼出大字報。有的學生在膳廳裏吃飯也帶着飯碗圍在大字報前

閱讀。昨天貼出的一份大字報還建議學校停課整風（經江副校長
昨夜講話後，這類意見在今天還沒有重新出現）。中文系的助教
所貼出的〈教授們的意見〉的大字報，發表了翦伯贊、馮友蘭、
侯任之等教授們對大字報支持的意見，支持他們大「放」、大
「鳴」。團委會在今天中午貼出大佈告，表示團委準備組織八個座
談會，這些座談會安排在 22 日到 25 日的晚上，有四個是對黨、
團委提意見，其他的座談會是關於青年教師工作問題，畢業生工
作，研究生和職工工作等四個方面，佈告上說除已邀一部分同學
參加外，其他同學可以自由在佈告上簽名參加，但到今天下午六
時為止卻只有兩個學生在上面簽名。自稱〈一株毒草〉的作者譚
天榮在今天作了一次公開講演，重申了他前次的論調。明天（即
5 月 22 日）將有好幾處辯論會，這就是由大字報發展而成的所謂
「自由講壇」（據說：西語系法語專業的學生已打電話通知了法新
社記者洛干）。

記者們整理的這份材料，是在這幾百份大字報中按反映的問
題及思想傾向整理而成的。在這幾百份大字報中，真正揭露學校
工作中的缺點的還不多，有的大字報貼出後就彼此展開了爭論，
如對〈是時候了〉、〈一株毒草〉等大字報。學校領導上正準備分
別召開學生座談會，讓他們提意見。北京大學整風的形勢在急劇
發展中。（據 1957 年 5 月 23 日新華通訊社編《內部參考》）

5 月 23 日，北大法律系同學邀請首先提出「胡風不是反革命」的劉奇
弟等三人開辯論會。學生會特地搭了一座辯論台，安上了麥克風。這是個
大型辯論會，參加的人很多。辯論開始不久，中國人民大學法律系四年級
學生程海果（筆名林希翎）登台發言了。她一上台就說：「我今天很激動，
到北大吸到了新鮮空氣，而人大是教條主義的老窩，官僚氣太重，還是北
大有民主傳統，繼承了五四的傳統。」她談的第一個問題是胡風問題：

我過去也寫過文章批判胡風，現在想起來真是幼稚，很可
恥。現在看來加給他反革命罪名的根據是很荒謬的。

胡風是對中央遞意見書，怎能說這個意見書就是反革命的綱
領呢？為什麼向黨中央提意見就是反革命呢？這是斯大林主義的
方法。

　　胡風的意見書基本上是正確的，例如，他批評庸俗社會學、機械論就是教條主義，他反對公式化概念化，現在的文藝作品就是公式化概念化的，機械的單調的。他反對毛主席〈在延安文藝座談會上的講話〉，毛主席説文藝要為工農兵服務，這個講話是抗日時期發表的，現在情況變了，知識分子也成工農兵了，不適用了。毛主席的話又不是金科玉律，為什麼不能反對呢？胡風對社會主義現實主義有不同的意見，現在百家爭鳴，很多人不是也有不同的意見嗎？胡風反對宗派主義，黨內是有宗派主義的，胡風觸犯了文藝界的首長周揚、何其芳，所以才整他。

　　胡風分子中有個別人有歷史問題，但並不都是反革命分子，例如謝韜就是個很好的教員，很早就搞革命運動，從三批材料來看，不能説他是反革命。胡風的綱領若在今天提出來，就不會説他是反革命，若是魯迅提出來，就更不是反革命了。

　　説他們通信秘密，哪個人的信不是秘密的呢？説他們私人間的友誼是小集團，這就使得人相互不敢説真話，難怪有人説共產黨六親不認了！按照法律只有企圖推翻政權的人才能叫反革命分子，而胡風顯然不是這樣的。

　　今年4月，最高檢察院譚副檢察長（注：譚政文）到人民大學作報告時，有人問他胡風問題怎樣了，他説，現在偵查工作已經結束，但胡風很不虛心接受意見！同志們，這説明什麼呢？兩年還想不公佈胡風案件的下文，我看共產黨是有些為難，沒法下台，錯了也不肯認錯，估計毛主席可能有兩種心情：①明知錯了，不承認；②毛主席自己明白了，但高級幹部中很多人還不通，現在若對胡風平反，是有困難的。

她還談到蘇聯共產黨「二十大」時赫魯曉夫的秘密報告，談到斯特朗寫的談了不少蘇聯肅反情況的《斯大林時代》一書。接着，她這樣談到中國的肅反：

　　我國也是肅反擴大化，這是大家都知道的。我們的法制是不健全的。例如南京肅反時，一個晚上把逮捕證發給各單位，一下子就逮捕了二千多人。連某禮堂都住滿了犯人，後來又都放了出來。

我曾經在區法院實習過，最近人民代表要去檢查肅反工作，毛主席下了一道命令，要檢查過去所有的案件，現在從法院、檢察院到公安局都忙着修改案卷，起訴書錯了修改，沒有理由的補上理由，但是這還叫什麼檢查呢？

接着，她談到了對現行制度的看法，她說：

我有很多問題同意南斯拉夫的看法，鐵托演說中很多是好的。我就認為個人崇拜是社會主義制度的產物。馬克思主義告訴我們，所有社會現象都有社會歷史根源，斯大林問題絕不是斯大林個人的問題，斯大林問題只會發生在蘇聯這種國家，因蘇聯過去是封建的帝國主義國家，中國也是一樣，沒有資產階級的民主傳統。我覺得公有制比私有制好，但我認為我們現在的社會主義不是真正的社會主義，如果是的話，也是非典型的社會主義，真正的社會主義應該是很民主的，但我們這裏是不民主的。我管這個社會叫做在封建基礎上產生的社會主義。我們要為一個真正的社會主義而鬥爭！

接着，她談到當前正在進行的整風運動。她說：「現在共產黨的官僚主義、主觀主義、宗派主義很嚴重，我們不要以為共產黨用整風的辦法，採取改良主義的辦法，向人民讓點步就夠了。」她這些話在人群中引起了騷動，一些人不能接受，轟她；也有少數人鼓掌，表示贊同。她面對這種情況，說：「我知道有很多人願意聽我的話，但也有些人害怕我的講話，我要講下去。」她說：

我經過研究，認為歷史上所有的統治階級都有一個共同點，他們的民主都有局限性，共產黨的民主也有局限性，在革命大風暴中和人民在一起，當革命勝利了就要鎮壓人民，採取愚民的政策，這是最笨的辦法。現在他們封鎖新聞，例如北大如此轟轟烈烈，為什麼報紙就不報導！

北大的一些學生正為報紙不報導他們的活動感到不滿，聽她這樣說，就鼓起掌來。她接着說：

人民群眾不是阿斗，真正要解決問題，只有靠歷史創造者人民群眾行動起來。

　　我們是正直的人，正直的人到處都有！不僅北大，還有南京大學、武漢大學、西北大學：各地大都聯合起來，匈牙利人民的血沒有白流！我們今天爭到這一點小小的民主，是和他們分不開的！

　　她這些話刺激了一些人，有人轟她，她說：「我不害怕，大家不歡迎我，我就滾蛋，我既然到這裏來，就是冒着危險，坐牢也沒關係。」群眾中有人喊：「不要煽動！」她有接近高層人士的信息來源，很可能已經聽到事情正在起變化的小道消息，她接着說：

　　聽說現在有風聲要收了，想封住人民的嘴巴，這是最愚蠢的。北大是放了，高級知識分子是放了，但廣大基層還沒有放，現在揭發的遠遠不及實際生活中的百分之一，因為這些教授都是老頭，很世故，我們青年長個腦袋是幹什麼的呢？難道是讓人家牽着鼻子走的嗎？我們要說話！

　　北大是放了，但我還不大樂觀，因為還有很多衛道者，他們想把先烈用鮮血換來的社會主義成果，作為他們向上爬的台階。

　　聽眾中顯然有人不喜歡她的這些話，轟她了。還有人遞條子給主持者，要求制止她的發言，有的條子甚至很不禮貌的稱她做「臭娘們」。可是她不慌不忙，說了最後的幾句話：

　　同學們，我們說話要警惕，不要讓他們鑽了我們的空子。

　　我們今天的鬥爭不限於發發牢騷，對一切缺點不能用改良主義的辦法！我們要建設真正的社會主義，讓每個人過真正的人一樣的生活。

　　她講完以後，有三四十個人圍住她，要她繼續講。有個學生還找她簽名。一個學生聽到旁邊有個女同學說了句「我們要警惕煽動性的話」，就動手打了那人兩下，他打過人，即消失在擁擠的人群中，會場的秩序十分混亂。

　　也有人反駁程海果的發言，提出質問。她作答。剛講了幾分鐘就被群眾轟下台去。有二三十個贊成她的人推着她到旁邊另一個場地上讓她繼續講。她說，她過去在部隊裏，知道部隊是教條主義的大本營，這從馬寒冰

的文章中也可以看出來。她還說到，過去在她心目中，黨、組織、領導，都非常神聖，自己也很盲從，後來才怎樣有些轉變。

林希翎在北京大學的這次演說，在新華社記者任家驥、卜昭文、邵泉、雷朋寫的那一篇〈北京大學學生已由原要求學校積極整風變成對胡風問題和高、饒事件真相的辯論〉裏有詳細的記述，節錄如下：

23日下午，學生已經正式搭起了「辯論台」，上面用紅布做橫聯，儼然像一個講演台一樣。並且還特別安裝了擴音器。

23日下午六時多，露天的辯論台四周就站滿了人。在北大看見大字報、聽辯論，感到非常興奮。她（林希翎）稱讚地說，北大到底是北大，有「五四」的傳統！

她說，最高人民檢察院的譚副檢察長四月份在同人民大學法律系同學講話中，曾說「胡風問題已偵查結束，胡風很不虛心，不接受意見」。她說，根據譚副檢察長的話，能算反革命嗎？

接着，她說：「證明胡風集團是反革命的材料都是非常蒼白無力的，荒謬的！」（台下有人鼓掌）

林希翎說：「胡風如果是反革命，那為什麼他把自己的綱領提給黨中央呢？這不是自找苦吃嗎？不管他的綱領正確與否，是不能採取鎮壓的手段的。這就是斯大林主義的方法，這就是宗派主義！胡風當時批評的宗派主義，實際上還沒有現在揭露的現實生活中的百分之一！」

這時，台下有人鼓掌，有人喊「不讓她講下去」。林希翎當時就問大家讓不讓她講，在有些人「講！我支持你」的喊聲下，她又繼續講起來。

她說：「我來講，就是不怕，講就講個痛快！」她說，胡風的意見基本上是正確的，胡風提出的同仁雜誌，現在看來很正確。文藝創作中的公式化概念化很嚴重，胡風批評庸俗社會學是對的。黨現在提出的「百花齊放、百家爭鳴」，同胡風所提的基本一致。謝韜、呂熒等都沒有歷史問題，只是綠原、阿壠少數人有歷史問題。她認為，「胡風問題假使發生在斯大林問題揭發後，或波匈事件後，提出整風的今天，就不會這樣處理。當時太粗暴了。」她懷疑肅反有擴大化的傾向。

林希翎說：「我看領導上現在很為難。我推測毛主席現在心裏知道錯了，可是又不好下台。聽說，毛主席在一次講話中說，他提出正確處理人民內部矛盾的方針，有百分之八十的高級幹部不同意。當時有很多高級幹部退席不聽講話。」

林希翎認為胡風問題是內部矛盾問題。她接着說：「當然，矛盾是會轉化的，如果逼上梁山的話。從赫魯曉夫秘密報告中看，季諾維也夫、布哈林的問題。斯大林就把矛盾性質轉化了。可是用列寧的辦法就不會。季諾維也夫把起義消息告訴敵人，列寧還仍然讓他當中央委員。」

林希翎接着批評赫魯曉夫答《紐約時報》總編輯問。她說，赫魯曉夫說秘密報告是美國間諜機關捏造的，赫魯曉夫多麼笨，這等於罵自己是間諜機關。她舉出美國記者斯特朗寫的《斯大林時代》出版了，可是是內部發行，只賣給十一級以上的幹部看。」（下面有騷動聲並有人問她怎麼知道的？難道她是十一級幹部？）

林希翎接着說：「我很同意南斯拉夫關於個人崇拜是社會制度的產物的意見。人們罵鐵托、卡德爾是修正主義，可是論點蒼白無力！」

她說：「人民不是阿斗，採取改良主義的方法，向人民讓步是不行的！我不反對社會主義，但要真正的社會主義。現在是否是真正的社會主義，我有懷疑。我給他起個名字：封建主義的社會主義。」這時，台下又亂，有人要求講簡短些，有人不要她講下去。辯論會主持人請她轉到辯論的中心——胡風問題。她接着說：「胡風本身學問不什麼高明，寫些文章，扭扭捏捏。假如魯迅的話，那就定會是另外一回事情了。」

這時，台下又有人要求她不要講下去。劉奇弟就說：「我們這兒是自由論壇，希望我們客人講完。」林希翎說：「我講了，很多人也可能很害怕，講下去很危險！」（台下又有人喊：講吧！講吧！）

她接着從法律條文上又論證了胡風集團不是反革命。

接着她又說：「現在真正的作品發表不出來，是因為生活本身就是公式化概念化的。」

　　她說，歷史上任何統治者都有一個共同點，都不讓人民講話。這是最愚笨的。當他們爬上了統治階級，掌握了一切國家機器後，就會產生思想上的局限性。匈牙利人民的血沒有白流，今天能到這裏來個小小的民主（意即指這個辯論台），與這有關。現在一些社會主義衛道者，把先烈們流的血作投機資本。我對現在的整風沒有信心（台下又亂，有人鼓掌，有人喊「對」，有人說「這是煽動」）。

　　林希翎最後說：「北大這樣作，是個良好的開端。現在，西北、武漢等地，到處學生都動起來了，可就是互不通氣，報上不報導，是新聞封鎖。而我們說錯了一句話，他們可能鑽空子，抓小辮子，我們應該警惕啊！我們的目的很明確，為了建立真正的社會主義，為了過真正的「人」的生活，不是發發個人牢騷！我們的朋友經常對我說——小鬼，我們都要給你送牢飯了——。雖是笑話，也反映了一定的實際。對看報紙上天天登了很多問題，可是都是上層民主人士揭發的。我們知道，這些人年紀大，很世故，材料很少，很不夠我們研究的。

　　林希翎講完話後，人民大學法律系的一位學生和一位講師、北大學生先後上台駁斥林希翎的講話。人大學生說，林希翎說胡風集團是愛國主義者，可是他們愛的是中華民國（台下鼓掌）。人大講師着重指出林希翎說所談的譚副檢察長的話是捏造的。他說，他當時聽譚副檢察長是這樣說的：「據我知道，偵查快完了，今年可能審訊。」

　　在人民大學這位學生發言時，林希翎被一部分人群擁到附近樓房旁邊，站在欄杆上又繼續發言。據悉，是有人要求她談《中國青年報》對她為人品質的批評。在她發言時，群眾逐漸聚集到她這邊來，辯論台前的人大大減少。

　　林希翎說：「有人說了許多今天社會的優點，但是我認為成績在報紙上已經說得太多了。也許我的話是毒草，『鮮花』先生們會不滿意，但是現在給我下『毒草』的結論還為時過早。

　　「關於我個人的問題（意即指《中國青年報》對她為人品質的批評），我已經向法院提出控告，現在還沒有結果。

「有人想知道人大的情況。我不是在這裏毀壞我們學校的名譽，那裏多半是老幹部或者部隊轉來讀書的，他們的『組織性、紀律性』比你們這裏要強得多。(下面笑聲)

「我同意南斯拉夫的某些言論和做法。也許有人說我是修正主義，我不管它，誰說得有道理我就認為誰對。

「我認為今天社會裏的所謂『運動』，會造成人們精神狀態的不正常。例如，南京在肅反運動中，法律機關無根據地按照各單位提出的反革命百分比來發逮捕證。結果一夜間逮捕了兩千多人，監獄裝不下了，人們都站在裏面，甚至有的禮堂也作為臨時監獄。而以後證明，他們並不是反革命分子。這件事我是聽來的，如果要追究的話可以查。」講到這裏，學生群眾開始混亂了。

「沒有根據的話不要講！」

「讓她說完！」

「讓我發言！」一個人站到高處。

「我只說兩句話行不行？」另一個人說。

「不行！」群眾的吼聲。

聽眾中，曾經有一個女學生說林希翎的言論是煽動。當時就激怒了一些學生，有人立即指着這個女學生的鼻子質問什麼叫煽動，有人還想打她。

一個組織「辯論台」的法律系學生高喊：「這裏是請林希翎說話的地方。不願聽的可以走開，要發言的請到『辯論台』那邊去講。」人群暫時平靜了。林希翎又接着說：「有人遞條子要我談談『青年人應該怎樣生活』的問題⋯⋯」

一個人接着站起來說：「我以人大講師的身份說話⋯⋯」

「不，讓林希翎講！」局面又亂了。

「講下去！」幾個啦啦隊的聲音。

人群中一片噓噓之聲。有人打着尖銳的口哨。這時秩序已經大亂了。林希翎在欄杆上笑着等待群眾再一次平靜。這時，欄杆前聽林希翎講話的人群週邊，是三五成群，議論紛紛。有人議論當天的辯論情況分成三派──即左派，右派，中派。大部分學生都是反對林希翎的講話的。他們議論說：「毛主席開高幹會，赫魯曉夫秘密報告，這些機密事，她怎麼知道的？」「這簡直是煽動！」「林希翎這樣一講也好，這下可教育了很多人！」

「要提高警惕！」

「我們已同最高人民檢察院聯繫過，說胡風集團確是反革命，將要審判。」一個法律系學生這樣告訴大家。

分散的人們又擠到欄杆邊人群眾中去，齊聲喊：「一二三，到辯論台去！」「一二三，到辯論台去！」

欄杆附近的人開始走散。沒有聽眾，林希翎就沒有繼續講下去。時已九時三刻。但在「辯論台」上還有人在繼續講演。（1957年5月24日新華社《內部參考》）

這很可以看出現場的氣氛。

程海果在北京大學大放厥詞，引起了一陣騷亂。人民大學副校長鄒魯風作報告，要求本校同學不要與外校聯繫。可以看作是對她北大之行的一種事後的補救：可一不可再吧。可是她不同意此說，反駁道：我校同學未患流感，為何要隔離？北大先搞起來了，交流一下經驗為何不可以呢？號召不要和其他校聯繫這是沒有理由的，這個整風在我國還是新問題，不和兄弟學校交流經驗是錯誤的。主席講，學生鬧事要鬧個痛快，而現在還沒有鬧事就這樣封鎖。她說，有人神經衰弱，對北大問題做歪曲的報告，說北大鬧的混亂不堪，怕引起波匈事件，這是無根據的。北大沒有要推翻社會主義的人。

在中國人民大學，學生們也開起辯論會來了。據新華社記者任志樵報導：

新華社北京5月31日訊　5月30日晚七時，人民大學的學生開始就林希翎的講話進行辯論。參加辯論會的學生比白天大大增加，因為禮堂外邊的人太多，特地設了幾個擴音器。在學生們

發言的時候，坐在講台上的林希翎，時而與人談笑，時而作筆記，有時還為發言者鼓掌。在辯論進行中，聶真副校長和另一位負責同志走到講台上，聶和林希翎坐在一起。

辯論進行了三個小時，十點多鐘結束。在會上發言的共八人，大體上分三種意見：第一種意見是反對林的論點，其中有些人的發言比較有說服力，不斷博得會場的掌聲；另一些人的發言，沒有說服力，只講些簡單的道理，問林是什麼立場，問林用心何在，許多聽眾不滿。第二種意見是只談一些具體問題，沒有就林的論點表示意見。第三種意見是基本上同意林的論點，有的還作了補充，但是對林的一部分發言表示了不同意見。

有一個叫金玉新的公務員在掌聲中走上講台，他說，我是一個公務員，不是高級知識分子，今天也來參加這個辯論。我是擁護黨的（掌聲），但是黨有嚴重的缺點。試問：首長穿着呢子、綢子衣服和農民在一塊，農民滿意不滿意呢？大家想想，毛主席在湖南是怎麼領導農民起義的？我的兩個伯父是部長、科長，他們的生活就和農民不一樣。我建議，黨員、高級知識分子要大大降低生活待遇，把多出來的錢交給農民，提高農民的生活。黨認為知識分子難統治，搞不好就要鬧個匈牙利事件。我不同意。工農聯盟是基礎，假如他們沒飯吃，光有知識分子也不行。

楊德良不同意林希翎的論點，他認為林的五十年以後人對現實還是不滿的論點，是一條奇妙的哲學定律。不滿足和不滿是兩個範疇內的東西。我們的社會主義制度比過去歷史上的任何社會來說是最好的社會制度（台下有些人高呼：社會主義萬歲！）。楊德良建議林希翎對她講話中的事實作個索引，注明出處，便於我們研究辯論（掌聲）。

在第三個學生發言結束的時候，主持會議的人說，有人要求請聶校長對今天的自由辯論發表點意見……。（台下活躍，多數人喊：還是讓大家發言）

張漢雲同意林的論點，提出三條意見：一、很多重大問題要全民討論。二、《參考消息》為什麼新聞系的學生能看我們不能看？建議學校從明天起就發給我們，至少一個班一份。三、取消高級幹部子弟學校。

歷史系學生朱明一上講台就有點氣憤，他說，有些人發言只抓住林希翎的一個論點就否定全局，這不是百家爭鳴，簡直是一棍子打死的態度。他說，我基本上同意林希翎的意見，特別是經濟基礎和上層建築的矛盾問題，當了統治者以後對問題的看法有局限性問題等。他說，關於胡風、幹部的德才標準、新聞自由、保密、學習南斯拉夫、整黨整團等十個問題，我完全同意林希翎的意見。但是我和她有分歧：第一、她把問題看得太簡單，認為人民內部矛盾就是經濟基礎和上層建築的矛盾；第二、她把現在的官僚主義、教條主義說成是封建制度、買辦制度是不對的，它有深厚的社會根源和歷史根源，如機構龐大、勝利帶來的驕傲、舊社會的遺毒等。第三、她說解放以後入黨的黨員都有問題是不對的，黨員是有問題，但基本上是好的。第四、完全否定蘇聯，否定斯大林，恨透了斯大林是不對的，列寧建立起來的蘇維埃民主還是好的，只是斯大林破壞了不少；要是沒有斯大林，社會主義絕對沒有現在這個樣；我們學習蘇聯有缺點，有的學錯了，但不全盤否定。他談完了肅反和文藝問題後接着說，林希翎對自己的要求好像太低，她不是以馬列主義的態度對待問題而是以小產階級的偏激對待問題。

一個自稱為老黨員、曾當過高級首長秘書的歷史系學生唐修文說，程海果（即林希翎）是真正的社會主義者，她的發言中我感不到有反黨、反社會主義的思想。林希翎說的這些缺點是有的，但是不能因此就認為中華人民共和國就是這個樣。唐修文回過頭去問林希翎：你的意見是這樣嗎？林說：是，對！唐修文又接着說，我們現在是以整風的精神來提意見的，光喊社會主義萬歲沒有用（指剛才台下喊的口號）。我想毛澤東同志知道了也不會同意的。他說，我現在對林希翎同志的論點作些補充：第一、關於分配：解放八年了，百分之九十幾的人的生活都改善了，這不用懷疑。但是，我們國家窮、生產力低、人多，分配有不合理的地方。高級幹部和工農群眾生活相差太懸殊，最少的一個農民一年生活費才十七元，而部隊裏一個大將一個月的薪金是四百元到五百元，另外還有兩個警衛員、兩個通訊員、一個炊事員，住房子不是十間八間，而是三、四十間。怪不得很多人三、五代住在一起，因為房子都被高級幹部住去了。為什麼自己拿四、五百元薪金還要國家給炊事員？當然差別還是要有的，但是不應該太大。現在有的高級幹部的薪金已經降了一些，我的意見還要降。

唐修文説：我同意林希翎的意見，資本家的定息應該取消了。上海市副市長榮毅仁，我估計他當副市長總是有工資的，一個月至少二百元，一家十口人也可以生活了。但是，榮毅仁拿多少定息呢？他拿的定息可供十七萬六千個農民一年的生活（據説是按一年一個農民十七元計算）。為什麼民族資產階級就那樣特殊呢？黨為什麼就不想想被壓迫的工人階級呢？為什麼不考慮考慮五億農民呢？這並不只是我個人的意見，而是不少像我這樣追隨黨和革命多年的人的意見。如果黨不考慮我的意見，我就要到中南海裏哭先烈去（這個人愈説愈快愈激動，又是山西口音，有些人聽不大懂，有些人對他的話不滿意，於是台下就轟起來，有的説，他瘋了！有的説，簡直是歇斯底里！經過主持人再三説服才安靜下來）。唐修文説，既然是幫助黨整風，大家都能在講台上發表意見，為什麼就不允許一個共產黨員發言呢？（台下有人喊：讓他講下去！）接着他談到了不少黨員不合標準，有些黨員腐化墮落的問題。他正舉江蘇某縣兵役局副局長虐待媬姆事例的時候，台下又吵起來，堅決不讓他講下去，幾分鐘以後，他説：既然大家不讓我講，我就用大字報發表吧！

九點多鐘，主持人正叫第九個發言人上台。林希翎走到麥克風前要求發言，她説：明天我還要到西郊人大作報告，所以請先讓我回答大家的問題。

同志們！我只是提了一些問題，有些問題不知道怎麼説好，所以説得不確切（台下有人喊：少廢話！）。全場兩派人形成鮮明的對比，有人支持我，有人反對我。凡是有共產主義良心的人都會支援我的。毫無疑問，我是幫助黨整風的，只抓住個別的句子歪曲我整個思想是不好的。

作為經濟基礎的公有制，當然沒有問題。但是資本家的定息不取消，公有制就不完整。現在是取消定息的時候了。我堅決反對定息二十年。上層建築和這個基礎是不相容的。上層建築的各個領域裏都有問題，有許多是私有的等級制度。

有人説，林希翎的話給人以消極的影響，對前途沒有信心。這正是幾年來片面宣傳教育的典型。「社會主義萬歲」喊死了也沒有用，現在是整風。我們的歌頌不少了，過去歌頌過，今後還有很多機會去歌頌。

　　肅反問題，殺了七十多萬，大部分是殺對了，是不是有錯的呢？我想是有的。

　　胡風問題，有個同志在台上念了念《人民日報》的材料，彼此彼此，我們都學過了。

　　肅反的時候，我是個積極分子，第一個鬥爭、看人；批判胡風我也寫了兩篇文章。我現在懊悔。

　　有人說，這種思想是由於階級本能產生的。告訴你們，我家裏先是自由職業者，後是貧農，十三歲參加革命。如果我有什麼政治問題，學校裏有黨委，有保衛部門，早就搞了。不用你們大家擔心。

　　對現實不滿。任何社會都會有不滿的一面。拿現在的社會和過去比，當然沒有問題，好。但是我們不願意。老是和過去對比有什麼意思呢！

　　人不起進步作用就起反動作用。毛主席說過，人做了九十九年好事，在一百歲上幹了一件大壞蛋的事也要受批評。這句話很辯證。斯大林做了不少好事，但是他在晚年幹了不少壞事，對社會進步來講，起了反動作用。如果不是他的錯誤，蘇聯的情況比現在還會好。我告訴大家一個消息，轟校長剛才說，他同意公佈赫魯曉夫秘密報告，但是要請示上級批准。（大鼓掌）

　　我說過的一些事，都是我親身經歷的。大家可以到我這裏來查。（台下有人喊：歡迎！）剛才，公務員、首長秘書講話中所表達的是真正的階級感情。我想到許多不合理的事情，都要哭了。但是，這些都是社會現象。官僚機構，政治制度。有人說，我要摧毀人民代表大會制度！真不敢。我們是要真正的人民代表大會制度。

　　（台下有人問：你說現在的是假的！你回答：現在的是真的還是假的！）

　　好處不大！（有一個人喊：你回答這個問題！很多人都對喊的人不滿，那個喊的人說：現在是辯證會嘛！大家都吵起來：上來！上來！林希翎也作出讓講台的姿勢）

　　要不要我講下去？（台下：講下去！講下去！）

社會主義不僅是黨員的，而是每一個公民都有份的。有些自命為馬克思主義者的人，實際上是黨的集體的蛀蟲。

黨、團，以前我覺得非常神秘。過去部隊領導對同志很關心，威信很高，現在沒有了。

請大家不要把我劃到社會主義之外。

現在講分配問題。高級首長和勞動人民的生活相關（差）太遠了。江蘇省一個縣裏，由於統購統銷，二百多農民自殺了。他們文化低，除了自殺沒有別的辦法，既不會罷工，又不會請願。（台下有個人說：她的材料真不少！）大家應該向波蘭學習。哥穆爾卡同志很樸素，住在一般人集體住的房子裏，老婆自己做飯，進出不要警衛員。周總理從波蘭回來以後說，他要向哥穆爾卡學習。在我們國家裏，當一個縣長就不得了了。我們的聶校長的生活也有些問題。有些人升上去很容易，降下來很困難。有共產主義良心的人才能做到（台下有人問：人大怎麼樣？）大家想想看，人大是怎麼選舉的。好像分贓一樣，你這個黨派多少，我這個黨派多少。

我們要求國家生活進一步民主化！人民總是不滿足的，多一點，再多一點！我們要求的是社會主義民主。（主持人拿着條子對林說：大家要求回答兩個問題：一、你對人民代表大會制度的態度怎麼樣？二、你對共產黨的態度怎麼樣？）不成問題的問題成了問題。第一條，我擁護人代會制度，但是有缺點，需要改進，這是一個問題的兩方面。第二條，我擁護黨，沒問題。

我很痛心，我付出了很大的代價，考試的準備放下了，要寫的文章也放下了。結果弄成這個樣子。（表情很為難）社會的病態，應該發動全民來討論，使我們的國家成為真正的社會主義國家。我再說一次，應該攤開，國家窮，人多，用具體的材料告訴人民，我相信能趕走日本和蔣介石的勤勞勇敢的中國人民是會克服困難的。（主持人宣佈：明天下午七時繼續辯論）

聶副校長最後說，這個會開得很好，大家要繼續大「放」。「放」的方式很多，自由辯論也是發展整風的一種方式。聶真談到赫魯曉夫報告問題，他說，聽說這個報告是從杜勒斯那裏搞來的，不可靠。是不是能公佈，要請示上級。

（散會後，大家紛紛議論，有的説，聶真腦袋熱了，既然是不可靠，為什麼又答應公佈呢？）（1957 年 6 月 3 日新華社《內部參考》）

在北京大學，依然到處熱氣騰騰。5 月 25 日下午，西語系在辦公樓禮堂舉行了一個「反三害」的控訴大會，開會之前，主持者曾去找過學生會和團委會，請求支持。控訴會上，發言者揭露了肅反運動中的一些情況。北京大學全校有二百人被鬥錯，西語系英語專業三年級有六個學生被鬥，除了一個說是集團成員之外，其餘五個全鬥錯了。大家還揭發了運動中對這些鬥爭對象的人權侵犯人格侮辱種種違法亂紀行為。肅反對象顧文選和周鐸談了他們在肅反運動中被錯鬥的情形。這次控訴大會的情況，在新華社記者雷朋寫的內參材料〈北京大學表面形勢似趨緩和，但事態正醞釀擴大〉中說了一些：

今天舉行的所謂「三害罪行控訴會」是最吸引人的，大禮堂內、樓梯上下及巷道裏都擠滿了人。控訴人為西語系三年級學生周鐸（據高校黨委同志談，此人神經不健全，曾住過瘋人醫院），他在今天談他的遭遇前，系裏專門為他出了大字報。據大字報上說：周鐸於 24 日夜在西語系的座談會上報告時，師生為之慟哭，故特舉行大會控訴。

周鐸自述的遭遇的梗概是這樣的：他原為清華大學西語系學生，在 1950 年參軍後，被分配在某公安大隊裏工作。這個隊什麼事都保密，所以很不習慣，曾要求調工作，不意因此就被認為落後而遭冷落。他又因此發過牢騷，繼而又被認為有反革命嫌疑，被禁閉半年，後來審查歷史無問題才放出讓他轉業。但鑒定材料卻寫下了許多政治上難於洗清的結論。當他轉業到北京一個中學去當教員時，因為檔案材料還未一道帶去，學校領導上很歡迎，對他照顧很好。可是當這檔案材料一到學校並為這個學校領導人知道後，對他的態度前後有若兩人，同時在同事中誰也不理他。他自知背上包袱，便用功夫教書，和同事同學相處都很好。1952 年選模範教師時，他被全校師生一致選出，但在學校領導上卻通不過，認為他不能作模範教師，但又說不出道理來。周鐸很苦惱。學校領導把他原先的檔案材料丟了後，他才於 1953 年暑期考入北大西語系。入校這幾年一直沉默寡言，從不和系裏班上的人（特別是黨、團員）接近。直到這次整風時他才談出。

　　周鐸在西語系談出他的這一遭遇時，一個調幹女學生談出了她原在家鄉時遭受所在縣的一個幹部強迫要與她結婚，並採取了各種扣大帽子的威逼手段。一個名叫時榮章的學生（共產黨員）也在系會裏暴露了黨支部原先如何確定肅反重點、發展黨員的計劃以及伏老（引者注：指 1957 年來中國訪問的蘇聯領導人伏羅希洛夫）來校參觀時的部署。（分社按：據市委高校黨委反映：許多學生現在專意向所謂「黨的秘密」進攻，這個黨員被他們攻破了，反黨了。他將黨內佈置的肅反部署，如何監視人和審查信件，以及在歡迎伏老時黨內如何佈置監視有問題的人統統講出。他說：我考慮過了要黨籍呢？還是要很好幫助黨整風。現在我決定不要黨籍。據說，這個人還準備將黨內這些東西帶到清華去進行「控訴」）這三個人的發言，引起全系師生思想上極大的波動。當場就有人高呼：「我們要控訴！」「時榮章是有良心的共產黨員，每個黨員都應該這樣！」同時還有人高喊：「是正直的黨員教師和學生就留在這裏（意即繼續研究如何「控訴」的問題），我們不要去上課。」當時連西語系主任馮至教授也沒有去上課。據說當時許多人，其中也包括黨員在內都哭出聲來了。馮至教授就認為「這簡直是傷天害理的事」。（分社按：據北京市中共高校黨委去北大了解情況的同志談，馮至當時在場，會議臨結束時，主持人曾宣佈把有關肅反的兩個控訴，由馮至作為人民代表大會代表帶到人民代表大會上去）今天來參加「三害罪行控訴會」的人特別多。

　　今天的大字報和辯論會看來比較沉悶，其實有的學生正醞釀着把事態擴大。這從幾個方面可以看出這一事端：

　　一、這兩天，特別是今天，在西北郊各高等學校的學生都以私人朋友關係來聯繫過，打聽「北大是怎樣開展起民主運動的」。據不完全統計，清華大學曾在今天派來了五、六批人聯絡。

　　二、北大學生已組織了四十多個人的宣傳隊伍，在明天到清華大學利用舉行高等學校運動員（會）的時機去與各校聯絡，據說還要把「周鐸事件」帶到清華大學去公開宣傳。因為學生們認為「這種控訴會的效果是最大的」。（分社按：據中共天津市委來人說，天津大學已收到北大學生的信，要求天津大學的學生支持北京大學學生的行動）

三、北大各系學生正積極搞自己的油印刊物，目前已出的油印刊物計有《除三害》、《五月》、《春雷》和今天創刊的《觀察家》等四種。除《春雷》是一種比較對立的刊物外，其他還看不出明顯的傾向。據説油印刊物還要陸續增加（這些刊物的經費都是學生自己湊錢來辦的）。

四、北大學生對新聞界沒有報導他們的情況表示不滿，今天所出現的一個大字報就要求「記者作家到學生中來」。據説，他們自己出去宣傳就是因為「新聞封鎖」的緣故。中文系幾個學生正準備從理論上來分析「人性和黨性是否有矛盾」（論文題目），企圖來論馬列主義是否能作為指導思想。今天北京大學表面上是平靜的。在落日餘暉中，未名湖畔，男女雙雙。入夜又有盛大的友誼舞會和電影晚會。晚上我去訪問江隆基時，他估計很樂觀。他説：「學生們鬧了一個星期，精神倦怠了」。但據記者和教師、學生的接觸，他們估計「表面的沉寂，學生在思想上正醞釀着進一步掀起高潮」。（據新華社 1957 年 5 月 27 日《內部參考》）

顧文選是英語專業三班的學生，浙江省杭州市人，是解放前杭州市公安局的留用人員。他酷愛文學，特別喜愛詩歌，對胡風歌頌新中國的長詩《時間開始了》非常讚賞。「胡風反革命集團」事件爆發後，他受到牽連，再加上他又是留用人員，平時他對杭州市公安局對犯人的非刑折磨就有過些議論，因此被打成「反革命」。在杭州市公安局他受到了捆綁吊打等嚴刑折磨。在 1956 年比較寬鬆的政治氣氛中，他被放出來了，以社會青年的身份考入了北大西語系英語專業。在這個控訴會上他向一千多同學們講述了自己在杭州市公安所受到的非刑折磨的情況。許多女同學聽了就哭了。顧文選和周鐸二人，後來就因此被劃為「極右分子」，受到勞動改造的處分。

1963 年顧文選刑滿後，還是不能離開勞動改造的茶澱清河農場，被留場「就業」。1966 年他逃出清河農場，北上到了蘇聯。但被引渡給了中國當局。1970 年「一打三反運動」中，被宣判為「反革命分子」，3 月 5 日成為北京處死的五十五名現行反革命中的首犯，遭處決。

在這一次控訴大會的當天晚上的電影晚會之後，北京大學黨委書記江隆基發表講話，説控訴會這種形式是只能對敵人的，不能對黨用，他要求以後不再舉行。這裏，在認識上有一點分歧，學生控訴的，是肅反運動中的違法亂紀行為，是那些在運動中毆打人、侮辱人、誹謗人、誣陷人的

犯罪行為；在江隆基看來，這是在控訴黨。這位黨委書記一定要把這些違法亂紀分子，犯罪分子和黨等同起來，實際上是要讓黨來為這些犯罪分子任過。有一些學生熱烈鼓掌歡迎江隆基的這些講話，也有不贊成的，第二天就貼出了許多大字報，提出質問，認為對嚴重的犯罪分子是可以開會控訴的。

關於這件事，一份新華社《內部參考》刊登的〈北大部分學生堅持控訴會 ── 江隆基一席話在北大學生中又引起了新的風波〉一文作了報導：

> 新華社北京 26 日訊　北大昨天似很平靜，今天卻又引起了一場新的風波。今天本是星期天，但大字報反而比昨天還多。這場風波是由北大黨委書記兼副校長江隆基同志在昨天夜晚對學生所講的一番話而引起的。
>
> 江隆基昨夜對學生的講話，主要是針對當天西語系為「周鐸事件」舉行「控訴會」的問題而發的。江對這個事件提出的幾個主要問題是：
>
> 一、所謂控訴，是在控訴誰？是控訴全黨嗎？控訴會是對敵鬥爭的方式方法，在整風運動中不應該採用。
>
> 二、這個會（即指控訴會）是為了解決人民內部矛盾呢，還是為了擴大人民內部矛盾？是為了削弱黨的領導，還是為了加強黨的領導？是為了鞏固社會主義制度，還是要搞垮社會主義制度？（記者注：最後一句是大意，不是原文）。
>
> 三、「周鐸事件」是校外的，不應拿在校內來講。
>
> 四、「周鐸事件」是屬於違法亂紀的事，已屬司法範圍，不屬於整風運動的範圍。因之，江隆基認為西語系舉行這一控訴會是「不正常的」、「不健康的」。
>
> 在今天所貼出的大字報，相當集中地反對他的意見，並提出了許多理由，認為江隆基的意見是不對的。一份大字報舉出了三大理由：
>
> 一、揭露的事實是深刻的，雖然事實本身是屬於違法亂紀的範圍。但根源是「三害」。

二、昨天的會向聽眾表明了不徹底根除「三害」，將導至嚴重的後果，它激發群眾對「三害」鬥爭的積極性。

三、會上（指控訴會）對黨表現了親切的希望和信任，希望黨通過整風從自己的隊伍裏，把「三害」徹底根除。

一份以〈控訴會一定是敵我矛盾的鬥爭方法嗎〉為題的大字報，也列舉了幾條理由質問江隆基，並說他的講話無助於「鳴」、「放」，希望他再表示一下意見。另一份大字報的標題就是〈還讓不讓「大鳴」、「大放」？〉認為江隆基的講話「不是勸說和討論的態度，而是『壓』的態度」。

力學系三年級三個署代號的學生，在大字報上質問江隆基：這個會的形式是應當否定的嗎？你根據什麼把對「三害」的控訴，說成是對全黨的控訴。既然整風是全黨全國的事，為什麼校外的事不能在校內談，這符合黨中央的整風方針嗎？你曾想到過：你的話會引起多少人的顧慮，奪壓制多少人的積極性？

哲學樓今天所舉辦的辯論會，也辯論了對控訴會的看法。

在今天夜裏，江隆基召集了主要是西語系的學生（還有其他系的學生參加），座談對「控訴會」的看法。江隆基首先對他昨天講話的要點作了說明和解釋。並表示他「昨天講話時是有些激動」。

接着學生們提出了對這個問題的看法。對這個問題發表意見的一共有二十多人（其中有黨、團員和群眾，有學生也有教師）。西語系學生汪仕賢說：我要批評江副校長，昨夜的講話是增加同學顧慮，並且引起不滿。據我估計：反對江副校長這意見的同學在85%到90%。作為一個領導幹部，在運動的關鍵問題上輕率地下斷語，只有增加同學的顧慮和不滿，並阻礙着「放」、「鳴」。西語系學生王克武也批評江隆基說：你自己既未親自參加這個控訴會，也沒有聽聽同學們的反映就輕率地下論斷，同學們都感到這樣大的帽子受不了。中文系學生張元勛說：江副校長昨夜的講話等於說：你們搞控訴會是反革命。他說：問題不在詞句上，可以把「控訴會」另改個名兒，但應讓群眾把心裏話說完則是一樣的。昨天我們搞控訴會，並非認為黨壞、我們的社會制度壞，而是有些黨員的行為在踩躪黨、踩躪社會制度。西語系學生李斯華

説：「周鐸事件」是「三個主義」的根源，同學們揭發是必要的。毛主席要知道了，一定會支援我們的。她説，從中央決定這次整風以及以往公佈的文件看，中央是有自我批評精神的。但下邊有些黨員幹部卻更多地考慮着自己的地位和面子。我希望江副校長好好的考慮。一個學生接着説：我希望江副校長在整風結束後能主動辭職。江隆基説：我要能辭掉，倒要向你們叩三個頭（意即巴不得能辭掉）。西語系主任馮至教授也表示了意見説：我聽到「周鐸事件」後的反應，首先感到的是同情，從來沒有想到過這種方式是不對的。為什麼江副校長會有這種想法呢？

會上，許多教師和學生都談到江副校長昨天的發言，實際上説明了黨委會的工作大大落在群眾的後面，還不敢「大放」。西語系講師黃繼忠（即帶隊到清華去作聯絡宣傳的人）在會上説，從大字報、辯論會一直到控訴會，黨委都落在後面。等到學生控訴會開始了，才跑去説這種方式不好。這最（是）黨委放棄領導、不敢「放」的表現。所以，我建議毛主席或是中央首長到北大來看看，了解一下學生們真正的思想情況。

江隆基在會議結束時談了三點意見：

一、昨天晚上的發言，客觀上造成大家對「放」有顧慮。我希望大家繼續「放」、繼續「鳴」。

二、黨委領導跟不上是存在的實際情況。我們的方針是「放」，但是在具體作法上有分歧。例如到其他學校去宣傳的問題，用控訴會這種形式問題，目前很難在看法上取得一致。一定要領導上支持一種方法，是有些困難的。

三、拆牆問題，有的説舊牆拆了，又砌起了一座新牆。砌牆主要問題在黨員身上，就是在這次運動中，黨員對群眾還表現了宗派主義情緒。但是，群眾是否對黨員也有一種異樣的看法呢？我想可能是有的。

江隆基在最後並表示，等兩天將把同學們所提出的意見和要求作個答覆。這個座談會一直開到深夜十二時零五分。（1957 年 5 月 27 日新華社《内部參考》）

西語系講師黃繼忠在江隆基召集的座談上也談了自己的意見。他説，「控訴會，同學爭取到學生會和團委會的支持，但黨委不重視這一領導，在

會後江副校長又說：這一方式不很好，這是很難使人心服的。對違法亂紀的人控訴，沒有什麼不好。」

就是這一位黃繼忠，5月27日，他帶領時榮章等十個學生，到中南海，要求向毛澤東彙報北大的運動情況。雖未能見到毛本人，卻向毛澤東的辦公室主任鳴放了一通。反右派鬥爭中，黃繼忠和時榮章等十一個人全部被劃為右派分子。彭真下令：「黃繼忠是北京高校第一個帶學生出校門的，應該嚴懲。」於是他被打成極右分子，和時榮章等送河北清河勞動改造農場勞動改造。1980年他到美國伯寧頓學院任教。2001年病逝。

這些天裏，北京各個報社天天都有記者來北京大學，可是就是不作報導。學生們對此極為不滿，他們向來校的記者提出質問。第一個作出客觀報導的，是不久前由儲安平接任總編輯的《光明日報》。據後來反右派鬥爭中該報所作的檢查說：

> 儲安平跑到北大看了大字報，回來就通知本報學校教育部立即報導。總編室主任一再向儲提出，這樣報導一定會起煽動作用，擾亂整風步驟，對人民不利。但是他完全不理。他說：「是事實就要報導。」爭論到最後，他斷然地站起來說，要「考驗考驗」，一定要即日見報。總編室的意見也向學校教育部提出，有關同志說，「學生壓力太大，不報導不行了。」「群眾已經跑在前面了，報紙落後了！」這個報導是由學校教育部主任潘文彬親自執筆的，他說要儘量向健康方向引導，強調不誤學習幫助整風。（7月15日《光明日報》）

這篇〈北大開闢「民主牆」〉的報導，刊登在5月26日的《光明日報》上。執筆者潘文彬雖然「說要儘量向健康方向引導，強調不誤學習幫助整風」，最後他還是被定案為極右分子。

自從5月中旬以來，毛澤東本來正在運籌帷幄，從容部署反右派鬥爭。眼睛注視的，心中思考的，是中共中央統戰部召開的民主人士和工商界這兩個座談會。這裏是反右派鬥爭預定的兩大戰場。最初他並沒有把大學生放在考慮範圍之內。明顯的證據是：在5月19日北京大學學生貼出第一張大字報之前，中共中央發出的文件，即5月14日的《關於報導黨外人士對黨政各方面工作的批評的指示》和5月16日的《關於對待當前黨外人士批評的指示》，在表明反右意向的時候，並沒有提出大學生的問題。是鬧

得起勁的大學生迫使毛澤東在即將攤牌的反右派鬥爭中才把大學生包括在內的。

前面已經說明，毛澤東的〈事情正在起變化〉一文，在《毛澤東選集》第五卷上注明的「5月15日」應該解釋為寫出初稿的日期，而不是最後定稿的日期。從文中採用了「右派分子」這個最後確定下來的稱謂可以斷定，其最後定稿，必在5月20日之後。因為這一天以前中共中央發出的文件裏用的還是「右翼分子」而不是「右派分子」。現在可以再補充一個證據，就是這篇文章在反右派鬥爭的文獻中第一次提出了大學生問題：

> 他們又知道許多學生屬於地主、富農、資產階級的兒女，認為這些人是可以聽右派號召起來的群眾。有一部分有右傾思想的學生，有此可能。對大多數學生這樣設想，則是做夢。

可見此文在定稿的時候，毛已經聽說5月19日以來北京大學以及接着別的一些大學的學生有所動作了。不過，這時候他還沒有像後來那樣稱他們做「反動的學生」或「學生中的右派分子」，而只是「一部分有右傾思想的學生」，特別是文中「做夢」一語，更表明這時他對大學生還是頗有信心的。

可是，這些娃娃們還幾乎完全不知道這時已經是一場大殲滅戰的前夜，還在愈鬧愈起勁，用毛的話說，是「鬧得天翻地覆」了。他決定給娃娃們一個警告。正好青年團的全國代表大會於5月15日至25日在北京舉行。這是青年團改名的大會，所以它既是中國新民主主義青年團第三次全國代表大會，又是中國共產主義青年團第八次全國代表大會。就在大會的最後一天，毛澤東向到會的全體代表發出了他的警告，他在接見他們的時候說了這樣幾句話：

> 你們的會議開得很好。希望你們團結起來，作為全國青年的領導核心。

> 中國共產黨是全中國人民的領導核心。沒有這樣一個核心，社會主義事業就不能勝利。

> 同志們，團結起來，堅決地勇敢地為社會主義的偉大事業而奮鬥。

第二天的報紙報導這次接見的消息中，毛的講話最末加了一句：「一切離開社會主義的言論行動是完全錯誤的。」

對於報紙發表的時候增加了一句重要的話這件事，出席這次大會的四川省代表黃一龍後來回憶說：

> 我是這次會議的代表，我們得到接見的通知時，興奮之餘好多人都準備了便於攜帶的小記錄本。毛澤東講話的時候，我們就低頭拿出本子記，他講得不快，而且四川人聽湖南話基本沒有障礙，所以回來互相對筆記的結果，所記略同。第二天早晨《人民日報》一到，大家爭看接見消息，一時都傻了眼。就在消息的附〔副〕題裏，赫然有句「一切離開社會主義的言論和行動都是錯誤的」，一看內容，知道這是他講的最後一句話。可是對這句話誰都不記得聽到過，誰的記錄裏都沒有，而且也僅僅這句話沒有！我向同是四川代表的四川大學團委書記黃桂芳說了句：我們回去怎麼傳達呢？是說我們聽見了這句話，還是說毛主席當時沒說？她瞪了我一眼，似乎是嫌我多嘴吧，我就不敢再說了。（黃一龍，〈關於反右派的「公開動員令」〉，見《黃一龍閱世美文》，廣東人民出版社 1999 年版，第 116-117 頁）

可以看得出，原來說的，不過是強調中國共產黨的領導作用和社會主義的奮鬥目標，常常這樣說的，並沒有多少新意。在見報前添上原來沒有說的這一句，明確指出了反對什麼，分量就頗不相同了。毛一般不做無的放矢的文章的，當他決定要添上這一句才見報的時候，可以想像是他聽到或者感到已經有什麼「離開社會主義的言論和行動」發生了。比如說是他聽到了幾乎和他的接見同時發生的北京大學西語系的控訴會這一類的事吧。他發出這個警告，也許是出於對這些不知底蘊的年輕人的悲憫之心，叫他們不要再這樣胡鬧下去。也許是他已經把這些大學生同那些民主人士同樣看待了，他是在「把根本戰略方針公開告訴自己的敵人」，（《毛澤東選集》第五卷，第 437 頁）這也就是他頗為自負的「陽謀」。

薄一波在《若干重大決策與事件的回顧》中談到了毛這次接見時的講話，他說：「如果說以前的指示還都是黨內的，並且是『絕密』文件，限制在一定級別的範圍內傳達，莫說普通黨員，就是級別較低的黨員幹部都不知道；那麼，毛主席這次接見青年團代表的談話，一方面是向黨內黨外『打招呼』，另一方面則是反擊右派的公開動員令。」（薄一波《若干重大決策與事件的回顧（修訂本）》下卷，第 636-637 頁）這裏，將這個講話比做「公開動員令」似乎不太確切。大家知道，「反擊右派的公開動員令」是 6 月 8 日的《人民日報》社論〈這是為什麼？〉，同一天還發佈了一個秘密

的動員令，就是毛澤東起草的《中共中央關於組織力量準備反擊右派分子進攻的指示》。

對於毛澤東這次接見青年團代表的講話，我以為黃一龍的分析更恰當一些，他在前面摘引過的那篇文章中說，這是已經確定「對青年學生大規模殘害的計謀」「的第一個信號」。他說：

> 北京學生的搗亂不僅直接幹擾預定的戰略部署，而且引起了領袖的高度注意。所以乃有上述的講話和講話補充，意在使人注意到小右派們的存在，並使很缺規範的他們稍稍冷卻一下，以便在有序的狀態下把他們引上自己的末路；而且和對待黨外人士一樣，還是有言在先，不算不教而誅。

毛澤東的這些話，特別是接見的當時沒有說而在見報的時候添上的那句話，是說給那些正鬧得天翻地覆的大學生聽的。而大學生是怎樣回答他的呢？北京大學中文系學生陳愛文在〈關於社會主義制度〉這張大字報中說：

> 我們擁護毛主席的指示 —— 一切離開社會主義的言論和行動都是錯誤的。

這當然是一種正確的、可取的態度。不過，接着，他作了自己的解釋：

> 但是我們反對人「挾天子以令諸侯」，他們把一些離開傳統習慣的見解都指斥為「離開社會主義」。肯定社會主義的基本特點是，經濟上的公有制和政治上的人民民主專政，沒有否定這個原則的，就不能妄指為「離開社會主義」。

「妄指」一語，用得頗為凌厲，有一點大不敬了。照他這樣解釋，他們的言論行動都沒有離開社會主義，實際是把毛的話頂了回去。

中共中央政治局候補委員、宣傳部部長陸定一在青年團代表大會上講了篇話。這篇題為〈要做共產主義者，要做頂天立地的人〉的講話中說：

> 我們現在就是在思想的政治的風浪之中。現在的「大鳴大放」，人們對很多問題正在提出各種各樣的意見。我們黨內，也有人提出了各種各樣的意見。這裏就發生了爭論。……你們配不配得上共產主義者的光榮稱號，就要看你們在風浪中能否站穩共

> 產主義者的立場，是否相信共產主義、相信共產黨。（《陸定一文集》，第 575-576 頁）

這些話顯然有給正在「大鳴大放」的大學生打聲招呼的意思。陳愛文的這張大字報是這樣回答陸定一的：

> 我們同意陸定一的話，要在風浪中站穩立場。而我們所理解的立場，並不是現在有些人所理解的凝固的狹隘的不顧事實的成見，只有沒落階級的立場才是偏見成見，先進階級立場永遠是代表歷史前進發展的要求的。

這裏，他也是用作出自己解釋的方法，表示了他實際並不同意陸定一的話。

對於陸定一的「站穩立場」一說，更有力的批評是嚴仲強作出的，7月3日，這時已經是反右派鬥爭的高潮了，他在〈壓制不了的呼聲〉大字報中這樣說：

> 現在共產黨人手中最有力的武器還是所謂立場、觀點、方法，但立場、正義等和真理不同，真理反映了客觀規律，他可以通過實踐去檢驗，而立場、正義則是一個信仰問題，客觀規律並不能告訴人應當選擇某種立場，只有生活本身才能告訴人這一點，從立場來批評一個人的言論是最軟弱不過的。

陳愛文的這張〈關於社會主義制度〉大字報既然對毛澤東的話、陸定一的話都作出了自己的解釋，當然他也就自信沒有離開社會主義。在這張大字報中，他談了這樣一些意見：

> 1954 年訂立憲法的時候，許多人忙於唱讚美詩，很少有人嚴肅地考慮，如何實施的問題，所以有 1955 年肅反中許多地方破壞法制現象的出現；憲法規定有言論自由，通信自由，集會結社自由，……等等。可是有的人卻由於說了幾句不同於習慣教條的話正被指為「反動言論」；有的地方公然檢查信件，必然把正當的友誼聚會誣指為「小集團」甚至「反黨集團」；有的地方甚至非法拘禁，變相審訊，如北大二十四齋就一度被代用作牢房，……這說明了，僅有書面的條文，如果沒有社會力量的保障，就不能說這社會已經有了某種民主制度的建立。

大字報作者還正面提出了他自己的主張：「三害得以氾濫，是由於社會制度還沒有建立完善。我們目前的任務是：爭取憲法的徹底實現，切實保

障民主自由人權，使社會主義制度臻至完善。」意思很明白：他，他們，正在做的，不是離開社會主義，而是為了完善社會主義，這樣當然也就理直氣壯了。

北京大學校園裏的情況，5月25日毛澤東講話之後，可說是同以前並無不同。依舊是鋪天蓋地的大字報、依舊是觸目可見的辯論會和演講台。這些大學生們並沒有因為毛講話而有所收斂。

譚天榮又貼出了大字報〈再談人性與階級性〉，回應周大覺的大字報〈論「階級」的發展〉。譚天榮說：

> 周大覺關於領導者階級正在形成的論點，是可以考慮的，他寫道：「列寧關於階級的定義是：階級是在歷史上一定社會生產體系中所處的地位不同，對生產資料的關係不同，在社會勞動組織中所起的作用不同，因而領得自己所支配的那份社會財富的方式及多寡各不相同的幾個巨大集團」。現在我們看到領導者已經完全具有定義所提到的條件。

> 在周大覺看來，現在人民內部矛盾主要是領導者與群眾的矛盾，具有階級矛盾的性質，我覺得這是馬克思主義階級分析運用的一次嘗試。如果我們是馬克思主義者，那麼就用不着害怕異己的理論，因為馬克思主義畢竟是客觀真理，而不是宗教。自封馬克思主義者之後，禁止別人說話，這種作法本身就是反馬克思主義的。

譚天榮以贊同的態度大段大段摘引了哥穆爾卡的話，比如說，「無產階級專政的實質是工人階級和勞動群眾最廣泛的民主」，「失掉了工人階級信任意味着失掉權力的道義基礎」，「在這種情況下管理國家也是可能的，但政府一定是不好的政府，因為這個政府一定是建立在官僚主義基礎上的，建築在違反法制的基礎上的，建築在暴力之上的。」大段引文之後，譚天榮評論說：

> 在波蘭事件以前，我們可以設想有一個社會主義國家和馬克思主義政黨的領袖可以這樣說嗎？然而在波蘭哥穆爾卡是真正的人民領袖，可不可以提出這樣的問題呢？在中國人民面前，有不有一次波蘭式的變革，我覺得這才是問題的關鍵。

問題提得太尖銳了。這也就是毛澤東十分反感的「隨着哥穆爾卡的棍子轉」吧。

5月27日，林希翎第二次到北大發表演說。説的還是那一些意思。例如，「關於個人崇拜問題，我同意鐵托同志的意見，個人崇拜與社會制度有關」，「要克服錯誤，就要從根本上改革這一切制度，上次談到不要改良主義，也就是這個意思」。「我對南斯拉夫問題很感興趣，我認為南斯拉夫是社會主義國家中比較民主的」。她還談到「個人崇拜在中國也有」，並且舉例説：「主席寫幾首詩給《詩刊》，創刊詞上有人評價，説主席不僅是偉大的政治家，也是偉大的詩人。我看主席看了一定會很生氣，這話多麼肉麻。有人説主席寫的字最好，我看不見得。」此外，她對整風問題，胡風問題等等，都説了不少意見。關於胡風一案，她説：「這個案子這樣搞也是不合法的。哪有一個案子搞了這麼久還不宣判，即使特務案件，也不能二三年不結案。如果將《訴訟法》公佈了就不能這樣做了。」

北京大學的幾個教師和學生登台反駁了林希翎。林希翎説，這些發言者都是神經衰弱者的條件反射，到處是反革命。肅反擴大化的問題，我看到有一個公式，就是反領導→反組織→反黨→反人民，從這個邏輯得出一個反革命的結論。我的講話付出了不少的代價，説我是反革命，極為卑鄙，我提出抗議！

林希翎最後説：「幾天來，北大學生川流不息地到我家去拜訪我，其中有一個同學説，我來向你自首，上次在會上擾亂秩序，破壞你的發言，都是支部書記佈置讓我做的。同志們，我用毛主席的説法，這些都是國民黨段祺瑞的作法，是極卑鄙的！」

5月29日，百花學社成立。這是譚天榮和他的朋友們（所謂「黑格爾──恩格斯學派」）倡議下成立的。他們在宣言中表示：在擁護社會主義的前提下，任何問題都可以自由爭鳴。不要説這些小伙子毫無社會經驗政治經驗，他們在剛剛過去的肅反運動中受到了教育（譚天榮本人就是個肅反對象），成立這百花學社的時候就想到了不要被反革命分子利用，因此對社員沒有組織紀律的約束，社不對社員負責，社員也不對社負責，一切會議公開，歡迎社外同學參加，歡迎學校黨委派人參加。學社為龍英華組織過一次報告會。

在這些日子裏，北大校園裏出現了《自由論壇》、《百花壇》等等八種油印小報。他們還決定出一個更大些的刊物《廣場》。張元勳被推為主編。譚天榮、楊路、劉奇弟、葉於泩等人是編委。發刊詞是張元勳執筆的。它從北京大學的「五一九運動」講起。它說：

> 這個運動已遠遠超出了黨內整風運動的範圍，而且有了偉大的社會思想意識大變革的巨大意義！人與人之間的關係要重新調整，一切過去習以為常的正面和反面的東西要重新進行肯定和否定，對於現代的一些論點與觀點要重新進行估計、評價和探索⋯⋯總之，這裏——整風運動為主流的大變革是一次偉大的社會主義思想意識的改造運動，或思想意識的大革命，對一切都要進行勇敢地再認識。

> 北京大學是五四的故鄉，北大兒女是五四的後裔，我們的血管裏流着五四的血液，在社會主義的五四時代，我們要學會五四先輩們的大膽提問，大膽創造的精神，去爭取真正的社會主義的民主與文化！

> 我們的刊物——《廣場》便為此而誕生，《廣場》的含義在於：北大民主廣場是五四舉火的地方，五四的先輩們曾在民主廣場上集會點火與誓師高歌！

> 我們的《廣場》是真正的「廣」的「場」，是一切不脫離社會主義的言論的講壇。只要為了「真善美」，不論什麼基調的歌都可以到廣場上來對年青人放開嗓子唱！我們的《廣場》為爭鳴而開，我們的《廣場》是百花齊放的地方！我們的《廣場》矛頭指向陽光下的黑暗！我們的《廣場》又是火葬場！

> 先輩們的廣場已經荒蕪了，我們艱難地把它打掃乾淨，我們願愛講話愛唱歌的人們一起來打掃它，整理它，使它開出一萬朵美麗的花！

> 來吧！朋友們！到廣場上來！這裏有自由而新鮮的空氣，它可以振動你的聲帶，唱出你願意唱的個性的歌！

> 我們的《廣場》期待着二十世紀的社會主義文藝復興的到來！

當他們決定創辦《廣場》的時候，即公開宣佈了刊物的立場、性質、目的、編委名單、第一期要目，並請同學們監督批評。據張景中說，《廣場》選用的「每篇文章都是從社會主義立場來幫助黨整風的」。可是，刊物還沒有出，流言和攻擊就來了。說編委中的誰誰誰有怎樣怎樣的問題，怎樣怎樣的背景，甚至還有說他們是借辦刊來斂錢的。壓力很大。具體困難也不少，首先是找不到承印的地方，所有謄印社都接到通知，不讓印。想要鉛印，更辦不到。《人民日報》的一篇報導說：

> 他們把所編刊物 ——《廣場》交給北京印刷一廠排印，印刷工人們發現這個刊物的內容都是反對共產黨、反對社會主義的言論、工人們極為氣憤，拒絕給他們排印。這件事發生後，他們企圖在校內「控訴」工人，當他們要去學校播音室借擴音器時，播音室的工人因為反對他們對工人的無理「控訴」而拒絕借給他們，譚天榮又動手打了這個工人。北大的學生們這幾天貼出的許多大字報上，紛紛指責他們的不法行為。（6 月 21 日）

這個借擴音器的事件，當事人譚天榮在大字報〈第三株毒草〉中的說法要不同一些，只是說得更具體一些。他說：

> 當天我們借廣播器受到各種阻攔，我們知道我們的活動不合學校當局的口味，任何放肆和任性都會給自己帶來不少麻煩。因此一直小心謹慎，哪裏是採取粗暴的態度呢？小陳在電話中答應讓我們上廣播室找他，我們到廣播室時，他卻鎖着門放音樂，我們怎樣敲門他也不理，眼看開會時間就要到了，這才爬窗戶進去。當時小陳大聲呼喚，說我是反革命，是強盜是破壞分子，說我們要搶電台。我對他說，先別說這個吧，我們想借一個擴音器。他說不借，你譚天榮是反革命，別人可以借偏不借給你，別人怕你，我不怕，我不和你講馬列主義。我說，如果和我過不去，你也不要讓同學們開不成會啊，還是先把擴音器借給我吧！他可不依，一直吵吵嚷嚷還打電話給校衛隊，要求立刻派人來抓我們搶電台的強盜，來抓反革命。校衛隊來了之後，他立刻提到爬窗戶的事情，並且力圖證明第一個爬窗戶是我而不是劉奇弟。至於借擴音器的事他還是堅持，我愛借就借，不借不就借。當時在場的人誰也說不服他，這時我們才不能不去找江校長。至於打人的事，我只有在聽了小陳控訴之後才知道，因此我絲毫也不能幫助學生會把問題搞得更清楚。至於我們當天對學生會、團

委會、黨委會和江校長的粗暴態度，好不好請你們自己來敘述一下。

這時候已經不再是「五一九運動」，而是反右派鬥爭了。《廣場》這刊物終於沒有能夠印出，就這樣胎死腹中。

也就是在這時候，北京大學有一個學生寫了一篇題為〈我的憂慮和呼籲〉的文章，說黨中央已開始分裂，毛主席的「鳴」、「放」方針遭到了黨內百分之九十的人反對和黨內保守勢力的反擊，有人想逼迫毛主席下台。這篇文章油印後在校內外散發。中共中央宣傳部編印的《高等學校整風情況簡報》報導了這件事。毛澤東 6 月 6 日批示：「尚昆印發在京各中委一閱。完全造謠，但值得注意。」這也是使毛澤東惱怒的一件事。

在反右派鬥爭打響的前夕，譚天榮他們還有一件事不能不說一說，那就是 6 月 2 日，他們一行六人去了一趟天津。這事的起因是這樣的，南開大學同學來了一封信，說他們的民主運動受到了壓抑，說他們學校的廣播台聲稱北京大學已處於無政府狀態，被反革命分子所控制。於是他們就去南開大學了。為了使南開的同學們明白事實的真相，他們挑選了一些早期的大字報和引起爭論最多的大字報，油印出來，帶了去。他們是以個人訪友的名義去的，並沒有打起代表北大的旗號。在天津，他們受到了友好的接待。譚天榮說，這是他「有生以來第一次游泳在友好、信任和關懷的海洋裏」。晚上開會，先是劉奇弟介紹北京大學運動的情況。譚天榮講了他對〈再論無產階級專政的歷史經驗〉的看法，並且進行了辯論。在會外的交談中，還談到政治課選修問題、肅反運動的錯誤等等。楊路說：肅反損害了很多人的自尊心，妨礙團結。為什麼那時候肅反現在不肅呢？現在整風是歷史發展的必然，這裏有波匈事件的血，並不是恩賜。

第二天，天津師範學院的學生又邀請他們去了。這回是由沈澤宜介紹情況，劉奇弟講胡風問題，譚天榮講的還是那些，如不能像相信宗教那樣信奉馬列主義等等。

這中間，譚天榮和劉奇弟兩人還應邀到天津大學去講了話。就在反右派鬥爭已經開始之後，譚天榮在〈第三株毒草〉大字報中還在說：「關於我們去天津的事情我很滿意，交了不少朋友，也結了不少冤家，不管人們怎樣削弱我們的影響，我們還是那裏都掀起了新的大字報高潮，支持我們的信件至今還像潮水一樣湧來。」

在這次訪問南開大學的時候，譚天榮拜訪了歷史系雷海宗教授。關於這一次訪問，《人民日報》記者鍾林寫的〈南開大學反擊右派的鬥爭〉中是這樣寫的：

> 雷海宗說：「青年們來找我，我當然是要接待的。談到黑格爾的哲學，我問譚天榮：你讀過黑格爾的哪些書？他說唯讀過中國翻譯過來的幾本書中的一部分。我問他你能讀外文書嗎？他說不能。我問他向北大對黑格爾哲學很有研究的賀麟先生請教過嗎？他說沒有。我勸他：你要想學哲學，要研究黑格爾，你至少得學會外文，熟讀黑格爾的所有著作，也可以找賀麟先生談談。哲學是一門有系統的全面的對世界對社會歷史的解釋的高深學問，不要把它看得那麼簡單。」（6月29日《人民日報》）

雷海宗給頗為自負的譚天榮留下了良好的印象，他在大字報〈第二株毒草〉中，這樣談到這一次訪問：

> 在我看來，教授們總是淵博而謙遜的，淵博，這就是說什麼也不懂；謙遜，就是什麼也不想懂，這似乎是一個法則。這一次我畢竟遇到了一個例外，雷海宗教授是一個真正的學者，對於我這簡直是奇跡。他對我說，在這種哲學界無限混亂的時期，注意《自然辯證法》、《唯物論與經驗批判論》兩本書在思想方法上的差別是必要的。這句話有多大分量啊。

北京大學的這些學生，在校內校外這樣鬧。他們對自己的這些活動評價甚高。他們把這些活動同五四運動直接聯繫了起來。〈廣場發刊詞〉呼喚「社會主義時代的『五四』新文化運動」，哲學系調幹學生、共產黨員龍英華的大字報說，「五・一九」運動是現階段的馬克思主義啟蒙運動。現階段的馬克思主義就是兩個體系共處時期的馬克思主義，與列寧時期的馬克思主義不同。五四運動是解決階級鬥爭的任務，「五・一九」運動是階級鬥爭消滅後產生的新思想運動。

大學生的這些活動可是觸怒了毛澤東。據《毛澤東傳》說：

> 毛澤東密切關注着整風鳴放的動態，通過各種管道及時了解各方面的反映、在最緊張的幾天裏，幾乎天天派人到北京大學、清華大學、北京師範大學、中國人民大學等高校看大字報。他問身邊工作人員：「你看共產黨的江山能不能坐得穩？」那段時間，

他很憂慮。後來回憶起來的時候還説過：「我這個人就是常常有憂愁，特別是去年5月底右派進攻，我就在床上吃飯，辦公，一天看那些材料，盡是罵我們的。」又説：「右派猖狂進攻時，哪個不着急？我看大家都有點着急。我就是一個着急的，着急才想主意。」…… 很快，毛澤東的心裏有底了。幾個月過後，他回憶説：「四個大學沒有底之前，天天派人看大字報。匈牙利事件究竟有多大影響，5月20號後摸到底了，才真不怕。」（中央文獻出版社版2013年版，第1660-1661頁）

這裏説毛澤東「幾乎天天派人到北京大學、清華大學、北京師範大學、中國人民大學等高校看大字報」，是事實；但是説他似乎「着急」了好些天卻不很準確。因為北京大學是5月19日才貼出第一張大字報的。5月19日以前，無大字報可看；而他自己説「5月20號後摸到底了，才真不怕」，可見他着急的時間不過一天，最多兩天。當然，不着急了，也還是要天天派人看大字報了解情況的。

摸到底了之後，他即調整了部署。最初他部署反右派鬥爭的時候，考慮的主要是民主黨派。在高等學校裏，他想的也是那些教授，大學生並不在考慮之中。現在出乎他的意料，大學生們自己跳了出來，鬧到一時好似天昏地暗，迫使他不得不追加預算，將大學生也列為反右派鬥爭的一個打擊項目。6月8日他起草的中共中央《關於組織力量準備反擊右派分子進攻的指示》中，就將學生和教授並列了。他説：

> 高等學校組織教授座談，向黨提意見，儘量使右派吐出一切毒素來，登在報上。可以讓他們向學生講演，讓學生自由表示態度。最好讓反動的教授、講師、助教及學生大吐毒素，暢所欲言。

這個指示宣告了反右派鬥爭的開始。同一天，《人民日報》發表社論〈這是為什麼？〉，是一篇公開聲討右派分子的檄文。從這一天起，各個學校都向教師和學生中的右派分子展開了鬥爭。北京大學學生引以自豪的「五‧一九」運動當然也就夭折了。這些年輕人在短短的一個月裏的活動：大字報、辦刊物、講演會，留下的精神遺產是值得我們民族永遠珍視的。

當年例如章伯鈞、羅隆基、黃紹竑、譚惕吾、儲安平這些人，都屬於民主黨派的頭面人物，他們發表的主張，不免是聯繫政治權利的分配來考慮的。像儲安平關於「黨天下」的那次發言中就直接提出了為什麼國務院

副總理中沒有一個黨外人士。當然，他們的這種考慮，也是從國家制度的民主化出發，不能認為單是為了個人利祿，像章伯鈞就說過，他想「抬高自己的政治地位，不是為作官，是為了實現我的政治主張」。而當年在校大學生中劃出的右派分子，正如二十年之後的北京大學教授錢理群指出的，「這是一些尚未涉世的青年，因此他們的探索的熱情，並非源自利益的驅動，而純是（或基本上是）出於對『真理』的追求」。（錢理群，〈不容抹煞的思想遺產〉，見《原上草》，第9頁）下面引文後邊的數字都是這本書的頁碼）。這裏我們來看看當年這些年輕人發表了一些怎樣的主張吧。

在中國人民面前，有不有一次波蘭式的變革，我覺得這才是問題的關鍵。（譚天榮）（46）

就拿肅反運動來講，我覺得這是生硬的襲用蘇聯老大哥的錯誤的經驗的結果，犯了極端教條主義的結果。就拿本校來講吧，簡直亂鬥好人，例如：將顧牧丁先生等當反革命分子來鬥，這完全是一種歇斯底里，這樣套「整個運動是正確的，但有少數偏差」，怎樣能使良心上得到安慰？……

前幾年的錯誤絕不是個別的偏差，它是一次根本的路線的錯誤，其嚴重性和幾次左傾的錯誤是不相上下的，為了威信不必害怕承認錯誤吧！用紙包火總是十分危險的，斯大林的錯誤總有一天會被揭發出來的，黨中央也該整風，難道掩飾錯誤、喜歡斯大林的威信對革命有好處嗎？

將香花和毒草明確分開只會影響百家爭鳴，……

具體的共產黨可以成為官僚主義的化身，例如拉科西──格羅集團，反對這種集團並不能算反對社會主義。（嚴仲強）（76-81）

目前選舉（引者注：指學生會的選舉）方式是黨團提名介紹個人優缺點，投票選代表，再用同樣方式選舉領導機構，沒有競選活動，不說明被選人怎樣工作，代表人民當家作主的選舉，好像選模範一樣（其實並不模範），因此實質上不是人民當家作主，就是不民主。（蔣興仁）（97）

我們目前的任務是：爭取憲法的徹底實現，切實保障民主自由人權，使社會主義制度臻至完善。（陳愛文）（101）

　　肅反運動……在錯誤的理論指導之下，在錯誤的領導思想和敵情的估計之下，絕大多數的鬥爭是錯了……這樣還能說運動基本上是健康的是正常的嗎？還能背「成績是基本的，缺點是難免的」公式嗎？……肅反運動錯誤的根源，不在工作方式，而在於脫離群眾、以憲法人權為兒戲的官僚主義；以搬運公式為滿足的教條主義；以及不准阿Q革命的宗派主義。（江文）（104）

　　制度是人訂的。而每個人都有其局限性、兩面性。制度要不斷改進才能達到完善地步。必須破除人們對具體制度的迷信。

　　在我國1954年憲法出來後，人們樂於歌頌卻忘了切實保障。如肅反時人身侵犯，以後又壓制人們發言；又如二十四齋的牢房，公民人權無保障，法制不健全。一些人利用統治地位損害人權，敗壞社會風氣不民主的統治方法，人民從何處監督。

　　凡是使人民是非模糊的宣傳都是愚民政策。如保密制度，連永利鹼廠鹼的產量也保密（化工老師講的），這除了增加人們的愚昧又有什麼？

　　科學宣傳的片面性，自然科學方面對摩爾根一棒子打死，對自然科學要談階級性，把羅蒙諾索夫說成十大家，石像放在大圖書館，似乎一切文明都成了俄國的。偏要如此灌輸，使人們不能認識客觀真理。對斯大林盲目崇拜，對經典著作不能批改，當作神明，從這意義上比作聖經也不算錯，教條主義統治比作中世紀的教會統治也完全可以。在形式上可與日本武士道、希特勒統治相比。人民盲目崇拜領導，便非常欣賞，認為立場穩，於是積極分子提拔成了官僚主義。用信仰代替知識，首先是信仰，把知識推到微不足道的地位。這不是愚昧又是什麼？就是不要人思考。（張錫錕）（120–123）

　　我主張「凡長皆選」！不好就罷免，否則他們脫離群眾後，官僚主義仍可能出現。

　　我們有了一個社會主義工業化，還應有個社會主義民主化。……現在是走誰的路，是斯大林路線和南斯拉夫路線誰勝利的問題。鐵托、陶里亞蒂、毛澤東、赫魯曉夫是現階段的馬克思主義的代表。（龍英華）（131–132）

現在沒有一個「制度」來保證群眾可以對領導者進行監督，我們現在的社會制度有十分嚴重的缺點，它只能在書本上，講台上反對個人崇拜，絲毫沒有物質的力量來保證。在這個意義上講，可以說個人崇拜是制度產生的，這並不是說必須推翻這個制度，而是說必須徹底改變完備這個制度。（群學）（136-137）

在現階段民主既是手段也是目的。作為手段，這是因為「帝國主義的威脅還存在，我們的中心任務是建成社會主義，所以目前民主居於服從地位，但又必須充分利用民主這一有力武器，才能團結全民實現反帝建國任務。」但是也是目的。既然民主是先進的社會理想，既然共產主義社會是要建立更高類型的民主，就必須承認它也是目的。

法制不健全不嚴肅，民主權利沒有嚴格可靠的保障，是官僚主義、主觀主義、宗派主義的溫床。（葉於泩）（141-142）

如果缺點只是個別人造成的，為什麼全國普遍各地都如此。關鍵是社會主義制度本身缺陷的問題。

我們當前的任務正是要為改善社會主義政治制度而鬥爭。首先就是爭取真正的人民民主自由。人民沒有權利什麼事也辦不好，社會主義也會瓦解或出現「斯大林」。

我認為民主不僅是一種手段，而且也是目的，它是共產主義必不可少的組成部分。如果只是方法，那麼建成社會主義後，就不再要民主了——這多荒謬！

要民主，不能只是文字的空頭支票，必須有法律的保障，而如今，我國尚未頒佈民法、刑法——等必要法律。人民的民主只是領導者的意志、恩賜——這怎麼會沒有三大主義。

我們要求健全社會主義法制，爭取民主，保障人權和精神人格的獨立——這就是我們鬥爭的目的。（王國鄉）（149-150）

我有很多問題同意南斯拉夫的看法，鐵托演說中很多是好的。我就認為個人崇拜是社會主義制度的產物。……斯大林問題絕不是斯大林個人的問題，……我們現在的社會主義不是真正的社會主義，……真正的社會主義應該是很民主的，但我們這裏是不民主的。（林希翎）（153）

附帶說一句：當時不少右派分子都很嚮往南斯拉夫，在 1957 年 9 月 27 日
新華社《內部參考》上的〈目前吉林地區部分右派分子動態〉中說：「人大
（指東北人民大學，就是現在的吉林大學）學生右派分子廉加熔、師大學生
右派分子汪承隆均曾寫信給南斯拉夫大使館，對南表示欽贊和嚮往，並要
求寄回一些關於南斯拉夫情況的材料。」

斯大林錯誤的原因是什麼呢？是因為他驕傲了。但是他可
以破壞法制、進行獨裁、進行瘋狂地屠殺的保證又是什麼呢？
無論是蘇聯共產黨，也無論是中國共產黨都未能作出令人滿意的
答覆。因為他們都不免統治者的共同弱點，他們害怕說出問題的
原因，是由於共產黨對國家政權的絕對控制，國家權力的高度集
中。正是由於這種高度集中的權力，才使斯大林的後期可以膽大
妄為，犯出一切錯誤。如果蘇聯在國內消滅了階級的對立以後，
實行高度的民主，政權不是集中在少數人手裏，則一切錯誤都是
可能避免的。蘇聯共產黨或者中國共產黨，在總結這一教訓時，
沒有歸於是制度本身有毛病，而卻歸之於「人們的思想情況」，
我認為是很不妥當的。

任何時代，權力的高度集中，不論是集於個人，還是自稱為
一貫光榮正確偉大的集團，都是極大的危險，而當人民群眾被麻
痹被愚昧，就更加百倍的危險！（王書瑤）（204-207）

斯大林錯誤，波匈事件，我國三大害，都是偶然的嗎？不，
都是一個根源：不民主。

目前除三害都停留在表面上，似乎把三害的根源只歸結到領
導者的思想意識，並沒有追究三害的社會根源，我認為這是不對
的，……三害的根源是缺乏人民的民主和監督。（岑超南）（209-
211）

從現有所反映出來的事實材料分析，「三害」幾乎都與國家
在政治上經濟上集中的統一的過多有關，而這些過多又是在制度
上有規定的，……「三害」的風在這種條件下就成為制度的產物
了。（應成旺）（235）

可引的還多，意思相近的就不引了。這些，就是當年遭到猛烈批判的
反黨反社會主義的右派言論，說了或者寫了這些的，就成了右派分子。幾
十年之後來看，其中的一些已經變成了人們的共識。當年右派分子發表的

主張，包括這些大學生右派分子的主張，就其主流來說，都是為了中國成為一個法治的、民主的、富強的社會主義國家。對於我們民族來說，不幸的是，這些主張，竟橫遭批判了。有的發表這些主張的人，像張錫錕，後來竟被殺害了。這真是我們民族的劫數。

不但在北京大學，另外許多大學也都有大學生在思考諸如此類的問題。清華大學建築系學生蔣維泓上書黨中央（1956 年 9 月 16 日給黨的「八大」的信），認為「我們黨組織強調領導，強調集中，強調計劃，是軍事時期過時的管理方法」，認為這種「過時的東西」妨礙着人民創造性地發揮。他要求在公有制度下實行公產民辦企業，在計劃經濟制度下發展自由競爭；在文學藝術領域內提倡個性自由，在藝術作品中「把人民的自發的好強提高到首位」；在組織上機構上把統一的組織機構化為許多性情相投的人結合起來的小單位，在人事分配上可以自由選擇自行推薦，不要統一分配。他認為目前是和平時期，軍事機構不應佔有優越的地位。在黨的建設問題上，要求黨「擴大民主」和「團結性」，要求用自報公議的方法來挑選黨的積極分子。（轉引自《清華大學反右大事記》）

在北京師範大學校園裏也貼出了許多大字報。中文系四年級（畢業班）丙班的吳雲生、劉洪鈞、余毅忠三人 6 月 6 日貼出的大字報〈民主乎？黨主乎？〉（署名「天、水、心」）中就說：

> 所謂「民主」者空有其名。人民除物質生活有保障外，其他一切民主權利概無保證，黨獨攬一切，專斷一切，黨即人民全體，黨即國家，黨即法律。所謂「民主」者實際上已被黨主所代替。

> 略舉一二事例：

> 憲法規定人民有選舉權，然而人民代表已由黨內定。人民不認識代表，代表不代表人民。

> 憲法規定人民有言論自由，然而報刊、廣播、電台均為黨所壟斷，凡發表有與黨的調子不諧和的言論，概以反革命論罪。

> 憲法規定人民有集會、結社自由，然而凡結社、集會不經黨批准，並接受其指定的領導人，均有可能冠以反革命罪。

憲法規定人民有人身自由，然而「肅反」表明：各級黨組織
負責人都有權以黨的名義，限制任何一個正直的公民的自由。

毛主席説現階段我國政權性質是人民民主專政，然而黨包
辦專斷一切，民主黨派只是充當傀儡，人民民主其名，一黨專政
其實。

黨的中央委員會是一千二百萬黨員的代表大會選舉的，然而
黨中央向全國六億人民發號施令，人人均得服從。

憲法規定政府向民主機構人民代表大會負責，然而實際上政
府的一切政策均由黨來決定，政府只對黨負責，人民代表大會空
有其名。

我們是要黨的領導，但堅決反對黨獨斷獨行。我們不反對
「黨主」（因黨也有作主權），但反對以「黨主」代「民主」。把
民主權給予人民，讓人民有享受憲法所賦予的民主權利的充分保
障。（《不肯沉睡的記憶》，中國文史出版社 2006 年版，第 318-
319 頁）

還有數學系右派學生羅里波在 6 月 11 日貼出了大字報〈豈不令人深
思〉（署名「呵欠伯」），儘管這時已經是《人民日報》發表〈這是為什麼？〉
社論之後幾天了，他還是尖鋭地提出了一個「反共就是反革命嗎？」的問
題。他以匈牙利為例，説：「匈牙利的勞動人民黨在去年十月前就很難説它
很符合於共產黨定義的要求，很難説反對它就是反革命。」説到本校，大
字報列舉了學校黨委一些負責人的姓名，然後説：這些人「所組成的黨，
那便很難説它符合共產黨的定義，請問反對這樣的共產黨怎見得是反革
命？」（同上書，第 319-320 頁）

武漢大學中文系三年級學生、右派分子吳開斌（1933-2007）1957 年
7 月 10 日、11 日在全校給他開的「辯論會」上，就説了許多意見，並且聲
明：「在同志們還沒有説服我之前，我也不願意輕率的放棄自己的論點。」
在連續兩天的會上，他説得很多，這裏只摘錄他幾個論點。關於胡風問
題，他説：「根據《人民日報》所發表的三批材料，它很難説明胡風集團是
一個反革命集團。《人民日報》的編者按（按：這個編者按是毛澤東寫的）
上這樣講過，好像是這樣一個集團在當時活動的目的，就是為了推翻無產
階級專政，使資本主義復辟。那麼我在當時看了這三批材料以後，無論如

何也得不出這樣的結論來。」關於斯大林問題，他説：「在蘇聯這樣的制度下，為什麼會發生像斯大林這樣的錯誤，鐵托同志講斯大林是錯誤制度的產物，而蘇聯主要是把個人品質歸咎於個人的原因。你説像斯大林所犯的這樣大的錯誤，難道僅僅是個人原因嗎？個人負責嗎？難道説這個制度沒有一點缺陷，沒有一點毛病嗎？」關於波蘭、匈牙利事件，他説：「在波茲南事件裏的確是揭露了黨和政府工作中的許多陰暗面。」「群眾最早起來攻擊拉科西、格羅集團的，主要是説他們的官僚主義，不關心人民疾苦。匈牙利事件直接原因是黨群矛盾，由於黨群矛盾引起了匈牙利事件。」主張開放報紙，他説：「解放後的報紙你説那個報紙有什麼特點呢？你説湖北日報和長江日報各有它的什麼特點呢？我就很難説出來。也就是湖北日報和長江日報差不多，湖北日報和湖南日報差不多，湖南日報和江西日報差不多，沒有什麼區別。要有私人辦的報紙就可以改變這種情況。」（吳開斌，《另類人生二十年》，中國文化出版社 2007 年版，第 313–354 頁）今天的讀者也許會覺得這些見解也很平常，在當年，這可是罪證，是使他經受二十年苦難的思考。

第十章

讓他們走到頂點

毛澤東在〈事情正在起變化〉一文中說：

> 現在右派的進攻還沒有達到頂點，他們正在興高采烈。黨內黨外的右派都不懂辯證法：物極必反。我們還要讓他們猖狂一個時期，讓他們走到頂點。他們愈猖狂，對於我們愈有利益。人們說：怕釣魚，或者說：誘敵深入，聚而殲之。現在大批的魚自己浮到水面上來了，並不要釣。

這是毛對態勢的估計和戰略決策。他在這裏提出了誘敵深入的要求，說明了誘敵深入的利益，卻並沒有提出誘敵深入的方法。這方法，5月14日和16日的兩個黨內指示中說了一點，就是對於右傾分子的言論，不要反駁，必須原樣地、不加粉飾地報導出來，放手讓他們發表，並且暫時（幾個星期內）不要批駁，使右翼分子在人民面前暴露其反動面目。後來他在〈文匯報的資產階級方向應當批判〉一文中回顧當時的做法說：「報紙在一個期間內，不登或少登正面意見，對資產階級反動右派的猖狂進攻不予回擊，一切整風的機關學校的黨組織，對於這種猖狂進攻在一個時期內也一概不予回擊……等待時機成熟，實行反擊。」

這個計策，就是毛澤東頗為自負的「陽謀」。「陽謀」雖好，只是如果僅僅做到「不予回擊」還是不夠的。倘若人家怯戰，乾脆不來猖狂進攻，這八陣圖豈不是白擺了嗎？所以還必須有誘敵之法。這辦法就寫在一份黨內指示之中：

> 高等學校組織教授座談，向黨提意見，儘量使右派吐出一切毒素來，登在報上。可以讓他們向學生講演，讓學生自由表示態度。最好讓反動的教授、講師、助教及學生大吐毒素，暢所欲言。他們是最好的教員。到了適當時期，則立即要組織黨團員分組開會，分別那些是建設性的批評，加以接受，並改正自己的錯誤缺點；那些是破壞性批評，予以反駁。同時組織一些黨外人士講演，講正面話。然後，由較有威信的負責人作一個有分析有說服力的總結性演說，將空氣完全轉變過來。（《毛澤東選集》第五卷，第432頁）

這個文件的題目是《組織力量反擊右派分子的猖狂進攻》。可是這標題只包含文件的一半內容。這個文件實際上是兩項內容組成的，就邏輯的先後來說，第一是「組織右派分子的猖狂進攻」，第二才是「組織力量反擊右

派分子的猖狂進攻」。後來的實踐證明，這確是一個行之有效的計策，達到了預期的戰略目標。

多年之後，歷史學家黎澍說起當年舊事，他說：

> 這個講話 —— 指毛在最高國務會議上關於正確處理人民內部矛盾的講話 —— 廣泛傳達以後，在北京、上海、天津等幾個大城市的民主人士和文化科學工作者中間果然起了鼓舞作用。他們被邀請在一些座談會上發言。可是，即使在這個時候，這種場合，發言者也還是心存顧慮。毛本人在〈事情正在起變化〉一文中說，人們「怕釣魚」。這篇文章是反擊右派進攻的信號。既然直到此時人們還說「怕釣魚」，可見直到反右派鬥爭開始時，也並沒有什麼資產階級猖狂進攻需要「打退」。（黎澍，〈未完的回憶〉，見所著《論歷史的創造及其他》，湖南人民出版社 1988 年版，第 171 頁）

當然，黎澍這話是多年之後說的。如果他當時說了，他也就成了猖狂進攻的右派一分子了。

中共中央統戰部根據毛澤東的「陽謀」調整了部署，各民主黨派負責人的座談會兩次休會之後繼續舉行，好讓右派的進攻走向頂點。

休會之後的座談會上，「政治設計院」、「平反委員會」，「黨天下」這些最嚴重的右派言論出來了；章伯鈞、羅隆基、章乃器、儲安平、黃紹竑、陳銘樞等一批重要的右派分子出來了。

為了組織右派分子的猖狂進攻，除了這個座談會之外，還開闢了新的發言場地，讓各個民主黨派、學術團體、高等學校都舉行這樣的座談會。

5 月 20 日，北京師範大學民盟教授舉行座談會討論治校方針，據新華社《內部參考》報導：

> 本刊訊　5 月 21 日師大黨委黃彥平同志電話彙報：20 日師大民盟召開座談會，有九三社員參加，陸宗達教授主持。參加會議的有董渭川、朱啟賢、陳友松、毛禮銳、邰爽秋、廖泰初、陶大鏞、羅志甫、鍾敬文、胡明、謝斯駿、張禾瑞、白壽彝（已入黨）等十四個教授。

會上對治校方針作了熱烈的討論。大家一致主張「民主辦校」，實際上就是「教授治校」。具體主張如下：

（一）取消黨委制。黨委作本份的工作（如思想工作等），對學校工作只能提出建議，不能發號施令，黨員靠模範行動影響群眾。

（二）成立「學術委員會」為最高權力機關。校長由學術委員會選舉產生，報國務院；或由國務院任命，但學術委員會有權撤換。

（三）取消現有的人事制度。解放初期仍有作用，但現被小娃娃所掌握，已成為不必要。人事任免由學術委員會決定，人事部門只能是辦事機構，沒有決定權。

（四）取消黨團的彙報制度。彙報制度已成為升官發財的捷徑，「搞情報」的人都不懂業務，流毒很深。要搞情報，就派公安局的人來。

會上對以上主張沒有反對意見。（1957 年 5 月 23 日新華社《內部參考》）

這裏的董渭川、朱啟賢、陳友松、陶大鏞、鍾敬文、胡明幾個後來都被劃為右派分子。

在第一機械工業部舉行的工程技術人員座談會上，該部機械科學研究院副院長雷天覺發言，建議用自由選擇職業的辦法代替統一調配制度。新華社《內部參考》報導：

新華社北京 5 月 20 日訊　第一機械工業部機械科學研究院副院長雷天覺就他在第一機械工業部最近舉行的工程技術人員座談會上所提出的目前勞動力統一調配的制度，應該考慮逐步用自由僱用和選擇職業的制度代替的建議。

雷天覺說，實行自由選擇職業的制度，可能打破少數人的「鐵飯碗」，從表面看也要增加一些麻煩，沒有統一調配簡單省事，但是卻可以大大減輕國家的負擔，提高工作效率，使每一個崗位找到比較合適的人員，也有可能使比較多數的人找到他們所喜愛的職業。

他説：勞動力統一調配的制度現在看起來是利少弊多，它使國家權力太大，義務也太大；使個人自由太少，責任也太少。所謂權力太大，是指國家完全支配了一個人的職業；所謂義務太大，是指國家對統一調配的職工要負責一輩子。所謂自由太少，是指個人選擇他所適合的工作太困難；所謂責任太少，是指統一調配的職工處處依賴國家，減弱了自己的責任心和工作積極性。這樣，統一調配制度的好處完全被壞處抵消，因而不能適合我國目前情況，有修改的必要。（1957 年 6 月 10 日新華社《内部參考》）

這雷天覺後來被劃為右派分子。

在中共上海市委宣傳工作會議上，一些右派分子也在向頂點走去。民盟上海市委會主任委員沈志遠 5 月 16 日在會上發言，題目就是〈黨和政府不應管得太多太死〉。他説：

社會主義是需要計劃管理的，但過多的計劃管理，就會損害自由，妨礙積極因素的發揮。社會主義是要求集中化的，但是過多過死過緊的集中，就會損害靈活主動，同樣會妨礙群眾積極性的發揮。而今天我們各部門的管理制度恰恰不足以鼓勵群眾的積極性，在某種程度上倒反而把可能調動的積極因素變為消極因素了。由於管得過多過死，一切都要國營，一切都要管起來，包下來，把人們的積極性創造性都管光了，包完了，於是出現了一系列反常的現象：好些演員長期沒有戲演了，好些教員整年沒有書教了，好些名醫常年不看病了，好些著作無處出版，只好藏之名山了，好些學術工作者無法從事研究工作了。在我們這個文化落後、知識分子異常缺少的國家而出現這樣一些現象，這豈不是糟得很嗎？

沈志遠表示了取消學校黨委制的意思，他説：

高等學校的黨委制，過去也可能起過好作用，但是現在在某些學校裏形成了以黨代政，非黨校長無權，校務委員會形同虛設，在系裏是系秘書領導系主任的反常現象。為了改正過去高等學校領導工作中的缺點和錯誤，我以為可以考慮學校黨委制的改變問題。

沈志遠以為，這樣做不但不會削弱黨對高等學校的領導，而且一定會加強黨的領導作用，因為黨主要是依靠自己的政策方針的正確性去影響群眾，而不能單純依靠組織措施來保證黨的領導。

他還談到出版的專業化制度，即把某一種性質、某一門學科的書歸一個出版社出版，以為這是壟斷，是一家獨鳴，就是排斥矛盾、掩蓋矛盾、取消競賽、保護懶漢、獎勵不上進、阻礙積極性創造性的發揮；它會使思想僵化、企業衙門化、出版事業的生命枯萎下去。為了消除這種弊端，沈志遠建議放寬對出版事業的管理。他說：

> 今後出版事業應當向社會開放，允許志同道合的人開辦像同人出版社，同人雜誌社，書刊出版發行合作社之類的機構，政府只要掌握一些大的政策方針措施，負起監督檢查之責，其他事情是少管為好，何況你事實上要管也管不了那麼多呢。

更加犯忌諱的是，沈志遠提到了「制度」，他說，「不但要清除寄生在黨和政府機體上的官僚主義、宗派主義、主觀主義的三種歪風，而且還要把滋長這三種歪風的一些不合理的制度大刀闊斧地改革一下。」（5月17日《解放日報》）

5月17日的《文匯報》上刊出了傅雷的〈關於經理、編輯、選題計劃的三點意見〉一文，對出版行業的弊病提出了批評。他指出：看書目是花色繁多，品種齊備，究其實很多是濫竽充數，書出得再多也是虛假的文化繁榮。編輯工作中一個常見的毛病就是亂改著譯者的書稿，傅雷指出：愈是水準低的，文字修養差的，愈喜歡動筆亂改，真叫做成事不足，敗事有餘。傅雷認為，在一個出版社，行政管理人員必須少於編輯人員。他指出：我們出版社的行政管理幹部，一般都高出編輯兩倍左右。沒有人會想像：一個工廠的管理人員，數目可以超過生產工人，一個農業合作社的脫產幹部可以多於下地的農民；為什麼獨獨對於出版社這種情況，大家熟視無睹呢？他尖銳地指出：人事部門根本可以不要。身為一長就不做具體工作，也不需要業務知識的情況，必須消滅。他說，過去的私營出版社要像現在這樣辦事，早就關門大吉了。

《新聞日報》總編輯陸詒也在中共上海市委宣傳工作會議上說，上海各報報導市委召開座談會的消息，各報的銷路都在上漲，群眾從來沒有像現在這樣歡迎過。他認為，過去的報紙一片教條主義，整天板起面孔訓人，

新聞也不多，報導面不廣。造成這種情況的原因，他以為除了新聞記者本身的水準不高努力不夠之外，也因為黨的中央和黨的上海市委過去對報紙的領導方針、領導路線是「收」而不是「放」。

陸詒在發言中還提到幾天前《文匯報》報導的「左葉事件」，說是農業部部長助理左葉在農業展覽會上罵攝影記者：「你重要還是我重要！再擠就叫你們滾出去！」陸詒發言的時候可還不知道以後會有更正，他評論說：「如果從我這個老記者的眼光來看，這條新聞的新聞價值並不高。因為此等事，不僅北京有，上海也有，全國其他各地，估計也有。」

陸詒說，他要代表新聞記者提出三點希望，一是希望領導上繼續「放」，支援我們在報上「鳴」。二是希望新聞工作者協會像一個人民團體，除了幾個人和外賓碰杯乾杯之外，（很抱歉，我自己也是其中之一）要切切實實為我們記者、編輯、校對、資料員做點事情。三是希望市委書記、市委宣傳部長不但能和我們各報的領導談談，也要和我們參加實際工作的記者和編輯談談，局長們多開開記者招待會談談，有時讓記者將將你們的軍，這對工作也有好處。（5月18日《新聞日報》）

復旦大學歷史系教授王造時也在這會上發言。他是1936年著名的救國會七君子之一。當年難友鄒韜奮在《經歷》中曾這樣介紹他的情況：

> 上海文化界救國會開成立大會的時候，他扶病到會，剛巧坐在我的旁邊，我們才第三次見面。他對我說，國難嚴重到這樣地步，他雖有病，也不得不勉強來參加。他在會場上還說了幾句激昂慷慨的話；他說要起來組織救國會，先要有準備進監牢的決心，現在他自己果然進監牢了。

> 他十六歲在清華求學的時候，因為參加反對巴黎和約，要求罷免賣國賊曹、陸、章，就兩次被捕過。

> 他又加入蔡先生等所發起的民權保障同盟，被選為上海分部執行委員。結果被禁止教書，不能再做教授了。於是他開始執行律師職務，並從事譯著的工作。

> 王博士屢有做官的機會，但是因為忠實於他自己的主張，不肯隨便遷就，寧願過清苦的生活，行其心之所安，這是很值得敬佩的。（韜奮，《經歷》，三聯書店1978年版，第123-124頁）

可見，不論是北洋政府，或是國民黨政府，王造時都持不合作態度。可是在這次上海市委的宣傳會議上，他卻表現得相當合作的了。首先，他讚頌了整風運動。他說：「作為一個開國當政的黨，主動地、及時地運用大力，在全國範圍內，來推動這麼一個全面揭露矛盾、公開批評思想和工作的運動，在人類歷史上，這還是破天荒第一遭。」他認為通過整風鳴放，「黨的威信在全國廣大群眾的心目中不僅沒有減低，而是更大大地提高了。」「大家把心裏頭的話吐得愈淋漓盡致，大家愈體會到黨究竟是我們自己的黨。」

王造時為知識分子講了話，他說，「我深深感覺，我們中國的知識分子，作為整個的階層來看，確是有着毛主席所說的志士仁人的傳統。這個傳統是我們保證社會主義建設成功的一個重要條件。過去對它估計不夠，黨今後應當更多多加以愛護。」在知識分子這一方面，他認為，「我們今天的責任，是要本着搞好事情的精神，繼續放鳴，徹上徹下的放鳴下去。」

王造時在這篇〈把放鳴的重點放到基層去〉的發言中還痛切地批評了官僚主義。他說：

> 今天的這官僚主義，不是個別的現象，而是普遍存在着；不是剛剛萌芽，而是發展到了相當惡劣的程度；一般說來，愈往下層，愈是專橫，違法亂紀的事情愈多。它阻礙了我們的生產進展，影響了我們的建設計劃，損害了我們廣大人民的物質和精神生活。官僚主義者的行為，不管是有心或無心，實際上等於假借黨的威信和國家的名器，作了害黨害國的事情。正如周總理所說，官僚主義者在黨與群之間築起了一座牆，挖下了一道溝，弄得愛國愛民愛黨的人，儘管滿腔熱誠，想為社會主義建設，盡其一磚一瓦之用，可是莫名其妙地被擋在牆溝之外，悽惶失所，想不通究竟為什麼會這樣國家有前途而個人沒出路。（5月21日《文匯報》）

民盟上海市委會副主任委員、復旦大學教授陳仁炳向中共上海市委宣傳工作會議交了一份書面發言。他認為整風中可以算舊賬。他說：

> 我以為在檢查缺點，明辨是非，糾正錯誤的過程中，舊賬不是不可以算的。有的犯了錯誤的同志，最喜歡用反對算舊賬來遮掩他自己的錯誤。只要我們的動機正確，為了黨和祖國的前途，而不是為算賬而算賬，不是一種「算賬主義」，那為什麼不好算

呢？古人說，前事不忘，後事之師。譬如說，算一算浪費和走彎路的賬（如果有這樣的賬），我認為沒有壞處，只有好處。

陳仁炳還對他所說的一種類型的黨員提出了尖銳的批評。他說：

> 今天在不少的大學、中學、機關、醫院、企業裏，確實有這麼一種類型的黨員同志，你說他故意把工作弄壞也是冤枉，他基本上是忠心耿耿的，但是，他沾染上了飽食終日無所用心的灰塵。他入城已經好幾年，但是對於無論哪一門業務都不大去鑽研。一句話，供給制或者變相的供給制害了他，使他變成了一個思想懶漢。在社會主義下，一個黨員再不努力一些，也沒有失業的危險。或者反而要連升三級也說不定。對於這樣的同志，我們希望黨加強教育。

陳仁炳的這篇書面發言，6月9日才在《解放日報》刊出，顯然是為了供批判用的了。

就是這些人，這些話。7月9日，毛澤東在上海，對上海的幹部說，「在你們上海，就是什麼王造時、陸詒、陳仁炳、彭文應，還有一個吳茵，這麼一些右派人物出來搗亂。右派一搗亂，中間派就搞糊塗了。」（《毛澤東選集》第五卷，第448頁）

不但上海，別的地方的右派也在搗亂，不知忌諱地在各種座談會上發言。

在廣州。5月19日，中共廣東省委書記陶鑄到中山大學聽取教師和學生的意見。在上午教師的座談會上，中文系教授董每戡和詹安泰、政治經濟學教授林楚君等人都積極發言，說黨的工作作風沒有改變過去對敵鬥爭的方式，黨員強調組織性，什麼事先在黨內決定通過後，非黨人士的校長、系主任的意見就不會有人聽了，這種有職無權不就造成宗派主義嗎？

詹安泰說，過去黨偏聽積極分子的話，就更脫離群眾，因為這些年輕的積極分子不一定了解每個老教師辛苦工作到半夜的情況的。肅反中間學校產生的一些錯誤，也不單是某個人的問題，黨委會應該進行檢查。

座談會要結束的時候，陶鑄了講話。這時他已經看到中共中央5月14日、16日的兩個指示，完全了解中央就要開展反右派鬥爭的意圖，可是，他還是這樣說了：學校黨委可以再組織教師們繼續提意見，讓教師們七年

來積壓在心裏的話都說出來，直到整好黨的作風、意見提完了為止。陶鑄還說，現在有些同志思想有顧慮，怕報復，但從一個黨組織來看，它是不會報復誰的。他說，造成黨群關係隔膜的現象，首先是由黨員負責，牆本身就是由黨員築起來的，整風就是要拆牆。（5 月 21 日《廣州日報》）可是，不久之後，在這座談會上發了言的董每戡、林楚君、詹安泰、吳重翰、鍾期偉等人就都被劃為右派分子了。

在天津。5 月 24 日中共市委教育工作部召集的中學教師座談會上，第三女子中學的民盟盟員黃心平說，既然黨是階級鬥爭的工具，現在國內階級鬥爭基本結束，黨的領導作用是不是可以削弱一點？他主張共產黨和民主黨派都應該退出學校。他認為，現在既然容許民主黨派存在，各民主黨派的黨綱又都要求走向共產主義，同時各個黨派又都是代表工人階級利益的，為什麼不可以實行各政黨輪流執政的辦法呢？一黨執政有害處，像共產黨已經整過三次風了，通過這一次整風是不是能夠徹底消滅這些缺點，還很使人懷疑。如果不要共產黨一黨執政，而要共產黨和各民主黨派通過競選來輪流執政，由各黨各派提出不同的政綱來，由群眾自由的選擇，這就好得多。因為這樣做，可以刺激共產黨和民主黨派不得不努力克服缺點來博得選民的選票，為人民服務。（5 月 27 日《天津日報》）

6 月 3 日下午，中共天津市委教育工作部和統一戰線工作部聯合召開座談會，邀請大學教授提意見。為了讓更多的人有發言的機會，座談會分兩個會場同時進行。河北天津師範學院教授高羣白談了他對院系調整等問題的意見，他說，解放後調整全國院校時，不是調度整理，而是將其原身割裂，從新整編！致使各院校僅存微弱而卻值得保留的優良基礎，都被打亂或消失，從此便少有可以作為參考的舊規模。刻下還有原名存在的，如北大、清華、浙大、交通等校，暫且不論，只就現已取消校名的公私立大學來說，亦多各有所具優良傳統。如廣西大學的礦冶、湖南大學的文史、華西大學的牙科、金陵大學的農院，都為全國乃至曾為東方所知名的。其間的教師亦不乏各擁專長的學者。一經改編調整，則其設備、制度、精神等等，固都傷損無存，尤其久任一校的教師的分散，拋棄故地，每每起着等於去國惜別的情緒。還有一些年高的教授，因其不願遠離鄉土，自動退休。這其中且有海內碩果僅存的人物。這是教育學術上最大的可惜。（6 月 5 日《天津日報》）

　　大連工學院講師彭聲漢 6 月 5 日在中共旅大市委宣傳會議小組會上發言，一開頭就引證斯大林的一個論點，他說，我記得在一個刊物上看到斯大林說過：偉大的改革，必然有它陰暗的一面。他是憑記憶說的，不很準確。這是斯大林〈論黨的工作缺點和消滅托洛茨基兩面派及其他兩面派的辦法〉中的一句話，原文是「勝利也像世界上的一切事物一樣有其陰暗面」。（《斯大林文集（1934–1952）》，人民出版社 1985 年版，第 148 頁）他就從這個論點出發來談中國的現實。他說，近幾年來，我覺得這個陰暗面愈來愈廣，而且陰暗的程度也愈來愈深了。有些事情已經不能用所謂「個別的」缺點和錯誤來解釋了。

　　談到民主問題，彭聲漢以為，民主的實質在於思想上應絕對自由（表現在我們憲法上就是言論、結社、集會的自由），組織上則少數應服從多數（投票選舉政府）。他反對把資產階級民主和無產階級民主區別開來，認為它本身是沒有階級性的。有人說「過去有些事情民主少了些，集中多了些，並不是不民主」。又說「今後應在民主與集中之間尋求一個適當的比例」，他覺得這是在玩弄名詞，在耍花樣。過去不民主，就應該老老實實承認錯誤。

　　談到肅反問題，他認為不能把肅反和審幹混起來看。肅反不是對敵人，而是對自己人專政。他不同意「肅反鬥爭走的是群眾路線」這說法，他說，群眾是誰呢？我把它大致分成四種：打手、走上風的、走下風的、被鬥的，如果硬要把它說成是群眾路線，那亦不過是「打手」路線而已。他說，肅反鬥爭拆散了多少個幸福的家庭，摧毀了多少堅固的友誼。在和平時期發生這些事情是很反常的，它破壞了人與人之間的正常關係。我認為這都是教條主義的惡果。（6 月 8 日《遼寧日報》）

　　全國政協委員、廣東省參事室副主任羅翼群 6 月 5 日在省人民委員會舉行的黨外人士座談會上發言，談了兩個問題，一個是平反問題，他說，由於過去黨員執行政策，偏向西天取經中的「大膽懷疑，殘酷鬥爭」來硬套，而太忽視中國原有的社會道德、政治哲學、歷史習慣等優良部分，因而不少將人民內部矛盾問題，當作敵我問題來對待。在三反、五反、肅反期間，被鬥的人因受不了當時的痛苦，明非事實，而被迫承認者有之；有些自稱為積極分子的人，違背良心、歪曲事實、或出頭作證、或非刑拷

打，不惜犧牲他人的名譽、地位或生命，企圖取得黨的信任，為爭取入黨入團的捷徑的亦有之。因此，在過去各種社會改革運動中，確不免發生多少偏差案件。毛主席說，鬥錯了就要平反，這是英明正確的措施。我建議由省人委會和省政協從速組設一個專門機構，來全面檢查處理這些問題。

羅翼群講的第二點是國計民生問題。他說，為了社會主義建設事業的發展，當然首先要從內部積累資金，但過去偏重於國計方面，而對於民生即人民的生活沒有足夠的照顧。解放七年來，人民生活的確大部分好轉，然也有一部分沒有好轉（如城市失業者及貧民和人多田少而又沒有副業的農民），這是客觀存在的事實，無可諱言。毛主席說，全國不許有餓死一個人，幾年來究竟有沒有餓死人呢？可以說沒有餓死人，也可以說有餓死人。的確在城市鄉村中是很少或沒有看見過餓死人，但是因餓或營養不足而體弱，而生病，因病沒錢醫治而致死亡者，那就不免有吧！這算不算接近餓死邊緣呢？古人省刑罰薄稅斂的政策，不是完全無可取之處。現在政府對於徵糧及各種稅收是否過重，徵購農產品價格是否有偏低，國營商品利潤是否過高，這些都是人民生活切身的問題。不少人民和低級幹部實有受到生活的威脅，是值得檢查研究的事情。其他急躁冒進的事情，亦在所不免。因此，我建議對於人民生活問題也就是各種物價問題，應要有適當的統籌兼顧，分別調整一下。(6 月 10 日《南方日報》)

羅翼群談的第一點，即三反、五反、肅反運動中的偏差，建議從速組設專門機構來檢查處理，雖說刺耳，但這話別人早已說過，倒也罷了。最可惡的是他「接近餓死的邊緣」這提法，卻是以前沒有誰提過的，而且頗具煽惑力。6 月 6 日《南方日報》報導這個座談會，羅翼群的這篇發言摘登不到三百字，給加上〈羅翼群說：人民生活已「接近餓死的邊緣」〉這標題，突出了這一點。反右派鬥爭中也就著重在這一點上反擊他。

1931 年「九一八」事變一年以後在黑龍江北部海拉爾舉行起義，擔任東北民眾抗日救國軍總司令的蘇炳文，這時被安排為黑龍江省民革副主任，黑龍江省體育運動委員會主任，他在哈爾濱市民革成員座談會上的發言說，14 日黑龍江日報上發表了王佩瑤對我的發言有不同的看法。王佩瑤說我懷疑社會主義改造的成就。他的這種看法與我的原意是稍有出入，有不相符合的地方。無論合不合，我們要平心靜氣，人家對我的批評是善意的，是有幫助的，我不但虛心接受，並表示感謝，這是我的良師益友。我現在就念一下 12 日和 14 日的黑龍江日報，請大家來對證、衡量一下。

　　念過之後他說，我在發言中不是說制度壞，是說制度好。我當時是說儘管制度怎樣好，由於執行制度的人差，才把「三改」搞壞了。他說，我說這些話是有根據的：第一、主席談過三改問題。第二、報紙上曾發表過私方要求公方代表退出企業的事情。因為公方人員不懂業務，主觀主義，官僚主義，和私方人員不合作，不聽私方人員說的話，使工作受了損失。要求公方代表退出，這是一部分人的要求和呼聲。農業合作化也是如此。從初級社改為高級社後，派了好多青年幹部，他們趾高氣揚，他們認為高級社把一切問題都解決了，忘了勤儉建國，勤儉辦社的精神，得了農貸後不是往生產上打算，而買了好多娛樂品，鋪張浪費。這樣到秋天就是豐收了，除了扣出的錢以外，農民分的就很少了。另外，還有個原因，就是這幫幹部不懂得農業、擺小官架子、自滿、不聽老農的意見，結果造成了歉收。手工業合作化也是如此，合營後有什麼上下班制度，收入維持不了一家的生活。第三、我到牡丹江、佳木斯、鶴崗等地作了二十多天的視察，了解了一些情況。我不能閉着眼睛、脫離實際、脫離群眾，作唯心論之說，報喜不報憂。他說，我沒說社會主義制度差了，報紙上也沒那麼登，王佩瑤說我懷疑社會主義改造，其實我沒懷疑。我們現在是處在社會主義陣營，走社會主義道路，我們當然擁護社會主義。我個人不是資本家，沒開過買賣，我只知道資本家賣東西淨賺錢，我和資本家沒緣，說我贊成資本主義，本覺有點冤枉。我們爭鳴要有原則，要贊成社會主義，擁護社會主義，要有理智，不要標新立異，不能隨便云云。我們在發言中不希望多作歌功頌德，因為整風不是有歪風要整嗎？不是有壞風要整嗎？至於建國八年來在黨的領導下所取得的輝煌成績，這不用說大家都知道，有事實在那擺着。我個人在二十年前就與共產黨有聯繫，今天在工作中又有職有權。但我為什麼沒在發言中講這些呢，因為這是我個人的問題，我們要看全面。他說，我的意思是叫大家來對證一下：我是懷疑社會主義嗎？既或是說有懷疑，那我也不是反對，不是像有的人說「要殺共產黨人」那樣。其實，要懷疑社會主義，我早就離開今天的工作崗位了，這稍有常識的人就可知道，不必多說。他說，因為看法不同，我的發言引起了小小風波。我不能在發言中把全國的成績都提到，王佩瑤同志所在的廠子的情況我也不知道，也沒得到機會參觀。如果我曾參觀過，可以在那次會上表揚一下，這也是一個遺憾。他最後說，今後任何人對我的批評，我都絕對接受，絕不答辯，是非黑白，將來定會清楚。因為人們的愛好不同，有人願意吃甜的，有人願意吃辣的，要大家都是一個口味是不行的。（1957 年 6月 19 日《黑龍江日報》）

　　湖北省政協副主席、省參事室主任耿伯釗在 6 月 1 日和 3 日接受新華社記者曲一凡的採訪，對於幫助共產黨整風提了八點建議。他說的是：「我最近熟讀了毛主席的兩個報告，深受啟發。毛主席提出全黨開展整風運動，這是一個很英明的措施，對於改進領導黨的作風，團結六億人民，建設社會主義，具有重大意義。」「幫助黨整風，必須是善意批評，不是惡意誹謗，所謂善意，就是要實事求是，打中要害，而又要恰如其分，說真心話；在方式方法上，要和風細雨，說服教育，端正態度，誠懇地提出問題。近來，在某些黨外人士中已經出現不是純粹出於善意批評，其中摻雜有肆意謾罵、污辱黨的言行。有些黨外人士，過去受了某一個黨員的氣，心中忿忿不平，因而在這次『鳴』、『放』中亂發脾氣，大肆譏笑、辱罵，這是不好的。」「我接觸的這種驕傲自滿的個別黨員，指的是從前的事，近一年多以來，我生病住東湖療養院，和同在那裏休養的黨員高級幹部都相處很好，未感到有牆有溝，每個黨員都和藹可親。」「過去，長時期內，以黨代政的現象是普遍而嚴重的。領導黨有責任對國家大事適時提出正確的政策，和檢查政策的貫徹執行情況；但是，它不能代替政府發號施令，發號施令是行政部門的事。我們常常看到中共中央、國務院共同署名發佈某一指示和文件，於是上行下效，就出現了省委與省人委、地委與專署、縣委與縣人委等一系的黨政聯名發號施令的事情。實際上，這樣做法必然助長黨政不分，其結果則是以黨代政，削弱了政府的作用與威信。」（1957 年 6 月 15 日新華社《內部參考》）據記者的印象，耿伯釗「言談極為謹慎」，這篇談話總的傾向是很合作很可取的。可是他說了「我完全擁護章伯鈞、羅隆基的建議，毛主席在報告中也提出了，設立專門的組織機構，檢查三反、肅反工作的偏差，有錯必糾」。「中央統戰會議上，儲安平向毛主席、周總理提意見，提得很好。」這樣一些話，當然要劃為右派分子的了。幾天之後他受不了批鬥會的侮辱，自殺身死。他死後，羅瑞卿 7 月 3 日在全國公安廳局長座談會上的總結發言中說：「總理指示，特別是對待右派分子中年紀已經很大的人，他們的歷史罪行和破壞活動已經為人們知道了，就更要注意不要硬追，武漢市耿伯釗自殺的事，值得我們注意。」人都死了，再注意有什麼用呢。

　　還有安徽省政協副主席程士范（無黨派），在大「放」大「鳴」中也發表了一些右派言論。據新華社《內部參考》報導：

　　新華社合肥 14 日訊　安徽省政協副主席程士范（無黨派）在大「放」大「鳴」中有些言行很值得注意。程士范在座談會上說：「現在所謂積極分子和個別黨員可說是秦皇武帝時代的『治獄之吏』，專門顛倒是非，正言者謂之誹謗，遏過者謂之妖言；忠良切言皆鬱於胸，譽諛之聲日滿於耳，虛美重心，實禍蔽塞，結果是可想而知，使人不寒而栗，感到是非只為多開口，還是少說為妙。」「共產黨內，我只信任毛主席，別的我都不信任。」（1957 年 6 月 17 日新華社《內部參考》）

　　5 月 24 日農工民主黨北京市委會舉行的科學教育界座談會上，北京師範大學教授朱啟賢談到幾年來知識分子挨整的情況。他說，師大邱椿老教授，這幾年被整得很厲害，患了高血壓，事雖過去，但一提到師大，一看到黨員，他就害怕，心就發抖。學校負責人雖不止一次地去看過邱椿老教授，向他道歉，但整他是在群眾中整的，現在道歉，誰也不知道，別人看邱椿教授，還以為是反動的，連他的女兒，也感到自己抬不起頭來。應該公開恢復他的名譽。朱啟賢還舉他自己的事為例說：我剛回國時，聽人說：現在不能自稱「老子天下第一」，只能稱「老子天下第六」。我到學校，將這些話講給同教研組的教師聽。思想改造時，大字報、校刊就用大字標題，批評我狂妄自稱「老子天下第六」。錢俊瑞副部長在大庭廣眾作報告，也提出批評。實際全不是這麼一回事。外人不知，還真以為我是那樣狂妄的人。事後真相明白，師大黨委向我道歉，但批評我用的是大字報、校刊，道歉卻外人不知道，影響還留在群眾中。朱啟賢還說，我看到報上登出羅隆基的一個建議，要求組織一個有民主黨派參加的委員會，來檢查這幾年各次運動中遺留的問題。我完全同意。(5 月 27 日《光明日報》)

　　西南師範學院的教育系講師董時光（1918-1960），四川墊江縣（今屬重慶市）人，是留美教育學博士。朝鮮戰爭期間發表反對美國出兵朝鮮，支持共產黨和毛澤東的激烈言論，被美國聯邦調查局作為親共危險人物，1955 年被強制驅逐出境，返回中國。回國後到西南師範學院的教育系任教。1957 年的整風運動中，董時光在學院黨委邀集的教師座談會上發言，他就西師存在的黨群關係、高校黨委領導這些問題，談了自己的觀點，批評校領導有宗派主義和官僚主義。《重慶日報》以〈我與「宗派主義」、「官僚主義」的鬥爭〉的標題斷章取義地發表他的發言，其中有這樣的內容：「群眾有三種，第一種最多，沒有頭腦，不能獨立思考，只能跟着領導屁股

後喊口號，不折不扣地作領導上的應聲蟲，第二種是極少數，他們喜歡拍馬屁、無恥鑽營，他們對領導什麼肉麻的奉承話都說得出來，領導們也專門喜歡聽這種人說話，往往誣良為奸，在每次運動中造成無數冤獄。第三種人是有良心有正義感，卻不敢站起來說話。」（5 月 29 日《重慶日報》）6 月 15 日《人民日報》也摘登了這幾句，顯然是作為右派言論來示眾了。

1957 年 6 月 6 日晚，北京大學歷史系教授向達在北京大學歷史系中國古代史合組座談會上發言，對北京大學黨委的領導作了尖銳的批評。他說的有：

> 這幾年學校是黨委領導的，但是不知道在什麼時候宣佈過？是怎樣領導法？我自己作行政工作，也參加校務會議，就一直不知道。黨在學校領導，黨、政如何分法？是黨政合一呢，還是以黨代政？黨政究竟是怎樣的關係，無明文，不知道究竟是誰領導。校長做花瓶，馬老就是一個花瓶。從一些現象來看，以黨代政的氣氛很濃厚，校長、系主任和教研室主任一般都有有職無權之感，1954 年的一次行政會議上，馬老很委婉地說好多同學和教師反映六節一貫制受不了，是否可以再研究一下，黨委文重在旁立刻起來反駁。他說：「馬老，你的話不對，我們所接到的報告都說是好極了。」弄得馬老頓時啞口無言，在場的江副校長和黨委書記史夢蘭都不說話。這表明黨委完全同意文重的話。文重就是這樣地把校長視若無物。對校長尚且如此，我們當教授的還能發一言嗎？實在看不過去。聽說文重還是黨委會的統戰部長，這樣還統什麼戰？

> 首先要把黨和政分清楚。黨員中有胡作亂為的一定要處理。群眾有錯誤就批評，黨員有錯卻不管，像文重那樣的黨員不但沒有處理，還連升三級，這怎麼能行。這次整風如果不首先把這種歪風整好，就不足以振奮人心。

> 現在再談一點關於宗派主義的問題。說「共產黨員是特殊材料做成的」，那麼，我們難道是爛泥巴，爛木頭做成的？許多人一做了黨員就六親不認了。1937 年在倫敦我和錢俊瑞見過面，1949 年解放後，錢俊瑞擔任文管會主任兼駐北大代表，有一次在北池子召開了各校教授座談會，我也參加了。我進去的時候和錢俊瑞打招呼，談我們過去見過，他登時把臉拉下來，不願認我。當時我想一做了官就不認人了。再過幾天，他在北京飯店做報

告，中途我和鄭昕先離會，他竟然查名冊，大發雷霆地説：這兩個人上哪兒去了？這時會上有人告我們的狀，説「他們不喜歡聽無產階級講話」。錢俊瑞立刻囑咐大公報記者潘靜遠轉告我：「叫他知道，只有無產階級領導的革命才能成功。」我要求和他談談，他拖了很久都不肯見面，後來叫人送來一個條子，説他要出國，沒有工夫，由周揚代見。錢俊瑞這種態度是完全不符合黨團結改造知識分子方針的精神的。黨進了城，對知識分子應該聯繫團結。錢俊瑞則是這樣公開打擊我，後來文重又打擊我。錢俊瑞拿我開刀。我無黨無派，難道就軟弱！

檢查高等教育的成功和失敗，錢俊瑞也應該負責。高等教育犯錯誤，有目共睹，但錢俊瑞連升三級，可是黨對他重視信任。然而群眾是有意見的。

黨內的宗派主義實在厲害，留助教、留研究生，畢業生分配，選拔留學生等工作，黨組織從來不大尊重老教授的意見，一些黨員決定了就算通過了，教研室主任，系主任都不能過問。一部分黨員以為「今天的江山是我們打下來的」。我説是全中國的人民打下來的，共產黨在其中佔一大分，但別人也佔一小分。中國歷史科學范文瀾先生可以包下去嗎？為什麼對這些人這樣不信任？科學院的歷史一、二所到1954年才成立起來，這是范文瀾在裏面阻撓，沒有盡推進工作的責任，而只是在打擊別人。

三害中我以為宗派主義最厲害，由於存在着宗派主義，官僚主義才嚴重。科學院就是宗派主義的大蜂窩，科學院的謝秘書長打官腔，有一次開會，問我姓什麼，是代表哪一個單位的，派頭十足，比部長還厲害。毛主席從來沒有這樣過。要做官到衙門去好了。黨員認為自己高於一切，就不會把事情辦好。我們學校裏也有這個問題，也很嚴重。

我校黨員、黨委會的宗派主義，可舉一例。説來也許很可笑，每逢過年，我就看到黨委會的人只到江校長家拜年，過我住的66號而不打一個招呼，臉扳着直往前走……前年湯副校長生了很重的病，住院和醫療發生很多困難，我打電話給黨委書記史夢蘭，他在電話中嗯了兩聲，就沒有聲音了。打電話給文重，文重家裏人説他明天一早就是看湯副校長，第二天我到城裏去一問，文重根本就沒有來。一個校長辦公室主任，對一個副校長能

這樣的不關心，對其他的人就更可想而知了。這樣的黨委書記，統戰部長怎麼能做好工作？

我們絕對擁護黨委制、黨的領導，但黨的作風要改，不要高高在上。一定要下來和群眾在一起，不能像做官那樣，站在人的頭上。（〈內部資料〉，《中國科學院右派分子言論材料匯集（一）》，中國科學院整風領導小組辦公室編印，1958 年 6 月）

在清華大學的座談會上，徐璋本教授說，以馬克思主義作為指導思想，一定要產生教條主義；因為任何學說都是在一定的歷史條件下產生的，都有其局限性，若以一種比較固定的學說作為指導思想，就不可避免要犯教條主義。他說，任何一個學者一個學說都不能把一切好的東西都包括進去。我們要文化發展，光解決人民內部矛盾問題是不夠的，一定還要廢除以一種學說來指導一切的限制。共產主義還未實現，對共產主義的概念將來可能會有變化，社會正在發展中，要指導要限制就是教條主義。因此我不揣冒昧，建議取消用馬列主義作為我們的指導思想，希望大家指正。（5 月 25 日《人民日報》）

對於徐璋本來說，最要命的還不是在這次座談會上的發言，而是想要組織一個和共產黨「和平競賽」的政黨。這件事到後面第十六章再詳細說。

中國人民大學教授李景漢 5 月 30 日在該校黨外人士座談會上談到知識分子問題。他說，希望黨對知識分子，特別是經過屢次運動的挑剔，而找不到什麼大毛病的人，應該相信他，認為他是可靠的。應以朋友的態度，而不應以敵對的態度來對待知識分子。我們這些知識分子，對人生欲望不高，能終生做一個教授，給予一定條件進行學術研究，那就心滿意足了。他們根本不會造反，連造反的幻想也不可能有。古人云，秀才造反，三年不成。這是很有道理的。黨還有什麼不放心。中國有句民諺，水能載舟，亦能覆舟，這句話很可玩味。僅靠左手拿着馬列主義書本，右手拿着蘇聯武器，是不能解決所有問題的。人民群眾的眼睛是雪亮的。希望黨員要和我們推心置腹，最近報刊常帶這句話，真是太好了。但是只要有黨，黨群就不能在一切問題上推心置腹。在這次座談會上，李景漢還提到：昨天有位民盟同志主張收，他說，這是萬萬做不得的。主持座談會的副校長胡錫奎立刻插話：要大放、大鳴的。（《人民大學週報》第 150 期）他的這些話很有刺激性。不過即使他沒有在這次座談會上發言也是右派，因為他也是主張恢復舊社會學的重要人物之一。

師範大學中文系教授朱啟賢，在一個座談會上說：整風除三害的目的是要人民做主，群眾克服作客思想，由作客而變為作主人。整風不能自己領導整自己，如果是這樣，就像巴金的《家》裏的五老爺跪在地上自己打自己的嘴巴。他又說聽說羅隆基建議成立檢查小組，檢查歷次運動中被鬥的問題，以此為據，他認為師大也應成立一個檢查組。他認為過去歷次運動把人整垮、整服、整得半死不活，整得科學也不能前進，這次得獎的主要科學研究成就都是在國外完成的。他認為把人整成如此半死不活應由共產黨負責。又說秦始皇時代人民敢怒而不敢言，而現在人民是不敢怒也不敢言。他在發言中又提出要改組師大教學。（1957 年 6 月 5 日新華社《內部參考》）

還有浙江省溫州地區文物管理委員會主任劉景晨（1881–1960），浙江溫州人，民國初年任國會議員，1923 年嚴拒曹錕賄選。中華人民共和國成立後被安排擔任浙江省第一屆人民代表大会代表、浙江省文史研究館館員、溫州市政協副主席。1956 年市政協召開各界代表聲討英美侵略埃及會議，會上劉景晨說：「你們都說空話，你們地圖也沒有看，埃及距離我們一萬里。我們中國窮得很，抗美援朝中國吃了大虧，現在你們還講什麼支援埃及。」1957 年《人民日報》批判葛佩琦，劉景晨在市政協再三說：「葛佩琦說的句句都是對的，有人反對他，是因為看不懂。」6 月 16 日，在溫州市政協二次全會上劉景晨說《溫州日報》上刊登的消息「溫州市工人說話了」，是捏造的。他說：「去看看哪有工人是這樣說的？」6 月 18 日，《溫州日報》報導劉景晨的發言，題目就是「醫生不好可再換一個　共產黨就是只值半個錢」。他成了溫州市頭號（年紀最大：七十七歲；級別最高：行政十四級）右派分子。不但他本人被劃為右派分子，他三子叔揚也在浙江青田中學被劃為右派分子。

在中國政治法律學會 5 月 31 日舉行的法學界人士座談會上，國務院參事、《政法研究》副總編輯楊玉清說，這次整風運動是「下轎」運動。他說，有些共產黨員坐轎子，脫離群眾。八年來培養的是什麼人呢？是抬轎子的人。他說，至今還有人不願下轎子，那些抬轎的人也還不願放轎杆。

楊玉清說，有人說「上級幹部太好，中級幹部太少，下級幹部亂搞」。他反對這種說法，他強調說：一切發源於北京，亂搞就從北京亂搞起。他說，首先，在北京的上級幹部要下轎，他認為不但要下轎，有的還要下台。《人民日報》總編輯非下台不可，因為《人民日報》幾年來都在歌功頌德，這次運動想「收」不想「放」。

楊玉清還說，「百花齊放，百家爭鳴」不僅要廣開言路，還要「廣開賢路」。他說，今天的事應該誰有本事誰來幹。但有些能幹事的人，往往被以某種條件不夠為藉口，被一腳踢開。今天就要打破這個關。（6月5日《人民日報》）

這裏楊玉清是把「下轎」和「下台」分做兩個層次來說的，可見他說的「下轎」並不是「下台」的意思。他說的「坐轎子」，大約是指那種凌駕人們之上的官僚氣派吧。所以他也才把反對官僚主義等等的整風運動叫做「下轎」運動。6月8日反右派鬥爭開始以後，楊玉清覺得他的這些話「被誤解」，於是在國務院非黨人士座談會上作解釋，他說，「下轎」只是要脫離群眾的共產黨員到群眾中去；「下台」只是從行政的角度希望個別的人換換工作。（6月13日《人民日報》）只是這時來作解釋已經不能消除誤解了。10月9日，毛澤東在中共八屆三中全會上說，「什麼『黨天下』呀，什麼『共產黨要讓位』呀，『下轎』呀。剛剛『上轎』，右派要我們『下轎』。」（《毛澤東選集》第五卷，第467頁）

在社會主義學院舉行的座談上，中國民主同盟候補中央委員、上海市副主任委員陳新桂以〈對過去幾陣暴風雨的批評和建議〉為題發言，他說：

> 過去幾陣暴風雨的運動，是製造矛盾的重大原因。可是現在還有人不敢談，有顧慮，一是懷疑黨的整風有多大作用，二是還怕將來的運動會報復，這種怕報復的顧慮是有根據的，誰能相信不報復呢？

> 我指的幾陣暴風雨，是指三反，思想改造，因胡風問題而引起的肅反，限於對知識分子所起的壞作用。對這些，我個人的親身感受是不多的，主要是從朋友的交談，業務上的接觸而來的。

> 我首先聲明：貪污、浪費、官僚主義應當反，舊社會帶來的舊思想應該改造，反革命應該肅清，但過去的反法、改法、肅法是不對的，說「成績是主要的，缺點是個別的」這種結論，是不科學的。

陳新桂在這篇發言裏反對了「寧左毋右」的領導思想。他說：

> 領導思想上首先認為這是階級鬥爭，因此鬥爭的手段不限於思想意識，而且帶有強制性，總是把被鬥的人想得愈壞愈好，鬥爭得愈狠愈好，在這種情況下，不發生偏差才是奇怪的。在運動

中，領導小組如果左了，只批評是急燥，如果右了，就批評是喪失立場，誰願意喪失政治立場呢？寧左毋右，這是馬克思主義？

陳新桂在這篇發言裏還反對預定打擊指標的做法。他說：

三反時，事先規定老虎數在百分之二十五，但打的結果，北京的財經部門才最多是百分之二。有人說，這是有計劃的盲目。這是違反馬克思主義的。

這種鬥爭的方式，必然出偏差。這種鬥爭，不像打壞了一張桌子，撕破了一件衣服，可以補起來，它傷了人們的心，是補不了的。

在反胡風分子時，說反革命大約百分之五，但沒有規定那是反革命、壞分子的界限。肅反的高潮是在 1955 年，到 1956 年 2 月，毛主席說是有百分之二，不久前鄧小平在清華大學的報告說是百分之一，上海市委統戰部長劉述周說是百分之零點七，到底哪個數目是正確的？這不是做生意，多一分少一分沒關係，這使多少人流眼淚，生命攸關。有人說，反革命的百分比少了，是因為十人小組把界限放寬了。這就是問題。十人小組是在肅反後一年才成立，為什麼不先制定界限呢？這是否是馬克思主義的作法，太值得研究了。

這些運動，是有一定成績，但比較起來，副作用太大，代價太高。三反，是否把貪污反掉了呢？貪污的少了，這牽涉到財政上的監督，生活、就業問題的解決，這些是第一性的東西，生活問題解決了貪污就少了。浪費、官僚主義是否反掉了，每人都可作答覆。思想改造，是否用鬥爭可以改掉，有多大效果，很可研究。李景漢教授在思想改造中第一次作辯白，遭到打擊，第二次他包下來，就通過了，這能改變思想嗎？陷害了人，不許人辯駁，說是「無則加勉」，說人是反革命，如何「勉」法？潘光旦在三反中是鬥爭重點，最後用了他愛人、兒女哭的辦法去勸他承認錯誤。三反後，他鑽線裝書，不說話，人家說他改造好了，這不是笑話？潘是圖書館主任，圖書館裏有反動的書，這有什麼不可以？現在已經揭開蓋子，潘還是不講話。這就是很典型的例子。川大一教授，在批判封建思想時，說了「乾嘉諸老」的話，一個學生聽了，把它寫作「錢家諸老」，說這個教授，還對封建人物尊敬，領導上還是支持這個學生，說這個學生反對封建主義

的立場是正確的，寫錯了字沒關係。這樣的改造方法，是唯物的嗎？

1955 年底，一個盟員告訴我，他以前是被看作落後分子，現在是變成積極分子了，我問他怎麼搞通了？他說我找到一條規律：現在只有兩種人，要就打人，要就被打，與其被打，不如打人，所以他積極了。我說這是法西斯思想。這種現象是可怕的。在運動中，彼此都說假話，彼此都是違心之論。

「難免論」。主要是根據毛主席說的革命不是做文章，不是繡花，說「矯枉必須過正」。「矯枉必須過正」，陳叔通已經批駁了。毛主席是在二十年前《湖南農民運動考察報告》中說的，現在形勢變了，用這種話來辯護，是沒有道理的，是為官僚主義辯護。

「個別論」。這是不看實際的鴕鳥式的看法，這只是安慰自己的社會主義良心而已。

最後陳新桂提出了九條建議；其中包括：「把暴風雨中遺留下來的問題，作為黨整風重點檢查之一。」「凡是在運動中被公開鬥爭的人，平反時也要公開進行。」「在運動中自殺的人，當時都被說成是『畏罪自殺』，這是很不公平的，應深入調查，如是畏罪，應指出罪在哪裏，如是畏逼、畏鬥自殺的人，政府應恢復其名譽，照顧其家屬生活。」「在運動中表現積極被吸收入黨的人，應該檢查一下，嚴肅地進行教育。」「各種機關的人事部門，一定要調年紀較大，文化水準較高的人來做。」（1957 年 6 月 8 日新華社《內部參考》）

6 月 1 日，九三學社太原分社籌備委員會邀集所屬部分成員舉行座談會，對高等教育部和教育部提出批評和建議。山西師範學院中文系教授姚奠中說，有些人好說「體會領導意圖」這句話，這只能訓練奴才。也有人說「幹部無才便是德」。總之是不許人獨立思考。此外，他還對高等教育部和教育部的分工問題提出了不少意見。山西師範學院外文系助教高健說，解放後過分強調了集體主義，而忽略了發揮個人的積極性和創造性。（6 月 5 日《山西日報》）後來，這姚奠中、高健都被劃為右派分子。

西北大學黨委為了開闢更多的「鳴」「放」場所和園地，從 6 月 1 日起，採取了一系列措施，將期終考試推遲一周。6 月 4 日同時舉行了幾場座談會。會上，經濟系教授劉不同說，他感到黨在吸收黨員時每每是用升

級、加薪、送去進修等辦法培養黨員。因此，某些人就認為入黨是滿足個人欲望的捷徑。希望黨很好檢查一下發展組織時的思想。由於常有人把黨的政策執行錯了還能入黨，使人感到他是以群眾血淚取得黨員榮譽。因此黨員脫離群眾，站在群眾之上是有其淵源的；希望這次整風中很好檢查。他還說，西大在吸收黨員上幾近於濫，希望經濟系幾位黨員在這次整風運動中向群眾作檢查。(6 月 7 日《陝西日報》) 後來，劉不同被劃為右派分子，7 月 31 日的《陝西日報》在〈西北大學反右派鬥爭第一階段勝利結束〉這篇報導中說，「以經濟系教授劉不同為首的和以副教授程元斟、錢祝鈞為主要骨幹的右派小集團，現在已經完全暴露並開始瓦解。」這篇報導還宣佈：劉不同是一個「一貫反共、長期與人民為敵、雙手沾滿人民鮮血的特務分子。」劉不同原來是立法院立法委員，1949 年一批立法委員通電投共中的一人，這時被劃為右派分子了。

為了讓右派分子走到頂點，不但舉行各種各樣的座談會，儘量使他們吐出一切毒素來，還讓他們在各種報紙刊物上發表文章。

清華大學校長蔣南翔給毛澤東送去了一期《新清華》，上面有水利系教授黃萬里寫的〈花叢小語〉。黃萬里是黃炎培的兒子，留學美國的水工專家。文章開頭是他填的一首賀新郎〈百花齊放頌〉：

> 綠盡枝頭蘗。怎當他春寒料峭，雨聲淒切？記得梅花開獨早，珠蕾卻曾迸裂！盼處士杏無消息。桃李臨風連影擺，怯輕寒羞把嫩芽苗。靜悄悄，微言絕。忽來司命護花節。乘回風撥開霾氣，宇清如澈。人世烏煙瘴氣事，一霎熏銷燼滅。翻激灩芬香洋溢。好鳥百花叢裏翠，這當兒鼓起笙簧舌。心自在，任翔逸。

蔣南翔不是為了這首詞送給毛澤東看的，而是為了文章裏其他一些內容。文章批評了北京新修的一些公路，在原始的土路基上不鋪大碎石的路床，卻直接鋪柏油碎石路面，完全違反了路面上須先鋪上為了排水和散佈載重力的路床這種施工常識。今年春雪特別多，天暖融化之後，路面下的積水不及宣洩，因而路面受載重時就被壓碎，到處翻漿，車輛無法通行。文章議論說：「盡說美帝政治腐敗，那裏要真有這樣事，納稅人民就要起來叫喊，局長總工程師就當不成，市長下度競選就有困難！我國的人民總是最好說話的。你想！沿途到處翻漿，損失多麼大，交通已停止好久，倒楣的總是人民！」這篇文章發表時標題下注明「小說」，其中馬路翻漿這情節可不是虛構，5 月 16 日中央統戰部的座談會上嚴希純的發言就談到北京築

了很多品質不好的馬路，今年全部翻漿的事。馬路沒有修好，作為一個工程技術問題討論討論，不就足夠了嗎？可是一定要把它提到政治的高度，拿來同美帝比腐敗，當然是右派分子存心搗亂了。

這篇文章給毛澤東留下了印象。1959 年廬山會議上，他還在各小組組長的會上說：「有這麼一些中國人，說美國一切都好，月亮也是外國的好，如黃萬里的詩，總還想讀的。」（李銳，《廬山會議實錄》，1989 年版，第73 頁）這裏說的「詩」，即前面所引的那首賀新郎。

黃萬里這篇文章還提到以前不久關於黃河三門峽工程的論證。他批評說，論證中有專家，「竟肯放棄了水流必然趨向挾帶一定泥沙的原理，而靦顏地說黃水真會清的，下游真會一下就治好，以討好領導的黨和政府。試想，這樣做，對於人民和政府究竟是有利還是有害？他的動機是愛護政府還是愛護他自己的飯碗？」在那一次論證中，黃萬里根據黃河泥沙特點，提出降低水庫蓄水位，壩底留大泄水洞排沙的方案，未被採納。他的書生氣太多，不懂得論證這道程序的作用只不過是認可既定的方案。

不幸而言中，1960 年三門峽大壩建成開始蓄水，庫尾泥沙迅速淤積，並且迅速向上游延伸，威脅到古都西安的安全，情況的嚴重超過了黃萬里的預言。1962 年 5 月，周恩來在中共中央工作會議上說：「修三門峽的方針是對的，但是辦法不對，現在不能發電，泥沙又淤塞，還要大調整。」（《周恩來選集》下卷，第 406 頁）1964 年周恩來主持治黃會議，確定了三門峽工程改建方案，恰好就是當年被否定的黃萬里的意見。不過這時已經是他被劃為右派分子幾年之後了。

黃炎培的七個子女，在反右派鬥爭中，有五個被打成右派分子。兒子黃必信，大連工學院無線電系講師。1957 年被劃成右派分子，文革開始1966 年 6 月 14 日在家中上吊自殺，時年 41 歲。他的妻子余啟運也在大連工學院教書，兩年以後也被隔離審查，1968 年 6 月 15 日在關押中自殺。他們有三個孩子。14 歲的小女兒在 1966 年 10 月 26 日失蹤。

黃炎培的子女中，只有兩個女兒沒有被打成右派分子。不過其中一個女兒的兒子，當時是大學學生，也被打成了右派分子。

北京師範大學副校長、數學家傅種孫在他們學校的刊物《師大教學》上發表文章，談共產黨同知識分子的關係，題目就很有刺激性：〈中共失策之一〉。文章說：

中國共產黨近幾年來究竟得計多還是失策多？自然是得計多。為了愛護中共，我倒願意談一談失策的地方。首先我願意談一談對知識分子的失策，也許這是中共近幾年來最大的失策之一。

每一個政治運動起來，雖然這個運動名目不叫鬥爭，不管它叫學習也好，思想改造也好，肅反也好，每一運動起來，知識分子就心驚膽跳。對於統治者忠心奉承而一再受白眼、挨耳光，這是史無前例的。我想不起來有哪一個興朝勝世是這樣糟踏知識分子的。我也不曉得這些知識分子究竟造了什麼孽而致會遭這麼大的禍殃。地主之所以為地主，資本家之所以為資本家，必然是有剝削行為，有罪過。我們能夠說一個知識分子必然有罪嗎？我們來看看中共是怎樣來對待知識分子的。所有的報章雜誌上所寫的，報告會、討論會上所說的，只要一提到知識分子，必然戴上帽子「舊知識分子」、「小資產階級知識分子」、「資產階級知識分子」，很少單獨提知識分子而不戴帽子的。

知識分子所感受的待遇與中共所標榜的知識分子政策幾乎完全相反。這能怪知識分子得福不知感嗎？中共中央可以深切反省一下。這能把責任完全委於下級嗎？下級的普遍偏差與上級的領導無關嗎？中共可以檢查一下，這幾年來四海之內有哪一個地方的知識分子不寒心。我不相信知識分子對中共離心離德而中共能夠達到建設社會主義、共產主義的目的。現在的知識分子與中共既無冤又無仇為什麼不可以利用？知識分子願為中共效勞，因為為中共效勞也就是為祖國效勞，為人民效勞。你有遠大計劃，現有人懂行、願效勞，何苦不用？自然中共會說，我現在是用了，沒有一個知識分子失業呀！但打着用、罵着用，叫知識分子成天用眼淚洗臉，這是何苦來？難道這是一種政策嗎？

就知識分子說，養着他而不聽從他的意見，就是所謂「豕交獸畜」的待遇，是知識分子所不甘受的。知識分子的氣節是從古以來所鼓勵的。共產黨在歷次運動中聲色俱厲地說：「要把舊知識分子的臭架子打掉」，對士氣毫不顧惜。我認為這是很大的隱憂，無形的損失。

毛主席號召學習蘇聯之後，請來許多蘇聯專家，中國知識分子不論老少都虛懷若谷，參加學習。這在中國知識分子說來就算是很難得的了。因為知識分子都有自尊心，都不免有「世無孔

子，不當在弟子之列」的想法。但是，近幾年來，高等學校請求聘請蘇聯專家時，高教部都責成學校要有計劃、有準備，其中一條，要準備好繼承人。為了學得快，有的學校就指定教授作培養對象，作繼承衣缽的人，以便蘇聯專家回國之後，還能傳授蘇聯專家的學業。對這辦法我曾提出過異議。我認為，我們也是一個國家，既然稱這人為教授，就應該承認他有相當的知識水準。如果我們選拔教授為培養對象，那培養他的人勢必要比教授高。即使這個中國教授非常謙恭有雅量，蘇聯專家也許不好意思吧！再說在國際上往來，也要替中國教授留體面，也就是替國家留體面。（《六月雪——記憶中的反右派運動》，第 443-446 頁）

　　5 月 29 日《北京日報》上，刊出了北京大學西語系講師黃繼忠 5 月 14 日在他們學校講師座談會上的發言〈大膽向黨和黨員提意見〉。其中談到黨員和群眾的關係。他說，黨員「他們戴着一副假面具，裝出改造人的道學面孔；在會上專等別人暴露思想問題，好給他批判一通，而自己卻對任何問題不發表個人的意見。」「他們和群眾只有改造者與被改造者的關係。」「好像黨員有了黨性，就不能兼有人性似的。」「我校黨委會中不少年紀很輕的男女同志，他們給我的印象是一群小和尚和小尼姑，一個個沉默寡言，老成持重，彷彿都已看破紅塵，和五情六欲都已絕了緣似的。把生氣勃勃的年輕人弄得這樣暮氣沉沉，這能說不是扼殺人性嗎？」「今天有些黨員的特權思想頗為嚴重。毛主席明明說，國家是人民大眾的國家，國家大事幾個共產黨員是包辦不下來的。而事實上，今天共產黨員大權獨攬，包辦國家大事的情況相當普遍，從最高政府機構到機關、學校、農村、工廠、軍隊，在在皆是。民主黨派及無黨派人士在政府中有職無權。」「拿我們學校來說，這種現象也是有目共睹的。我們的馬校長就不大管事，實權在江副校長手裏。我聽有的校務委員說，每次開會馬校長站起來說明開會意義，坐下之後，江副校長總要站起來補充一番。而補充的東西實際是正文，而且跟馬校長說的往往不相符，這就給人這種印象：真正的領導人是江副校長，而不是馬校長。教務處、總務處也是如此。各系的總指揮也不是各該系的系主任，而是年輕的黨員系秘書；昨天我系系主任馮至先生的發言中提到他以前在西語系是應聲蟲，其實這是很普遍的事，大家也都心中有數。」「今天有些黨員借着共產黨員這塊招牌吃飯。他們對於本門業務一竅不通，不學無術，卻居高位、拿高薪，而且當之無愧。有的人居然拍着胸脯，大言不慚地說：老子根本不靠業務吃飯，老子是靠革命吃飯。」

黃繼忠還談到一個「黨能不能領導科學的問題」，他說：「到如今，我還不懂為什麼要討論這個問題。共產黨領導整個國家，確立社會主義方向，制定政策，這是沒有一個人民不擁護的事。可是，這是不是說全國的科學及高教機構每一個單位行政、學術上（除了黨委）都必須是共產黨員直接領導呢？我看不可能也不必要。這些地方讓各該行的專家們去領導不是更好嗎？難道這就不是黨領導了嗎？難道今天知識分子不是在黨領導下進行工作嗎？也許我把問題看得太簡單了些，但是我確實不了解為什麼要爭論這個問題。」他說他「不了解為什麼」，其實是指出：這是因為有了由共產黨員包辦一切國家大事的心理，才會提出的問題。

南京大學校刊《南大生活》上，刊出了該校中文系助教劉地生（真名劉錦）的文章〈要求共產黨第二次解放中國人民〉，其中說：「如果共產黨這次整風，能夠徹底剷除為害人民的三大主義，共產黨就不啻第二次解放處在苦難中的中國人民。」文章中有這樣一段：

> 共產黨是國家的領導黨，但這不等於說共產黨就是國家。因為中國有六億人口，而共產黨只有一千二百萬黨員。決不能說一千二百萬黨員的利益就是六億人民的利益。更不能說一千二百萬黨員的利益應該超過六億人民的利益。當這兩種利益。有時是一致的，但有時也確有矛盾。有些人硬抹煞這種事實，說這兩種利益沒有一點矛盾，是不符合事實的。根據這一點，我覺得應該改變以往把黨放在國家之上，以黨的利益代替甚至超過國家利益的做法。今後制定政策方針應首先從六億人口的利益出發，不應該首先從黨的利益出發。任何一個黨派的委員會或支部，除開對那個黨的機關或黨員之外，沒有權力對黨外的政府機關或行政人員發佈命令或指示。（6 月 22 日《人民日報》）

這篇文章還主張，「在學校的黨派，可以在教員當中活動，不需要在學生中活動，特別在中小學，應取消少先隊和和青年團的組織。大學裏的政治課自由選讀，以免阻礙培養青年獨立思考的能力。」

也是在《南大生活》（5 月 25 日）上，刊登了歷史系講師劉敬坤的文章〈是什麼東西害了南京大學〉。據陳模、路農寫的〈南京大學猛烈展開反右派鬥爭〉一文揭露，劉敬坤的文章「一概抹煞解放以來南大的成績，『感到今天五勞七傷、斷腿殘足的南京大學和昔日的堂堂中央大學太不相稱了。』完全顛倒黑白把今天的南大說成是『矛盾重重，人心離散，……人有悶

氣，士多乖思，青青老老，各有苦衷；巢未傾而烏欲散；廈雖大而室行將空了。』而這一切都歸罪於黨組織的『各色的官風，各種官位』，黨的『壯漢』（指黨委的負責人）的『摧毀政策』。」（7月3日《中國青年報》）

楊時展（1913-1997），浙江寧波人，祖籍衢州，1936年夏畢業於南京中央政治學校大學部財政系會計專業，年末參加高等文官考試及格，1938年任浙江省財政廳會計主任。1940年春應國立英士大學之聘，任該校教授，兼任會計專修科主任。後改任經濟系教授。1948年到桂林廣西大學任教。1953年任中南財經學院教授。1957年整風鳴放期間，他寫了一封給毛澤東的萬言書，提出了不少批評意見。

關於憲法所規定的人民的基本權利被侵犯問題，萬言書指出：1954年頒佈的共和國憲法規定人民有居住和遷徙的自由，可事實上，五萬住在鄉下的農民並沒有遷居城市的自由。憲法還規定公民人身自由不受侵犯，但在肅反運動中，許多人被自己的工作單位拘禁，甚至被批鬥致死。

關於社會生活中個人利益被忽視的問題，萬言書指出：建國以來，我們一直強調「集體利益高於一切」，嚴重忽略了個人利益，並形成一種十分錯誤的認識──即認為人民內部矛盾的產生，主要是因為領導人多看了整體利益和長遠利益，而人民大眾則多看了個人利益、目前利益。楊時展的這個意見，是針對《人民日報》社論〈怎樣對待人民內部的矛盾〉（1957年4月13日）提出的。這篇社論說：

> 人民群眾和領導者之間為什麼會發生矛盾？這是由於他們在國家生活中所處的不同的地位決定的。人民群眾直接參加生產勞動，主要是體力勞動，而一般地難於直接行使管理權力。他們所處的這種地位，使他們比較容易從當時當地的局部情況去觀察問題，比較容易重視目前利益和局部利益，而比較難於了解整個社會主義建設中的全部情況和全部困難。而在另一方面，領導者是直接行使管理權力而一般地難於參加體力勞動的。他們比較能夠看到長遠利益和整體利益，而比較容易疏忽人民群眾的具體情況和切身要求。

楊時展毫不客氣，直指《人民日報》社論的這個說法是「十分錯誤的」，並且作了有力的反駁。他指出：

　　所謂「整體利益」和「長遠利益」不是憑空存在的，而是建立在「個體利益」和「目前利益」基礎之上的。我們建國後一直採取農業支援工業的做法，對廣大農民的利益造成了極大的傷害。「統購統銷」政策實行後，有些地區甚至出現農民吃不飽飯的情況。另一方面，我國工業發展中的「高積累、低消費」模式，有使得城市工人群體的生活水準長期得不到提高。這難免讓工農大眾對黨和政府生出失望甚至不滿的情緒。在這種情況下，如果黨不採取措施改善人民的生存狀態，與人民離心離德，還談得上什麼「整體利益」和「長遠利益」呢？

　　關於共產黨和知識分子的關係問題，萬言書尖銳地指出：「就黨的知識分子政策及其實際影響而言，無疑缺點是主要的，甚至可以說是失敗的。」他提出了改善黨和知識分子的關係的一些建議。

　　這篇萬言書寫好的時候，反右派鬥爭已經開始。他不聽朋友的勸阻，把它寄了出去。不久，它就被作為「一個右派分子的反黨綱領」在《長江日報》上刊出。楊時展成了武漢地區最著名的右派分子。（據谷彥梅、董國強〈楊時展教授和他的「萬言書」〉，見《書屋》2010 年第 12 期）

　　到這時候，各地，各民主黨派，各高等學校，以及各機關團體企業事業單位等等，開了許多座談會，許多右派分子在會上發了言，猖狂進攻。許多報紙刊物包括學校校刊上發表了右派分子的文章，白紙黑字，全是反黨反社會主義的真憑實據。右派分子的進攻已經接近了頂點，現在是考慮反擊的時候了。

　　當時高等學校學生的動向，以南京大學為例。新華社記者孫振、朱冰菊、周哲生、蔣青萍的〈南京大學學生到新華日報貼大字報〉一文報導：

　　　　新華社南京 2 日電　今日南京大學學生到新華日報門前貼大字報，質問《新華日報》為什麼不發表南大「鳴」「放」的消息。來往群眾，走過新華日報門前都停下來觀看大字報。到下午五時貼出的大字報漫畫共十六張：「我們向社會呼籲：要《新華日報》支持我們向官僚主義、主觀主義、宗派主義鬥爭！」，「……質問《新華日報》，春風已經吹到了人民的南大……，為什麼對我們南大的情況，幾天來在報上隻字不提？你們是否派記者來呢？

早已來過，所以我們質問：是什麼思想在指導你們？！」。「新華日報對『鳴』『放』運動極度冷淡，用心何在？」，「新華日報惠存，上天說好話，下地報平安」。「質問《新華日報》，黨報黨報，南大爭鳴，為啥不報，記者記者，既來南大為啥不寫，編輯編輯，南大消息，為啥不編。」「記者先生，你們到底有什麼困難，不能把我們的消息報導，請看看我們的校刊嗎。」在這大字報後面，貼了最近幾期校刊。南大學生在新華日報牆上，還貼了兩張漫畫。一張是諷刺住在南大的軍事學院 × 將軍的。一邊畫了一位醫師在為將軍開刀，上寫「將軍之毒深矣」，一邊畫了個畏畏縮縮的記者。另一張漫畫，一邊畫了幾個武士，兩旁寫了「迴避」、「肅靜」、「只准和風細雨」等字樣，一邊畫了個首長在沙發上，首長兩旁和頭頂上寫了「唯我獨尊」、「別無分出」、「只此一家」等字樣。首長前面畫了兩個跪在地上的群眾，群眾手持小盤裏寫了「批評」、「建議」等字樣。在這一幅漫畫的上邊，寫了個橫幅標語：「糊塗首長所期望的整風」。

在南大校內，已出現要到新華日報集體交涉的大字報。大字報上寫道：「《新華日報》為何裝死？若仍不大膽潑辣立即報導出來，我們建議學生會組織數同學到新華日報門前，喊醒這些怕事的編輯，記者們，把春風吹到報社。」

今天晚上南京大學學生繼續在新華日報門上、牆上張貼大字報、漫畫、校刊，並擴展到南京日報門口，質問報社為什麼不刊登南大爭鳴消息。八時半記者離報社時，已貼出大字報、漫畫、校刊近五十張。大字報內容有：向新華日報提出三點要求，一、明日第一版刊登南大爭鳴消息；二、對南大的整風運動表示態度；三、要公開檢討。要求省委對新華日報不登南大爭鳴消息表示態度。《文匯報》能登北大民主牆，《新華日報》為什麼不登南大民主牆？還有《告公民書》，說明他們為什麼對新華日報採取這種態度。大字報內容大致和下午張貼的差不多。今天是星期六，晚上來往的人特別多，新華日報門口擁擠得水洩不通。南大學生一面張貼，一面宣傳為什麼這樣做。觀眾對此事抱有各種態度。有的表示同情南大學生。有的說這樣做還不夠，要把報社的人拖出來打。但也有很多人對南大學生這樣做法表示不贊成，有的甚至當眾撕掉大字報。有個工人打扮的中年人說：有意見向報社、省委提，哪個沒有意見，解決問題不應該採取這種方式。有個五十多歲的人說：我也不贊成這種方式，為了這件事吸引這麼

多人，妨礙了交通。有幾個家庭婦女談論時都不贊成這種方式，
她們建議識字的人寫大字報貼出來反對。

據說南大學生晚上又在開會討論，如果明天報紙再不登他
們的消息，他們將上街遊行。（1957 年 6 月 3 日新華社《內部
參考》）

武漢大學也是這樣。新華社記者孫王昌、方堤寫的〈武大情勢急轉直
下不少學生偏激得厲害〉一文報導：

新華社武漢 4 日訊　曾經是比較安靜的武漢大學，在最近
幾天內情勢急轉直下，現在已經是滿校風雨了。幾天來的情況表
明，在相當一部分學生中，「大民主」傾向是突出而嚴重的，有
人甚至已經在大字報中提出了「要人權、要自由、要民主」和「反
迫害、反限制」的錯誤口號。至於「向『三害』分子開火」、「不
獲全勝不收兵」、「官官相衛」和「黨員老爺們」等偏激的提法，
更是十分普遍的。

武漢大學在 5 月 27 日以前一般說來是比較安靜的。27 日，
學校裏開始出現大字報，但為數不多，語氣也比較平和。到 29
日，中文系三年級學生的《火焰》報登出了〈北大書簡〉，「化學
系一研究生」（後來知道此人名劉岱嶽）出了「胡風到底是不是
反革命？」「所謂胡風集團到底是不是反革命集團？」的大字報。
緊接着，各種各樣的大字報和標語不斷出現，全校情勢開始急轉
直下。在學生宿舍、大食堂、行政大樓、合作社一帶，到處是大
字報、標語、漫畫，誰也數不清它們究竟有多少。到現在為止，
全校各種大字報已有八十多種，其名稱有《火焰》、《戰鬥》、《洗
刷》、《X 光》、《鐵鍊》、《匕首》、《大炮》、《怒海》、《手術刀》、
《烈火》、《轟》、《劍與火》等等。

31 日，部分學生曾到省委請願；另有幾百學生齊集人事處鬧
事，罵人事處是「黑暗的小王國」。同天，中文系三年級組織了
「解放後人與人的關係」的討論。6 月 1 日下午，有部分學生去
長江日報、湖北日報、人民出版社、新華書店等處張貼大字報，
宣稱學校裏要在 2 日晚上辯論胡風集團是不是反革命集團，歡迎
校外人士參加，還說了「反對新聞封鎖」、「記者們拿出良心來」
等。他們並要報社答應不撕掉他們的大字報。2 日，《戰鬥》報
貼出了許多標語，說報社撕了他們的大字報，號召大家「到報社

去」。當天下午，幾十個大字報的編輯們舉行了聯席會，討論「去不去」和「大去還是小去」的問題。他們爭論了很久，有人提出不去，但大多數人主張去，結果作了去的決定。關於「大去還是小去」的問題，爭論得更熱烈。有人主張「大去」，即去二百人到三百人；有人主張「小去」，即選十幾個代表去就行了。爭論結果是決定去十六人，但 3 日晨從學校出發時，實際上有五、六十人。後來在中途回去了一部分，到報社的有四十一人（到報社後的情見另一資料）。這幾天，學生除舉行了前面已經提到的「解放後人與人的關係」和「胡風集團是不是反革命集團」的討論或辯論外，還在 3 日晚舉行了有關肅反和畢業生分配問題的「控訴會」。這些都是由一個班或一個大字報舉辦、但又是有許多班系的學生參加的。此外，中文系四年級學生還出了「海報」，說要在最近舉辦「武大肅反成績是基本的還是缺點是基本的？」的辯論。

數不清的大字報、標語、漫畫的內容，顯示出不少學生對這次整風運動的認識是有偏差的，他們不同意「和風細雨」的作法，說這種作法是「可懷疑的」。他們熱衷於人身攻擊，而遭受這種攻擊的主要對象是黨員副校長張勃川、人事處長張希光和副處長王勇。他們說「二張一王」是「最兇惡的『三害』分子」，是「官運亨通」的人，並用各種方法來嘲笑他們。例如，歷史系一學生用《聊齋》的筆調寫了題為〈張公勃川暨夫人合傳〉的大字報，就充滿了人身攻擊的嘲笑詞句。還有大字報說王勇是「皮帶幹部」，說張勃川的愛人是「香水夫人」，說「張希光是『吹拍專家』」等。還有大字報指控張勃川的「十大罪狀」，提出要趕走張勃川；要張希光和王勇滾開。當然，對張、王等進行善意批評的也有，但為數不多。張、王在工作中的確有較多的缺點和錯誤，特別是張勃川，對教授態度較粗暴，而對個人生活又照顧得過分些，這也是引起大家不滿的原因。

學生們對人事處的意見也很多，說它是「黑暗的小王國」，要求改組人事處。而對人事處意見特別多，又和肅反問題有關。已經有許多學生提出了改組人事處、公佈人事檔案和畢業生分配情況的要求。人事處除張希光和王勇外，許多科長（黨員）也遭到攻擊。

　　黨委書記劉真同志到學校時間只有幾個月，學生對他過去工作的意見沒提出什麼，但就這次整風領導問題卻提了不少意見。〈質問劉真同志〉、〈向劉真進一言〉、〈請看劉真的態度〉、〈黨委書記腳踏兩頭船〉等，其內容都是屬於整風領導方面的批評的。這些大字報主要是說黨委有保守思想，對中央整風精神領會很差，沒有對學生的要求進行支持，以及說劉真有意包庇「三害」分子等。

　　「要人權、要自由、要民主」和「反迫害、反限制」，是一些內容涉及肅反問題的大字報和關於選舉問題的大字報中提出來的。在一些「反對新聞封鎖」的大字報中，也提到「沒有言論自由」，並由此對報社和記者進行攻擊。

　　在不少學生提出要把徐懋庸調回學校來整風。他們對徐懋庸攻擊得很厲害，有大字報說他是武大的「太上皇」。教授中對徐的意見也很大。有些學生在座談會上甚至高呼口號，看來好像過去搞「三反」或「肅反」鬥爭一樣。還有學生在校內打鑼打鼓，造成緊張空氣。已出現一種不正常的空氣：說正面意見的人就會受到攻擊，被戴上「阻礙運動」的帽子，甚至被罵成是「拍馬屁的」。

　　看來，武大學生最近的行動是和北大的影響有關，如「北大書簡」影響就不小。但這方面的情況黨委還掌握不住。學校黨委現在對學生中的其他情況也了解得不多。學生會、團組織，現在都不起什麼作用了，學生不信任它們。現在在學生中作用很大的是幾十個大字報的聯合通訊處，而這個機構黨委也不能控制，他們的行動並不通知黨委。這就使得黨委很難掌握全面情況了。同時，黨的主要幹部這些天來忙亂得很，什麼會都要他們參加，每天工作時間常在十二小時以上，這使他們沒有較多的時間來分析和研究情況。在這樣的情況下，有不少黨員幹部和學生黨員是有緊張情緒的，他們耽心會出亂子，但又不知道究竟應該怎麼搞才好。（1957 年 6 月 6 日新華社《內部參考》）

　　6 月 6 日，中共中央發出了毛澤東起草的《關於加緊進行整風的指示》，提出準備在 6 月 15 日左右在報上發表毛澤東 2 月 27 日在最高國務會議及 3 月間在宣傳會議的兩次講話。要求各省市一級機關、高等學校及地市一級機關，加緊進行用大鳴大放方法的整風。使建設性的批評與牛鬼蛇

神（即破壞性批評）都放出來，以便分別處理。這個指示提出：「請你們注意將你們的單位人數，在運動中，按左中右標準，排一下隊，使自己心中有數。」照這個指示所表明的意圖，公開轉入反右派鬥爭，是 6 月 15 日左右之後的某一天。

這一轉變卻是提前來到了。提前的原因，也就是在 6 月 6 日這一天，發生了另外一件沒有預料到的事情。這一天，章伯鈞邀集了民主同盟六位教授在南河沿全國政協文化俱樂部開了一個會。

事情得從前一天講起。章伯鈞後來在農工民主黨的批判會上交代說：

> 6 月 5 日下午，曾昭掄、錢偉長、費孝通、胡愈之四個人在民盟的「科學規劃」工作組開會後到家裏來找我，說有重要的事情要商量。錢偉長講了清華大學學生的情況，他說：「現在是放，還是收？清華大學黨委已不能維持了，如果繼續放我們不管，要收那我們就來收。」費孝通也談了一下民族學院的情況。曾昭掄也說了，他說：「現在的情況是全國各地都搞起來了，上海的學生鬧得很厲害。今天上午，楊秀峰到上海去處理問題，我告訴他，你到上海可以找民盟的負責人談談，可以幫助你。」意思是說，民盟對學校的整風起作用。曾昭掄又說：「你講的政治設計院，外邊有人反對，我倒是很欣賞。今天北京的情況很嚴重，學生有可能上街，市民也不滿意，學生同市民結合起來就是匈牙利事件。」當時，我同意他們的見解，對形勢的估計是這樣嚴重。當天，我們決定：第二天再多找幾個人談談，並由我告訴周總理。當天晚間，我曾給習仲勳、李維漢打電話，但是沒有接上頭。

> 6 日上午，我們又在政協文化俱樂部見面了。這次增加了黃藥眠、史良、吳景超和陶大鏞。大家又把頭一天的情況說了一下，吳景超估計的形勢沒有那樣嚴重。會後，史良的意見是請示領導，找周總理談，並且說下午和周總理見面時說一下。（7 月 4 日《人民日報》）

當時在場的閔剛侯後來寫了一篇〈章伯鈞召集的一次緊急會議〉（7 月 4 日《人民日報》），揭發 6 月 6 日的這次會，「給全國人看看章伯鈞是在做些什麼陰險勾當」。這裏就依據這篇文章的揭發和與會教授的交代，大致敍述一下這會的情況。

上午十時，會議開始，章伯鈞首先說明這次會議的目的：現在學校的情況十分嚴重，請大家來研究民盟在運動中應該怎樣工作。

費孝通第一個發言，他說，現在各大學的學生都動起來了，情緒激烈。從這次運動揭露出來的問題看，情況是十分嚴重的。聽說北大有二個學生控訴在肅反中被錯鬥，有人聽了流淚。（注：「二個學生」指西語系的顧文選和周鐸）這種事情在我們知識分子看來是不能容忍的。想不到在解放以後還有這些事，簡直是太黑暗了。今天在我內心產生了一種新的感情，我對學生所揭發的這些事實是同情的。學生搞起來，事情很容易擴大。當然要收也容易，三百萬軍隊就可以收，但人心是去了，黨在群眾中的威信也就完了。

費孝通說，今天的問題主要是制度造成的。非黨人士有職無權，黨團員掌握大權，作威作福。我看不是個人的作風問題，而是制度所造成的。我已聲明不參加共產黨以表示態度。

錢偉長插話：我是堅決不參加共產黨的。

費孝通接着說：有人說，沒有黨的提名，我們什麼都當不上。我不相信，要是能夠參加競選，看群眾是不是贊成我。

曾昭掄說：今天學生的問題很多，一觸即發。他們一上街，市民就結合起來，問題就鬧大了。今天群眾對黨也是不滿的。

章伯鈞插話：學生上街，市民跟上去，事情就難辦了。

曾昭掄又說：不要看秀才造反三年不成，中國知識分子鬧事是有傳統的，從漢朝的太學生到五四運動，都是學生鬧起來的。

曾昭掄談到這些年的政治運動，他說，以運動的方式對待知識分子是不能容忍的，我就害怕。知識分子還喜歡「清議」，應該多給他們講話的機會，尊重他們，但是黨不給。

談到學生，曾昭掄說，解放之初，學生因為解放前鬧的太多，想安下心來學習，那時功課也重，黨的威信也高，所以平靜了幾年。現在情況不同了，黨嚴重地脫離了群眾，加以波匈事件的影響，形勢就一觸即發。

章伯鈞插話：交通部在漢口的學校，學生要請願。其他地方也有學生罷課，形勢十分嚴重。

曾昭掄還談到，西安交通大學已經罷課，上海的問題可能比北京更嚴重。據陶大鏞的交代（6月24日《北京日報》），曾昭掄還說今年高等學校招生人數之所以減少，是為了怕學生鬧事和畢業生出路有問題。

會上，曾昭掄講了一句最有刺激性的話，他說，目前情況很有點像波蘭統一工人黨八中全會的前夕。他還說，這次整風可能黨的估計有錯誤，黨可能認為高級知識分子問題多，青年學生一定不會有什麼問題，結果恰恰相反，弄得很被動。

據陶大鏞說，章伯鈞聽了這些話，興奮得從沙發上跳了起來。他說，大學生這樣鬧下去，說不定會發生匈牙利那樣的事件。

錢偉長說，現在學生運動的特點是要找個頭，如有老師領頭就可出亂子。近來有些學生的家長寫信給我，要我勸勸他們的子弟不要參加鬧事，我曾做過，但學生的表示十分堅決，這真像「五四」前夕，和我們做學生的時代一樣不接受家長的勸告。

錢偉長認為，知識分子最根本的問題是出路問題，學生鬧事的原因是沒有出路。現在只有黨團員和靠近黨的人才有出路。人有沒有出路，命運是掌握在黨員手裏。有發展前途的課程都得由黨員來擔任，不論他懂得多少；而將一些真正的專家放在一邊。黨是運用這樣一套機構和制度來為它工作的，這就是一切通過黨團員或無恥的積極分子（錢偉長說，這句話是引用別人所說的），隨時隨地記錄別人不正確的言行，向上級彙報，由支部集中到總支，大的問題又集中到黨委，然後層層佈置，批判這個，批判那個。有時黨委公開做報告，雖不指名，但被批判的對象，心裏是有數的。黨就是這樣偏聽偏信，運用這樣一套官僚制度來進行工作是不行的。黨對知識分子的政策是有問題的。上個星期蔣校長（南翔）在報告中居然說了這樣的話，他說今天知識分子是吃共產黨的飯，這句話引起了老教師們很大的不滿。

這時，費孝通很激動地說，誰說我們吃共產黨的飯！我們從來也沒有吃共產黨的飯，我們是吃勞動人民的飯。

錢偉長接着說，現在的情況要收也容易，只要民主黨派站出來說話就可以。現在民主黨派說話是有力量的。學生到處找自己的領袖，希望我們能站出來說話，不過話也很難說，清華就有人提出請蔣校長下來，要錢偉長當校長。

陶大鏞就北京師範大學的情況說明問題的嚴重性，他說，師大黨的領導問題很多，但至今不敢承認錯誤。師大問題比較多的是肅反問題和評薪問題。黨首先應該對肅反搞錯的承認錯誤，進行平反。並說北大曾有學生來師大，要求聯合罷課。他還反映了一個老教授的話，說現在的情形是「五四」以來所沒有的。

黃藥眠說，1953 年以前民主革命階段，黨和非黨知識分子是在一道的；1953 年進入社會主義革命，實行無產階級專政，從此一切只有黨員可以信任了。黨員人數不多，於是只有相信青年團員，這樣就造成了黨脫離了群眾。又說黨對知識分子「團結教育改造的政策」在北京實際執行的是「利用限制改造的政策」。

在會議的進行中，章伯鈞講話很多，也很激烈，常常打斷別人的發言，插進來說，例如說，共產黨內部的問題也大，計委差不多都是黨員，但撤換李富春的大字報貼在李的門口，這是估計不到的。吃午飯的時候，章伯鈞興致很高，只聽到他一個人滔滔不絕地講話。他要費孝通去掉專家局、民族學院和民委會的職務，多花時間搞民盟的工作。他說，現在盟大有搞頭，黨應該對民主黨派重新估價，這樣才能真正做到在社會主義制度下的長期共存，才能真正解決有職有權的問題。

他接着說，我主張民主黨派要大大地發展，至少應該發展一兩百萬人，無黨派的人都應參加組織。現在黨團員有三千幾百萬，民主黨派發展一兩百萬不算多，同時民主黨派應該深入到縣一級，這樣才可以真正發揮民主黨派的監督作用。

談到知識分子加入共產黨的問題，章伯鈞說，知識分子不一定要入黨，真的參加了，一看黨內問題也不少，就會感到加入不加入沒有什麼不同了。

最後章伯鈞作了總結性的發言。他說，蘇共二十次代表大會以後，斯大林被批判了，各國共產黨員所遵循的唯一的理論和行動的教科書——蘇共黨史也要修改，現在已沒有一個理論和實踐的標準了。

章伯鈞説，列寧死後有兩個人，一個是南斯拉夫的鐵托成為反對派，另一個是中國的毛公繼承的列寧主義。這次整風運動，要黨外的人提意見，其後果我想毛公一定是估計到的。民主黨派提意見向來總是客客氣氣的，但估計不足；沒估計到黨會犯這樣多的錯誤，現在出的問題大大超過了估計，真是「超額完成了任務」，弄得進退失措，收不好，放也不好。現在我們民盟有責任要幫助黨。

在場的閔剛侯説他的印象，當時章伯鈞大有「收拾殘局，舍我其誰」之慨。

對於這個六教授的會，當時另一個在場者葉篤義在多年之後有一個簡明扼要的説明，他説：

> 6月初，局勢繼續發展，北京一些大學有學生鬧事的跡象，聲稱要「驅逐校黨委」，而校黨委按照黨內指示聽之任之，不做一聲，一些學校秩序大亂。出於對各大學的憂慮，6月6日民盟副主席章伯鈞、史良在南河沿文化俱樂部邀集曾昭掄、吳景超、黃藥眠、費孝通、錢偉長、陶大鏞等六教授，當時參加者還有胡愈之和我，了解各校情況，分析形勢。由於我們當時不知道黨內「引蛇出洞」的策略，誤以為一些大學的黨委已經癱瘓，失去控制局勢的能力。因此，擬提議由民盟出面做學生工作，使各校的局勢穩定下來，並決定次日就去北大。當晚史良因參加國務院會議，有機會見周總理。因此叫她就便與總理商定時間，通知六教授一同去見，當面請示機宜。規定史良在取得總理的同意後，立刻用電話通知我，再由我用電話通知他們六位。我一直守在電話機旁，等到半夜，最後知道這個建議遭到總理拒絕了。這就是當時有名的「六、六、六教授」事件的全部經過。（葉篤義，《雖九死其猶未悔》，第 100-101 頁）

6月6日這一天，章伯鈞的日程真也排得夠滿的。上午是民主同盟的六教授會議，下午又是農工民主黨的會議了。農工民主黨中央執行局委員李伯球在全國人大一屆四次會議上所作的檢討中，説了這個下午的情況：

> 章伯鈞、黃琪翔在這時期，約集農工民主黨中央執行局委員各部門負責人，在文化俱樂部會談吃飯。連辦公會議也移到文化俱樂部開了兩次。最值得注意的是 6月6日下午的集會，參加的人除中央執行局委員、各部、處負責人以外，還有張申府、王

枕心、王又庸、曾子英以及丘哲、楊子恒、蔡一鳴、詹雲青。據
黃琪翔在人大廣東小組交代說這次集會的名單是他與章伯鈞商定
的。這一次章伯鈞大發謬言，主要有如下幾點：一、民主黨派發
展二、三百萬，農工民主黨今年就可以發展到二、三萬人，將來
不僅縣要發展，還要發展到農村去。二、農工黨有一套資本──
即有政治活動經驗的老人。過去失去聯繫的現在都要收羅回來。
勞改的，判刑的期滿了都可以來，「老三黨」的人都得到安排。
三、交代張雲川到鄭州去發展組織（張於 7 日離京赴鄭）。四、
要馬上辦《中華論壇》，由張申府、何仲珏來辦。五、成立政策
研究委員會，要七、八十位專家、高級知識分子參加。（7 月 17
日《人民日報》）

章伯鈞這一天的活動對毛澤東有怎樣的刺激，是可想而知的。

　　吳晗和胡愈之在全國人大一屆四次會議的大會發言中，都談到了這次
六教授的會，都以為這是章伯鈞猖狂進攻的頂點。吳晗說，他們以為共產
黨失去人心，以為「共產黨能放不能收，要收得三百萬軍隊，但人心是去
了，這條船要沉了」。這就是 6 月 6 日章伯鈞召集六教授緊急會議所得的結
論。吳晗說，這六個教授主要是羅集團的密室人物，這次會議，是章羅同
盟的一次行動表現，也是章羅同盟到處點火以後的高潮，反共反社會主義
的高潮。（7 月 7 日《人民日報》）胡愈之說，到了 6 月 6 日，在文化俱樂
部由章伯鈞召開的會議上，章伯鈞主張向黨進行訛詐，由民盟來「收拾殘
局」，以奪去高等學校中的領導權，狂妄可算是到了極點。章、羅聯盟的陰
謀野心，到了這時候才完全暴露了。（7 月 11 日《人民日報》）史良在民盟
全國整風工作會議上的報告中說，6 月 6 日章伯鈞和右派六教授在政協文化
俱樂部對當前形勢作了十分狂妄的估計，以為利用共產黨整風，到處點火
放火，煽動學生和工農，造成「天下大亂」，推翻人民政權，就可以實行
資本主義的復辟。這一舉動達到右派分子向黨向社會主義猖狂進攻的最高
峰。（9 月 16 日《人民日報》）

　　民盟內部的左派都認為，6 月 6 日的會，是高潮，極點，最高峰，也就
是走到了〈事情正在起變化〉一文所說的頂點了。

　　毛澤東在他寫的〈文匯報的資產階級方向應當批判〉的社論中，這樣
說到這次六教授的會：

他們是反動的社會集團，利令智昏，把無產階級的絕對優勢，看成了絕對劣勢。到處點火可以煽動工農，學生的大字報便於接管學校，大鳴大放，一觸即發，天下頃刻大亂，共產黨馬上完蛋，這就是 6 月 6 日章伯鈞向北京六教授所作目前形勢的估計。這不是利令智昏嗎？「利」者，奪取權力也。

這篇社論中還有一段，更點明了民盟和農工民主黨：

民盟在百家爭鳴過程和整風過程中所起的作用特別惡劣。有組織、有計劃、有綱領、有路線，都是自外於人民的，是反共反社會主義的。還有農工民主黨，一模一樣。這兩個黨在這次驚濤駭浪中特別突出。風浪就是章羅同盟造起來的。……呼風喚雨，推濤作浪，或策劃於密室，或點火於基層，上下串連，八方呼應，以天下大亂、取而代之、逐步實行、終成大業為時局估計和最終目的者，到底只有較少人數，就是所謂資產階級右派人物。（《毛澤東選集》第五卷，第 435、437 頁）

現在右派的進攻已經達到頂點。按照原來設想的過了 6 月 15 日左右再發動反擊，可能已經嫌遲，可能貽誤戰機，陷入被動。現在已經到了組織力量反擊右派分子猖狂進攻的最佳時刻了。

也就在 6 月 6 日這一天，毛澤東寫了一個《中央關於加緊進行整風的指示》：

上海局，各省委，市委，內蒙自治區黨委：

毛澤東同志二月廿七日在最高國務會議及三月間在宣傳會議的兩次講話，準備於六月十五日左右在報上發表。各省市一級機關、高等學校及地方一級機關用大放大鳴方法的整風，請即加緊進行。根據北京的經驗，在機關及高等學校內部出大字報，一可以揭露官僚主義等錯誤缺點，二可以暴露一部分有反動思想和錯誤思想的人的面貌，三可以鍛煉黨團員及中間派群眾（他們應當在大字報上批評錯誤思想和反動思想），故利多害少，毫不足怕。大字報是延安整風時期的傳統，並非現在才有。如果阻止出大字報，就會陷於被動。但機關學校出大字報的消息，報紙不應登載，以免影響中等學校及工廠（個別黨外報紙刊登此項消息，可以聽之）。將來中等學校及工廠整風時是否允許出大字報，那時再考慮。至於各民主黨派及社會人士大放大鳴，使建設性的批

評與牛鬼蛇神（即破壞性批評）都放出來，以便分別處理，大有好處。必須注意爭取中間派，團結左派，以便時機一成熟，即動員他們反擊右派和反動分子。這是一場大規模的思想戰爭和政治戰爭，我們必須打勝仗、也完全有條件打勝仗。黨內團內一部分右傾分子叛變出去，是極好的事，切記不要可惜。對於工廠和中等學校，目前不要整風，但要主動下樓，改善作風，廣交朋友，深入群眾。不可亂許願，亂答應，又要避免出亂子，以便上層中層整好，騰出手來，再整好下層。北京的情況證明，各民主黨派、高等學校和許多機關中暴露出一大批反動思想和錯誤思想，反動分子乘機活躍，但是他們只佔各單位人數的百分之幾，最反動的分子不過百分之一，百分之九十幾是中間派和左派。請你們注意將你們的單位人數，在運動中，按左中右標準，排一下隊，使自己心中有數。暑假將屆，京滬及各地大學生將回家，其中有些人將到處活動，你們應爭取主動，並準備適當應付。最後請你們注意一點，在各高等學校和各機關，凡不合理的事而又現在能解決的，應當儘快解決一批，以利爭取中間派，孤立右派。（《毛澤東年譜（1949-1976）》第三卷，第 169-170 頁）

這時，毛澤東對這一場「我們必須打的勝仗、也完全有條件打的勝仗」，已經考慮得十分具體了。

第十一章

這是為什麼

6月8日人們一早醒來，就驚奇地看到《人民日報》的論調跟昨天大不相同了。這一天的社論說：

> 在「幫助共產黨整風」的名義之下，少數的右派分子正在向共產黨和工人階級的領導權挑戰，甚至公然叫囂要共產黨「下台」。他們企圖乘此時機把共產黨和工人階級打翻，把社會主義的偉大事業打翻……這一切豈不是做得太過分了嗎？物極必反，他們難道不懂得這個真理嗎？

這一篇聲討右派分子的檄文，宣告了從5月中旬開始的二十多天的備戰階段的終結。公開的，萬炮齊轟的反右派鬥爭開始了。

也不能拖延了。一些地方學生已經鬧事；一些教授已經想起了波蘭統一工人黨的八中全會，這是哥穆爾卡取代奧哈布，也就是最高領導換人的會；一些民主黨派的頭面人物已經在打算收拾殘局了。如果聽任這種趨勢繼續發展，將會出現什麼後果呢？必須立刻扭轉這種趨勢。這篇社論就是個強有力的信號，宣告從今天起改變了航向。

這裏回顧一下社論見報前二十四小時裏面發生的一些事情。

6月6日章伯鈞同民盟六教授開會的情況，當天晚上史良就告訴了周恩來。後來章伯鈞交代說：「會後，史良的意見是請示領導，找周總理談。7日，國務院開會。史良對我說，前一天晚上已和周總理談了，總理未置可否，她叫我再和總理談一談。我寫了條子給總理，說情況很嚴重，談話的人的態度頗為誠懇等等。總理也未表示可否。」（7月4日《人民日報》）周只能不置可否。因為這時已經在準備這篇社論了。報紙午夜就要開印，同右派攤牌已經是迫在眉睫了。此刻你要周恩來怎樣來表態呢？

後來李伯球在全國人大的發言中說，他6月9日在黃琪翔家裏，聽章伯鈞說，7日國務院會議上，討論人口調查統計工作問題時，包某批評如何尖銳，章伯鈞譏笑周總理「當場難堪，無話可答」。（7月15日《人民日報》）此處所說的包某，當是指國務院參事包惠僧，此人曾出席中國共產黨第一次全國代表大會，又在國民黨政府內政部擔任過人口局局長，是個有資格說幾句話的人。至於章伯鈞說周恩來「當場難堪，無話可答」，卻是誤會。那時他心中想的，已經是明天開始的反右派鬥爭，無心與包某論難了。

這裏要補敍一下幾天前的一件事。在 5 月 25 日的民革中央小組擴大會議上盧郁文發言，他以自己的親身經歷為例，他說，他覺得黨員同他之間沒有牆和溝，他以為拆牆是兩方面的事，譚惕吾不同意盧郁文的意見，認為盧郁文說與黨員毫無隔閡，那不是由衷之言。她說，很多黨與非黨的關係問題，常常不是因為共產黨，而是由無恥的民主人士弄出來的。盧郁文和譚惕吾這兩篇發言在 5 月 26 日的《人民日報》上登出以後，立即在讀者中引起了反響。盧郁文收到一封匿名信，其中說：「共產黨如果只認你這班人的話」，「總有一天會走向滅亡」。關於這封匿名信的事，下一章還要詳細說到。

盧郁文在 6 月 6 日下午國務院秘書長習仲勛邀請黨外人士舉行的座談會上首先發言，宣讀了他最近收到的這一封匿名恐嚇信。

盧郁文收到恫嚇他的匿名信，因為他說了幾句「實事求是」的話。他說：我不怕辱罵，不怕威脅，我還要講話。

盧郁文在讀完這封匿名信以後對大家說，因為我在民革中央小組座談會上說了幾句實事求是的話，對於不同意的意見提出了批評，就遭到了謾罵，罵我是言不由衷，對黨不實，對國不忠。現在又有人寫這封匿名信來威嚇我、辱罵我。

盧郁文說，整風中向黨提意見應當實事求是，有不同的情況就有不同的意見，自己鳴，也要讓別人鳴。他說：「我不理解有人為什麼只許說反面話不許說正面話，對講了正面話的人就這樣仇視，有的人辱罵我，有的人威脅我，有的裝出『公正』的態度來鉗制我的發言，難道我們不應該站在社會主義的立場上嗎？難道不是因為我們有了社會主義的共同立場，所以許多問題才能是人民內部矛盾嗎？既然是人民內部矛盾，為什麼要如此謾罵？」他還說，另外還有的人要求下轎、下台，這樣怎麼能夠達到團結呢？（6 月 7 日《人民日報》）

6 月 8 日《人民日報》這篇標題為〈這是為什麼？〉的社論，就是從盧郁文收到的那封匿名信講起的。這可並不是一條新聞。昨天的《人民日報》已經報導：盧郁文在國務院黨外人士座談會上就宣讀了他收到的這封匿名信。信的內容，從報紙上摘錄的字句看，其中有「為虎作倀」、「無恥之尤」這些話，而沒有「揍你」、「宰了你」、「小心你的狗頭」、「勿謂言之不預」

這一類話。似乎稱它做「辱罵信」比「恐嚇信」要更加確切。至於譚惕吾和盧郁文在民革中央小組擴大會議上的發言情況，本書第十二章將要詳細說到。

盧郁文在座談會上說，這信是他最近收到的，可見已經有幾天日子了。看來他當初並沒有很重視這事，所以不曾在收到的當天送請公安機關偵破，或者送請報社張揚，而是過了幾天才在座談會上說出來。《人民日報》編輯部當初似乎也並沒有很重視這事。如果重視了，有意加以評論，一般慣例是在報導此事的同時配發評論的。可是 7 日的報紙只是報導了它，並看不出要加以評論的跡象。

大肆張揚這件事來開始反右派鬥爭，作出這個決策的是毛澤東。吳冷西回憶說：

> 6 月 7 日，即上次談話半個月之後，毛主席找胡喬木和我到他家中談話。當我們一起到他臥室時，發現沒有其他人參加這次談話。
>
> 我們剛坐下來，毛主席就興高采烈地說，今天報上登了盧郁文在座談會上的發言，說他收到匿名信，對他攻擊、辱罵和恫嚇。這就給我們提供了一個發動反擊右派的好機會。
>
> 毛主席說，這封恫嚇信好就好在他攻擊的是黨外人士，而且是民革成員；好就好在它是匿名的，它不是某個有名有姓的人署名。當然署名也可以作為一股勢力的代表，但不署名更可以使人們廣泛地聯想到一種傾向，一股勢力。本來，這樣的恫嚇信在舊社會也為人所不齒，現在我們邀請黨外人士幫助共產黨整風，這樣的恫嚇信就顯得很不尋常。過去幾天我就一直考慮什麼時候抓住什麼機會發動反擊。現在機會來了，馬上抓住它，用人民日報社論的形式發動反擊右派的鬥爭。社論的題目是〈這是為什麼？〉。（吳冷西，《憶毛主席》，新華出版社 1995 年版，第 39-40 頁）

這篇社論說：

> 我們所以認為這封恐嚇信是當前政治生活中的一個重大事件，因為這封信的確是對於廣大人民的一個警告，是某些人利用黨的整風運動進行尖銳的階級鬥爭的信號。這封信告訴我們：

> 國內大規模的階級鬥爭雖然已經過去了，但是階級鬥爭並沒有熄
> 滅，在思想戰線上尤其是如此。

《阿Q正傳》寫阿Q在戀愛的悲劇中挨了秀才一竹杠之後尋聲去看熱鬧，卻沒有想到自己和這一場熱鬧有點相關。章伯鈞看了〈這是為什麼？〉這篇社論，一時還沒有意識到這是他前天同六教授開會的反應，還真以為是為一封恐嚇信而發的，還滿不在乎。這天，他遇見費孝通，對費說：「恐嚇信怎麼嚇住了共產黨，值得這麼反擊。這社論是共產黨『示弱於人』，共產黨這篇社論是輸了。」（6月19日《光明日報》）這天晚上，他說：「有人對我說，儲安平的話擊中了要害。但我看是用不着寫社論的。而且一再�盧郁文來，盧郁文這種人不過是一個小丑而已。我看，胡風、儲安平倒要成為歷史人物，所謂歷史人物要幾百年後自有定評。」（6月13日《人民日報》）第二天6月9日是星期日，在黃琪翔家裏，章伯鈞對李伯球、楊逸棠等人說，「這兩天形勢大變了，要『收』了」，又說，「昨天《人民日報》發的社論〈這是為什麼？〉，共產黨算是輸了錢。『收』得太早。聽說各地方很亂，共產黨何必自己下手『收』呢？讓我們去收場比較好，我們有辦法，費孝通和我都是這樣看法。」（6月26日《人民日報》）

儲安平倒是立刻感到了〈這是為什麼？〉這篇社論的份量。他很清楚，在新的政治風向之下，已經不再需要他來辦報了，6月8日當天下午，他即辭去了光明日報總編輯的職務。第二天，《觀察》時代的老友、現在又同屬九三學社的袁翰青來看他，批評說，他的「黨天下」論是錯誤的。儲表示，他準備檢討，他不曉得知無不言本身有個界限，如果曉得的話，就不說了。袁說：如果這樣，你就不用檢討了。（6月15日《人民日報》）

李維漢的回憶文中說「《人民日報》發表了毛澤東同志撰寫的社論〈這是為什麼？〉」。（李維漢，《回憶與研究（下）》，第835頁）以為這篇社論出自毛澤東之手。還有李志綏，他的《毛澤東私人醫生回憶錄》裏也說這篇社論是「毛寫的」（台灣時報文化出版企業有限公司1994年版，第189頁）他們都說得不對。假如真是毛的作品，就應該與〈文匯報的資產階級方向應當批判〉這篇社論一同收入《毛澤東選集》第五卷了。現在已經知道，這篇社論是人民日報編委林韋執筆起草的。陳泊微在〈林韋這個人不會長壽〉一文中說：「6月8日《人民日報》刊出題為〈這是為什麼？〉的社論，發出了反擊資產階級右派鬥爭的號角。真沒想到，這篇社論的起草人不是別人，竟然是我們宿舍那位拉手風琴的林韋！後來得知，林韋是奉

胡喬木之命執筆的。當時他是負責報導政治運動的新聞部主任，胡喬木素來欣賞林韋簡潔爽利的文筆。」（見《炎黃春秋》2010 年第 5 期）錢江的〈不低頭的林韋〉一文中說：「1957 年，林韋擔任理論部主任，受胡喬木之命，起草反擊右派的標誌性社論〈這是為什麼？〉。林韋的看法顯然與胡喬木不合拍，他的草稿被胡全篇改過，按他妻子李克林的說法，『只留了一句話。』但起草此社論成為林韋一生的遺憾。」（見《炎黃春秋》2012 年第 4 期）據錢江的這篇文章說：林韋（1916-1990），原名陳有明、陳耳東。過了兩年，在盧山會議反彭德懷之後，他成了人民日報社唯一的右傾機會主義分子。至於說，這篇社論是根據毛的決策發表，傳達了毛的意見，當然是毫無疑問的。據吳冷西在《憶毛主席》一書中說的，毛澤東在這篇社論臨發表前「又改了幾個字」，可是在《建國以來毛澤東文稿》第六冊裏找不到修改稿，不知道他改的是哪幾個字了。

敏感的林希翎當然立刻明白了這篇社論的意義。據中共中央辦公廳編印的秘密文件《情況簡報（整風專輯）彙編》（一）（1957 年 6 月 30 日）有一篇〈林希翎來中央辦公廳秘書室的談話紀要〉，說：

> 六月八日夜，中國人民大學法律系學生程海果（林希翎）來中央辦公廳秘書室談話。她首先問當天人民日報社論〈這是為什麼？〉是否經毛主席看過，是黨中央的意見還是人民日報的意見。她認為這篇社論是陳其通精神的復活。這篇社論一出來，很多人都不願意講話了。她說，不知道為什麼在群眾剛剛開始打破顧慮，對黨提出了一些批評，就趕緊把門關死。這樣顯得黨經不起考驗，是沒有誠意整風，不敢真正讓大家講話的表現。所謂「大鳴」、「大放」不過是黨的一種手段，是想「誘敵深入，聚而殲之」的策略。今天譚惕吾、楊玉清之流說些不好的話，有什麼了不起，何必這樣大驚小怪？人民大學的葛佩琦是個老頭子，他是即席發言，說得偏了點，人民日報在發表時把其中最尖銳的話突出出來，其他的話給刪掉了，這是不好的。還說，據我了解盧郁文的人格很壞，過去當新疆的財政廳長時，搞了大批金銀，送給蔣介石去討好，現在又來拍共產黨的馬屁。群眾對他的發言不滿，是理所當然的，黨應該辨別忠臣和奸臣。僅僅為了盧郁文收到一件匿名信而大加渲染，大張旗鼓地發動「圍剿」，弄得草木皆兵，還怎麼讓人說話？如果說寫匿名信是一件壞事，那麼在我講演後曾有很多黨員寫匿名信罵我，拿毛主席的話說簡直是國民

黨特務的方法。為什麼卻無人過問？她現在感到很灰心，如果確實黨中央決定要這樣作，那她以後將不再説話了。

她又説，她認為黨的工作中確實存在着嚴重的「三害」，「三害」的根源是社會制度。她重申她在人民大學講演的那些觀點，説所謂社會制度應分為兩部分：一部分是經濟基礎，即公有制，這是不容改變的；另一部分是上層建築，如人事制度、保密制度、等級制度等則是需要改革的。她建議展開全民討論。她還説，共產黨整風是不得已的事，如不整風，人民就不允許。

她認為共產黨需要建立一系列的制度，以免自己蜕化。如像領導人員參加體力勞動的制度就很好。此外還應該：（一）實行列寧的清黨運動。她説解放後黨內進來了一大批「壞蛋」騎在人民頭上的老爺，這些人必須清洗出去。還有一些人思想僵化了，不能再起黨員的作用，應該勸他們退黨。（二）取消黨員的一切物質特權，只有吃苦在前，那些想入黨取得好處的人自然不來了。（三）吸收黨員首先應經過所在單位群眾百分之七十的人通過。（四）黨員不好，群眾可以罷免或降為預備黨員等等。她説，她的這些意見獲得了很多人的同意，已收到二百多封支持她的論點的來信。

她又把原來幾次講演中提到的問題論述了一番，如：胡風從現有材料看還不能構成反革命罪，應按思想問題處理。斯大林晚年阻礙了社會的發展，因而是反動的；赫魯曉夫對紐約時報記者談話時否認那個報告的作法很愚蠢。我們不公開發表赫魯曉夫的秘密報告是愚民政策，應該公開發表，讓大家討論，以明辨是非。她佩服鐵托的觀點和為人，説南斯拉夫有很多好的經驗，如工人委員會的制度，應該研究推廣。斯大林的影響滲透在我們生活的各方面，應當徹底清算。她説她正在着手寫她這些觀點和「理論」，准備寫好後送中央一份，她希望我們把她的意見反映給毛主席。

她説，她特別憎恨教條主義，這是因為她過去也曾經是個最屬害的教條主義者。但是後來她到玉門去採訪，到法院去實習，看到了很多黑暗的事情，不容她不深思。如招工部門用哄騙的辦法把工人從內地招到西北，但去後生活十分艱苦，於是就引起工

人罷工，等等。特別是在看了赫魯曉夫的秘密報告以後，受到很大啟發，才徹底否定了教條主義。

談話中她引用了毛主席在最高國務會議上講話中的許多內容。還說到哥莫爾卡在九中全會上提到波蘭黨內有百分之六十多的黨員是壞蛋等。

這篇社論發表的同一天，中共中央發出毛澤東起草的《關於組織力量準備反擊右派分子進攻的指示》，這篇編入《毛澤東選集》第五卷時題目改為《組織力量反擊右派分子的猖狂進攻》。這不僅是反右派鬥爭的動員令，而且是一份計算周詳的作戰方案。

這個指示第一段是講省市級機關和高等學校的。以為這些單位大鳴大放的時間大約十五天左右即足。提出以大字報為戰鬥武器。因為那時已經出現了有人到本機關本學校以外去串連活動的事情，指示提出：要預作佈置，實行擋駕。在工廠，要召集老工人開會反擊，要求工人看清大局，在此期間不要提出福利工資等問題，一致對付反動派。

指示的第二段講民主黨派。提出要組織每個黨派自己開座談會，左中右的人都參加，正反兩面意見都讓其暴露，派記者予以報導。我們巧妙地推動左、中分子發言，反擊右派。指示還要求每個黨報均要準備幾十篇文章，從當地高潮開始跌落時起，即陸續發表。注意組織中、左派寫文章。但在高潮未落前，黨報正面文章少登（可以登些中間派文章）。大字報必須要讓群眾反駁。

這個指示還佈置了高等學校裏設法讓反動的教授、講師、助教及學生大吐毒素的事，這一段文章本書前面已經引過了。

儘管反右派鬥爭是反擊右派分子向共產黨的猖狂進攻，但這個指示卻提出了將要同時反擊黨內右派的意圖。它說，黨團員中的動搖分子或者叛變出去，或者動搖思叛。因此，它認為，這是一場大戰（戰場既在黨內，又在黨外）。（《毛澤東選集》第五卷，第 431–433 頁）

按照這一份作戰方案，從現在起，各地還有十五天左右大鳴大放大字報的高潮，在此期間要讓右派大吐毒素，暢所欲言，不要為一時好似天昏地暗而被嚇倒。同時要準備好幾十篇批判右派的文章，待到高潮開始跌落時陸續發表。

反右派鬥爭就按照這個指示的佈置迅速推向全國。

這裏有一個材料，從它可以看出中共北京市委是怎樣雷厲風行地貫徹執行這個指示的。陳丹晨後來回憶說：「6月8日反右開始。當天下午，我所在的學校校車滿載着黨委及各系支書等到白紙坊禮堂聽市委書記彭真動員反右派鬥爭報告。我作為中文系二年級支書也置身其間。彭真穿着紡綢衫，背帶褲，滿面春風大談毛主席的英明，鳴放是如毛講的陽謀、釣大魚、引蛇出洞等等。說這些日子大家受壓，現在開始反擊了……」（陳丹晨，〈關於「引蛇出洞」〉，見《書屋》2010年第10期）

反擊開始了。這裏且來看看6月8日以後北京大學校園裏的情況。現在反右派鬥爭開始，政治風向陡然變化，正活躍的大學生突然承受極大的壓力，面臨着何去何從的抉擇。據新華社記者卜昭文報導：

> 新華社北京22日訊　北大數學、物理兩系的學生中，由於前一階段右派猖狂進攻，左派力量比較薄弱，思想鬥爭開展得無力，至今中間分子的思想情況還很混亂，有以下種種錯誤思想：

> 一、對當前階級鬥爭的形勢認識不清，看不清右派分子的反動面目：

> 許多人只認為葛佩琦、王德周是右派分子。對章伯鈞、羅隆基、儲安平等人卻認為不一定是右派分子，原因是：

> 1. 被右派分子的兩面派手法蒙蔽──認為章、羅、儲等人在發言中都表明了擁護黨的態度，看不出他們別有用心。有些學生強調地說：「要以最大的好心去推測別人，不要以最大的惡意去推測人。」他們對右派分子的階級本質認識模糊，有人說：「章伯鈞、羅隆基解放前參加民主運動很積極，反蔣有功，章乃器是七君子之一，儲安平解放前辦的《觀察》雜誌很不錯，他們都是好人。」

> 2. 對右派分子的言論有共鳴：──不少學生認為儲安平的「黨天下」、章伯鈞的「政治設計院」、羅隆基的「肅反平反機構」的意見都有一定道理，不能把他們劃成右派。

> 3. 不認識當前與右派分子的鬥爭是一場嚴重的政治鬥爭：──認為右派分子「只是思想上有錯誤，不一定有政治目

的」，「並沒有明確的政治綱領」，「沒有組織、沒有計劃」，講右派有篡奪黨的領導的野心缺乏「真憑實據」。他們總覺得黨中央把形勢估計得過於嚴重，說「政權、軍隊在手，中國出不了匈牙利事件，幾個人罵罵沒有什麼關係」，「見怪不怪，其怪自敗」，黨對群眾的覺悟估計過低了。今天誰還反對社會主義呢？對校內的右派分子認識也很模糊。物理系學生認為譚天榮只是「狂妄」、「偏激」、「修正主義」，不認為他是反動的。

二、有嚴重的右傾情緒，不贊成對右派予以無情的揭露與有力的駁斥，在鬥爭中採取旁觀中立態度：

1. 強調右派是人民內部的事，應該和風細雨，耐心教育，不應該展開尖銳的鬥爭。氣象專業四年級張學文、羅孝逞、石華建議取消「右派分子」的稱號，認為這是在人民群眾中劃分派別對團結不利。他們對右派並無義憤，對積極分子批判右派的方式，態度卻斤斤計較，總怕傷了感情，打着「自己人」，有的人連《人民日報》說右派是「混水摸魚」，也覺得重了。他們認為現在我們的作法太過火了，會把右派分子「逼上梁山」「推到敵人的方面去」，而且會使其他的人「人人自危，不敢講話」。

2. 熱衷於追求抽象的民主自由，錯誤地理解「百花齊放，百家爭鳴」的方針，認為反黨反社會主義的言論應該自由地鳴放。無原則地讚賞前一階段北大「思想空前活躍，民主空氣空前濃厚」，唯恐齊放爭鳴以後，「把這種所謂的『優良』整掉了。」把學校不支持反動刊物《廣場》出版、反對譚天榮等人到天津進行宣傳等表示，認為這是限制自由。有的人曲解「香花毒草難分」的意思，對有些明顯的反社會主義的毒草，都不敢肯定是「毒草」。

3. 強調整風是「共產黨請人家來提意見」，應該「言者無罪」，認為現在是「反過來整人」，「言者有罪」。

三、對許多帶根本性的問題，思想上發生了動搖與懷疑，北大學生中的右派分子這一次是打着「爭取民主自由，擴大社會主義民主」和「反對教條主義要求思想解放」兩面旗幟來向我們進攻的，因而迷惑了不少中間分子。

在右派分子的反動宣傳影響下，不少中間派學生對「三個主義的最後根源究竟是不是社會主義？」、「新社會中究竟形成了特權階級，新等級沒有？」、「我國有沒有民主，人民群眾是否真正當家作主」、「肅反工作應該怎樣估計」、「胡風到底是不是反革命？」等問題都發生了懷疑，其中，一個突出的問題是關於黨的領導問題。有少數人現在提出了「反對共產黨不等於反社會主義」、「社會主義建設不要黨領導也可以成功」的論調。他們說：「在民主革命時期和社會主義革命時期，因為有階級鬥爭存在，需要共產黨領導，到了社會主義建設時期，階級鬥爭結束了，可以不強調黨的領導」，「黨的權力太大，民主權利就小，對幹部的監督困難，有了缺點錯誤不容易改正，妨礙人民群眾積極性的發揮。」數四有幾個學生說：「黨的權力應該往下分，一是分給人民，一是分給民主黨派。」數二郭安一說：「法國幾個政黨唱對台戲，輪流執政的辦法很好，有了錯誤就換人，我知道這是資產階級保護它的階級利益的辦法，但它保護得很有效果，我們也可以用這個辦法，但抽去其階級內容，用以保護無產階級的利益。」這些錯誤思想都還沒有得到有力的批駁。

有些學生甚至產生了懷恐一切和否定一切的情緒，他們說：「過去自己太單純太幼稚了，黨所說的話我一切都相信，不知道還有這許多黑暗的事情，現在對任何事情都要懷疑。」在這種「盲目性」的支配下對正面的意見都認為是老一套聽了進去。而對反面的「新奇的」意見都感到很大興趣，因此在那些標榜「獨立思考」「自由探討」的反對社會主義，反黨的言論面前就完全失去抵抗的能力，被他們俘虜了。

四、一部分中間偏右的學生情緒狂熱驕氣十足，不肯虛心學習冷靜思想。

右派故意把這次運動說成是知識分子爭取民主和思想解放的運動，如龍英華竟然荒謬地宣稱北大的五‧一九運動（五月十九日北大學生開始貼大字報）是場馬克思主義運動，可與五四運動比美。這些宣傳很投合知識分子空談抽象的民主自由的弱點，有些學生認為自己很不錯，是「時代的先鋒」。他們輕視工人、農民，如數三劉巽仁說：工人、農民過去受壓迫太厲害，只要新社會給一點好處，就心滿意足，不再有民主生活的要求，只有經濟

要求，沒有政治要求，他們了解知識分子，知識分子對民主自由的要求最深刻，對新社會的黑暗和問題感覺最敏銳，數一郭家一甚至荒謬地提出：「不能把知識分子的水準降低去迎合工農的要求，而要對工農進行教育，把他們提高到知識分子的水準。」有人說：「過去進行的是物質革命，是由工人階級領導。」他們認為民主黨派中的進步分子批評右派是「政治投機」，「千篇一律」「怕丟掉飯碗」。哲學系、中文系、法律系的學生中，批駁右派的積極分子比較多，他們又說：「文科同學，教條吃多了，不能獨立思考；理科同學，是研究科學的，思想活躍。」甚至動不動就對人說：「我和黨中央的意見有分歧」，「《人民日報》社論是形而上學」，「你是條件反射，說話不通過大腦」等等，實際上他們自己很少虛心學習，冷靜思考，多半重複右派分子的謬論，毛主義「關於正確處理人民內部矛盾問題」的報告出來以後，這一部分學生也不感興趣，不願學習，因此他們的思想就特別難以扭轉。

另外，一些中間派學生在運動中曾激烈地批評過黨，也發表過一些反動錯誤言論，現在表現有顧慮，害怕自己被整。

北大數學、物理兩系學生中間的思想混亂是比較突出的，但是其他各系程度不同地存在着上述錯誤思想。可以看出，由於絕大多數大學生屬於地主、富農、資產階級的兒女，在大學生中與右派爭奪中間派的鬥爭並不是輕而易舉的，還需要進行艱苦的工作。

爭取中間分子的重要關鍵，首先是左派的立場必須堅定、態度必須明確，必須有力地揭露和駁斥右派，這樣中間分子才會向我們靠攏。我們還必須使中間分子安定下來，使他們感覺我們不把他們當右派看待。向他們進行耐心的說服教育，我們駁斥右派言論採用根據事實講清道理的辦法。這也便利於爭取中間分子。（據中共北京市委宣傳部材料）（1957 年 6 月 22 日新華社《內部參考》）

一些人承受不了這壓力，退縮了，消沉了。劉奇弟在寫了檢討書之後，寫了一封信給譚天榮，告訴他「若不檢討，家庭要與我斷絕關係，物理念不成了，朋友也不要我了」，「父母兄弟姐妹朋友同學，幾乎所有的人統統反對我，而我做的這件事情又不是科學工作而是社會活動，這除了說明我錯了以外，還能有什麼解釋呢？」楊路聲稱今後謝絕一切辯論會、討

論會和個別談話，不寫大字報小字報，拒絕參加那種不問青紅皂白一棍子打死的學習和批判。張景中說，他大體同意楊路的這種態度，他是不參加這次學習了，要利用這時間休息和玩。他們這種檢討認錯、消沉退卻的態度對他們的最後結局並沒有什麼幫助，還是被劃為右派分子了。

也有螳臂擋車負嵎頑抗的。首先，他們對於《人民日報》社論，特別是對社論以盧郁文收到匿名信一事作立論的根據很是不滿。一張作者不詳的大字報〈政治風雲〉說：

> 應該注意的是運動的主流，不值得對次要的偏差過分地注意。但在這次整風運動中卻出現了意外，盧郁文收到了一封恐嚇信，就轉移了運動的目標。比之以前，如在肅反中，《人民日報》曾為一個無辜的自殺者、發瘋者發表過一篇社論！？曾有一回？？奮起痛擊蔑視法制、蹂躪人權的行為嗎？人命比之於恐嚇案如何？

反右派鬥爭開始，使這張大字報的作者認識了整風運動的邊界，「三大主義的最後根源是少數黨員的作風和方法問題。凡超過此定理者，一概歸之於反社會主義言論。探討更深刻的原因，不免觸及社會制度問題，也即反對社會主義制度。合乎這種邏輯口味的整風，不妨稱之為『撣灰式』整風。這種整風才是共產黨真心誠意領導的」。

龍英華的大字報〈世界往何處去，中國往何處去，北大往何處去〉，也提到了這篇社論，說它「對恐嚇信的分析不深刻，對怎樣區別反社會主義言論分析不夠，給了教條主義者以把柄，如臨大敵，不分好壞，打擊積極分子」。龍英華還在這張大字報裏正面地提出了這樣一些見解：

> 現在是走誰的路，是斯大林路線和南斯拉夫路線誰勝利的問題。鐵托、陶里亞蒂、毛澤東、赫魯曉夫是現階段的馬克思主義的代表。

> 《馬列主義基礎》講社會主義只講經濟基礎（工業化），文化革命（原子能化），還應有政治基礎（民主化）——在社會主義應當有合理的管理制度和上層建築。

譚天榮對這篇社論作了更有力的批評。他在〈這是為了反對三害〉的大字報中說：

在我看來，盧郁文沒有實事求是，而是在無的放矢，他的意見也並不「平易近人」，是純粹的廢話，毫無意義的空談，在這場嚴肅整風——民主運動中，實在更沒有比這種言談更叫人噁心了⋯⋯

盧郁文的品質是不是「典型的無恥之徒」，是不是「為虎作倀」，我不敢發表意見，不過就常情而論，關於他製造共產黨和黨外人士之間的牆與溝方面出了不少力量的說法似乎可以信賴的，要不《人民日報》為什麼隻字不提呢？考慮到這種人的本性，他們是不會放棄這種機會的，要不是他們什麼話也說不出來的話，真的《人民日報》太盛氣凌人了。為什麼「為虎作倀」的虎，一定是指共產黨呢？我看說他們是「三害」分子更合情理些。把真正的反對「三害」的言論，稱為「反黨」「反人民」「反社會主義」的言論。另一方面又登一些廉價的批評，不痛不癢地胡亂給「個別領導人」提一些意見，這就是《人民日報》拙劣的詭計。

再則《人民日報》把給盧郁文寫信的沒有留下姓名這一舉動加以責難，是多麼可笑的自欺欺人，寫信人的顧慮可以用葛佩琦的遭遇來做充分說明，他們只不過不願意在槍林彈雨中暴露自己而已。林希翎也接到各種匿名信，她該登在什麼報紙上呢？該通過哪個電台廣播呢？這真有一點像俗語中說的「只許官家放火，不許百姓點燈」。

這幾天，《人民日報》組織的讀者來信和其他方式，對這些「反社會主義」言論圍剿，未免太不中用了，這些言論很多地方我也不同意。比方說在我看來，他們滿可以不用盧郁文之流提什麼警告。可是《人民日報》更顯得軟弱無力了，在這場圍剿中，正人君子除了對這些荒謬論點表示極憤慨以外，除了神經質地問「居心何在」和「有何意圖」以外，並沒有說出什麼道理，正像北大學生會主持的辯論會念紙條，在牆上公佈從天津來的討伐信件一樣（支援我的信要寫成大字報可以貼滿北大每一塊牆，不過這樣做多麼乏味）。

《人民日報》組織的十字軍，充分表現了沒落階級的情緒，那些有着內在權利的人，用不着炫耀自己的力量。想想看，一種相信自己前途力量的人，會為一封匿名信之類的小事大興問罪之

師嗎？真太像為了轉移人們對學生運動的注意而有意製造的糾紛，這不過是垂死的掙扎而已。

紅色的是火焰；白色的是劍；這是最後一場戰鬥！讓真正的勇士們前進吧！（《原上草》，第 65-67 頁）

6 月 14 日《人民日報》刊出了〈文匯報在一個時間內的資產階級方向〉一文，作者署名「《人民日報》編輯部」，後來人們才知道是出自毛澤東之手。他是看了姚文元的一篇批評《文匯報》的文章〈錄以備考〉，大為讚賞，於是作文推薦，同時這也是他對文匯報第一次公開的打擊（半個月後的第二次打擊就更沉重了）。儘管它剛發表的時候人們並不知道這是毛的作品，但因為問題提得尖銳，一下子就引起了讀者的注意。在北京大學，就有人（姓名不詳）以調侃的態度寫了篇〈人民日報在一個時間內的形而上學方向〉。毛的文章開頭說：

下面轉載的這篇文章見於六月十日文匯報，題為〈錄以備考〉。上海文匯報和北京光明日報在過去一個時間內，登了大量的好報導和好文章。但是，這兩個報紙的基本政治方向，卻在一個短時期內，變成了資產階級報紙的方向。

這張大字報模仿這口氣來開頭：

《人民日報》在過去一個時間（特別是整風初期）登了大量的好報導，好文章，但這個報紙的基本思想方法，卻在一個短時期內變成了形而上學的方向。

姚文元這篇文章的結尾是：

末了，希望這篇涉及文匯報的短文能在文匯報的副刊上登出。

這張大字報的結尾也模仿這句法：

末了，希望這篇涉及《人民日報》的短文能在《人民日報》的篇幅上刊出。（同上書，第 201-203 頁）

雖說是以調侃的態度出之，這可決不是一篇遊戲文章，它對人民日報提出了尖銳的批評和質問，並為當時《人民日報》猛烈批判的那些右派論點作了正面的辯護。例如它說：

為什麼一談到制度問題便是反對社會主義制度，一談到黨的領導的問題便是反對黨，一談到新社會中的錯誤便是希望回到舊社會中去，這種邏輯是已經過時了的思想硬化的思想方法，過去肅反中的錯誤，便是這種思想指導的惡果。

「黨天下論」指出了生活真實的一面，的確就是因為不放心群眾，在每一個地方放上一個黨員做頭兒（不是名義上的而是實際上的），才限制了群眾的積極性。難道黨政不分、有職無權、對群眾不信任，不是一致的呼聲嗎？

我認為「黨天下」，是三害產生的原因之一。

為什麼「政治設計院」就是和黨爭領導？

為什麼不能成立「平反」機構？

大字報對它所提出的這些問題，每一個都作了簡短的闡發。這樣，它就反駁了《人民日報》對章伯鈞、羅隆基、儲安平等人的批判。這張大字報裏還有這樣一段話，幾乎可說是預言：

請《人民日報》想想，說話作事不要只顧眼前，要給自己留後步。歷史是無情的，的確有許多人就是要百年之後才能定案的，斯大林便是借鑒。

希望不要搞出以前肅反的錯誤，不要給自己再造出些「平反」。

這位不知名的作者不知道（也許知道），只是請人民日報想想是沒有用的，在這裏，人民日報能夠起的作用很有限。而有權作出決策、正在作出決策的人，又怎麼能聽得進這些話呢。比肅反更大的錯誤，留給後來更多的「平反」，是正在和即將以空前規模製造出來了。

6月19日，報紙上刊出了毛澤東的〈關於正確處理人民內部矛盾的問題〉。這原是2月間他在最高國務會議上的一篇演講，主旨是動員人們積極投入百花齊放百家爭鳴運動。這時把它加以補充修改正式發表，就成了反右派鬥爭的重武器了。有的大學生以挑剔的眼光看它，對其中的有些修改表示不佩服。比方說，他原來說，有人說民主是目的。我們跟他們說，民主是手段，民主也可以說，又是目的，又是手段。正式發表的，這句改為：「民主這個東西，有時看來似乎是目的，實際上，只是一種手段。」北

京大學就有兩張大字報表示：還是原來的說法更好些。葉於湔的〈我看民主〉中說：

> 在現階段民主既是手段也是目的。作為手段，這是因為帝國主義的威脅還存在，我們的中心任務是建成社會主義，所以目前民主居於服從地位，但又必須充分利用民主這一有力武器，才能團結全民實現反帝建國任務。但是也是目的，既然民主是先進的社會理想，既然共產主義社會是要建立更高類型的民主，就必須承認它也是目的。（同上書，第 140 頁）

王國鄉的〈有頭腦的人！不要那樣想〉中說：

> 我認為民主不僅是一種手段，而且也是目的，它是共產主義必不可少的組成部分。如果只是方法，那麼建成社會主義後，就不再要民主了──這多荒謬。（同上書，第 149 頁）

這張大字報還從民主談到法治：

> 要民主，不能只是文字的空頭支票，必須有法律的保障。而如今，我國尚未頒佈《民法》、《刑法》……等必要法律。人民的民主只是領導者的意志、恩賜──這怎麼會沒有三大主義。
>
> 我們要求健全社會主義法制，爭取民主，保障人權和精神人格的獨立──這就是我們鬥爭的目的。
>
> 我們要作國家和自己的主人！
>
> 社會主義民主精神萬歲！

這時，反右派鬥爭正式展開已經十多天了，北大校園裏的情景已經同半個月以前大不相同。在那許多揭露、批判、聲討右派分子的大字報中間，還夾雜着這樣幾張繼續散佈右派言論的，甚至是膽敢同這來勢甚猛的鬥爭對着幹的，也可以算是「五・一九」運動的一個壯麗的尾聲吧。

6 月 21 日，《人民日報》刊出了〈首都高等學校師生用真理和事實擊潰了右派分子〉的長篇報導，說現在「各校的大字報上到處是批駁右派言論的短文」，「右派分子在各學校裏到處碰壁，已經喪失了前些日子的狂妄的氣焰」，「有的不敢露面了，有的在無可辯駁的真理和事實面前，被迫檢討，表示悔改了」。這篇報導有好幾處提到了北京大學的事，例如：

北京大學的反動小集團所謂「百花學社」，曾以《北大民主接力棒》為名編印了刊物，在這個刊物裏造謠說北大已被「反革命統治了」，「鬧得比波匈事件還兇」，他們把這些刊物寄給北京、上海、天津等地的高等學校，現在這些刊物和秘密信都附有嚴厲指責的回信而被退回來了。

不少學校過去在部分右派分子煽動下組織起來的社、團，或右派分子公開出面組織的社、團已經紛紛瓦解。北京大學以物理系學生譚天榮為首組織的「百花學社」，過去曾到許多學校煽動學生起來反對工人階級領導的人民民主專政，現在社裏的許多社員已宣佈脫離這個組織。

這篇報導還提到了譚天榮他們辦的《廣場》，說是「這個刊物的內容都是反對共產黨、反對社會主義的言論」。

陳奉孝在〈如此伎倆〉大字報中評論這篇報導說：「保守派在《人民日報》上宣佈了百花社是反動小集團，宣佈了《廣場》是反動刊物，他們明明知道這樣做在北大會有很多人不相信，但他們仍然不惜採取這種手段來欺騙外校同學，打擊北大的民主運動，造成外校同學對北大民主運動的疑懼和仇恨。」

不論怎麼說，形勢比人強。《人民日報》發表這篇報導是一個標誌：北京大學的民主運動已經走到了它的盡頭。6 月 22 日，《廣場》編委作了最後一次聚會。楊路在會上說：從《人民日報》的報導看來，黨採取了大刀闊斧的方式，在打擊反社會主義分子同時，將許多積極要求民主與革新的人一概扼殺，嚴重地摧殘了特別是青年知識分子當中的民主力量。他表示：我是不能同意這種小題大做的措施的，我將保持與黨不同的意見，即不應因一小撮反社會主義分子而同時打擊了社會主義的民主力量，不應藉口階級鬥爭而打擊那些為社會主義進一步發展積極掃除障礙的人。到了這最後的時刻，楊路說：作為一個共產主義者，我向「五‧一九」社會主義民主戰士致敬！他也提出了一些他自己思考的重要結論，他說，民主權利除掉它的階級性外，還有着全民性，即全體未剝奪公民權的人民對政府之約束，後者作為一種暴力機構很容易傷害人民，人民必須用一種全民平等享有的民主權利來保護自己，來抵制政府可能採取的暴政。他還說，希望你們吸取教訓，在全民平等享有的言論、出版自由得不到充分保障時，其他許多進一步的民主要求是談不到的。

這次會上，《廣場》決定停辦。百花學社也解散了。

楊路説的，反右派鬥爭是在打擊反社會主義分子的同時，也打擊了民主力量，很有意思。不只是他一人，當時北京大學有幾個學生表示了這樣的看法。這時，反右派鬥爭已經是現實，他們承認了反右派鬥爭的必要，承認了確有右派分子存在，只不過要求對「右派分子」加以分析，其中一部分（不用説，就是他們自己這一部分）並不是右派分子而是民主力量。對這一點説得最詳細、最清楚的，是嚴仲強的〈壓制不了的呼聲〉一文：

> 在「鳴」「放」中會有人反對社會主義及共產黨，這是中共早就料到的，但是出於他們意料之外的是，竟如此迅速地出現了兩支性質不同的力量：①民主運動的力量，②右派的力量。由於右派完全反對社會主義，要求資本主義，他們代表了資產階級的利益，人民應當反對他們。民主運動的代表者們，他們喜歡思考一些問題，他們要問：三害是否和社會的某些制度有關，是否和黨的領導有關。他們要求民主、自由、人道，他們無情地揭露過去的工作缺點，因而降低了中共的威信。由於他們對美好的明天強烈的愛，對現實生活中的缺點強烈的恨，他們對待某些問題上常有偏激情緒，別有用心的就是從這個弱點上對他們加以全盤的否定。這兩種力量的出現，皆不符合中共的最高利益，中共對他們因而採取了對立的態度，並且將兩種力量混為一談，湊成一個所謂「右」派，從而對右派展開進攻。
>
> 民主運動和右派進攻的性質根本不同，不能因民主運動和右派進攻混在一起，而否定民主運動的意義。（同上書，第78-82頁）

在嚴仲強看來，他們這些民主運動者，不但不是右派，而且還是左派哩。這篇文章説：

> 站在民主運動潮流中的人，要求在現存的社會制度中作種種改革，從而爭取一個更完善的社會制度，和更正確的領導，他們絕不是要回復到資本主義，按照派別最初的定義，這種勢力應當稱為左派勢力，中共是中間勢力，還有資產階級的右派勢力。

中共顯然不能接受他這種對派別的劃分，把他們這些民主運動的代表者們一概劃為右派分子了。這真不能不叫人沮喪和傷心。為了給這些陷入困境的人一些撫慰和勉勵，這篇文章説：

歷史在一定階段可以後退，但它總的趨勢還是前進的。民主運動的代表者們，儘管有人污衊你們為右派分子，盡力將你們形容成小丑，從而想將你們完全否定，但有理智的人會看清楚這些陰謀。你們應當心平氣和，心安理得繼續在你們所選擇的道路上前進，歷史會對你們作出公正的評價的。

毛澤東在正式發表的《關於正確處理人民內部矛盾的問題》中增加了六條政治標準，其中「最重要的是社會主義道路和黨的領導兩條」。（《毛澤東文集》第七卷，第234頁）有意思的是，嚴仲強的這篇文章對這兩條作了別出心裁的解釋。他認為，這兩者又都可以分為具體的和抽象的。他說：「具體的社會主義並不像理論上所宣傳的抽象社會主義那樣優越。」「抽象的共產黨應無條件的擁護，但具體的共產黨可以成為官僚主義的化身，例如拉科西——格羅集團，反對這種集團並不能算反對社會主義。」他當然知道，毛澤東要求人們擁護的，是他所解釋的具體的社會主義，是他這個具體的共產黨，並不是指什麼沒有具體內容的抽象的東西。嚴仲強在這裏，也是用重新作出自己解釋的辦法，實際上否定了毛的這兩條。

嚴仲強立論的出發點是，反右派鬥爭是必要的，確實有右派分子，只是把一些不應劃為右派的人也劃為右派了。這同1981年出現的「擴大化論」有一點相似。對於嚴仲強，只需要反問他一個問題：除開你所說的民主運動，應該加以打擊的右派進攻在哪裏？莫非也要分出一個具體的右派分子和抽象的右派分子來嗎？

已經到了最後的時刻。北京大學學生右派中最活躍的譚天榮作了這樣一些表白，他在〈第四株毒草〉中說：

「五・一九」運動結束了。

作為一個「右派分子」，我願意以我自己的方式對這次運動作一些片斷的判決。

「五・一九」這是一個光輝的日子，在國際反教條主義運動中，中國青年第一次顯示了自己的力量，看來是那麼強大的習慣勢力在他們面前表現了多麼可怕的貧乏與卑劣呵——習慣勢力的代表們在他們真理與正義的呼聲面前，難道比老鼠在貓前更勇敢嗎？他們在理性與法制的呼聲中，難道比魚在空氣中更有生命嗎？他們在民主與自由的呼聲之下，難道比冰雪在太陽照耀之下

更堅強嗎？可是看看我們「右派分子」吧！大字報中激動人心的語句，辯論會上鋼鐵般的邏輯力量，實際工作中那種中國式的刻苦勤勞，鬥爭會上面臨凌辱的從容的風度，以及在他們個人獨處時平靜的心靈，哪來的這樣蓬勃的生氣呀！哪來的這種永遠不枯竭的精力呀！還有比這種無比的靈魂天真，這種隨時隨地創造奇跡的信心，這種對於一切事物——即使它是艱苦的——愛好更美妙的東西嗎？

呵！「右派分子」——人類的傲骨。（同上書，第 39-40 頁）

在〈救救心靈〉一文中，譚天榮說：

許多幹部僵化了，腦袋對付不了複雜的生活現實，就採取禁止一切思維活動的措施，除了扣帽子以外，他們已經沒有別的本領了，……生活中的一切變化，一切運動，一切破壞和創造，一切新生和毀滅，都被僅僅翻譯成含義模糊的各種術語了。這樣造成了不堪忍受的知識的貧乏，思想空虛和意志薄弱，造成了對一切不懂的東西的無條件的仇恨，造成了習以為常的言行不符和自欺欺人，造成猜疑冷酷和相互殘害。我看到了這一切，希望改變這一切，而又被那些誠實的人所反對。這件事對於我，更大痛苦是不可想像的。

不管別人怎麼想，我還是覺得我有責任把我的智慧獻給處在困難時期的國際共產主義運動，獻給全面危機中的科學界，獻給多災多難的人類，獻給我們社會主義事業，我覺得我沒有權利沉默。

前天（6 月 22 日）的批判會，我覺得十分乏味，我再一次告訴這些人，對於我，這種批判方式是絕對不中用的，或者進行真正的辯論，或者在肉體上把我毀滅，別的方式是沒有的，懂嗎？你們滿可以不用開鬥爭會時特有的方式來表現你們的一竅不通，蠻可以不必借反對右派分子的手法來炫耀自己的絕對無知，也蠻可以用不着在強詞奪理中顯露自己無限愚蠢，還是建立一個異端裁判所吧，還是學學喀爾文吧，對於我，生死早已置之度外，無論死去還是活着，我都是一個共產主義者。但是，生活會證明，我們的事業是誰也絞殺不了的，國際反教條運動一定勝利，整風民主運動一定成功，「五・一九」和「五四」將顯明地留在我們弟弟妹妹的腦海裏，永遠鼓舞着未來的年輕人。為了這一切，我

沒有任何恐懼，自己人的反對，比面對槍殺還要叫人難過，我也能沉默地忍受。

自從「五‧一九」以來，我深深地愛上了北大。現在北大的一切都在向我招手，都在對我微笑……在小山的草坪裏，在未名湖邊，一切都是多麼好啊，可是我更愛的是活動着的人流，親切的交談和沉默的支持。我愛北大，這兒有我的朋友，有我的同志，在這裏，我讀過恩格斯的著作，在這裏，我學會了生活。

我多麼想留在北大啊！作一個學生還是職員，作一個教師還是工友，這對我完全是無關重要的，重要的是我要在這裏戰鬥。

親愛的朋友們，我擁抱你們每一個。我不懷疑毛主席永遠支持我們；不懷疑共產黨，作為無產階級先鋒隊，他會從自己的隊伍中清洗掉三害分子；不懷疑馬克思主義，她會從自身的發展過程中清洗掉教條主義；不懷疑整風——民主運動，因為一切過程將按否定之否定來發展，「冬天如果來了，春風還會遠嗎？」（同上書，第 52-58 頁）

別的一些運動的參加者也這樣抒發了自己的心情。王存心的〈略談「五‧一九」〉中說：

為了我們社會主義更好，不少有認識的青年人投身於「五‧一九」這樣的運動中。他們要求擴大社會主義民主，不滿足於用思想改造的方式來除「三害」，主張在理論上作一些必要的修正，制度上作一些徹底的改良……目前「五‧一九」運動被反右派鬥爭代替。儘管如此，「五‧一九」運動還是有成績的。它給了「三害」分子一個有力的打擊，在許多人僵化了的腦袋中起了振盪，……人眼望見的天邊決不是盡頭，歷史的車輪永遠前進，中國人民已跨了很大的一步，但不能就此停止不前。（同上書，第 83-84 頁）

這些年紀輕輕的學生右派們，真也只能寄希望於那比人眼能望到的盡頭更遠的地方了。當他們付出了代價之後，終於得到最後的覺悟。張志武的〈無題〉一文說：

我們有對黨對社會主義歌功頌德的自由，有和風細雨批評的自由，我們有擁護社會主義的民主權力，有反對帝國主義的民主

權力。沒有想什麼說什麼的自由，沒有不經領導批准的民主。共產黨的領導不可懷疑，社會主義制度不可懷疑，我們現存政權也不可懷疑，即使你是以學術研究的態度，因為你可以打着學術的旗號反黨反人民。（同上書，第229頁）

為了迅速造成聲勢，指導和推動反右派鬥爭，《人民日報》在6月8日的〈這是為什麼？〉之後，幾乎每天發表一篇反右派的社論。

9日社論的題目是〈要有積極的批評，也要有正確的反批評〉。它一開頭就把批評分為兩種，一種是「積極的、建設性的批評」，另一種是「目的在於破壞社會主義事業、破壞人民民主專政、破壞黨和人民的團結的批評」。它說，「對於這種破壞性的批評進行正確的反批評，自然更為必要了。」

社論說，「現在確實有一些口口聲聲稱讚『齊放』『爭鳴』的人，實際上企圖只讓他們自己講話，而不讓別人答辯。他們可以把馬克思主義的道理一概封之為『教條』，把社會主義的制度和機構一概貶之為『官僚主義』的制度和機構……也還有人（例如陳銘樞）從正面勸勉道：『光說缺點，不說優點，這才合乎「整風精神」呀！』言下之意，那種既說缺點又說優點、既說錯誤又說成績的人，還有那些出來解答和辯論的人，就都是『整風』的擋路者了。於是，他們就把對方的嘴一下封住，至少也是把對方放到一個如果答辯就是『不虛心』的地位上去了。大家想想，難道這就叫做『幫助黨整風』麼？」

就這樣，社論給前段鳴放中的許多言論定性為破壞性批評，他們批評的教條主義其實是馬克思主義，他們批評的官僚主義其實是社會主義。社論把對這些言論的反擊，謙遜地稱為反批評。同時，陳銘樞這個重要的右派分子，就這麼輕輕巧巧地帶出來了。

10日社論的題目是〈工人說話了〉。毛澤東寫的《中央關於組織力量準備反擊右派分子進攻的指示》要求：「要召集工廠主要幹部及老工人開會，說明有一些不好的資本家，不好的知識分子及社會上的反動分子正在向工人階級及共產黨猖狂進攻，要推倒工人階級領導的政權，切記不要上他們的當。」（《毛澤東選集》第五卷，第431頁）北京、上海、天津、瀋陽、鞍山等地遵照這個指示開了這樣的會。《人民日報》在報導這些職工座談會的時候配合發表了這篇社論。社論說，「他們對於一切反對共產黨、誣

衊共產黨、反對社會主義、誣衊社會主義的言論，表示了堅定的鬥爭的決心。」這時，報紙上反右派鬥爭的氣氛已經很濃了。

11 日社論的題目是〈全國人民在社會主義基礎上團結起來〉。它說，「我國目前還有少數反對社會主義的右派分子存在，這些右派分子還在利用各種機會積極活動，這並不是什麼奇怪的事。大規模的群眾性的階級鬥爭在我國已經基本上解決了，但是還有階級鬥爭，還有政治戰線上的階級鬥爭，還有思想戰線上的階級鬥爭。」這改變了不久前關於階級鬥爭形勢的估計。

這篇社論還說，「要不要社會主義？要不要人民民主專政？要不要共產黨的領導？這是我們的國家生活中的最根本的是非問題。中國人民的大團結就是建立在對這樣的問題的共同認識上面。右派分子企圖混淆人們在這種根本問題上的認識。」劃分右派的六條政治標準中的三條已經出現了。

12 日社論的題目是〈正確地對待善意的批評〉。這一篇裏並無何種值得注意的意見，只是又增加了一篇反右派的社論，起了一點造聲勢的作用。

13 日沒有發表關於反右派的社論。

14 日社論的題目是〈是不是立場問題〉。它主要談一個問題：「在我國的民主革命、社會主義革命和社會主義建設中，成績究竟是不是主要的？」社論認為，怎樣回答這個問題，是一個立場問題。右派分子「不許別人說成績是主要的」。社論說，「倒是否認成績，現在成了一個根本問題。因為如果認為社會主義革命和社會主義建設基本上是錯誤的，失敗的，人們的面前就會是一片黑暗，新中國就會是一片黑暗，社會主義、馬克思主義和共產黨就會是一片黑暗。如果是那樣，那麼問題就根本不是整風，而是要毀滅人民的社會主義事業，毀滅人民的信心和民族的信心。」足見問題之嚴重。凡是不承認成績是主要的的人，當然就是反黨反社會主義的右派分子了。

《人民日報》的社論一篇接着一篇發表，政治風向也一天比一天明朗。許多人已經根據這些社論的導向改變了立論的基調，擁護這些社論，在發言中重複這些社論的意思乃至字句。不過也有一些人並沒有立刻轉過彎子來。

　　6月8日的指示提出要組織每個民主黨派開座談會，左中右的人都參加，正反兩面意見都讓其暴露，還要派記者予以報導。這項指示立刻執行了。在6月8日民革中央小組擴大會議上，李俊龍發言，談到當天《人民日報》的社論，他說，寫匿名恐嚇信「是一種極不光明的卑鄙行為，我們同意《人民日報》對這種人的嚴正指責」。可是他又說，「我們應該繼續堅持『放』與『鳴』的方針，應該保持這種廣開言路的風氣。」「如果明知有的共產黨員在工作中存在着若干錯誤和缺點也不肯說，而只一味說些好聽的話，那就不是真正愛護共產黨的正派人所應採取的態度。」(6月9日《人民日報》)

　　同一天，在九三學社的座談會上，中央常委楊肇爐還在談人事工作問題。他說，人事制度應該由黨掌握是沒有問題的，但是一些很能幹、公正的非黨人士也可參加一些，如科學院盡是些大知識分子，那麼一些毛孩子怎麼掌握？會上，另一位中央常委孫承佩也還在說大鳴大放中不應有清規戒律，他說，大鳴大放之中必然有片面的以至錯誤的意見。共產黨員難免犯錯誤，黨外人士也難免犯錯誤。我們提倡實事求是，但是不可苛求或者限制。(6月9日《人民日報》)

　　6月10日在民盟的座談會上，候補中委陳新桂仍然說他完全同意儲安平所說的共產黨的「黨天下」思想是一切宗派主義的根源。他認為黨天下的思想根源就是無產階級專政。

　　陳新桂的發言剛完，中央常委鄧初民、中央委員張畢來都發言批評他。有意思的是，章伯鈞也批評他，說陳新桂認為無產階級專政是產生官僚主義、主觀主義、宗派主義根源的觀點，是理論上原則上的錯誤。

　　章伯鈞接着談到了反批評是不是圍剿問題。他說他不同意反批評是「圍剿」這種說法。他說批評要有民主的風度，要有傾聽不同意見的雅量。中共中央統戰部開了十三次會，有七十三人發言，大家提了很多意見，都是批評，共產黨沒有覺得這是「圍剿」。現在，其他方面提出了不同的意見，這不能說是「圍剿」。否則，就是只許你批評，不許別人批評。《人民日報》的社論提出「要有積極的批評，也要有正確的反批評」，這是合乎情合乎理的。

章伯鈞談到大家對他的批評，他說，關於對我提的意見，我不想辯論，因為那就太小氣了。我的意見可能是對抗黨的領導、損傷黨的領導權的大錯誤，也可能沒那麼嚴重。我說到政治上的設計院問題，設計是工程技術人員的事，不是居於領導地位的，也談到國務院的開會程序問題等，也許就我在政治生活中所處的地位，不適宜於提這些問題，也許我的話說得含糊。我決不辯護，不說言不由衷的話。

章伯鈞還表示，不同意張雲川提出的公開民盟中的共產黨員秘密身份的意見。同意各方面對儲安平的批評。

費孝通發言。他認為這次黨的整風，不但是黨內的思想改造，也是我們全體人民的思想改造。思想改造必須是和風細雨的，在緊張空氣中，思想是不容易真的改造的。他贊成採取小小民主的方式，最好是四、五個人促膝談心。因此，他覺得最近座談會開得太多，而且都有記者參加，座談內容過一晚就上了報，空氣似乎有些緊張。看來，費孝通願意執行的是他在報紙上看到過的四月二十七日關於整風運動的指示，卻不知道現在執行的是他沒有看到過的六月八日關於反右派的指示。

費孝通最後說，他認為鳴和放必須有個共同的基礎，這就是走社會主義道路和接受黨的領導。

座談會結束之前，陳新桂又一次發言，表示完全同意費孝通的發言，認為目前有些緊張是事實，這樣大家的顧慮就不能消除。他指責《人民日報》，把這幾天報紙上對於反共產黨、反社會主義的言論的反批評，說成是帽子滿天飛。他說，報紙不要作盛錫福帽莊的老闆。他還激昂地說：「老實講，要是反革命分子，絕不會講報紙上認為的錯誤言論；他一定會講，共產黨的成績多麼偉大之類。」（6月11日《人民日報》）

6月11日中共武漢市委統戰部召開的座談會上，民盟湖北省委員會主任委員、中南財經學院院長馬哲民說，他不同意《人民日報》最近幾篇社論的態度。他認為這些社論發表得不適時，還有教條主義殘餘。他說，原來擁護社會主義的人，不看這些社論也沒有問題。如果思想上有問題的人，本來就怕放，現在一看，就更不敢放了。他認為這樣發表社論，是與毛主席講話和整風精神不相符的。他表示擁護鳴放中爭的方式，但不同意一棍子打死的做法，他希望今後黨更應該發揚大公無私的精神，從團結的願望出發。馬哲民還不同意盧郁文認為牆是兩方面的說法，他說這是不合

乎《矛盾論》的。他認為應該分清主導方面，不能看作是平衡的。（6月12日《長江日報》）

6月12日民革中央小組擴大會議上的發言，大都是些正面的話，特別是熊克武、劉文輝、程潛這幾位起義過來的人，更是披肝瀝膽地表示擁護共產黨擁護社會主義的態度。像劉文輝，就批評了陳新桂說的「三大主義是無產階級專政的產物」，批評了章乃器說的「官僚主義比資本主義更危險」，批評了儲安平說的「黨天下」，以為這些意見是站在敵對的立場，企圖削弱共產黨的領導，來破壞社會主義建設的進展。對於幾天以來政治風向轉變的看法，劉文輝說，目前這種反批評是不是「收」？或者客觀上是不是妨礙「爭鳴」？我認為不是。

這天的會上，老報人陳銘德也發了言。他首先對「恐嚇信」加以痛斥，以為是卑鄙手段。他說，寫信人是害怕這次整風運動會使得人民更緊密地團結在黨的周圍，這種人很可能是反革命分子。他認為《人民日報》在社論中提醒全國人民不要忘了在我國階級鬥爭還在進行着，是十分必要的。不過，陳銘德表示了這樣一種願望，他說：在「鳴放」中出現的一些離開社會主義的言論，不論其錯誤程度如何，究竟還是在桌面上公開講出來的。對待這些言論，應該與寫恐嚇信這樣的破壞活動分別看待。（6月13日《人民日報》）

陳銘德真是個老實人。他擔心匿名信事件會影響到鳴放，殊不知道正是因為鳴放造成了如此局面，才大事張揚匿名信事件的，他是把因果關係顛倒了。當初社論採用匿名信事件做由頭，才使陳銘德這樣的人想到可以「分別看待」，這也是有一利必有一弊，無可如何。要是社論直接就六教授開會一事立論，即可免此弊。

《人民日報》6月9日的社論還在把對右派分子的批判謙遜地叫做「反批評」，陳銘德主張，反批評也應該在和風細雨的氣氛中進行。他說，有一些人在進行反批評時，脫離了有的人原來提出意見時的具體條件，或者把一些原屬錯誤意見加以進一步引申、誇張，這樣做無助於別人認識自己的錯誤，對「鳴放」的繼續開展可能有消極的影響。一直到這時候陳銘德還在希望「鳴放」的繼續開展哩。

也是6月12日這一天，農工民主黨中央開擴大座談會。楊清源、嚴信民等人都批評了章伯鈞。王枕心卻全面為章辯解，把別人的批評逐條駁

回去。他說，一、章伯鈞關於國務院討論事情先拿出成品是形式主義的意見，我認為是不完全妥當；可是楊清源說，他提這樣的意見就是舊民主主義思想，我也不同意。什麼是舊民主主義呢？是假民主，欺騙人民的民主，實際上人民沒有民主權利。章伯鈞提的意見，並不是要這樣的假民主。二、章伯鈞說文字改革沒有經過討論，也有人說這不是事實。其實，討論過的是改革文字的文字方案，至於「文字要不要改革」，的確是沒有經過討論的。三、有人說，章伯鈞提出的「政治設計院」，有脫離共產黨領導的思想，我也不同意。設計院是參謀機構，並不是領導機構。鐵道部和其他各部都有設計院，難道這些部就是脫離共產黨的領導了？對於其他一些批評章伯鈞的意見，王枕心也都表示了異議。總括起來，他認為，章伯鈞同志的發言，多少有些問題，可是沒有一條是有原則性錯誤的。因此應該和風細雨地商討，不可一下子提高到原則上來看。如果不實事求是，一切都要亂了。

會上，張申府也對章伯鈞作了肯定的評價。他說，章伯鈞的發言太隨便，說話不太多考慮。他認為章伯鈞的立場不夠百分之百堅定，但也夠百分之九十五的堅定；關於章伯鈞所說的組織「政治設計院」的意見，他認為還是值得考慮的。

章伯鈞在座談會結束前發言，感謝大家對他的批評。他談到自己在幾次座談會上發表的意見，說：我認為在這幾次會議上曾經談到「政治設計院」、國務院會議程序拿出成品和文字改革問題，此外提到國務院機構下的各辦各委應當改變，權放在各部會，多發揮管理機構的作用。談這些問題主要是個人想對國家提出貢獻；可是有些朋友們指責我說錯了。他說，對這些問題我是有意見的，不是憑靈感和一時高興；但是語焉不詳。可能是犯了反對無產階級專政、違背黨的領導，走資本主義道路的錯誤；但這錯誤要等我加以說明以後再作結論，這才比較合乎民主精神。我在民盟小組會上也說過我犯錯誤可能很嚴重，也可能不那麼嚴重，但不作辯論。因為，馬上就辯論，就等於抗拒批評，不合民主精神。打球有球規，你打來，我打去。章伯鈞說，我那個政治設計院可能是有代表性的錯誤。最近有朋友告訴我，有許多的學校和機關的一些人提出來要參加「從設計到施工」，要黨退出學校這一類荒謬的言論，恰與我所說過的政治設計院問題，看起來有相似之處。他表示：希望同志們繼續提意見，我要考驗自己，用「動心忍性」的功夫，克制自己，鍛鍊民主風度，請老師。

這次座談會上還宣讀了正在鄭州為農工民主黨發展組織的張雲川寫回的一封信。信中說：看到《人民日報》和《光明日報》上登着農工民主黨中央座談的消息，一看內容，不是對共產黨提意見，幫助整風；卻變成了對張雲川提意見，成為農工民主黨整風，甚覺稀奇！你們要求我來鄭州幹事，在我不在座沒有機會發言的情況之下來批評我，也令人很覺得那個。對於這封信，章伯鈞解釋說，第一，不是農工民主黨黨內整風，是幫助中共整風。張雲川有回來說明的機會。第二，按照各民主黨派同中共協議的精神，只幫助中共整風，我們黨內暫不整風，將來再說。現在批評我，是糾正幫助中共整風發生的偏差。（6月13日《人民日報》）

6月14日九三學社的會上，候補中央委員顧執中提交了一份書面發言，他分析在這次整風運動中一般人所講的話，大約可分為四種，即一，好心說好話；二，好心說壞話；三，壞心說好話；四，壞心說壞話。他着重描繪了好心說壞話的人的情況。他說，過去，這種人為了愛說話，愛提意見，不免在不同的場合中，遭受到宗派主義者與官僚主義者的打擊、排擠、暗害與不重視。在今天的整風運動中，有不少人已不顧一切地說了許許多多的不好聽的壞話，這種壞話雖然在實質上是好話是良藥，但往往容易被誤認為壞話。他還提到，當我們跟壞心說壞話的人進行鬥爭時，切忌皂白不分，把好心說壞話的人，也順便地隨意牽涉在內。這樣做，在道德上非忠厚之道，是不應該的。在政治上是助長壞人，孤立自己，削弱自己，是最最危險，而英明的黨也決不會做的。（6月15日《人民日報》）

6月14日民盟湖南省委員會和長沙市委員會舉行聯席擴大座談會，會上對最近幾天人民日報社論表示了各種不同的看法。有的人擁護這些社論，像省委委員、中南礦冶學院教授陳新民說：「人民日報最近的社論對於分清是非，扶植正氣，維持正常秩序起了積極的作用；但也影響了一些人怕發言。現在，一方面要反對右派分子的反社會主義言論，一方面要發揚積極的批評，使得批評意見得以毫無顧慮地表達出來。」民盟湖南省委秘書長杜邁之說：「如葛佩琦、章乃器、儲安平、陳新桂等人的言論，他們的論調實質上是反對共產黨、反對社會主義的。他們的論調不僅工人、農民聽了感到不能容忍，也同樣是我們不能同意的，現在，人民日報連續發表了幾篇社論，駁斥了那些極少數發出的不利於整風、不利於社會主義事業的、為我們所共同反對的謬論，幫助我們劃清了同他們那些謬論的思想界線，澄清群眾中的混亂思想，這樣作就更有利於我們一切愛國的、擁護共

產黨、擁護社會主義事業的人們的鳴、放，保護了整風運動的健康進行。」

他還說：「有些同志看了六月十一日人民日報第五版報導盟中央小組座談會的一條標題〈可注意的民盟動向〉後，猜測人民日報的這條標題是否帶有批評性質，有的感到不好受。我認為，這沒有什麼使我們難受的，我們盟是堅決走社會主義道路的，是接受共產黨的領導的，這個方向是無可懷疑的。如果人民日報的這樣標題是帶有批評意識，而我們確有缺點的話，我們應當誠懇地歡迎批評。」（6 月 16 日《新湖南報》）這陳新民、杜邁之二人雖然表示了合作的態度，後來還是被劃為右派分子。

為了使右派分子在人民面前暴露其反動面目，除了組織這些座談會，讓他們暢所欲言之外，還在報紙上刊登他們的文章。為了讓更多的人看到，《人民日報》轉載了一些原來刊登在學校校刊上的文章。像前面已經說過的黃萬里的〈花叢小語〉（6 月 19 日）、劉地生的〈要求共產黨第二次解放中國人民〉（6 月 22 日）等等都是。各報編輯部前一時期收到的右派分子來稿，這時也發表了一批，顯然都是準備批判的靶子了。

6 月 10 日的《瀋陽日報》上刊出了瀋陽師範學校張百生（師範學院團委宣傳部長）、黃振旅的〈社會主義建設的新課題〉，這是一篇七千餘字的長文。它希望，「在這次整風中，黨除了應當堅決鏟掉宗派主義、官僚主義和主觀主義的『三害』而外，更重要的是要挖掉『三害』的根子，進行徹底的革新，不然將有葬送黨、葬送社會主義的危險！」

文章三分之一的字數是談對肅反運動的看法。它說，「這一運動打擊面寬，傷了感情，使黨群之間的『牆』加高加厚了，使黨群之間的『溝』加深加寬了。很明顯，黨中央對殘餘敵人的估計是最大的主觀主義，在這種主觀主義的思想指導下，就不可避免地要出現『寧左勿右』，打錯了好人，破壞了法制……。真是『天下本無事，庸人自擾之』！」

關於肅反運動的指導理論，這篇文章指出：「顯然這是受了斯大林同志的社會主義事業愈發展敵人愈多的錯誤理論的影響。最近黨中央提出的『有錯必糾』是英明的，適時的。有些人把肅反中的錯誤完全加在肅反幹部身上是不公平的，除了少數乘機打擊報復者外，他們不過是貫徹執行中央的指示而已。根子在北京。」

對於毛澤東親自定性的「胡風反革命集團」一案，這篇文章說：

胡風及「胡風集團」是反革命分子嗎？根據前些時候公諸於世的材料看來，説他們是反革命分子是不能令人信服的。從胡風給黨中央寫的「萬言書」中，絲毫看不出有反革命的味道。他只是就意識形態範圍內的文學藝術問題提出了不同的看法和建議罷了，他的某些看法和建議今天看來還是正確的。對林默涵、何其芳同志的教條主義的批評，這是公民的起碼權利，是百花中的一朵，是百家中的一派。至於《人民日報》揭發的材料和《人民日報》的按語，表面看來無疑是反革命，其實有些是歷史問題，有些是在言論不自由的情況下對教條主義者發出的暗語，怎麼能説是反黨反人民而興師問罪、大加圍剿、拿入囚牢呢？「偶語者棄市」的做法，仁人志士誰還敢開口！這樣只能阻塞言路，助長「三大主義」，葬送革命。胡風問題已過了兩年，為什麼還不公開審判？我們要求黨中央如果打對了就立即公開審判，如果搞錯了就馬上開釋，並恢復其名譽。

這兩位作者替胡風鳴冤叫屈還不夠，還要過問黨內的事。文章説，「高、饒事件的真相也應當向全國人民公佈。」

這篇文章還指出「社會主義改造運動全面冒進」。例如農業合作化，文章指出，「我們的農具同兩千年前沒有什麼兩樣，就這樣一窩蜂似地組織起來，很多是變相的強迫命令，幹部水準低、工作混亂、非生產人員增多、生產積極性降低（比單幹時）等毛病就在所難免。……至於說農民都有加入合作社的要求，是自由參加的，其實是大多數農民怕帶落後的帽子不得不參加。去年農業增產，不能完全歸功於合作化，主要的是黨的信貸政策發揮了作用，假如把這貸給集體農民的二十二億人民幣貸給小農，可能還會收到更大的效果。」

更加肆無忌憚的是兩位作者論黨的部分。文章説：

中國共產黨在解放前由言論到行動都是站在歷史的最前列的，全心全意為人民，與人民水乳交融，親密無間。而解放後則逐漸在成為人民的上司，逐漸把「先天下之憂而憂，後天下之樂而樂」變成了空洞的口號，自己變成了特權者，陶醉於自己是開國元勳，有汗馬功勞，應當有權有勢的泥潭中，陶醉於自己是特殊材料製成的自我欣賞裏，總以為自己是最優秀的，非我不可。自吹自擂地宣傳自己偉大、光榮、正確，把自己擺在國家之上、人民之上，大有「黨即國家，國家即黨」的氣派。由於黨對一切

問題有最後決定權，從組織上又不信任非黨人士，就會把黨外的一切逆耳的忠言拒於千里之外，這就使黨從思想上到組織上開始脫離群眾。黨雖然擁有一千二百萬黨員，但這僅僅是佔全民總數的百分之二弱而已。中國不只是一千二百萬共產黨員的中國，而是六萬萬人的中國；新中國不只是黨一手創造的，而是好幾萬萬工人、農民、知識分子在黨的領導下共同創造的。共產黨的意見也不是百分之百的正確的，從前面說過的「錯在中央」就可以得到證明。況且有其名無其實的「黨員」日漸增多，難道百分之九十八的非黨同志都無德無才，應當絕對服從百分之二的人的主張，當這百分之二人的「順民」麼！這是什麼原則！這與馬克思主義的「歷史是人民的歷史」「人民是歷史的主人」的原則有什麼共通的地方？

這篇文章指出：黨的威信一年不如一年的病根在於黨有絕對的領導權。它論證說：

> 一些老黨員進城以後，有了特權，漸漸忘記了革命的真義，喜歡奉承，作威作福，思想硬化。解放以後很有些人看到入黨是攀登仕途的拐棍，有權有勢，官高祿厚，步步高升。於是就蜂擁而至，「爭取」入黨，在黨員和黨組織面前，極盡其拍馬（方式變了）的能事，偽裝積極，唯唯諾諾，唯命是從，歪曲事實，欺上壓下，……以博取黨員和黨組織的歡心，達到入黨之目的。入黨以後，仍如上述之外，還加上對群眾不是推心置腹，吃苦在前，而是成為黨的「包打聽」，教訓、申斥群眾，以改造者自居，等等。於是，在黨群之間就形成了一道隔離群眾的「銅牆鐵壁」，促使黨從組織上、思想上硬化，先鋒隊與戰鬥隊的作用日漸削弱。這不是黨的危機麼！

這篇文章認為：「建國以前和建國之初，黨有絕對領導權，黨員得到重用，這是歷史發展到一定階段的必然產物，是合乎規律的。今天的情況變了，歷史要求黨取消黨的絕對領導權和黨員的特權，不然黨將阻礙歷史向前發展。」對於這個意見，文章作了這樣的論證：

> 今天矛盾的性質變了，人民的覺悟提高了，大家都有建設社會主義的願望，人民也有參加國家事務的決策的要求。而且取消黨的絕對領導權不是取消黨的領導，而是為了加強黨的領導，使黨永遠是先鋒隊。很明顯的是取消了黨員的特權之後，只有真正

的共產主義者才要求入黨了，為了借此向上爬的卑鄙的個人主義者，用八抬大轎請他，他也不希望入黨了，因為入黨以後無利可圖，反而處處需要帶頭，起模範作用。這樣一來，黨的組織才能純潔，黨才能通過黨員的模範作用去影響人民，才能通過他的正確的主張去領導國家，才能根除「三害」，才能拆「牆」平「溝」，才能團結全國人民，才能推動歷史前進。

這篇文章還提出了擴大民主、革新國家制度的主張。它說：

> 解放後這幾年來是沒有真正的社會主義民主的，有也只是形式，不僅沒有真正的社會主義的民主，連資本主義國家的假民主也沒有，憲法成了一紙空文，黨可以不遵守它。實際上是一黨專政，是黨中央政治局少數人獨裁。黨內也沒有民主，下級黨組織和黨員只能貫徹黨中央的指示、決議，黨外人士做領導工作是有職無權，只有執行決議的義務，沒有參與決策的實際可能。黨是太上皇，是威武神聖的。一手托着馬列主義的聖經，一手杖着國家政權的寶劍，誰敢提出異議，不是被扣上反馬列主義的鐵帽，就是被帶上「莫須有」罪名的手銬。選舉只是變相的任命，代表只代表個人，誰也不知道自己選的人是怎樣的，他代表自己說了些什麼。至於集會、結社、出版等，都必須在黨的領導下進行，不能逾越雷池一步，這怎能體現人民是國家的主人？這是對人權的侵犯，嚴重的破壞法制，必須改變。

改變的辦法，文章提出：

> 應該實行直接、普遍的競選，讓代表們能夠真正代表本選區大多數選民的意見，對本選區人民負責。應該讓人民自由組織新的黨派、社團和出版報刊，以便廣開言路，監督政府，反對廉價的歌頌，提倡大家起來反不良的現狀，只要不反人民，不反社會主義就行，反對共產黨的政策也沒有關係。「真金不怕火煉」，共產黨是不怕反的，假如不代表人民利益的主張和措施，被反掉了又有什麼可惜的呢！

關於國家制度，文章說：

> 國家大事誰說了算？在憲法上規定是「人大」說了算，而在實際上「人大」不過是個泥菩薩而已，全權都操在黨中央手裏。「人大」只是走走形式，舉手通過，完成立法手續。幾年來很少看

見「人大」對國家大事進行過真正的討論，很少看見委員提出重大動議，卻偶爾看見他們的一些無關痛癢的考察記在報上發表。這豈不是笑話！更可笑的是號稱統一戰線的「政協」，把主要精力放在組織有關學習等問題的工作上，實際是不問政治，或者說問而不政，政而不治，治而不協。「人大」與「政協」就像兩朵花一樣點綴着民主的門面。當然，錯不在「人大」和「政協」，責在黨中央。黨對「人大」與「政協」說來，成了超政府、超憲法的太上皇。不只是以黨代政，而且是以黨代憲法，以黨代「人大」……這樣少數人的專斷，肆無忌憚地發號施令，不發生錯誤倒是不可思議的了。而黨中央從建國以來就沒有進行過公開的自我批評。要改變這種獨裁誤國的現象，必須把黨從「人大」與政府之上拿下來，把政府置於「人大」之下，使「人大」成為真正的權力機關。「人大」代表必須經普遍的競選產生，一定要選出才高德劭者，才能起到真正的代表的作用，不要按各黨派「政治分贓」的比例瓜分席位。要設立各種專門組織，集中最優秀的各種專家參加工作。「人大」常委委員應該是專職的。人民代表不應兼任政府之職務。應該創辦「人大」的機關刊物，向人民宣傳政策，刊登消息和討論的重大問題，監督政府工作等。至於黨對「人大」怎樣起領導作用呢？我們認為這就要靠黨員代表的作用。只要共產黨代表人民利益，黨員在人民中享有威信，人民一定選他進去。

6月15日《人民日報》上轉載了十二日《陝西日報》上刊登的陝西師範學院講師王尊一的文章，題目是〈「三害」應向黨中央和毛主席那裏挖〉，並注明「本報轉載時略有刪節」，刪去了一些什麼內容，不詳，就看刪剩的，也就夠厲害了。文章一開頭就說，「官僚主義、主觀主義、宗派主義不是存在在個別機關或個別學校裏，是在目前中國共產黨和毛主席領導下的中國普遍地存在着。那麼我們要根除『三害』是不是應向黨中央和毛主席那裏挖掘一下呢？」

文章對於天下是誰打下來的就是誰的這樣一種道理表示不能接受，它說：

> 中華人民共和國的成立，中國共產黨的確有偉大的功勳，但從此共產黨驕傲起來了，以為天下是我們打下的，政權應由我

們掌握，好官我自為之，人民只能聽從共產黨的命令、指揮和擺佈，人民哪有憲法上賦予的思想、言論的自由。

文章還拿元朝和清朝的情況和當前的現實作類比，它説：

> 元朝時候，把全國人民分為四等，第一等最高貴的人是蒙古人，第二等是色目人，第三等是漢人，第四等是南宋人。當時統治權在蒙古人手裏掌握，其次才是由色目人掌握，漢人和宋人只是處於被統治者的地位罷了。我們把這種政治叫做「民族壓迫」。再如清朝入關以後，政治要職都設複職，如內閣大學士和六部尚書，滿、漢人各擔任一職，滿人官品高，漢人官品低，滿官有職有權，漢官有職無權。這種政治我們也把它叫做「民族壓迫」。但是，反觀今天，全國人民也可分為四等，第一等最高貴的人是共產黨員，第二等是共青團員，第三等是民主黨派，第四等是群眾。國家機關、學校、企業的首長，也是多設複職。正的總是由黨員擔任，副的偶有民主人士，但民主人士多是有職無權。這種政治的形式，除了本質不同外，和元朝、清朝又有什麼區別呢？這種政治制度，應該叫它個什麼名字，我不知道。

這篇文章還説：

> 幾年來，在各個部門和各個角落，工作發生了錯誤，總是説下級執行政策有偏差，或者説沒有掌握馬列主義和毛澤東思想。但是，政令的草率頒佈，更張頻繁，保守、冒進、又保守、又冒進這樣搖擺不定，還説是為了適應情況的發展。另外，一切討論變成了形式，嚴肅認真的討論根本展不開。領導上對待恭維、奉承、吹牛拍馬的人認為是積極分子，認為政治上可靠，可以得到提拔或升官。對待在政策、號召上稍存懷疑，或提出不同看法的人，便認為是思想落後，不進步，保守頑固，甚至給戴上反黨、反人民和反革命分子的大帽子。這樣一來，誰還敢對黨提出一個字的批評呢？

6月18日《文匯報》刊出了中國農工民主黨上海外國語學院支部主任委員徐仲年教授的雜文〈烏「畫」啼〉，《人民日報》「略有刪節」後於23日轉載。文章分三小節，第一小節從有人以「鳳鳴」比喻「報喜」，「烏鳴」比喻「報憂」談起，以為「烏鴉是益鳥，向人『報喜』的喜鵲反而是害鳥。」

第二節的小標題是「毛毛雨下個不停」，這是黎錦暉寫的一句歌詞，毛澤東曾引用來說明「和風細雨」。可是這篇雜文說：

> 毛毛雨下個不停是有害的：下得久了，秧要爛，棉不結鈴。田初濕時是軟的，容水過度就會變硬。「清明時節雨紛紛」，尚且要「路上行人欲斷魂」；不幸而霪雨一年半載，老百姓就得餓死不少！

> 和風細雨自有他的妙處，但迅雷烈風也有掃蕩陰霾之功！某些時候，錯誤嚴重，態度頑強：那就用得着迅雷烈風了；在這種情況下，和風細雨不足以息民憤！

> 尤其不希望對己和風細雨，對人迅雷烈風；對黨外人士要求自我批評，對黨內人士則要求批評別人！

> 我聽了許多代表所反映的內容，有些事真令人髮指！小民主解決小偏差，大錯誤就得用大民主來糾正，正如對症下藥，有些病該用霸藥來治。

這意思很明顯：以前歷次主要是整黨外人士的運動，都是迅雷烈風，現在共產黨內整風，卻要求和風細雨了。雜文作者認為，對於有些令人髮指的嚴重錯誤，就該用霸藥來治，和風細雨不足以平民憤。

這篇雜文引起了毛澤東的注意。7月9日他在上海幹部會議上說：

> 右派最喜歡急風暴雨，最不喜歡和風細雨。我們不是提倡和風細雨嗎？他們說，和風細雨，黃梅雨天天下，秧爛掉，就要鬧饑荒，不如急風暴雨。你們上海不是有那麼一個人寫了一篇文章叫〈烏「晝」啼〉嗎？那個「烏鴉」他提此一議。他們還說，你們共產黨就不公道，你們從前整我們就是急風暴雨，現在你們整自己就和風細雨了。……現在，右派還要挖，不能鬆勁，還是急風暴雨。因為他們來了個急風暴雨，這好像是我們報復他們。這個時候，右派才曉得和風細雨的好處。他看見那裏有一根草就想抓，因為他要沉下去了。好比黃浦江裏將要淹死的人一樣，那怕是一根稻草，他都想抓。我看，那個「烏鴉」現在是很歡迎和風細雨了。（《毛澤東選集》第五卷，第445-446頁）

徐仲年在他這篇文章中說，「我模仿《烏夜啼》，作《烏晝啼》。是否提防獵人的槍？不在考慮之內！」結果竟引起了毛澤東本人的批評，恐

怕更不在預料之內吧。當然，他即使沒有寫這篇雜文，憑着他農工民主黨支部主任的身份，再加上一些還可以另外搜集的材料，也得劃為右派分子的吧。

這就是反右派鬥爭開始階段的形勢。一方面，許多人按照6月8日以來的《人民日報》社論的導向迅速轉變過來，挺身而出，鳴鼓而攻；一方面，也有不少右派分子還在發表言論，發表文章，「自投羅網」。（《毛澤東選集》第五卷，第437頁）

要把整風運動轉變為反右派鬥爭，要給右派分子以致命的一擊，光靠《人民日報》每天發一篇反右派的社論還是遠遠不夠的。要叫他們投降，必須先繳了他們的械。這就必須把毛澤東在最高國務會議上的講話從他們那裏收回來。

毛澤東2月間在最高國務會議上作的〈如何處理人民內部的矛盾〉的講話和3月間在全國宣傳工作會議上的講話，雖然沒有正式公開發表，可是早已在黨內黨外作了廣泛的傳達，當時只愁人們不了解這新方針，只愁了解這新方針的人太少了。對這兩篇講話的傳達，對於熱鬧了幾個月的大鳴大放是一個有力的推動。不少的人是受到了毛的講話的鼓舞，才投入到鳴放中來。大鳴大放中，不論是發出悅耳的鳴聲的，還是發出刺耳的鳴聲的，都引經據典，而所引以為據的經典，就是毛的講話，特別是在最高國務會議上的講話。馬哲民不滿意《人民日報》6月8日以來的那一系列社論，就以它不符合毛澤東講話的精神為理由。就說那個以「小匈牙利事件」首犯罪名而被處決的漢陽第一中學副校長王建國（詳見下一章），他罪狀中有一條，就是對學生提到毛在最高國務會議上的講話，似乎這篇講話可以為學生鬧事的依據和護符。當事情已經起了變化之後，已經不再需要鼓勵鳴放，而要組織力量反擊右派分子的猖狂進攻的時候，決不能讓這篇講話為右派分子所利用，利用為亂鳴亂放的依據，利用為猖狂進攻的兵器和鎧甲。這就有必要把那時說過的一些話收回來，咽下去。古人說過的，一言既出，駟馬難追。說過的話難道可以收回來麼？可以的，收回的辦法就是根據此刻的需要將原來的講話修改之後正式公佈，作為標準本。此後誰再要引據以前未經修改的文本，就都是有意歪曲和篡改了。

此時公佈講話的標準本，現在已經知道還有一個外部的原因。那就是《紐約時報》從華沙一位消息靈通人士那裏得到了這篇講話的文本，即將

它詳加摘錄，登在 6 月 13 日的報紙上。美國《國務院情報研究所關於毛澤東 1957 年 2 月 27 日秘密講話的分析報告》（檔案號 IR 7532，1957 年 7 月 1 日）提供了這樣一個情況：「毛講話的一部分已被波蘭共產黨人引用，援引為與蘇聯路線相左的一種路線做理論上的辯護。」「在波蘭，它能用於為一條非蘇聯的道路辯護。」因此就很有必要將這篇講話整理修改正式發表了。美國國務院情報研究所的這一份分析報告接着說：「對該講話的發表版本做了修訂，以使講話不易如此運用」，（《美國對華情報解密檔案》第二卷，東方出版中心 2009 年版，第 111 頁）「毛的講話在華沙正被一種相當斷章取義的形式加以散發，而這可能是加速該講話發表的一個因素。」（同上書，第 112 頁）

為了應付這一突發事件，頗費了一些躊躇。《人民日報》6 月 14 日發表〈是不是立場問題？〉之後，有整整一個星期不再發表有關反右派鬥爭的社論，直到 6 月 19 日公佈這篇講話的修改本之後，才在 22 日發表〈不平常的春天〉，又再陸續發表有關反右派的社論來。一星期未發社論，可以看作是這種躊躇的表現。現在，為了消除這次洩密造成的影響，正式發表標準本是一個可取的辦法。

這個標準本在 6 月 19 日的報紙上發表，題目改為〈關於正確處理人民內部矛盾的問題〉。標題下注明：「這是 1957 年 2 月 27 日在最高國務會議第十一次擴大會議上的一篇演講。現在經本人根據當時記錄加以整理，並且作了若干補充。」

作了些怎樣的「整理」和「補充」呢？後來 1980 年胡喬木在起草歷史決議的時候說：

> 毛主席 57 年〈關於正確處理人民內部矛盾的問題〉的講話是在 2 月間講的，到後來發表時，就修改了很多。開始是一種看法，後來是另外一種看法，這兒插一段，那兒插一段，這裏改一改，那裏改一改，所以，這篇文章中有一些自相矛盾的地方。一方面說，急風暴雨式的階級鬥爭已經結束了，另外一方面又說無產階級跟資產階級之間的階級鬥爭有時甚至是很激烈的，社會主義和資本主義之間誰勝誰負的問題還沒有真正解決。一個地方講，社會主義制度可以調節它的內部矛盾，沒有對抗性的矛盾，這是社會主義制度的優點。可是，反右派不是對抗嗎？所以，有些地方又用別的話來改掉。不管怎樣，毛主席在 2 月間講話時的

> 思想，到了反右派以後就發生了非常大的變化，以前的有些想法差不多再也不提了。(《胡喬木文集》第二卷，第 145 頁)

這裏他也說得很概括，對於這些關係重大的整理和補充，應該仔細看看。

有一些，是單純技術性的變動。例如在最高國務會議上的講話，原來第六個問題是增產節約和反對鋪張浪費，第十一個問題是少數民族同大漢族主義問題，西藏問題，發表時這兩個問題互換了次序，小標題的文字也更加精煉。在全國宣傳工作會議上的講話，原來講的第四點是整風，第五點是為人民服務，發表時也互換了次序，文字也有改動。此外還有多處因語法修辭方面的要求而作的改動。

整理時，刪去了不少內容。例如，原來說，人民內部矛盾，如何處理這個問題是一個新問題。因為歷史上馬克思、恩格斯、列寧、斯大林或者談得少，或者有錯誤。這樣就在馬克思主義思想史上找到了一個頗高的位置。發表時這些內容都刪去了，改為：許多人覺得，提出採用民主方法解決人民內部矛盾的問題，是一個新的問題。事實並不是這樣。馬克思主義者從來就認為無產階級的事業只能依靠人民群眾，共產黨人在勞動人民中間進行工作的時候必須採取民主的說服教育的方法，決不允許採取命令主義態度和強制手段。這就比當時說的謙遜多了。

原來講話中說過的一些具體的人物，具體的事情，具體的數字，都刪去了。陳其通、馬寒冰等四人的文章；《人民日報》對這篇文章的長時間沉默；鍾惦棐的文章；王蒙的小說；對王蒙小說的圍剿；流沙河的詩《草木篇》；北京航空學院一個黨支部副書記馬雲鳳反對蘇聯出兵匈牙利的標語；1949 年以來處死反革命分子的數字，等等等等，都刪去了。外國的人物，如赫魯曉夫、哥穆爾卡、拉科西、格羅、鐵托、卡德爾等等，他們的名字和對他們的議論，也都刪去了。

一些原來說得不很確定的意見，發表時寫得比較確定得多了。例如，原來說，有人說民主是目的。我們跟他們說，民主是手段，民主也可以說，又是目的，又是手段。發表時改為：民主這個東西，有時看來似乎是目的，實際上，只是一種手段。

毛在最高國務會議上，在談到統籌兼顧適當安排問題的時候，說：我們這個國家這麼多人，六億人口。這裏頭要提倡節育，少生一點就好了，

要有計劃生產。發表時，這個有計劃地控制人口增長的意思給刪去了，變成要「承認我國有六億人口，承認這是一個客觀存在」，而且，「這是我們的本錢。我國人多，是好事」。這一修改反映了毛在人口問題上的搖擺。1949 年評白皮書，他說，中國人口眾多是一件極大的好事。再增加多少倍人口也完全有辦法。（《毛澤東選集》第四卷，第 1511 頁）那時還是取得全國政權的前夜，可以說還不知道問題的深淺。到 1957 年這時，問題已經相當明朗了。馬寅初在 1955 年就已經提出了人口問題。1957 年的政協會上，李德全、鍾惠瀾、邵力子的發言，都以節育為主題。毛在最高國務會議上說少生一點就好了的時候，其實並沒有真正感到問題的嚴重性。說人多是好事，恐怕是千百年來我國農家認為多子多福的傳統觀念在他身上的反映。在不久之後反右派鬥爭中，人口問題也是一個批判的題目。

　　甚至在反右之後一年，1958 年 4 月，毛在一篇影響極大的文章〈介紹一個合作社〉中還說：「除了黨的領導之外，六億人口是一個決定的因素。人多議論多，熱氣高，幹勁大。」（《建國以來重要文獻選編》第十一冊，第 274 頁），1958 年 12 月 10 日中共八屆六中全會通過的《關於人民公社若干問題的決議》中說：

> 過去人們經常憂愁我們的人口多，耕地少。但是 1958 年農業大豐收的事實，把這種論斷推翻了。只要認真推廣深耕細作、分層施肥、合理密植而獲得極其大量的高額豐產的經驗，耕地就不是少了。而是多了，人口就不是多了，而是感到勞動力不足了。這將是一個極大的變化。（同上書，第 609 頁）

　　甚至到了 1959 年，他在接見外賓的時候，還兩次這樣談到人口問題。一次是 6 月 17 日晚上他對哥倫比亞議會代表團說的，在談到中國人口增長速度快時，他說：

> 過去也曾經把這看作一個問題，現在並不一定是這樣。人不僅是個消費者，首先他是個生產者，生產是可以超過消費的。這個人口問題還需要研究研究。一切東西都可以有計劃，為什麼人口生產就要無政府主義，這不好。（《毛澤東年譜（1949-1976）》第四卷，中央文獻出版社 2013 年版，第 72 頁）

　　又一次是 9 月 8 日晚上他對阿富汗副首相兼外交大臣納伊姆說的，他說：

我們的黨是共產黨，我們反對馬爾薩斯的人口論。人口多了是否就必須打仗解決？請問，中國人能不能自己解決糧食和其他問題？中國再增加幾億人口，也還能夠解決問題的。（同上書，第 175 頁）

這大約是毛澤東最後一次表示人再多也不成問題的意思。

大躍進失敗的後果，才使他深切地感受到了人口的壓力是什麼意思，這以後才不再聽他說人多是好事了。人口問題上的批判帶來的後果就是人口爆炸，1957 年時候是六億，到 1987 年就超過了十億。

比起刪削，意義更重要得多的是增補。究竟補充了些什麼內容呢？中共中央文獻編輯委員會 1986 年重編《毛澤東著作選讀》，在〈關於正確處理人民內部矛盾的問題〉一文的題解中說：

講話公開發表前，反右派鬥爭已經開始，由於當時對右派分子向共產黨和社會主義制度進攻的形勢作了過分嚴重的估計，在講話稿的整理過程中加進了強調階級鬥爭很激烈、社會主義和資本主義之間誰勝誰負的問題還沒有真正解決這些同原講話精神不協調的論述。

所謂「同原講話精神不協調的論述」，例如關於階級鬥爭形勢的估計，發表時增加了這樣一段：

在我國，雖然社會主義改造，在所有制方面說來，已經基本完成，革命時期的大規模的急風暴雨式的群眾階級鬥爭已經基本結束，但是，被推翻的地主買辦階級的殘餘還是存在，資產階級還是存在，小資產階級剛剛在改造。階級鬥爭並沒有結束。無產階級和資產階級之間的階級鬥爭，各派政治力量之間的階級鬥爭，無產階級和資產階級之間在意識形態方面的階級鬥爭，還是長時期的，曲折的，有時甚至是很激烈的。無產階級要按照自己的世界觀改造世界，資產階級也要按照自己的世界觀改造世界。在這一方面，社會主義和資本主義之間誰勝誰負的問題還沒有真正解決。

據薄一波說，這一篇從講話記錄稿到最後發表稿，加上中間的修改稿，共有十五份稿子，就是說，一共修改了十四次。而這一段話，是修改

過程中逐漸加上去的。講話原稿一直到 5 月 24 日以前的修改稿，都是講無產階級和資產階級在思想方面即意識形態方面還存在矛盾和鬥爭，而從 5 月 24 日以後的改稿，階級鬥爭的範圍就逐漸擴展了，分量也逐漸加重了，最後改成現在這個樣子。（薄一波，《若干重大決策與事件的回顧（修訂本）》下卷，第 611 頁）讀者當能記得，5 月 24 日，正是中央書記處開會研究準備批判右派論文的中間。

增加的還有這樣一段：

> 當人民推翻了帝國主義、封建主義和官僚資本主義的統治之後，中國要向哪裏去？向資本主義，還是向社會主義？有許多人在這個問題上的思想是不清楚的。事實已經回答了這個問題：只有社會主義能夠救中國。社會主義制度促進了我國生產力的突飛猛進的發展，這一點，甚至連國外的敵人也不能不承認了。

可惜的是，他在增補這一段的時候，沒有同時給讀者一個社會主義的定義，沒有說明這裏所說的社會主義包括一些什麼內容。

這篇講話中最重要的增補，是六條政治標準：

> 在我國人民的政治生活中，應當怎樣來判斷我們的言論和行動的是非呢？我們以為，根據我國的憲法的原則，根據我國最大多數人民的意志和我國各黨派歷次宣佈的共同的政治主張，這種標準可以大致規定如下：（一）有利於團結全國各族人民，而不是分裂人民；（二）有利於社會主義改造和社會主義建設，而不是不利於社會主義改造和社會主義建設；（三）有利於鞏固人民民主專政，而不是破壞或者削弱這個專政；（四）有利於鞏固民主集中制，而不是破壞或者削弱這個制度；（五）有利於鞏固共產黨的領導，而不是擺脫或者削弱這種領導；（六）有利於社會主義的國際團結和全世界愛好和平人民的國際團結，而不是有損於這些團結。這六條標準中，最重要的是社會主義道路和黨的領導兩條。

這意思，他在〈事情正在起變化〉一文中已經說過：「鑒別資產階級及資產階級知識分子在政治上的真假善惡，有幾個標準。主要是看人們是否真正要社會主義和真正接受共產黨的領導。」現在不過是再添上四條公佈出來罷了。

社會主義道路和黨的領導，確實是最重要的兩條。後來 1979 年鄧小平提出四項基本原則，這兩條就包括在內。堅持黨的領導這一條是容易理解的，也從來沒有什麼疑義。共產黨的文件如果不強調堅持共產黨的領導，倒是奇怪的事情了。需要研究一下的倒是堅持社會主義道路這一條。因為對社會主義道路的理解並不總是很確定的。1957 年六條標準中所說的社會主義道路，同 1979 年鄧小平提出四項基本原則中所說的社會主義道路，含義已有很大不同。舉一個例，1957 年初，毛澤東在省市自治區黨委書記會上的講話中說：統購統銷是實行社會主義的一個重要步驟。（《毛澤東選集》第五卷，第 335 頁）在 1957 年劃分右派分子標準的文件中，也是把糧食統購統銷規定為社會主義制度的內容，當年誰非議了統購統銷，就應劃為右派分子。後來糧食購銷辦法都有了改變，也就不再把統購統銷包括在必須堅持的社會主義道路之內了。所以，在一段較短的時間裏來看，社會主義道路這一條的含義似乎還是相當確定的；而如果放在一段較長的時間裏來看，它卻是頗為不確定的了。為了不致觸犯這一條，穩妥的辦法是把社會主義道路理解為現行政策的同義語，現在實行什麼政策就擁護什麼政策，換句話說，就是維護現狀，現狀不容非議和反對。

增補的第六條，「有利於社會主義的國際團結和全世界愛好和平人民的國際團結，而不是有損於這些團結。」是寫給赫魯曉夫看的。這時，可以說是已經到了中蘇關係公開破裂的前夜。表面上雖說還維持着友好的姿態，實際上分歧已經很多。這一點，毛澤東心中有數。1956 年的中共八屆二中全會上，他談了許多對蘇聯的不滿。他說，「我們不贊成蘇聯的一些事情，黨中央已經跟他們講過好幾次，有些問題沒有講，將來還要講。」（《毛澤東選集》第五卷，第 321 頁）1957 年 1 月他在省市自治區黨委書記會議上說，「再講一講中蘇關係。我看總是要扯皮的，不要設想共產黨之間就沒有皮扯。」（《毛澤東文集》第七卷，第 190 頁）這一點，在他的對手赫魯曉夫也同樣是心中有數的。赫魯曉夫在他的回憶錄裏說，「我記得 1954 年我從中國回來以後曾告訴過我的同志：『同中國人的衝突恐怕難以避免了。』我是根據毛澤東的各種言論得出這個結論的。」（《赫魯曉夫回憶錄》，東方出版社 1988 年版，第 665 頁）毛澤東提出「雙百方針」，雖然與蘇共二十大新路線的影響有關，卻進一步加深了兩國兩黨的分歧。赫魯曉夫回憶說，「關於『百花齊放』的口號，我們決定不在報刊上發表。毛澤東並不傻；他知道我們的沉默是表示對他這個口號不贊成。」（《赫魯曉夫回憶錄》，第 666 頁）赫魯曉夫還說，「我認為，『百花齊放』這個口號

是個激將法。毛假裝把民主和自由發表意見的閘門開得大大的。他想唆使人們把自己內心深處的想法用口頭或書面的形式發表出來，以便他能夠把那些他認為具有有害思想的人搞掉。」（赫魯曉夫，《最後的遺言》，東方出版社 1988 年版，第 417 頁）這樣來看毛澤東發動整風鳴放的動機，並不全面，忽視了他確實也有想作若干改變的一面，但是後來的反右派鬥爭，給了赫魯曉夫這樣說的口實。毛澤東確是感覺到了這一點。2 月 27 日他在最高國務會議上就講到蘇聯報紙不登陸定一文章的事。在中共八屆三中全會上，他還說了「對百花齊放、百家爭鳴這個方針，蘇聯同志不理解」。（《毛澤東選集》第五卷，第 478 頁）在明知破裂不可避免的時候，又要將日後破裂的責任歸之於對方，就務必格外小心謹慎，不可貽人口實。添上這一條，作出一個維持團結的姿態，就是完全必要的了。特別是在鳴放整風中，已經有不少人提出了蘇聯損害中國利益的問題。

這裏要特別提到一件事，就在公佈這篇講話的六天之前，6 月 13 日舉行的全國人民代表大會常務委員會第七十一次會議上，在討論國家決算預算草案的時候，常務委員龍雲發表了這樣幾點意見：1. 抗美援朝戰爭經費，全部由中國負擔不合理。2. 第一、二兩次世界大戰中，美國借款給盟國，又實施租借法案，後來他們有的賴了債，有的美國不要還了，蘇聯對我國借款，十年以內還清，時間過短還要付息。建議延期二、三十年歸還，藉以緩和國內經濟緊張。中國為社會主義而戰，結果如此。3. 蘇聯解放我國東北時，拆走了工廠中的一些機器，有無代價？償還不償還？4. 我國援外預算太大，主張抓緊壓縮對外的援助。（7 月 14 日《人民日報》）龍雲這人，憑他已經表示過的對章乃器先生、章伯鈞先生非常欽佩，憑他在民主人士座談會上發表的意見，已經足夠劃為一名右派分子了。他的這些話，只不過是一個右派分子增加了一些右派言論，可是在蘇聯方面看來，這是一個全國人大常委在常委會上的發言。按照蘇聯式的體制，人大雖屬於國會的性質，卻總是反映政府的意見。為了不使蘇聯方面認為龍雲的發言是中國政府所授意，認為「雙百方針」包含有反蘇的內容，就十分有必要公開批判龍雲，把這次發言作為他的最大罪狀。也許可以說，這第六條是為了龍雲的這次發言而添上去的。

這樣修改還有一個原因，就是要消除波蘭共產黨人引用這篇講話的消極後果。前面已經說過這件事了。在美國國務院情報研究所那一份分析報告〈毛澤東的「秘密」講話〉中說：「與蘇聯文件在承認失誤方面的相當猶

豫相比，毛的講話在許多方面非常坦率；他對自由爭論的空口應承可能給那些追求一種比蘇聯模式更好的共產主義的人留有深刻的印象。……在其公開發表前，毛講話的一部分已被波蘭共產黨人引用，援引為與蘇聯路線相左的一種路線做理論上的辯護。毛顯然對該講話的發表版本做了修訂，以便講話不易於如此運用。」「修訂稿把毛的意見在幾點上置於與莫斯科的聲明幾乎一致的水準上，該講話已被莫斯科與陣營其他成員國出版。然而，事實上毛已闡明了一個在重要方面不同於蘇聯所述的教條，這在克里姆林宮看來有某種危險。儘管該講話文本已作了修訂，並且它針對那些將破壞社會主義或陣營團結的人做了批評，這次講話無疑將繼續為陣營內部的『修正主義』分子提供一個『經核准了的』文本，特別是在波蘭，它能用於為一條非蘇聯的道路辯護。」（《美國對華情報解密檔案》第二卷，東方出版中心 2009 年版，第 111 頁）所以在修訂的時候加上「有利於社會主義的國際團結和全世界愛好和平人民的國際團結，而不是有損於這些團結」這一條就大有必要了。

　　後來中蘇關係發生大變化。到 1979 年鄧小平將這六條政治標準改為四項基本原則的時候，就刪去了這一條，不再認為是必須堅持的了。

　　一些對政治敏感的人立刻就感到這六條政治標準是對這個文件最重要的增補。中國民主同盟主席沈鈞儒發表〈認真學習毛主席的報告〉這一篇不足五百字的文章，其中全文照引六條政治標準原文，末了號召一句：「我們民主黨派、民主同盟的同志現在學習毛主席這篇講演的時候，要特別注意學習這六條政治標準。有了明確的標準，就可以辨別是非，同右派分子劃清界限。」文章就完了。（6 月 21 日《人民日報》）

　　毛澤東在提出這六條標準的時候，十分客氣地表示：「不贊成這些標準的人們仍然可以提出自己的意見來辯論。」只是他沒有說，這「不贊成」的要付出怎樣的代價。不久之後的對右派分子的處理，就會讓人們明白這一點。

　　當人們 6 月 19 日早晨在報紙上看到這篇正式發表的〈關於正確處理人民內部矛盾的問題〉，一些聽過錄音、聽過傳達，或者風聞過原來講話某些內容的人，都對着報紙目瞪口呆了。一些在這篇講話鼓勵之下鳴放了好一陣子的人，看到赫然在目的六條標準，才發覺自己已經誤入白虎節堂，叫

苦不迭了。羅隆基說，他因為毛主席 2 月 27 日在最高國務會議上講話中沒有提出六項政治標準，所以犯錯誤。（7 月 11 日《人民日報》）

毛澤東的這篇講話經過刪削、改寫和增補之後，變成了一個全新的文件，右派分子再也無法利用它。反右派鬥爭的最大障礙已經排除。反過來，這個文件成了反擊右派的威力最大的武器。它在這時修改發表，就像炮兵群向敵軍陣地的地毯式轟炸，把正在倡狂進攻的右派分子打得暈頭轉向，無地容身。6 月 8 日毛澤東寫的〈中共中央關於組織力量準備反擊右派分子進攻的指示〉中提出，從這一天開始，大約十五天左右時間，還要組織一次大鳴大放大字報的高潮，高潮跌落時即陸續發表原來準備的反擊右派的文章。現在這篇講話修改發表，高潮立刻陡然跌落。原來預計的十五天左右的時間，實際上只用了十一天。

剛才引證過的美國國務院情報研究所那一份分析報告〈毛澤東的「秘密」講話〉中說：「毛講話的修訂版的發表標誌着這個發牢騷階段的結束。」（同上書，第 110 頁）這些外國人的觀察是很準確的。

毛澤東在全國宣傳工作會議上的講話，最初是和他在最高國務會議上的講話同時整理成文，同樣經他本人作了一些重要的修改和補充。原來有意將這兩篇講話同時公佈的，可是後來卻沒有這樣辦。宣傳會議講話直到 1964 年 6 月才在《毛澤東著作選讀》甲種本中首次發表。這時反右派鬥爭已經過去六、七年了，當年關於「放」還是「收」的那些爭論早成陳跡。那些聽了這個講話深受鼓舞的人，例如傅雷、徐鑄成等，許多已經成了右派分子，正在脫胎換骨重新做人的歷程之中。所以，這個講話的公佈，已經沒有前一個講話發表時所引起的那種震動了。人們也不怎麼重視它，到 1986 年中共中央文獻編輯委員會重編《毛澤東著作選讀》，甚至抽去了這一篇。

不過，對於這一篇當年曾起過很大動員與鼓舞作用的講話，我們在回顧當年歷史的時候，卻不應該忽略它。這裏也順便說說它的修改情況。同前一篇講話一樣，它原是一篇動員鳴放的講話；修改的意圖也同前一篇一樣，是要把它修改成為一篇反擊右派的文件。這種一百八十度的轉變，不可能不同樣留下自相矛盾的明顯的痕跡，加進了同原講話精神不協調的論述。為了反右派鬥爭的需要而添寫的，可以看到的，有「長時間以來，人們對於教條主義作過很多批判。這是應該的。但是，人們往往忽略了對於

修正主義的批判」。「在現在的情況下，修正主義是比教條主義更有害的東西。我們現在思想戰線上的一個重要任務，就是要開展對於修正主義的批判。」「我們國內革命時期的大規模的急風暴雨式的群眾階級鬥爭已經基本結束，但還有階級鬥爭，主要是政治戰線上和思想線上的階級鬥爭，而且還很尖銳。」等等。

為了順利開展反右派鬥爭，在解決了修改發表講話稿的問題之後，還有一個小小問題必須解決。中共中央關於整風運動的指示規定：非黨員願意參加整風運動，應該歡迎。但是必須完全出於自願，不得強迫，並且允許隨時自由退出。整風開始，也真有那麼一些非黨員根據這個規定請求免於參加。現在既然已經轉變為反右派鬥爭，決不允許有人借此逃避，因此必須取消非黨員自願參加自由退出的規定。

7 月 27 日《人民日報》刊出了〈國務院關於國家機關工作人員參加整風運動和反對資產階級右派鬥爭的決定〉。宣佈：

> 一切國家機關的工作人員應當把參加這一運動和鬥爭看作是自己的崇高的義務和應有的責任。因此，國務院決定：凡是進行整風的單位，所有工作人員，都應當積極地參加這一運動和鬥爭。

這個問題就這樣輕易地解決了。於是，反右派鬥爭就在全國政治界、工商界、新聞出版界、教育界、文藝界、學術界、科技界全面鋪開。

第十二章

民革與反右派鬥爭

　　中國國民黨革命委員會主要是由原國民黨中的左傾人士、失意和失勢人士在反對國民黨主流派鬥爭中組織起來的。抗日戰爭勝利前後，國民黨內一部分左傾人士、失意和失勢人士先後成立陳銘樞、譚惕吾等人的三民主義同志聯合會（簡稱「民聯」）、蔡廷鍇、蔣光鼐等人的國民黨民主促進會（簡稱「民促」）等組織。1947 年 11 月，這些組織的領導人和一些左傾人士在香港舉行國民黨民主派第一次全國代表大會。1948 年 1 月在香港成立中國國民黨革命委員會。推舉宋慶齡為名譽主席，李濟深為主席。何香凝、譚平山、朱蘊山、朱學范、王葆真、馮玉祥等人為常務委員。當時中共把它作為一支反蔣介石的力量表示了歡迎，新華社當即發表了〈中共中央發言人評民盟三中全會及國民黨革命委員會宣言〉（1948 年 3 月 6 日），就此事聲稱：「我們歡迎國民黨革命委員會的成立，我們願意在新民主主義的革命事業中，和所有一切反帝反封建的民主團體一道，為着共同目的而攜手前進。」（《中共中央文件選集》第十七冊，中共中央黨校出版社 1992 年版，第 87 頁）但是在周恩來起草並經毛澤東審閱修改的黨內秘密文件《中共中央關於必須將革命戰爭進行到底反對劉航琛一類反動計劃的指示》（1947 年 10 月 27 日）指出：

　　　　在政治鬥爭上，我們必須區別今天與明天的打擊方向，今天要孤立一切對美蔣尚有幻想的階級、黨派及其領袖，到明天就連反對杜魯門之美親華萊士之美、反對蔣介石之國親李濟深之國的階級、黨派及其領袖，也要將他們孤立起來。

　　　　等到蔣介石及其反動集團一經打倒，我們的基本打擊方向，即應轉到使自由資產階級首先是其中的右翼孤立起來。（《中共中央文件選集》第十六冊，第 573、574 頁）

　　1948 年 4 月 30 日，中國共產黨中央委員會發佈《紀念「五一」勞動節口號》，在口號的第四項提出「全國勞動人民團結起來，聯合全國知識分子、自由資產階級、各民主黨派、社會賢達和其他愛國分子，鞏固與擴大反對帝國主義、反對封建主義、反對官僚資本主義的統一戰線，為着打倒蔣介石，建立新中國而奮鬥！」在第五項提出「各民主黨派、各人民團體及社會賢達，迅速召開政治協商會議，討論並實現召集人民代表大會，成立民主聯合政府」。

　　中國國民黨革命委員會響應了中國共產黨的這個號召，和三民主義同志聯合會、國民黨民主促進會一同成為新政治協商會議的組成單位。1949

年中華人民共和國成立，李濟深被安排為中央人民政府六個副主席之一。其實，中共對他並不看好。在《羅申與周恩來談話紀要：通報中國國內形勢》（1949 年 11 月 15 日）裏面，周恩來告訴蘇聯駐華大使：「也有一部分進入政府的所謂的『民主黨派領袖』，僅在形式上是政府成員。首先，人民政府委員會副主席李濟深和張瀾可能就是這樣的人物」（見《俄羅斯解密檔案選編‧中蘇關係》第二卷，第 160 頁）在另一份檔案《羅申與劉少奇會談紀要：關於整風等問題》（1950 年 8 月 26 日）裏面，劉少奇也説：「李濟深奉行十分曖昧的策略。這個人過去政治上十分搖擺，對共產黨甚至有明顯的敵意。」（同上書，第三卷，第 39 頁）

中國人民政治協商會議閉幕後不久，1949 年 11 月 12 日至 16 日，中國國民黨民主派第二次全國代表會議在北京召開。參加會議的有民革、民促、民聯和其他一些國民黨人士（簡稱第四方面）的代表。會議決定到會各方統一成為一個組織 —— 中國國民黨革命委員會（簡稱「民革」），原來的民聯、民促同時宣告結束。選舉李濟深為主席，何香凝、陳銘樞等人為中央委員會常委，劉斐、龍雲、范予遂、譚惕吾、李俊龍、羅翼群等人為中央委員，甘祠森、陳銘德、周穎、李世軍、盧郁文、許寶騤等人為候補中央委員。會議通過的文件宣稱：中國共產黨的領導是中國民主革命勝利的根本保證。中國革命的「領導權必須建築在團結了廣大工農群眾的中國共產黨身上」，民革為了繼承孫中山的革命傳統，自願參加以中國共產黨為首的人民民主統一戰線。作為人民民主線的一員，「人民政協的共同綱領，便是我們行動的總綱領」。同時表示：「我們將站在自己的崗位上，竭智盡忠，依自己的歷史和社會關係，協助各級人民政府，求其徹底實現。」

會後，「民革」就在中共各級黨委統戰部領導之下發展組織，主要對象是原國民黨黨員中的中層分子。國民黨政府逃到台灣去了以後，流落在大陸的國民黨員為數還不少，他們得有一個組織管着，所以「民革」這個組織還是有必要保留下來。

因為「民革」的成員主要是原來國民黨政府和軍隊的大小官員，其中許多人是可以算作「歷史反革命分子」的，所以在 1955 年那一場主要以「歷史反革命分子」為對象的肅反運動中受到了沉重的一擊。

到了 1957 年，2 月毛澤東在最高國務會議上作了怎樣處理人民內部矛盾的報告，提出了「百花齊放，百家爭鳴」和「長期共存，互相監督」

的新政策路線，一時政治空氣顯得有點鬆動。3月，民革舉行三屆二中全會，在 1957 年 4 月 22 日《人民日報》所載〈愈辯愈明──記民革三屆二中全會關於幾個問題的爭論〉這一篇公開報導裏，似乎一切都很好。可是在新華社記者余志恒寫的〈內部參考：從民革二中全會看民革內部思想情況〉裏卻可以看到真實的情況並不是這樣：

> 中國國民黨革命委員會第三屆中央委員會第二次全體會議，從 3 月 25 日到 30 日共開了六天。會上比較突出地反映了一些人對肅反問題、「長期共存、互相監督」的方針，爭取和平解放台灣等問題的意見。

對肅反不滿

邵力子對肅反很不滿意，並且反對再搞肅反。他曾在民革二中全會中三次激烈地公開反對肅反。第一次在李濟深的「工作報告」中曾指出「有人懷疑既要爭取和平解放台灣，為什麼又要搞肅反，豈不是矛盾嗎？」報告指出這是不對的。而邵力子則反對這樣寫，因為他認為這種懷疑是有道理的，不能夠認為不對，因此把這句話刪掉了。邵力子說，毛主席曾經在最高國務會議上講過了是人民內部的矛盾，為什麼還要搞肅反呢？第二次在討論民革的決議時，決議中曾有對肅反的估計，認為肅反運動有很大成績。邵力子認為不能這樣提，肅反不能提「運動」，因為一搞運動就只有偏差，更何嘗談到成績。他說，他在政協的決議中就提出過意見。結果把民革決議中對於肅反成績的估計刪掉了。第三次在座談民革業務時，談到民革的組織工作要貫徹「有反必肅，有錯必糾」的方針，邵力子也反對這樣提，他覺得在決議中已提到「有反必肅，有錯必糾」，就不應在組織工作中再來提。邵力子還說：民主黨派絕對不能搞肅反，要向統戰部力爭。

邵力子這種激烈反對肅反的情緒感染了不少人，並且在他發言後立刻就有晏勳甫、李志強等的支持回應，同意他的看法。同時還有一些舊軍政人員在小組提出許多事實說明肅反搞錯了，肅反不能再搞。

龍雲對肅反問題也有意見。他在民革大會發言中說，從三反五反到肅反，各地組織有些成員被傳訊、被逮捕，而我們組織負責人不按一定程序去問清楚，卻張惶失措，停止黨籍或開除，這是錯誤的。龍雲說，民革成員多半來自舊社會，社會關係是相當

複雜的，但吸收時是經過一定程序的，情況大概知道，入黨後發生問題用不着張惶失措，要問清楚，證據是否確實。組織對組織事前不通知就不好，互相監督還要互相尊重，才有助於團結。一個普通公民在憲法公佈後違反人身自由也是違反憲法的。

有些人不僅口頭反對肅反，並且準備翻案，積極搞平反。如最近準備下去視察的許寶駒（民革中委）要到江西去搞高經案，還有譚惕吾要在北京搞電力工業部一個案子。

民革中委田竺僧（湖北政協常委）說：「有一民革成員公安部門說此人將被捕，要我們先開除黨籍，不料開除了很久還未逮捕，去問肅反部門，檢查此人問題已交代清楚，不逮捕了，使得民革的工作很被動，成員也有意見。」

有人說，鎮反時我們「六親不認」，舊朋友寫信來也不敢回信，怕引出危險來。人與人之間沒有溫暖，沒有人情。有些人認為：肅反運動的方針雖好，但有的地方偏差很大，應該根據毛主席今天提出的「有錯必糾」，把問題搞清楚。有人說，民革沒有搞肅反，這有什麼壞處呢？沒有搞也沒有發現反革命。並說，肅反工作是要做下去的，但肅反運動不能再搞。

黃紹竑說：「根據兩年來視察司法工作的情況來看，反革命案件中有80%是與舊國民黨軍政人員有關的，其中絕大多數是中上層，有些不是反革命也判成反革命，有些判得過重。」他說：「民革對反革命根源了解得多一些，談到發揮監督作用，在這個方面也很重要，要使政府判罪按法制辦事，恰如其分，沒罪的為他們申冤，這樣不但能發揮監督作用，對解放台灣也能起好的影響和作用。」

關於「長期共存，互相監督」的方針問題

不少人覺得民主黨派還是須要共產黨領導的，但更多的人強調民主黨派要組織獨立、政治自由。關於監督問題，有以下幾種看法：

（一）民革中委晏勳甫認為，「政治自由、組織獨立是與接受中共領導有矛盾。」他說：「你也是黨，我也是黨，我怎麼能給你領導。」他認為共產黨領導各民主黨派沒有法制根據。廣州民革宣傳處處長譚明昭說，有的群眾反映：長期共存、互相監督提

出後，民主黨派與共產黨是否還是領導與被領導的關係？還是核心關係（即兄弟關係）？如果是核心關係，就沒有領導與被領導的關係。他說，比如我們說以蘇聯為核心的和平陣營，並不等於蘇聯和和平陣營的國家是領導和被領導關係。

（二）強調對一方面監督（即監督共產黨）。

（三）邵力子主張，要互相監督必須定出制度。他認為要真正實行監督，民主黨派的組織必須下到區、鄉，在區、鄉建立民主黨派的基層組織。他說，因為問題都是出在下層，如果民主黨派沒有基層組織，就沒有辦法實行監督。有不少人要求大量發展組織，多聯繫社會人士，以擴大政治力量和政治影響。龍雲說，為什麼要說鞏固與發展相結合，難道發展與鞏固相結合不更好嗎？他唯恐發展強調得不夠。但也有些人認為民主黨派人數少，經費不夠，幹部地位低，主張不向下發展。

龍雲說：「要民主黨派監督共產黨是有顧慮的。共產黨水準高，學習好，對我們監督容易，我們監督共產黨就不容易了。」

民革中委袁全章（甘肅司法廳副廳長）說：「長期共存、互相監督的方針，在共產黨內也沒有完全貫徹下去，去年甘肅中共召開過一次廳局長會議檢查思想，很多人搞不通，統戰部召開統戰會議檢查，也貫徹不下去，到現在機關方面也不是貫徹得很好。」

關於有職有權問題。民革中委、副秘書長劉孟純說，在舊社會，在我自己職權範圍內，一紙命令要怎麼做就怎麼做，我認為這樣才算有職有權。今天，無論做什麼事要走群眾路線，要靠集體領導，處處疙疙瘩瘩，人人有權，人人無權。我看就是一個共產黨員做了部長也是如此。因為他有組織的領導，不能隨意而行。民革候補中委蘇從周說，在機關中首腦們決策的會議，民革高級領導不能參加，因此體會政策不深。他建議：在制度上應考慮叫民主黨派的副職參加決策的會議。廣西民革副主任委員呂體義（廣西交通廳副廳長）說：「在機關中，黨與非黨還是界限分明，檢查了統戰工作也還未很好貫徹，民主黨派也還有不敢說話的，因此雙方有責。」山西省楊自秀說，黨外人士作副廳長的不能看電報。民革中委馮伯恒（廣州市體委副主任）說：「過去我在民革機關工作，現在我在行政機關工作。中共黨員與我們界

限分明，説我是黨員，你是非黨員，這樣叫我積極工作也就要打折扣了。今天誰不想為社會主義發揮積極性，但請緩無路，要見共產黨的負責幹部一面都十分困難。廣州市體委辦公室十八級幹部，1948 年入黨，很多材料不給我看，對逼死一個青年團員這件大事，到第三天才告訴我，太不尊重黨外人士了。所以我對黨支部堅決不妥協。過去統戰部一個小幹部來到民革，指東劃西，就會使得你工作無所適從。」他還説：「民主人士沒有政治風度，為了名譽地位，唯唯諾諾有意見不敢提，怕説錯了副市長就完蛋了，這就是沒有政治風度。」

自從「長期共存、互相監督」方針提出後，民革各地幹部思想很混亂。民革候補中委張平江説：「這一方針提出後，有些人趾高氣揚，對民革的工作熱衷起來。有的支部與機關中共黨委關係不融洽，借此報復挑剔。」湖北、江西、廣西、廣東、四川不少人反映：「這個方針提出後，一方面民革成員強調組織獨立、政治自由，否定接受中共的領導，另方面地方統戰部對於民革的工作也不如以前那樣負責了，使得民革工作遇到很多困難。」

蔡廷鍇對於廣東統戰工作的意見，他説：「很多抗日紀念品」（如銀盾等），我放在廣東鄉下存着，在土改時當地把這些紀念品賣了，我曾反映給統戰部，但統戰部不管。還有我建築一房子留紀念，結果磚被拆來賣了，我老婆的墳墓（在鄉政府旁）也被拆賣了，廣東統戰工作做得不好，我自己是不是統戰的一員呢？自己都保護不好，還能保護別人？

關於爭取和平解放台灣問題

有些人在這個問題上，敵我不分，把台灣問題看成是人民內部矛盾問題。翁文灝在民革大會上發言説：「毛主席英明地指出：敵我之間的矛盾和人民內部現尚存留的矛盾在性質上是根本不同的，因而處理方法也不能相同，敵我矛盾是有對抗性的，人民用專政方法以還擊敵人，人民內部的矛盾已是非對抗性的，經過協商説服和其他和平方法，終究會達到團結，人民自己不向自己使用專政，而是用有領導的民主政治，所有權利都有憲法保障。這是一個極為偉大的指示。用這個標準來看台灣國民黨領袖人員的地位，在未回國之前是否要當作敵人看待呢？我以為不應當如此想像的。」所以他説，對於台灣當局「只有友情，毫無敵

意。」翁文灝的發言全文被登在 3 月 29 日香港《文匯報》和《大公報》的第一版頭條。民革候補中委曾震五也曾在大會上發言說：「解決台灣問題，一定要貫徹毛主席處理人民內部矛盾的精神，首先要有關懷他們拯救他們的精神，把他們當成是大家庭中的一群沒有受好教育、誤入歧途的孩子，我們現在要把他拯救出來。因此要喻之以理，動之以情，曉之以勢，叫他們認識到只有和平解放台灣回到祖國懷抱才是一條唯一的生路。要同情他們的處境，幫助他們解決困難，消除顧慮。」

張治中在大會發言中分析爭取和平解放台灣的可能性時談到蔣介石，他說，蔣介石個人主義很強，隨機應變，他決不會不顧一切蠻幹到底。張治中說，因為蔣介石的家庭觀念很重，他很愛他的兒子、孫子，他如果有一條路可走就一定會走，不會蠻幹到底的。他強調說，台灣軍隊還是為蔣介石控制，用黃埔來號召黃埔是有作用的。張治中還在大會上強調說：「我聽毛主席講話從來未提蔣介石三字，都是稱蔣先生、蔣委員長，並且還要出蔣委員長書籍。」民革候補中委陳鐵（貴州政協副主席）說：張治中副主席發言中說台灣官兵蔣介石不能完全控制的看法，與周總理所講的他們內部有矛盾、官兵有愛國心的政策精神不合，要修改一下。蔣在大陸，幾百萬軍隊都垮了，不相信他能控制。

張治中對於爭取和平解放台灣的工作很積極，他主張要加強對台灣的研究工作和宣傳、通訊聯絡工作。他建議是否把民革的爭取和平解放台灣的機構放到政協裏去？

黃埔軍人也很積極。民革候補中委舒宗鑒（國務院參事）說，民革應建立一個專門機構，配合軍委敵工部設在港澳，專為做通訊工作。還有人反映：梁國強在台任交通部顧問，現回到香港。他對人說，台灣控制嚴，很多人想回來沒有辦法。建議民革中央與統戰部商量，在港設一機構，由中共領導各黨派參加進行對台工作。還有人建議，大陸上的舊國民黨立法委員是否可聯名給台灣的立法委員一封信，廣播出去可能發生影響。（1957 年 4月 28 日新華通訊社編《內部參考》）

1957 年 5 月 16 日中共中央十人小組辦公室《肅反情況簡報》（第 25 號）也說到了這一次民革二中全會的情形：

民革二中全會上，大多數人擁護有反必肅，有錯必糾，採取群眾路線搞肅反的方針，而且肯定肅反成績。但有些人與國民黨階級情感濃厚，劃不清敵我界線。如邵力子一見文件上有肅反字樣就說：「毛主席說，是人民內部矛盾了，還肅什麼反。」黃紹竑主張民革要替判錯的舊國民黨軍政人員申冤。邵力子特別反對搞肅反運動，他說「要搞肅反由公安部搞，不要搞運動，群眾運動偏差大」。又說「在未判罪之前，都應作無罪看待，無罪關人是不對的」。有些人要求對一般有歷史問題的舊軍政人員要趕快給他們作結論。對民革處理肅反案件；有些人認為處理不當和過重。龍雲說「逮捕民革成員前，不通知民革組織是不尊重民革組織，互相監督也要互相尊重。民革組織知道成員被捕後，不去弄明白反而驚惶失措，處分成員，這是不對的」。夏仲實說「民革在肅反中處理成員有過重的，也有不應該的」。

在民革二中全會一個小組會上對肅反展開了激烈的爭論。邵力子激動地說：「今後如果還要肅反，那也只能認為是一種工作，而不應當成為什麼運動。民革有什麼理由在這裏大提特提！假設要提的話，首先我們應該提出肅反的錯誤偏差，正因為有錯誤，上邊才提出『有錯必糾』的話，不然這句話從何而來呢？今天我願意大聲疾呼：肅反肯定有偏差有錯誤，而且偏差、錯誤是很大很大的。逼口供，疲勞訊問，亂鬥一陣，這叫『大膽懷疑！』自殺了多少人，冤枉了多少人！」邵談到這，許聞天說「民革在肅反工作上就沒有作」。邵沒有等許說完就高聲說：「沒有做就沒有害處，肯定的說，肅反運動絕對要不得。」

周炳林說：「肅反偏差不能認為很小，北大就有三個人投未名湖而死，肅反中，單位愈大，偏差愈大，損失愈大。追呀！逼呀！鬥呀！鬧得一塌糊塗。盧作孚之死，對國家有多麼大的損失啊！我主張如果要提的話（指在民革決議上）至少要把錯誤偏差和成就並列的提出來，不應只說好，不說壞。」

趙祖康、吳山民反對邵力子的看法，趙認為肅反運動是正確的，成就是主要的，方式方法有時不夠好，可以提出糾正。吳山民說：「肅反運動縱然有毛病，但總比匈牙利鬧起來好些。」

邵力子氣憤的說：「方式方法不好，好事也要辦壞，肅反中的大膽懷疑，已發展到無邊無度，蘇聯不是正在反維辛斯基的法

律觀點嗎！」邵指着吳山民說：「你對我的話既無解答，也沒幫助」。並說：「民革既表示擁護政協決議，又何必多此一舉，寫這麼一段，既然要寫，至少要像政協那樣提，這麼丟頭丟尾就是修正主義。」

從這兩篇材料可以想見肅反運動對民革成員傷害之大，為什麼黃紹竑、譚惕吾等人不遺餘力地為肅反對象奔走呼號了。為此他們做了些什麼事情，受到了怎樣的批判，本書都寫在第二十一章〈為了法治〉裏了。

5月1日，中共中央發表《關於整風運動的指示》，民革中央聞風而動，從5月22日開始連續舉行民革中央小組擴大會議，到會的有民革主席、副主席、常務委員和在京中央委員多人，投入整風運動。5月22日、25日、29日、6月1日、5日、8日、12日、15日都開了會。在5月22日的第一次會上，民革主席李濟深號召民革成員積極幫助中共整風。據《人民日報》報導：「李濟深主席在座談會開始時說：中國共產黨已經開始整風運動。中共中央一再號召黨外人士對統戰工作以至共產黨一切方面提出批評，積極幫助共產黨整風。民革是在中共領導下，致力於社會主義事業隊伍中的長期合作共事者，我們對於中共通過統一戰線的方式推動整風，自應積極幫助。」

會上陳劭先發言說，他認為一方面要大膽「鳴」「放」，一方面也要防止反黨傾向。蘇從周說，幫助共產黨整風，要本着誠懇嚴肅的態度，和風細雨的精神，團結─批評─團結的公式，反映情況要真實。至於「新溝」，他認為，要想不增加新溝，向黨員提意見的時候，不要採取出氣的態度，一棍子打死。要幫助別人，也要提高自己。劉斐在發言中談到，領導黨整風，民革是助手之一，民革成員不能袖手旁觀。他同時認為，官僚主義、宗派主義、主觀主義，不可否認地在民革內部也存在着，「我們就那麼好？」因此他說，民革成員也應該加強自己的思想改造，在共產黨整風期間，結合自己的思想，「照自己的鏡子」，通過整風，改造和提高自己。甯武發言說，幫助領導黨整風，當前主要的問題是要黨內外建立革命感情，逐漸建立階級友愛。他說，過去遼寧省委給他的信件稱他是「先生」，現在稱同志，他覺得很親切。翁文灝說，目前最主要的是要鼓勵民革成員大膽「鳴」「放」，幫助共產黨整風。他說，我們是在共同目標下工作，共同建設社會主義，要取消顧慮，對共產黨的缺點，要提，要批評。他認為，不提就是不愛國。他說，共產黨不會報復的，認為會報復是不信任共產黨

的領導。他還說，「我們的思想改造並不能說完全成功，只能說有相當成就。」他們的發言都持一種合作的態度。

龍雲說了一些尖銳的意見。他認為整風就是找過去的錯誤。他說為什麼整共產黨的風？這聯繫到有職無權的問題。共產黨是執政黨，有職有權的人錯誤就多。他甚至認為，民主黨派的錯誤，也和共產黨有關。整共產黨的風，有道理。他說，他這次出發回來，在報紙上看到馬寅初、張奚若、章乃器等人的發言，受到很大鼓舞。但自己參加了 21 日中共中央統戰部召開的座談會以後，情緒反而低落了，因為發言的人有保留，有顧慮，折中的話很多。他認為這樣下去會冷下來，「沒有做到步步緊，而是步步鬆」，對中共幫助力量不大了。他認為，有顧慮可以理解。他說，過去幾個大運動，都是共產黨整人，現在是不是共產黨測驗大家的思想，以便以後整人？他說，現在時機不同了！他認為，共產黨員犯錯誤，不是一個兩個，大家都知道，共產黨要想辦法改變。共產黨是執政黨，怎會出爾反爾，開這樣大的玩笑，讓大家把思想暴露出來，然後再整。(5 月 24 日《人民日報》)

龍雲的這篇發言，《人民日報》是 24 日發表的。據 30 日《人民日報》報導，龍雲在 29 日會上的發言中，「對本報 5 月 24 日發表的他在 22 日民革中央小組擴大會議上的發言，表示不滿；但是他沒有舉出具體事實。」因為 5 月 14 日黨中央已有指示，報紙發表此種言論不要刪節，所以龍雲的不滿大約不會是因為刪節了他發言的內容，他不滿的想必是報導的角度和傾向性。就從報紙上這簡短的報導中，是可以感覺到明顯的傾向性的。其實他有些話確是說得很難聽，但他還是說了執政黨不會出爾反爾，開這樣大的玩笑。他這樣說，可以解釋為他對共產黨還是信賴的。也可以作另一種解釋，在宦海浮沉了幾十年的龍雲預感到某種可能性，於是故意說破，希望能避免此種前景。

25 日的會上，李俊龍首先談到如何拆牆填溝問題。如何拆牆填溝？他提出了三個辦法：一是黨員與非黨人士交朋友。二是丟架子。有的黨員有功臣架子，認為「天下是老子打下來的」，民主黨派有工作，「給你碗飯吃」就行了，不要多管閒事，拒人於千里之外。至於非黨人士，他提議要放下知識分子的架子，不要自高自大，和互相看不起。三是向前看。就是說，對非黨人士，黨員要多看他們的進步，而不要光看他們的過去；非黨人士

也要多看今天、明天，有些人在三反、五反當中受了些委屈，也不要光記舊賬。這樣雙方距離就會縮短。

盧郁文説，用舊民主觀點來看新事物，這不但無益，而且有害。他舉例説，最近民主人士對黨的領導提了許多意見，如機關中黨組如何工作、學校改變黨委制、合營工廠中的公方代表撤出、基層以黨代政、黨中央和國務院聯合發指示，以及定息二十年等問題。這些意見看來雖然承認黨的領導，但恍恍忽忽又有擺脱黨的領導的意思。他提醒説，我們不要忘記，共產黨領導社會主義，我們走社會主義道路，這都是我們舉了手的！接着他談到章伯鈞先生認為國務院開會不應拿出成品來讓大家討論，説這是形式主義的會議，這使他大吃一驚。章伯鈞先生不讓把成品拿上去，他是希望在國務院會議上大討論而特討論，你説一通，我説一通，然後表決，這是資產階級的民主方式，表面看來是民主的，實際上並不能取得一致。他説，章伯鈞先生的這個意見我不能同意。他認為事先把文件經過各方充分協商，準備成熟，拿出來討論通過，這正是社會主義民主的特點，是它的優越性。然後他談到黨與非黨之間的牆和溝的問題。他説，由於工作崗位不同，接觸人物不同，就有不同的感覺。他覺得黨員同他之間沒有牆和溝，他和黨員一起工作、學習、下棋、打撲克，並沒有感到有牆，自己也沒有自外。他説，像這樣的情況，不會是他一個人的情況。

譚惕吾發言認為盧郁文言不由衷。她説，幫助共產黨整風，民革成員應該採取什麼態度呢？她認為應該是老老實實，誠誠懇懇，不能有任何虛假，知無不言，言無不盡。同志中間，舊作風還是少來一點！她認為盧郁文的意見不是幫助共產黨整風，盧郁文説與黨員毫無隔閡，那不是由衷之言。她説，我們要説真話。領導黨選擇人也要注意，要選對黨進忠言的人。很多黨與非黨的關係問題，常常不是因為共產黨，而是由無恥的民主人士弄出來的。這些人隔離黨，隔離群眾，借機會向上爬。

甘祠森最後發言。他説不能認為盧郁文的意見是話不由衷，譚惕吾是太主觀了。（5月26日《人民日報》）

29日的會上對於放手開展批評問題有不同看法。據《人民日報》報導：

> 李平衡在發言中建議，要儘快解決「三反」、「肅反」中的遺留問題。

　　陳銘德在談到國家機關中的黨與非黨的關係時，他説，黨外人士參加了工作，就是國家幹部，與黨員就是共事關係。但是有些黨員，卻總是把他們看成是統戰對象，處處照顧，這是黨外人士有職無權的重要原因之一。他在談到放和收的問題時説，現在只是上層動了，下層還在以「觀察員」的身份觀察氣候，仍有顧慮。對共產黨的某些批評，最近有些人發表了不同的看法，報紙上發表了這些看法，他認為這就是一種「收的趨勢」。他説，放是充分揭露矛盾，收只能掩蓋矛盾，乃至「一發而不可收拾」。因此，真正愛護黨的，就應該鳴，也讓別人鳴。

　　李蒸在發言中表示，最近他從報紙上看到了一種不好的氣氛，隨便扣帽子，隨便打回去。他説，報館也應該負責。他説，我們的發言一定要反映真實情況，真正矛盾，不要把自己的親身經歷，代替了一般。

　　盧郁文説：他不能同意 25 日會上譚惕吾和今天會上李蒸的意見。他説，為什麼只許批評共產黨，而不許批評批評者呢？不公平。拆牆填溝，這應該是兩方面的事。共產黨應該拆的是三個主義；民主黨派和民主人士要拆的是舊思想、舊習慣、舊作風，要放棄過去的立場，要堅定地樹立人民立場。不這樣，單是共產黨拆牆，是拆不了的。如有人要求二十年定息，牆怎能拆的了呢？拆牆填溝以後，應該是民主人士、工商業者進一步團結在共產黨的周圍，一起建設社會主義，這才是方向。

　　譚惕吾發言説，在幫助共產黨整風的問題上，現在出了岔道。她説，在割治三害毒瘤的時候，確實出現了一些毒草。關於定息二十年，不要公方代表，取消高等學校的黨委制等意見，她是反對的。但是，她也反對從另一方面損害黨。她説，幫助共產黨整風，就是要揭露矛盾，就是要敲警鐘，把一些黨員敲醒。她認為盧郁文是在代表抗拒整風的共產黨員説話，他沒有一句話是對黨有幫助的，這是對黨不實、對國不忠的表現。她説，毛主席早在十八九年以前，在〈中國共產黨在民族戰爭中的地位〉等等的文章裏面，就教導共產黨員要關心非黨幹部，要重視知識分子，要任人唯賢⋯⋯但是，現在工作中的很多缺點，都説明很多共產黨員並沒有按照毛主席的話辦事。她認為這些黨員是對黨不忠實的。因此，她要問問那些抗拒毛主席的指示的共產黨員：

「你們為什麼不聽毛主席的話，為什麼抗拒？」她要求這些黨員作深刻檢查。

　　梅龔彬對譚惕吾和盧郁文的爭論，作了這樣的表示：對中共提意見，是為了幫助中共整風。什麼意見都可以提，不論是正面的，或者反面的，都可以提。這才叫作爭鳴。（5月30日《人民日報》）

這兩次會議上出現的盧郁文和譚惕吾的交鋒，是一個非常值得注意的事情。

　　6月3日的會上，錢昌照發言說，個別黨員同志確是架子十足。有時為了公事同他們聯繫，去信不回信，去電話不回電話，一而再再而三地催促，給你一個極其冷淡的答覆，這是極粗暴惡劣的對人態度。這些同志應放下架子，否則，他們既不能接近群眾，群眾也無法去接近他們。

　　翁文灝說，下面的統戰工作，作得空空洞洞，有名無實。他說，天津有一家永明漆廠的總經理是化學專家，有多年制漆經驗，很有成就，但因為是非黨員，就受黨員經理的歧視，技術上的問題不能過問。想作試驗，沒有原料。他還談到，去年去河南視察，曾邀集洛陽的一些工廠的非黨工程師座談，很多人都談到不能了解情況，和黨有隔閡。他分析說，過去共產黨為了打倒敵人，把剝削階級當敵人看，是對的，現在情況不同了，但仍把它們當敵人看，不信任。他說，這種絕對觀念不取消，共產黨就會脫離群眾，建設就不會成功。在這種情況下如果指責非黨員沒有主人翁思想，工作消極，是冤枉的。

　　丁貴堂說，他認為宗派主義的形成，是由於他認為自己是特別材料製成的，他們比一般的人優越，看不起非黨人士。他說，假如有關的一些黨員同志能夠改變認識，承認非黨人士和他們一樣同是中國人，也同是有愛國心和正義感的中國人，承認非黨人士的政策思想水準雖不如一般黨員的高，但數年來經過黨的教育和主觀努力學習，已有了相當的提高，承認非黨人士是衷心熱烈地擁護中國共產黨，並願永遠跟黨走的，承認非黨人士是心悅誠服地擁護社會主義和共產主義的事業，並願意全心全意為人民服務的，總之，如能夠承認非黨人士是可以完全相信的，正確適當地放手使用他們，則所謂牆與溝就能不再存在了。

　　陳建晨發言對光明日報總編輯儲安平在中共中央統戰部召集的座談會上的發言，「現在國務院的副總理有十二位之多，其中沒有一個非黨人

士，是不是非黨人士中沒有一人可以坐此交椅？」表示不滿。她憤慨地質問說：「我們參加革命的目的難道是為了坐交椅麼？」同時她對儲安平所談的聯合政府問題也作了批判。她說，在民主革命階段，毛主席是這樣講過的；但是 1954 年憲法公佈以後就不同了。憲法規定得很清楚，中華人民共和國是以工人階級領導，工農聯盟為基礎的人民民主的國家，現在是消滅階級，怎能有階級聯合政府呢？不能把過去的道理搬到今天來用。

蔡廷鍇在發言中談到他雖然擔任了國防委員會的委員、體委副主任和華僑事務委員會委員，但事情不多。他對這一點表示不滿。（6 月 4 日《人民日報》）

5 日的會上，發言的有李任仁、周穎和譚惕吾。民革中央常務委員李任仁是廣西省副省長，他在發言中首先談到廣西省「鳴」「放」的情況，他說，每次到中央來開會都聽到李維漢部長說黨政要分開，但是到下面就不然，在省裏還好一點，愈到下面愈成問題，區委書記和鄉支書就可命令一切。他還說應該把黨的領導和黨員的身份區別開來，不能在黨和黨員之間劃等號。黨的領導是憲法規定的，無人懷疑，但每個黨員並不等於黨。有的機關、學校中有人給黨員提意見，竟被批評為是反黨反組織，這不是比「朕即國家」還有過之嗎？最後他建議民革在即將召開的全國人民代表大會會議上，如有提案和發言，要強調建立法制。他說，共產黨整風固然很好，但如果法制不完備，仍然沒有保證，人民沒有根據來權衡共產黨作得對不對。

周穎在發言中聯繫郵電部的實際情況提了一些意見。她說，這次郵電部的同志們揭發了很多問題，這些問題我們都不知道，有些問題，比如某些領導同志作風不民主，家長式的領導問題，我認為早就應該在黨內揭發出來的。她還認為，共產黨內有些重大問題被鎖在「保險櫃」內，這些問題必須黨的負責幹部出來揭發，必須黨內外夾攻才能攻得出來。她還談到社會主義學院的學員相當普遍認為，民主黨派這幾年幹的工作主要是：歌功頌德、錦上添花、火上加油。因此她認為，這次整風中對共產黨提出的批評，民主黨派也負有責任。

譚惕吾提出了四個問題。第一個是共產黨領導國家的方式問題。她說，黨領導國家，大家承認，但用什麼方式值得研究。現在政府有一套機構，黨內又有一套機構，這是「雙軌制度」。她說，黨內一套是清一色，

不與群眾在一起，脫離實際，這怎會不產生三大主義和「牆」「溝」。原說黨是抓思想和政策的，實際上已超越這個範圍，直接向人民發號施令，政府部門卻沒有權。她認為黨中央和國務院聯合發指示，是由於國務院單獨發指示不起作用。她說，既然我們的國家是工人階級領導的，為什麼自己專政的機構不用，而要削弱其職權，另在政權之外來搞一套黨的系統呢？她希望中共中央考慮這樣做是否合乎中國國情。接着她就黨領導國家的方式問題提出了具體建議：主席辦公室應該擴大；全國人民代表大會常務委員會的機構要充實，要發揮它的作用，共產黨員到這個權力機關來監督政府，掌握政策；把共產黨內各個部改為全國人民代表大會常委會裏的各種委員會；在全國人民代表大會常委會內可以設黨組，吸收非黨人士參加工作。

她談的第二個問題是：黨的政策應該如何體現。她說，黨直接指揮黨員，會把國家搞亂了。她認為黨應該把政策提到人民代表大會製成法律，再由國家管理機關根據法律製成各種法令，通過法律、法令的實施，體現黨的政策。她認為不應在法律、法令之外，再發內部指示。她強調說，指示代替法律、法令，是不可以的。

第三個是黨遵守憲法和國家制度問題。她說，黨制定政策，應在憲法範圍之內。在這裏，她再一次提出了上海對房產商的改造問題是違反憲法的。譚惕吾要求中共中央檢查在制定的政策中是否和憲法有抵觸的？如有，要趕快糾正。她說，過去不遵守法律是為着推翻政權才不遵守它。共產黨今天是想使國家長治久安呢？還是自己搞自己的亂？她認為這不是小事情，共產黨必須遵守憲法。

關於國家制度問題，譚惕吾說，司法、律師、檢察是對執行國家制度起槓桿作用的，但在有些地方這三者是在一個黨委領導之下，她認為這是不好的。會場當時有人問她：司法、律師、檢察在一個黨委領導之下，是受一個黨員領導，還是受黨委會的領導。她回答說她不知道。譚惕吾認為，共產黨可以派黨員到司法、檢察等機關去擔任負責工作，但這些部門不應該受黨委領導。

第四個問題，是怎樣使共產黨接受全國人民的監督。她說，政府受人民代表大會監督，但是黨不受什麼監督。她認為應該建立制度使人民監督共產黨。

李濟深最後說，為了幫助共產黨除「三害」，不要顧慮傷害不傷害黨的問題，大家有話儘量說，這個會還要繼續開。他同意周穎的意見，今後要把會上的發言歸納起來，提到中共中央統戰部去。（6月6日《人民日報》）

譚惕吾以為這篇報導裏所記她的發言有不夠準確之處，於是寫了〈致人民日報編輯部的聲明〉：

> 6月6日的人民日報在報導我在民革中央小組幫助黨整風的發言中，有以下幾個和我的原意不符的問題，特此聲明：
>
> 第一：「她說，黨直接指揮黨員，會把國家搞亂了。」我是說「黨直接指揮行政部門的黨員，會把國家行政系統搞亂了」。我的意思是不要以黨代政。
>
> 第二：「她再一次提出了上海對房產商的改造問題是違反憲法的」。我是說上海將私營房產商和私營經租公司及屬於資本主義經營性質的房屋納入社會主義改造範圍是完全正確的、是符合憲法的。但是在工作中把個別的作為生產資料的房屋和作為生活資料的私人住宅納入公私合營是和憲法第十一條的規定不符合的。
>
> 第三：「譚惕吾認為，共產黨可以派黨員到司法、檢察等機關去擔任負責工作，但這些部門不應該受黨委領導。」我是說，「這些部門不應該由一個黨委領導。」
>
> 譚惕吾（1957年6月8日《人民日報》第2版）

《人民日報》刊出了譚惕吾的這篇〈致人民日報編輯部的聲明〉作為更正。而且這篇報導裏所記譚惕吾的發言也並不完全。其中揭發「侵犯人權的案件」的內容，新華社記者余志恒另外寫了《內部參考》：〈譚惕吾在民革中央小組擴大會上揭發北京和太原兩個「侵犯人權的案件」〉：

> 在中國國民黨革命委員會中央小組5日上午舉行的擴大會議上，譚惕吾（民革中常委、人大代表）慷慨激昂地揭發了兩個案件。她說，這兩個案件是「三害」的典型。
>
> 第一個案件，被害人叫王裕豐，原是撫順礦務局化工廠的留用人員，解放後，工作積極，由技師提升為助理工程師，曾經整理和翻譯過許多石油資料。劉放調來北京任石油工業部部長

助理時，也把他帶了來，分配在石油總局工作。王裕豐因評薪、提級、分配工作等問題對領導上有意見，不願在石油總局工作。後來到昆明去，結果沒有找到工作，又回到北京。她說，石油總局以潛逃、偽造學歷、一貫不遵守勞動紀律三大罪狀開除了王裕豐。

譚惕吾說，王裕豐被開除後，找不到工作，一家八口，生活十分困難。為此他去要求見李部長，在傳達室看到送牛奶的，他說，部長小孩吃牛奶，他的小孩沒有牛奶吃，氣怒之下就把牛奶連瓶一齊打壞。後來他被逮捕關在東四區公安局派出所，現在還關在裏面。

譚惕吾說，她曾為這件事作過多次調查，據調查結果看，王裕豐不是政治問題，只是思想落後。她問，既是思想落後為什麼不把他當人民內部矛盾來處理？她說，逮捕王裕豐時，正是毛主席報告「正確處理人民內部矛盾」之後，而且幹部已聽了這個講話，並且進行了學習，為什麼還要這樣處理一個犯錯誤的人？這豈不是抗拒毛主席的講話？沒有想到這件事就發生在北京。

譚惕吾還談到，當人大常委會叫她來檢查這件案子時，東四區檢察院曾連夜開會討論如何來對付她。東四區檢察長王勝德還說譚惕吾是叛黨的共產黨員，說她信口開河。他還叫大家說話要小心，現在民主黨派要抓我們的小辮子。（記者按：她沒有說明怎麼聽到這些話的，這個問題很值得注意）譚惕吾說，黨號召民主黨派幫助整風，除「三害」，她就是要抓「三害」小辮子。不僅現在抓，隨時都要抓，不僅抓，而且要剃掉小辮子。

譚惕吾說，現在政府一月救濟二十九元，這也是共產黨的好處，可是生活怎麼能維持過來呢？現在有一個孩子患眼病，爛得出膿。她激動地說，她要以全國人民代表大會代表的資格提出抗議，司法機關違反法律，侵犯人權，要立即處理，要立即釋放王裕豐。

第二個案子，被害人是上海的一個採購員叫卻磐石，他到山西太原去採購，當時正是五反，說他偷了兩萬噸煤，逼迫他承認是和山西省工業廳長勾結的。並且給他帶上腳鐐手銬，腳鐐由五斤重加到十五斤重，每二十分鐘提審一次，從樓上走到樓下，雙腳無好肉，兩腳腫到大腿，每天還要帶着手銬寫材料，逼他承認

是工業廳長勾結的。他說，他原不認識工業廳長，後來在承認了判處十五年徒刑，不承認判死刑的威脅下，他只好承認在夏廳長的勾結下偷了兩萬噸煤。

他到法院時，法院要他講真話，最初他不敢說，怕處死刑，後來在法院的鼓勵下他說出了實情，他實在沒有偷煤，也不認識什麼工業廳長。

法院判他一年徒刑，但不久又把他放出來了。他回到上海，原機關不要他，因此失業。他的祖母、外祖母又在五反時雙雙吊死。

譚惕吾說，山西工業廳不是法院，為何把人家關起來並給帶上腳鐐手銬？這不是侵犯人權是什麼？！她要求共產黨嚴格檢查處理這個案件。

在譚惕吾發言的過程中，許多民革的中央委員搖頭咋舌，情緒非常激動。（此稿是記者在民革中央小組會擴大會議上的記錄整理而成，未經譚本人看過）（1957 年 6 月 6 日新華通訊社編《內部參考》）

就因為譚惕吾在在這次民革中央小組擴大會議上批評了盧郁文的發言，引出了一封辱罵盧郁文的匿名信；就因為這封匿名信引出了《人民日報》社論〈這是為什麼？〉，就以這篇社論宣告了反右派鬥爭的開始。這些本書前面第十一章已經詳細說過，這裏就不再重複了。

1957 年 6 月 8 日《人民日報》發表第一篇反右派的社論〈這是為什麼？〉，宣告反右派鬥爭正式開始。社論一開頭就說：

中國國民黨革命委員會中央委員、國務院秘書長助理盧郁文因為 5 月 25 日在「民革」中央小組擴大會議上討論怎樣幫助共產黨整風的時候，發表了一些與別人不同的意見，就有人寫了匿名來信恐嚇他。這封信說：「在報上看到你在民革中央擴大會議上的發言，我們十分氣憤。我們反對你的意見，我們完全同意譚惕吾先生的意見。我們覺得：你就是譚先生所指的那些無恥之徒的『典型』。你現在已經爬到國務院秘書長助理的寶座了。你在過去，在製造共產黨與黨外人士的牆和溝上是出了不少力量的，

現在還敢為虎作倀，真是無恥之尤。我們警告你，及早回頭吧！不然人民不會饒恕你的！」

在共產黨的整風運動中，竟發生這樣的事件，它的意義十分嚴重。每個人都應該想一想：這究竟是為什麼？

6月8日，也就是《人民日報》上刊登社論〈這是為什麼？〉的這一天，民革中央小組擴大會議繼續開會。這次會議也就是民革中央反右派鬥爭的開始了。會議由李濟深主持。

1933年就參加了中國共產黨的王昆侖這時以民革中央常委的身份發言。他反駁了儲安平。他說：是不是「黨天下」和「清一色」？儲安平先生說：黨群關係不好，關鍵在於共產黨有「黨天下」的思想，從而形成現在一家天下清一色的局面。可是，解放以後在人民民主的新中國裏，還是一個黨天下嗎？是不是共產黨又造成了清一色的局面？讓事實來回答：在各級人民代表大會、政協、政府機關、企業、文教、新聞出版等各種機關裏，都有大量的非黨人士參加。剛解放時，毛主席就提出把留在大陸上的國民黨政府的公務人員一起「包下來」的政策，至今各級政府中還有清朝、北洋和國民黨政府三個時代的不少人物。我們各民主黨派和無黨派民主人士在共產黨領導下都參加了政權，有共產黨領導的多黨聯合政權，而無論在朝在野的區別，這是不是聯合政府？這是「清一色」的局面嗎？

王昆侖也反駁了章伯鈞。他說：章伯鈞先生說：「現在工業方面有許多設計院，可是政治上的許多設施就沒有設計院。我看政協、人大、民主黨派、人民團體，應該是政治上的設計院。」這樣的看法，我個人不同意。他說：至於政治上的設計院我不明白。人大就是個權力機關，是否在這個權力機關內再來個權力機關？還是召集一些專家研究供參考，還是把幾個權力、協商機關合起來另成一個機關？不大明確。我覺得有人大、人大常委會、政協，只要我們在其中多發揮力量，只要把政策提出來充分討論，就可以擴大社會主義民主，更加發揮黨外人士的作用。這次政協有四百多人次發言，還不夠充分嗎？根據以上情況，能不能說我們國家的重大決策以及計劃、法令是共產黨家天下包辦的？

王昆侖還批判了其他右派分子。他說：不能不使人感到憤慨的是有人對黨咬牙切齒，彷彿有什麼深仇大恨。人民大學講師王德周說：「現在黨內有百分之九十幾的黨員鬧宗派，甚至無惡不作。」又說：「鬧事要架機槍，

這是可以的，麻煩的是怕機關槍倒過來打。」葛佩琦說：「搞得好，可以；不好，群眾可以打倒你們，殺共產黨人，推翻你們，這不能說不愛國，因為共產黨人不為人民服務。共產黨亡了，中國也不會亡……」他說：先生們，清醒一點吧！反對社會主義中國，妄想共產黨垮台是那些心懷階級仇恨的人，是美帝國主義。請你們用眼睛看一看國家建設事業的偉大成就，用耳朵聽一聽廣大人民愛國愛黨的聲音。

朱學範說，最近看到報紙上有些文章和發言，我有些懷疑，懷疑他們是不是從鞏固黨的領導、把社會主義建設得更好的願望出發。他說，像中國人民大學講師葛佩琦和王德周的發言，是顛倒黑白，虛構事實。葛佩琦曾說「今天老百姓對共產黨是『敬鬼神而遠之』」，不知道他指的「老百姓」究竟是誰，葛佩琦為什麼不到工人和農民中去看看。朱學範說，他不相信今天中國的工人、農民、青年學生、知識分子以及民族資本家對共產黨是「敬鬼神而遠之」的。他同時指出，王德周說有百分之九十幾的黨員無惡不作，也是沒有根據的。我們和中共合作了這麼久，看到共產黨有缺點也有錯誤，有許多事可以辦得更好，卻辦壞了。可是，如果抹殺了一切事實，這是公道的嗎？我認為是不公道的。看起來這幾位先生似乎要把黨領導人民所得到的成績都要打垮。朱學範最後就以黨代政問題、對舊人員看法問題以及法制問題，對黨提出了批評。他說，政權是黨領導的，但是黨、政應有明確分工。黨的政策要通過政府機關製成決議、命令、指示去貫徹執行。過去在這方面沒有經驗。他以對報紙發行問題的決定為例，郵電部黨組就這個問題給黨中央做了報告，中央作了決定下達到各地黨委，再由黨委告訴郵電部門中的黨員，這就脫離了行政系統，削弱了行政系統力量。他希望在這次整風中對黨政分工問題加以研究。朱學範提出對舊人員要估計到他們進步的一面。他們過去在國民黨政權中服務大多是為了生活。過去看他們落後方面多，看進步方面少。許多地方的牆和溝就發生在對他們的看法上。但是，八年來他們都有進步。現在是對他們重做估計，打破隔閡的時候了。他還對機關幹部退職退休齡的計算辦法提出了建議。最後，他對法制提了意見。

李俊龍說：那種寫匿名恐嚇信的行為，是一種極不光明的卑鄙行為，有不同意見的人，應該光明正大地站出來講話。

吳茂蓀在發言中說，我們大家都看到了今天的人民日報社論，盧郁文的發言是在民革中央小組發的，而他因此就得到了匿名恐嚇信，對這個

問題，我也想在民革中央小組上拿出來談一談。盧郁文那樣說，可以不同意，但不能不准他說，更不能硬說他是說假話，否則那就是主觀主義。盧郁文稍為一點正面的話，就用寫匿名信的卑鄙手段，說他是「無恥之尤」「為虎作倀」，不能不引起人們的憤慨和抗議。盧郁文提出的有職有權問題，我覺得他的分析有一定道理，不能一筆抹殺。他說他和黨員處得較好，當然也是可能的，為什麼只能是假的不能是真的，這樣說太不能服人了。我認為，不能把盧郁文的話一筆抹殺，不能說他說的話阻礙了「鳴放」。當然，他的意見還是可以討論的。有人寫匿名信恐嚇他，顯然是想鑽空子、破壞整風運動。我們也應該支持他。（6月9日《人民日報》）

以上是報紙上的公開報導。事實上這一天的社論是就民革成員盧郁文的事情來立論，它在民革中央引起很大的震動就可想而知了。從新華社記者莊重、余志恒寫的一篇內部參考材料〈民革中央小組擴大會議的一些情況〉裏可以看到社論發表以後民革中央的混亂反應：

> 8日人民日報社論〈這是為什麼？〉，在民革中央引起很大的震動。這一天上午，在民革中央小組第六次擴大會議上，民革中央常務委員李俊龍、于振瀛、譚惕吾等人認為這篇社論是針對譚惕吾和民革某些成員而發的。譚惕吾表現緊張，她在會上發言為她的錯誤言論狡賴。她說，她批評盧郁文的發言並沒有什麼錯誤，只是人民日報和新華社作了歪曲的報導。她說：「由於歪曲的報導，就會使人認為她是在抵抗社會主義改造，就會把她當作反革命分子看待。」

> 民革中央常務委員吳茂蓀在發言中提出，民革中央應該對盧郁文接到恐嚇信一事表示態度。他說：「盧郁文是民革成員，他在民革中央小組擴大會議上發言，幫助中共整風，他竟然因此接到了匿名信。現在中共中央機關報人民日報寫了社論表示支持盧郁文，民革中央對這件事也應該表示態度。」

> 吳茂蓀剛剛講完，于振瀛、李俊龍和劉斐都很激動地相繼站起來講話，認為民革中央不能表示態度。李濟深最後說：「民革不好表示態度。應該怎樣表示態度呢？因為民革中央並沒有批評他的發言，也沒有制止他發言，不好表示。」

> 會後，李濟深、朱蘊山、王崑崙、吳茂蓀、于振瀛、李俊龍、譚惕吾等圍坐在一起談話。于振瀛、李俊龍說：「盧郁文那

天講話，態度太壞，很傲慢，一上來就批評民革中央負責同志官僚主義，脫離群眾，他要整民革中央負責同志的風。因此，譚大姐（指譚惕吾）才出來發言批評了他，並說他言不由衷，等等。」談話中朱蘊山對譚惕吾說：「你說他（指盧郁文）不忠於黨，不忠於國，說得太重了。」譚沉默不語。

朱蘊山還對新華社記者解釋說：「譚惕吾說盧郁文說話言不由衷是一回事情；說他是無恥之尤，不忠於黨，不忠於國，是指他做的另一回事情。報紙上把兩回事情聯繫在一起報導了，人民日報社論又加以引用。因此，事情弄得很嚴重。」

譚惕吾對新華社記者說：「我批評了盧郁文言不由衷，無恥之尤；接着，盧郁文接到了恐嚇信；接着，人民日報為這件事情專門寫了社論。這樣，容易使人把這兩件事情聯繫起來，以為那封恐嚇信可能是我寫的。事實上，已經產生了這樣的後果。」

李俊龍對新華社記者說：「人民日報這篇社論和最近的新聞標題，不利於『鳴』、『放』。我準備找中共中央宣傳部長談這個問題。」

民革中央小組擴大會議 12 日的會，就是駁斥右派言論。《人民日報》以〈社會主義原則絕對不可動搖〉為主題作了報導。會上熊克武說，近來，對黨提出的批評和意見，有的偏了，甚至墮入邪道，非馬上糾正不可，否則會造成不良後果。他說，有些人只許自己「放」，不讓別人「放」，這叫什麼「齊放」？只許自己「鳴」，不讓別人「鳴」，這叫什麼「爭鳴」？至於只許說壞的，不准說好的；只許講反面，不准講正面，那更是不公道的。熊克武說，有些人要取消黨的領導，要否定社會主義的道路，這不是幫助黨整風，而是陷入了嚴重錯誤的泥坑。必須認清楚：接受黨的領導，走社會主義的道路，這是符合六億中國人民的願望和利益的，不走社會主義的道路，那只有回復到悲慘的舊中國的死路去，全國人民是決不答應的。

劉文輝說：在整風運動的熱烈開展中，全國各界人士，對部分共產黨員，指出許多工作中的缺點，提出許多有益的建議。但與此同時，也出現了些不利於社會主義，不利於團結的言論，甚至有採取「恐嚇信」的卑鄙手段，企圖阻礙「爭鳴」，破壞團結。對於這些，全國絕大多數的人，都能清楚地看出它的錯誤或別有用心，從而發出正義的呼聲，給予了有力的反批評。

章友江發言中談到，儲安平的「黨天下」的說法，是反動思想，因為它是反對社會主義道路的。他說，「黨天下」的含意有四。一、污衊共產黨壟斷、包辦了政府；二、反對人民民主專政和人民政府；三、「黨天下」還意味着反對黨的領導；四、反對社會主義道路。對於這四點，章友江一一進行了批駁。

陳銘德在發言中，首先對「恐嚇信」加以痛斥。他說，從盧郁文所收到的第一封恐嚇信的措辭以及寫信人所採取的卑鄙手段，可以肯定寫信人是害怕這次整風運動會使得人民更緊密地團結在黨的周圍。他認為這種人很可能是反革命分子。隨後他談到，在「鳴放」中出現的一些離開社會主義的言論，不論其錯誤程度如何，究竟還是在桌面上公開講出來的。對待這些言論，應該與寫恐嚇信這樣的破壞活動分別看待。他說，在這些言論中有些是惡意地歪曲事實，對黨含有敵意的，應該加以嚴正的駁斥。另外一些則是立場模糊，自覺或不自覺地反映了資產階級觀點的，應該說服他們提高覺悟，認識錯誤。他認為這類言論反映的思想雖屬反社會主義的，然而還應算作人民內部矛盾範疇之內的錯誤，對於他們還應適用團結——批評——團結的原則。從團結的願望出發，平心靜氣地說理，使犯錯誤的人容易接受批評。反批評也應該在和風細雨的氣氛中進行。然而還有一些在進行反批評時，脫離了有的人原來提出意見時的具體條件，或者把一些原屬錯誤意見加以進一步引申、誇張，這樣就可能使發表錯誤意見的人難於認識自己的錯誤，客觀上會增加人們的顧慮，對「鳴放」的繼續開展，可能起着消極的影響，這是需要注意的。

程潛作了一篇很長的發言，表白他竭誠擁護共產黨的一片忠愛之心。

陳其瑗發言中說，他不同意有人把「共產黨員是由特殊材料製成的」這句話說成是產生特權思想的根源。他說，斯大林這句話並沒有錯。他認為如果沒有成千成萬的「特殊材料」，就不可能取得革命的勝利，也很難設想社會主義的幸福會自天而降。他還對那種認為「黨性有時會派生為宗派主義」；「黨天下」是一切宗派主義現象的最終根源的荒謬言論以及那些宣揚「三反、五反、肅反一團糟」的分子的讕言，也進行了駁斥。

李世璋駁斥黃紹竑的錯誤言論，他說：最近在幫助中共整風運動中，有的同志談到國家的法律問題。好像我們國家一切錯誤和缺點都是由於沒有完整的法律所產生的，似乎法律是超政治超階級的，以往沒有成套的法

律，黨員就犯了錯誤，工作就出了亂子。我認為這樣的觀點是不合乎社會主義原則的。還有的同志把目前審判品質不高發生錯判案件的原因也歸罪於法律的不完備，這種看法也是主觀片面的。雖然有的案件是根據政策條例來判決的，還缺乏法規的依據，但不能說判錯案件就完全是沒有法律根據所造成的。我們不能設想到將來民法刑法制定後，就沒有錯判的案件，基本問題是如何提高審判、檢察人員的政策水準和法律業務知識。單純地把錯判案件說成是沒有成文法律是不符合實際情況的。黃紹竑先生說：「成績是主要的，偏差錯誤是個別的已成公式，……這樣會意味着強調成績，掩蓋錯誤，造成更多錯誤的危險。」（5月17日《人民日報》）這是一個顛倒是非的說法，一個十分有害的觀點。

李俊龍在發言中談到，民革幫助共產黨整風，要使所有的人的心裏話都講出來，這是主要的一面，要掌握這一精神。同時，對不正確的言論，應該允許反批評，但在反批評的時候，要搞清事實，分清是非，以理服人，不要拿帽子壓人。否則對被批評者沒有幫助，對整風也沒有幫助。他還談到，民革中央小組歷次會議上的發言，是健康的正常的。（6月13日《人民日報》）

新華社記者莊重、余志恒寫的內部參考材料〈民革中央小組擴大會議的一些情況〉接着說了這天會議的情況：

> 6月12日，民革中央小組舉行第七次擴大會議。出席的人比過去每次都多。
>
> 開會前，陳劭先對新華社記者談起儲安平的事。他說：儲安平提出辭職了，你們知道嗎？儲安平怎麼能當光明日報的總編輯？他是舊《觀察》人物，是中間路線的。聽說是李維漢部長推薦的，不知又是誰向李部長推薦他的。他一邊搖頭一邊搖手地說，「儲安平這人不能當光明日報總編輯，不能當。儲安平應當辭職。各民主黨派都不贊成他當光明日報總編輯。」陳劭先還說，「儲安平那篇發言並不完全是他寫的。」他低聲地說，「裏面有黑幕，有兩三個人事先看過他的發言稿。」
>
> 程潛在會上的發言很誠懇，很有說服力。他講完時，全場鼓掌。

萬枚子（民革成員，國務院參事）在會上的發言，引起了一場風波。在爭論中，右派的面貌比以往任何一次會議都暴露得明顯。

萬枚子對譚惕吾的錯誤言論進行批評。他說：「譚惕吾過去有光榮的革命歷史，主觀上是『忠心耿耿的』，她提意見是從對盧郁文同志進行批評開始的。盧郁文說他自己感到對黨員之間沒有『牆』，說不許批評批評者是不公正的，說拆『牆』填『溝』要從兩方面來做，這些意見基本上都是對的。為什麼就得到『言不由衷』的批評呢？有什麼材料證明他就是對黨不實，對國不忠呢？難道不從發展看問題，不從現實出發，一定要把人釘死在八年以前的水準嗎？」

萬枚子說：「譚惕吾說黨站在政府機構之外或者站在政府機構之上就產生宗派主義、官僚主義、主觀主義，這就意味着黨的制度是產生三害的根源，這是完全錯誤的。」

萬枚子說：「譚惕吾必然自信是忠於黨的，動機是純潔的，但是效果怎樣呢？寫匿名信的反動傢伙就鑽了她的空子。」

萬枚子接着說：「我們在反對國民黨的鬥爭中是左派，我們決不能在社會主義革命、社會主義建設的鬥爭中有意無意地陷入了右派。我們有意無意的言論決不要產生為親者所痛仇者所快的副作用。」

譚惕吾發言時，對記者大肆攻擊，她認為別人對她的發言的批評都是由於記者報導錯了而引起的。她說，她是「含冤莫白」。她認為人民日報和新華社是錯成一樣的，她不知道這是什麼「用意」。她說她是「忠心耿耿」地幫助黨整風，提意見，而現在外界卻有人把她和寫匿名信連在一起，說是反黨、反人民、反對社會主義，她說，這簡直是「陷害」。

譚惕吾還說，報上登錯了不能不更正。為什麼你們對正確的不採用，對不正確的話才採用。她說，記者是實事求是地報導呢還是為抓毒草而來？

譚惕吾接着又在會上揭盧郁文的老底。她說盧郁文當面一套背後一套。「我坦率地講，盧郁文個人作風是有問題的。解放前，蔣介石想發財，盧郁文就幫助他在新疆、河南搜刮民財，把

收刮到的金條拿去向蔣介石獻殷情，換取勳章，不惜損害一切人民生命錢財。他今天居然『進步』了。我看有問題，派盧郁文去調查，說沒有這事，說群眾造謠，才沒將××居士接到北京來，造成很壞的影響。這難道說他對黨忠實嗎？今天作為秘書長助理，如不改變作風，對國家有害。」譚惕吾說，今天她逼迫得不能不說，但要求記者不登報。

接着，譚惕吾又說：「萬枚子說外面對他壓力很大，使他非說不可，我沒有講過的話，為什麼一定要說我講的。我擁護黨，擁護社會主義，為什麼一定要說我反對黨，反對社會主義呢？這是『陷害』。」

萬枚子接着說：「我講話的材料完全是根據光明日報所登的消息（譚惕吾說光明日報沒有錯）。我說的壓力，是因為這個問題已登上人民日報的社論了，到底是黨報對還是自己對，望譚惕吾想想，好好檢查一下自己的發言。」

譚惕吾說：「我要求民革黨內把紀錄整理出來。報上不可能將我的發言全部登出來，壓縮就有問題，而報紙又不是為民革或譚惕吾一人辦的。」

接着駱介子站起來說，他希望繼續談一次，因為不是譚惕吾個人的問題，外面說，因盧郁文擁護社會主義，有人辱罵他，打擊他。外面說民革中央有些空氣。駱介子要求民革中央應該表示態度。

李俊龍站起來盛氣凌人地說，民革中央小組擴大會議參加的範圍是有規定的，有些人不應該參加今天這個會。他問：到底是誰批准的？（會議結束時，有人向記者傳達李濟深的意見：萬枚子既不是中常委也不是中委，他沒有資格來參加會的，今天也沒有通知他參加會，他的發言宣佈無效，報上不得發表）

李俊龍又說，從譚惕吾發言以來，因報上所載不完全符合事實，使外面不僅對譚惕吾不清楚，對民革發言也不清楚，他說，譚惕吾為人，地下鬥爭，人人知道。譚幾年來對黨，對政策，人人清楚。那天，譚惕吾發言，看不出有反黨反領導反對社會主義的地方，這帽子不恰當。民革應該澄清，不要使外面更引起混亂。

李俊龍認為，民革中央開會幫助黨整風，歷次會議都很健康、正常。他說：「我仍不主張使外面有這樣的印象：民革中央小組有一部分人擁護黨，擁護社會主義；一部分人反對黨，反對社會主義。」

從這兩次會議的情況來看，民革的右派還是佔壓倒優勢，左派力量薄弱，說理不夠，比如陳其瑗就是一例，他雖然掌握得有關李濟深的一些材料，但揭露不夠有力，所以記者也就沒有公開報導。又如王昆侖、梅龔彬除駁斥了儲安平、章伯鈞的荒謬言論後，對民革右派人物根本沒有揭露。總之右派很猖狂，從李濟深、龍雲、黃紹竑、駱介子、李俊龍到譚惕吾，他們對《人民日報》社論〈這是為什麼？〉是不滿意的。（1957 年 6 月 18 日新華通訊社編《內部參考》）

從新華通訊社記者寫的這一篇內參材料來看，其中說的「從李濟深、龍雲、黃紹竑、駱介子、李俊龍到譚惕吾」，似乎是有把李濟深列為民革右派之首的危險。新華社記者了解高層對他的看法才這樣寫內參的吧。不過他後來還是被保護過關了。倒是硬擠到會場上來批評譚惕吾的萬枚子，後來被劃為右派分子，到北大荒去勞動了。

《人民日報》社論據以立論的這個盧郁文，一時成了新聞人物。後世講到這一段歷史的時候還得提到他。在這個意義上說，他甚至成了歷史人物。可是公眾對於他的生平事蹟知道得很少。只知道他的情況大致是這樣：盧郁文（1900-1964），河北昌黎人，做過立法委員，1949 年 4 月北平和談，他是張治中率領的南京政府代表團的秘書長。和談破裂，代表團成員留了下來，盧郁文也跟着留了下來，被安排為民革中央委員，國務院秘書長助理；他收到這封罵他是「無恥之徒」的匿名信之後，他就提升為民革中央常委，國務院副秘書長。他的事情，民革內部的人可能知道得多一些。與他同時擔任立法委員的譚惕吾大約就了解他一些底細。後來在批判譚惕吾的會上，程潛揭發說：「惕吾同志聲稱看不起盧郁文同志，因此連盧郁文同志擁護共產黨和社會主義的言論也看不起了。就在最近的座談會上，惕吾同志還在算盧郁文同志的『老賬』，迴避當前政治上的尖銳問題，掉轉花槍來鋪陳人家的歷史。」（6 月 19 日《人民日報》）可見在譚惕吾看來，算一算盧郁文的歷史老賬是一件開心的事。只是她的這篇發言沒有發表，人們也就無從得知其內容了。

後來被劃為右派分子的陳銘樞和李世軍甚至疑心這匿名信是盧郁文自己捏造以自高身價的。朱蘊山揭發陳銘樞說，6 月 8 日《人民日報》社論發表後，陳銘樞說盧郁文接到的匿名信是捏造的，還說盧郁文是小丑。（7 月 15 日《人民日報》）擔任南京市民政局局長的民革中央委員李世軍也說，盧郁文接到的恐嚇信恐怕是假的。（7 月 17 日《光明日報》）這一回陳銘樞李世軍他們是冤枉盧郁文了。匿名信確實並非他的捏造。公安機關於 1960 年偵破此案，將寫信的北京大學歷史系考古班學生楊秉功（河南南陽人）秘密逮捕關押了若干年。

民革中央小組擴大會議 15 日的會上，黃紹竑為自己辯解，他說，他在中共中央統戰部召開的座談會上說的「成績是主要的，偏差錯誤是個別的已成為公式，這意味着強調成績掩蓋錯誤」的說法，並沒有什麼錯誤。他只是認為，「把文字仔細檢查一下，是有語病的，可能會引起誤會或被反動分子所利用。」他對上次會上李世璋對他的批評感到頗為驚訝，同時又表示非常歡迎，認為是「有益的」。李世璋在上次會上曾經批評他上述說法是顛倒是非。他不同意這個批評。他說他的那種說法是「想提高機關幹部對偏差錯誤的警惕」。

邵力子說，他完全同意上次會上程潛的發言。對於現在對右派的批判，他說，有人說：不是言者無罪嗎？怎麼圍剿起來？他說，鳴鼓而攻，不等於判罪處刑，圍剿這個名詞是不妥當的；言者無罪，更不等於言者無過，說錯了的話應該糾正，犯重大錯誤的話更必須予以嚴正的駁斥。

龍雲說，他在民革中央小組第一次座談會上的發言，因為簡單，引起黨外人士的批評。當時他曾說，整風不同以往，與三反五反不同，用不着顧慮，可以放膽揭發錯誤。他說他說那話，是因為見一般參加會議的人說話還有顧慮。他說，那次會上他說過過去「三反」「五反」是共產黨整人，現在整風是整掉共產黨的缺點。他說，後來朋友們提意見說，「整」字有毛病，因為共產黨整人是整壞人。他說他聽了這批評，是感謝的。他在統戰部召開的座談會上曾經說過，他對章伯鈞等人的發言表示欽佩。現在，龍雲辯解說，他欽佩的是章伯鈞等人在整風中起帶頭作用的精神，並不包括他們發言的內容。

陳此生發言，着重地分析了鎮壓反革命運動和肅清反革命運動遺留下來的問題，批判了對這個問題的錯誤看法。

于振瀛説：沒有理由認為肅反的案子都有偏差。

陳其瑗在發言中首先表示他同意李世璋對黃紹竑的批評。他認為黃紹竑今天發言時對李世璋批評他的幾點沒有作深刻的檢討。他說，從黃紹竑的多次發言來看，好像我們無法無天，而黃紹竑卻以保障人權自居。陳其瑗還談到，在他在中共中央統戰部座談會上發言的第二天，民革中央小組開會，他因事沒有參加。主持會議的李濟深主席宣讀了寫在一張紙條上的意見，大意是説，陳其瑗在統戰部座談會上的發言很肉麻。陳其瑗很激憤地説：「試問：我在統戰部説的話有什麼肉麻？我説，我在內務部和共產黨員合作共事，關係很好，彼此之間沒有牆、溝，這有什麼不對的地方？難道我非要説反對共產黨、反對社會主義才不肉麻嗎？」他説，「為什麼李主席要宣佈我在統戰部座談會上的發言是肉麻？」他説，寫這個紙條的人是劉斐。

梅龔彬發言批判了章伯鈞、羅隆基和儲安平。同時認為民革中央對於光明日報問題應有嚴正的措置，向章伯鈞、儲安平追究責任。（6月16日《人民日報》）

劉斐在這天的會上還有一件事。當邵力子説，有人説：不是言者無罪嗎？怎麼圍剿起來？他説，「鳴鼓而攻，不等於判罪處刑，圍剿這個名詞是不妥當的；言者無罪，更不等於言者無過，説錯了的話應該糾正，犯重大錯誤的話更必須予以嚴正的駁斥。」劉斐聽邵力子念到「鳴鼓而攻」這一句的時候，插嘴説：是「小子鳴鼓而攻之哩！」他們兩位都是1949年和平談判中南京政府代表團的成員。一同過來，一同留下，老同事了，不妨開點玩笑。他們那一代人，《四書》都是讀得熟的，都記得「子曰：非吾徒也。小子鳴鼓而攻之，可也。」這一句。「小子」在這裏不過是「我的學生們」的意思，並無惡意，可能還有一點親昵的意味。再説，把「鳴鼓而攻」作為一句成語來用，並不是邵力子開的頭。《辭源》裏就有這詞條。至於劉斐硬給添足這兩個字，看來是不懷好意，是要對這些鳴鼓而攻的小子們和正在發言的邵力子表示一點不敬吧。這和會場的氣氛大約也不大調和，使演出正劇的場面忽而不協調地抹上一筆喜劇的色彩。又好笑，又不能笑，多尷尬。所以，在下一次的會上，甘祠森在揭發劉斐的這一回搗亂的時候，就大聲問他：「你自己是左派，還是右派？」（6月19日《人民日報》）

劉斐平日對一些共產黨員的霸道作風就很有看法了。據武思光寫的一篇〈萬言書〉説，鄧介松告訴他：劉斐拿三句話來形容一些黨員兇狠：「罵了你不准你回口，打了你不准你回手，殺了你不准你流血。」（1957 年 11 月 14 日新華社《內部參考》）

按照 1957 年的標準，以劉斐的這種表現，當然應該劃為右派。不過最後並沒有給他戴上右派分子帽子。這大約是因為考慮到了他的歷史功績，有材料説明，他在擔任國民黨軍方統帥部廳長、次長的時候曾經向共產黨提供大量軍事情報。當時的參謀總長陳誠後來在回憶錄裏説到了劉斐的事情：

> 共產黨的攻心戰術一直攻到我們大本營裏來，我們的部參謀次長劉為章（斐），就是為共黨工作的，我們都被蒙在鼓裏，這樣的剿共軍事，還想要不敗，能嗎？劉為章本為桂系謀士，小有才，所以讓他當參謀次長。此人巧言如簧，最能先意承志。我當參謀總長，常到各戰場上去，內部完全由他操持，全盤軍事幾無機密之可言。徐州方面，原由薛伯陵（薛岳）主持，因為他挑撥離間，才換了人。薛伯陵如在徐州，徐蚌會戰決不會垮得那樣快。徐蚌一敗，大局遂愈發不可收拾。據説，毛澤東某次介紹劉為章和高級共幹見面時，曾誇獎他是第一功臣，則此人關係之大可知。（《陳誠先生回憶錄‧國共戰爭》，台灣國史館 2016 年版，第 143 頁）。

《顧維鈞回憶錄》裏記下了 1970 年他和張發奎的一次談話：

> 我問張，據傳 1949 年初，在南京的門戶徐州展開的國共交戰中最關鍵的一役——徐蚌會戰由於黃百韜將軍和邱清泉將軍之間互不合作，互相嫉妒，而遭致敗北，此説是否屬實。他説，這僅僅是潰敗的近因。根本的問題是共軍統帥毛澤東對國軍在戰場上的一舉一動、南京周圍的防守據點等重要情況，始終是一清二楚。還有國防部參謀次長劉斐一直在把國軍的作戰計劃，部隊的配備和駐地等種種重要情報，通過秘密途徑，傳送給毛澤東。甚至連國軍打算在什麼時候向共軍某一據點發動進攻，毛澤東都瞭若指掌。因此，張説，徐州戰役結局如此毫不足怪。
>
> 張接着不厭其詳地給我進一步介紹了劉斐的情況。劉斐是個非常聰明、受過嚴格訓練的軍人，深得白崇禧將軍的賞識和喜

愛，由白選進國防部，當他的副手，結果劉斐供給中國共產黨以可貴的情報，起到了極大的作用。後來在大陸他受到中共高度表揚。（《顧維鈞回憶錄》第七分冊，第 627 頁）

劉斐在國民黨軍內屬於桂系。他這個人，據了解情況的桂系的重要領袖白崇禧說：

> 劉斐，湖南醴陵人，他的岳父鄒翼經是有名的中醫。護法之役我當連長駐醴陵，他當醴陵鎮守使的軍醫處長，士兵有病常請他來診療，因此認識我，有一次他托我設法幫助他女婿深造，我便送劉斐入西江講武堂（李濟琛主辦的），畢業後到廣西當下級幹部，後來又到日本進步兵學校，畢業後升陸軍大學。他聰明，善於領會，學的軍事學不錯，回廣西當高教班戰術教官。抗戰時程潛當參謀總長，調他到參謀部服務，後來參謀部改為軍令部，劉曾任作戰廳廳長，後當次長，由抗戰到戡亂一直負擬作戰計劃重任。1949 年與張治中談和代表赴北平，一去不返，有人說他是共產黨，說他洩露機密，我不加辯解。從他的生活行動看不出他是共產黨，他言論是左的，享受是右的，他不滿現狀，但自己生活不嚴整，吃、喝、嫖、賭、唱戲無一不來，油得不得了，總統對他賞識極了，軍令部有什麼事都找他，擔任第三廳廳長（主管作戰），後升次長，一手培植的，看不出是間諜，現在在共產黨那邊也沒得什麼勢，依我看是轉風使舵不回來的，那代表團自團長以下幾乎全沒回來。（《白崇禧口述自傳》，中國大百科全書出版社 2013 年版，第 378-379 頁）

這裏白崇禧說「看不出是間諜」。不過在《郭汝瑰回憶錄》裏面可以找到一個旁證。郭汝瑰是一個真正的間諜，他說：

> 1948 年七八月間，顧祝同要我再任第三廳廳長，因我與劉斐關係極差，故執意不幹。睢杞戰役中，劉斐擅自改動徐州「剿總」的作戰計劃，使區壽年兵團被殲滅，我想借此機會搞劉一下。可有一天，劉斐突然在我面前說：「這是一場翻天覆地的大革命，不簡單啊！」我聽了這話以後甚感懷疑。於是，我便問廉儒同志，「怎麼劉斐說這個話呢？難道他也與共產黨有聯繫？」
>
> 任廉儒同志（引者按：與郭汝瑰聯絡的黨員）說：「我們搞地下工作是單線聯繫，他與黨有無聯繫我也不清楚。但最好不

要整他，免誤傷自己的同志。」我只得甘休。（中共黨史出版社
2009 年版，第 286 頁）

其實，他有那麼多的右派言行而沒有劃為右派，也可以算作一個旁證。

18 日的會，李濟深第一個發言，他說，我們民革同志這次幫助中共
整風，本着知無不言，言無不盡的精神，提出很多善意的批評和有益的
意見，對於中共整風一定有所幫助，我想中共也一定會接受和處理的。但
是，也有一些同志，提出了錯誤的意見，甚至是等於反動的論調。這是不
利於社會主義事業的，不利於人民的。我們不能不予批駁。接着他批駁了
龍雲「懷疑蘇聯，甚至以為蘇聯不如美帝國主義的荒謬論調」，批駁了黃紹
竑「替反革命分子說話」、「認為黨不應該向群眾發號施令」這些觀點。他
說：我們幫助中共整風的過程，也就是自己提高認識的過程。我們必須加
強思想改造，同右派分子進行鬥爭到底。

王昆侖就龍雲的反蘇謬論，引用了別人的話加以駁斥。龍雲認為，
「抗美援朝戰爭的經費，全部由中國負擔不合理」。王昆侖說抗美援朝是中
國對美國的戰爭，也是社會主義陣營反對帝國主義陣營侵略的戰爭，是正
義的戰爭。不是蘇聯幫助我們怎能打勝仗。當二次大戰的時候，德國進攻
蘇聯，戰爭創傷奇重，我們又何曾為蘇聯分擔過！？現在蘇聯搞原子彈、
氫彈、導彈，加強了社會主義陣營反侵略的力量，我們是否共同負擔得
起！？社會主義國家休戚相關，互相支援，而蘇聯幫助各國最多，卻反要
責備蘇聯沒有負擔抗美援朝軍費，合情合理嗎？龍雲認為，「中國借蘇聯的
債要還，不如美國慷慨大方」。王昆侖說，看來龍雲很欣賞美國的慷慨大
方，龍雲知不知道美國在兩次戰爭中不但並沒有損失，而且發了橫財，挖
了它盟國的牆腳。龍雲說蘇聯對我們真厲害，我們不該為社會主義而戰，
難道龍雲認為我們應該依靠美國，為資本主義而戰嗎？對龍雲提出的，所
謂蘇聯從我國東北搬走機器問題，主張壓縮對外援助問題，王昆侖也作了
駁斥。王昆侖還批判了黃紹竑另外一些反動言論。

吳茂蓀在發言中，首先批駁了龍雲的反蘇謬論。接着他列舉了一系列
的事實，說明龍雲在思想感情上是不喜歡社會主義的、不喜歡共產黨的。
由於龍雲具有反對社會主義，反對共產黨領導的思想基礎，我們也就不難
找到他這次發言的中心思想根子，那就是反對蘇聯。

程潛又作了很長的發言批判龍雲、黃紹竑、陳銘樞和譚惕吾。他說：惕吾同志有嘩眾取寵之心。她對國家體制問題、法制問題，以及黨政關係問題所發表的四點意見，從骨髓裏頭來看，是徹底的反對共產黨的領導的，是反動的。惕吾同志至今仍舊認為自己是左派分子，據我看，惕吾同志是很反動的右派分子。惕吾同志聲稱看不起盧郁文同志，因此連盧郁文同志擁護共產黨和社會主義的言論也看不起了。就在最近的座談會上，惕吾同志還在算盧郁文同志的「老賬」，迴避當前政治上的尖銳問題，掉轉花槍來鋪陳人家的歷史。如果要算民革同志的歷史「老賬」，我看惕吾同志擔代不起這份責任的。

劉文輝在發言中說，龍雲的錯誤是階級立場的問題。龍雲和我一樣，過去都是反對蔣介石而傾向革命而參加革命的。但是，反蔣並不是一個階級立場。我們的反蔣和共產黨的反蔣有着根本的不同。當時為了保持自己在地方上的力量，非聯合一切反蔣力量無以自存，而共產黨是當時國內反蔣的巨大力量，所以，我們聯合共產黨。這也許是在座的大多數同志的一般情況。這裏特別值得一提的是，當時是聯合共產黨，而不是接受共產黨的領導，聯合共產黨和接受共產黨的領導，是有原則差別的事，這也就是立場問題。中華人民共和國成立後，我們先後參加了政府，接受共產黨的領導。這可以說是一個重要的立場的轉變。但是，這還是一個開始。開國之初，大家接受共產黨的領導，一方面，可以說是一個良好的開端，但另一方面，在思想意識上，卻並未生根，多半是大勢所趨，不得不然。因此，接受黨的領導，就不能很好的貫徹到實踐當中。他說他所以要遠溯解放前的問題，是因為只有如此才能深入地了解到：為什麼我們這類人常常對新事物會有抵觸情緒，為什麼共產黨和廣大人民以為好的，有時我們會以為不好，這就是立場問題。雖然我們已經接受共產黨的領導，擁護走社會主義的道路，但舊的立場觀點有時還在暗地作怪。最近龍雲同志發表的言論，表現出很錯誤的看法──尤其是在中蘇關係上，他認為就是舊立場舊思想在起着作用。（6月20日《人民日報》）

這裏王昆侖說的「龍雲提出的，所謂蘇聯從我國東北搬走機器問題，主張壓縮對外援助問題」，是指6月13日全國人民代表大會常務委員會第71次會議討論國家決算預算草案的時候，龍雲以常務委員的身份發言。他說了：「（一）抗美援朝戰爭的經費，全部由中國負擔，不合理。（二）第一、第二兩次世界大戰中，美國借款給盟國，又實施租借法案，後來他

們有的賴了債，有的美國不要他們還了。蘇聯對我國借款，十幾年都還不清，還要付利息。中國為社會主義而戰，結果如此。（三）蘇軍解放我國東北時，拆走了工廠中的一些機器，有無代價？償還不償還？（四）我國援外預算太大，主張抓緊壓縮對外的援助。」（7 月 14 日《人民日報》）

23 日的會對龍雲、黃紹竑、陳銘樞、譚惕吾等右派言論進行了批駁。

30 日的會繼續批鬥黃紹竑。據 7 月 1 日《人民日報》報導：「黃紹竑在檢討中，雖然承認了他的思想是反動的，但檢討的內容卻空空洞洞，沒有交代具體的事實。黃紹竑這種狡猾的態度引起了大家的不滿，在會上發言的人都認為黃紹竑是一個心口不一致的陰謀家和詭辯家，從他的空洞檢討中，可以看出來他是想蒙混過關；特別是他和譚惕吾同林希翎的關係，在檢討中隻字未提，使人對他們的陰謀詭計更加懷疑。因此，大家一致要求黃紹竑、譚惕吾交代他們同林希翎的政治關係。黃紹竑故意避開答覆這個問題，譚惕吾稱病沒有出席這次會議。許寶騤在會上用書面揭發了她同林希翎在電話中訂「攻守同盟」的詭計，她要林希翎按照她的意圖進行檢討，並將民革向林希翎調查她們之間的關係的幾個問題，告訴林希翎寫成一式兩份，一份寄給李濟深主席親啟，一份寄給譚惕吾本人。譚惕吾這種鬼祟的作法，是值得引起人們注意的。」

甘祠森說，已故的民革副主席譚平山曾對他講過黃紹竑的一件往事：1948 年冬，住在香港的民革主席李濟深和其他一些民革成員要到解放區參加新政協，黃紹竑特地趕到香港勸阻李濟深北上，要他到李宗仁、白崇禧當時佔據的武漢去「主持大計」。由此可見，他當時並不想到解放區。後來因為大局已定，他才到了解放區。（7 月 1 日《人民日報》）

7 月 7 日、14 日的會都是批鬥陳銘樞。在 7 日的會上，于振瀛說，1948 年淮海戰役的時候，陳銘樞通過羅海沙，和美蔣特務頭子鄭介民往還頗密。他甚至堅持介紹鄭介民參加民聯組織，由於我的堅決拒絕，他竟給我戴上了「拒絕人家革命」的帽子；一直到我拿出了鄭介民和英大使館的特務艾文思預謀佈置在南京解放後的潛伏活動證據時，他才沒有話說。但他以後仍然相信鄭介民，成了鄭介民的傳聲筒。陳銘樞還隱瞞着我們，派遣軍統特務張聖才假借民聯名義到福建從事活動。還經過鄭介民的介紹，和司徒雷登談過多次話。于振瀛問：你們究竟談了些什麼？搞了些什麼把戲？于振瀛還說，去冬陳銘樞在寫給李雪峰的一封信中，居然認為：「共產

黨派黨員參加民主黨派，是封建王朝稍有頭腦的政治家所不取的。」這種看法同要求中共退出學校同樣惡劣。

蔡廷鍇在會上追溯了三十幾年的往事，說明陳銘樞一貫對革命就採取了反對的態度。蔡廷鍇說，陳銘樞曾經是我的上司，1922 年，陳炯明在廣東叛變革命時，陳銘樞率領一個團按兵不動，眼看着中山先生蒙難不救。李章達等責備他這種反革命行為說要殺陳銘樞，他就急急忙忙把兵交給陳濟棠，自己跑到南京當和尚去了。後來，孫中山要統一廣東時，爭取他，讓他當旅長，可是北伐戰爭到了緊急關頭，陳銘樞又跑到蔣介石那裏做官去了。接着，蔡廷鍇用大量的歷史事實，說明陳銘樞一貫擁蔣，不得已時接近進步勢力，也是假心假意的。蔡廷鍇說，從大革命失敗到福建人民政府成立這一段，陳銘樞一時靠攏胡漢民，一時靠攏蔣介石，一時靠攏汪精衛，朝秦暮楚。談到抗戰時期的陳銘樞，蔡廷鍇認為他那時並沒有積極參加抗戰，反而同蔣介石的特務頭子密切往還，反對和破壞國民黨中的民主進步力量。全國解放前夕，他住在上海，我們大家在香港，曾一再請他到香港去共商反蔣大計，他卻拒絕，而在上海同特務頭子鄭介民密切往還。

屈武在發言中，着重揭發了陳銘樞在解放以後反對社會主義反對黨的領導的反動言行。1953 年，在中央人民政府委員會擴大會議上，梁漱溟公開反對總路線、反對優先發展重工業的方針，陳銘樞卻為梁漱溟辯護，那是因為梁漱溟當時說出了他心裏要說的話，引起了他階級本能的共鳴。他反對思想改造。還曾在《現代佛學》雜誌上，大談佛學與辯證法的關係，大力提倡馬列主義和佛學合一的理論，既歪曲了佛學，更歪曲了馬列主義。

梅龔彬說，解放後，陳銘樞一再包庇反革命分子。李任夫是一個叛黨賣黨的反革命分子，1951 年陳銘樞竟推薦他任民革武漢市籌委會委員，擔保李無政治問題，讓他編輯《武漢民革》，在創刊號上就發生了嚴重錯誤（刊載歪曲毛主席談話和損害統戰關係的文稿等）。1955 年肅反運動中，政府查明李任夫是一個血債累累的反革命分子，逮捕了他。梅龔彬說，陳銘樞並不以勾結特務為滿足，為着施展他的政治野心，竟不惜勾結托派。有一件是我親眼見的，有兩件是耳聞的。先說耳聞的，僅次於陳獨秀的托派頭子彭述之，經由特務王師亮的介紹，陳銘樞曾準備把他安置在神州國光社任總編輯。另一托派頭子杜畏之，陳銘樞把他留住在重慶住所，一住經年。親眼見的一件事是：1936 年我們都在香港，那時托派頭子張慕陶由山西南來，陳銘樞邀他住在九龍，密談幾天，對他佩服得五體投地，並企圖

共同組織一個反共反人民的托派政黨。梅龔彬説，1949 年，陳銘樞從剛解放的上海來到北京，竟向周總理「獻策」説，如果中共願意與美國妥協，司徒雷登保證美國能援助中國多少美金。

吳茂蓀在發言中，揭發陳銘樞説：1922 年孫中山北伐，兵至韶關，陳銘樞當時是粵軍第一師第四團的團長，竟通過黃居素勾結陳炯明叛變了。1931 年冬，當時國民黨內部矛盾非常劇烈，在上海舉行了所謂寧粵和談。那時大家説好蔣介石下野，十九路軍調駐寧滬一帶，由孫科任行政院長，組織政府。當時汪精衛曾稱病住醫院，忽然有一天出院去杭州會晤蔣介石。陳銘樞當時兼行政院副院長、交通部長和京滬衛戌總司令三要職，他在第二天由南京飛到杭州與蔣汪會晤。他以十九路軍為資本，支持了蔣介石和汪精衛，孫科被迫下台。請問陳銘樞是反蔣呢，還是擁蔣呢？（7 月 8 日《人民日報》）

14 日的會着重批判陳銘樞寫給毛澤東的那封信。吳茂蓀説：陳銘樞公然把全國人民敬愛的領袖毛主席同德國的俾斯麥、日本的伊藤博文相提並論。他把毛主席説成是「個人修養上的熱而不淡，疾而不舒，躁而難寧，察而難周之失，也難免於影響到察人聽言，決策定計的睿斷，以及在政策措施上的畸輕畸重、失緩失急。」他污衊毛主席「好大喜功」，並要毛主席「更加深入體察，以求究竟」。他説毛主席有時「為喜怒所乘，在一個浪潮之下，輕於挫傷高級幹部的自尊心和他們的固有地位」。他説毛主席「輕信幹部的虛假彙報與教條主義的分析方法，未經鄭重細緻的研究，即作過激的決定」。他認為毛主席「過分鄙夷舊的」，「對古典文學尚有不尊重之處」。

李濟深發言説：陳銘樞的反動言行近年來發展到向黨和黨的領袖猖狂進攻的地步。他捏造事實，誹謗毛主席，大罵共產黨。毛主席和共產黨是全國人民衷心愛戴的，你這樣狂妄進攻，還有什麼天良可言？

蔡廷鍇説：我以無比的憤怒心情控訴斥責包藏禍心、反動透頂、喪心病狂、忘恩負義、反黨反人民的萬惡的陳銘樞。蔡廷鍇説：共產黨是大公無私的，我們的領袖是偉大的，非常謙虛，考慮問題，永遠是從六億人口出發的，從全世界無產階級利益出發的。這是全世界愛好和平的人們所公認的。而陳銘樞卻誹謗領袖，「偏聽偏信」，「好大喜功」。陳銘樞，你的誹謗是顛倒黑白，混淆是非。你吃人民的飯，卻在那裏替蔣介石和反動派説話，我們是決不能容忍的。共產黨是偉大的，毛主席是偉大的，我們的事

業是前人所未有的。我們要建設社會主義，永遠跟着共產黨走。我們是要歌頌的。為什麼不該歌頌呢？我們這一切跟着共產黨走社會主義道路的人們在你的眼裏，竟變成「趨附之輩」；陳銘樞！你才真正是個趨附蔣介石汪精衛的無恥的東西！你還誹謗毛主席，竟說「有時尚不免為喜樂所乘，在一個浪潮之下，輕於挫傷高級幹部的自尊心和他們的固有地位」。這也是毫無根據顛倒是非的，就拿你來說吧！就看你這個「高級幹部」吧！你一貫地擁蔣反共；一直到解放前夕還是和蔣介石的特務勾搭着。解放之後人民讓你任中央人民政府委員，還讓你在中南負一部分工作責任。你對人民有什麼貢獻能經得起人民這樣的寬待？而你呢，不肯努力改造，卻一貫對黨抱着抵觸反抗的情緒，竟發展到在中央人民政府擴大會議上為反動的梁漱溟撐腰。你的反動言行，已經使你失去了人民對你的信任。在1954年協商全國人民代表提名的時候，因本黨李主席正在休養，我受委託和中央幾個負責同志協商。根據群眾的意願，由於你的所作所為已經喪失了作為人民代表的資格，決定不提你的名。還是領導黨寬大，為了照顧你，希望你改正錯誤，還是提了你的名。你犯了這樣大的錯誤，黨還要耐心說服人民給你自新的機會。你就應該革面洗心，痛改前非，爭取立功贖罪，才不辜負黨對你的關懷照顧和同志們對你的希望。幾年來的事實，你的反共反人民的罪惡活動，確鑿地證明了你是個忘恩負義，沒有廉恥的反動分子。

蔣光鼐在會上發言說，他可以作陳銘樞種種醜惡歷史的見證人，他完全同意梅龔彬同志給陳銘樞下的十六個字的評語：「名為反蔣，實則反共，名為抗日，實則擁蔣。」接着蔣光鼐補充揭露了陳銘樞幾件擁蔣反共的事實。蔣光鼐接着說，右派野心家一切活動都歸結於反對共產黨，陳銘樞更進一步，他反對黨而首先把箭頭對準了黨和全國人民最英明的領袖毛主席。人民歌頌毛主席「是太陽」，「是救星」，陳銘樞竟誣衊我們的領袖不察國家大事，不聯繫工農群眾，不知民間疾苦，不關心知識分子。毛主席是無產階級革命的領袖，而陳銘樞卻把毛主席同德意志軍國主義的鼻祖俾斯麥，和日本軍國主義的鼻祖伊藤博文來相提並論，這和杜勒斯、麥卡錫、蔣介石之流，誣衊我們的領袖是大獨裁者，豈不正是同一聲調嗎？可是陳銘樞還不以此為滿足，或者還怕別人不能明白他的意思，還集中地提出了毛主席的「四大罪狀」，所謂「好大喜功，喜怒無常，偏聽偏信，鄙夷舊的」。陳銘樞，你這種歪曲和污衊連三歲小孩子也能把你駁得體無完膚，也要舉起他們的小拳頭來活活把你打死。

陳其瑗説，今年 6 月初，正當右派分子向黨猖狂進攻的時候，陳銘樞竟然秘密到上海，還要張蘇同志為他保守秘密，不要上海的報紙登載他的行動。陳其瑗問陳銘樞：「為什麼要守秘密？你在上海有哪些活動？新滬中學鬧事，你出了些什麼主意？」陳其瑗還説，1927 年春天，陳銘樞任武漢衛戍司令兼第十一軍軍長的時候，蔣介石在南昌搞分裂活動。當時武漢方面曾要陳銘樞、陳公博等去見蔣介石，要他不要鬧分裂。可是陳銘樞一去杳如黃鶴，結果投降了蔣介石。

朱蘊山在發言中，首先説明陳銘樞這一年來變本加厲地進行反黨活動，已經到了自絕於人民的邊沿。接着，他揭發了陳銘樞仇視黨、反對黨的一些新材料。他説，一切反動的資產階級右派分子，為了攫取民主黨派的領導權，首先就要打擊靠攏黨的進步分子，排斥在民主黨派幫助工作的交叉黨員。陳銘樞也是這樣，而他的手段是惡毒的。他譏笑進步人士所寫的文章是「出於秘書之手」，「言不由衷」；有的本來和他接近的同志，因為認清了他的面目，和他劃清了界限，他就説「沒有朋友了」，意思是怪別人不夠朋友。其實知道他最深最久的同志，早已不願和他做朋友了。6 月 8 日人民日報社論發表後，他説盧郁文接到的匿名信是捏造的，説盧郁文是小丑。對於在民主黨派幫助工作的交叉黨員，陳銘樞竟污衊他們「只會造成隔閡」，並惡毒地咒罵「黨員參加民主黨派的工作，為專制王朝稍有頭腦的政治家所不取」。

周範文發言説，有一次在西單商場吃飯時，陳銘樞説：「我看，斯大林將來要變成一文不值。」以後，人民日報發表了兩篇〈論無產階級專政的歷史經驗〉，對斯大林的功過作了公正的評價，但是陳銘樞不感興趣，一直把斯大林看成千古的罪人。在匈牙利事件發生後，陳銘樞卻説：「匈牙利事件是在斯大林主義者統治下而爆發的，是人民自發的政治運動。」（7 月 15 日《人民日報》）

這一次會議過去三個多月之後，民革中央於 10 月 23 日到 25 日連續三天召開大會批判陳銘樞。李濟深在會上説，右派分子陳銘樞為了推翻共產黨的領導和反對社會主義，制定了一套向共產黨進攻的綱領，妄圖使資本主義復辟和使反革命統治者捲土重來。他為了推銷他的反動綱領，到處拉攏落後分子，組織敗類，從事種種陰謀活動，並且企圖篡奪民革中央領導，控制民革地方組織。他是一個口是心非、造謠生事的右派陰謀家。他採取兩面派手法向共產黨進行惡毒的攻擊。他表面對共產黨説一些恭維的

話，而實際上卻勾結各機關、學校中的不滿分子和壞分子，搜集共產黨和政府工作中的缺點，加以誇大或歪曲，甚至捏造事實向黨大肆進攻。李濟深指出，陳銘樞是個一貫反動的老牌右派分子。他曾附和陳炯明背叛孫中山先生，擁護過蔣介石打擊反蔣運動，阻撓十九路軍反蔣抗日。解放後，他並沒有悔改。李濟深強調說，這幾天的鬥爭會，給了我們大家很好的教育，我們每個人都必須認真接受共產黨的領導，克服資產階級思想，堅決走社會主義道路。否則，就會有墮入右派泥坑的危險。

民革中央常務委員李世璋系統地批判了陳銘樞的反共綱領。他說，在陳銘樞看來，「黨性」就是產生宗派主義的根源。他誣衊一切擁護共產黨的領導、擁護社會主義的民主人士為「趨附之輩」，而向共產黨猖狂進攻的右派分子倒是「犯顏敢諫，耿介不苟」的人。他認為學習馬克思列寧主義，用馬克思列寧主義去觀察和處理問題，分析人物，是「死執教條和政治口號去臨人」。他說，陳銘樞對共產黨和人民有着刻骨的階級仇恨。他惡毒地誣衊老共產黨員是「自封山頭，囿於宗派，主觀臆斷，徙倚官僚」，罵新黨員是「唯唯諾諾，趨承揣摩」。因此，陳銘樞對老共產黨員要像「癰疽一樣割掉」，對新黨員要進行經常不斷的「清洗」，總之，要把共產黨員趕盡殺絕而後快。李世璋說，作為反動統治階級代言人的陳銘樞，是不喜歡中國人民的大翻身，不甘心於剝削制度的死亡的。社會主義的改造和建設他一概反對。他誣衊社會主義建設是「好大喜功」，反對農業社會主義改造，認為「合作化沒有成績，合作化高潮太早，農民很苦」。他反對資本主義工商業的社會主義改造，支援章乃器的謬論，他尤其反對肅反運動，污衊肅反運動中的積極分子是「狠下重椎，安冀作升階的墊腳石」，他誣衊肅反中覺悟了的起義立功的人是「落井下石，賣友求榮，食言反噬，把良心出賣」。陳銘樞這樣仇恨肅反運動，是因為肅清了反革命，他所幻想的反動統治者的捲土重來的陰謀就不能實現了。李世璋指出，陳銘樞對於國民黨反動派的捲土重來是念念不忘的。6月2日，陳銘樞在上海小集團骨幹吳藝五家裏大宴群臣時，曾發出「赤標天下鵠，青換眼中桑，莫負蒼生願，相將造樂康」的狂言。並且利令智昏地估計當時的時局是「陣勢已張，集弩待發」，以為共產黨就要被攆下台去，國民黨就要回來了。

民革上海市委會常委周舊邦專程來北京參加這個大會。他在會上揭發了陳銘樞今年5月21日到上海搜羅他的「老朋友」、「舊部下」組織反動小集團的陰謀活動。這個小集團的骨幹分子有羅海沙、余若南、劉海亭、

趙繼舜、吳藝五等。這一小撮右派分子在陳銘樞的指使下，企圖恢復已經
併入新知識出版社成為公私合營企業組織的神州國光社，作為小集團活動
的據點，以聯絡他的舊部和更多的對共產黨不滿的人，從文化戰線上向共
產黨進攻。神州國光社曾經是托派的大本營，陳銘樞等人企圖恢復這一組
織就是想通過它招攬托派分子，從思想上、理論上進行反對馬克思列寧主
義、反對共產黨的活動。不僅要恢復神州國光社，而且還策劃篡奪民革上
海市委的領導，企圖作為向共產黨進攻的根據地。

民革山東省委常委辛葭舟也來京出席了會議。他揭發了陳銘樞在山
東的反動活動。陳銘樞和山東省的右派分子范予遂（民革山東省委主任委
員）、徐一貫（民革青島市委主任委員）、王桂渾勾結在一起結成了陰謀小
集團，使山東民革組織陷於癱瘓、解體狀態。

陳銘樞在北京的反動小集團的骨幹羅偉之也在會上揭發和交代了他
們部分的陰謀活動。在會上揭發和批判陳銘樞的還有民革中央秘書長梅龔
彬、北京市教育局長翁獨健、北京工業學院副院長周發岐、中國佛教協會
副會長巨贊法師，以及翁文灝、張聯棻、蔡廷鍇、蔣光鼐、陳其瑗、朱蘊
山等人。（10月29日《人民日報》）

11月13、14兩天連續開會批鬥黃紹竑。黃紹竑在這次會上承認他在
國民黨反動統治時期二十多年的反人民罪行；承認他在解放後仍站在資產
階級右派的反動立場去視察今天的司法工作，「同情反革命分子，有意為反
革命分子喊冤」；承認在廣西平樂專區因災荒餓死人的事件上，是「有意挑
剔」，並惡意地企圖借此來根本否定共產黨和人民政府的成績。但是黃紹竑
最後把這些反動言行僅僅說成是「學習不認真，思想改造不徹底」，企圖以
空洞的「承認」來蒙混過去。

李濟深在會上對黃紹竑進行了駁斥，他說，大量事實證明，黃紹竑是
有綱領、有計劃進行陰謀活動的右派頭子。他的綱領，旨在推翻共產黨的
領導，推翻人民民主專政，破壞民族團結，推翻社會主義制度。黃紹竑為
了實現他的反動綱領，勾結敗類有計劃地進行陰謀活動。他首先到處為反
革命分子和其他刑事犯罪分子撐腰，為抗拒改造的地主富農分子說話，並
且煽動少數反動學生為他搖旗吶喊。黃紹竑又和廣東右派分子羅翼群，在
肅反問題和農民問題上向共產黨和人民進攻，北呼南應。企圖把人民的天
下搞亂，使反革命分子復辟。

　　陳此生、衛立煌、張治中、覃異之、邵力子、余心清等人在會上揭露了黃紹竑反對共產黨的領導和共產黨的各項政策的罪行。

　　衛立煌、邵力子駁斥了黃紹竑在廣西平樂事件上放出的毒箭。邵力子說，黃紹竑有意借平樂事件誇大缺點，混淆聽聞，離間人民和政府的關係。當政府毫不姑息給予犯了錯誤的人以嚴格的處分以後，黃紹竑還想利用這一事件大做文章。黃紹竑曾經說，行政處分不夠，還要給法律處分，言外之意，就是要殺一批幹部。邵力子指出，黃紹竑在這個問題上完全是別有用心的。衛立煌說，黃紹竑借平樂事件，惡毒地誣衊政府是「宣揚成績，掩蓋錯誤」，是企圖抹煞新中國在各方面的偉大成就，以達到動搖革命運動的成果，陰謀反動統治者復辟。

　　張治中說：「我們都是從舊社會、從國民黨反動統治政權來的人，想想看，國民黨反動統治時期，所作所為哪一件不是腐敗的、反動的、罪惡的、禍國殃民的，還有絲毫值得留戀的價值嗎？譬如人民生活、民主、建設、外交沒有為人民為國家做過一件好事。黃紹竑你在浙江、廣西為人民為國家做了些什麼好事呢？什麼也沒有做，相反的，罪惡重重，這樣罪惡的過去，為什麼不能否定了呢？」

　　黃紹竑在8月31日的書面交代中，對群眾揭露的關於他參與製造血腥的皖南事變以及在抗日戰爭期間殺害中共浙江省委書記劉英的罪行，百般狡賴，拒不認賬，並且要求由姜卿雲作證。曾經跟隨黃紹竑多年的姜卿雲今天在會上證明黃紹竑是製造皖南事變、殘殺新四軍的主犯之一。姜卿雲說，黃紹竑、顧祝同、上官雲相等在製造皖南事變中，是有着周密的佈置的。當時顧祝同、上官雲相都在上饒，黃紹竑則在金華，他們密謀策劃，在行動時，他們調兵遣將，由上官雲相從江西出兵，包圍新四軍；浙江方面由黃紹竑負責，他指揮浙江行署主任賀楊靈調動偽抗敵自衛團隊、保安團隊，從浙江的於潛向皖南進迫。此外，黃紹竑還下令浙皖邊境的部隊配合作戰，要把新四軍「一網打盡」。在黃紹竑、顧祝同、上官雲相等人的主持和佈置下，「皖南事變」在1941年1月4日就發生了。在這次血腥事件中，新四軍軍長葉挺被俘，副軍長項英犧牲了。這筆血債，黃紹竑再狡猾也是抵賴不掉的。姜卿雲說，他還要作證的是，黃紹竑是殺害中共浙江省委書記劉英的主犯。他說，劉英當時在溫州、平陽一帶做抗日工作，由於他是一個共產黨的領導人，是一個愛國抗日志士，因此，黃紹竑以及浙江的特務機關下令要逮捕他。逮捕劉英的除特務陳怡生、陳家璧以外，還

有黃紹竑的兩個親信，一是偽平陽縣長張韶舞；另一個是偽溫州專員張寶琛。他們把劉英逮捕後，向黃紹竑報案。黃紹竑對特務陳怡生說：「劉英有真有假，右手抬不起的才是真劉英。」陳怡生回答：「是右手抬不起來的」。黃紹竑這才放心地說：「那是真的了。」黃紹竑於是在偽浙江省府會上撥了一筆獎金給特務們。在浙江偽省政府撤離永康方岩的前夕，劉英殉難了。黃紹竑就是這樣殺害劉英的。姜卿雲說，「黃紹竑不是要我作證嗎，這就是我的見證。」姜卿雲對黃紹竑這些罪行的揭發，激起到會人的極大憤恨，一致要求他徹底向人民低頭認罪。(11月17日《人民日報》)

黃紹竑聽了姜卿雲揭發說他是製造皖南事變、殺害浙江省委書記劉英的主犯之一，以為與事實不符。於是寫信給民革中央整風辦公室，原文如下：

整風辦公室：

昨日聽了姜卿雲同志對我批判揭發的發言，不勝驚異！

不久以前（時日記不清）他在我家裏，我問他知不知道劉英同志被殺害的經過。因他曾經一度代理過國民黨浙江省黨部主任委員，我當時以為是他代理時期的事，而且他對特務害人的情形也比較清楚。他說：「決不是在他代理的時期內被害的，而是在吳挹峰主任委員的手裏被害的。」因此我以前的檢討書內才那樣的寫。

昨天他竟把他自己所說的話反過來，引起我的驚異和莫大的懷疑，我對劉英同志何時被捕關在什麼地方，什麼時候被害的確一向不知道，因中統特統是屬國民黨省黨部，行動是秘密的，我當然無法知道。而姜卿雲昨日的發言裏對於上述情況為什麼卻說得清清楚楚。因此我懷疑這事就是在他代理國民黨浙江省黨部主任委員的時候幹的。照我的推算，如果劉英同志是在1941年被害的話，那時的浙江國民黨的主任委員才是吳挹峰，那年日軍向浙贛路大流竄我與吳挹峰一起撤退到松陽的。

姜卿雲昨天在會上所說的話，與以前同我所說的話完全兩樣，是不是兩種說話都不真實借此來掩蓋他自己殺害劉英的事呢？因此我不能不向您室說明其中情況，並希望您室把真相徹底弄清楚，如有必要請他同我對質。

此致

敬禮　　　　　　　　　　　　　黃紹竑　　11月15日

　　整風辦公室接信後，曾找姜卿雲談話，據姜說黃在去年夏天跟他談過這個問題。在批判黃的前幾天，黃曾派他的秘書到姜處摸底，但姜沒有透露任何東西。姜表示關於這個問題他完全可以同黃對質。（11月25日新華社《內部參考》）

　　民革中央開了許多次會議，打出了龍雲、黃紹竑、陳銘樞、譚惕吾這些最著名的右派分子幾個人之外，還把民革中委周穎也被劃為右派。據《人民日報》所載〈連續施放毒箭攻擊黨的領導，周穎原是康澤的密友胡風的親信，郵電部職工正對這個兇惡的右派分子進行說理鬥爭〉一文說：

　　郵電部職工和民革郵電部支部成員們，最近向右派分子周穎進行了嚴肅的說理鬥爭。

　　周穎（女）是民革中央委員及北京市委委員，現任郵電部勞動工資處的處長。這個右派分子，在今年4、5、6月份，在以所謂幫助黨整風的幌子下，向黨進行了猖狂進攻。在郵電部、社會主義學院、民革中央、民革北京市委，以及她所在的郵電部勞動工資處的座談會上，無中生有、顛倒黑白，對黨、對黨的領導、對社會主義制度，連續施放了一系列極其兇狠的毒箭。

　　她曾和儲安平的「黨天下」一唱一和，在社會主義學院、在郵電部民主黨派座談會上，她一再叫囂什麼「看來就是一個人解決問題，以黨代政，以人代黨，不僅非黨員無權，就是黨員也無權」，她並狂妄地說：「這個問題根本上要從中央考慮。」

　　這個右派分子對偉大的肅反運動極其仇恨。她在社會主義學院的發言中說肅反中的偏差「不是個別的」，她誣衊肅反是「法外有法」，「肅反對象被鬥錯了的人就有99%」。她和羅隆基唱出同樣的聲調。羅隆基要組織所謂「平反委員會」，她就在民革中央提出要成立什麼「群眾性的組織」以分析處理群眾中的意見。她還製造了一套極其荒唐的定義，說什麼「不直接奪取政權就不能算是反革命」，說什麼「胡風只是想在文藝界佔點地位，並不是要推翻黨的領導」，她還厚顏無恥地到處為胡風的反革命罪行辯護，企圖為胡風翻案。

　　這個右派分子，在整風運動一開始就別有用心地挑撥民主黨派和共產黨的關係，她誣衊說：民主黨派幾年幹的只是「歌功頌德、錦上添花、火上加油」的事，她又挑撥說民主黨派不應該「共產黨叫怎麼辦就怎麼辦」，企圖挑起民主黨派和共產黨對立，「分庭抗禮」。尤其狠毒的是，她竟煽動共產黨員和黨員領導幹部「起義」，她誣衊共產黨內有「重大問題」，她要共產黨員和黨的領導幹部「馬上站出來，立即出馬」打開鎖在「保險櫃」、「保密箱」裏的「大問題」，對黨來個「內外夾攻」。當右派分子向黨進攻最瘋狂的時候，也是祖國天空烏雲亂翻的那幾天，她興高采烈地到處叫喊什麼「真是全國興奮像辦喜事，真熱鬧……」

　　這個右派分子所以這樣兇狠，不是偶然的。雖然她吹噓自己是什麼「進步人士」，但實際上她是蔣介石手下特務頭子康澤多年的密友。早在 1926 年她在日本時期，就同臭名昭著的反革命分子胡風勾搭在一起，長期拜倒在胡風門下，成為胡風的親信。直到 1955 年全國肅反運動開始，胡風反革命集團的第一批反革命材料在報紙上公佈以後，她仍同胡風有極其密切的聯繫。

　　郵電部反右派鬥爭開始以後，她不但沒有老老實實交代自己的反動言行，反而跑到北京礦業學院一個熟人家裏躲了一個星期；回到郵電部以後，至今仍是吞吞吐吐沒有徹底交代。根據郵電部的工作人員和民革郵電部支部成員們初步揭發的材料，不但周穎本人是個反黨反社會主義的右派分子，在她的周圍還有一批同謀者，她在社會主義學院向黨進攻的發言稿，就是她和她的丈夫轟紺弩共同草擬的。這些同謀者至今也像周穎一樣並未徹底交代。（9 月 11 日《人民日報》）

後來又輪到了民革中央常務委員兼組織部副部長李俊龍。他是一向持一種非常合作態度，是到了 12 月反右派鬥爭的高潮已過的時候，才被打成右派分子的。新華社的〈到處煽風點火妄想把邪風吹遍全國　李俊龍的右派面目被揭露〉一文，說：

　　李俊龍利用政協全國委員會委員的身份，在各地視察的時候到處煽風點火，搜集毒草。他在廣東和黑龍江兩次視察座談會上，儼然以中央大員自居，說是來搜集人民內部矛盾的。他在座談會上甚至惡毒地挑撥到會人員和領導幹部的關係說：「領導在

場，你們不敢提意見」，公然把到會的共產黨員、共青團員和領導幹部一齊轟了出去。

在鳴放期間，李俊龍要把反共、反人民、反社會主義的邪風吹遍全國。他說：「我在黑龍江視察時，那裏還沒有鳴放，我曾對省委書記說，春風未度山海關。我到長春視察時，那裏已在鳴放，我說春風已到山海關。回到北京後，從文匯報看，有的地方還未鳴放起來，四川最近才鳴放起來，這是春風初度劍門關。湖南未鳴放起來就定出許多清規戒律，是未放先收，我希望『春風度過武勝關，吹皺八百里洞庭』。」

李俊龍不遺餘力地攻擊社會主義文化和共產黨對知識分子的政策。從對知識分子的安排到使用，從大學教授到小學教員，從科學到文藝，從華南到東北，他都到處施放毒箭。他誣衊共產黨不能領導科學，新社會沒有學術研究自由，叫囂「科學研究機關的行政幹部都是黨、團員，不懂業務，妨礙科學的發展」。他還把黨對知識分子的思想改造說得陰森可怕，說思想改造就是「否定思想，否定業務知識，否定人格」。甚至瘋狂地提出限制共產黨發展知識分子黨員的反動主張，說什麼「現在共產黨有一千二百萬黨員，今後接受知識分子入黨不要那麼快」，妄圖根本割斷共產黨同知識分子的聯繫，爭取知識分子作為他反共、反人民、反社會主義的資本。

李俊龍對社會主義法制和人事制度也進行了惡毒的攻擊。他污衊縣以下的幹部沒有法制，在他看來，不管幹部犯了什麼性質的錯誤，一律加以「關」「管」「殺」，這才叫作有「法制」。他企圖把專政的鋒芒指向人民的內部，而不是指向人民的敵人。

李俊龍一方面對人民、對革命幹部十分仇視，一方面卻儘量為反革命分子開脫，說什麼「國民黨的區分部委員，並不是反革命骨幹」，「國民黨的區分部是糊塗的區分部」等等。他甚至閉眼不看憲法關於我國保衛人民民主制度、鎮壓一切反革命活動的規定，竟說「像肅反這樣重要的問題，不通過人民代表大會是不對的」，企圖把肅反運動說成是違法的。

會上還揭露了李俊龍利用民革中央組織部副部長的身份，企圖篡改民革的政治方向和組織路線，使民革變為右派分子的政治工具的許多事實。（12月13日《人民日報》）

民革中央如火如荼打出了這麼許多右派分子，同時民革各地方組織都在開會反右派。下面摘錄一些當年報紙上的有關報導。

據 6 月 20 日《長江日報》刊登的〈民革武漢市委會舉行擴大會議批判鄧介松、劉叔模等的錯誤言論〉一文報導：「昨日民革武漢市委舉行擴大會議，批駁右派言論，會上對本市民革成員鄧介松、劉叔模的錯誤言論進行了批判。民革基層組織的許多負責人在發言中要求民革市委會的領導人員，首先和右派分子劃清思想界線，站穩立場，領導基層的成員更好地幫助黨整風。」如鄧介松說的「統戰部統『邪』不統『正』」，「省長、市長不是選出來的」，「有黨就有宗派主義，宗派主義嚴重，黨就要滅亡」，劉叔模說的「葛佩琦的發言是因為在肅反鬥爭中受了些委屈」，「盧郁文收到匿名信是個別問題，人民日報不必發社論，不必箭拔弩張」，「人民日報的社論不冷靜，不理智」，在會上受到許多人發言批判。

11 月 17 日《光明日報》刊出〈民革各地方組織反右派鬥爭繼續深入〉消息，說：

> 本報訊　民革各地方組織的反右派鬥爭深入基層後，許多地區的反右鬥爭又獲得進一步的勝利。

> 民革廣東省組織已揪出右派分子六十三人，佔全省成員總數的 6.33%，其中有廣州市的羅翼群反共集團、韶關的沈秉強反共集團，合浦的張存芳反共集團和海口的馮所懋反共集團。

> 民革長沙市委會反右派鬥爭自向基層深入後，已揪出的右派分子有中南礦冶學校教授、民革支部主委廖友仁、湖南省人民委員會參事李茂秋等十三人。

> 民革湖北省委會最近集中火力鬥爭了頑固的右派分子田竺僧。田竺僧是民革中央委員，湖北省民革副主委兼秘書長。他是陳銘樞反黨路線的忠實執行者，同武漢和湖北的晏勳甫、耿伯釗反共集團狼狽為奸。民革福建省各地組織，在四個月的反右派鬥爭中，揭發了五十七個右派分子，佔全省成員總數的 7.1%。長期隱藏在幕後興風作浪的右派集團魁首李黎洲也被揭發出來。

7 月 3 日《甘肅日報》的〈民革甘肅省委連日開會整風，開始揭發右派分子的真面目〉一文報導：民革甘肅省委在 6 月 27、28、29 日和 7 月 1

日、2 日連日召開整風會議，會上揭露右派分子蔣雲台、水梓、安立綏、王自治。

這裏説的蔣雲台，在國民黨軍隊擔任過副師長、師管區司令等軍職。解放後，被安排為省參議室副主任，省體委的主任委員，省人民代表大會的代表，省政協常委。

這裏説的水梓，他在 1918 年被政府派到美國考察教育，回來後擔任甘肅省立第一中學校長、甘肅省政府教育廳長。後來還擔任了甘肅省銀行常務董事、董事長、國民大會區域代表、甘寧青銓敍處長、考銓處長、蘭州大學特約教授、甘肅省教育會理事長、行憲國大代表、考試院考選委員等職務。解放後被安排為甘肅省各界人民代表會的特約代表、甘肅省協商委員會的駐會委員、甘肅省文物管理委員會委員和蘭州市建設委員會委員，還被提名為西北軍政委員會的委員。反右派鬥爭中，揭發水梓的右派言論，據 7 月 21 日《甘肅日報》載，如他説：「人事機構應酌量參加非黨人士，免使人事機構成為宗派主義的樞紐。我們是聯合政府，何必獨掌用人大權，一黨包辦呢？」又説：「省人事局做人事工作的人員，大都很年青，不懂得人情世故，態度異常驕傲，有特權思想，自以為自己是『吏部天官』、『天官賜福』。」「有些人反映人事部門掌握的檔案材料是『生死簿』，很了不起。」他要求改變黨和政府德才兼顧的幹部政策，而採取一種不考察歷史，不問政治情況，只看學歷，只看技術的幹部政策。且看他的發言骨子裏包含着什麼：「人事安排是，用幹部除了政治、歷史外，還應重視人的學歷、品質及其專長，做到學用一致，各盡其才，分配工作中，對能用的人不要遺棄，亦不應限於黨團員，以免造成特殊權利，使野有遺才。」「如省政協曾派了一批人到西安學習，回來後，省人事局使一些有技術的人做了其他工作，把一部分很有專長的人處理回家生產，理由是説他們是地主，可是他們有些人本來就不會勞動，我也是個地主，我就不會勞動生產，為什麼硬要不會勞動生產的人勞動生產呢？」關於肅反運動，他説：「在肅反當中，見聞所及，問題很多，這裏建議：（1）執行肅反的機構，把沒有結的案件，從速作結論和處理，不要再拖延了。（2）對已確定的案件，發現錯的應立即糾正。對重大錯誤案件的逮捕、審訊人員予以應有懲處，進行法律處理，以重人權。」「聽説蘭州市某機關在肅反中，逮捕了三十八個人，經中央檢察機關檢查後，發現其中有三十四人是錯捕的，

又無罪釋放了，判決書也追回了，判刑的只有四個。這是重大的錯誤，這不能算是小事吧！應追究責任，予以處分。」

《甘肅日報》11 月 19 日刊出的〈甘肅省民革基層組織又揪出一批右派分子〉消息報導：

> 本報訊　自民革省委整風工作會議後，民革甘肅省基層組織的反右派鬥爭已廣泛開展。目前又揭發出來右派分子三十七名，總計前後已揭發出右派分子一百一十三名，佔全省成員百分之十五，比整風會議前增加百分之四點九。

> 民革蘭州市各支部（直屬小組）的整風工作組，及時傳達了民革中央和民革甘肅省整風工作會議的精神，整頓和健全了整風機構，鞏固與加強了領導核心，充實了骨幹。在全市二十一個支部和一個直屬小組中，成立了十四個整風工作組和一個支委會領導整風工作。民革省委會領導小組還抽出六名較強的戰鬥員，到支部幫助領導整風工作。現在除一個支部尚在進行反右派準備階段外，其餘支部（直屬小組）都開展了反右派鬥爭。已揭發出五十二名右派分子。目前除有八名尚未批判外，已徹底鬥透鬥臭者六名，基本上鬥透鬥臭者九名，已鬥臭不透者十名，半臭不透者十九名。

> 通過反右派鬥爭，成員受到一次嚴重考驗，程度不同地提高了政治覺悟，溫情主義右傾思想不斷得到克服，絕大多數中間分子已在思想上、政治上與右派分子逐漸劃清了界限，壯大了左派隊伍，孤立分化了右派。

> 目前基層組織在緊緊依靠共產黨的領導下，繼續克服右傾思想，向右派分子進行窮追猛擊。

據中共中央辦公廳編印的《情況簡報（整風專輯）彙編》(三) 的材料，其中關於湖南的部分如下：

> 近兩天來，各民主黨派反擊右派的鬥爭，大體上有三種情況：(1) 民盟已由一般性的批判轉到深入地揭發材料，對已揭發的材料加以分析整理，以便在下一個戰役中給以狠狠地打擊。(2) 民革、民進正在揭發右派的反動言行，反右派的鬥爭已經展開。(3) 農工、民進及九三正在配合民盟的反右派鬥爭，但它們

內部還未大搞起來，只有農工的土建學院支部開始了內部的反擊右派的鬥爭。

在湘潭、衡陽、邵陽等市，我們正在收集右派分子的材料，進行排隊，準備開展反擊右派的鬥爭。長沙反右派的鬥爭，已由民盟轉到民革。民革內部的情況複雜，三十二個省委委員中，右派有十九人，中派九人，左派四人；常委中一個左派也沒有。我們原來在民革內點了四個右派分子的名，從 24 日起，民革召開省、市委擴大會議，開始點名和揭發右派分子。民革內部由於右派分子很多，24 日至 27 日的會議上形成了僵持局面，許多右派分子在發言中雖不敢公開為點了名的右派分子辯解，但實際上是為他們解圍。會議原來由右派分子劉岳厚（民革省常委）主持，他在會上講了許多為右派分子開脫的話，在 28 日的會議上被群眾轟下台來，他惱羞成怒，罵進步分子肖規是披着左派外衣的反革命分子。民革機關幹部姜南秀（女）質問他是什麼態度，他就動手打了姜南秀。左派雖然人數少，但在全國和全省反右派鬥爭的影響下，目前已佔據了優勢，並通過決議撤銷了五個人的黨內職務，責令其檢討。被鬥的右派分子中，有的表面低頭，有的滿不在乎，有的還不服氣。沒有被點名的右派分子，則活動頻繁，其方法是互相串連勾結，常在深夜往來，在公開場合看風使舵，仍企圖掌握反右派鬥爭的領導權，使鬥爭草率收場；或把目標集中在已點名的個別人身上。我們對民革反擊右派的鬥爭取三種辦法：(1) 依靠四個左派分子，發動基層群眾，組織進步力量；(2) 直接爭取中間分子。如省文物委員會秘書楊士驥原來有顧慮，經省委宣傳部談話後，態度就轉變了。(3) 通過報紙壓倒歪風，婦聯開幹部會支持，工人農民寫信聲討。最近民主黨派藉口彙報到統戰部來摸底，我們也乘此機會摸他們的底。（湖南省委整風辦公室張瑞潔彙報）

據新華社記者魯興倫寫的〈民革貴州省委攻破一個反共小集團〉說：民革貴州省委員會最近攻破了以民革中央團結委員、民革貴州省委員會常務委員、貴州省人民委員會委員兼貴州省人民委員會參事室主任陳純齋為首的反共小集團。據這個反動小集團的「軍師」梅重光交代，它的主要成員是：陳純齋、歐百川（苗族、副省長）、吳劍平（民政廳副廳長）、王天錫（侗族、全國人民代表大會代表）、吳雪儔（民盟盟員）、吳厚安、楊德純、張吉塢、牟龍光（已逮捕）、萬式炯和梅重光等十一人。此外，還有

袁棟材、吳達勤、張大成等偽軍政人員。（1958 年 1 月 23 日新華社《內部參考》）

這裏説的吳劍平是民革貴州省委員會常務委員兼秘書長，他的情況，據中國國民黨革命委員會中央整風辦公室整理的材料説，吳劍平「解放前是殘酷剝削的大地主，是稱霸一方的袍哥大爺」，是「在鄉軍人生產合作社」的組織者，曾歷任師長、師管區司令、副軍長、黔北綏靖司令等軍職；1947 年當選立法委員。在貴州解放前夕，他與谷正倫勾結，以「貴州第二綏靖區司令」名義在遵義地區「積極收羅舊部、聯絡土匪、惡霸，大肆招兵買馬。終因我解放大軍進展神速，以雷霆萬鈞之勢迫近遵義，他在無可奈何的情況下，被迫率領幾百人槍起義」。被安排為政協貴州省委員會常務委員、貴州省民政廳副廳長。

1957 年整風期間，他猖狂向黨進攻，他的右派言行有：一、他曾指使他的舊部、民廳榮軍學校教員、右派分子羅一農在榮校收集缺點，以作攻擊黨的領導的資料。二、他在民政廳黨組召開的座談會上説：「如果黨政混為一談，黨不管什麼事都包辦起來，那還要政權機關幹什麼？有黨委就行了！」説「民主人士是掛掛招牌」，是「贅瘤」。他主張「工作最後決定權是廳長，黨組要干涉就不行！」三、1956 年派他去遵義市發展和建立民革組織，他以為時機已到，蓄意把他過去組織的「在鄉軍人生產合作社」的殘餘勢力悉數拉進組織裏來；他想拉攏的人中，大多是地主、特務，有些甚至是沒有公民權的人。四、去年匈牙利事件和埃及事件發生後，吳劍平説：「蘇聯在對待匈牙利事件上有短處給美國拿着，所以在埃及事件的後一階段，蘇聯就很少發表言論了。」

這個小集團還有王伯勳，據新華社記者魯興倫寫的另一篇內參材料説，王伯勳原來是第十九兵團副司令官。1949 年解放軍迅速向西南挺進的時候，他與十九兵團司令官何紹州等還在貴州策劃「應變」，準備負隅頑抗。11 月貴州解放前夕，何紹州等逃離大陸，王伯勳迫於無路可走，不得已而起義。起義後被安排為民革中央團結委員、民革貴州省委員會常務委員、貴州省人民委員會委員兼交通廳廳長、貴州省第一屆人民代表大會代表。這篇內參材料羅列了他一些右派言行，例如他説黨員「不學無術，盛氣凌人」；「新黨員都是投機分子」。共產黨的統戰政策是「共產黨黨內統治黨外的政策」。説匈牙利事件是「蘇聯統治匈牙利的結果」；中國再不改變也很「危險」。當全國各地右派分子猖狂向黨進攻的時候，王伯勳一反幾

年來的沉默成為各種場所的活躍分子，經常向人誇獎右派分子儲安平、葛佩琦「有大政治家的風度」；謾罵維護社會主義事業的盧郁文、李仲公「無恥」，在交通廳內，他披着領導者的外衣號召一些民革成員和非黨幹部不要站在黨的立場，鼓動他們向黨進攻，並對不安心工作和工資改革中有意見的幹部進行個別煽動。這篇材料說，民革貴州省委員會在 10 月 15 日至 22 日召開的整風傳達會議上，揭發和駁斥了右派分子王伯勳反共反人民的言行。（原載新華社《內部參考》1957 年 11 月 2 日）

據《浙江日報》1957 年 7 月 5 日報導：「昨天舉行的民革浙江省委員會揭露、駁斥右派分子言行的會議上，初步揭發出民革浙江省委員會內有資產階級右派小集團。昨天的會上主要是揭發右派分子何柱國、杜偉的陰謀活動。」

許寶騄是政協全國委員會委員、民革中央委員、民革中央學委會副主任委員、民革北京市委會常務委員兼代秘書長，在 6 月 30 日的民革中央小組擴大會議上他還發言揭發了譚惕吾同林希翎在電話中訂「攻守同盟」的問題，還對龍雲提出批評。（7 月 1 日《人民日報》）可是 8 月 29 日的《人民日報》上刊出新華社記者張新辰、卜昭文寫的〈各民主黨派北京市組織反右派鬥爭進度懸殊，農工民進九三亟需迎頭趕上〉一文說：「民革北京市的基層組織中也大部分建立了整風領導小組，反右派鬥爭也逐漸深入，現在正在對右派骨幹分子譚惕吾、許寶騄進行堅決的鬥爭。」他被劃為右派的原因，主要是因為他為肅反對象說話。據中國國民黨革命委員會中央整風辦公室整理的材料說：

> 許寶騄以政協全國委員會委員的身份，於今年 4 月，到廣州視察。出發前就向人說：「廣州是缺點最多的地方。」到廣州後，擺脫視察組單獨進行活動，搜羅對黨不滿的分子連續舉行了六次座談會，鼓動參加座談會的人大鳴大放。他說：「不管大家有什麼意見，說出來就好。要多說，一次說，二次說，一直到說完為止。」並極其囂張地說：「我可以代表你們反映意見，如果地方解決不了，帶到北京去解決。」在他的煽動下，會場充滿了一片攻擊肅反、攻擊黨對知識分子的政策和誣蔑、咒罵黨與政府的喊叫聲。連管制分子也叫囂要爭取自由，高喊「現在太不自由了！出門回家都要向派出所和街道辦事處請示報告」。許寶騄對這樣的情況深表滿意，在他自己的日記裏得意忘形地寫上：「傾訴各種意見、問題和建議，相當尖銳。」

為了進一步進行煽動，他在每次座談會上都作了總結發言，把所有的誣衊、攻擊，不分敵我地通通說是人民內部矛盾問題，並號召說：「各方面的官僚主義、宗派主義是存在的，我們要不懈的鬥爭！」而且，還要這些人去找他個別陳訴或給他寫書面材料。果然，他的寓所門庭如市，很多這類分子與他徹夜密談；他自己也行蹤詭密地各處登門拜訪，「啟發」這類人詳述「冤情」。不幾天，他就收到五十多封來信和材料，向他喊「冤」叫「屈」，要求「平反」「翻案」。

許寶騤經過這番點火放毒、收集反黨彈藥的活動後，以視察中山大學的肅反工作為名，突然向中山大學的黨委發動進攻。他見到中大黨委劉望遠書記後，根本不問中大肅反情況，而是以極其囂張的態度，用興師問罪的口氣質問：中大被解聘和被迫退休的教師，究竟是什麼原因？是不是違反了黨對知識分子的政策？肅反搞錯了的人，為什麼不在公開場合恢復他們的名譽？肅反期間，被審查的對象某某遺失了一個金錶、一個金質獎章和一些書籍等，到底是誰拿去了，為什麼不徹查？中大負責同志根據事實逐一答覆了他的質問。許寶騤仍不甘休，第二天又去找陳序經副校長（非黨人士）進行質問，企圖從陳副校長的談話中找毛病，以便再次向黨委進攻；但所得答覆與黨委的答覆基本相同。他又要求找肅反對象陳熙談話。陳熙說：「我的問題已經解決了，沒有什麼好談的。」許寶騤還不死心，第三天又去找中大黨委劉望遠書記。雖然這次看了中大的整個肅反對象的名單和材料，而他仍不顧事實地說：「中大對於恢復肅反被搞錯的人的名譽的做法，是不能令人滿意的。中大肅反逮捕了七個人，結果都無罪釋放了，這說明中大肅反是不是百分之百都是錯誤的。」還囂張跋扈地威脅說：「肅反對象某某遺失的東西，是有關中大紀律和校譽問題；如果由國家出錢賠償，我要進行檢察。」

作為秘書長反右派不力，也是他本人劃為右派的原因。據這篇材料說：

當反右派鬥爭已經熱火朝天地到處開展起來後，許寶騤仍按兵不動。中央負責同志向他提出警告，指出他有右派情緒，責令他趕快佈置反右派鬥爭的工作；市委常委會也通過了關於反右派鬥爭的決議；中共市委統戰部召集北京市各民主黨派秘書長開會，對各民主黨派開展反右派鬥爭，提出了具體意見；基層組織一再要求市委會進行佈置；市委機關幹部也不斷督促。在這種情

況下，他不僅一直不把中共市委統戰部負責同志的指示意見向常會彙報和向幹部傳達，相反地，卻設想了一套方案：要分批召集基層組織的宣傳委員、宣傳員，通過彙報形式由他來指導一番，名之曰「使他們先行一步」，企圖拖延運動的開展。碰頭會決定要開會向基層組織作出佈置，他仍主張要分批召開；經決定一次召開後，臨近會期，他又藉口中央整風指示尚未下達，要電話通知基層改期召開；經過再三爭論，許寶騤才迫不得已按照大家提的佈置要點，於 6 月 25 日向基層負責人作了一個軟弱無力的佈置。

就在這段時間裏，許寶騤還千方百計為民革的右派分子打掩護。他在基層彙報會上放煙幕說：「民盟、民建問題多，民革沒問題，沒有出現個人野心家。」對基層組織有人問盧郁文同志和譚惕吾的問題時，他公然說：「這個問題誰是誰非還不能明確，別人問時，只說我也不清楚便得了。」有一個基層準備與所在單位其他民主黨派聯合發表一個文件，表明堅決與右派分子鬥爭到底的決心，問許寶騤是否可以把民革中央幾個大右派分子的名字在文件中列舉出來，他始而同意，但接着說：「不提那麼多了，只提龍雲、黃紹竑就可以了，不用提陳銘樞、譚惕吾。」

市委會正式宣佈進行整風後，許寶騤自報要發言批判譚惕吾，但他又說：「要先和譚惕吾談談。」許到譚家談話後回來，卻散佈說：「據我所了解，一向也看不出譚惕吾有什麼反黨情緒。」還說：「和譚惕吾談了後，我的發言稿也寫不出來了。」當市委會準備集中批判譚惕吾時，許寶騤公然為譚辯解，叫囂說：「不能專搞譚惕吾一個人呀！」「譚惕吾畢竟同章伯鈞他們是不一樣的，她是沒有行動的。」有同志指出譚惕吾指揮林希翎進行反黨活動的事實後，他又趕快掩飾說：「這件事中央已經去調查了。」並揚言：「我要到統戰部去摸摸底，摸摸統戰部究竟要把譚惕吾搞到什麼程度！」許寶騤就是這樣不顧一切地為右派分子打掩護、作辯解，來阻撓和破壞反右派鬥爭。

從這份材料列舉的事實看，他以前在民革中央小組擴大會議上批判譚惕吾、龍雲的發言都是言不由衷的。

民革中委被劃為右派分子的還有張軫（1895-1982），河南羅山人。抗日戰爭中曾經率部參加台兒莊戰役。1949 年他是河南省政府主席、華中軍

政長官公署副長官兼第十九兵團司令官。5 月 14 日，中國人民解放軍第四野戰軍第四十三軍強渡長江，進逼武漢。15 日，張軫即率領所部二萬多人槍起義。17 日，人民解放軍即攻佔武漢三鎮。不久張軫所部改編為中國人民解放軍第五十一軍，任命他為軍長。後來他被安排為湖北省軍區副司令員、河南省副省長、中國國民黨革命委員會中央委員、全國人民代表大會代表。1953 年被安排為體育運動委員會委員兼民族形式體育運動研究委員會主任，成為體育運動委員會主任賀龍的下屬。就因為在整風運動初期他在社會主義學院座談會上發言批評了賀龍，於是就被劃為右派分子了。這件事新華社《內部參考》作了報導：

> 　　新華社北京 22 日訊　中國國民黨革命委員會中央委員、河南省副省長張軫 20 日在社會主義學院座談會上發言中着重對體委領導上的主觀主義、宗派主義進行了嚴厲的批評。他説，1953 年他來到北京任體育運動委員會委員兼民族形式體育運動研究委員會主任。那時在天津，舉行了一次全國民族形式體育運動表演大會。會後選出了二十八人編為表演隊，1954 年 9 月在北京作彙報表演，賀龍主任看了以後大發雷霆，説是「胡鬧」，「沒有一個人要得，沒有一手一腳要得的」。張軫説賀龍批評他「不行」，「連委員也不能當」。1955 年 1 月，在北京舉行的全國體委會議上，賀龍和蔡樹藩對民族形式體育運動批評得更厲害，説「是盲目冒進，造成混亂」。會後決定民族形式體育運動由中央管理，各省市不管，農村停止發展。民族形式委員會改為武術研究室，歸秘書長辦公廳領導，編制只有七人，一個主任，三個科長級幹部，三個青年學生。

> 　　張軫説，體委領導上並叫我們檢討。於是我們七個人從 1955 年 1 月 12 日到 2 月份專門進行檢討，每週開三次檢討會。最後並寫檢討總結，一字一句地通過。但是，領導上把所有缺點都寫在他一個人身上。他説，上有榮高棠領導，下有黨員毛伯浩負責，有過，應大家負責，為什麼寫在他一個人身上呢？從此以後，體委的領導上對他的態度變了。這一年，他雖然是體委委員，但沒有參加過一次會議，如各國體育隊訪華舉行宴會也不讓他參加了，球類比賽的主席台上也沒有他的份了。他曾兩次通過黨員向榮高棠「掛號」説話，榮高棠都不見他。蔡樹藩更是見不到的，有兩次他同蔡樹藩打招呼，蔡不理他，有一次他伸出手來同他握手，也被拒絕了。

張軫批評體委的領導者——賀龍、蔡樹藩、榮高棠、張非垢對他的缺點不是進行說明，而是污辱他，壓迫他，輕視他。同時，他認為，民族形式體育是中國數千年寶貴的文化遺產，有廣泛的群眾基礎，不能任意棄置不理。他說，他們都是共產黨員，他們把自己看成是特殊材料製成的人，把非黨員看成是異己，看成是敵人。他說，他的思想也是反映客觀存在的，於是，他也把共產黨員看成是敵人，把人民內部矛盾，變成了敵我矛盾。

張軫說，他怕碰到體委的領導人，他遲到十分鐘上班，又提前十分鐘下班。他想工作，體委卻不給他工作做。

他說，「這股悶氣」在心裏「悶」了兩年，頭髮都「悶」白了。他曾兩次給周總理寫信，都沒有得到總理回答，以後他又寫了兩封信，一封信給李維漢同志，一封向體委請求辭職。但是李維漢卻派人勸他繼續留職在體委。

張軫說，賀龍是中共中央委員，又是政治局委員，他的作風竟是這樣的，他領導下的幹部——蔡樹藩、榮高棠的作風也是如此，他得出了結論：共產黨員的作風就是這樣。所以他同共產黨的關係一天天離得遠了。他說，他同林伯渠同志最熟悉，但他不願意見林老；在人民代表大會會議上，他碰到劉少奇同志，也只是說「你好，你好」。有兩次，他幾乎同周恩來同志碰面了，他故意躲開，不同周恩來會見。

他批評中共中央統戰部的統戰工作，「只統上不統下」，「只統大不統小」。他批評賀龍、蔡樹藩、榮高棠等太主觀、大宗派，不會作統戰工作，他們反對統戰，反對馬列主義。對周恩來，他說，作為一個政協全國委員會主席，他給他寫過兩封信，沒有得到回答，而把信轉給榮高棠，他質問：為什麼他對黨員那麼親密，為什麼對非黨人士又那樣冷淡呢？他批評李維漢派人勸他留在體委是「沒有原則」的。（1957 年 5 月 20 日新華社《內部參考》）

不過據《中央統戰部關於對民主人士中的右派分子處理意見》說，張軫「當報上揭發他的反動言行後，即向河南省、中央統戰部、民革中央寫信，表示承認錯誤，願作檢討」。

民革中委程星齡（1899-1987），湖南醴陵人，北伐戰爭中在國民革命軍第八軍第一師政治部任宣傳科長，抗日戰爭中任軍事委員會天水行營參事。1948 年應程潛的邀請來到長沙，參加和平起義的準備工作。湖南省和平解放之後，他被安排湖南省人民政府副主席兼省文教委員會主任、副省長兼體委主任；全國政協委員、湖南省人民代表、省政協常委、民革中委、民革湖南省常委。其實他是非常合作的。在反右派鬥爭中還是被劃為右派分子了。

據新華社報導：湖南省第一屆人民代表大會第五次會議已於 1957 年 12 月 29 日在長沙閉幕。

　　大會揭露和批判了右派分子、湖南省副省長、民革湖南省委常委程星齡反共反社會主義的罪行。李君九、溫汰沐、席楚霖在大會上發言，一致建議大會順應全省人民的要求，罷免他的副省長職務。大會還收到六十三位代表提出罷免右派分子程星齡的湖南省副省長職務的提案共十件，另有三百五十三位代表貼出要求罷免程星齡的副省長職務的大字報六十張。代表們指出：程星齡這個兇惡的右派分子，一貫攻擊共產黨的領導，誣衊黨的各項政策，包庇反革命分子，攻擊肅反運動，破壞人民民主專政。1957 年 4、5 月大鳴大放期間，他又組織右派集團，四處點火，向黨向社會主義發動猖狂進攻，揚言要「打開局面，影響小城市」，妄圖一舉搞垮黨的領導。他的反共反社會主義罪行，完全違背了全省人民的委託，違犯了中華人民共和國憲法。代表們堅決要求全省人民的最高權力機關根據憲法第五十九條及中華人民共和國地方各級人民代表大會和地方各級人民委員會組織法第八條的規定，罷免程星齡的副省長職務。（1958 年 1 月 3 日《人民日報》）

據《中央統戰部關於對民主人士中的右派分子處理意見》，程星齡被劃為極右派的「主要反動言行」是：

　　1. 歪曲黨的各項政策。說五反運動和工商業改造偏差太大，弄得全國工商業者垮台，成千成萬人失業，知識分子改造是不管人家死活，領導幹部參加體力勞動，是封建皇帝扶犁，裝模作樣，說黨對人事工作「包辦代替」，主張「民主黨派參加人事工作」。罵省委負責同志是「小政客」，「共產黨內違法亂紀的多得很」。

2. 經常散佈我國政治不民主的謬論，說人民委員會是「典型的形式主義，把民主人士當蠢豬」、「以黨代政」。說肅反「糟得很」，要「平反」，並為反革命分子辯護。

3. 在民革組織小集團，一貫仇視打擊進步力量。當「長期共存、互相監督」方針提出後，反對黨過問民革的事，並提出「舊國民黨歸隊」的發展方針。

4. 在醴陵召開了一系列的座談會，進行點火。後又提出「要造成氣氛，打開局面，影響小城市」。在《湖南民革》大寫文章，為右派分子張目。

5. 反右派鬥爭開始後，庇護右派分子，破壞反右派鬥爭。

民革中委、民革山東省主委范予遂也被劃為右派分子。他 1949 年在上海解放前夕參加立法委員和平簽名起義。被安排為全國政協委員、山東省人民委員會委員、人民代表、山東省政協副主席。據《人民日報》所載〈解放前殺害愛國志士血債累累，解放後向黨猖狂進攻殺氣騰騰，范予遂的魔手被抓住了〉一文說：

民革中央委員、民革中央組織部副部長兼山東省委主任委員、右派分子范予遂的反黨反人民的罪惡言行，在民革省委擴大會議和最近召開的山東省人民代表大會上，已被揭露出來。

范予遂在去年匈牙利事件後，就像帝國主義者一樣興高采烈地說：「社會主義陣營要分裂了。」今春在全國政協會上，他看到章伯鈞、羅隆基、陳銘樞等向黨發出了毒箭，又聽到有學生鬧事，便幸災樂禍，估計中國已經處於匈牙利事件前夕。政協會後，他參加了民革中央全會。這時，陳銘樞和他在前門飯店密談對黨進攻的陰謀。陳銘樞告訴他，今後的方向要變了，又叫他安排民革青島市委主委右派分子徐一貫與陳密談。范予遂在與陳銘樞密談後回到山東，立即和北京的陳銘樞、青島的徐一貫上下呼應，興風作浪。他派人到泰安、聊城等地發展組織，招兵買馬，還親自介紹反革命分子劉子班、共產黨的叛徒劉玉軒等加入民革。

鳴放開始，范予遂即煽動民革成員：「要提大的，不提小的。」又說：「這次是你整他（指共產黨），而你不被整」。在

民革廳、局長和高級知識分子座談會上，他還説：「過去是非不明，歪風壓倒正氣。」他兩次到他從未去過的山東師範學院民革支部，煽動他們向黨進攻。他對擁護黨的人也肆意辱罵。

范予遂在省委統戰部召開的會議上，殺氣騰騰地連放了三炮。第一炮是污衊從中央到地方的共產黨員有三個「缺點」，一是特權思想，二是個人專斷作風，三是對黨外人士不信任或不夠信任，並惡毒地説共產黨員是法西斯一樣的獨裁者。他進而把以上「缺點」歸咎於社會歷史根源問題和對階級鬥爭和無產階級專政的理論認識問題。他説，我國雖已超越了資產階級專政進入無產階級專政，可是仍然承受了封建主義專政的那一套。他狂妄地叫囂，兩次論無產階級專政的歷史經驗，並沒有指出產生缺點的歷史根源。第二炮是污衊中共中央和國務院聯合發指示是違反憲法，以黨代政；又叫囂黨是外行，不應領導非黨的內行；叫囂黨不要管人事；並肆意詆毀山東黨組織「掌握政策左右搖擺」。第三炮是攻擊肅反政策，並挑撥黨群關係説：「黨外人士對這種作法是念念不忘的。」

這個熱衷於攻擊肅反政策的人，原來是一個一再包庇反革命分子的人。例如大革命時期追蹤過共產黨員的特務韓方正，在昆明剛剛刑滿，范予遂就籌款接濟他。在民革內部，他知道張象冬是中統、軍統特務，杜雲廬同托派關係曖昧，他就特別重用他們。他們三人在民革山東省委內部形成了一個反動集團。

根據民革省委會議上揭發，范予遂原是老牌反共分子、國民黨的「黨國要人」。遠在 1924 年，山東國共合作時，共產黨在山東省負責人王燼美和范予遂同是國民黨省黨部的委員，范予遂曾多方打擊王燼美等人，並阻撓他們工作。大革命時期，范予遂就是國民黨右派。蔣介石背叛革命，武漢國共合作時期，范予遂任國民黨武漢市黨部常委、組織部長，表面跟共產黨合作，暗中給蔣介石送情報。汪精衛叛變革命後，范予遂公開鎮壓共產黨員和革命群眾。蔣汪再度分裂，汪下台後，范予遂即去英國。抗日戰爭初期，他回國後，投靠中統特務頭子朱家驊。他為蔣介石策劃反共計謀，當了國民黨中央委員，並被委為國民參政會的國民黨的駐會參政員、三青團常務幹事。

　　1942 年蔣介石掀起反共高潮，即派范予遂出任國民黨山東省黨部主任委員。他到山東後，電請蔣介石調走于學忠，叫反共「健將」李仙洲入魯，向解放區大舉進攻。例如當時臨淄的王硯田，就是在范予遂、李仙洲指使鼓勵下，在臨淄大路口擺上鍘刀，多少共產黨員和愛國人士就在那裏橫遭殺害，這個劊子手殺害的共產黨員和愛國人士不下三千人。范予遂欠下了山東人民累累的血債。

　　解放軍渡江前夕，范予遂出入於美國大使館，幾次和司徒雷登密談，為司徒雷登和李宗仁的陰謀活動奔走呼號，並散佈第三條路線的思想毒素。

　　但是，范予遂至今仍不低頭認罪，多方抵賴，甚至撕毀信件，消滅證據。8 月 9 日，在山東省人民代表大會預備會議上，范予遂又進行了一番假檢討，把他一貫反共反人民的歷史和這次向黨進攻的種種罪惡言行，歸結為自己是個舊民主主義者，是國民黨內的自由主義者。他這種頑抗的態度，受到代表們的嚴厲斥責，一致要求他繼續交代。（8 月 19 日《人民日報》）

民革中委、民革雲南省委會主委龔自知也被劃為右派了。他自 1929 年 8 月起到 1945 年 10 月龍雲下台止，一直任雲南省政府委員兼教育廳長先後達 18 年之久，1949 年在香港發表聲明脫離國民黨政府，1950 年回國。經龍雲推薦任西南軍政委員會委員及雲南省人民政府副主席，並在龍雲指使下參加民革，擔任民革雲南省籌委會籌委。此後又擔任了省協商會副主席及民革中央委員。1953 年繼續當選為雲南省副省長，1956 年當選為民革雲南省第一屆委員會主任委員。還被安排為雲南省人民代表、雲南省人民委員會委員、雲南省副省長。據《中央統戰部關於對民主人士中的右派分子處理意見》，他被劃為極右派的「主要反動言行」是：

　　1. 反對黨對國家機關的領導。要黨處於「超然地位」，強調國家機關中黨與非黨人士應「完全平等」，非黨人員在國家機關中應不受「黨組織的任何拘束或干涉」。

　　2. 攻擊共產黨「以階級鬥爭得天下，不能以階級鬥爭治天下」，誣衊說無產階級專政是產生三大主義的根源，只有實行多黨共存，互相制約，才可防止三個主義新的滋長。主張「百家只要齊鳴，不要爭鳴」。

　　3. 反對農業合作化和糧食政策。散佈「一邊大豐收，一邊餓死人」，「參加合作社的要少活幾年」「糧食統購統銷搞糟了」「副食品再供應不上就要爆炸」等反動謬論。反對肅反運動，污衊肅反「是高級形式的打擊報復，轉幾個彎子的借刀殺人」。

　　民革中委李紫翔被劃為右派分子了。他早在 1923 年曾經參加中國共產黨、1933 年脫黨。1948 年李紫翔加入「重慶民主聯誼會」，1949 年加入「三民主義同志聯合會」。不久三民主義同志聯合會併入中國國民黨革命委員會。李紫翔在 1956 年的民革的第三次大會上當選中央委員。他先後被安排為西南軍政委員會勞動部副部長、西南行政委員會委員、四川省水利廳廳長；四川省人民代表、省人民委員會委員，全國政協委員會委員、四川省政協委員會常委；在民革組織方面則歷任川康臨工會常委、西南指委會常委兼秘書長、四川省委會副主任委員，會秘書長，中央委員等職。劃他為右派的原因，據中國國民黨革命委員會中央整風辦公室整理的材料，有這樣一些：中共中央提出了「長期共存、互相監督」的方針以後，他認為「民主黨派有搞頭了」，趁省委三次擴大會議機會，提出改組省常委會和各業務部門負責人員的主張，一面把交叉黨員王長年和靠攏黨的積極分子排擠出常委會，一面援引長期以來蓄謀在四川省民革搞小集團活動的右派分子邱翥雙等進入省常委會，為右派進一步篡奪四川民革從省到市的全部領導實權提供了有利條件。李紫翔是四川省水利廳廳長，他說：「據我在水利廳的經驗，也是有黨政不分、黨代替行政，或者不經過行政，逕自執行的現象，似乎一切大大小小的事，都要由黨組決定。」

　　民革中委晏勳甫也被劃為右派了。他是保定軍校第一期畢業，國民黨時期擔任過中將軍職。湖北省政府委員。武漢解放前夕，他任偽漢口市長，留了下來。後來他擔任了民革武漢市委員會主任委員。6 月 19 日他主持民革武漢市委擴大會議，還說：「我們民革從中央到地方，有沒有右派言論和思想？我不能說沒有。但現在還沒有發現。」他一講完，有人就發言表示不同意他的說法。不久他被劃為右派分子。據報載，晏勳甫的反動言論和行為很多，如對鎮反運動他說：「蔣介石到處殺共產黨，現在共產黨是報復」，對肅反運動，他又說：「有些單位硬用百分之五比例找對象，擴大了鬥爭面，這也是唯成分論的一個結果。」又說：「肅反打擊面大了，要怪中央的政策。」他還鼓動肅反對象翻案，對土改和三反、五反他也很不滿意，他曾經說過：「地主和資本家是舊制度下產生的，他們犯了什麼罪

呀！」他說：「中國民主黨派沒有權。僅僅做一個應聲蟲」；「民主黨派與共產黨長期共存，有如羔羊與老虎作伴」。（1957 年 6 月 20 日《長江日報》）

說「農民在餓死的邊緣」的羅翼群，是民革中委；又是全國政協委員、廣東省人民委員會參事室副主任，也被劃為右派。

民革中委李世軍（1901-1989）字漢三，甘肅靜寧人。1924 年加入國民黨，1924 年 12 月 21 日奉孫中山派遣「前赴甘肅宣傳本總理對於時局之宣言」。1926 年李世軍是國民黨北京市黨部委員，參加了 3 月 18 日的遊行示威活動（即三一八學生運動），是執政府門前槍擊現場的倖存者。事後因此遭到通緝，被調往甘肅工作。後來他擔任過寧夏省政府委員兼教育廳長、甘肅省政府委員兼建設廳長、監察院監察委員、立法院立法委員等職務。1949 年他和一些立法委員聯名上書中共中央，聲明脫離與蔣政權的關係。解放以後，李世軍被安排為民革中央候補委員（1956 年 2 月為民革第三屆中央委員）、南京市人民委員會委員、南京市民政局局長。民革江蘇省委員會籌委會副主任委員。反右派鬥爭中，他成了江蘇省民革的第一名右派分子。他有些怎樣的右派言論呢？1957 年 7 月 10 日南京《新華日報》社論〈論李世軍的三恨〉說：

> 右派分子李世軍最仇恨三個東西：第一是公安機關，第二是人事部門，第三是共產黨員的黨性⋯⋯

> 李世軍首先仇恨我們的公安機關。他說我們的公安人員是「老虎身上的毛」，又說「今天公安人員既可怕又可恨」⋯⋯

> 李世軍還仇恨我們的人事部門。他說我們的人事部門是「閻王殿」，「閻王殿裏有大鬼小鬼，還有閻王菩薩」，又說材料袋是「生死簿」⋯⋯

> 李世軍還有第三個仇恨，那就是對共產黨員的黨性的仇恨。他說「共產黨員對非黨人士一言一笑都要考慮」，「共產黨冷冰冰的」，「單純用階級鬥爭觀點看人」，並說這是「黨性教育中的一個問題」。他特別指出公安人員和人事幹部尤其如此，尤其需要反掉。在這裏，李世軍之害怕階級分析，真是躍然紙上。

7 月 17 日《光明日報》刊出的〈仇恨共產黨，擁護章伯鈞的李世軍〉一文中說：

他和章伯鈞早在 1930 年就認識，以後經常有往來，直到最近，當章伯鈞請他吃飯時告以「政協可能改變性質，我們要實行兩院制，憲法是可以修改的」的消息以後，他認為章伯鈞的話是「有所本」的，他回到南京後狂熱地大事宣傳。

10 月 11 日的《新華日報》以〈江蘇省民革反右派獲決定性勝利，右派分子李世軍等更加陷於孤立〉為題，報導了歷時五天的省民革擴大會議的情況，説：「李世軍已基本上認識了他的反共、反社會主義的事實和這些事實的罪惡性質，但還有一些問題沒有交代或交代得不徹底，對他的罪惡的嚴重性還缺乏深刻的認識，今後應繼續進行深入的檢查和徹底的交代。」

西安師範學院語言文學系教授王捷三（1899-1966），他又是民革中央團結委員會委員，民革陝西省委員會常務委員；還被安排為西安市人民代表大會代表，政協西安市委員會常委。他北京大學哲學系畢業。後留學英國倫敦大學、美國哥倫比亞大學。回國以後在督辦河南軍務署擔任機要秘書。北伐時，他擔任國民軍聯軍南路軍少將秘書長。後來又擔任南京《中央日報》副刊編輯、首都女子法政講習所教職。1930 年任考選委員會特約編纂。1939 年擔任陝西省政府委員兼教育廳廳長（1939-1945）。1946 年當選制憲國民大會代表。

據中國國民黨革命委員會中央整風辦公室編輯出版的《羅翼群等八個右派分子的反動言行》裏搜集的材料，還有：王捷三説：「黨領導不等於黨員領導」，「對革命有功者崇德擇功，方法盡多，不必都叫他們當領導」。説在制定政策時，「逐層先讓民主黨派與聞其事」。又説「政策制定後經過政協（有人比作參議院）提供意見，人民代表大會討論通過，再交政府執行，這樣就不會『以黨代政』了」。説「傳播馬列主義用不着左手執資本論，右手執寶劍」。説「學術領導和行政領導性質不同。科學造詣不容易翻身，我覺得由於各科學部門領導上讓資歷造詣淺的領導資歷造詣深的，無疑是（影響）各級學校教育品質一個重要原因」。提出：「大學院校黨組織應當在校務委員會和學術委員會之外。」關於學校黨組織的作用，他認為：「要黨組織實質上能發揮鼓舞推動作用，不要它有指揮能力。」正因為這樣，所以王捷三就積極支援「黨團退出學校」的主張，他竟説「提這些意見的人是愛黨的人」。王捷三極端仇視黨團員。他認為解放後入黨的人都是「動機不純」，並惡意嘲罵地説：「全國解放後熱心入黨的知識分子，難免沒有在穩當的局面下，『既光榮，又領導』的思想。」又説：「目前入黨，

正如魯迅說的『既英雄又穩當』，起碼可以做個領導。」他還大肆造謠說：「這幾年學校吸收的黨團員，從已揭露的情況來看，壞學生多於好學生。」他說這些人「黨組又恃為心腹，既給以『特權』，又付以『特務』，怎能不製造矛盾，降低威信呢？」王捷三說解放後入黨的人「缺乏鍛煉，又急於立功，現在階級鬥爭已過，只好在人民內部按甲打乙，惹事生非，老黨員忙，『牆』『溝』多半是他們築掘的。」又說「剛剛起來的青年人迎合領導，為了自己上進，往往打擊別人，製造糾紛」。他大罵在運動中表現好而入黨的人說：「因為善於歌功頌德，希風承旨，便成了校院長的心腹，常常假借領導威信，自便私圖，因而為學校製造出不應該有的矛盾。」他說：「民主集中制在各個機關中還沒有制度化和具體化，大家體現民主集中制的精神也不夠，似乎是群眾要求民主，領導則愛集中，因此，應該沒有矛盾的事情有了矛盾，小矛盾變成了大矛盾。」

民革候補中委被劃為右派分子的，應該說到劉瑤章。他是國民黨政權最後一任北平市市長，參與了傅作義的北平和平解放活動。後來傅作義被安排為水利部部長，點名要他。據熊華源〈新中國首屆「內閣」籌建內幕〉一文中說：

> 周恩來又提名傅作義擔任水利部部長，並安排當時的北平市委副書記李葆華到水利部當副部長、黨組書記，協助傅作義工作。周恩來很尊重傅作義將軍，在醞釀配備水利部領導班子時，他請傅推薦人選，並對李葆華等人說：「凡是傅作義提的人我們都要用。」很快，傅向周恩來推薦兩位民主人士，一位是張含英，曾經是國民黨黃河治理委員會比較負責的技術專家；一位是劉瑤章，曾任國民黨河北省黨部主任委員、中央執行委員和北平市長。不久，張被任命為水利部副部長，劉被任命為水利部辦公廳主任。（邱石編，《共和國重大事件和決策內幕》第一卷上冊，1997 年版，第 3-4 頁）

反右派鬥爭開始的時候他是水利部部長助理，還是全國政協委員，民革候補中央委員、民革水利部支部主任委員。整風鳴放期間，5 月 25 日，他還出席了民革中央小組擴大會議，作了發言。可是不久他就被劃為右派了。據《人民日報》的〈駁倒他的反共謬論，揭開他的反動醜史，水利部追擊劉瑤章〉報導說：

水利部最近連續舉行七次全體工作人員大會，對右派骨幹分子劉瑤章的反動言行進行揭發和批判。

劉瑤章是水利部部長助理、全國政協委員、民革候補中委、民革水利部支部主委，他在整風運動開始以後，對共產黨進行了露骨的進攻。他反對水利部黨組對一些重大問題事先研究而後交給大家討論的做法。他千方百計地挑撥黨和群眾的關係。他說：「黨員有神秘性，特別是人事部門的，所以大家就敬鬼神而遠之。」「對黨員說話多說不如少說，少說不如不說。」還說：「要吃得好些，穿得爛些，見黨員躲遠些，喊萬歲、喊得響些。」

在這幾次大會上，很多人對劉瑤章的反共謬論進行了駁斥。水利部副部長張含英（水利專家）駁斥劉瑤章說：「我列席過部裏的黨組會，黨組對問題的討論是很細緻很認真的，而且事先有過調查研究的，我每參加一次黨組會就受到一次很深的教育。我們的革命事業和各項建設所以有這樣大的成績，是和這種領導分不開的，對問題的事先研究是黨的領導責任，這有什麼可以指摘的呢？」

劉瑤章還肆意攻擊社會主義建設事業。他一口否定了幾年來的水利建設對農業增產的作用，並有意抹煞治淮、蘇北灌溉總渠等工程的成就。對於劉瑤章的這些謬論，工務司司長劉鍾瑞（一級工程師）和副司長王森都用具體事實進行了駁斥。他們舉出：國民黨反動派執政二十年，使用了英國的庚子賠款，發行了數千萬元公債，結果只開了一條流量不到四百秒公方的中山河。人民政府八年的治淮成績，保證了五十年一遇的洪水不再為害。有了灌溉總渠和對洪澤湖的控制，保證了蘇北二千五百萬畝農田年年豐收，這些偉大成就如何抹殺得了。他們質問劉瑤章：「你有良心嗎？為什麼閉着眼睛歪曲事實？」

劉瑤章還和羅隆基、黃紹竑等互相呼應，攻擊肅反運動。他甚至反對對某些歷史複雜的人進行必要的審查，辱罵這是「神經過敏」，他還歪曲說水利部在肅反中捕錯了人。人事司孫石同志列舉水利部在肅反中依法逮捕的九個反革命分子和壞分子的處理經過，說明沒有一個是捕錯了的。程元廣和韓北平都以自己的親身感受說明對某些人的歷史進行審查完全必要。韓北平說：組織

上為了弄清我的歷史問題，曾派人跑了大半個中國，調查了一百多個關係，最後做出結論，使我放下了包袱。他質問劉瑤章：「這樣鐵的事實你能歪曲得了嗎？」

> 會上揭露：劉瑤章在平時就一面偽裝積極，一面利用機會污衊共產黨。雲連成同志揭露：劉瑤章在參加抗美援朝運動後，曾把舉世公認英勇無敵的中國人民志願軍，誣衊說是一群膽小、怕死的烏合之眾。據崔載之、劉乃濟、馬毅、智南屏等同志的揭發，劉瑤章本來就是一個以反蘇反共起家的國民黨黨棍。由於他既堅決反共，又善於奔走逢迎，一直爬上了國民黨中央委員、國民黨河北省黨部主任委員、偽河北省參議長、偽北平市長等高級反動職位。林樹彬等同志控訴劉瑤章在北京解放前，夥同許惠東（偽北平市參議長）、陳繼承（偽警備司令）等共同策劃了屠殺東北學生「七·五」大慘案。要他交代到底殺死多少學生。許多人還要他交代：為什麼正當談判和平解放北京的時期，劉瑤章卻把自己的妻子、女兒都送往台灣？給陳誠寫的信是什麼內容？解放後裝扮成一個偽君子有些什麼打算？（9月12日《人民日報》）

劃劉瑤章為右派分子，大約也有警告一下傅作義的意思吧。

民革中央候補委員吳紹澍也被劃為右派。吳紹澍在上海政法大學讀書的時候，於1925年參加共產黨，1927年大革命失敗後叛黨，擔任過國民黨武漢市黨部委員、國民黨中央民訓指導處處長、交通部職工事務委員會主任、國民黨上海市主任委員、三青團幹事長、上海市副市長兼社會局長。解放以後在交通部工作，依附部長章伯鈞，被安排為交通部參事室副主任，在交通部參事室內組織了以他為首的，包括右派分子俞塘、楊鵬、壽勉成等在內的反黨小集團。在1956年民革的三次大會上當選候補中央委員。中國國民黨革命委員會中央整風辦公室整理的劃他為右派分子的資料有好些，如他反對肅反的一條說：

> 吳紹澍一貫反對肅反，他認為中國在過去受了斯大林的影響，如果早點批判斯大林，中國是可以少死多少人的，他有很多朋友——那些被鎮壓了的反革命分子們——可以不死。吳紹澍在鳴放期間他給我們偉大的肅反運動下了六大罪狀：「（1）肅反像生產任務一樣定出5%的指標是主觀主義的；（2）大膽懷疑，誣告無責，以致擴大肅反的面；（3）肅反時流行荒謬邏輯——不滿意某個黨員就是不滿意黨，也就是反革命的推論；（4）解放

五、六年以後的肅反運動，還以歷史為重點而展開鬥爭是不現實的；（5）逼供信的情況不是個別的；（6）聽信假積極分子的歪曲分析。

其實他的歷史問題以及他同章伯鈞的關係就足夠劃他為右派了。他的妻子張蓮蓉在華北電影公司工作，也被劃為右派分子。

還有民革中央執行委員王葆真。他是老同盟會員，中國國民黨革命委員會成立時即任中央常委，李濟深任命他擔任民革華中軍事特派員，在長江一帶策反國民黨的軍隊。在一篇題為〈解放前夕民革的軍事策反活動〉的文章裏說到一件這樣的事情：一次「董必武秘密給了李濟深七百萬元活動經費。李濟深交給王葆真六百萬元、余心清一百萬元，讓他們到北方去進行策反活動。」（2009 年 3 月 6 日《團結報》）可見對他的倚重了。1949 年 2 月王葆真在上海被捕，5 月上海解放才得以脫險，即赴北京出席第一屆政協會議。他這時是第一屆全國人大代表。據 7 月 13 日《人民日報》報導，7 月 12 日的一屆四次人代會會議上「政協河北省委員會副主席王葆真」「等代表的書面發言，都從各地區、各方面的工作成就，從視察結果和親身體驗，嚴正地駁斥了資產階級右派分子的反社會主義言行」。可是不久之後他也被劃為右派分子了。據報載，他右派的言論有：他根本否定河北省幾年來建設的成績，說什麼「水利經費等於虛擲」，「水災年復一年的嚴重」，「尚未放出一線曙光」，他攻擊黨和政府水利工作「計劃不善」，「沒有切中要害」，「是一些彎彎曲曲的，枝枝節節的沒有切實效果的一些治水辦法。」攻擊黨和政府「坐看年復一年的嚴重水患，房倒屋塌，數百萬人民沐風淪雨，忍凍受饑，時疫流行。」（9 月 7 日《光明日報》）

6 月 10 日，毛澤東在他起草的《中央關於反擊右派分子鬥爭的步驟、策略問題的指示》中對中國各民主黨派作了一個比較，他說：「各黨派中，民革、民建、九三、民進等頗好，民盟、農工最壞。」（《建國以來毛澤東文稿》第六冊，第 503 頁）民革雖然得到了「頗好」的評語，可是還是打出了這麼許多右派分子。

第十三章

章羅同盟

7月1日的《人民日報》發表了毛澤東撰寫的社論：〈文匯報的資產階級方向應當批判〉。其中說：

> 民盟在百家爭鳴過程和整風過程中所起的作用特別惡劣。有組織、有計劃、有綱領、有路線，都是自外於人民的，是反共反社會主義的。還有農工民主黨，一模一樣。這兩個黨在這次驚濤駭浪中特別突出。風浪就是章羅同盟造起來的。

> 整個春季，中國天空上突然黑雲亂翻，其源蓋出於章羅同盟。

這裏第一次出現了「章羅同盟」這個縮寫的專有名詞。縮寫是最常見的語言現象之一，有些好幾個片語構成的專名，全稱太繁，可以截取其中少數文字作為代表。例如毛澤東筆下出現過的「楊羅耿兵團」（《毛澤東選集》第四卷，第1364頁）就是楊得志羅瑞卿耿飆指揮的華北野戰軍第二兵團的縮寫。「章羅同盟」的構詞法與此相同，其全稱就是以章伯鈞羅隆基為主要代表的中國民主同盟。社論中「風浪就是章羅同盟造起來的」，「其源蓋出於章羅同盟」，也可以讀作「風浪就是以章伯鈞羅隆基為主要代表的中國民主同盟造起來的」，「其源蓋出於以章伯鈞羅隆基為主要代表的中國民主同盟」。社論中又說「文匯報在春季裏執行民盟中央反共反人民反社會主義的方針」，更可見「民主同盟」和「章羅同盟」是同義詞。

不過，這個提法對於中國民主同盟顯然是一種很大的壓力。民盟中央的一些人希望只要章伯鈞羅隆基兩人承擔罪責，從而減輕整個組織的責任，於是就悄悄改了一個字，改為章羅聯盟。7月1日社論發表之後兩天，7月3日民盟中央的整風座談會上，主持會議的民盟中央秘書長胡愈之責成羅隆基交代四個問題：一、如何通過浦熙修控制《文匯報》；二、和儲安平事先商量他的發言稿的問題；三、小集團的情況；四、章羅聯盟問題。（7月4日《人民日報》）胡愈之在第一屆全國人大四次會議上的發言，題目就是〈章羅聯盟的透視〉（7月11日《人民日報》），只是同是在這一次人代會上，民盟北京市主委吳晗作批判發言，卻還是採用「章羅同盟」這提法（7月7日《人民日報》）。

後來的批判文章，幾乎全是採用「章羅聯盟」這個提法了，似乎是章伯鈞羅隆基二人結成了聯盟。不過這樣說有一個困難，就是這是兩個長期不和的人。他們之間的不和可以追溯到1945年10月民盟的第一屆全國代

表大會，那時民盟內部多數人不滿秘書長左舜生的把持操縱，擬議推出羅隆基取而代之，只是因為章伯鈞不同意才打消了這個計劃。

民盟高層人士都知道他們二人長期不和的這種關係。當時擔任中國民主同盟中央常委兼任宣傳部副部長的千家駒在《從追求到幻滅——一個中國經濟學家的自傳》中回憶說：

> 章伯鈞與羅隆基兩人俱任中國民主同盟副主席，但他們兩人勢同水火，積不相能。章伯鈞以民盟「左派」自居，與救國會派的史良（亦民盟副主席）相結納，以與羅隆基為首的右派（包括張東蓀、劉王立明、葉篤義等人）勾心鬥角，爭奪民盟的領導權。在會場上則舌劍唇槍，在會外則各有各的小組織。此事不但民盟中央，人眾周知；中共中央統戰部更比誰都清楚。毛澤東、周恩來也未嘗不知道。猶憶 1950 年民盟舉行第四次中央委員會時，由於章伯鈞與羅隆基爭奪領導權而相持不下，會也無法結束。後經周恩來出面調解，問題仍未解決。最後竟勞毛主席親自出面，約了民盟中央負責同志一起商談，才算勉強妥洽。周恩來、毛澤東兩次約民盟中央負責同志談話，我都在場，所以對章羅兩人對立的事，毛澤東也是清楚不過的。（台北時報文化出版企業公司 1993 年 6 月版，第 210 頁）

事實就是這樣。現在馬敍倫、高崇民、胡愈之、吳晗他們在會上的批判發言也都透露出了二人不和的真相。馬敍倫說，「我前幾年就曾為了調停章、羅之間爭權奪利的衝突而傷盡腦筋。」（6 月 19 日《人民日報》）高崇民說，「章、羅兩人本來是鉤心鬥角的，但近年來聯合起來了。」（7 月 1 日《人民日報》）胡愈之說，「章、羅兩人是有矛盾的。」（7 月 11 日《人民日報》）吳晗說，「章羅兩個多年冤家突然變成章羅同盟了。」（7 月 7 日《人民日報》）怎樣才能夠把一對多年的冤家說成是聯盟呢？馬敍倫的解釋很乾脆：「他們可以為個人野心而衝突，也可以為個人野心而聯合」，另外的幾位也都是循着這樣一種思路來解釋的。把兩位副主席分工合作的工作關係說成是一種政治聯盟的關係。

後來中國民主同盟主席沈鈞儒也不得不接受了「章羅聯盟」這個提法。他在〈中國民主同盟當前的嚴重政治任務〉一文中說：

> 中國民主同盟在資產階級右派向黨、向人民、向社會主義的猖狂進攻中，起了特別惡劣的影響和作用。這是因為在一個時期

內，由民盟兩個副主席章伯鈞、羅隆基所形成的「章羅聯盟」的右派反動路線——從政治路線到組織路線，曾經在盟內佔了上風。「章羅聯盟」的骨幹分子在不同情況下和不同程度上控制了民盟中央和許多地方組織的領導機關的實權。他們在國家生活的許多部門特別是文教部門還參加了領導工作。他們以及在他們影響下的大小右派分子，利用民盟組織的合法地位，利用幫助黨整風的機會，在全國和地方上，在高教界、科學界、新聞界、出版界、文化藝術界和其他方面，充當主帥和大小頭目，籌劃、發動、號召和組織資產階級右派的猖狂進攻。「章羅聯盟」事實上成為全國反黨、反人民、反社會主義發號施令的最高司令部，對黨、對人民、對社會主義事業犯下了嚴重的罪行。（9月11日《人民日報》）

羅隆基看了沈鈞儒這篇文章之後。寫信了一封長信給沈鈞儒鳴冤，信中說：

「章羅聯盟」這個名詞的來源和事實根據是什麼，我直到今天還不知道。經過三個月的反省後，我的良心告訴我，「章羅聯盟」這個罪案對我來說，絕對沒有事實根據，是極大的冤枉。

9月30日羅隆基更給陸定一寫了一封信，表示絕對不能承認有所謂的「章羅聯盟」這件事：

陸定一部長：

讀了先生最近在作家協會黨組織大會議總結大會上的講話，使我這個閉門思過，正在尋求思想改造途徑的人亦受益甚多。心誠感激。

談話中講到資產階級知識分子造反一段以中國的「章羅聯盟」與蘇聯的托洛茨基和匈牙利裴多菲俱樂部中的領導人物相提並論，並且認定「以章羅聯盟為中心的資產階級的猖狂進攻，就是要想對社會主義造反」。使我毛骨悚然，驚駭萬狀。我思想落後，一二年來在言行上犯了反黨反社會主義的罪過，我低頭認罪。但我願與先生聲明兩點：（1）我絕對不能承認有所謂的「章羅聯盟」這件事；（2）我自問良心絕對沒有「想對社會主義造反」這種狂妄企圖和野心。

「章羅聯盟」這個名稱的來源，事實根據和它的真實意義，直到今天我還不明白。我最近有致郭沫若院長一函和致民盟沈鈞儒主席一函，列舉事實，詳細解答了這個問題，特將兩函存稿列印送閱，供先生參考。我在〈我的初步交代補充材料〉中亦詳細地説明了這個問題，想已閲及，此處不重複。

自《人民日報》提出「章羅聯盟」這個名詞後，章伯鈞首先在交代中承認有其事，我認為這是他誣陷構架，枉燒夥伴，以分擔他在盟內外嚴重罪過的陰險行為。我希望領導黨和先生不要為他所蒙蔽欺騙。其次，盟內有若干負責人樂於有「章羅聯盟」這樣一個名詞，因此可以將自己在盟務工作上所犯錯誤擺脱關係。把民盟最近一年多來所犯的一系列的錯誤都歸罪於實無其事的「章羅聯盟」。這是不符合事實的，是不公道的。

其次，儘管我在言行上犯了反黨反社會主義的罪過，我自問良心沒有「想對社會主義造反」的居心。像我這樣一個舊社會過來的六十歲的知識分子，從小受過封建家庭教育，其後又受過十六年英美式的資本主義教育，又在舊社會中過了五十多年的舊生活，到一個新社會中，自己學習不夠，警惕不高，站錯立場，看錯問題，因此就有了錯誤的言行。這在我自己是應該痛自恨悔的事情，但亦是先進者可以哀矜體諒的事情。自解放以來，我不止沒有批評過國家的政治制度，並且寫文章宣揚過；不止沒有抹煞過國家在各方面建設的成績，並且在國內外對外賓一再宣傳過。事實俱在，可以追查。我的最嚴重的錯誤就是對中國知識分子問題有許多錯誤的認識，於是一兩年來就經常站在舊知識分子立場發表些荒謬的言論。經過這次在反右派鬥爭中的反省，我已經認識到我所發生的影響是極端惡劣的，罪過是十分嚴重的。但我絕對沒有恢復資本主義的妄念。由於黨對我的照顧，我今天政治地位相當高，生活安定，各方面都很滿足。六十之人，夫復何求。今天黨是這般強大，人民是這般團結，我又何至缺乏常識，不度德，不量力，做推翻黨，推翻社會主義的迷夢，以自取毀滅。

凡此所言，均出真誠。眾口鑠金，積毀消骨，我今處境若斯，誠所謂「今雖欲自雕琢，曼詞以自飾，無益，於俗不信，適足取辱耳」。然而對先生猶不甘緘默者，亦以在領導黨中先生為

我解放前即已相識少數友人之一，知我或比較清楚，故敢略陳苦衷，惟先生諒之而已矣。

　　謹致

敬禮

　　　　　　　　　　　　　　　　　　　　　　　羅隆基

　　　　　　　　　　　　　　　　　　　　　　　九月三十日

（中共中央宣傳部《宣教動態》1957 年第 307 期）

　　當年對反右派鬥爭頗為積極的千家駒，晚年對反右派鬥爭轉變為批評的態度，説「章羅聯盟是千古奇冤」。

　　從已經發表的毛澤東著作看，他始終都是用的「章羅同盟」這個提法。當報紙上眾口一詞，都説「章羅聯盟」了，他依然不改口。7 月 9 日他在上海幹部會議上講話，10 月 9 日在八屆三中全會上的講話，10 月 13 日在最高國務會議上講話，他都是講的「章羅同盟」。(《毛澤東選集》第五卷，第 450、475、492 頁)

　　如果用「章羅同盟」這個縮寫，就根本不會發生是否冤案的問題。因為這是一個政治概念，與章羅二人個人關係的好壞並無關係。這裏不妨用一個另外的例證來作類比，曾經有一些出版物將以蔣介石為首的國民黨縮寫為蔣黨；桂系，閻錫山，都曾經與蔣介石兵戎相見，可是他們又都屬於蔣黨。蔣黨並沒有能夠做到他們的《黨員守則》所規定的「親愛精誠，始終無間」，章羅同盟內部有不少恩恩怨怨，又何足為奇呢？

　　毛澤東在 6 月 10 日寫的《中央關於反擊右派分子鬥爭的步驟、策略問題的指示》中對中國各民主黨派作了一個比較，他説：

　　　　各黨派中，民革、民建、九三、民進等頗好，民盟、農工最壞。章伯鈞、羅隆基拼命做顛覆活動，野心很大，黨要擴大，政要平權，積極奪取教育權，説半年或一年，天下就將大亂。毛澤東混不下去了，所以想辭職。共產黨內部分裂，不久將被推翻。他們的野心極大。完全是資本主義路線，承認社會主義是假的。民盟右派和反動派的比例較大，大約有百分之十以上，霸佔許多領導職位。我們任務是揭露和孤立他們。他們的臭屁愈放得多，

對我們愈有利。但民盟的多數仍然是好的，或者有希望改造好的。（《建國以來毛澤東文稿》第六冊，第503頁）

這就是毛澤東對章伯鈞，對羅隆基，以及對章羅領導的中國民主同盟亦即章羅同盟的看法。不過他也指出了，民盟除了百分之十以上的右派和反動派之外，多數仍然是好的，或者有希望改造好的。正因為如此，不直接説民主同盟而説章羅同盟，對於穩定民盟內部這百分之八九十好的或可望改造好的人的情緒，爭取團結教育改造他們，顯然是有利的，對於動員他們去揭發和批鬥章伯鈞羅隆基等百分之十以上的右派和反動派，顯然是更有利的。再説，從政治鬥爭的策略上看，擒賊先擒王，打擊了章羅等百分之十以上，也就給予民盟足夠的打擊了。

這裏就來談談章伯鈞和羅隆基兩人的情況。

章伯鈞（1895-1969），安徽樅陽人。早年留學德國，在德國結識了朱德和周恩來，參加了共產黨。北伐戰爭中，鄧演達是北伐軍總司令部政治部主任，章在政治部任宣傳科長，參加過八一南昌起義。後來他脱離了共產黨，同鄧演達等人一道創建了一個被人稱為第三黨的政治組織，為中央幹部會幹事之一。1933年福建成立反蔣的人民政府，章伯鈞積極參加了這一活動，擔任經濟委員會委員兼任土地委員會主任委員。1941年中國民主政團同盟秘密成立，這是中國民主同盟的前身，章伯鈞為十七個發起人之一，並被推選為常務委員兼組織部長。1947年，根據章伯鈞的意見，第三黨改名中國農工民主黨，他被選為中央執行委員會主席。

章伯鈞一直是個熱衷政治活動的人。當人民解放軍同國民黨軍隊鏖戰方酣，他看到未來的政局將在戰場上決定，對軍事活動表現出了濃厚的興趣，希望他的農工民主黨能夠在這方面有所作為。1947年他在香港，要擔任過國民黨第五十軍軍長的楊子恒代表農工民主黨，同另一個民主黨派的尹某組織了一個民主行動委員會，秘密進行軍事活動。據楊子恒説，那時章伯鈞設想中國實行聯邦制，主張三分天下，共產黨治長江以北，某一方面治西南，他治東南。淮海戰役之後，章伯鈞又派李述中往來於福建、台灣、香港之間，策動福建獨立。又派雲應霖在廣東組織武裝，號稱民主救國軍。人民解放軍渡江前夕，章伯鈞又派擔任過國民黨軍事委員會情報主任和湯恩伯部參謀長的武思光回到家鄉湖南，組織起一支號稱湘西人民革命軍的武裝。此外，在江西九江等地、浙江諸暨等地，都有所組織。這些隊伍，都各有人槍數百至數千不等。這裏附帶説一句：在反右派鬥爭

中，這些當年為章伯鈞抓武裝的楊子恒、李述中、雲應霖、武思光等人，都被劃為右派分子。章伯鈞在軍事活動方面，還應該提到他參與了對敵軍吳化文、張軫等部的策反。特別應該提到的是農工民主黨員劉宗寬，他出身於黃埔軍校第三期，擔任過各種軍職，最後在西南軍政長官公署擔任代參謀長。當人民解放軍進軍西南之際，第二野戰軍就有情報人員藏在他家裏，隨時將重要軍事情報送到二野前線指揮部。蔣介石到重慶，召開會議，要判明人民解放軍的主攻方向，劉宗寬夥同一些人提出：估計將循三國時鄧艾伐蜀的老路，由陝入川。蔣介石接受了這一誤導，將羅廣文兵團配置在南充、大竹地區，向北防禦。劉又在他擬定的川東防禦部署中，故意在西（陽）秀（山）黔（江）彭（水）地區留下個大口子，後來第二野戰軍就從他留下的這個空子打進四川。後來第二野戰軍司令員劉伯承稱劉宗寬是「解放西南的第一功臣」。（2009 年 6 月 8 日《重慶晚報》）在反右派鬥爭中，張軫和劉宗寬都被劃為右派分子。

農工民主黨劃出的右派分子還應該說到鄧昊明，據 1957 年 6 月 30 日《文匯報》所載〈一丘之貉〉一文說：

> 農工民主黨江蘇省委員會主任委員鄧昊明，一身擔任着全國政協委員、省政協委員、省人民代表、省人委委員、省交通廳長等要職，黨和人民對他不能說不信任了；但他卻與右派分子章伯鈞、儲安平等互相呼應，高唱「黨天下」的謬論。

> 鄧昊明還大聲叫囂要建立共產黨和民主黨派之間的平等、自由和獨立的「合作共事」關係；他在「平等」的簾幕下，聲言農工民主黨在政治上「不能一邊倒」「不能看共產黨顏色」；在組織上則要求專門發展政治面目不清、對社會主義心懷二志的人，企圖與黨「分庭抗禮」否定黨的領導。

> 鄧昊明與黨「分庭抗禮」的活動，並不是從今天開始的。早在 1948 年底，他和一批國民黨官僚，組成「孫文主義同盟」，自任軍事部長，控制了幾支國民黨「保安」部隊。在和共產黨談判時，堅持要在大軍渡江後保留原有番號。即此一端，也可看出他的政治野心了。

> 實際情況完全不是這樣。這裏只說一件事：1949 年擔任南京──當塗一線和南京近郊防衛的 97 師（由原保衛蔣介石、顧

祝同、陳誠的三個警衛團改編而成，是首都衛戍司令張耀明直接指揮的「御林軍」）的師長王宴清是鄧昊明的外甥。

南京地下黨派黨員李益之（大剛報記者）通過鄧昊明做王宴清的工作，向他闡明形勢，講解中共政策，幫他認清蔣介石的真面目，他聽信了母舅的話，下定決心起義，並且作了幾個團長的工作。但不慎走漏消息，王被張耀明扣留，旋被南京衛戍司令部副司令員覃異之（覃後在湖南起義）釋放，1949 年 3 月 24 日王宴清遂舍家率部起義。蔣介石聞訊派飛機、部隊追殲，王僅帶了兩個團長及百餘人到達滁縣，得到人民解放軍三野八兵團司令員陳士榘的接見。97 師的起義，在蔣軍中引起強烈的震動。

羅隆基（1898-1965），字努生，江西安福人。他出身清華學堂（清華大學前身），先後在美國和英國留學，獲博士學位。回國後執教於上海光華大學、中國公學、天津南開大學，先後擔任上海《新月》月刊和天津《益世報》的編者。

他是一位學問文章都很受人尊敬的學者，同胡適、梁實秋、潘光旦、費孝通、曾昭掄、吳景超、華羅庚、錢端升等人都有交情。他之所以愈來愈深地捲入政治之中，是因為他早就希望創造出一種知識分子的政治力量，從而對國家的前途發揮自己的影響。他在 1930 年寫的一篇文章中談到中國「文人做武人的走狗」的情況：「如今國內一班聲名赫赫的長衫政治家，哪一個不是奔走匍匐於武人跟前，都是一班招之即來，揮之即去的奴才。」他「不禁為文人的身份悲，為國家的前途悲」。為了中國的前途，他希望中國的知識分子能夠成為一種獨立的力量：「倘使中國的文人，安心定分，自己早拿定主意，去創造文人的勢力，中國今日的局面，或不至此。」（《新月》月刊第三卷第二號所載評論《汪精衛先生最近言論集》的書評）

從這樣一種考慮出發，羅隆基一直熱衷於政治。1931 年他與張君勱等組織再生社，翌年改名為國家社會黨（民主社會黨前身）。胡適 1934 年 3 月 7 日的日記記着這天他在天津和羅隆基的一次見面：「我們又談他的政治計劃，他還想組織政黨。努生是一個天生的政客，應該朝這一方面做去。」他就是不斷這樣努力，到了 1941 年，他是中國民主同盟的十七個發起人之一，參加了民盟的政治綱領和組織法這兩個文件的起草，並被推選為中央常委兼宣傳部長。

羅隆基的政治觀點，他在反右派鬥爭中所作的書面檢討中說，他「回國以後，一切言論和行動，都是英美資產階級思想那一套。政治上一貫走的是第三條路線。」（7 月 16 日《人民日報》）從這種英美資產階級政治思想出發，他完全不能忍受國民黨的獨裁統治。他在《新月》月刊上發表多篇抨擊國民黨的文章，指出國民黨的「以黨治國」就是「以黨員治國」，國民黨說的「黨外無黨」，「毋寧謂之『黨外無民』」。羅隆基說，在國民黨治下，「我們這班非黨員的小民，確確實實是剝奪公民權的罪犯。我們小民除了納捐、輸稅、當兵、供差的國民義務外，享受了哪一種權利？……談談憲法，算是『反動』；談談人權，算是『人妖』。」（見《新月》月刊第二卷第八號，1929 年 10 月 10 日）「如今的黨治，在內政上以黨治國，是以黨亂國；在外交上以黨治國，是以黨亡國。」（見《新月》月刊第三卷第十二號，1931 年底）

1930 年上海新月書店出版的《人權論集》，輯印胡適、梁實秋、羅隆基三人關於擁護人權的文章。其中有羅隆基寫的〈論人權〉、〈告壓迫言論自由者〉和〈專家政治〉三篇，批評了國民黨政權的人權記錄。

羅隆基的這些文章當然不會叫國民黨高興。教育部就為這些文章飭令光華大學撤去羅隆基的教員職務。在上海，一個國民黨區黨部以「言論反動，侮辱總理」的罪名控告他，把他抓到警備司令部折騰了半天；後來在天津一次遭到特務狙擊，險些送了性命。

從這種英美資產階級政治思想出發，羅隆基那時也同樣不歡迎共產主義。在《新月》月刊上，他發表了〈論共產主義〉（第三卷第一號，1930 年 3 月 10 日）和〈論中國的共產〉（第三卷第十號，1931 年），這都是萬字以上的長文。前一篇，他就馬克思主義的歷史哲學、經濟理論、革命策略、理想社會四個方面談了自己的看法，例如他舉出一些統計數字之後說，「共產派的人或者要舉出鋼鐵大王，煤油大王，汽車大王一班人來做『富者愈富』的證據。然貧者愈貧，的確不是美國的事實。」表示不接受馬克思主義經濟學說中關於無產階級絕對貧困化的論點。總括他的看法，就是：「馬克思對資本主義的罪惡，是揭發無餘；對將來社會的建造，是全無把握。他的經濟的理論已成過時黃花，然而他在社會革命運動上的貢獻，是功德無量。」在後一篇中，羅隆基告訴國民黨說：

　　　　我們認為解決今日中國的共產問題，只有根本做到這兩點：
　　1. 解放思想，重自由不重「統一」；2. 改革政治，以民治代替「黨
　　治」。這兩點做到了，思想上青年有了歸宿，政治上民怨有了平
　　泄，以後，政治可以上軌道，經濟可以謀發展。這些初步條件做
　　到了，共產學說根本在中國站足不住了，共產黨不剿自滅了。這
　　兩步做不到，儘管討共軍着着勝利，湘鄂贛徹底肅清，然而餘
　　毒未盡，病根仍存，共產黨在中國，總是「野火燒不盡，春風吹
　　又生！」

　　那時羅隆基不希望共產黨在中國獲勝的態度，是明明白白的。抗日戰
爭的爆發是個轉折：國民黨的政治聲望下降，共產黨的政治聲望上升。到
了民盟成立之時，在中國的政治分野中面臨二者擇一的局面。國民黨早已
使他絕望，他選擇了共產黨。當然他並沒有接受共產主義的世界觀，並沒
有服膺馬克思主義的理論，他只是在二者擇一的條件下覺得共產黨至少要
比國民黨好些。就政治思想來說，他就是艾奇遜白皮書所寄予希望的民主
個人主義者。在反對國民黨的共同事業中，他能夠同共產黨合作。當這個
前提不再存在時，矛盾的激化就是不可避免的了。

　　中華人民共和國成立，共產黨給羅隆基安排了政務院政務委員這樣的
職務，可是心裏並不看好他。在解密的俄羅斯檔案中可以看到：早在 1949
年 11 月，周恩來對蘇聯駐華大使羅申通報情況，介紹那些參加政府工作的
民主人士的表現的時候，說了表現很好的有史良、沈鈞儒、李德全以及傅
作義這些人之後，說，「但是也有一部分進入政府的所謂的『民主黨派領
袖』，僅在形式上是政府成員。首先，人民政府委員會副主席李濟深和張
瀾可能就是這樣的人物；像羅隆基這樣的『民主黨派領袖』中的極右分子，
暫時還受到我們的信任，能夠出席各種會議，而在戰爭最後階段才歸附我
們的劉不同、何思源等，則被送往華北大學接受政治訓練。」（〈羅申與周
恩來談話紀要：通報中國國內形勢〉（1949 年 11 月 15 日），見《俄羅斯解
密檔案選編·中蘇關係》第二卷，第 160 頁）早在這時候，周恩來就已經
說羅隆基是「『民主黨派領袖』中的極右分子」了，而且只是「暫時還受到
我們的信任」而已，這實際上已經預告了他未來的命運。在〈羅申與李克
農談話紀要：美國間諜在華活動情況〉（1949 年 11 月 17 日）裏面，這一位
情報部門的領導人甚至說：「進入聯合政府的各民主黨派的右派分子，如羅
隆基、張東蓀之流也可能被美國人看作是招募間諜的補充來源。」（同卷，

第 163 頁）就已經給他戴上了右派分子的帽子，而且和他相提並論的張東蓀在 1952 年就被宣佈為美國間諜。

蘇共二十大後，毛澤東提出十大關係和「雙百方針」，章伯鈞羅隆基感到政治格局可能有所變化，頗覺興奮。反右中羅隆基在民盟中央作的交代說：「在中共提出『百家爭鳴、百花齊放，長期共存、互相監督』的方針後，章伯鈞對我說，現在我們民主黨派大有可為，可以大做特做。」（7 月 6 日《人民日報》）1957 年 3 月，民盟開了全國工作會議，這次會議從討論毛澤東 2 月 27 日最高國務會議上的講話開始。在討論民盟今後作什麼的時候，黃藥眠主張提「加強政治工作為主，支援大鳴大放，監督共產黨」。民盟中央秘書長胡愈之是秘密的共產黨員，他對黨的意圖比民主人士的理解要深一層，不同意這個提法，而主張提以文教工作和思想改造為主。黃藥眠反駁說，現在知識分子已成為勞動者了，再強調自我改造，提高政治水準，那是消極的表現。他認為，所謂「共存」、「監督」，事實上也就是政治民主化，當共產黨提出政治民主化的時候，而有人要把民盟的首要任務放在自我改造、文教工作方面，這樣長期共存就要落空。雙方爭持不下，章伯鈞就出來打圓場：現在進行監督還有困難，如人們不習慣，共產黨內百分之九十以上反對，我們提也好，不提也好，都不等於不監督。章伯鈞在會上還提出：要重新估價民主黨派的性質與任務，要大大發展組織，每個民主黨派可以發展幾十萬人，幾個民主黨派合起來可以發展一二百萬人，組織發展到縣一級。（9 月 4 日《人民日報》）這些，就是毛澤東無法容忍的「黨要擴大，政要平權」。

在這種政治形勢一定會有所變化的估計鼓舞之下，章伯鈞振奮起來，活動不少。1957 年 5 月章伯鈞同羅隆基商量決定，成立四個臨時研究組，分別研究高等學校黨委制、科學體制、有職有權和長期共存、互相監督等四個問題。科學規劃問題小組的曾昭掄、千家駒、華羅庚、童第周、錢偉長五人提出了一個《對於有關我國科學體制問題的幾點意見》；高等學校黨委負責制問題小組的黃藥眠、費孝通、吳景超、陶大鏞等人提出了一個《我們對於高等學校領導制度的建議》。《光明日報》刊出了後一個文件，同時在配發的短評中對於民主黨派作為一個組織這樣來參與國是表示了贊許。這樣，民盟顯示出了參與國家事務管理的空前積極性，也顯示出他們在科學、教育等方面有着不容漠視的能量。

　　6 月 10 日晚上，中國民主同盟中央小組舉行了第三次會議，會上對無產階級專政是不是產生官僚主義、主觀主義、宗派主義的根源的問題，展開了爭論。候補中央委員陳新桂說，他完全同意儲安平所說的共產黨的「黨天下」思想是一切宗派主義的根源。而且，儲安平可能是怕被人戴上修正主義的帽子，而不曾進一步指出這個黨天下的思想根源是什麼，而他認為黨天下的思想根源就是無產階級專政。他接着說：從蘇聯無產階級專政中發生的斯大林錯誤，從匈牙利無產階級專政中發生的匈牙利事件，證明無產階級專政這個政治制度是有問題的。無產階級專政實際上就是共產黨的專政。這樣，共產黨在貫徹政策的時候，在實行對國家領導的時候，首先要信任共產黨員，再就是信任青年團員，再就是信任靠攏黨的人。在這樣一種情況下，如果不產生宗派主義，不產生主觀主義和官僚主義，是不可想像的，不形成「黨天下」是很難想像的。

　　中央常務委員鄧初民反駁說：無產階級專政本身決不會產生官僚主義、主觀主義、宗派主義，相反，所以會產生官僚主義、主觀主義、宗派主義，正是由於有些共產黨員喪失了無產階級立場的結果。儲安平說的黨天下是不合乎事實的。他說，黨天下之說，好像天下是共產黨的，別人沒有份，無論從理論上、事實上都說不通。他說：我們這些民主人士都參與了立法權、行政權、司法權，並不是共產黨一黨專政。

　　中央委員張畢來發言中也反駁了陳新桂。他說：無產階級專政使得我國的工人和農民得到了大翻身，使全國的知識分子得到了真正的自由，使得資產階級得到了和平的改造，這是最大的好事，這是最廣泛的民主。怎麼能說無產階級專政是產生官僚主義、主觀主義、宗派主義的根源呢？他又說：無產階級專政雖然也有缺點，但是，無產階級專政本身就具有不斷克服官僚主義、主觀主義、宗派主義的力量，目前的整風就是明證。

　　6 月 11 日，《人民日報》在報導這一次民盟中央小組開會的消息的時候，用了十分醒目的大字標題：「可注意的民盟動向，鄧初民、張畢來同陳新桂展開爭辯，章伯鈞、費孝通對各方言論表示態度」。明確提出了「可注意的民盟動向！」第一次明白宣告了這一場反右派鬥爭的鋒芒所向。

　　後來羅隆基在作檢討的時候說，他的這些活動，目的只在於「擴大民盟的影響，擴大民盟的組織，提高民盟的地位，能夠在國事的決策上取得較多較大的權力來解決這些問題。我的妄想亦只此而已，絕對沒有推翻

黨、推翻社會主義、恢復資本主義的陰謀」。這並不是為了乞求寬恕而作出的一種姿態。他真是這樣想的。就大的傾向來說，幾年以來，他久已習慣於這樣的角色了，總是持一種十分合作的態度。

章伯鈞此時的思想，孫大光揭發說，毛澤東的論十大關係提出後，孫到章伯鈞的辦公室去找他，在談完工作上的問題之後，又談到黨的方針，當時章伯鈞很興奮地說：「『長期共存、互相監督』，我早就有這個意見，我就是不講。中國這樣大，一個上帝，九百萬清教徒（原注：那個時候全國是九百萬黨員），統治着五億農奴，非造反不行。」當時，孫要他解釋一下，所謂一個上帝是指什麼，清教徒又指的是什麼？在孫的追問下他解釋說，上帝就是馬列主義，清教徒就是黨員。（7月9日《人民日報》）看來這是遁詞，如果說「一本聖經」，或者可以用來比喻一種主義，「一個上帝」顯然只能是指某一個人。

民盟甘肅省委員會主任委員楊子恒揭發說，他聽章伯鈞說過，馬克思主義已經過時了，一百幾十年以前，資本家剝削工人到了極點，馬克思根據那時的情況，創造出馬克思主義進行階級鬥爭，這是有力量的；但它種到人們頭腦中的東西是要人們反抗統治者，這種思想對於搞革命、推倒統治者、奪取政權很有用。但是現在已經取得了政權，工人階級自己成了統治者，以前那一套就過時了，再強調就會引導到對自己的鬥爭。斯大林就是犯了這樣的錯誤，因此社會制度要變一變。（7月4日《人民日報》）

高崇民揭發說，章伯鈞羅隆基說過：馬克思列寧見過原子能嗎？馬列主義也是要變的。（7月1日《人民日報》）

李伯球揭發說，在蘇共二十大之後，章伯鈞在外地來京同志的談話會上說，蘇聯一定要變，中國也不能讓許多小斯大林統治下去。（6月20日《人民日報》）

章伯鈞羅隆基說了這些話，做了這些事，一場反右派鬥爭就是不可避免的了。反右派鬥爭就從政治界（民主黨派）的右派開始，就從章羅同盟開始。

在6月8日《人民日報》公開發表〈這是為什麼？〉的社論和中共中央發出《組織力量反擊右派分子的猖狂進攻》的黨內指示之後，已經有人聞風而動，在整風座談會上對章伯鈞羅隆基等右派分子進行反擊了。

6月13日民盟中央小組的會上羅涵先批評了章伯鈞的政治設計院、羅隆基的平反委員會以及葉篤義的發言。他也批評了儲安平和陳新桂。史良發言說：儲安平的整篇發言論點是徹底反共反人民反社會主義的。而伯鈞在上次座談會上對儲安平的批評，我認為是很不夠的，是含糊其詞、模棱兩可的。並沒有分析儲安平的發言錯誤在哪裏，沒有接觸到問題的本質。我要問伯鈞：你是不是也有所顧慮，所以故意含糊其詞，或者你是真的不明白儲安平發言的本質呢？會上，羅子為的發言也批評了章伯鈞。

6月18日下午，民盟中央常務委員會通過了《為號召全盟展開反右派鬥爭並開始盟內整風的決定》。這個決定說，章伯鈞、羅隆基、儲安平等所發表的反社會主義、反共產黨領導的言論是極端錯誤的。全體盟員對於這些錯誤的言論和主張，應當盡情加以揭發和批判。而這，事實上已經是盟內整風的開始。(6月19日《人民日報》) 5月10日史良向李維漢提出而未被採納的一項建議「民主黨派內部整風」，現在要進行了。

19日，主持會議的高崇民着重說明了兩點：

第一，民盟整風的內容和中共整風的內容有所不同，中共整風的主要內容是整官僚主義、宗派主義和主觀主義的思想作風，而民盟整風的主要內容則是整反對社會主義，反對共產黨領導，反對無產階級專政的思想和行動。

第二，民盟整風的方法當然也應該是和風細雨的，但是對於反黨反社會主義的極端錯誤的言行，必須予以無情的揭露和有力的駁斥，決不能把「和風細雨」作為姑息和容忍這類極端錯誤言行的藉口。

會上，黃藥眠批判章伯鈞，說他不學無術，就其階級基礎可以說是流氓知識分子。又說蘇聯批判斯大林的錯誤以後，他對蘇聯的不滿就逐漸顯露。匈牙利事件後，他心裏更加活動。到毛主席作了如何正確處理人民內部矛盾的報告後，他就更加躍躍欲試。他錯誤地以為人民民主制度會有根本改變。

光明日報總編室主任高天揭露儲安平，說他歪曲黨要民主黨派獨立自主地去辦《光明日報》這一方針。儲安平說過：這句話說得好，我倒要看看怎樣讓我獨立自主，我要撞撞暗礁，擔擔風險，用我的肩膀扛扛斤兩，看到什麼時候會受到阻力。(6月20日《人民日報》)

章伯鈞又是交通部部長，交通部也要開會鬥爭他。7月9日的《人民日報》報導了交通部全體職工反擊右派分子大會的消息：

　　《人民日報》訊：交通部在京機關全體工作人員於昨天下午舉行反擊右派分子大會，揭露右派分子章伯鈞反共反社會主義的陰謀罪行。會上要求發言的有兩百多人。發言的人都揭露了章伯鈞及其親信王一帆（農工民主黨中央委員、交通部公路總局副局長），楊逸棠（農工民主黨中央委員、交通部辦公廳副主任），丘克輝（民盟候補中央委員、人民交通出版社副社長），吳紹澍（民革候補中央委員、交通部參事室副主任），王寄一（農工民主黨中央委員、交通部船廠局副局長）等，進行的一系列的反對社會主義反對黨的領導的言論和行動。章伯鈞也參加了這個大會。大會自下午二時半開始到六時半結束。

　　民盟盟員、人民交通出版社編輯仇岳希揭露章伯鈞以合法地位幹反對社會主義的非法勾當。他說，共產黨整風開始，章伯鈞就用農工黨的組織，派五員大將，到各地去招兵買馬，到處點火。他派楊逸棠到山東，王一帆到東北，王寄一到上海。他們所到之處，專門找一些對黨不滿的人開座談會，然後將他們吸收參加農工民主黨，以擴大章伯鈞的政治資本，進行反共、反人民、反社會主義的勾當。王一帆發展組織的方式，不是釣魚式的，而是撒大網。他們在天津一個月就發展二百多。他們的工作是有計劃、有步驟、有綱領的。章伯鈞命令他的同夥，要把這些工作在這次人代會前夕做好。章伯鈞的五員大將，是些什麼人物呢？拿王一帆來說，他曾在蔣經國手下，擔任江西省訓練團（特務機關）指導處的處長。因為他訓練反動骨幹有經驗，章伯鈞就叫他掌握農工民主黨的大權。對於章伯鈞來說，農工黨有兩套幹部。他把歷史上幹過一些不可告人的事情的人，說成是他自己的幹部，交給王一帆掌握。在社會上揭發章的「政治設計院」謬論時，王一帆說：「我有辦法駁他們。」他曾寫了一篇文章為章伯鈞辯護，但是人民反右派情緒一天天在高漲，王一帆的文章就沒敢拿出來。

　　王寄一曾是「四‧一二」血案的兇手，反革命罪犯楊虎的幫手。他口口聲聲說擁護黨，實際是當面捧場，背後罵娘。他也是章伯鈞的心腹之人。章伯鈞在農工民主黨中央座談會上承認，有一個特務朱培德的女婿叫孫福，白天在章伯鈞家吃飯，晚上住在王寄一家。

　　丘克輝從香港來北京的路費是黃琪翔給的，他的民盟中央候補委員是章伯鈞提名的。

　　農工民主黨黨員、交通部材料供應局科員吳霈説，章伯鈞等人發展組織，不擇手段，發展的都是一些對黨異常不滿的人。例如，他們明知符浩歷史複雜，在第四支部通不過，卻在第一支部（都是新成員）千方百計的一次兩次用欺騙壓服的辦法通過了。他説，章伯鈞的反動言論被揭發後，農工黨執行局還在發佈指示繼續吸收黨員，説明這是章伯鈞和右派分子集團事先預謀好的。章伯鈞曾向楊逸棠説過，組織成員愈多，力量愈大，就愈能「賣錢」。

　　章伯鈞派他的一員大將林德名還到勞動工資局、船廠局等處去放火。供應局整風一開始，林德名就同我商量，企圖召開一次情緒低落的人的座談會，搜集對黨的意見，企圖挑撥黨群關係。中共供應局黨支部召開民主黨派座談會，林德名要我整理重點材料，説是送到農工黨市委去的，實際上他是在搜集向黨進攻的材料。

　　交通部化驗室主任、民革成員唐鴻烈説，章伯鈞的親信楊逸棠，王一帆等人，一個月之內，據説在北京組織五百多人參加座談會，先後舉行了二十幾次，大點其火。平時連部務會議都不參加的章伯鈞，這時還以部長身份主持交通部內有關學校業務問題的會議，在會上散播反動言論，陰謀生事添非，興波助浪。

　　章伯鈞的親戚、農工民主黨黨員李應元也在會上發了言。他表示要和章伯鈞劃清思想界限。他説：章伯鈞曾説：「我隨時可能發展為反革命。」這次，史良在報上揭發了章伯鈞的反動言論後，他坐在沙發上，手捧小茶壺對我説：茶壺既然打破了，反悔有什麼用。接着他含意頗深地説：能再買一把最好，假如買不起，買個茶杯也可以。這種陰險的説法，是否會有蒙混過關企圖死灰復燃的打算呢？

　　交通部海河運輸局地方船運處張維謹揭發章伯鈞屁股坐在資產階級板凳上，為資產階級説話。他説：資本家虞順慰有艘東山號輪船，被國營打撈企業打撈上來了。後來虞順慰兄弟來北京和章伯鈞共同策劃，在章的活動下，將東山輪重新鑒定，估價定案。資本家吃了甜頭以後，又要求將國營企業打撈起來的龍安輪

交還給資本家，打撈費以仍然沉在海底、江底的三條破船抵押。（實際上這三條船中間，有的已為資本家出賣給亞洲打撈公司了）這件事章伯鈞竭力支持，使國家財產遭到了損失。這些做法，是違反國家規定的，章伯鈞身為部長，不遵守政府法令，卻去給資產階級爭利。現在我們要章伯鈞交代為什麼替資本家說話？他和上海的流氓頭子虞洽卿（虞順懋的父親）有什麼關係？

章伯鈞說：肅反應當交給民主黨派去搞。他又說，如果黨不接受他們的意見，就會鬧成匈牙利事件。

工程師民盟盟員王憲章說，章伯鈞作了很多反社會主義的謬論。我聽過他發表兩次謬論。章伯鈞說肅反發生了偏差，還是交給民主黨派來搞吧！他以這個作為向黨進攻的藉口。章伯鈞說人民日報全是教條主義。他還說：「中央每到一個運動的時候，就讓我們提意見，這完全是形式主義。」章伯鈞曾經說過今後民主黨派要有民主自由的機會，現在民主黨派不是一個小孩子，已經不需要人攙着走路了。他說民主同盟和農工民主黨不是共產黨幫助建立的，因此應該有獨立性，這兩個黨可以與共產黨分庭抗禮。章伯鈞還說，我們在小組裏好好搞一下子，共產黨提出來「長期共存，互相監督」，我們自己要創造條件。章伯鈞說，假如共產黨不接受我們的意見，鬧成匈牙利事件就麻煩了。

章伯鈞口口聲聲說他「有職無權」，事實是怎樣的呢？交通部秘書處處長張啟宗說，去年，交通部召開過四十九次部長辦公會議和部務會議，他只參加過十二次。今年上半年，交通部開過二十次部務會議，他只參加了三次。請他參加，他不參加。顯然，章伯鈞不是「有職無權」，而是放棄職守。

共青團員徐嵐揭露了章伯鈞在交通部散佈反動言論毒害青年的罪行。徐嵐說，章伯鈞在交通部常在青年人面前散佈反動言論。有一次，章伯鈞在和許多青年人談話時，把社會主義和民主自由分開，說這是兩件事。

最後，共青團交通部團委書記張思奇代表交通部九百多名共青團員宣佈：全體團員一致堅決反擊右派分子，不獲全勝，決不甘休。

今天會上發言的還有全國交通系統的勞動模範艾肇昌，工程師王憲章、石光岩、胡福久，陸聿貴，人民大學馬列主義研究班學生孫映通等人。

那些被章伯鈞找到交通部任職的民主同盟盟員、農工民主黨黨員和別的民主黨派成員，像王一帆、楊逸棠、丘克輝、吳紹澍、王寄一等人，都被說成是章伯鈞的親信，都給戴上了右派分子帽子。

羅隆基 6 月 3 日出國，到科倫坡出席世界和平理事會會議，21 日回國。他出席了 25 日舉行的民盟中央小組擴大座談會，聽取人家對他的揭發和批判。

陳鼎文說，只要認識或略為知道羅隆基這個人的盟員，幾乎都說他是右派。吳晗提出盟的組織應受同級黨委的領導，羅隆基說這是「腰斬民盟」。

費孝通說，羅隆基認為知識分子和黨的距離是思想改造運動搞出來的，思想改造和肅反是造成黨和非黨隔膜的原因，所以他要求黨以「國士」對待知識分子，不這樣，他們就不肯把力量發揮出來。

潘大逵說，羅隆基一直用資產階級自私自利的名利觀點來影響他，民盟中央曾經打算調他到北京來工作，當時他很猶豫。這時羅隆基就對他說，你到中央來工作，只是一個普通幹部，最多是一個副部長；而在地方則是一個領導人。這樣，他就沒有到北京來工作。

彭迪先說，羅隆基曾經在人大第一次會議上說，共產黨來了，有法無天。《人民日報》上發表的時候刪去了這句話；但他確實說過這句話。他對黨的敵對情緒不知不覺地流露出來了。

羅隆基在大家對他揭發批判之後，表示要作深刻的反省。他說，他從來沒有在民盟內部說過自己思想進步。針對一些人提出的問題，羅隆基表示，他並沒有看過儲安平的發言稿，他也沒有用過「平反委員會」這名詞，他提出這意見，是因為對毛主席的指示體會不深刻。他還表示，他不願意把章羅並提。（6 月 26 日《人民日報》）

6月30日繼續舉行的會上，閔剛侯要羅隆基交代：他提出平反委員會的主張後，有許多人寫信給他，他是怎樣批復這些信的。羅說，信都是秘書看的。史良立刻質問他：你不是批了要「擴大影響，造成輿論」麼？

羅隆基還談了他和章伯鈞的關係。他說，他一向把章伯鈞看成政客，他們的合作是貌合神離，他也不同意章伯鈞的許多主張，比如兩院制問題，民盟大發展問題等。羅說，今年4月民盟工作會議上他所以支援章伯鈞是因為怕麻煩。談到由章伯鈞羅隆基出面組織召開的科學規劃、高等學校領導體制、有職無權、長期共存互相監督委員會，羅隆基說他事先沒有和章伯鈞商量，開會約哪些人，他事先也不知道，是章伯鈞確定的。

《人民日報》的這篇報導說：

> 羅隆基的這種不老老實實交代問題的態度……激起了大家極大的不滿和憤慨，他的發言不斷被大家的質問打斷。大家要求他端正態度老實交代，不要狡辯。座談會在晚上繼續進行。羅隆基在下午的座談會上對他自己的錯誤百般進行狡辯。晚上的會議一開始，大家就憤慨地對羅隆基的錯誤以及他的不老實的交代進行揭發和批判。在這次會議上發言的有些人和羅隆基的關係是比較密切的，但是，他們並沒有揭發出很多事實。高崇民在晚上的會議上第一個發言。他首先批判了羅隆基在下午的會議上發言的態度。他說：羅隆基的發言並不是交代，只是對報紙上及同志們所揭發的材料進行辯解。他表示對這個發言不僅不滿意，甚至是憤慨。(7月1日《人民日報》)

從這裏可以看出夜以繼日的批鬥會上人聲鼎沸的氣氛，也可以看出對那些「並沒有揭發出很多事實」的發言者施加了壓力。

羅隆基又是森林工業部的部長，所以還得從這個角度給他批判。7月20日《工人日報》刊載一篇專文〈羅隆基趙文璧狼狽為奸 企圖把森林工業部變成右派的獨立王國〉，「揭露羅隆基和他的幫辦趙文璧在森林工業部的陰謀活動」，這篇文章是由羅隆基的秘書邵慈雲、孫平毅和任伯卿、王岐、黃潔璿、楊喜蓮、劉廣運、陽勳桂、胡安、文曉征、王振南、馮樹楹、馬蕙芳等共十三人合寫的。22日《人民日報》將這篇文章加以摘要轉載。內容如下：

看了羅隆基向全國人民代表大會所作的「初步交代」，我們認為他不是真正地向人民低頭認罪，而是企圖用自欺欺人的狡猾手法蒙混過關。他在「交代」中，沒有談到他在森林工業部的陰謀活動。作為森林工業部的幹部，我們要向社會揭發羅隆基和他的大將趙文璧（森林工業部辦公廳副主任，森林工業部民盟支部的主任委員）在森林工業部的陰謀。

趙文璧先放毒氣後進攻甚至妄想到黨內來放火

整風開始以後，羅隆基就指使他的大將趙文璧大肆活動，到處點火，向黨發動了猖狂的進攻。

趙文璧第一個階段的行動是：利用黨委召開的部內各民主黨派座談會，藉口幫助黨整風，發出狂妄叫囂，同羅隆基在統戰部座談會上的發言遙相呼應。他說：造成三害的原因，是由於「黨無原則地強調主觀能動性和創造性。黨員文化低，知識缺乏，大多憑經驗辦事。而黨員們又以斯大林所說共產黨人是用『特殊材料製成的』論點為『護身符』，處處『特殊化』」。還說：共產黨「廟修得過多，菩薩搬得勤」。他認為：「黨無原則強調黨性，缺乏人情味，某些黨員六親不認，反被認為立場堅定。」又說：現在「行行有黨組，科科有黨員」的結果，造成了「黨政不分」。緊跟着這些謬論，他就積極地行動起來。他召集部內民革、九三、農工等民主黨派負責人開會宣佈：羅隆基部長談，「各報館來電話詢問，說森林工業部鳴、放不起來，是不是有人壓制批評，質問我部民主黨派是不是睡着了。」並且得意洋洋地提出三點倡議，請大家討論：第一：把本部民主黨派的所有成員（有黨員身份的除外）統一調配，分到各科室去點火；第二：建議黨委開大會，讓民主黨派和群眾幫助黨整風；第三：部內民主黨派聯合辦壁報。他一方面說這些事羅部長叫大家商量商量，一方面立刻拿起電話來馬上通知黨委，叫黨委定期開全體黨員大會。在部內第二次民主黨派座談會上，他以部內四個民主黨派代表的身份，向黨發出惡毒的攻擊。他假稱別人說：「五反是炮轟民建，肅反是火燒民盟」，所以共產黨應該很好地檢查。在民盟支部，趙文璧嫌民盟支部中有黨籍的盟員礙手礙腳，因而排斥這些同志參加會議。

趙文璧還進一步親下各科室點火。森林工業出版社社長（黨員）有些缺點，他就誇大事實，藉以煽動群眾對黨不滿，並且親自召集出版社幹部開會，廣泛動員群眾向這位社長提意見。另外，他還主張向基層企業的《林業工人報》點火，向基層放毒，企圖搞亂黨的整風步驟。此計未遂，他就利用辦公廳副主任身份親自出馬，到各業務單位，到司機班、炊事員、公務員中去點火。有時一個下午竟連串兩三個單位。

趙文璧竟猖狂到毫無顧忌地向黨內放毒。有一次部長秘書小組學習時，趙文璧突然自動「蒞臨」，他一進門就以民主黨派負責人的派頭，進行所謂「啟發動員」說：「你們都是黨員，你們黨內有沒有高級黨員，大黨員，小黨員；有沒有大黨員壓制小黨員的事，小黨員也應對大黨員提意見呀！」因為這個小組除邵慈雲同志外，其餘的全是黨員。

趙文璧對羅隆基的「平反委員會」的荒謬言論大加宣揚說：「羅這個人有才華，發言獨到，一鳴驚人，與眾不同。」羅隆基收到不少人稱讚他向黨進攻的信，他自己沾沾自喜，趙文璧也替羅隆基向外宣揚，藉以抬高羅隆基的「威望」。在這一個階段內，趙文璧還秉承羅隆基的意旨，在部外大肆活動。他以「尋親探友」為名，在短短的三個月時間內，訪問了三、四十位老朋友。這些老朋友是誰呢？其中有吳景超、陳新桂、顧執中、曾昭掄、潘光旦等右派分子。

6月2日，羅隆基出國的前一天，趙文璧一清早就登羅府彙報請示。羅隆基給了他以下的安排和部署。羅隆基指示：「儲安平發言出了點錯，部中鳴、放要注意，不要過火，共產黨政策隨時在變」等等。趙文璧從羅隆基處請示出來，在城內活動了一番以後，來到邵慈雲的家內，頗有感慨地說：「鳴、放還是上海搞得好，北京不行，有顧慮。」又說：「黨有三個東西碰不得。一是黨的領導，二是社會主義，三是無產階級專政，所以共產黨整風是換湯不換藥，領導權不會交出來的。」

陰謀敗露後羅趙訂立攻守同盟 趙文璧苦心孤詣保護羅隆基

6月8日，《人民日報》發表了社論〈這是為什麼〉以後，趙文璧開始採取觀望態度。他說《人民日報》社論是「小題大作」，要「收了」，並且假裝積極地向黨員副部長說某某民主人士說：

「這篇社論殺氣騰騰。」同時還散佈説：「來自可靠方面的消息，收的原因有三：一是鳴、放走了火；二是『人大』要開會，怕一、兩千代表也這麼放，中共無法控制；三是黨內反對，特別是黨的高級領導幹部反對。」《人民日報》的社論一篇緊跟一篇發表以後，特別是 6 月 14 日報載民盟史良副主席質問章、羅的右派言論以後，趙文璧就到處解釋，強調民盟中央這一措施是「派系鬥爭」，惡意地宣傳史良同章伯鈞、羅隆基不和的事例。説羅隆基是「書生面孔」，並且一再地説：「我真擔心章伯鈞倒向史良那邊，把羅隆基出賣。」他還三番兩次地指出羅隆基的「平反委員會」的建議是根據毛主席在最高國務會議上的講話加以引申，與主席講話精神沒有「不符」之處。趙文璧對章伯鈞所説羅隆基看過儲安平發言稿一事特別敏感，他説章伯鈞兇，想嫁禍於人。形勢的轉變既然不利於右派，趙文璧也就緊張起來。6 月 16 日（星期日）他想急忙進城，為他的主子羅隆基摸摸氣候。恰恰在這一天《北京日報》報導了民盟北京市委金若年同志揭露羅隆基、趙文璧在森林工業部的陰謀活動。他一方面激動地説：「金若年是史良的人」，另一方面則慌慌張張地到高崇民副主席處摸民盟中央的氣候，到范朴齋處研究章伯鈞會不會把羅隆基出賣，最後跑到邵慈雲家大發牢騷説：「史良反對羅隆基，自然金若年對我下不去。」「羅隆基有國際威望，動不得。」「民主黨派這種搞法，鬧大了，國務院要負責。」「《光明日報》有材料，證明羅沒有看過儲安平的發言稿。」「在大風浪中，羅應穩得住，不能慌。」「現在有三種人，一種是趨紅壓黑，一種是趨紅不壓黑，一種是雪中送炭。」結論是為人不可投井下石。這時趙文璧的緊張焦慮情緒是直線上升，到處鑽空子為羅隆基辯解。《北京日報》揭發羅隆基的材料發表以後，他説：「帽子大，沒內容，從羅在統戰部座談會的發言看，就説羅是右派，不公平，不能使人心服。」他散佈惡毒的論調説：「黨要利用你的話，怎麼都行；黨不想要你的話，可以組織會鬥爭你。」言下之意是黨現在不想要羅隆基了，所以要整羅隆基。羅隆基從國外歸來的第三天，即 6 月 25 日下午，羅、趙兩人終於在羅隆基家的客廳裏，演出了一出精彩的雙簧，他們當着第三者（羅隆基叫邵慈雲在場旁聽）的面，訂立了攻守同盟。這齣戲是怎麼演的呢？請看他們兩人的對話：

　　趙：努生（即羅隆基）先生，你這事怎麼搞的，我太冤了。我説我和你思想不同，我是脱黨（按：趙曾於 1932 年加入中國

共產黨，1934年叛黨，並且兩次發表叛黨宣言）的，我是站在社會主義方面的，與你可沒有什麼聯繫。

羅：你不要推脫和我沒有聯繫，別人不會相信，為什麼我不調別人要調你（指羅把趙從上海調來森林工業部），只看我們兩人是不是有什麼陰謀？我是問心無愧。

趙：（雙手一攤，眼看邵慈雲）是呀！哪有什麼陰謀呢！

羅：不過你去高崇民那裏了解情況，聲稱與我思想不同是不對，你何必那樣慌，讓別人說連我最親信的人，都說與我思想不同，可見我這個人的問題嚴重。

趙：你看金若年說的那些，簡直是亂講。至於排斥黨員之事，更是無稽之談。

羅：這事我也不曉得。不過，有錯也得承認，你不承認，將來還是寫在我的賬上，這對我們兩人都不利。

趙：不過，你也得想想，你的群眾關係太壞，部內部外都壞，比如你對史公哉、邵慈雲的確不對，是應當檢討的。

羅：你不要談我生活、作風，我脾氣不好，這都是小事，一百條都不要緊，現在主要的是政治立場問題，這是個不得了的事……。所以你要冷靜地分析問題，不要沉不住氣。

趙：是呀！從報上看你的材料是帽子大，無內容，到底怎麼回事？

羅：我也不摸底，這事羅涵先、葉篤義都不知道。高、沈（指高崇民、沈鈞儒）可能知道，但不會告訴我，看來還是黨在主持。

這齣戲我們僅揭露這一點，就可以看出羅、趙兩人的巧妙手法，當着第三者的面，運用詐術，訂立攻守同盟。此後，趙文璧就依靠這種暗示，在部內進行狡賴。當民盟中央公佈了邵慈雲的揭發信的時候，趙文璧在7月4日一早跑去質問邵慈雲說：「同志，你怎麼搞的，你的信牽扯到我，這怎麼辦？你告訴羅，叫他交代。我受不了，我一定和他絕交。」但是，當他這一天和兩位秘書一同到羅隆基家去後（羅隆基打電話叫去的），趙文璧卻並

不「絕交」，只談自己的事如何辦？過了兩天，趙文璧主動去勸說羅隆基「交代」，在這個羅、趙第三次的會面中，趙文璧一言不發。羅隆基卻顯得痛心的樣子說：「十年的親密朋友浦熙修當面絕交，八年的秘書邵慈雲寫信檢舉（事實上只作了一年秘書），還有孫平毅秘書，在民盟整風會上也聲色俱厲地駁斥我。」這些話，打動了趙文璧的心弦，他的眼淚就不由自主地流出來了。羅隆基的「哀鳴」，支持了趙文璧在森林工業部民盟支部始終拒絕交代羅隆基陰謀的決心；趙文璧的拒絕交代，也助長了羅隆基的氣焰，以致在向「人大」交代中，有意避免說到他和趙文璧在部中點火放毒的陰謀。

羅隆基妄圖在森工部取消黨的領導
以此作為典型示範鼓勵右派推廣

現在，羅隆基說趙文璧的事我不知道；趙文璧呢，說自己的事同羅隆基無關。彼此一唱一和，像煞有介事。但是事實是不是這樣呢？我們肯定地說：絕非如此。趙文璧在部內整風運動中的反黨、反社會主義的陰謀，絕不是偶然的。他從進攻到觀望，從觀望到退卻，以至訂立攻守同盟，都是同羅隆基的策劃分不開的，都是在羅隆基親自指揮下，有計劃、有步驟地進行的。

羅隆基在森林工業部的陰謀，遠在趙文璧來部以前就已開始。當他就任部長職務不久，就對過去林業部領導的森林工業工作的成績採取了一切否定的態度。他不止一次地說：「森工部一塌糊塗，亂七八糟，必須好好整理。」這說明他對部的工作是打算「有所作為」的。羅隆基的又一個特點是只能談缺點，不能談成績。去年 8 月，我部召開全國森工局局長會議。在這個會議上，羅隆基要作一個報告。因為他對業務外行，又因為急於去北戴河「避暑」（到北戴河與章伯鈞策劃陰謀），所以請副部長們寫這份報告。報告寫好以後，又經部領導一再研究修正，最後請他定稿。他看後大為不滿，除了亂批評一通以外，還着重地說：「你們說幾年來有許多成績，又說還存在着缺點，簡直自相矛盾。什麼報告都是這樣，說成績是主要的，缺點是次要的，我看這就是教條主義、官樣文章。」因此，他叫把這份報告重新修改。這篇報告修改以後，未經部務會議討論，也沒有向國務院請示，羅隆基就匆匆地拿到大會宣讀，從而引起下面的思想混亂。

　　羅隆基在很多方面都暴露了他企圖篡奪黨的領導的野心。上面說的那份報告，他在會後才叫送給國務院，這已經是不合手續的了。但是當國務院準備約同中共中央農村工作部及其他單位進行研究，他又不滿意。他竟限定國務院在三天內批下，否則就自行印發，並且說：「由我羅部長負責，不管你給什麼部研究。」他在部內的行為更是專橫武斷。他在部內的陰謀，是強調行政領導第一，凡給上級的重要請示報告，他都要用他個人名義發出。去年8月我部寫給中共中央關於節約木材和提高木材利用率的報告，他要修改一下以羅隆基名義直接報告總理，可是他既不提出意見，也不修改，雖經秘書屢次催辦，卻一直壓到現在還未發出。又我部派人去蘇聯和北歐的森林考察團的考察報告，在今年3月寫成以後應當及時地報送黨中央和國務院，他也以報告「內容有缺點」為名硬壓住至今未發。羅隆基蓄意取消黨在政府工作的領導和有意強調部長負責高於一切是決非偶然的，趙文璧把這件事情說得很清楚。趙文璧講，羅隆基曾經說：「在政府系統裏，一切單位都屬於行政範圍，應由行政來領導。部的一切工作應由部長決定。黨組不能單獨決定問題。」這是羅隆基企圖把黨組置於他的領導之下的露骨表現。自然，這並不是他的最後目的，他的最後目的是想推翻黨的領導。趙文璧說：「羅要我來部是有準備的，他曾對我指示說：擬在森工部試行取消黨的領導，作為示範。」請看，這是多麼明顯的野心和陰謀！羅隆基對部內的民盟支部也不放鬆。他一到部，就對部內有黨籍的盟員同志領導民盟支部工作表示不滿，認為這不能發揮盟的作用，責備盟在部內發展組織工作做得不好，指示盟支部要向中下層發展。由於民盟同志沒有遵照他的意圖行事，因此他一再埋怨民盟在部內不起作用，所以迫不及待地要把趙文璧從上海調來。本年三月，他的大將趙文璧在「為先生分憂解勞」（趙給羅的信中語）的情況下正式到部。趙文璧到部後曾經就他到京的工作範圍向羅隆基請示，問是不是要他在部掛個名以便在外搞「盟務」。羅隆基說：「現在形勢變了（指章、羅已經和好聯盟），民盟中央你去不了，怕史良不容你；北京市呢？吳晗是個獨立王國，潘光旦和浦熙修都是好不容易才安插到北京市委，現在安插你是有困難。你還是先在部內創造條件，好好幫我整頓這個部。」又說：「森工業務簡單，你有文化水準，這兒黨員文化低，業務差，我們知識分子正好大顯身手。」並且暗示趙，將來「提拔」他當副部長，叫他

先抓部內盟務。因此,在羅、趙陰謀活動下,部內民盟支部終於改組,把黨員兼盟員主委弄走,趙文璧騙取到部內民盟支部的領導權。趙文璧做了民盟支部的主委以後,就根據羅隆基的指示,準備在部內大發展盟員,計劃是達到每個處、科、室都有盟員。採取的步驟是先從部內黨團力量薄弱的單位着手,如森工設計院和森工出版社等處。以後,羅、趙又策劃把和平里區六個單位的民盟支部聯合起來,企圖建立「區委會」,以便同民盟北京市委對抗。要是這樣做好了,趙文璧就可以利用在部的行政職位,影響他在盟的地位,從而奪取民盟北京市委的陣地。羅隆基所以要安插一個親信人物掌管辦公廳,一方面是要實現他的陰謀,同時也是仿效章伯鈞的手法,在部內放一個自己人,以便掌握部內的全部情況。因此,趙文璧一到部便以羅隆基的親信自居,自稱「羅隆基派」。羅隆基一再地指示他,叫他多管事,多了解情況。我部辦公廳的編制有八個單位,趙文璧已經分到手四個單位,可是猶嫌不足。他還想抓計劃司,抓福利,抓房子,抓托兒所,最後竟向人事工作插手了。正當我部整風開始,羅隆基居然親自主持成立「七人小組」,從事部內的人員整編工作,趙文璧是這個小組的主要成員之一。成立這個小組的目的,是要精簡他們所謂「不稱職的黨團員」。羅隆基還以幹部司司長「工作太忙」為藉口,叫趙文璧多負「實際責任」。羅隆基為什麼叫趙文璧幹這些事呢?據趙文璧講,其目的就是「爭取群眾、提高盟的聲望,從而降低黨在群眾中的威信」。另外,羅、趙兩人還企圖安置一個盟員到政策研究室工作。甚至於狂妄地主張政策研究室和機要室合併,置於部長領導之下。機要室除政府系統的機要工作外,還有黨的機要工作。政策研究室呢?除部內的工作外,還要給黨組做整理材料工作。羅、趙兩人對這兩個單位的性質不是不知道,那麼他們為什麼要計劃把這兩個單位合併,居心何在?羅隆基以一個非黨部長身份,竟干預黨的機要工作,想在森林工業部試行取消黨組作為示範,這不是篡奪黨的領導是什麼?根據以上種種事例,能說羅隆基對森林工業部毫無陰謀嗎?能說羅隆基、趙文璧沒有在森林工業部點火嗎?

羅隆基在森林工業部的秘書邵慈雲也在民盟舉行的整風座談會上發言揭露羅隆基「一副陰險毒辣的面孔,幹着不可告人的勾當」。《人民日報》報導:

本報訊　在 8 月 30、31 日民盟舉行的第九次整風座談會上，羅隆基的秘書邵慈雲對羅隆基這次回國後的陰謀活動，作了詳盡的揭發。這裏是邵慈雲的發言摘要。

邵慈雲説：羅隆基一回國就表示自己問題不大，不過是個「陪客」，主角是章乃器他們。所以他沒有打算交代自己的問題，更沒有打算揭發其他右派分子，特別對章伯鈞有意照顧，他對我説：「葉篤義叫我揭發章伯鈞，我揭他幹什麼？我知道的也不多。」又説：「我弟弟（羅兆林）告訴我，不要把人牽扯太多，這話也對，我牽扯別人，別人倒過來揭發我更多。」7 月 1 日當《人民日報》發表了〈文匯報資産階級方向應當批判〉的社論中，指出了資産階級右派中許多是一些「頭面人物，可以寬大為懷不予辦罪」的話後，他就別有用心地曲解了這段話的含義。強調自己是「思想問題」，是人民內部矛盾，並進一步對自己的罪行進行抵賴與狡辯。

由於羅隆基反黨、反社會主義罪行確鑿，而又不肯老實交代，因此，總想到處摸底、窺測別人的態度。6 月 25 日，羅隆基向民盟中央作第一次交代時，恰恰與國務院會議時間衝突。他對我説：「今晚國務院會我想去看總理是什麼態度，可是民盟整風會又不能不參加。你給國務院打個電話，説民盟會散之後我一定趕到國務院，請他們務必報告總理。」他在李維漢部長處也非常注意窺測別人的態度。7 月上旬，他從中央統戰部回來後，曾説：「我覺得黨不一定有什麼材料，李維漢對我還是很客氣。當年張東蓀事件可不是這樣呀！」

邵慈雲説：7 月 3 日，民盟中央在整風會上宣讀了我為揭發羅隆基寫給沈鈞儒主席的信後，他一方面質問我為什麼不事先告訴他，以便由他自己去交代。另一方面又威脅我説：「你的信如同我那平反建議一樣，是起了放火作用……。」接着，又用緩和的口氣向我説：「不要寫信了，要寫信先告訴我一聲，我好作準備。」羅隆基很關心趙文璧的情況，當我告訴他趙文璧已經開始交代時，他連忙問：「他交代什麼？應該讓我知道呀！」羅隆基為什麼聽到趙文璧交代就這麼着急呢？這大家會知道的。

人民代表大會開幕後，羅隆基的確有些「悲哀」，怕大會對他作出什麼決定。人大閉幕下午，他得知大會不對他們作任何決

定，他的氣焰又高了，立即給劉少奇委員長寫了一封信，大意是說：人大江西小組和民盟中央只許交代不容解釋。人大交代後不久，羅隆基又提出了洋洋二萬言的所謂補充材料，在那個「補充材料」中，他不僅將在人大所已經交代的全部推翻，對別人揭發他的罪行逐條加以辯駁，尤其惡毒的是：除了浦熙修和趙文璧外，他對其餘揭發了他的陰謀的人，幾乎普遍進行了人身攻擊。

羅隆基為了阻止我對他的揭發，從沒有放鬆對我拉攏的機會。他往往是偽裝得很和善，很關心地問我：「你在部裏好不好處呀！他們是不是懷疑你呀！」「孫平毅（黨員）是不是不和你講什麼了」，「搞政治可不是好玩的，在這種情況下，你『還敢』鳴放不」，「共產黨只講是非，不講溫情，像咱們小資產階級是講點溫情的」，另一方面則表示極為歡迎的樣子說：「你很好還到我這來，別人都不敢來了……」於是在他回國之後，我在他面前的地位，似乎「突然增高」，這與他出國前對我那種冷眼蔑視，不睬不理的態度，何啻天淵。

這裏我再揭發兩件他企圖通過我給他訂攻守同盟的事情。

羅隆基的行動證明，「黨天下」謬論的內容他是事先知道的

一、羅隆基回國以後，曾絕口否認他看過儲安平「黨天下」的發言稿，但他沒料到潘大逵在人大四川小組會上又給他抖了出來。6月27日，他神色緊張地對我說：「關於儲安平發言稿問題，有人已經相信我沒有看過，事情本來已經平靜了。但糟糕的是潘大逵偏偏在四川小組會上說我親口對他講我看過，誰不知道潘與我的關係，這事真傷腦筋。」我反問他一句：「就是看了發言稿，交代不就行了嗎？」他連忙說：「那還了得，沒看稿子只不過是右派，看了就是有組織有行動，豈不成了反革命了。上面正是懷疑我與章、儲有組織，我怎麼能承認……」這還不算，他甚至異想天開地妄想利用我去幫他與潘大逵訂立攻守同盟，他對我說：「這事必須潘在四川小組會上更正，我又不能和潘談。我想你去找潘一趟，叫他『更正』。潘住新僑飯店，愛人也來了，他不是你的老師嗎？你同他談很方便的。」繼而又笑笑說：「你和他愛人熟不熟，先和他愛人談更好……」

羅隆基在他的補充交代中說是：「6月2日浦熙修首先告訴我儲安平發言太膽大了……」這是羅隆基企圖說明他在浦熙修

告訴他以前，是不知道儲安平的「黨天下」的謬論的。但真相並不是如此。羅隆基的行動證明他是事先知道「黨天下」謬論的內容的。

第一、6月2日上午八點多鐘，趙文璧去羅隆基處彙報請示時，他就對趙文璧說了儲安平給毛主席與周總理提了意見的話。這說明6月2日一早他已知道儲的發言。同時，6月2日一早浦熙修並不在他家。

第二、那麼羅隆基6月1日是否和浦見了面呢？我說不會。根據我為他作的工作日記，這一天他的工作排得極滿，上午他參加政協接見法國前總理富爾的招待會至下午二點；下午三點多到部指示工作直到下班。晚出席和大等單位為支援科倫坡和平會議召開的群眾大會直到夜深，因此，可以肯定他這天不會找浦閒談，當然他自己也沒有說是6月1日和浦見了面。那麼從何處得來消息，在6月2日一大早即可向趙文璧談到儲的「黨天下」的謬論呢？

第三、或者羅隆基說是看到報紙的，儲是6月1日發言，2日必然見報，但問題是6月2日上午九點多鐘我去羅家聽到趙文璧向我轉述「黨天下」發言後，才到羅的傳達室找到報紙，那時報紙剛來，但羅已經向趙文璧談過了儲安平發言，並且羅已經到民盟去了。可見羅隆基又決非自報上得來材料。

因此，從以上這些事實中，我肯定認為羅隆基事先知道儲安平「黨天下」發言的內容，是不容置疑的，否則不會向趙文璧談及。

親手批示給反革命分子覆信叫「造成輿論」

二、「平反委員會」的荒謬建議，是羅隆基向黨進攻的具體行動之一。羅隆基回國後，以為別人不知道他曾給反革命分子覆信，要他們「造成輿論」，進行「平反」。直到民盟史良副主席在會上正式揭出，他才驚慌失措，一方面企圖卸責，強調打印覆信是秘書辦的，另方面則向我提出嚴厲質問。7月1日一早，他一連串給我打了幾次電話，問我：「我的批件怎麼會到史良手裏去了」，我告訴他批件在部內，由孫秘書保管着。他說：「這是你管的事，憑什麼要交給孫平毅？這構成了我的罪證，這要置我於死

地的。」又説：「是孫平毅搞的還是你搞的，你要想想。」這裏
有必要聲明一下，關於羅隆基指示給反革命分子覆信要他們「造
成輿論」的親筆批示，所以交給孫平毅，因為是他反黨的鐵的罪
證。至於史良副主席對羅隆基的質問，我可以聲明，正是我反映
給他的。

　　之後，他趕忙跑到部裏，當他看到自己的親筆批示後，無話
可講了。但他究竟是老奸巨猾的政治騙子，馬上就轉移目標，不
説他批示的動機，反而一再強調我不該打印。最可惡的是他在 7
月 2 日居然以強硬態度對我恐嚇和斥責，説：「我怕什麼，我沒
有叫你打印呀，你要負責，你要聲明是你打印的。」好像問題的
嚴重是打印了覆信稿，而不是他批示的陰險動機。事實上，就是
打印覆信也是他的親信趙文璧批准的。為此，我在這一天和羅隆
基這一個右派頭子展開了一場尖銳的爭論。為了揭發他的醜惡面
目，在這裏引用部分我與他的對話：

　　我：打印是我打的，但這是執行你的指示，你批示叫回信，
信太多不能件件都寫。我看問題不在於打印，而是你批示「由各
界造成輿論」的動機，這樣批示準備達到什麼目的？

　　羅：動機在腦子裏誰看得見，可是打印就成了行動，要是用
手寫情況還好一點，而打印就是準備大批放火，這我受得了嗎？
你應該「交代」！（？）

　　我：到哪去「交代」呀？

　　羅：到民盟大會去「交代」。你説是你自己打印，不是羅部
長叫你打印的，你應該聲明羅部長雖然 5 月 29 日批示回信叫造
成輿論，但 6 月 2 日又指示「不要」答覆了，是你體會錯了部長
的意圖。

　　我：我是奉部長批示辦理，你 6 月 2 日分明指示我説：「每
信必覆。」我不能歪曲事實。

　　羅：那不行，你這樣「交代」我就完了，你應該負責。你承
擔只不過是錯誤，我承擔則是行動。

　　我：這説得上「陷害」你嗎？這是事實，你怎麼不挖掘你批
示時的思想根源，我可以聲明打印是我辦的。

羅：不是「可以」聲明，是「必須」聲明，你決不能説是奉部長批示辦理。

我：你叫我怎麼説呢？

羅：這又不對了，你問我怎麼説，好，將來你又説是羅隆基叫你這麼説的，你自己講你該怎麼説。

我：我説打印是我請示趙主任（即趙文璧），因信太多。回信則是根據部長指示。

羅：（發火了）這行嗎？就這麼簡單，你要説羅批示只是一封信，而在 6 月 2 日（出國前一日）又指示叫不要答覆了。

我：你 6 月 2 日沒説不要答覆，你是説所有來信都要回信。

羅：（火了，手拍着沙發）不行！這不是陷害我嗎？潘大逵、章伯鈞等説我看過儲安平發言稿，將來對證起來他們要負責任（用意是我「陷害」他也要負責任），你應該實事求是的「交代」。

我：我哪點不實事求是，我要對國家負責，對黨負責，也要對你負責，也要對自己負責。你為何只強調枝節，不從根本動機檢查，我覺得這種態度有點本末倒置。

羅：（更火了）你説對黨負責，我不反對你，但不能給我加重罪過。

叫囂成立「平反委員會」是為了什麼？

羅隆基提出平反委員會，叫反動分子造成輿論，那麼究竟他手中掌握了多少待平反的所謂「冤屈」案件呢？我必須揭出，只有五件，這就是他叫囂肅反搞錯了，要成立平反委員會的物質基礎。

也許羅隆基自己也感到材料太少，還不能危言聳聽。於是安心捏造事實，想在知識分子座談總結上加以誇大。於是在總結提綱上寫着他就有二十多件材料。我看到後，駭了一跳，這比實際所收到的來信多了四、五倍，未免離題太遠，於是給他指出，他不得已才修改了他的提綱。

　　就算上述幾個案件有問題，但黨早已根據「有反必肅，有錯必糾」的方針，作了嚴肅的處理。例如陳坤問題，羅隆基在三月份提出，公安部立即進行調查，4 月 11 日即送來一份四川工學院肅反情況檢查報告，證明陳坤是個壞分子，肅反被鬥並不冤枉。無錫孫翔鳳一案，人大常委會於 5 月 9 日轉來中央統戰部信，信中說，公安部早於去年 12 月（羅隆基等反映前），即對孫案進行研究，已於 3 月 18 日寬大釋放。

　　最後，邵慈雲說：現在我要正告羅隆基。你不是要我「交代」嗎？我正是尊重你的意見到民盟來了，可是我不是交代，而是向大會對你作新的揭發。奉勸羅隆基把對我使用的「交代」這兩個字收回去，需要交代的正是你自己。（9 月 3 日《人民日報》）

不只是夜以繼日的批鬥會，還有報紙上連篇累牘的批判文章，從整風鳴放期間發表的反黨反社會主義的言論，一直追溯到幾十年的政治歷史，都在揭發批判之列。最有分量的是以知情者的身份所作的揭發。例如農工民主黨中央執行局委員嚴信民就在《人民日報》上發表兩篇長文，揭發了章伯鈞的好些問題。寫的都是親見親聞的第一手資料，當然容易取信於讀者。可是如果對照一下相關的材料，其可信程度就不能不大打折扣了。

在〈聽聽章伯鈞的狂言：「我說就是要和共產黨爭天下」〉一文中，嚴信民說：

　　1948 年夏我到香港。那時正是中國人民解放軍在各戰場上獲得重大勝利，全國人民為行將到來的全國解放歡騰鼓舞的時候，你想，住在九龍的社會主義者章伯鈞又是怎樣呢？他陶醉在聯邦制的美夢裏，準備自己的力量。在軍事方面他設有專人從事活動。他指示地方組織負責人，凡策反過來的軍隊一律插上農工民主黨的旗幟，不要交給共產黨……章伯鈞公然說，毛澤東能領導中國革命，難道我章伯鈞就不能領導嗎？

　　有一天上午，我專誠到九龍章伯鈞寓所去談話，有李健生在場。我介紹了解放區情況，談到各種政策，最後談到統一戰線，談到周總理對他的期望。我看到章伯鈞的臉色蒼白，他猛然站起身來，顫抖抖地喊叫「毛澤東是中國歷史上第一個大流氓」。我說還是鎮靜一點，理智一點，一場談話就是這樣地不歡而散了。（7 月 3 日《人民日報》）

在〈章伯鈞決心要造反〉一文中，嚴信民談到當年他們在從香港駛往解放區的船上的事情：

> 當北航至黃海途中聽到濟南解放的廣播時，章伯鈞慨歎地說：「大勢已去。」他原以為美蔣決不放棄濟南。由濟南之解放，他看出美國沒有決心，看出蔣介石的危急，因而對他所幻想的「相持局面」、「三分天下」，失去信心。（8月4日《人民日報》）

人們從這些文章裏看到，章伯鈞對待中國共產黨領導的人民解放戰爭竟是這樣一種態度，對於人民解放軍的勝利竟懷着這樣一種陰暗心理。由此而聯繫到他現在的反黨反社會主義，就不是偶然的了。這種根據獨家資料作出的批判不能不說是深刻有力的。只是這並不真是海內孤本。嚴信民不可能不知道濟南解放還真同章伯鈞有一點關係。

濟南迅速解放的一個重要因素，是駐守濟南機場的國民黨整編第九十六軍吳化文部戰場起義。當年吳化文的駐南京辦事處處長王一民在〈吳化文將軍起義記〉中說：

> 這一晚上七點鐘，我和吳化文一道去鼓樓頭條巷一號李濟深家。到後，章伯鈞、王寄一、陳銘樞已在座，這是李濟深接馮（玉祥）的電話以後約他們來的。吳化文看到這情況很詫異，半天說不出話來。李濟深說明，這都是對蔣介石不滿的人，是民主黨派負責人，站在共產黨一面，是和共產黨的代表有聯繫的……這樣，吳化文才打消了疑慮，表示同意，於是開始會談……李濟深最後說：章負責同中共方面聯繫的，由他向梅園新村中共代表面談，情況如何，再約會回答你們。無論如何，千萬保密，這是性命交關的事。7月17日，王寄一約我們去湖南路大同新村九號會談。下午二時許，我和吳化文步行前去。到時，李濟深派陳銘樞做代表，章伯鈞、王寄一、吳化文和我，五人會談。章伯鈞說他已同中共方面談過，對吳轉到人民方面來表示歡迎，希望以後密切聯繫。吳說：「我們駐地是山東兗州，陳毅司令員駐魯南臨沂。」章說：「以後會密電同你聯繫的。」吳回兗州後，陳毅即放回了被俘去的師長于懷安。（見《文史集萃》第一輯，文史資料出版社1983年版，第114頁）

這並不是一篇立意要為章伯鈞辯誣的文章，主旨是講吳化文的事蹟，因而也就更具有作為旁證的價值。當知道了王一民提供的這些情況之後，

可以設想章伯鈞聽到濟南解放廣播時的心情。當年他參與的性命交關的事，現在是收穫的時節了。濟南這個省會城市的易手，豈不是國民黨「大勢已去」的標誌麼？章伯鈞說這句話的心情應該是感到滿足和欣悅吧。批判文章的作者卻說「他原以為美蔣決不放棄濟南」，濟南的解放使他發出失去信心的慨歎！

從王一民提供的材料中還可以知道：吳化文想另找出路，是只認共產黨，不認民主黨派的。他是聽了李濟深的說明，可以通過章同中共方面聯繫才願意同章會談的。作為一個現實的軍人，他當然只能持這種態度。如果不找中共，難道有哪一個民主黨派能夠釋放他被俘的師長麼？作為一個現實的政治家，章伯鈞也知道他是作為中共的代理人或者聯絡人來做這些策反工作的。批判文章說「他指示地方組織負責人，凡策反過來的軍隊一律插上農工民主黨的旗幟，不要交給共產黨」，章伯鈞可能有過這樣的願望或幻想，也可能在某一次說過這意思，可是至少在他本人策反吳化文這事中間，他並沒有這樣做。

這裏順便談一談批判文章的作法。揭發、批判、擺事實、講道理，要是全部憑空捏造，那是沒有多少力量的。多半是有那麼一點風，有那麼一點影，有那麼一句話半句話，即拿來作為根據，再依需要隨意解釋。如果這材料還不十分合用，可以加以剪裁之後再作解釋，剪裁到面目全非，解釋到顛倒是非。嚴信民的這兩篇就是這樣做的，可還不一定是最典型、最突出的標本。

談到批判文章，再舉一個小例。農工民主黨一個地方組織的負責人願意介紹一個他看中的人參加組織，同時也願意介紹他同自己的妹妹交朋友。而一篇批判農工民主黨惡性大發展的文章就據此立論，說他「甚至不惜用他妹妹來做釣餌，引誘別人加入農工」，假如這真是一種發展組織的方法，請問他能有多少妹妹呢？

當年為了打擊中國民主同盟，可以說是無所不用其極。民盟所做的一切事情，那些想要幫共產黨一把的事情，都被說成一種反共的罪行。1957年8月30日《人民日報》刊登記者紀希晨寫的〈四川的右派群醜〉一文中說：

> 材料證明，章羅聯盟為獨霸被稱為民盟「發祥地」，「根據地」和「大陣地」的四川，早在解放前就已經作了佈署（注：原

文如此）和準備。劉鄧大軍渡河以後，他們認為「國共南北對峙」局面下，正好大有可為，為達到在「三分天下」中「割據西南」的目的，民盟右派分子潘大逵、范朴齋、張志和、張松濤等，根據章伯鈞的擴充實力搞軍事投機的指示，除拉攏大批袍哥（即哥老會）地主惡霸特務入盟（如川西十五個縣六百六十八人中，有一半以上是地主袍哥特務），同時還在川北、川南、西康等地收編袍哥、土匪，建立反動地方武裝，陰謀與人民爭天下，企圖抗拒解放軍向川康進軍。擁有兩三千多袍哥土匪，到處搶劫群眾的土匪頭子朱世正，被他們委任為民盟西康省委的主任委員。解放後，這些反動武裝紛紛發動反革命暴亂。民盟中央委員張志和親自發展的偽保安團長王德全首先叛亂之後，隨着朱世正等匪部也都參加了叛亂。

　　這裏說的就是有名的張志和一案。真是字字充滿殺機。這裏要插說一件事：1957 年 8 月 27 日，正在批鬥右派分子張志和的高潮之中，中共四川省委迫不及待想給他懲處，就向中共中央呈交了一份《中共四川省委關於撤銷張志和代表資格的請示》：

　　中央：

　　　　民盟中央委員、全國政協委員、四川省人民代表張志和，在「民主」「革命」外衣掩護下，一貫從事反黨、反人民活動，罪惡極為嚴重。1930 年 9 月 3 日，黨所領導的江津部隊起義，張（系該起義部隊副師長，當時系黨員）由蓉星夜趕回，親自坐堂審問，當場殺死共產黨員和起義人士六十多人。不僅如此，他還將一個起義領導人（黨員）頭上打三個眼，插上香臘「活祭」一個在起義中被打死的反動軍官；還把一個受傷被俘的女黨員渾身脫光，親自百般侮辱和嚴刑拷打，致成殘廢。解放前夕，不顧民盟決議和我地下黨的勸告，張在川、康各地大肆發展地主反動武裝，企圖割據西南，與我為敵並有他發表的反動宣言為據。解放後，該反動武裝紛紛叛亂。此外，張還與張群及西南特務頭子徐遠舉、徐中齊等相勾結，1947 年 6 月雖被捕，但又得特別待遇釋放，其中真假尚待續查。當年 11 月，他同范朴齋聯名登報解散四川省和成都市民盟組織，即系根據徐遠舉的指示。解放後，先後參加羅隆基集團和章、羅聯盟，積極進行反動活動。

以上嚴重罪行，在此次省人代會上揭發並在報上披露後，群情激動。反映非常強烈，會內會外紛紛要求撤銷其代表資格，並依法處理。工農代表更義憤填膺，堅決要求將其交回邛崍原籍或金堂原選區，由群眾處理。而張本人則百般狡賴頑固，在人證俱全的情況下亦拒不承認，也不認罪，企圖頑抗到底，群眾對此尤為義憤，絕大多數人民代表（包括左派，中左，中中及多數中右分子）堅決要求處理。省委考慮：張志和過去罪行嚴重，他的反動本質很難爭取改變。為了同對付一般右派分子有所區別，在這種情況下，確有對張志和加以適當處理的必要。不如此，我們將很難說服廣大群眾，對人代大會這樣一個權力機關的多數意見也難於交代。因此，省委提議：通過省人代大會建議原選區撤銷其代表資格，並交由省人委繼續審查鬥爭，弄清他的問題。當否，請能於本月 29 日前覆示。

中共四川省委

1957 年 8 月 27 日

有了這一份請示報告裏面寫的這些材料，加上當時嚴重的反右派鬥爭氣氛，張志和會得到怎樣的懲罰就難說得很了。幸好中共中央不同意四川省委的意見，批示說：

四川省委並告各省、市、自治區黨委：

8 月 27 日電悉。

目前反右派鬥爭正在繼續開展和深入，對於右派分子的鬥爭，應是從政治上和思想上進行徹底揭露把他們搞臭，但還不宜於過早地作組織處理，因為這樣做會使鬥爭簡單化，不利運動的深入和開展。在全國範圍內，像張志和而且比他更多罪惡的人還有不少，對張志和過早進行組織處理，將牽涉到對其他右派分子的處理問題。請你們先在黨內說清楚，並向黨外說明這一問題。

中央

1957 年 8 月 29 日

張志和本人當然並不知道自己逃過了一場劫難。但是這支部隊當時還是被打成土匪部隊，其中中隊長以上人員均以土匪骨幹論處，殺掉 109

人，當初動員他們起義的中國民主同盟西康省籌備委員會宣傳部長黃汝傑也被殺了，其餘判徒刑的，有 36 人在服刑中瘐斃，共計冤死 145 人。三十三年之後，這件事才有了另一個說法。1990 年彭迪先發表了〈民盟在西康策動地方武裝起義的前前後後〉（見《文史資料選輯》總 121 輯，中國文史出版社 1990 年版，第 108-117 頁。同輯尚有趙錫驊、洪鐘、任康執、劉光烈文章四篇，亦涉及此一公案，可參看）一文，具體說明了當年這些人的活動情況。

關於張志和，彭文說：

> 早在 1937 年 10 月間，張志和就奉命由李一氓陪同去延安見毛主席。毛主席要他回四川秘密做川康上層軍政人員的工作。張回川即根據毛主席的指示做劉文輝、鄧錫侯、潘文華等的工作，先是爭取他們作中共的友軍。其中劉文輝是主要的一員，其所轄西康，又是戰略要地。張在 1943 年初曾引劉去見周恩來同志，隨即建議在西康雅安設立秘密電台。中共派王少春負責與延安直接聯繫。1944 年冬到 1945 年春，中共南方局派張友漁來成都，又由張志和介紹與劉文輝聯繫。這時民盟主席張瀾又秘密吸收劉文輝、潘文華入盟。

1949 年 12 月 9 日劉文輝、鄧錫侯、潘文華通電起義。在雅安，由中共、民革、民盟和起義將領建立的西康省臨時軍政委員會，立刻面對着胡宗南、王陵基所部的極大壓力。彭文說：

> 當時，張志和立即電請周恩來同志派解放軍先來解放雅安。收到周恩來 12 月 17 日回電，電文如下：「張志和並轉劉、鄧、潘三先生：第二野戰軍劉、鄧來電轉如下：恩來巧亥（按：18 日二十四時）軍委：我先頭十七軍與十軍已於銑日（按：16 日）攻佔樂山、青神、正向西發展中，戰果待報；十一軍今（筱）日（按：17 日）可達新津、彭山、岷江之東岸地帶。特此專告。」通知解放軍已截斷胡軍向川南逃走的道路，這對西康同志是很大的鼓舞，安定了雅安的人心。

關於張松濤，彭文說：

> 1948 年 4 月和 8 月，民盟四川省支部兩次派張松濤去香港，向民盟三中全會後的總部領導沈鈞儒、章伯鈞、周新民、李文

宜、李相符等彙報了四川的盟務活動。經民盟總部聯繫，又見到
了中共南方局駐港負責的連貫和民革的李濟深主席與朱蘊山。當
時總部具體指示：回到四川要求民盟地下組織配合中共，搞好地
下活動，協助民革建立四川各地組織。張先後帶回李濟深、朱蘊
山等致楊傑、劉文輝、鄧錫侯、張志和等人的密件和連貫囑咐劉
文輝保護好通訊聯絡的口信，以及民盟三中全會各項文件，並約
定解放軍東到宜昌，北到漢中，川康軍人即行起義，從內策應，
加速國民黨反動派政權的滅亡。

關於朱世正，彭文説：

朱世正在國民黨中央軍校畢業，年僅二十九歲，「天、蘆、
寶、滎」事件後，經劉文輝委為國民黨西康省保安司令部雅、
滎、漢聯防總隊長。但朱、劉之間仍有隔閡，互有戒心。朱急於
另謀出路。1948 年冬，當時民盟四川省支部負責人張志和叫趙
錫驊與朱的老師黃汝傑多次聯繫，張又安排吳漢家負責和趙聯繫
研究有關情況，然後決心吸收朱世正入盟。這樣就把反劉的民間
武力分化了。民盟組織對朱世正做了許多工作，朱世正與劉文輝
的代軍長劉元瑄終於在雅安見面，言歸於好，使西康內部安定
下來。

對朱世正本人，先由趙錫驊和黃汝傑對他進行工作。我到了
滎經，又對他及其部屬多次進行政治教育。張志和到西康後，又
對朱世正進行統戰教育，使朱世正認清當前形勢，應與劉文輝合
作，團結起來，打垮蔣介石建立新中國，才是中國人民的出路，
個人也才有前途，加強了朱世正跟我們走「反蔣、聯劉、擁共、
迎接解放」的道路的信心。

為了進一步組訓朱世正所屬的民間武力，將其改造成為人民
武裝，將在滎經的青年同志（大、中學生）組成短期訓練班，進
行政治和軍事學習。由我講政治經濟學和當前的政治形勢等，張
松濤講遊擊戰術、政治工作和當前的軍事形勢。

劉文輝等起義之後，在同王陵基部作戰時，彭文説：

我還親自去滎經動員朱世正的民間武力，進行整訓，作為
總預備隊，為安定雅安後方，阻止漢源羊仁安匪部北竄發揮了
作用。

關於王德全，彭文說：

> 駐防雅安近郊的西康保安三團團長王德全，經張聲明介紹，吸收入盟。又由王德全在其駐地周圍爭取和掌握一批民間武力。

在劉文輝等宣佈起義之後，彭文說：

> 西康省臨時軍政委員會命令盟員王德全以其保安三團為基礎，加上所掌握的地方武力，先消滅了王陵基在名山和雅安接壤的反動遊擊基地張廣德部，隨又率部攻克了反共救國軍程志武、李元亨等已經佔領的飛仙關（此地離雅安只三十里，系保衛雅安的要地）。王德全又指揮地方武裝阻止了由邛崍竄犯雅安的王陵基保安團，恢復了雅安北區上裏鄉。在王德全部做政治工作的盟員參加了戰鬥。這樣就配合二十四軍起義部隊阻止了東北來犯雅安的敵人，使王陵基摸不清底細而不敢再來，對保衛雅安起了作用。解放軍到達雅安、滎經後，王德全、朱世正各部均分別就地復員。

彭文說：

> 1981 年 10 月 7 日，張松濤在北京中國社會科學院見到張友漁，向他彙報民盟在西康搞的地下武裝鬥爭情況時，張友漁表示：「原來我也做過劉文輝的工作，你們搞武裝鬥爭是打蔣介石、王陵基，有哪點不對？」又問「以後這些武裝是如何處理的？」張松濤說：「解放軍一到就全部復員了。」他說：「這樣就很好嘛。」

就是這些人，在 1948 年、1949 年做了這些事。到 1957 年 8 月的《人民日報》上，就不但不是功績而且都是罪行了。是罪行就得懲治。怎樣懲治的呢？彭文引述的中共四川省委川委函（1983）51 號文件是這樣說的：

> 1957 年反右派鬥爭後，又把這支起義部隊錯誤地定為「以張志和為首來滎經勾結地主、土匪組織的」、「暴亂土匪性質的武裝組織，並決定對中隊長以上人員均以土匪骨幹論處」。這就混淆了歷史的功過是非，以致使參與策反起義工作的一大批民盟成員、中共地下黨員和其他進步人士受到株連和影響。這實屬一個錯案，省委同意予以平反。

二十餘年如一夢。到了這一場噩夢醒來的時候，彭文說：

　　　朱、王二人均已恢復了起義軍人待遇，作了政治安排。張志
　和、潘大逵、范朴齋、張松濤等人的右派問題，屬於錯劃，均已
　先後改正。張志和的骨灰，已於 1981 年 2 月安放在八寶山革命
　公墓。

　　假如張志和不曾被劃右派分子於前，又何至於變成土匪武裝的首領
呢？這個案例也就説明了反右派鬥爭與肅反運動關係的另一面，反右派鬥
爭是肅反運動進一步擴大的一面。大概有人會説，已經讓他的骨灰安息在
八寶山中，血食千秋，歆享革命的香火，不就已經證明歷史還是公正的
嗎？只可惜張志和不能説出他自我感覺如何了。

　　當年對中國民主同盟的打擊，最惡辣、最突出、最轟動、最傷天害理
的一件事，是説民盟在漢陽縣策劃了一場「小匈牙利事件」，三個無辜者因
此被處死。

　　前面已經説過，毛澤東在 6 月 8 日的黨內指示中提出，他發動整風運
動的目的，是「將可能的『匈牙利事件』主動引出來，使之分割在各個機
關各個學校去演習，去處理，分割為許多『小匈牙利』」。四天之後，漢陽
縣第一中學學生八百多人因升學率問題罷課遊行，於是就把這事算作「小
匈牙利事件」了。

　　這一事件是學生的升學要求引起的。這一年，中小學畢業生的升學確
實是個大問題。4 月 8 日《人民日報》社論就明確宣告了「今年高中畢業
生大部分升學、小部分不升學，初中和高小畢業生小部分升學、大部分不
升學的情況」。社論承認，「現在全國各地今年應屆畢業的學生情緒都很緊
張」，「這是一個現在全國人民普遍關心的問題」，有人「責備政府今年的
教育計劃訂得過低」。為了回答這種責備，《人民日報》發表了這篇題為〈關
於中小學畢業生參加農業生產問題〉的社論，全文長達一萬一千字，是《人
民日報》創刊以來最長的社論之一。後來人們才知道，這篇社論是根據劉
少奇 3 月 22 日在長沙市中學生代表座談會上的長篇講話整理而成的，現在
就作為他的著作收入《劉少奇選集》下卷，第 272-294 頁。（參看張黎群
〈青年一代的嚴師益友〉，載《緬懷劉少奇》，中央文獻出版社 1988 年版，
第 357 頁）社論告訴失去了升學機會的中小學畢業生：「最能夠容納人的地
方是農村，容納人最多的方面是農業。所以，從事農業是今後安排中小學
畢業生的主要方向，也是他們今後就業的主要途徑。」這篇長篇社論翻來
覆去地開導它的讀者，到農村去是如何地有面子、有出息、有前途、不吃

虧，因此他們「應該毅然決然地、愉快積極地」去當「中國第一代有文化的新式農民」。文章寫得很懇切，道理也說得很透，很有說服力。只是有一件事情，社論沒有向讀者解釋。自從糧食統購統銷以後，農業人口轉變為非農業人口，人們熟知的簡稱是「農轉非」，是愈來愈困難了，農村愈來愈變成一個無法脫離的可怕的地方。生活在現實中的漢陽縣一中的應屆畢業生們，不但看了《人民日報》的這篇社論，更看到了現實的農村。就多數學生來說，他們總是盡一切能力避下農村去的這樣一個前途。

這一年暑期，漢陽縣第一中學初中有九個班四百五十九人畢業，他們就為了升學問題，於 6 月 12 日鬧起事來了。當時新華社的《內部參考》先後發表了兩篇報導。一篇是記者張玉昌寫的〈漢陽縣發生一次暴動性的中學生鬧事事件〉，全文如下：

> 新華社武漢 17 日訊　12、13 日漢陽縣一中一千多個學生集體衝進縣委會和縣人民委員會，要求政府放寬招生名額，同時，捆打幹部、毀壞公物、貼出明顯的反動標語。事實真相正在調查中。

一、鬧事經過

12 日下午，縣一中學生突然喊着「我們要求升學」、「全國統一招生」、「消滅城鄉招生差額」、「擴大招生比例」等口號在街上遊行示威，並擁到漢陽縣人民委員會。縣長韓茂林出來向學生解釋，但沒說幾句話就被哄下台來。這時縣長在幹部的保護下迴避起來。學生們就開始砸辦公室的門窗玻璃，四個學生搶了縣人委的四輛自行車到在鄉下的二中、三中去聯繫宣傳，不少人貼出「歡迎國民黨、蔣總統回來！」反動標語。並把縣委會的牌子翻過來寫上「以革命手段打倒反革命」。看到這種情況，幹部們就邀學生派兩名代表去縣委會。縣委書記趙連吉對代表說：應根據中央指示辦事，否則不能解決問題，並說以後有問題請派代表來商量，不應遊行，學生代表要趙到校去回答問題，趙說去也無用，代表們說：你是官僚主義，接着就把學生隊伍由縣人委領到縣委會來，把縣委幾個負責人包圍成幾個圈圈，進行糾纏，經縣委同志勸說後，學生才回校。

晚間學生隊伍又來到兵役局，兵役局長上官大尉、縣委宣傳部長潘祖武等和他們談話，上官看了帶頭的幾個學生幾眼，並說

不要被反革命利用了，這時學生就說上官是反革命，有的學生跑到軍火庫去，由於保衛較嚴密，學生被趕出了兵役局，接着又到了縣委會，把正在進行的縣委會議打斷，推翻了會議桌子，縣委幹部胡之喬說這不是解決問題的態度。結果上官、付二人被捆着趕到學校去進行「談判」，要他二人在報紙上承認錯誤，上官解釋說是誤會，胡之喬承認了「錯誤」，準備登報，他倆才得以回到機關。

13日早晨，七、八百個學生又喊着「擁護憲法」「共產黨萬歲」的口號在街上遊行，再度擁進了縣人委。韓縣長在二次答覆昨天提出的四個問題之後，有學生上台問：你們滿不滿足？不滿足我們就到省裏去！這時台下哄成一片，該校副教導主任楊松濤同另一教師喊道：把他捆起來。看到這種情況，幹部們又把韓保護起來。有三個幹部被學生用事前準備好的棕繩捆到學校裏去了。同時，另外一些人要打毀發電廠被工人趕了出來。

當部分學生路過縣委會門口時，一次事員搶回了一個被捆幹部。學生又包圍了縣委會，要求懲辦「兇犯」。楊松濤和一曹姓教員鼓動學生把全校學生帶過來。這時，縣委會大門關閉了，學生進不了門。有一部分學生分頭打東西，把縣委的辦公樓打得一蹋糊塗，各單位的牌子亦被打了下來，玻璃大部分被打碎；監委會、黨總支的部分文件和檔案也被拋到窗外。另一部分學生將縣委的三十多個幹部分別包圍起來，拉拉扯扯，有拳打腳踢的，有拿繩勒脖子的，幹部們被扯打得不敢還手。

本來工人對學生捆打人等就很惱火，聽到砸縣委會這一情況，他們更加憤怒，表示堅決保衛縣長、縣書和縣委會，維持社會秩序。縣委同意他們來，但有兩條要求：一不動手，二要勸解，後來有二、三百工人（包括搬運工人）來到縣委會。但工人勸解，拉架不僅無效，反而遭到學生打罵，工人於是就動起手來，幹部也動了手。鄉下部分農民也拿着扁擔來到，但未經動手就被幹部勸回去了，混戰之後，學生被趕出委會大門。

當天晚間，形勢很緊張，學生拿起棍棒「保衛」學校，工人和糾察隊也拿起了棍棒在街上巡邏，有一部分學生回家造謠說：縣委會花六元錢僱一個工人，三個工分僱一條扁擔來打學生；說一百四十八個（也有說二百個）學生被打，師生各死一人。但由

於縣委採取了各種措施，事件已告平息。據事後調查，這次事件雙方挨打的情況是：縣委幹部被打二十七人（內縣府四人），被捆七人（內縣府二人），受傷十三人，重傷住院三人，學生被打二十六、七人，若干人也有輕傷。

二、起因、性質

據 15 日縣委擴大會議的分析，認為這次事件表面上是由學生要求擴大招生額引起的，但其行動和要求卻不限於此，這是反革命利用了學生的不滿情緒造出來的。從下面的情況可以看出：(1) 學生多是農民子弟，年輕無知易為壞人操縱，因之雖然積極破壞，但不能説本人就是反革命，如打人最積極的學生曾昭林，才十八、九歲，家庭貧農成分，父親是工人，還有不少積極分子都是幹部的子女；(二) 這次行動組織性很嚴密，計劃性也很強，破壞公物，打人之後，還挑撥工農、黨群關係。行動時，教員中過去被鬥的反革命、不滿分子起了指揮和帶頭作用（幕後情況現在還摸不清）；(三) 幹部子女、親屬起了裏應外合的橋樑作用，如該縣張副縣長的內弟蔡文亮和縣人民銀行行長莫樹東的兒子是打人、破壞、寫反動標語最積極的、縣委會幹部張文中的內弟平時在縣委寄宿，把在縣委聽到的情況告訴了學校，半月前突然借溫課為名去校寄宿，學生鬧事前夕他告訴他的姐姐和姐夫要他們趕快離開縣委會，事後他的姐姐追問哪些人組織這次事件時，他死也不肯吐露。(四) 在鬧事過程中，有人喊着要燒毀發電廠、縣農具廠，個別學生在監獄門口想劫獄，風傳有人並主張搶公安局，然後搶兵役局的軍火庫。

縣委在這次事件中表現得異常被動，首先是，平日很少了解學校情況，校中的兩個黨員根本不能形成核心，黨員校長對學校業務毫無經驗，在校內外常孤立，因之事前對事件的組織情況毫無所知。在事件發生的兩天裏思想上也不夠明確，總認為是人民內部矛盾，對破壞公物、打人、反動標語等現象也不敢出來公開駁斥。

三、縣委的措施

為了向廣大人民進行教育，説明事件的真相，在縣委所在地──蔡甸鎮上各機關、工會、部分農業社貼出了無數的標語，其中有：「要求縣一中，賠償縣委會的物資」、「破壞國家財產是

違法亂紀行為」、「要求政府徹底追查反革命分子」、「嚴厲懲辦反革命分子和違法亂紀分子」、「歡迎畢業生到農村去」。

縣委把反動標語拍了照片登在縣報上，被破壞的房屋保留下來讓農民參觀，以使人民群眾了解誰應負責。

與此同時，縣委派了一百三十多個幹部到鄉、鎮去解釋事件的真象，以安定各界人民的情緒，避免農民上了反革命分子及各種流言蜚語（如縣委催人打學生、國民黨佔領了漢水下游、縣級機關逃跑了等）的當。

內外夾攻，孤立分化敵人，以孝感地委秘書長趙克堅、韓縣長為首組成了近二十人的調查團駐進學校，對此事件進行徹底調查。一方面安定學生情緒復課，同時集中精力在教員和學生鬧事積極分子中進行階級教育，分化敵人，追究事件的根源。

縣委已決定逮捕在鬧事中作明顯煽動工作的副教導主任楊松濤（歷史反革命）和趁機打人的不滿分子、衛生科臨時幹部龔邦華兩人。對積極打人的學生進行傳訊。這樣一方面平民憤，同時，取得線索和材料和調查團工作結合起來。對查出的反革命準備繼續予以逮捕。（張玉昌，1957年6月22日新華通訊社編《內部參考》）

這一篇以後的一篇更詳細的是記者曲一凡寫的〈漢陽縣第一中學暴動事件詳細情況〉，全文如下：

編者按：漢陽第一中學暴動事件本刊2237期已作了簡略報導，現再發表一篇關於這個事件的詳細材料，供參考。

6月12、13日，湖北省漢陽縣第一中學暴發了一次反革命分子組織近千名學生和部分教員的罷課、遊行示威，搗毀縣委、政府機關，捆綁和毆打機關幹部、工人的暴亂事件。

這所學校有一千二百多名學生，分高中（只一年級）、初中二十四個班；教職員六十四名。教職員中有共產黨員五名（內預備黨員兩名），教員、學生中共青團員共二百三十七名。今年暑期有九個初中班四百多學生畢業，他們非常關心升學問題。反革命分子在鬧事中用以號召廣大學生的就是要求擴大高中招生名額、比例，並要求實行全國統一招生、消滅城鄉招生比例差額等

「三大要求」；但就事件的實質分析，學生一上街就出現了許多反動標語。衝進政府、黨委機關就亂打亂鬧，捆架幹部、謾罵黨、政首長，以致於第二日造成毆打、流血事件等一系列情況來看，顯然是暗藏的反革命分子、階級異己分子及其他壞分子陰謀利用學生進行反黨、反蘇顛覆活動，有意掀起一次激烈的階級鬥爭。他們提出要「毛主席下台」、「蘇聯人滾回去」、「打倒縣委會」、「歡迎蔣介石回來」等明目張膽的反革命行動口號。在鬧事第二天，工人、幹部、學生混戰中挨打或受傷的共有六十六人（其中幹部二十九人、工人十一人、學生二十六人；除幹部一人受傷較重外，另有五、六人受輕傷）。搗毀電話機二架、自行車四輛、大小辦公用品四百零六件，並搗毀、拋丟許多公文和打碎門、窗、玻璃等。

一、事件的前因

直接引起鬧事的導火線，是化學教員李穗（女）在初三（四）班教課中講出了今年高中招生比例為 5%（即二十名初中畢業生只能考取一名）。當即引起學生的不滿。根據現有的調查材料判明，鬧事的起因絕不是如此簡單的，而是學校中的反動教員（歷史反革命、特務嫌疑分子、對黨不滿分子）、社會右派分子以及少數出身剝削階級、對共產黨懷有階級仇恨的學生（同時受其家長的影響），由於對黨、對新社會不滿、仇恨所產生的反黨、反蘇的逆流；這股逆流由來已久，只是因為縣級領導、學校黨支部的官僚主義和政治麻痹，以往沒有發覺，因而當事件突然爆發、大鬧起來，領導上開始有些被動。（關於領導上的官僚主義問題及其他原因將在最後另作分析）

早在去年，即有少數的思想反動或別有用心的教員在教課時乘機向學生灌輸、散佈了一些反黨、反蘇的言論。例如，歷史教員陳天順（地主成分，三青團員，政治落後）在高一（三）班講：「如果第三次世界大戰打起來，蘇聯一定會失敗的」。語文教員王政（特務嫌疑分子，曾被管制過，一貫對黨不滿）講：「過去，中國受美國的欺騙；現在還不是受外國的欺騙！」副校長王建國（團員，因政治墮落、爭權奪利而對黨不滿）講中國近代史時說：「抗日戰爭不應完全抹煞國民黨的作用、說成只是共產黨領導的。這與事實不符。」王並在教職員中散佈說，「漢陽縣委是黑暗的」、「漢陽裏沒有真理」。王政還講過：「曾文正公（曾國藩）

過去最有名的人物，現在卻被批判得一文不值了。」謬論流傳，以致使一些政治思想落後的學生，在鬧事前就散佈許多反黨、反蘇言論。如初三（七）班學生胡必想說：「我們只看見報紙上說蘇聯的幫助，但把我國的東西（肉、油等）拿走了就不說。」初三（九）班學生胡家純說：「中蘇友好同盟條約是不平等條約，石門油礦為什麼蘇聯佔 60%，中國只佔 40%？」初三（七）班學生李安模說：「蘇聯人不應該在中國領土上居住。」

今年關於中、小學畢業生升學就業問題的宣傳教育開始後，學校也進行了勞動教育，但是由於領導重視不夠，不少教員有抵觸情緒，教育效果不夠好，種種不滿情緒和反動言論頓時囂張起來。如說：「政府不多辦學校，是把錢留着準備打第三次世界大戰」，「伏羅希洛夫到中國來浪費了許多錢，為什麼不拿來辦學校」，「美國沒得蘇聯人多，為什麼美國大學生還比蘇聯多些？」又有謠言說：「清華大學罷課了，逼着毛主席下台。」有些學生威脅說：「我如果考不上高中，就去住『長江大學』（投江）」，有的說「我考不取，就到處流浪。當土匪，打悶棍」，有一個學生還說：「我考不取，一定學着拉胡琴，專學一些悲慘的調子，到處演唱。」初三（一）班學生舒遠華以「我的志願」為題，寫了一篇作文，對升學問題極端不滿，聲言要「打倒阻止我們志願的人，打倒破滅我們前途的人」，語文教員王政大加讚揚，鍾毓文並違犯校部決定把這篇帶有煽動性的文章帶到其他班上向學生宣讀，以挑起廣大學生對黨與政府的不滿。

在近兩個月內，這所學校也曾發生過幾次小的風波。如一個星期六的晚上，學校原計劃組織學生看《上甘嶺》電影，後來校方考慮到當前疫病流行。宣佈改期再映：高一（三）班學生大喊要罷課抗議，並擁到校方辦公室吵鬧，直到答應了當晚映出才平息了。在「五四」那天，學生舉行運動會（名「五一」運動會），教導副主任楊松濤（特務嫌疑分子，是這次鬧事的主謀人之一，已逮捕審訊）擔任總裁判，有意破壞裁判規則。造成兩個優勝班的學生之間的糾紛。優勝班之一的高一（三）班學生在班主任鄒振巨（共青團員，父親是反革命被判五年徒刑、勞動改造，因而對黨不滿、仇恨）的煽動下，當時就要鬧罷課、出標語、上北京告狀，而鄒振巨對學生這種過火行動，卻誇獎說：「這是教育學生面對真理、勇敢，培養學生的自發鬥爭性。」後來經校方調解未鬧起來。又一次，初三（九）班學生為了要求校方拆遷一個距

該班教室較近的廁所，一時未得到答覆，學生又鬧着要罷課，要打垮教導處和教工俱樂部，嚇得校方很快把廁所拆了才完事。許多反動教員對於「培養學生的自發鬥爭性」很感興趣。如語文教員鍾毓文（本人歷史複雜，有特務嫌疑，父親在土改中被鬥爭、病死）、張安建（原為預備黨員，因政治墮落，生活腐化被取消預備期。現仍為團員，對黨、對縣委領導極端不滿）等借紀念「五四」為名，大講「五四」時代學生如何勇敢地罷課、遊行示威反對統治者，叫學生要「繼承『五四』的光榮傳統」，煽動學生鬧事。

全國大「鳴」大「放」、特別是在右派分子向黨猖狂進攻之後，該校的教員、學生，思想更形混亂，有些反動分子對右派分子反黨、反蘇、反社會主義言論隨聲附和，大加讚揚，並對反對縣委會、反對學校黨支部的雄心勃起，躍躍欲試。尤其值得注意的是，這個鎮上的混入民主黨派（鎮上共有民盟、民革、農工三個黨派、六個人）的壞分子，乘機插進學校大肆活動，到處拉人，物色對象，發展組織，意欲與共產黨在學校裏爭奪領導權，挑起反黨反蘇活動。其中活動最兇的是民盟盟員、鎮上民主黨派聯合小組組長楊煥堯（現年六十三歲，當過二十多年偽法官、書記官，本身有血債，民憤很大，肅反中被劃為歷史反革命），他以民盟上級領導指示要他發展組織為名，通過副縣長傅彥明（民主人士）掌握了該校有大學程度的教職員名單二十二名。在大鳴大放時期數次到校，找過七、八個教員（這些教員大多是這次鬧事的積極支持者、鼓動者）談話，並高興地向教員們說：「我們的頭頭（指章伯鈞、儲安平、馬哲民等）說話了。」對湖北醫學院院長朱裕壁說的「沒有權就要爭權」大加讚揚。自大鳴大放展開，楊經常到武漢去與民盟省委請示報告（據他自稱，馬哲民對他很器重，稱他為「楊老」），據他說省盟決定把漢陽列為發展組織的重點，而漢陽一中又是「重點中的重點」，準備在該校建立起民盟小組，動員副校長王建國退團當民盟小組長。民革黨員徐凌雲、馮義等也到學校找原國民黨員、中上層知識分子，積極發展組織。他們（民盟、民革）找人談話、發展組織的共同特點，是宣傳參加民主黨派的許多好處，多方面進行政治、物質引誘（如加入組織可以當政協委員，工作、生活有困難可以通過組織或政協解決，有組織作依靠說話的力量就大了，等等），因而使許多反動、落後教員心動意亂，認為有機可乘，甚至有些思想落

後、對黨不滿的共青團員也被他們說得心猿意馬，要退團加入民主黨派。更危險的是，由於民主黨派的活動，引起了大多數教員的思想波動，對現實不滿、對黨、對學校支部不滿的情緒滋長、擴大化。

在這次鬧事前夕舉行的全校學生代表會（6 月 8 日至 12 日，因為鬧事會議未來得及總結閉幕），其目的是讓學生向學校、行政領導及教師提意見，以改進教學工作，加強師生團結；但是被反動的別有用心的教員（如楊松濤、鍾毓文、鄒振巨、張安建等）所利用，巧妙地把學生的批評鋒芒集中於反對學校黨支部、反對黨的教育政策。開始，這些教員害怕開學代會，怕學生給他們提意見，張安建曾警告校長韓建勳（黨員）說：「你如果一意孤行，會前是眾叛親離，會後是四面楚歌。」鍾毓文在學代會開會期間私自召開了「學生接待會」，向學生作感情拉攏，暗示他們向領導進攻。這個學代會原計劃只開三天，結果學生對領導的意見愈提愈多（公開要求校長和教職員中的五個黨員都離開學校，說「黨員無能、不懂業務」）。對黨支部、黨員、學校行政、生活等方面共提出了三百四十八條意見。教員鄒振巨等見學生意見已經集中到領導上了，他就進一步地鼓動說：「如果學校不能解決問題，非搞大民主不可」、「毛主席說了的，小民主不能解決問題就搞大民主！」初三（九）班學生余仁恒在代表會上威脅說：「我若不能升學，決不回家生產的，是要鬧『匈牙利』事件的！」

在學代會進行中，有列席這次會議的孝感專署和縣文教局長、縣委文教部長，他們同校長韓建勳一起研究了學生提出的許多問題，曾由韓校長向學生代表作過一次答覆，虛心接受學生對領導上的正確意見，並答應解決學生提出的修路燈、燒煤、住房等問題，所以會議雖曾遇到許多阻撓，但進行還算順利。不料，恰巧在學代會預定於 12 日下午進行大會總結閉幕之前，卻由另外一件事件引起了一次大騷動。

二、鬧事的經過情況

12 日上午第四節課。化學教員李穗在初三（四）班把課教完，離開教室時忽然對學生說了一句：「今年初中畢業生二十個只取一個，比我當年考高中十個取一個還難些，你們要努力學習啊！」（按：李是廣州人，據了解其姐為歷史特務，本人是三青

團分隊長，思想、品質一向不好；鬧事後追查責任時她抵賴說，這句話是從報上看到而無意說出來的，是想叫學生好好學習）

接着，下了課就吃午飯。學生在飯堂中、在去宿舍休息的時候，對這個 5% 的比例議論紛紛，他們認為升學比例這麼少，升學的指望不大。於是有六、七十個初三學生就此問題向韓校長提出質問，韓肯定答覆說：「不是 5%，是 30% 左右。」這時，教導主任楊松濤來了，他也對學生講：「5% 不對，30% 是對的」，但是，他接口說：「韓校長那裏有公文。」學生向韓要公文看，韓說：「沒有公文，只有會議記錄（學生看了記錄）」。楊背後又對學生說：「我看見明明有公文，為什麼不給學生看？這是欺騙！」這一把火又把學生激怒了，學生非要看文件不可。

初三（八）班學生曾昭林叫工友打鐘集合學生，工友不肯，自己搶上去把大鐘打響了。同時，在教員辦公室、教室出現了「罷課，準備！」「打倒張賊（指張奚若），活捉中央教育廳狗蛋」、「打到教育廳去」等反動標語，並有一個學生喊了一句「蔣介石回來了！」當時教員們大多在午睡，被鬧醒後，除少數教員勸說學生別鬧，副校長王建國和一般教員都袖手旁觀，不說話。韓校長見事不妙，馬上召開教員緊急會議，研究辦法。這時，第一批學生上街了。這一天，上街的學生大約有六、七百人，隊伍很亂，一路上亂七八糟地呼口號、寫標語，如「為升學而鬥爭到底」、「全國統一招生」、「頭可斷，血可流，真理不可不求」、「畢業就是失業」等。遊行隊伍通過狹長的大街，來到相距二里路的縣人委會找縣長答話，沒有被接見，就衝進了教育局及其他辦公室搗毀公物、亂翻文件。縣人委會的高旗杆上，升起了「要求全國統一招生」的長幅標語。縣長的門口出現了「騙子住處」、「假道學的縣長是獸中央的走狗」、「韓茂林（縣長）滾下台」等反動標語。這時候連鎮上的小學生、社會青年、流氓分子也混進去了，情況更加混亂了。街頭巷尾、學校出現了「蘇聯軍隊滾出去！」「歡迎國民黨回來」「我們的罷課是為了生存」等反動標語。

在縣人委會大鬧一陣之後，有人傳說「大幹部都在縣委會那裏」，隊伍就掉回頭往縣委會走。有些學生路過郵電局，進去就要動手打毀電話總機（被制止）。隊伍衝進縣委會不聽勸說，又到後院辦公室到處砸門打窗，把辦公用品、公文亂打、亂丟一陣，各部的門上的牌子很多被打碎了，樓梯的牆上掛有毛主席畫

像，也給扯亂了。這時縣委會和街上不斷出現反動標語。與縣委會相鄰的兵役局局長上官明賢大尉聽到學生鬧事，也趕到縣委會幫助勸說。上官局長叫學生不要亂鬧，說街上已出現反動標語，勸告學生不要被壞分子利用。學生聽不懂上官局長的話，一旁的團縣工委幹部胡之喬同志把上官局長的話解釋了一遍，有的學生就挑撥說：「他說我們學生都是反革命，把他們捆起來。」當時，他們沒有敢捆上官局長，卻把胡之喬捆架到學校去，逼胡寫悔過書，登湖北日報、中國青年報、漢陽報，並提出「撤胡的職，開除黨籍」。胡在威逼之下，沒有堅持住立場，當即答應了條件而釋放了。

晚飯後，有的學生又挑撥說：「上官局長說我們學校是反革命窩子，得把他捉來檢討。」副教導主任楊松濤火上澆油地加上一句：「捉不來人，也得把他的武器繳來！」（上官局長當時並未帶武器），於是，再次打鐘集合學生，擁到兵役局，挨屋尋找，不見上官局長，學生又來到縣委會，把縣委會大門口的牌子反轉過來寫上「以革命的手段打倒反革命」的大字標語。學生進到院裏碰上剛從鄉下趕回的縣委書記趙連吉正在吃飯，他們不由分說給把飯桌撤了，嘴裏還罵着「朱門酒肉臭」；趙書記對他們提出的問題作了解釋，勸他們有意見派代表來談。不久，他們找到了上官局長，上官局長並再三說明他絕對沒有說學生是反革命，學生不聽，一齊擁上扯扯拉拉又來到學校。上官局長又作了解釋後，向學生表示態度說：「你們的正義要求，我們堅決支援，錯誤的要求即使殺了我，也不會支持的。」又鬧一陣之後，學生逐漸散開了。

當學生第二次上街捉上官局長時，有些學生進了縣工會俱樂部（現為電影院），把全鎮工人的「光榮榜」（先進生產者的照片）給貼上反動標語。當學生在街上亂鬧時，有些工人對學生的這種行為已經不滿，又聽說工人們引以為榮的「光榮榜」被污辱，工人們火了，經工會勸說後，推選出二十多個工人代表找到學校去。工人代表向學生提出嚴重抗議，責問學生「忘了本」，說明你們要求升學我們並不反對，可是決不允許進行反黨、反政府的反動活動。學生們自感理屈，也害怕了，當即派人出去把「光榮榜」上和街上的反動標語撕去了。

下午，有些學生在副校長王建國支持下，曾分頭打電話、派人去本縣二中、三中等學校去求援，未得到回應。還有一些學生到鎮郊區向農民宣傳，他們問農民：「油是否夠吃，布票是否夠用？」並說「我們學生為了升學已經罷課，遊行示威，要求你們支持我們」；農民們罵他們說：「把你們養大了，不安分念書，淨搞壞事！」學生在這裏討了個沒趣，又轉到其他鄉村，也沒得結果，掃興而返。

夜間，學生們組織巡查、放哨。領導鬧事的學生頭腦去開秘密會（並且說還有教員參加）。校方召集教職員開緊急會，準備次日重新組織力量，繼續圍攻縣人委、縣委，還計劃破壞電廠、農具廠、郵電局、軍火庫和監獄。教員會議決定次日爭取學生復課；但是，副教導主任楊松濤、張良紹、指導員王少平等卻陽奉陰違，以查學生宿舍為名，到處煽動，說學生們的行動是正義的，叫學生早睡早起，以便第二天「有組織有紀律」地鬧。「要鬧就鬧夠」。初三（九）班學生向班主任鍾毓文說：「我們今天鬧的過火不過火？」鐘肯定地回答：「不過火，你們鬧夠吧！」當時，大部分教員也表示「學生的行動是正義的」，加以支持。各機關晚上也開了會，決定保護機關、首長，勸說學生。

13日清早，學校黑板上又貼上新的煽動性的標語說：「武漢市學生一罷課，招生名額就增加了一萬多名，因而把我們的30%降低到5%了」、「我們堅持為升學而鬥爭到底！」

吃過早飯，初三（九）班學生的隊伍繞學校一周（據說班主任也在內），叫各班學生出來，大罵不肯參加的學生是「叛徒」、「無恥」，並提出：「誰要反對，拳頭領教」、「旁觀者是敵人」等威脅口號。教員們仍然是有的勸說，有的放手不管，甚至有的說：「學生罷課，我們也要罷教。」這樣，學生又集合了一千人左右排開隊伍又上街了。許多學生腰裏還帶着新買的棕繩，準備捆人。大部分教員也跟着學生走（有的教員從中勸說，有的是進行反革命的組織與領導工作）。遊行開始，他們似乎接受昨日教訓，口裏也喊着「共產黨萬歲」「毛主席萬歲」「我們擁護憲法」等口號（後來打鬧起來了，又出現了反動標語）。他們又先到縣人委會，推選出四十名代表，見了縣長韓茂林，當面提出三個要求即：(1) 全國統一招生；(2) 城鄉比例一律；(3) 增加招生名額。韓縣長首先揭露、批評了學生昨天寫反動標語、搗

毀機關、破壞公物和捆人的違法行為；學生先是哄鬧不聽，後來被鎮住稍為平靜了。韓肯定地說今年初中畢業生升高中的比例確是 30% 左右，在孝感專區的具體比例是 26.30%。學生不信，叫縣長簽名保證，結果韓簽了；其他兩個要求經說明情況，並說地方無權解決。這時，大部分學生穩定了，但少數搗亂分子藉口後兩個要求的答覆不滿意，又轟鬧起來，要逼縣長一同到省裏去。所謂「學生代表」們把縣長推進一間小屋，並從背後打了縣長兩拳。接着，又要縣長到街上的全體學生作答覆，縣長一出來，即被包圍住，當他講話時，幾次有學生向前擁去要捆縣長。有些幹部出來保護縣長，被學生捆起三個。當捆架三個幹部的學生隊伍經過縣委會門前時，正在鐵柵門守衛的幹部、勤雜人員看見了，一個炊事員氣憤不過動手搶回一個被捆的幹部，一個學生上來搶奪，連這個學生也拖了進來。學生中便謠傳說：「縣委會捆了我們三個同學。」立時把縣委會包圍了，大喊大鬧。一會兒，縣委吩咐把這個學生放出去，楊松濤夾在學生中，大叫「衝進去」，學生又衝動起來，打門、抓圍牆、拋磚頭。幹部人少，眼看大門守不住了，便退回關閉了二門，學生打二門不開，就把兩邊的旁門踢開，衝了進去。學生進門後，把縣委書記逼在牆角，指着鼻子罵：「趙連吉下台」、「縣委、縣長滾出去」、「縣委都不是好東西」。機關幹部為了保衛首長，上前勸阻學生，許多學生動了拳頭打幹部，開始，幹部不還手，後來看學生愈打愈硬，挨了打的幹部也動手還擊了。這時，有的學生亂砸東西，有的亂打人，混亂一團。

全鎮工人聽說學生捆幹部、打人的消息後，都停止了生產（約有六百多人，主要是工廠、建築和搬運工人），要求保衛機關，保護首長。工會先打電話給縣委書記，縣委勸告暫不要來；後來縣委見情勢發展愈加嚴重，縣委才同意讓工人來勸架，但再三叮囑不叫工人打人，打人者要受法律制裁。工會幹部也反覆向工人說明：「大家應以『會籍』保證，去了只准勸說，不准打人。」工人們氣勢洶洶地趕到縣委會來，先是對學生勸說，可是有些學生不識好歹，認為工人可欺，竟撲向工人打起來，有些工人火了，對學生進行還擊，學生自量不是對手，便一轟而散了。但是，在工人大隊之前先派出來的五個工人代表（工人糾察員）被學生拖拉到學校去了。工人們聽說，便跟到學校去，抗議學生的非法行動，並要求立即釋放被捆走的幹部和工人。這時，附近

鄉的農民們也趕到了學校，譴責學生無理。校院中學生、工人、農民混在一起，又大亂起來。韓縣長也趕來解勸，楊松濤又慫恿學生把「縣長捆起來」。榨油廠工人易國卿一直跟在縣長身邊，保衛縣長，他和其他工人說：「這是我們選出來的縣長，我們不保護誰保護！」當他聽到有人喊着要捆縣長，一眼瞄準了就追這個人，一直從校院追到樓上一間小屋裏，終於捉住了，原來正是楊松濤。縣長和很多人跟上樓，縣長說：「這是教導主任，以後查明再說，跑不了他。」才算把工人說服放了手，學生把捆架來的幹部、工人也放了。

在工人出去以後，鎮上市民也議論紛紛，這鎮上有幾百名學生（光今年畢業班學生就有一百多人），學生的家長們抱怨說：「學生終究是伢們呵，經得住工人（他們特別怕搬運工人手重，會打死人的）動手打呀！」但是，大多數市民反對學生胡鬧。

打架後，又有些學生到街上，散佈謠言說：「學生被打傷一百四十六人，打死一人（捏造）」「縣委會是特務機關」「縣委會催工人、農民來打我們，工人打人一天給三塊錢，農民打人一扁擔記三分工」「反對趙書記用法西斯手段來鎮壓我們」，「捉拿總兇手趙連吉」等標語口號。學生又向工人、農民呼喊：「工人叔叔們！農民伯伯們！醒悟起來呵，學生是誰的子弟？」、「農民伯伯們，你們忍心自己的子女受兇手的毆打嗎？」、「同志們！我們內部矛盾能用武力解決嗎？」。有些學生竄到附近鄉村向農民作片面宣傳，想爭取農民同情，挑起工、農糾紛。

這天晚上，被各界人們稱為「最恐怖的一個夜晚」。學生、工人、農民還聚集在學校糾纏不散，校長韓建勳叫學生推選代表與工人、農民代表坐談，交換意見，調解糾紛；因為學生怕工人報復，便硬說韓校長蓄意「出賣學生，給工人出氣」，有些學生操起了刀子和鐵千子，要刺殺校長，後來，工人、農民回家了。學生們拿出標槍，棍棒巡哨，並流傳出校內發現白衣、青衣的陌生人，附近並聽到假的「貓叫」三聲、「狗叫」兩聲，深夜間學生們屢次驚動起來，喊着趕「特務」、捉「壞人」。少數學生又分數處在開秘密會，決定明天一部分學生上省請願、喊冤；一部分學生仍上街鬧事，一部分守學校。秘密會後，幾個學生連夜趕寫了「告全國同胞書」、「告武漢市同胞書」。誣衊縣委催用工人打他們打得「血肉橫飛」、「血染白衫」等，投給報社叫給登報，

以煽動、擴大事件。有些學生夜間持標槍、棍棒衝出學校，傳出要去打電廠、劫監獄等。

各機關、工廠也開了緊急會，全體人員通夜守護機關、工廠、電廠並把周圍工廠的電網放了電流。

14日清早，學生又醞釀上街，看到大門外、街上有些工人、幹部，他們吃過教訓，不敢輕舉妄動了，有九個學生代表提出要上省請願（原確定一百多個代表，其他的嚇得都不敢出來了），怕搬運工人在本鎮碼頭上船，沿漢江堤走出十幾里，分散在其他碼頭上船，到漢口未集合齊，又找不到門路（可能也自覺理屈），混了半天，當晚又返回校了。

在漢陽縣檢查工作的孝感地委秘書長趙克堅（前漢陽縣委書記）給一中教員、學生分別作了報告，分析這次鬧事是一般學生被反革命分子所利用，因此，鬧事的性質由內部矛盾轉化為敵我矛盾，要求學生復課。韓縣長宣佈不准捆人打人，不准學校戒嚴，檢查通行證等非法活動。於是，學生的「門警」撤銷了，有些學生開始覺悟了。但對工人、幹部打學生，仍在背後說怪話，憤憤不平。

晚上，趙秘書長又針對學生思想情況作了報告，大部分學生上了晚自習。縣委書記晚上在廣播台向全縣人民廣播鬧事的真相。這天，並派出一批幹部下鄉宣傳，穩定農民情緒。

三、處理經過與鬧事後各界思想動態

事件平息後，縣法院、公安局根據群眾檢舉，依法逮捕了在這次鬧事中的一個主要煽動、指揮者、唆使學生捆打縣長的副教導主任楊松濤，和趁鬧事之機毆打幹部的前因貪污行為被銀行開除、被判徒刑一年（刑滿釋放）的不法分子龔邦華。他們正被審訊中。

由中共孝感地委、縣委組織的考察團數十人，已在教員、學生中間進行了半個月的訪問調查，召開教員大會公開揭發，並結合進行了社會偵察破案工作，這一工作還在緊張進行中。據現有材料已初步確定：這次鬧事的性質，是校內外的反革命分子、階級異己分子和社會右派分子，利用廣大學生升學迫切要求的內部矛盾，而煽動組織起來的一次反黨反蘇反社會主義制度的破

壞、顛覆活動，教職員中連日來的揭發檢舉，嫌疑較大的反革命分子、懷有階級仇恨的異己分子以及右派人物已被孤立起來；但是，除楊松濤外，主犯究竟有幾人，尚待進一步的調查研究，才能確定。縣統戰部門也召開了民主黨派人士座談，着重揭發了民盟右派分子楊煥堯的反動思想言論和陰謀活動；究竟他在這次鬧事中的責任多大也有待進一步追查清楚，才能作出適當的處理。

鬧事以後，全縣和鄰縣的工人、農民及各界人士，紛紛向一中師生的鬧事事件提出抗議，譴責他們搗毀機關、破壞公共財物、侵犯人權的犯法行為；要求學生好好學習，劃清敵我、是非界限，堅決站起來檢舉反革命陰謀分子，懲辦主兇。學校門外和大街上貼滿了抗議書和標語，考察團和「漢陽報」社也陸續收到各地來的抗議書、抗議信件三十多件。鎮上的工人們始終表示堅決保衛黨和政府及工廠的安全，給任何反革命、非法活動以有力的回擊。鬧事後，縣委、工會組織工人、農民到縣人委、縣委現場參觀，工人們看到機關被毀、公物被破壞的情形，更加憤恨，有些人說：「當時我們只顧勸架，不曉得搞成這樣，若早知道還要打得狠些。」市民們，開始看到有少數學生挨了打，一度對工人有所不滿，後來了解了事件的真相，並且看到各方面的人受傷都不重，心情也平穩了；同時也對學生的過火行為表示不滿。附近的農民們，大部分是一直抗議這種非法鬧事，並責問學生「吃的穿的哪裏來的？不應忘了本！」只是在鬧事後第二天（15日）有十幾個農民因子弟被打，哭哭啼啼到鎮上鬧了一會，也就算了。總之，通過這次事件，使廣大群眾更進一步認清了暗藏敵人的毒辣陰謀，更加提高了政治警惕性。

學生們的思想，大都也平穩下來了。因為期考臨近，一般學生都在緊張地複習功課，準備考試。只是少數在鬧事中犯了較嚴重錯誤的學生有些顧慮，怕鑒定不好，是團員的怕受組織處分。極少數懷有階級仇恨、出身地、富家庭的壞學生，雖內心不滿，但也自認失敗了。教員中大部分人在鬧事中或多或少的犯了些錯誤，起初也有些顧慮，後來看到打擊目標逐漸集中到少數反革命嫌疑、右派分子的身上；同時，通過對這次事件的處理深刻地揭發了學校中多年來存在的嚴重的宗派活動和領導上的官僚主義，大多數教員也開始高興了，勇敢地向一切壞人壞事開火。

四、幾個教訓和問題

（一）這次事件證明：漢陽縣委和一中黨支部的政治思想麻痺症是相當嚴重的。特別值得注意的是，這些反革命分子的活動是以合法和非法的兩種方法結合起來進行的，在合法方面，他們利用了民主黨派特別是民盟在這方面起了十分惡劣的作用；在非法方面他們則進行秘密串聯、惡意煽動挑撥和感情拉攏等手段，使大批青年不知不覺陷入其圈套。這一切告訴我們今後與反革命分子進行鬥爭的任務還是十分複雜的。

（二）中共漢陽縣委、縣人委在這次鬧事發生以後，首先冷靜地調查分析情況，觀察事態的發展動向，因而比較慎重而及時地採取了適當、有效的措施，很快就揭穿了反革命及其他壞分子的反黨反蘇的破壞陰謀，使他們在群眾面前暴露了真面目，使騷亂迅速停止下來，並抓緊調查處理和善後工作。

但是，在鬧事以前，由於縣委領導上的官僚主義、對學校教育領導，過問不夠，曾使這個學校裏長期以來就已醞釀着的反蘇反共的逆流不斷地滋長、蔓延，沒有及早覺察而加以制止。從本文第一部分——「鬧事的前因」中可以看出，這次的鬧事和劉少奇同志早已指出的其他地區、單位已發生的鬧事事件經醞釀、發展、爆發的過程一樣，是由小到大逐漸向前推進式變化着，決不是僅僅由於一個「5%」的簡單消息而突然爆發起來的。如果縣委領導頭腦清醒、工作深入，根據中央指示由縣委負責幹部及早地把學校工作親自抓起來，有可能會事先發現並防止這次事件的發生的。

根據記者與漢陽縣委幾個負責同志的交談，縣委過去對這個學校中教職員政治情況非常複雜，學校黨支部的領導力量很弱（沒有形成領導核心），學校中正氣不振，邪氣上升等情況，是了解的、清楚的；但是，應如何解決這些問題，如何加強學校領導工作，一向管得很不夠的。另外，從去年肅反以後的中學教員調動問題上，透露出縣委領導上只圖自己方便、比較忽視了一中的實際困難情況，當時曾把其他學校教員中的肅反對象（被鬥、被關過的歷史反革命、歷史特務和特務嫌疑分子）大多集中調到一中來（據說是為了便於縣委就近對他們進行管理、考查，實際上送進學校以後就很少過問了）；本來這個學校原來的教員中的這

一類「人物」就已經不少、夠麻煩的了，再加上又從外面調進這一批「新生力量」，所謂「物以類聚」──壞人聚了堆，必然會使問題也積成堆。據該校現有的六十四名教職員的調查：其中歷史特務七人、特務嫌疑分子三人、三青團分隊長二人，其他如反動黨團、一般的偽軍、政人員、一貫道分子二十四人，這些人合計將近佔教職員總數的 60%；其中被鬥、被關過的就有十二人，還有家屬（父兄）被鎮壓的五人。根據這次鬧事後的調查：這些人絕大多數是煽動學生鬧事、並利用學生來進行反蘇反共的報復手段的重要角色。

　　（三）學校中的黨支部和團總支內部不團結，政治空氣薄弱，鬥爭性不強，不能在師生群眾中起到領導核心的作用。這個學校共有五個黨員（其中有兩個是預備黨員），校長兼黨支部書記韓建勳是去年 5 月間從農村調來的區委書記，由於文化水準不高（唯讀過幾年私塾、半年小師），對於領導教學業務和團結知識分子較差，本身的工作作風和待人態度又較為生硬，很不得教員和學生的喜歡。另外四個黨員，都擔任着會計、體育和專職做團的工作，而其中除了會計王以卿（轉業軍人）工作、政治表現較好外，其他幾個人的黨性是很差的，甚至有兩個公開表示不願或厭惡黨的組織生活，說是「入黨不自由」等等。支部書記與黨員之間，一向不夠團結，各行其是，在黨內的批評和自我批評展不開。鬧事以前，學校裏那麼嚴懲和廣泛地流行的反動言行，黨員由於脫離群眾，孤陋寡聞，一般是被蒙在鼓裏；有的即使發現了也當作耳邊風，既不出面鬥爭，也不及時向上反映。鬧事當中，除了校長、會計兩人表現還好，另三個黨員喪失了黨的立場，也跟着叫喊「支持學生的正義行動」，體育教員曹良濤對學生捆了幹部，反而勸幹部向學生道歉悔過，他們還積極地給上街鬧事的學生端茶、送水，表示「慰勞」。

　　團支部和團員當中的情況更為複雜。照說這個學校中的團的力量是相當強大的，師生中有二百三十七名團員，將近佔師生總人數的 20%。但是，通過這次鬧事的考驗，絕大多數團員都自動參加了鬧事，並有不少的團員成為鼓動、帶頭鬧事、打人、捆人、破壞機關的「組織者」和「積極分子」。如副校長王建國、工會主席（也是教員）雷永學，高一（三）班主任鄒振巨、語文教員張安建、黃亞偉等都是團員，也都是策劃、鼓動學生鬧事的主次角色。這種情況並不是由於盲目無知的偶然的行動，而是表

露了他們長久以來的對黨不滿、對現實不滿，甚至有的是出於階級仇恨（鄒振巨）。特別值得注意的是以副校長王建國為首所拉攏起來的所謂「王派集團」（這個集團中大多數是歷史反革命、特務分子和部分對黨不滿分子），專門和學校裏的歷屆黨支部和黨員負責幹部作對，現任黨員校長韓建動的被孤立（竟孤立到只有他一個光桿司令）除了本身的官僚作風以外，主要是受到「王派集團」的排斥、打擊，企圖把韓和其他黨員全部從學校趕走。從現已掌握的材料看來，這個反革命分子為骨幹所組織起來的「王派集團」，實質上成為這次鬧事「集體鼓動者」和「集體組織者」（當然，其中有主要、次要、別有用心或一般對黨不滿的區別，不能把每個集團人員一概而論）。黨員任專職團幹的周丙賢，除了本身就有高高在上和正氣不振的官僚主義作風，同時也是「王派集團」所排斥、孤立的對象之一，因而韓不論在團員和師生群眾中都取不到信任，團的工作自然也就很難搞得好了。

（四）通過這次鬧事，給我們提出了一個嚴重的問題：今後應該怎樣來教育、培養「青年的一代」？據這次鬧事後的初步調查：參加鬧事的學生佔全校學生總數的80%以上，其中鬧事很兇的和比較積極的（如打人、捆人、寫反動標語、搗毀機關、大喊大鬧等）有一百一十七名；這其中有十五人是出身地、富和反革命家庭，懷有階級仇恨而趁機報復的。例如，有一個自封為「罷課委員會秘書長」的高一（三）班學生滕永俊，因其父親是惡霸地主，在土改鬥爭中畏罪自殺；這個學生曾立誓要為父親報仇，是這次鬧事和開秘密會的策劃人之一。另一個姓姚的學生，他的母親是一貫道骨幹分子，現在獄中勞改，他準備借用同學們鬧事的力量，煽動一批人幫他「劫牢救母」。但是，這種學生究竟只佔少數，而在這一百多名鬧事積極的學生當中，有90%左右的都是出身工、農和其他勞動階層的子弟（據其中八十三個學生的調查，貧農子弟三十九、中農十三、工人十一、市鎮貧民、手工業者、小販等二十）；例如，冷永生（貧農）自任罷課司令，寫「打倒張賊、活捉中央教育廳狗蛋」反動標語，肖秀山（貧農）要動手捆綁上官局長，對學生喊叫「叫你們打誰就打誰」。曾昭林（貧農）親自第一次打鐘集合，擔任總指揮。魏昌春（亦貧農）捆了兩個幹部，打了一人。這就是說，如果學校教育不好，即使最貧苦的出身、最純潔的青年，將來也有可能變成反黨、反社會主義的犯罪分子，走上反革命的歧路上去。

今後除了加強學校的政治思想教育（去年下半年曾一度在學校中取消了政治課。現在雖已恢復起來，領導仍是重視不夠，教學方法也不夠好）以外，究竟如何向學生進行勞動教育確是一個值得注意的新問題。從這個學校來看，勞動教育是按上面的佈置做了一些；特別是對今年的初中應屆畢業生，學校作為勞動教育的重點。但是，從這次鬧事以及鬧事前的思想反映來看，勞動教育的效果是很不好的。這裏面有兩個問題：一是擔任勞動教育的教員，有些人自己的思想就不通，因此在向學生進行教育當中有意無意地就會流露和散佈一些不健康的，帶有挑撥性的牢騷言論，反而給學生背上了新的「包袱」；另一個是學生對勞動教育的認識不正確，誤認為所謂「勞動教育」就是勸止、阻擋他們繼續升學的一種「手段」（這種認識在部分教員思想上也存在），由於這樣的認識，他們不僅不專心聽課和學習，反而引起了對黨、對學校、對新社會的反感，不滿情緒。事實上，從這個學校來看，今年的勞動教育確乎有「臨渴掘井」的偏向，唯恐畢業生鬧事，教學中把勞動教育與升學不升學問題混為一談，不免會引起某些學生和家長的反對的。今後，如果把勞動教育經常化，及時總結交流一些好的典型教學經驗，是很有必要的。

五、這個學校鬧事的另一個教訓，同時也是一個應該引起重視的問題，就是如何加強、做好中等學校裏的統戰工作，即在黨支部的領導下，依靠黨、團員和教員群眾中的進步分子。緊密團結教員中的中間分子，從而分化、改造、孤立教員中的右派分子和其他反動分子。從這個學校來看，現實情況恰巧與此相反，是在右派分子操縱之下，拉攏了中間分子，分化、孤立了黨、團支部和左派人物。為什麼會產生這種反常情況呢？首先是縣的統戰部門只抓住了少數、分散在各地、各單位的民主黨派和政協成員。忽視了（或者說沒有管）知識分子最集中的中等學校的統戰工作。這個學校中的六十四名教職員中，黨、團員總共只佔20%強，其他80%左右的人當中，按其政治、歷史、年齡等情況看，大多是入團已超齡，入黨沒有指望或指望不大，沒人來管理和關心他們。不錯，這個學校裏也有教工會。但就其現在的工作，這只是個掛名的組織形式（如教員們埋怨說：「除了收會費別無作用」）而已；漢陽縣工會裏也設有教工委員會，但只有一個專職的教工會主席，連一個助手也沒有，而漢陽全縣現有九所中學、教職工共有一千多人，光憑一個光桿司令是難以做好工作的。因

此，使得這相當大的一批教職員知識分子群眾，缺乏具體管理，但是在最近的大「鳴」大「放」中，民盟、民革等民主黨派鑽進了學校。到處串通聯絡，於是大批的教員群眾投入了民主黨派的「懷抱」。並在民主黨派的右派人物的煽動下，使他們與黨和學校黨、團支部、工會加深了矛盾和對立的情緒。企圖借民主黨派的組織力量來和學校黨組織爭奪領導權，有些政治蛻化、對黨不滿，或已超齡的共青團員。如副校長王建國、教員鄒振巨、張安建等團員，已開始醞釀着宣佈退團、參加民主黨派去。正如毛主席所說的，無產階級與資產階級在思想戰線上誰戰勝誰的問題還未解決。而以漢陽一中的實際情況看，這個問題就更加嚴重，值得警惕並加強領導。（1957 年 7 月 22 日新華通訊社編《內部參考》）

新華社的《內部參考》是專供領導幹部閱讀的內部刊物，詳細報導這件事，好讓湖北省委（第一書記是王任重）考慮用什麼角度來宣傳這一事件。寫這兩篇「內部參考」的記者雖然極盡渲染之能事，卻還是把它當做學生鬧事來寫的，並不覺得這是一場「匈牙利事件」。文章裏也沒有出現這個提法。可是領導考慮的結果卻是把它做成一場「匈牙利事件」。於是 8 月 8 日的《人民日報》就發表了記者曹葆銘採寫的〈馬哲民策動的「小匈牙利事件」〉一文，就從這個角度公開宣傳這一件事了，這篇文章以八千字的篇幅專門講這一事件的始末。宣傳的着重點，第一，這是一場「小匈牙利事件」；第二，這場「小匈牙利事件」是「馬哲民策動的」，也就是民盟策動的。據這位記者說，事件的起因，是「12 日上午最後一節課快下堂，化學教員李穗在三年級第四班造謠說：『今年招生很少，二十個人中取個把。你們班成績不好，頂多取兩個。』學生一聽，便哄了起來。」記者說化學教員在「造謠」。可是同一篇報導中又說：「縣文教局副局長胡平軒卻故意向學生說：『省裏決定是百分之三十左右，最少不得少於百分之五。』」記者沒有說他造謠，只說他「故意」說，大約是故意向學生洩露內部掌握的機密數字吧。可是，這百分之五和「二十個人中取個把」豈不是同一個意思麼？所以，與其說是「造謠」，還不如說是「洩密」。當然，洩密是比造謠更可惡也往往要受到更重的懲治的罪行。其實，《人民日報》社論早就說了，這一年大部分初中高小畢業生將不能升學，要轉入農業生產，這根本算不上什麼秘密了。即使化學教員沒有提起此事，難道畢業生的情緒就不緊張嗎？正是在這種緊張情緒之下，有人一提起，「頓時在三年級九個班上都貼出了罷課的標語」，事件就這樣開始。

《人民日報》的這篇文章着力渲染現場的場景：「學生們就亂哄哄地湧出學校」、「貼出和喊出了『歡迎國民黨回來』、『歡迎蔣介石回來』、『到台灣去』等反動標語口號」，「他們到了縣人民委員會，首先衝進文教局打東西，翻文件，然後又擁到別的辦公室亂打亂鬧，把縣長辦公室的門也打破了」，「將電話機毀了」，「搶了縣人民委員會三輛腳踏車騎下鄉去」。還有打人，學生把誰「打暈了，四肢抽搐」，誰又「捆的渾身血印」，對誰又「準備捆打」。為了使事情顯得更加嚴重，更像「匈牙利事件」，這位記者不但極盡誇張渲染地寫出這些發生了（？）的事情，還寫了不少並未發生的事情，說學生們「準備（！）衝進縣廣播站，向全縣廣播『縣委會組織工人打學生的真相』。他們還陰謀打電廠；等全鎮電燈一滅，便搶軍火，劫監獄」。

這篇八千字的長文，對於這一方面的內容說了不少，只是有一件事情沒有說，那就是對於標題所說的「馬哲民策劃」一節沒有寫一個字。在文章中，馬哲民本人根本沒有出場，出場了的只有一個「馬哲民的親信陸鳴秋」，可是又並沒有寫這陸鳴秋是如何策劃漢陽一中學生罷課的事，只寫了他向楊煥堯佈置發展盟員這些事。這時正是章伯鈞想要發展民盟組織的時候，像漢陽一中，甚至連一個盟員也沒有。楊煥堯準備發展該校副校長王建國為盟員。這就夠了。這個「小匈牙利事件」就可以由民盟盟員楊煥堯、民盟發展對象王建國為首的反革命集團承擔罪責。馬哲民是民盟湖北省委員會主任委員，就由他來承擔幕後策劃之責了。9月6日，在漢陽縣治蔡甸鎮開了一個有一萬多人參加的宣判大會，當場處決了王建國、鍾毓文、楊煥堯三人。

曹葆銘這篇文章的副題是「漢陽縣第一中學事件真相」。這是真相嗎？不是的。1999年蔡公作的〈「小匈牙利事件」真相〉第一次揭露了這事的內幕。這是一篇反右派鬥爭的重要史料，從其中可以看到幕後的操作過程。現在全文轉錄如次：

鬧事原因是升學比例問題

1957年春天，毛澤東主席先後發表了〈關於正確處理人民內部矛盾的問題〉和〈在中國共產黨全國宣傳工作會議上的講話〉，發動全國開展整風運動，很快在全社會形成大鳴大放、「大民主」的局面。漢陽縣第一中學遵照上級的指示，6月上旬召開「學代會」，以民主形式給學校領導和學校工作提意見，幫助黨支部整

風，副校長王建國受校長韓建勳委託，作了題為《大家動手，勤儉辦校》的報告，學生代表共提出整風意見三百四十多條，參加會議的縣委文教部張副部長和到過會的韓縣長，當時都説會議開得不錯。然而就在學代會即將結束的時候，6 月 12 日上午，該校初三九個畢業班卻因為要求提高升學比例而罷課鬧事。

引發這場鬧事的是該校青年化學教師李穗。她在初三（四）班上課時，為了激勵學生刻苦學習，根據當年緊張的升學形勢──《教師報》1957 年 4 月 5 日的一篇文章中提到，當年「二十個初中畢業生中間，只有一個能升入高中」；1957 年孝感專區下達的招生計劃，漢陽縣當年應屆初中畢業生一千零一名，計劃招收一個高中班（五十名），升學率只有百分之五──並就此向學生敲起警鐘：「今年高中招生比例很小，二十個中取個把」，提醒學生用功。

哪知不提猶可，一提卻觸動了學生思想上最敏感的問題。學生們不等下課，就去找副教導主任楊松濤和校長韓建勳，詢問升學率到底是多少。因為回答口徑不一，學生懷疑校領導在欺騙他們，提出要到縣教育局查看文件。韓建勳、王建國一再勸阻未能奏效。午飯後，初三（八）班一名學生敲響了集合鐘，全校九個初中畢業班的部分學生湧向操場，一哄而出，到教育局去討説法，沿途有的學生還寫了一些要求升學的標語。湧到縣人委會後，學生推出代表，要求縣長接見。因為縣長不在，教育局和其他辦公室都沒有人，學生翻不到文件，就扔辦公用品，在牆上書寫要求公佈升學比例之類的標語，到郵電局給二中、三中學生打電話請求聲援（電話未通）。不久，學生得知縣長在縣委會，又一窩蜂湧向縣委會，見縣委會鐵大門關閉，便競相推撞，衝進了縣委院內，對在場批評他們錯誤行為的縣兵役局長和團縣委一名幹部進行「圍攻」。

13 日上午，又有數百名學生列隊上街，副校長王建國在阻止無效的情況下，佈置兩名副教導主任在校照管上課的教師和學生，自己帶着部分教師跟着學生做工作。學生代表到縣人委會向縣長韓茂林提出要求擴大招生比例，縮小城鄉招生差別。韓茂林解釋縣裏無權解決這個問題。有的學生不服，拉扯着縣長帶領他們去省教育廳請願。有兩名機關幹部為保護縣長，與學生發生衝突，被學生捆住，押經縣委會門前時，被縣委機關幹部攔截下

來，並扭打扣留了幾名學生。王建國為防止事態擴大，趕來要求放出被扣留的學生，幹部堅持不放，在幹部與鬧事的學生爭吵加劇時，數百名工人來將學生驅散。幹部、工人和學生在衝突中都有人被打。到此，學生再不敢妄動，陸續離散，有的學生被家長拉回家，事態即告平息。

定性：反革命事件

13日晚，縣委連夜召開緊急會議，認為一中學生罷課鬧事屬於「反革命事件」。14日縣委在一中分別召集教師、學生開會，宣佈學生鬧事屬於「敵我矛盾性質」。公安機關隨即進駐了學校。

十五日，孝感地委和漢陽縣委調集了近百名幹部組成「漢陽事件」考察團，進駐漢陽一中。按照已經定下的性質，考察團斷定「前台」鬧事是學生，幕後指揮是教師，發動全校師生大揭發、大鬥爭，要求人人交代，個個檢舉，按圖索驥搜集「反革命罪證」、抓「反革命分子」。

找到了所謂的「小根子」

考察團運用「階級分析」的方法，把矛頭集中指向副校長王建國。王建國時年三十二歲，1950年從湖北革命大學畢業後分配到漢陽縣工作，1952年調任縣一中副校長，主持全校工作。由於出身富農，又有「三青團」的歷史問題，申請入黨一直被擱置。1956年韓建勳調任一中校長兼黨支部書記後，教員中許多人認為他是「土改幹部，吃黨飯的」，在教學工作上仍然相信王建國。考察團認定教師的問題根子在領導，首先排除了韓建勳，把王建國端了出來。凡與王建國工作上接近的，曾在湖北革大同學的，有一般政治歷史問題的，甚至一塊陪客喝過酒的，都被列為「反革命集團」成員，而這個集團的首領自然是王建國，「骨幹分子」則有副教導主任楊松濤、張良紹，原一中教導主任、當時縣教育局副局長胡平軒，教研組長鄒振巨，初三（七）班班主任、「革大」同學胡斌等人。

因愛眨眼成了反革命集團骨幹

初中語文教研組長鍾毓文有個愛眨眼的毛病，在一次揭批王建國的大會上，他坐在台前正眨眼睛，被台上的工作人員發現，

當場揭露鍾毓文在向王建國「使眼色」而宣佈隔離禁閉，繼而列為集團「骨幹分子」。

找到了所謂的「大根子」

有了「首領」和「骨幹成員」，在苦於找不到反革命背景的情況下，一個學生所寫的交待材料使一位「有見識」的負責人如獲至寶。這個學生交代上街時，經過縣文化館，向圖書管理員楊煥堯討開水喝，楊稱沒有開水，只有冷水；向楊要電話打，楊稱打電話應去郵電局。因為楊煥堯是「民盟」的成員，只要揪住楊不放就有了背景。加上楊曾按照縣委統戰部的意見，找過漢陽一中黨支部聯繫「民盟」的發展工作，有過發展王建國為「盟員」的意向，就這樣把王建國與楊煥堯硬拉到了一起。此時「民盟」中央已經揪出了「大右派」章羅同盟，湖北省的民盟主委馬哲民也被打成「右派」，以馬哲民為「總後台」，這個「集團」就有了分量。

由此，考察團得出結論：漢陽一中有一個以副校長王建國為首、糾合教師中的反革命分子、思想反動或有政治歷史問題的分子組織的「反革命集團」；這個「反革命集團」的「軍師」是「民盟」成員、縣文化館圖書管理員楊煥堯；「總後台」是「民盟」湖北省主任委員馬哲民；是這個「反革命集團」在漢陽一中散佈反動言論、捏造升學比例、利用「學代會」煽動學生搞「大民主」，製造了這場「反革命暴亂」。當時《人民日報》的報導稱之為〈馬哲民策動的「小匈牙利事件」〉。

處理：連愛眨眼的那個人也判了死刑

「考察團」和漢陽縣委對涉案人員一一提出了懲處意見，交有關部門分別執行。對於王建國等三人判處死刑的意見，縣法院持有不同看法，即被指責為「右傾」，不予信任，縣委直接派一名公安幹部請省委分管文教和政法的書記許道琦對死刑判決簽字，並由這名幹部攜卷上北京最高法院辦理死刑核准手續。

9月6日，漢陽縣召開三級幹部大會，宣佈「漢陽事件」處理結果：以「反革命暴亂罪」判處王建國、楊煥堯、鍾毓文死刑；對胡平軒以及鄒振巨、胡斌等九名教員和一名學生分別判處二至十五年有期徒刑；將教師李穗等三人送勞動教養；給三名

教師戴上「壞分子」帽子；韓建勳等十一名教職員和十名縣直機關、政法機關幹部受到黨紀政紀處分，三十三名學生被開除學籍、團籍和勒令退學。

「漢陽事件」處理後，國內媒體紛紛發表消息、通訊、社論；中央新聞紀錄電影製片廠攝製了紀錄片在全國各地放映；漢陽縣一中的新領導被邀請到許多大專院校作「漢陽事件」的專題報告。與此同時，台灣當局也借機大肆進行反共宣傳，妄稱王建國等人為「反共義士」，在台灣開追悼會。匈牙利訪華團以及路透社記者也先後到漢陽一中訪問。「漢陽事件」的處理，在國內國外造成了嚴重影響。

張思卿主持覆查「漢陽事件」

「漢陽事件」的覆查工作，是由去年初剛剛離任的最高人民檢察院檢察長、一九八五年擔任湖北省委常委兼省政法委書記的張思卿同志主持的。

因「漢陽事件」判刑十年倖存的漢陽一中女教師胡斌，自1978年黨的十一屆三中全會以後，先後向有關部門寫信八十九件，申述所定罪行與事實不符，要求覆查。1985年春天，她與同鄉同學、沔陽師範退休教師趙迪生分別上書中央，希望把「漢陽事件」的事實搞清，性質搞準，作出合乎實際的結論，讓人們「胸襟開朗，心安理得」。

胡斌、趙迪生給中央辦公廳的信，終於受到了中央高層領導的重視。1985年5月30日，中共中央辦公廳發文，將胡斌等人要求為1957年「漢陽事件」平反的信批轉給中共湖北省委，請省委牽頭，對此案進行覆查，結果報中央審批。

中共湖北省委書記關廣富，副書記錢運錄以及王群、沈因洛等領導同志在收到中辦函件後，及時進行了研究，批示省政法委組織力量覆查「漢陽事件」。

1985年6月28日，省委常委、省政法委書記張思卿主持召開了湖北省暨武漢市有關部門負責同志聯席會議。一個以省委名義組成的覆查「漢陽事件」工作組在會上成立，覆查「漢陽事件」的工作方案也在會上敲定。

1985 年 7 月 5 日，由張思卿同志任組長的省委覆查「漢陽事件」工作組，在最高人民法院兩位法官的參與下，由省政法委秘書長謝傑民帶隊，赴漢陽縣開展工作。

「漢陽事件」的檔案資料和有關人員的案卷，是覆查工作的重要條件和依據。經過一個星期的收集、清理，覆查組從十五個單位，收集到了有關「漢陽事件」的大量資料，比較全面揭示了當年「漢陽事件」發生、發展的過程及定性處理情況。尤為重要的是，工作組還收集到了未歸卷的大量原始證據和資料，這才是全面地準確地認定「漢陽事件」的鐵證。

與此同時，覆查組的同志們進行了廣泛深入的調查，走訪有關的一百三十餘人，為弄清「漢陽事件」真相，判斷事件性質，提供了充分確鑿的證據。

覆查組覆核的重點問題是：漢陽一中是否存在以王建國為首的反革命集團，楊煥堯與王建國的關係，所謂策劃「反革命暴亂陰謀」的幾個會議，李穗講升學比例是否製造謠言、蓄意煽動鬧事，所謂「漢陽事件」中的反動標語口號以及王建國等人在學生鬧事中的態度和表現等等。9 月上旬，在張思卿同志主持下，省市政法各機關領導及漢陽縣委主要領導在漢陽縣聽取了覆查工作組的彙報，審查了關鍵性的證據材料，進行了反覆認證，取得了共識：根本不存在所謂「以王建國為首的反革命集團」，「漢陽事件」的實質是一中部分學生為升學率問題而自發地罷課、鬧事，屬於人民內部矛盾；原來認定是「以王建國為首的反革命集團」策動製造的「反革命暴亂」，全部失實；所謂「馬哲民策動的『小匈牙利事件』」實際是一起大冤案。

1986 年 1 月上旬，湖北省委向中央報送的《關於「漢陽事件」覆查情況和處理善後問題的報告》，得到中央正式批覆。中央同意省委關於為「漢陽事件」徹底平反的意見，並對處理善後問示題作了明確指示。(1999 年 1 月 15 日《南方週末》)

就用這種不惜傷天害理的手段，人為地製造出了一宗「民主同盟策劃的小匈牙利事件」。報紙上的大肆張揚，還有一個附帶的作用：對於那一年大批斷然失去升學機會的初中畢業生來說，這是一個極其嚴厲的警告：你怕不怕？

漢陽一中學生上街這件事，簡簡單單，本來就是為了升學率問題，並不是因為反共而引起的。可是王任重一定要遵照毛澤東的指示，竭力把它包裝成為「小匈牙利事件」，以打擊民主同盟。卻沒有想到：這給胡適提供了一個演說的論據。1957年9月26日胡適以中華民國代表團成員的身份在聯合國大會上演說〈中國大陸反共抗暴運動〉，其中引據北京《人民日報》的說法，他說：

> 最嚴重的學生暴動事件，發生在華中工業城市的漢陽。六月十二日漢陽第一中學近千學生實行罷課，並在街上遊行，高呼反共口號，高舉反共旗幟。學生們的行列衝入當地共產黨黨部，痛毆共幹。在晚上，學生們闖入當地徵兵機構，顯然意在奪取武器。第二天，這種行動再度發生，共產黨的武裝公安部隊開到漢陽，就對學生們開槍射擊。這一次逮捕了一大批人，包括中學校的副校長及一部分教師，他們都是領導或參加這次示威遊行的。

> 漢陽學生暴動的消息，過了兩個月才在報紙上透露。正在聯合國大會開幕前十天，在九月七日，路透社報導說：「六月間漢陽學生暴動的三個首領業已於九月六日在一萬民眾大集會時執行槍決，其他首領亦經分別判處五年至十五年的徒刑。」共黨官方報導說，這次漢陽暴動的主謀者曾說這是「匈牙利事件的縮影」。

胡適以這篇文章為例到聯合國去證明中國大陸確實存在反共抗暴運動，這大約是毛澤東王任重始料未及的吧。

經過一場疾風暴雨的揭發和批判，民主同盟或者說章羅同盟中央和各地的負責人大都被劃為右派分子。中央和北京的有章伯鈞、羅隆基、葉篤義、陳新桂、儲安平、范朴齋、曾昭掄、錢偉長、費孝通、黃藥眠、陶大鏞、吳景超、潘光旦等等，上海有沈志遠、陳仁炳、彭文應、王造時、孫大雨、陸詒、吳茵等等，江蘇有陳敏之、樊光等，浙江有姜震中、宋雲彬、章渭煊、宋質彬、丁零、胡齡、柳城、張運鏗等，江西有許德瑗、劉九峰、漆裕元、向法宜、王秋心、姚博、呂小薇、廖青雲等，山西有王文光、田雨翔、李貽萍等，陝西有韓兆鶚等，甘肅有楊子恒等，河南有王毅齋、張靜吾、羅繩武、范濂、楊乃秀、丁寶泉、郝士英等，湖北有馬哲民等，湖南有杜邁之等，四川有潘大逵、趙一明等。據8月16日新華社新聞稿說：「根據記者的初步調查，目前民盟中已經揭露出來的右派分子數目最多，佔各民主黨派揭露出來的右派分子總數的百分之三十九以上。右派分

子在民盟中央有，在省市組織中有，在盟的基層組織中也有相當一批。」
這篇新聞稿還說，「上海文藝界民盟組織成分極為複雜，這次在文藝界查
出的右派分子，除個別人以外，幾乎全部是民盟盟員。」（《新華半月刊》
1957 年第 18 號，第 149、150 頁）1958 年 4 月出版的一本小冊子提供了如
下的統計數字：

> 現在查明，全國盟員中的右派人數約佔盟員總數的百分之七
> 左右，而他們在中央委員會中卻佔了全體委員的百分之二十九，
> 在候補中央委員中佔了百分之四十三，在中央常務委員中佔了百
> 分之三十六以上。在地方組織中，據初步調查，民盟全國二十四
> 個省（市）地方組織中，為右派集團篡奪了全部領導實權的，有
> 上海、四川、浙江、江西、湖北、湖南、安徽、廣東、江蘇、陝
> 西等十個；大城市的縣（市）的地方組織中，有武漢、重慶、
> 濟南、青島、福州、杭州等六個。（遲蓼洲編寫，《1957 年的春
> 天》，學習雜誌社，第 74 頁）

這裏說了「據初步調查」，可見是並不完全的統計，如果是鬥爭完全結束之
後的完整的統計，數字當比這更高一點。即使僅僅看了這個統計數字，也
可以明白反右派鬥爭對於民主同盟或者說章羅同盟是什麼意義了。

中國民主同盟副主席高崇民 1958 年 1 月 26 日在中央常務委員會第
十七次（擴大）會議上的報告《中國民主同盟反右派鬥爭的基本情況》中
有一個統計數字：

> 經過七個多月的鬥爭，我們揭發出來的右派分子，計有中央
> 委員和候補中央委員五十九人，約佔中委、候補中委總人數的三
> 分之一。全盟各地組織揭發出來的右派分子，截至一九五七年底
> 為止，共計三千三百七十八人，佔全體盟員人數百分之十點五。

> 就右派分子擔任盟內重要職務的情況而論，計有中央委員
> 四十人，佔全體中委一百四十九人的百分之二十八點五，內有副
> 主席二人，中常委十一人，佔中常委三十七人的百分之三十五；
> 有省（市）委員會主委、副主委三十人，佔全體主委、副主委總
> 數一百人的百分之三十；有縣（市）委員會主委、副主委七十四
> 人，佔全體主委、副主委總數二百三十人的百分之三十二。（據
> 《中國民主同盟中央常務委員會第十七次（擴大）會議專刊》，中
> 國民主同盟中央辦公廳編印，1958 年 1 月。原題為：「中國民主

同盟反右派鬥爭的基本情況：高崇民在中央常務委員會第十七次（擴大）會議上的報告」）

至於中國民主同盟當年被簡稱為「章羅同盟」，後來 1980 年 6 月 11 日中共中央批轉中央統戰部《關於愛國人士中的右派覆查問題的請示報告》的通知說：

> 我們認為：「章羅同盟」在組織上應肯定其不存在，但在作為資產階級右派政治勢力的代表的意義上仍應認為存在，因為他們反黨反社會主義的根本立場是一致的，在向黨猖狂進攻中起了同樣的主導作用，並且互相呼應。同時應當承認，在反右派鬥爭中，由於把「章羅同盟」作為組織上的統帥者，民盟中央和地方組織有一些負責人被戴上了「章羅同盟」的「軍師」、「謀士」、「代理人」、「骨幹」等帽子；兩「帥」之外還有這個帥那個帥；在農工黨內也有一些人和地方組織被指為所謂「章羅同盟」的「分店」，這些都擴大了打擊面。在這個問題上，我們中央統戰部是有責任的。為着消除由此產生的後果，我們建議宣佈一律取消這些組織性的帽子，宣佈「章羅同盟」是指他在右派反黨活動中的共同主導作用，並不存在這樣一個組織或組織系統。

原來並不存在「章羅同盟」這樣一個組織或組織系統。

第十四章

九三學社與反右派鬥爭

反右派鬥爭也打擊了九三學社。「九三學社」的前身是許德珩、梁希、潘菽等人 1944 年在重慶發起組織的「民主科學座談會」，不久定名為「民主科學社」。因為紀念 1945 年 9 月 3 日反法西斯戰爭的勝利，最後定名為「九三學社」，其成員多是文教、科技界的知名人士。它是 1949 年宣告中華人民共和國成立的新的政治協商會議的參加單位之一。當時中國共產黨對於今後要不要保留這許多民主黨派有過一個考慮，據宋雲彬 1949 年 5 月 27日日記中說：

> 晚，周恩來、李維漢等在北京飯店邀請救國會同人晚餐。周表示：新政協開會後，各黨派除國民黨革命委員會、民主同盟、民主建國會外，其餘均可解散。（宋雲彬，〈北遊日記〉，《新文學史料》2000 年第 4 期，第 189 頁）

這思路很明白：準備保留的三個，國民黨革命委員會作為原國民黨軍政人員的組織，民主同盟作為知識分子的組織，民主建國會作為工商業者即資本家的組織。這樣，黨外這三個方面的人士就各有一個組織了。其他性質相近的，就不必單獨存在了。把這些民主黨派作這樣的整理，大約是為了減少一點頭緒吧。就在政協會議閉幕之後不久，同樣也是新政協的參加單位的三民主義同志聯合會和中國國民黨民主促進會都在 1949 年 11 月宣佈結束，併入了性質相近的中國國民黨革命委員會了。接着救國會也於 12 月18 日宣告結束。其成員就成了民主同盟的成員（救國會原來本是民盟的發起單位和組成部分之一）。這時九三學社也在準備解散了，為什麼卻又都保存下來了呢？許德珩在〈毛主席與九三學社〉一文中說了一個情況：

> ……毛主席在蘇聯訪問，先是沈鈞儒先生領導的我也參加的人民救國會也要解散，因為救國會的成員都在北京，大家同意解散，簽名後就解散了。……1950 年 2 月間，毛主席回到了北京。當他聽到救國會解散時，很為惋惜地說：救國會是進步團體，不應當解散。又聽說九三學社也要解散，當即表示不同意，並由中央領導同志傳達了他的意見。中央領導同志向我們闡述了民主黨派在新中國成立後的地位和作用。指出九三學社不但不能解散，而且還要繼續發展。（《難忘的回憶》，中國青年出版社 1985 年版，第 92 頁）

這表明毛有了新的考慮，就改變了原先周恩來說的那個意圖，把這些民主黨派都保留下來了。九三學社就一直保留到現在。

1956 年毛澤東在《論十大關係》裏提出「長期共存，互相監督」的方針以後，各個民主黨派都有積極的反應，九三學社也想能夠多發展一些人，多進行一些活動。這可以舉一件事為例：1956 年 11 月 22 日九三學社中央委員袁翰青（他是一位化學家，擔任中國科學院數理化學部學部委員及情報所副所長、代所長）在九三學社南京分社委員會的談話中，就表示了這個意思。他說：

> 新階段的發展組織問題：各民主黨派之間亦有社會主義競賽。1956 年「發展指標」亦表現這一點。指標較高是為了我社起更多作用，這一階段還要強調發展，並不是遷就指標，而是為了發揮作用。對發展落後分子的看法可以等待一下，不要顧慮太多。長期共存必須向青年一層發展，我社亦有基礎。向年青人發展，亦不致影響上層人士參加。新回國留學生，作為本社工作重點。科學院以九三為主。對文化界、技術界亦應注意。

> 關於分工，科學院為九三陣地，九三在這陣地上應多做些工作。醫藥衛生主要屬於農工，但如有人願意參加九三，亦應予以吸收。文化界亦應注意。技術人員可以吸收一部分。同志們發表的政治性文章，可列社名銜。

> 全社已有三千多人左右。

從袁翰青的這篇講話中可以看出：他們對於發展組織似乎有一點迫不及待的樣子了，他說：「助教，工程技術人員問題，本人以為助教是不成問題的。長期共存需要新生力量。青年同志參加民主黨派是有幫助的。」就是說並不要求都有很高的學術地位、學術聲望，一般的青年知識分子都可以發展。他又說：「九三在社會上已有相當榮譽。有幾個落後分子無妨，只要多加幫助，有了些進步，就已經起作用了。」就是說對發展對象不要過於挑剔，即使是被認為是落後分子的也可以發展。對於想要加入共產黨的知識分子，這篇講話告訴人們（據說已與統戰部協商同意）：「民主黨派入黨問題，一般成員可以入黨。有威望的負責人不可以。個別的可享受『黨員待遇』。」你盡可以先加入九三學社再去加入共產黨。這篇講話還提出：「為了擴大本社影響，大家在寫政治性文章時，可把『九三』職務寫上去。」他用許德珩的名義對南京分社加以督促：「在現階段發展是一重點。許主席問南京指標完成得怎樣。要求在數量中多多的注意。」

1957 年 2 月 24 日九三學社上海分社召集了上海高等學校中的社員教授座談「目前高等學校中存在的問題」。據《光明日報》駐上海記者蘆雲、陳楚報導，復旦物理系教授王恒守在座談會上對解放以來的高等教育，提出了六大缺點：

（1）國家的文教政策沒有搞好。教學改革已有四年，而教育事業還沒有完整的計劃。培養目標與要求不明確，大、中、小學課程不銜接。因此，中學與大學接不上，大學又與科學院接不上。他說，復旦談家楨教授曾公開講過：「我們大學裏培養的是文盲。」教學品質「來」與「去」都不銜接，說明教育政策、制度脫節，無計劃。

（2）關於院系調整後所出現的「工第一、醫第二、師範第三」的說法，王恒守表示反對。他說：工是從理來的，成立了一個獨立的工學院，造成了兩頭不銜接，不應把好的學生送到工科，差的學生送到理科。「向科學進軍」的號召提出以後，考理科的又突然多起來了，於是來一個「保送」。「考試」與「保送」，造成了不公平的待遇。

（3）對工農子弟的照顧問題。王說：搞速成學校，是要工農子弟上當，要他們在幾年之內拼命趕，趕到大學又跟不上，來一個「包教包懂」，但又包不上去，又再來一個號召，爭取五分。這樣更加重了他們的負擔。他說這個政策是迫害政策。結果，弄得工農子弟生胃病、吐血、情緒低落，甚至自殺。

（4）關於學習蘇聯問題。王恒守說：蘇步青認為我們學習蘇聯只學了一半，我認為連這一半也是學得不三不四的。同時，他也不滿意把留學生一回國就派到科學院去。他在會上大聲疾呼地說：這個方針政策是錯了，如果不糾正，是很危險的。他又說行政領導問題，蘇聯高等學校是二級制，我們是三級制，我們也要改二級制了，但是正在改二級制的，改成了二級半，教務長算是半級，因為高教部只要學校學習蘇聯，他們自己不學習蘇聯，所以搞成個不三不四的「二級半」。

（5）關於業務領導問題。他認為當校長、院長的一定要懂得科學管理，否則，就不能來領導。他說，很多人弄不懂，現在領導上的要求，為什麼是「既要馬兒好，又要馬兒不吃草」。他舉例說：工作量制度規定開大班課，一個大班有三百人，這怎能

教得好呢？儀器設備不夠，學校無錢買，或是買不到，要自己設法，還要硬湊學時，片面強調工作量。他認為這樣做是對教師一種壓抑。黨、團員教師吃苦不敢講，領導上瞎了眼看不見，硬要完成任務。

（6）關於政治思想領導問題。王恒守認為做得很片面。他發揮了「黨員助教監視老教授」的說法。他說：領導上借重學生來鬥爭先生，如同貧農鬥爭地主一樣，後來又以講師、助教為群眾，來鬥爭老教授。現在雖然好了一些，老教師也開始抬頭。但是，仍然弄得大家不敢談話，連老朋友見面也不敢多談。

最後，王恒守說：黨雖然有決心糾正錯誤，但是，他希望能夠事先多研究，不要碰腫了鼻子再轉彎。

王恒守所說的六個問題，在座談會上，產生了不少的影響。許多人與王有共同的看法。（1957 年 4 月 4 日新華社《內部參考》）

又據《人民日報》刊出的〈衝破「齊放」和「爭鳴」的障礙——記九三學社的兩次座談會〉一文報導：

4 月 27 日和 29 日，九三學社中央和北京市分社的科學文教工作委員會，召集在京的部分社員舉行了兩次座談會，討論如何進一步貫徹「百花齊放，百家爭鳴」的方針。九三學社主席許德珩，希望到會的學者專家們暢所欲言，結合自己所在單位的情況，談談個人學習毛主席最近兩次講話的心得和體會；同時大膽地揭露當前在貫徹「百花齊放，百家爭鳴」上的種種障礙，以便動員各方面的力量來衝破它們。

到會的許多位著名的學者專家認為，毛主席在最高國務會議上再一次提出「百花齊放，百家爭鳴」、「長期共存、互相監督」的方針以後，已經引起了黨內外知識分子、幹部和群眾的普遍重視，許多人已經敢於起來大膽地爭鳴。但是，在貫徹執行黨中央的這些方針上，仍然存在着許許多多的障礙，而其中最大的障礙是來自黨內和領導機關的教條主義、宗派主義和官僚主義。

會上的許多發言，集中地批評了高等教育工作中的教條主義。中國藥學會理事長、北京醫學院藥學系主任薛愚說：由於幾年來在醫學教育中生搬硬套蘇聯的經驗，妨害了中國醫學的進一

步發展。在蘇聯六年學完的醫學課程，在我國五年就要學完，因而許多門基礎科學課程統共只有一年的學習時間。這樣培養出來的學生，由於理論科學的基礎差，只能作技術員，不可能很好地從事醫學科學的研究工作，把我國的醫學向前推進一步。他對於藥學教育中不重視中藥的研究很有意見。他說：中藥是我國特有的東西，可是衛生部門只重視培養配藥人材，而不重視培養化學合成人材，理由是蘇聯的藥學教育中沒有這一門課。在新藥的研究創制方面，英、美和西德等國有許多東西值得我們學習，但是我們卻學習得很少。對於這些問題，在賀誠同志擔任衛生部副部長的期間，他曾經十多次地提出意見，但是都沒有受到重視，甚至根本置之不理。

北京大學中文系教授游國恩等，從文學和語文等方面，揭露了大學課程改革和教學工作中的教條主義。游國恩教授說：在蘇聯的大學文學系裏，先講「人民口頭創作」，再講文學史是對的，符合蘇聯的情況。但是在我國就不應當這樣，因為我國古代的人民口頭創作已經有了文字的東西；可是教育領導部門卻不願意考慮專家的意見，硬要機械搬用蘇聯的經驗，結果使得我們的工作很忙亂。在對待古典文學遺產方面，教條主義的習氣也很嚴重。只要教師講課的內容有一點不符合教條主義者的胃口，他們就發出無理的批評以至指責。例如，我認為漢賦受荀卿的影響很大，在講文學史時，就把荀卿和漢賦一起講，有人就批評這是形式主義，並且到處了解情況，弄得很緊張。直到有人寫了一篇文章，說是蘇聯的文學史也是這樣講的，教條主義者才閉口無言。

許多發言的人還認為：目前報刊和出版社的編輯部存在着相當嚴重的教條主義，這對於「齊放」和「爭鳴」有很大的影響。科學情報研究所代所長袁翰青說：有一個時期他很不愛看《學習》雜誌，因為教條主義習氣太重，看了幾無所得。國務院參事李祖蔭說：《政法研究》和《政法半月刊》中，雖然不無好文章，但教條主義也表現得十足，令人生厭。游國恩說：許多編輯部請人寫稿，不但「命題」，而且「命意」；有時甚至照着「命意」寫出來的稿子，編輯部也不肯接受出版。北京師範大學教授啟功把這種既「命題」又「命意」的作法，比作是拿着小孩扣泥人的模子，或者是叫菜吃飯，凡是合乎模子和口味的東西，編輯部才要。

在對衛生部的宗派主義作風的批評方面，除了薛愚等人在會上作了發言以外，北京醫學院公共衛生系主任金寶善送來了書面發言，並且附來了一個衛生工作人員給他的一封信。薛愚認為衛生部的人事安排不夠妥當，司局長以上的絕大多數是黨員。機關福利補助費的使用也有問題，不是黨員請求補助費比較困難，而一個黨員局長，一次就得到六百元的補助費。薛愚還在會上談了這樣一件事：去年9月，波蘭舉行藥學代表大會，來信邀請我國藥學界派代表參加。衛生部不但沒有把此事通知中國藥學會，而且不同藥學會商量，就派出了三個代表，其中有一個人還不是藥學會會員。

金寶善在書面發言中表示，在從中央到地方的各級衛生醫療機構中，雖然幾年來黨與非黨的關係有了顯著的改進；但是黨與非黨在業務上、工作方法上以至人事安排上，都還有相當多的問題。他說：全國解放已經七、八年了，應當有更多的知識分子、專業工作者和科學工作者參與實際工作的領導，這樣必然會把實際工作作得更好些。他附來的那封信，是一個在邊疆工作的衛生工作者寫的。信中說：他在大學的公共衛生系畢業以後，被分配到一個邊疆防疫站工作，上級要他搞勞動衛生，給他配備了兩個防疫員當助手。但是當領導上宣佈成立勞動衛生股時，股長不是他，而是他的一個助手，因為這個人是團員，他是群眾。可是實際上股裏的業務工作完全由他來作，甚至連總結計劃也是他的事。

到會的學者專家們舉出許多事實，說明高等教育工作中的官僚主義和無人負責的現象也是很嚴重的。北京大學中文系教授魏建功說：現在是用辦工廠、農村和軍隊的辦法來辦學校，拿出一個辦法來，就得貫徹，沒有商量。北大中文系教授周祖謨說：高等教育部曾經發下來一個蘇聯教學計劃供參考，我問高教部的同志是哪一年的，他們答覆說不知道。他還批評了學校領導人的工作作風不深入，工作缺乏統一的計劃和安排，往往臨時通知教師開新課，教師只好開夜車趕寫講義。他自己就是這樣，從解放以後，年年開新課，有一年因為冬夜趕寫講義，得了關節炎。

在座談會上，學者專家們還對怎樣才能放得好和鳴得好發表了意見。金寶善認為：在醫學領域內，目前還缺乏爭鳴的基本

條件。解放以後，衛生事業上的成就是很大的，史無前例的；但是在醫學科學的創造發明和能夠獨樹一幟的專家是極少的。因此醫學科學工作者應當埋頭苦幹，不必急於爭鳴。中國科學院昆蟲研究所副所長朱弘復說：現在還是鳴之初，談方針方法多，鳴的內容較少。如果李森科和摩爾根生長在中國，就會有大鳴。他認為鳴要有內容，不能僅僅關在屋子裏鳴，要通過實踐或實驗來證明鳴的正確。北京師範大學教授黎錦熙也認為，鳴不僅要言之成理，而且要言之有物。所以科學家們都要努力向科學進軍。許多人都談到「六分之五」的問題還是沒有保證，希望有關部門能夠加以解決。這是一方面。另一方面，也有人認為今後能不能鳴得好，關鍵在於黨的領導。宵嘉風說：如果只有黨外人士鳴，黨員都不鳴，是鳴不起來的。他希望黨員解除顧慮，內外上下都鳴起來！（5月1日《人民日報》）

武漢大學中文系教授程千帆也是積極「鳴放」的一人。他又是湖北省政協委員，九三學社武漢分會籌備委員會宣傳委員會副主任委員。他4月30日在一個座談會上發言，就說了這樣一些意見：

> 關於黨群關係問題。大家都要拆牆，我認為拆牆首先要明辨是非，武大形成一種很不好的風氣：「假積極分子幫倒忙」。有些人對上阿諛逢迎，對下欺壓，這種人甚至鑽到黨內去了，這樣就使群眾與黨的距離更遠。根子在什麼地方呢？我認為在於徐懋庸同志過去說：「投共產黨之機，投革命之機，有什麼不好，久了就可以弄假成真。」這些上拍下壓的人，因此，在每次運動中，都很活躍，給黨的工作反而帶來損失。群眾總結了這批假積極分子的入黨術有五條：（一）三年不提意見；（二）一切「體會」領導意圖，察言觀色；（三）常跑人事處接近當權派；（四）重點走一人門路；（五）通過親戚，或夫妻關係。去年有一位品質很壞的人，領導為了準備吸收他入黨事先偽造材料，硬迫群眾選他為先進工作者。結果此人不但未起到積極作用，反而使黨的威信低落，連黨內都有意見。這種人被認為靠攏黨，許多正派人就不敢靠攏了。我希望黨明辨是非，當然，武大絕大多數黨員都是好的，我這裏所說的只是一小撮投機分子的情況。他們是群眾所最不喜歡的人。最後談談民主黨派在學校中的地位。我是前幾年加入九三學社的；居然有人把這個民主黨派當成商店，問九三學社是否是公私合營的。群眾不了解這個組織，報上宣傳得也不夠，

《人民日報》談到某些人的模範事蹟，只提他是黨團員，從不提是民主黨派成員。有一次開省政協會，有外地委員問：「中國有共產黨為什麼還有其他民主黨派？」我正要說明，有個幹部拉住我說：「不必說了，因為一下說不清楚。」為什麼不讓我說明白呢？1953 年在朝鮮慰問，有位領導同志竟要我不要對朝鮮同志說中國有民主黨派。……（1957 年 5 月 16 日《長江日報》，題為〈我為什麼還要鳴？〉）

山東大學海洋系講師景振華，九三學社社員，校內《民主報》編委。寫了一篇〈肝膽相見赤誠以待〉。文章提出：「要用歷史眼光看高級知識分子」，「要正確對待高級知識分子的感情和意見」。作者談到肅反運動，他說：「我當過肅反積極分子，要說非把孤立的幾點事實，憑主觀願望串聯成一條反革命的罪證，實在不科學也有違於良心。」全文寫得很有刺激性。

1957 年 5 月 1 日《光明日報》以〈上海知識界談貫徹「百家爭鳴」問題〉這個總題目，刊出駐上海記者就「百花齊放、百家爭鳴」方針的貫徹問題對上海一些在高等學校任教的民主黨派成員和無黨派民主人士的訪談錄，其中復旦大學生物系教授劉咸和復旦大學法律系教授楊兆龍都是九三學社社員。劉咸談話的題目是〈過去在學術批評中缺乏自由爭辯的風氣，用壓服代替了說服，要貫徹爭鳴的方針，非扭轉這種風氣不可〉，他說：

我還是從一件具體的事情，來談談我對「百家爭鳴」的感想吧。1950 年，我寫過一本書：《從猿到人發展史》。發行以後，有讀者在《人民日報》寫了一篇簡評，說這本書有唯心主義思想，書店馬上把發出去的書收回銷毀。我寫信給《人民日報》提出對那篇書評的一些不同意見，希望發表，引起討論，但報社退回了信稿，說我寫的書是達爾文老生物學的觀點，要多多學習米丘林新生物學的觀點，把生物學分為什麼老生物學、新生物學，實在叫人不能心服。1955 年 9 月，中國科學院召開會議批判唯心主義思想，對我寫的這本書進行了「判決式」的批判。會後，《科學通報》約我寫一篇文章，希望我進行自我檢查，寫些心得體會。我在文中對某些批判表示接受，對不能接受的某些意見提出自己的不同看法，但是，《科學通報》的編輯對這篇文章不中意，說我寫的書錯誤已經肯定，批判已成定論，再沒有可以討論的，便把稿件退回了。

在中國科學院開會批判以後，復旦大學研究部、生物系、馬列主義教研組緊接着又在 1956 年上學期，以一個學期的時間，每兩周開一次討論會，對我的書逐章逐節進行批判。我並不認為這種批判是不必要的，學科學的人，有了錯誤，總是願意改正的；使我遺憾的是這種批判不是為了發揚學術，尋找真理，而只是為批判而批判。在批判過程中，亂帶帽子，說我是唯心論、擬人論，甚至說我這本書傳播了反動的政治思想，危害了學習運動。帽子扣得多，說理則不夠。這不僅不能解決思想問題，而且引起抵觸情緒。有些參加批判的同志對我寫的書也沒有好好研究，提了一些不中肯的意見。參加批評的某些同志，搬的是一些教條主義，凡書中不合恩格斯的說法的地方，一概加以否定。總之，把這本書批判得一塌糊塗。在批判中，有的意見是正確的，我是接受的。有些意見我有保留，有些意見則不能接受，但批判形成了一種空氣，使人感到精神上的壓力，不能順暢表達自己的意見。否則，就有人以抗拒思想改造來看待。在這種風氣之下，一個人的唯心主義思想既遭到批判，而這種思想又是反動的，連熟朋友也少往來了。

自從黨中央提出「百花齊放、百家爭鳴」的方針以後，學術空氣開始活躍。黨和行政方面的負責同志，都鼓勵我把這本書修改出版。由於市上缺少學習社會發展史的輔助讀物，也有不少讀者來信要求購買這本書。

我用自己經歷的這段事情，主要是說明過去在學術批評中缺乏自由爭辯的風氣，用壓服代替了說服，這種粗暴的批評，一棍子打死的做法，正是影響開展爭鳴的主要原因之一。而要貫徹爭鳴的方針，非扭轉這種風氣不可。

楊兆龍談話的題目是〈要發揮老法律科學工作者的積極性，在學校要讓他們教書，在科學研究機關要讓他們參加科學研究的領導工作，在政法部門要讓他們參加工作擔任適當職務〉。他說：

高等學校教師的特點之一，是喜歡發表意見，一個原因是，一般教師都是比較有專門研究的，遇到與他研究的業務有關的問題就要發言；另一個原因是，高等學校是講真理的地方，作為為人師表的教師，感到有追求真理的責任。提出不同的意見，當然決不等於反對政府和反對黨，可是過去有人愛用這樣的邏輯。不

平則鳴，過去沒有「鳴」的地方，於是，知識分子和黨與行政之間產生了距離。現在，黨中央和毛主席再一次鼓勵大家「放」，什麼意見都能說出來，我想以前的距離是會縮短以至於消弭的。

因為大家不大習慣爭鳴，開始「放」的時候，免不了有「放」過頭的現象，但決不能因此而懷疑「放」的方針。我認為只能放不能收的提法很對。事實上，收也收不了。爭鳴要很自然地養成習慣，隨時隨地有人提意見，對方聽了也沒有不愉快的表現。爭鳴發展到這樣的水準，民主空氣將會大大發揚起來，對各種工作都會產生很大的好處。否則，爭鳴不是真鳴而是假鳴。貫徹這個方針，只許成功，不許失敗。

達到這樣的要求，要做許多工作，主要是黨和行政要從各種行動中使人看出歡迎爭鳴，不把教師當外人，大家以誠相見，互相信任，這才能做到隨便講話，隨時可鳴。話雖簡單，做到卻不容易，這就需要人們有肚量、有耐心、有決心。

目前在法律科學方面開展百家爭鳴還很困難，主要是這門科學不被重視，這幾年對法律問題的看法，定出了許多清規戒律。人們只強調法律科學的政治性，而很少理解法律科學的專門性。因此，對研究這門科學的老年教師重視不夠。目前領導法律科學的部門和從事法律科學教育的，不一定真正懂得法律科學，而搞法律工作的人，也有不少人不懂法律。要發揮老法律科學工作者的積極性，在學校裏要讓他們教書，在科學研究機關要讓他們參加科學研究的領導工作，在政法部門要讓他們參加工作擔任適當職務。現在，法律科學研究機構還沒建立，許多老法律科學工作者還沒能夠回到學校教書，在政法部門中老的法律工作者很少，並且不都是有職有權。

法律科學著作發表的園地很少，專著出版更成問題。解放以來，我國學者編著的兩百頁以上的法律科學專著，我還沒有見過。應該鼓勵法學家多做科學研究工作，更重要的是給以發表的園地。

在百家爭鳴中，還希望領導方面注意法律教學方面存在的問題如法律系課程、法律學科的教學方法等，都還沒有經過很好的討論研究。我們應該一方面向蘇聯學習，一方面根據本國各學校的情況總結出一套經驗來，進行一些有效的改革。

1957 年 6 月 1 日，九三學社中央委員儲安平在中共中央統戰部召開的民主人士座談會上發了一通關於「黨天下」的發言，這篇以〈向毛主席和周總理提些意見〉為題的發言說：「最近大家對小和尚提了不少意見，但對老和尚沒有人提意見。我現在想舉一件例子，向毛主席和周總理請教。」「在全國範圍內，不論大小單位，甚至一個科一個組，都要安排一個黨員做頭兒，事無巨細，都要看黨員的顏色行事，都要黨員點了頭才算數」，「現在國務院的副總理有十二位之多，其中沒有一個非黨人士」，反映出了民主黨派對於沒有能夠分享權力的不滿。這篇發言立刻遭到了集中火力的批判。6 月 8 日，袁翰青在九三學社中央座談會上的發言為儲安平辯護，他說：

> 今天對儲安平同志的發言，我們的分析和看法，是參差不一致的。他的發言，有許多問題，我看到葛佩琦的發言反感很深，但我看儲的發言沒有這大的反感，他是中央委員又是宣傳部副部長，我們應該如何辦？建議是否應派人與他先談談，再開一小型會，（可能他現在還在堅持他的意見）從解放後他的安排是不很恰當，先安排新華書店付總經理，根本無權，後安排在出版總署發行局付局長，安排得不很恰當，他有感受所以他發言是有基礎的，我認為《人民日報》在掌握分寸上太過火了一點。第一、二版都談儲的問題對大「放」會有影響，知識分子見風轉舵與整風無好處，可先發表一篇人民來信，加一按語實事求是，固然好，但對三害，應制痛。因為在黨員中特權思想很嚴重，如果儲安平是用「特權思想」不用「黨天下」就沒有問題，三害包括特權思想在內，這些思想對建設是有害的，如農業大學有的黨員們減少工資，又退房子，說明過去是有特權思想。

> 儲安平同志這次發言有相當的舊民主主義思想，但正確的我們還是應該支持反映還有些是事實。十二人總理沒有非黨人士，這不光是他一個人有此想法，而我也聽到過別的人也有此反映，所以他的看法是代表一部分人的，他的出發點動機有些是好的，我們九三有責任來幫助他，細緻地向他進行工作他如辭掉總編輯影響更大了，所以我們九三要好好地幫助他。

1957 年 6 月 8 日，《人民日報》以盧郁文收到一封匿名信為由頭發表社論〈這是為什麼？〉，宣告反右派鬥爭開始。接著，9 日、10 日又連續發表反右派的社論〈要有積極的批評，也要有正確的反批評〉、〈工人說話了〉，

一時形勢大變。6 月 11 日，九三學社南京分社委員、支社委員與部分部門
委員開座談會，討論《人民日報》這幾篇社論。

南京師範學院中文系教授吳奔星在座談會上講話，他說：

> （一）我們提意見，是為了爭取黨更好的領導我們，整風要
> 我們和風細雨提意見，但反批評卻是狂風暴雨。（二）《人民日
> 報》社論作用很大，關住了暴露反革命分子的門。這樣下去，整
> 風將是虎頭蛇尾。真正幫助黨整風的人，不敢講話了。（三）匿
> 名信，不可怕。工人發言很好，但《人民日報》發社論是否有必
> 要？如果問，誰關整風之門，我看，首先就是《人民日報》。（四）
> 儲安平提毛主席周總理的意見，很好，但態度不夠嚴肅。我們從
> 「大、小和尚」的字眼來挑剔、來責難儲，我看沒有必要。我們
> 長的不是玻璃腦袋，雖然我們是如此熱愛黨與毛主席，希望領導
> 上用 X 光的視線來看我們。《人民日報》的社論，的確使人感到春
> 天已去，而是「秋風起兮雲飛揚」的季節了。但我想，社論只是
> 代表一部分黨員，絕不是代表毛主席與周總理的態度。

華東農業科學研究所食用作物系主任周承鑰在座談會上講話，他說：

> （一）儲安平的言論在措辭上，如「黨天下」、「清一色」等
> 有毛病。但他說的情況在實際生活中是有的。如我們所裏有黨員
> 所長、黨員科長、連系秘書也是黨員。（二）黨的豐功偉績太多
> 了，提不盡，但今天主要是提缺點。我們讀《人民日報》社論，
> 一般是很愉快的。但最近有關整風的連續三篇社論，讀了使人心
> 傷。把恐嚇信作為大問題來批評是對的，但關於「定息二十年」
> 的講法，也即刻來個大批評，這對廣開言路是有影響。也許，北
> 京是放足了，可以爭，但其他地方，比如南京吧，情況就不是如
> 此。《人民日報》是全國性的報紙，各地都受它影響，《新華日
> 報》就很明顯地受了它的影響。我們所裏十二個同行對《人民日
> 報》社論的領會是「大概要收了」，也有人說：「既有今日，何
> 必當初。」我們所裏有人並且因此要求到野外去採標本，以逃避
> 「鳴」、「放」的糾纏。（三）「反社會主義謬論」、「反共謬論」等
> 這類帽子又來了。我們知識分子最怕帽子。報紙上批評說：「把
> 反批評理解成『收』了，這可能是誤解，或者是別有用心」，這
> 樣一來，叫我們如何說才好呢？（四）匿名信是誰寫的，至今不
> 知。但把這筆賬隱約地算在高級知識分子頭上，使人氣憤。（五）

「大和尚」一詞，中國俗話的意思就是當家人。但由於人民對毛主席太崇拜的緣故，所以激起了他們對儲安平的不滿。

南京師範學院副院長、九三學社南京分社負責人高覺敷在座談會上講話，他說：

> 把陳銘樞、儲安平與匿名信放在一起，使人感到寒心。《人民日報》社論藝術性很差，不是文人的筆調。單刀直入的寫法，使人受不了。因此，《人民日報》社論可能有副作用：（一）對黨外人士言，至少是南京的知識分子，有的人蓋子還未揭開，有的人只講了一半，《人民日報》這樣來一手，使人覺得「少說話為妙」，這種批判是受不了的。（二）對黨內同志言原來就有90%以上高級幹部思想不通。對陳銘樞的批評上，就反映了這種情緒。我們向黨提意見，無非是要黨更好地領導我們走社會主義道路。如照《人民日報》的最近三篇社論的意圖，要我們對黨說好話呢，還是真正要我們揭露矛盾，解決問題？我們還理解不透。（1957年6月15日新華通訊社編《內部參考》）

在反右派鬥爭已經猛烈開始的形勢之下，6月14日，九三學社座談會的政治空氣顯著轉變。據《人民日報》報導：

> 九三學社中央常務委員會昨天下午邀請在京的中央委員和北京市分社的委員舉行座談會，繼續討論幫助中國共產黨整風的問題。會上，二十四個人的發言中，一致對九三學社中央委員、宣傳部副部長儲安平散佈的「黨天下」的謬論和其他右派分子反社會主義的謬論作了批判，一致要求要和這些反動的言論在思想上政治上劃清界限。不少發言的人對自己前幾天沒有認識這些謬論的反動性和危害性作了自我批評，一致表示要提高政治嗅覺，明辨大的是非，向一切反社會主義的言論作鬥爭，更好地幫助中國共產黨整風。

> 會上還有人要求召開九三學社中央常務委員會議，討論儲安平的問題。主持會議的九三學社主席許德珩表示接受這一建議。

茅以升說非常擁護報上對儲安平的批評

中央常務委員茅以升在發言中表示：對這幾天報上嚴厲批評儲安平的謬論，非常擁護。他說，儲安平在統戰部的發言，不但

有稿子，還有標題。他把稿子分發給新聞記者時，還說稿子內容不能改，而且標題也不能改。據說事前他曾把這稿子給一位民盟領導人看過，但我們九三的領導同志們卻無人知道。他這樣作的用意何在不難揣測，至少可說明一點，就是他並未把我們看做同志。因此，我們和他劃清界限，他也許不致反對吧！

許多人在發言中，都談到目前民主黨派如何發揮作用的問題。王鈞衡認為：民主黨派目前要在三方面起作用。即：堅決地站起來向反黨、反社會主義言論進行戰鬥；消除一切顧慮，從團結出發本着知無不言、言無不盡的精神繼續提意見，幫助共產黨整風；在整風中教育自己，改造自己。

候補中央委員李孝芳說：翦伯贊先生說右派分子寫發言稿，有巧妙的辦法，像我們學校裏寫教學大綱一樣，你寫一章，我寫一章。中央委員王之相同意這一比喻，他還說：他們是異曲同工，有共同立場，目的是取消黨的領導。

李祖蔭說章伯鈞的檢討空空洞洞毫無內容
涂長望指出右派有理論有綱領有策略

北京分社委員李祖蔭在發言中對 6 月 14 日人民日報發表的章伯鈞的「我在政治上犯了嚴重的錯誤」的檢討表示不滿。他說：章伯鈞的檢討我看空空洞洞，毫無內容。他還說：章伯鈞不滿現狀，企圖混水摸魚，撈一把，進一步抓更多的領導權，農工民主黨有人說章伯鈞野心勃勃，這值得注意。

中央常務委員涂長望發言中說：我們上次中常會擴大會上，批評儲安平謬論的只有三個人，而同情儲安平謬論的就有五個，這說明我們在政治上有傷風現象，嗅覺不靈了。接着，他指出，應該把最近反社會主義的言論聯繫起來看，這樣，就可以發現，右派分子有「理論」，有「政治策略」，還有「政治綱領」，正在實行三部大合唱。他說：章伯鈞、章乃器、儲安平、陳新桂就是他們的理論家，他們企圖用資產階級的理論代替無產階級的革命理論，企圖用修正主義代替馬克思列寧主義。他們的政治策略就是：只准講壞話，不准講好話；歪曲事實甚至捏造事實，並且採取人前一套背後一套的兩面派手法。他們的政治綱領就是：要取消無產階級專政，要共產黨「下台」，要另外成立政治上的設計院，每個民主黨派包乾若干個縣，要各個民主黨派發展一千萬黨

員，要設立上、下議院。涂長望認為，要把這三者聯繫起來，就可以看出問題的嚴重性，而且這些謬論在知識分子中特別是青年學生中很容易發生迷惑的作用，因此，必須堅決批判這種謬論。

北京市分社常務委員惲震提出，儲安平是九三學社的中央委員和宣傳部副部長。他說我們不願意要這樣的副部長，要求九三學社對這問題加以處理。惲震還氣憤地說，儲安平太沒有紀律，他犯了這麼大的錯誤，九三學社兩次開會通知他他都不來，也不向組織表示改悔。這一意見還得到一些人的贊同。

袁翰青報告他和儲安平的談話，
儲認為自己的錯誤在於不知道知無不言還有個界限

常務委員袁翰青發言中，尖銳地揭露了儲安平還沒有認識到自己錯誤的事實，他說：6月9日我去找他，問他在統戰部座談會上發言以前，為什麼沒有同九三學社的人商量，並且批評他說的「黨天下」是錯誤的。他說「錯誤的問題以後再談」，對為什麼不和九三學社的人商量的問題，他說是「沒時間」。他還說：準備檢討。我問他：如何檢討？他說「不曉得知無不言本身有個界限」，如果曉得的話，就不說了。我當時說，如果這樣，你就不用檢討了。袁翰青說：幾天以來，一直感到他的錯誤嚴重，看到史良的發言，感到更加嚴重。儲安平同九三比同民盟的關係深，他是九三的中央委員，又是宣傳部副部長，但他沒有找九三的人商量，卻找了九三以外的另一個民主黨派的負責人商量。他在配合人家講話。究竟為什麼要和這個人商量？他的政治企圖是什麼？他要求九三學社召開中央常務委員會，要儲安平交代。

徐誦明在發言中，除批判了儲安平的發言表示要與他劃清界限以外，說到個別黨員所犯的錯誤，我們不要當作是黨的過失，黨與個別黨員不要混淆起來，同時他還批評了衛生部的工作做得不好。衛生部領導同志多半不懂業務，又不走群眾路線，這是工作做不好的根源所在。政治第一，技術第二，技術應當服從政治目的，這是正確的，但是並不是不要技術。衛生部忽視技術的結果已造成工作上的損失。比如衛生部曾頒發了一個放寬人工流產條件的指示，指示發出後很多婦女要求人工流產，弄得各地醫院混亂得很。為什麼不和專家先商量一下再頒發呢？他希望在這次整風中醫藥衛生界同志應當幫助衛生部改正這個毛病。

在會上發言的涂長望、裴文中、袁翰青、葉恭紹、董渭川、陳明紹等大多數人都檢查了自己政治嗅覺不靈敏的問題。為什麼許多高級知識分子對這些反動言論這樣嗅覺不靈呢？董渭川提出了他的看法。他認為這是資產階級的舊民主主義思想給高級知識分子的毒害。這一意見還得到一些人的贊同。

九三學社主席許德珩最後發言中指出：「這幾天對反社會主義的言論雖然有所駁斥，對他們的陰謀有所揭發，但這股逆流和反人民的歪風還未得到徹底糾正」；他認為儲安平的「黨天下」的謬論是徹底的誣衊，是企圖取消黨的領導，取消社會主義制度。

許德珩還表示接受一些發言人的建議，將召開中央常務委員會討論對儲安平的處理問題。

在會上發言的還有九三社員鄒秉文、程希孟，中央常務委員嚴濟慈，中央委員張席褆，中央常務委員薛愚、勞君展，北京市分社委員過祖源、魯德馨、張楚寶、韓壽堂，中央委員喬啟明。中央常務委員黎錦熙作了書面發言。（6月15日《人民日報》）

袁翰青在九三學社中央座談會上的發言裏，還檢討了早幾天自己為儲安平辯護的錯誤。他說：

1號我認為他的動機是好的，9號我認為他是思想上的錯誤，今天才知道，他的發言稿是讓羅隆基看過的，發言稿為什麼讓羅隆基看，假如讓我們任何人看一下的話，都可以指出他的錯誤的。儲安平同志參加了二個民主黨派，關係該是九三學社，如果發言稿都沒找任何人看過，是一種情況，而事實上，他是找九三以外的人商量過的，這個商量的本身就說明了問題，商量過就是說，是有配合的，他們的政治企圖是什麼呢？儲安平同志，任光明日報總編輯，對國內外各方面的情況是可以摸到一些底的，發言又找過是些民主黨派的負責人商量過，就是說明：他們認為，在人民中間可以找到市場的。今天座談會上我們是應該和他劃清思想界限的，我提請許主席考慮，召開中常會，讓儲安平同志交代他的政治企圖。9號那天他說，沒有時間所以沒讓任何人看過發言稿，而事實上是讓人看過的，政治企圖是什麼？交代以後才能談到教育問題，加強教育，作為一個右派分子來說，不能只是口頭上說幾句話就完了。

我們，我個人在 6 月 8 日的座談會上，為什麼替他辯護，是由於個人思想意識上存在着資產階級和小資產階級的根子，因之才模糊的不清，才看不出來，正如同志們説的是資產階級民主方式的問題，此外我還有小資產階級的溫情主義，認為我們有些來往，不會那麼壞吧！今天的情況説明，儲安平的發言不只是個人的發言，而是和章伯鈞政治設計院有關係的，章本人是人大代表，政協付主席，為什麼還要提政治設計院，是否想把黨的政權取而代之，據説民盟陳新桂和章的關係很密切，所以我認為，不能單純的看成儲安平的問題，否則過幾天又感覺到，政治嗅覺不靈了。

我要求儲安平同志交代。

袁翰青檢討了錯誤還是過不了關。還是被劃為右派分子。竺可楨 1957年 8 月 23 日日記：

午後三點至頒賞胡同九三學社，參加支社整風小組對袁翰青的檢討。説他是九三老社員（1948），認是一個政治資本，他的思想常搖擺於科學工作與政治工作之間。1955 年去蘭州預備搞科學工作，56 年回京，適值提出長期共存，又想搞（科學）［政治］工作，提出成立九三黨團（5/7），是有分庭抗禮之意。鳴放期間更猖獗，企圖在上層建築延長資產階級壽命。3/31 曾在北大支社提出兩院制。儲安平提出「黨天下」後，初表示同情，5/2-5/8 至6/8 日《人民日報》社論出論曾想寫信給《人民日報》反對，未果。在去年 11 月，在南京傳達九三要大發展。説 1955 年傅鷹曾説黨不能領導科學，心中不以為然，但學部大會上暴露了反黨意見。説蔡元培謙沖兼容是武訓傳思想，忠於地主階級。承認提八個秘書長統是黨員，和儲安平十二個副總理事無異。以後又談了個人關係，儲安平入九三由袁的介紹（'52）。和曾昭掄於 1932年回國時起，曾在北京編《化學會會志》，袁在南京編《通訊》。46 年曾去美國，得俞大維之助，要袁至北京，在北大教課，並編化學雜誌。曾於 48 回香港，解放後回北京，任教務長。不久袁至文化部，曾至教部。51 年化學大會，曾為會長，意見不為人接受。52 年改選，侯德榜當選為會長，從此他就不出席。曾從蘇聯回後，袁曾勸他辭高教部。曾以為高教部可以不要。曾要袁至（中國科學院化學研究）所有機組工作，他不知道曾有做副院長的野心，基本根源以為有修正主義思想，長期沒有學習云云。

（《竺可楨全集》第 14 卷，上海科技教育出版社 2008 年版，第
639–640 頁）

在中共中央辦公廳編印的《情況簡報（整風專輯）彙編》（三）（1957 年 7
月 6 日）裏有一篇從 6 月 25 日中共江蘇省委《整風動態》第 19 期摘錄的
〈可注意的九三動向〉，說：

> 九三學社成員在江蘇省有五百二十人，大部是高級知識分
> 子，其中不少人是高等學校和科學研究機關的負責人。由於九三
> 在江蘇處於這樣一個特殊的地位，因此在政治上頗有野心。

> 九三學社南京分社的領導，潘菽、金善寶等同志入黨和離開
> 南京以後，便落在主委高覺敷、副主委周拾祿等人手中，他們在
> 整風運動中一貫表現右傾，有過不少反黨反社會主義的言論和行
> 動，直至目前，還沒有什麼顯著的轉變。

> 在人民日報社論〈這是為什麼？〉發表以前，九三學社的領
> 導曾對當時的形勢發生了錯覺，認為共產黨「癱瘓了」「躺下來
> 了」，因此，躍躍欲試，準備出來「收拾殘局」，倪鶴笙還號召大
> 家要「站穩立場，向黨鬥爭」，「殺共產黨」。高覺敷、周拾祿估
> 計：共產黨整風後，高等學校的許多制度和人事將會有很大的變
> 化，因此，曾打算邀集民盟陳敏之、民進吳貽芳等研究如何對待
> 這一新情況。高覺敷還積極策劃由民主黨派來領導南師整風，並
> 確定了接管學校的人員（準備以曹芻接管教導處，童潤之接管人
> 事處）。周拾祿在華東農業科學研究所聯合九三、民盟，發動民
> 選學委會，周自己以十七票的多數當選主任委員，明目張膽地篡
> 奪黨的領導。他們還策劃擴大九三組織，與黨分庭抗禮。在一次
> 分社委員會議上，時鈞問：「為什麼不讓我們民主黨派到軍事機
> 關去發展社員？」錢鍾韓（新發展的共產黨員）隨即向他們獻策，
> 說：「先別管他，我們又不組織武裝鬥爭，可先到工廠裏發展幾
> 個工程師再說。各校的黨委辦公室那麼大，為什麼民主黨派不該
> 有辦公室？就是與黨分庭抗禮，又有什麼關係？」高覺敷說：「現
> 在學校黨委倒下去了，我們民主黨派擬個方案報上去，大家考慮
> 如何擬法？」錢鍾韓又獻策說：「我們不要說取消黨委，也不要
> 說教授治校，可以說內行治校，要內行才能參加校務委員會，黨
> 員那個是內行，進不來他能有什麼權。」當時高覺敷、陳鶴琴都
> 很同意這個意見。

在人民日報社論〈這是為什麼？〉發表以後，他們仍舊為儲安平開脫，替章伯鈞、羅隆基鳴不平，說右派分子向黨進攻是「知識分子的書生氣」，污衊黨是「釣魚」，「把蓋子揭開來又蓋上」，「提意見和風細雨，反批評暴風急雨」。周拾祿還強硬地說：「共產黨是不是要把民主黨派整垮？」周承鑰說：「如果不要民主黨派，我退出好了。」

對反擊右派分子，他們遲遲不表示明確的態度，並且公開說：「我們與工商聯不同，不盲動。」同時暗中活動，密謀對策。高覺敷開始準備「犧牲」陳鶴琴，而後又開會批判錢鐘韓，故意轉移目標，製造混亂。因此，九三內部的反右派鬥爭，至今還未開展起來。

據了解，在這個時期中，高覺敷等人與儲安平、章伯鈞等有過聯繫，儲安平曾來信要倪鶴笙任光明日報駐甯特派記者。章伯鈞派高植到南京活動兩次，最近來的一次，據說是佈置退卻，要兩面手法。

1957 年 10 月 20 日，九三學社開了鬥爭右派分子的大會。據《人民日報》報導：

九三學社於 20 日召開了北京全體社員六百多人的大會，對薛愚、袁翰青、董渭川、楊肇燫等四個右派分子進行了有系統的揭發和批判。

會上揭露：右派分子薛愚、袁翰青、董渭川、楊肇燫利用了九三學社中央常務委員的名義和地位，支持和利用右派分子儲安平「黨天下」的謬論向黨進攻。薛愚誣衊衛生部是「黨天下」，要去掉幾個不懂業務的黨員副部長。袁翰青宣傳反對「專制主義」，攻擊科學院的八個副秘書長都是黨員。董渭川誣衊師範大學是黨的「家天下」。楊肇燫則反對科學院編譯出版委員會兩位黨員副主任，攻擊黨的人事制度是「宗派主義」。這些右派分子運用「黨天下」謬論來反對工人階級和黨的領導，企圖動搖我們國家的根本。

許多發言者以鐵的事實駁斥了右派分子說的黨不能領導文教、科學、衛生工作的謬論。薛公綽在發言中用具體的事實駁斥這些右派分子對我國科學文教事業的重大成就的污衊。

潘菽在會上着重批判了右派分子袁翰青提出的三條反動科學綱領和所謂以科學研究「就人」的謬論。袁翰青自己交代的所謂三條科學綱領實質上和右派分子曾昭掄等所製造的反動科學綱領是沒有多大出入的。

金克木同志在會上批判了右派分子誣衊三反、肅反、思想改造等五大運動藉以挑撥知識分子和黨的關係的胡說。

涂長望揭發和批判了四個右派分子要把九三學社變為資產階級政黨，逐步達到他們篡奪黨在科學文教界的領導權、奪取副市長、副部長、全國人民代表大會常務委員、副校長、九三學社副主席等職位的野心。

大會發言還一致着重批判了右派分子楊肇燫、董渭川、袁翰青、薛愚等反對自然科學工作者學習馬列主義、否定馬列主義是科學、主張取消中國革命史課程、攻擊宣傳馬列主義的刊物等抗拒思想改造的謬論。

四個右派分子在全體與會人員的有力地揭發批判和憤怒斥責下，不能不低頭認罪，願意接受改造，重新作人。（1957年10月20日《人民日報》）

這裏批判的楊肇燫，1918年去美國麻省理工大學留學，得碩士學位，1922年回國，任東南大學、北京大學、浙江大學等校教授。這時是科學出版社副社長兼副總編輯。他1951年4月參加九三學社，1952年被選為中央常務委員，同時擔任九三學社中國科學院支社主任委員。據中國科學院整風領導小組辦公室整理的材料，他的右派言行有這樣一些：

楊在6月8日「九三」中委座談會上的發言中建議：「對於一些重大問題九三學社可以組織名義向共產黨中央提出意見，比如人事制度問題，普遍認為這個問題很大。好多單位人事科都是黨、團員，人事制度應該由黨掌握是沒有問題的。但是一些很能幹、公正的非黨人士也可參加一些。如科學院盡是些大知識分子，那麼一些毛孩子怎麼掌握？這個問題九三學社作為組織向黨提出。值得嚴重考慮。否則，就是整了風，官僚主義還是沒有辦法。」（錄自6月9日《人民日報》）這裏，顯然楊認為官僚主義乃是社會主義人事制度本身的產物。

......

大約 6 月 20 日左右，楊對科學院哲學所右派分子許良英說，章伯鈞等六人在大鳴大放起來以後，去找周總理，說如何收拾這個局勢。六個人提出了三條方案：第一個，是武裝鎮壓。當然這是不可能的；第二個，是繼續大鳴大放下去。當然這也不能再繼續下去；第三個，是民主黨派上台，收拾這個局面。」作為「九三」中央委員的楊肇燫，他一方面把這個機密消息向許等洩露了，一方面把右派分子這個喪心病狂的陰謀詭計擴大了。

楊還認為三反搞糟了，因此對他三反時擔任審判員說：「真是後悔，不該當。」

他極力拉攏品質極為惡劣，最近曾揭發出大量右派言行的第四室編輯辛田，想把他發展為九三社員，在第四室建立據點。此外還力圖將右派分子、九三社員黃瑾拉來編輯部任負責的工作；又毫無原則地將編輯部中他認為「能幹的同志拉入九三」。另方面，楊對在編輯部的黨員和黨員負責人則多方排擠。

科學出版社第二編輯室主任、九三學社社員黃宗甄是楊肇燫的幫手。鳴放開始以後，他和楊肇燫都在群眾中宣傳「外行不能領導內行，黨不能領導科學」等謬論；他還揚言要通過整風把科學院編譯出版委員會的兩位黨員副主任趕下台去。

受到批判的還有九三學社中央候補委員顧執中。1957 年 7 月 3 日新華社報導了〈九三學社揭發批判顧執中〉的消息：

九三學社中央委員會和北京市分社在今晚舉行座談會，揭發顧執中的反黨反社會主義的言行。在座談會上有十七人發了言。

在高教出版社工作的九三學社成員王繼麟、楊慕之和皮筱韜揭露了顧執中在高教出版社的反動言論。他們指出，顧執中本來在社會主義學院學習，過去很少回到高教出版社，但在整風開始後，他卻常常回去，他鼓勵高教出版社的人「放導彈」，說「共產黨把國家事情搞的這樣糟糕，民主黨派要負責任，因為民主黨派過去都是捧共產黨」，煽動人們向共產黨「訴苦」、「報仇」。顧執中還到處介紹社會主義學院的整風「經驗」，說那裏的人提的意見「都是血淋淋的」。

　　九三學社中央委員李毅揭露顧執中在社會主義學院以「保衛憲法」為名，發表反對歷次運動的言論。顧執中根據經過他歪曲了的肅反運動以及社會生活中某些個別現象，就宣揚「肅反運動破壞了人身自由」、「沒有言論出版自由」、「人民受教育權有名無實」，並因此得出結論：「憲法成了揩屁股紙」。李毅說，這是顧執中對於憲法和社會主義民主制度的最惡意污衊，他的企圖是想煽動人們反對共產黨，反對社會主義。企圖把資產階級右派分子的猖狂進攻推向新的高潮。李毅要求顧執中交代他的這一行動。

受到批判的還有南京師範學院教授、副院長，九三學社中央委員、南京分社主任委員高覺敷。據新華社報導：

　　【據新華社南京７日電】九三學社中央委員、南京師範學院副院長高覺敷在九三學社南京分社的整風會上，經過九次檢查，開始承認他組織小集團向共產黨進攻，是企圖在高等學校中製造「匈牙利事件」，高覺敷交代說，早在今年４月間，九三學社中央有個常務委員來南京對他作了指示：「參加專政，實行監督；聯繫群眾，教育群眾。」這個常務委員並對他說：「現在是大發展的時候，五百萬知識分子，還有一半是無黨無派」。又說：「現在反官僚主義還不夠，要反專制主義。」

　　不久高覺敷到北京參加九三學社中央召開的會議，九三學社的組織部長薛愚對他的「保持特點、大力發展」的主張表示支援。於是，他就同華東農業科學研究所副所長、九三學社中央委員、南京分社副主任委員周拾祿一起在大會上公開主張「大發展」。他們的聯合發言得到了儲安平的讚賞和支援。高覺敷說：「我們的小集團就這樣以儲安平為首組織起來了，其中包括蘭州大學的陳時偉、山東大學的陸侃如和北京師範大學的董渭川等人。在開會期間，我們常在一起大談黨和群眾的矛盾，談了兩天之久，最後取得了一致的意見，就是：一方面保持特點，大力發展；一方面向共產黨進攻。」高覺敷交代說：「儲安平就是代表我們這些人參加《光明日報》的，所以我是按照《光明日報》所發表的社論和消息辦事。不僅我接受了，而且陸侃如、陳時偉也都接受了《光明日報》的思想領導。」

　　高覺敷在南京師範學院放火，攻擊黨員副院長，要求「民主辦校」。高覺敷說，他這樣做是符合章羅反黨聯盟的綱領的。他

説：「章羅聯盟爭奪高等院校的領導權有兩個綱領，最低綱領是『民主辦校』；最高綱領是要中共黨委會退出高等院校。」

高覺敷交代説，為了拉攏落後群眾，擴大影響，他曾組織七次座談會，同《光明日報》互相聲援，並散佈謠言，製造「民主辦報」的輿論。他説：「我還要推廣華東農業科學研究所右派分子周拾祿放火的經驗，就是想要在高等院校中製造出一個『匈牙利事件』來，恢復資本主義。」

高覺敷説，他在南京還分別拉攏聯繫其他民主黨派的右派分子，如農工民主黨的鄧昊明、民革的李世軍以及民盟的人等，一齊向黨發動進攻。（1957 年 8 月 9 日《文匯報》，原題為：〈糾集黨羽陰謀在高校製造暴亂，高覺敷招認想搞「匈牙利事件」〉）

又據《人民日報》報導：

最近半個多月來，九三學社南京分社和南京師範學院，揭開了九三學社南京分社在反右派鬥爭中一度態度曖昧之謎。原來那時以九三學社中央委員、南京分社主委、南京師範學院副院長高覺敷為首的一個右派集團，利用九三學社南京分社作為反黨工具，積極從事反對共產黨在高等院校的領導的陰謀活動。

高覺敷反對黨在高等院校的領導是和九三學社中央的右派分子聯成一氣的，也是和九三學社中委、九三南京分社副主任委員、右派分子周拾祿以及南京分社秘書主任、儲安平委派的光明日報南京兼職記者倪鶴笙等共謀的。他們經常召開不要黨報記者參加的座談會，和經常進行深夜密談。這位「心理學家」完全錯估了群眾心理和黨的力量，在鳴放中猖狂地宣稱「黨委軟弱無力了」、「共產黨已經垮下去了，是民主黨派發揮作用的時候了」。在九三學社二中全會上，高覺敷和周拾祿公開主張「大發展」，在光明日報在南京召開的座談會上，高覺敷公然宣稱「黨對高等院校是否要進行具體領導」還要研究，他還連續召開了七次鳴放座談會，在高教、科技和醫藥界到處點火。而他的同謀者周拾祿則公然篡奪了華東農科所的整風領導權，成立了不要黨政領導的學習委員會，在南京九三分社的各基層支社負責人會議上，高覺敷還把華東農科所的辦法向各基層「推薦」，説那裏篡奪黨對整風領導權的經驗是值得學習的。高覺敷在南京師範學院這個基層裏，也積極進行了點火和排斥黨員領導的活動。他積極發起和支

援南師四個民主黨派組織聯合召開的說明黨整風但又排斥黨委領導的座談會。並向南師教育系的教授們宣揚九三學社中央發來的一個歪曲毛主席講話的文件，說什麼「高等院校黨委制要考慮撤銷」。同時，高覺敷還向文匯報兩次投稿，罵「教育部把高師教育引入歧途」。罵教育部的黨員副部長，他還罵黨員副院長「太笨」、罵黨員系秘書是監視黨外人士的，這一系列言論可以說明他妄想從中央到院校，再到系一起把黨組織取消掉。

到會者還進一步揭發了高覺敷這個「心理學家」的醜惡歷史：他在蔣經國辦的青年幹部學校裏，作過非學術性的演講，替蔣介石研究過國民黨軍隊為何士氣不振，他還幫助李宗仁搞偽大總統競選，他自己也參加過偽立法院的選舉，並在假和平宣言上簽過名，還曾惡毒地罵共產黨為「共匪」。

經過大家的揭發和批判，高覺敷承認了自己是「有計劃、有步驟地進行反黨活動的」，也承認有「儲安平—高覺敷—倪鶴笙」這條線。現在南京九三分社已成立了沒有高覺敷、周拾祿、倪鶴笙等人參加的整風工作委員會，掀起了社內的反右派鬥爭熱潮。（8月6日《人民日報》）

受到批判的還有北京師範大學副教務長、九三學社中央常務委員、科學文教委員會副主任委員董渭川。據《北京日報》報導：

九三學社師大支社在 7 月 10 日和 22 日，繼續揭發和批判右派分子董渭川反社會主義、反黨言行。董渭川承認自己犯了嚴重錯誤，開始交代了一些問題，並且初步檢查了自己的思想。他說他的反黨思想發展的過程是由看不起黨而不信任黨、懷疑黨，進而否認黨的領導的成績，誣衊黨，打擊黨，用各種辦法削弱黨。他還承認自己是一個一心追求名利權位的人，利用各種機會為自己積累資本。但是他硬說自己在整風中沒有考慮過「變天」問題，不承認自己有政治活動。

大家對董渭川開始交代問題並開始對自己的反黨言論有所認識和批判的表現表示歡迎，但是，對他在檢查時的避重就輕等不老實的態度表示不滿，並且紛紛用具體事實作了有力的批判。

王心正教授針對董渭川不承認自己有政治活動的說法揭發了五點事實：第一，董渭川曾向在三反和肅反中被鬥過的張韻斐、

夏聿德點過火，這種行動和章伯鈞派人專找被鬥的人點火程度雖不同，實質並無區別。第二，董在整風中向很多人散佈了妖言謬論，説黨失去控制力，説群眾運動是「五四」以來沒有的，説人大會上可能罷免某些黨的負責人；他還忠實地把陶大鏞等「民主辦校」方案傳達給「九三」的成員。第三，董在肅反中由於想向黨摸底，曾受到批判，在整風中他就以這件事誣衊黨把九三學社當敵人看，挑撥黨和九三學社及其他民主黨派的關係。第四，他一貫打擊黨員和黨組織，要搞臭黨。他在〈我的處境〉一文中，把自己描繪成一個「不為黨所尊重信任、備受踐踏蹂躪的人」，説自己是「三反中排隊洗澡被燙得皮開肉爛者之一」，把黨員看成是見之令人毛骨悚然的「搓背者」，説學校中黨的負責幹部是超越教授之上的「官」。董渭川在整風中還聯名要搞掉教育學教研組副主任黃濟（黨員）；與此同時，董卻主動向右派分子表剖心跡，爭取右派對他的諒解和賞識。第五，他抓緊運動每一轉捩點向黨進攻。

董渭川在檢討中説這次犯錯誤是「突然變節」，企圖減輕自己的罪情。高奇講師指出：董渭川是堅決為反動派守節，一貫反社會主義、反黨的，並非突然變節。他舉了解放前的兩件事説：「第一，董渭川曾被請到反動統治者監禁政治犯的集中營講演過。第二，董與教育界反動頭子程天放、教育界的買辦晏陽初有密切關係，還曾與特務頭子高陽一同帶着憲兵去接收廣西大學。由此可見董不僅是忠誠地為反動統治者服務，而且是他們的一名上層人物。」高奇説：「在整風中，董渭川在〈我的處境〉一文中對三反表示抗拒、怨恨；又附和右派分子發出『家天下』、『我不是主人，我是催員』等謬論。這些事情説明董渭川是一貫堅持反社會主義、反黨的立場的。」

伍棠棣講師等着重批判了董渭川對黨的知識分子政策的誣衊。董渭川一貫反對思想改造，三反時要他檢討是否搞錯了呢？不是。伍棠棣説：「解放前，董在憲兵保衛下與特務頭子高陽接管廣西大學，辦公時也由憲兵保衛，難道這些不該檢查嗎？董也承認，他在蔣經國辦的訓練班中講過課。這樣的幫兇難道不該改造思想嗎？三反正是解決為誰服務的問題，董渭川有滿腦袋的反動思想，要他檢討是完全正確的。董渭川説他在三反中是因為跟幾個人關係不好而被整了，這顯然是捏造事實，造假賬向黨進攻。」陳光旭教授指出：董渭川歪曲黨的知識分子政策，認為團

結、教育、改造知識分子的政策是造成黨和知識分子的牆的根源。這純粹是右派分子的論調。他說：「董渭川片面強調團結，反對對知識分子的教育和改造，好像團結是一團和氣，毫無原則，我們認為，對知識分子的團結不是沒有原則的，思想改造是階級鬥爭的反映，在改造過程中不能沒有鬥爭，因此，團結、教育、改造是不可分割的，是一致的。單講團結就達不到教育、改造的目的。」陳光旭指出：正是由於董渭川站在反動的資產階級立場上，所以他才對思想改造有反感。

盧盛忠針對董渭川說自己沒有變天思想的說法指出：董渭川的檢討仍是避重就輕。他說：董渭川不承認有變天思想，可是他又承認他是有支配慾的，職位愈高，慾望愈大；又承認要削弱黨，打垮黨，這不是為了取而代之是什麼？如果這不是變天思想，實在令人不可理解。盧盛忠指出：董渭川在整風中說他要站在「群眾」的立場。同時，他否定黨與人民群眾的一致性。他所指的「群眾」的立場就是右派分子的立場。他認為天下要大亂了，因此，他聲言站在「群眾」的立場就有兩種含義：第一，向右派分子表明自己的政治態度，爭取右派的諒解；第二，污衊黨，分裂黨群關係，說黨走群眾路線都是瞎扯，黨是「裙帶風」、「黨天下」、「連國民黨都不如」，從而籠絡群眾，要群眾跟他走。由此可見，董渭川究竟有沒有變天思想是十分明白的了。

王策三講師以幾年來黨領導高等學校的成績駁斥了董渭川的所謂要「內行當家」的論調。他指出董渭川的「內行當家」包藏着反黨的陰謀，有其政治企圖，他的〈任何制度都需信賴老教師〉一文中的說法，比陶大鏞、胡明、朱啟賢等「民主辦校」的提法都狡猾。他在這篇文章中說，「常見的情況是，在黨員中並沒有一個能當系主任或教研組主任的，卻勉強安插一個不負眾望的黨團員去，不管他的名義是正的、副的，秘書或助理，結果都形成一個『外行』來當監工者」，這種論調和儲安平的「黨天下」是一致的，是儲安平的「黨天下」思想在高等學校的運用。王策三指出了董渭川提倡「內行當家」的實質和企圖。他說：「內行當家」的提法是完全歪曲事實。內行和外行的標誌是能否辦好社會主義的師範大學，能辦好的就是內行，否則就是外行。他用解放幾年來北京師範大學的發展規模和教學品質的提高，說明黨是能辦高等學校的大大的內行。他問董渭川：「你說黨是『外行』，難道竟有『外行』把事辦好的怪事嗎？」王策三說：右派分子抓住

個別黨員還沒有掌握本行業務，誇大地說黨是外行，這是別有用心的。事實證明中國共產黨是最善於學習的，在三十多年中，中國共產黨學會了領導軍事鬥爭，又學會了領導經濟建設，而具體到師大教育系內，黨員教師也基本上掌握了馬列主義教育學，相反地，董渭川自己對馬列主義教育學卻一竅不通。董渭川和其他右派分子一再攻擊黨「不內行」的目的，是想把黨搞垮，自己取而代之，用醜化黨、取消黨的領導的陰謀手法達到他政治上不可告人的企圖。王策三還指出董渭川在「內行當家」的掩護下，把黨的領導與教師當家作主對立起來，企圖挑撥黨和知識分子的關係，製造知識分子對黨的不滿，他的用心也是很惡毒的。

教育系講師孫鈺指出：董渭川說他有反黨言行是由於對個別黨員不滿，由於受了右派分子的激將法。想以此護身。這是辦不到的。孫鈺說：「事實怎樣呢？董在〈我的處境〉一文中，對已接觸過的黨員一律不滿，加以醜化，這能說是對個別黨員不滿嗎？這是此外，右派分子的激將法如何單能激動董渭川而不能激動別人呢？你的內因是什麼呢？你和黨是敵對的，你想把產生錯誤言行的原因推之於客觀是不能解決問題的，你應該好好檢查自己的立場。」

講師郭笙指出董渭川的檢查是以小部隊退卻來掩護重兵轉移，即不老實檢查他的反動立場。他希望董渭川正視自己的錯誤，老老實實地交代自己的問題，徹底改變自己的立場，不要自絕於人民。（1957 年 7 月 25 日《北京日報》）

受到批判的還有南開大學歷史系教授、九三學社天津分社副主任委員雷海宗。《人民日報》刊登的〈揭穿右派分子雷海宗「研究學術」的外衣〉一文說：

在 8 月 13 日到 17 日舉行的天津「科聯」分會委員會和各專門學會理事會聯席擴大會議上，許多人揭露雷海宗一貫地披着「學術研究」的外衣，肆意向馬列主義進攻。

據南開大學歷史系講師魏宏運揭露說：雷海宗在今年 4 月間公開發表「馬克思主義停留在 1895 年」的謬論以前半年，就說過「馬克思主義在馬克思死時（1883 年）就停止發展了」。又說過「馬克思主義在 1877 年（恩格斯的《反杜林論》出版那年）就停止了發展」。雷海宗還曾經對學生說：「列寧的《帝國主義是

資本主義的最高階段》一書，在 1933 年希特勒上台後就陳舊了，沒有參考價值了。」魏宏運說，雷海宗的目的是要從根本上否定馬列主義。由於現在馬列主義已經傳遍了全世界，在我們社會主義陣營各國成了指導思想，他不敢公開否定，便換一種手法，說馬克思主義哪一年哪一年「停止發展」，這樣來全盤否定馬克思列寧主義。

天津史學分會副理事長、南開大學教授吳廷璆列舉了列寧、斯大林、毛澤東等人的著作中對於馬克思主義的歷史科學的貢獻，駁斥了雷海宗所謂馬克思主義的歷史科學沒有發展的謬論。吳廷璆指出，蘇聯、中國及其他人民民主國家中一般馬克思主義歷史科學的發展，也是不勝枚舉的，而雷海宗不顧事實，硬說馬克思主義在 1895 年以後沒有發展，目的在於否認 1895 年以來馬克思主義工人運動在世界各國的發展，否認十月革命的勝利和人民民主國家的建立，否認中國革命的勝利和社會主義事業的成就。雷海宗連續放出的反動謬論，是企圖在「學術研究」的外衣下，否定馬克思主義的發展，誣衊馬克思主義為教條主義，誣衊社會主義陣營的科學「薄弱」、「貧乏」，來反對馬克思主義，同時吹噓資產階級社會科學的發展和「豐富」，企圖使資產階級社會科學在新中國復辟，最後取消馬克思主義。而取消馬克思主義，自然就取消了社會主義。這就是雷海宗的反動言論為什麼得到其他右派分子的鼓掌歡呼，並且用來作為反對馬克思主義的思想武器。

中國哲學會天津分會名譽理事長、南開大學教授馮文潛說，雷海宗把馬克思主義的社會科學分成兩個方面：一是總結工人運動和社會革命運動的經驗；一是總結人類全部歷史過程中的經驗。難道工人運動和社會革命運動就不是人類全部歷史過程中的經驗的一部分？就不能寫在社會科學的賬內？如果馬克思主義的革命理論像雷海宗說的那樣，根本不是科學的話，我們還有什麼可說呢？那我們所建設的社會主義都是盲目的衝動、都是瞎胡鬧了。這也許就是雷海宗提出他的荒謬理論的真實企圖吧！

雷海宗還採取含沙射影、明槍暗箭的手法，惡毒地誣衊新中國的成就，誣衊黨和國家的若干政策，挑撥知識分子和農民同黨和國家的關係。據南開大學歷史系副教授楊生茂揭露，雷海宗曾對學生說：「解放後的書沒有學術價值，讀了使腦筋僵化；就業

務觀點看，應多讀解放前的書。」雷海宗還説：「目前，我們的
教育方針太籠統太概念化，不從實際出發，因此不能培養教育出
完滿健全的學生。解放後，雖然禁止了對學生的體罰，但今天對
兒童、青年在精神上的虐待卻很嚴重。」楊生茂問道：我們黨和
人民政府，什麼時候規定過要對兒童和青年實行「精神虐待」的
方針政策呢？雷海宗還説，解放以後的知識分子「一般地是一言
不發的，或者是只發希望他們發的一套假言」。楊生茂指出，這
是惡意地挑撥黨和知識分子的關係。

　　河北天津師範學院副院長朱星發言説，雷海宗在今年6月2
日所發表的「學術講演」中曾説：「無論在什麼時代，農民都是最
善於消極抵抗的；統治階級只要叫他感到不滿，他就會怠工、破
壞、故意減產，除了自家糊口外一粒無餘。」這簡直是對新社會
的農民的污辱，而且是對我國農民同工人階級、同人民政府的關
係的惡毒挑撥。魏宏運在發言中也揭露説，在私營工商業實行全
行業公私合營時，雷海宗聽説某些商場毀了一些無用的舊書，就
説：「這是中國的第二次浩劫，是第二次焚書坑儒」。魏宏運説，
雷海宗進行這樣惡毒的誣衊，説明雷海宗對新社會的刻骨仇恨。

　　雷海宗的一系列的反動言行並不是偶然的，是和他長期以來
反蘇反共反人民的歷史分不開的。魏宏運揭露説，雷海宗曾經説
過：「我（雷海宗）在解放前替蔣介石着想，比蔣介石自己還要
周到。」朱星在發言中也指出：雷海宗在解放前曾投靠反動頭目
朱家驊，一直為《戰國策》、《當代評論》、《每週評論》、《中央
日報》等反動報刊撰寫文章，他先後曾發表過一百多篇文章，鼓
吹法西斯主義，叫囂反共反蘇。

　　天津經濟學會副理事長、南開大學教授滕維藻發言説：雷海
宗在抗日戰爭直到全國解放前夕這一段時期中，除了主編反動刊
物、發表反動文章和演説而外，在昆明時還發動西南聯大的一批
教授聯合發表反蘇宣言，參加反蘇遊行，並且上書蔣介石，推薦
胡適作行政院長以期「收拾人心，爭取美援」。他還給蔣介石獻
策説，中國只有法西斯化才能「強大」，才能「統一」。雷海宗
曾在反動刊物上發表文章誣衊共產黨説：「共產黨若剝去外來的
名詞和口號，不過是一個半秘密半公開的，帶有宗教性的，以餓
民為基礎的割據勢力。它的唯一真正特點，就是依附外力與否認
國家民族……」滕維藻説，雷海宗在反共反蘇方面，是有理論，

有政治綱領，有實際行動，二十年如一日的老牌專家。（8 月 22 日《人民日報》）

蘭州大學副校長陳時偉（1907–1973），湖北英山（1932 年以前屬安徽省）人，化學家，曾經在美國伊理諾大學進修，其間在美國物化雜誌上發表論文〈聚苯乙烯的光化降解〉。1949 年期間受當時蘭州大學校長辛樹幟的邀請，和妻子左宗杞（1908–1989，湖南長沙人），到蘭州大學任教，參與了化學系的創建。1951 年陳時偉被教育部任命為蘭州大學副校長，並擔任中國化學會甘肅分會理事長。1953 年加入九三學社，九三學社蘭州分社成立，擔任分社主任委員。1956 年 2 月當選為九三學社第四屆中央委員會委員。

1957 年 5 月，中國共產黨決定開展整風運動，要求大家對黨提意見。陳時偉 5 月 23 日在甘肅人民廣播電台召開的「高等院校體制問題座談會」上說：

> 今天，高等學校要黨的領導，這是肯定的，黨委會在學校管政治思想教育，黨的方針貫徹與進行要多依靠黨員，黨要全面領導。但是教學工作要發揮校務委員會的作用，而教授、黨委負責人、民主黨派、工會、團、學生會的代表為校務委員會的組成成員，但是主要是教授。校務委員會是全校最高學術性機構，是最高權力機構，學校的校長、教務長、總務長是由這個委員會選舉的，不要行政上級來決定校長、副校長、教務長、總務長，應該由校務委員會選舉，這樣才能發揮廣大教師的積極性，我是一個教授，又是行政領導，目前高等學校最大的毛病，是學校中學術空氣不良，官風濃厚，校長行政領導對教授尊重不夠。一個教授要在學術方面有創造，要做科學研究。教授為辛勤的勞動，他們在某一方面總有三四十年的成績，因而教授是國家寶貴的財產，有些學校對教授尊敬不夠。有一個學校有一個教授很不錯，而被開除學校。校長生活樸素，而能力差，應好學好問，可是把一個教授在肅反中搞成重點，停職一年多，不合理。現在，學校校長是上面派來的，就使多數人向上看不向下看，看不起教師，不走群眾路線。這樣選舉可以使教師當家作主。學校中矛盾很多，有一個矛盾是教師對領導提意見多，無主人翁感覺。實際上科學研究機構應該以科學研究人員為主，在蘇聯和其他國家有成就的教授為人人尊敬才好。現在學校不像學術機構，而是官場化。例如

一次在昆侖堂開科學研究的會，教授等着首長去，我看不太好，因為目前大家熱愛黨而不好提，要是以前早就提了，還等什麼呢？教務長是要對黨的方針貫徹得好的人當選，群眾關係好的當選，各方面有才幹才能當選，這樣，比上級指派好一些。

個別黨員教務負責同志是如何培植個人勢力、任用私人、排擠專家、製造是非呢？解放初期，他的親信曾向省委誣衊嶧蘭大優秀教授數十餘人為青年黨，企圖一網打盡（隨後證明完全是陷害），陸潤林同志則推薦他的這位親信為校務委員、人民代表和圖書館長（馮繩武），去年評定工資時還要給予較高的等級。某次調整工資，原是按照慣例，由幾位黨員負責同志預先商定的，陸副教務長是主持人之一，但事後故意詢問有意見的教師，「你加薪了吧？你晉級了吧？」挑撥買好，撥弄是非，引起很多人對其他負責同志的誤會。某次留物理生物兩系畢業生為助教，陸副教務長在共同商定留用的兩個畢業生的上報材料中，加了許多缺點，減去許多優點，並把無病說有病，後經查對鑒定表，和所填事實不大相符。這位陸副教務長親自草擬的和在他領導下草擬的向上彙報材料中，對他親信的工作並不稱職的同志，不但寫成業務好，領導工作好，而且思想作風好，對於真正學有專長的工作盡職盡責的教師，則大半誇大缺點，縮小優點；去年辦理教師升級時，又毫無根據地提出某人有獨立從事科學研究的能力，某人對學生培養獨立工作能力作得好。陸潤林同志，在所在的數學系，學有專長的教師，總是不能安心工作，遭受種種困難、排擠和打擊的。在另一方面，他的聯襟，中文不通，曾用為中文系副教授，並且改名換姓，隱瞞彼此關係多年。教書時學生提意見，則指示親信團員打擊。他的親信，有的是混入民盟的，有的是國民黨的骨幹，有的在工作上表現覺悟低，但都吸收為黨員，同時他的有些親信，則擺在力不能勝的崗位上，影響學生的學業。

至於另一位黨員最高行政林校長的農民革命思想認為「我即學校」，獨斷專行，寵用親信，不認真考慮學校的發展和學生的學業，又表現在哪些地方呢？首先是對待意見欠虛心，缺乏自我批評度量。例如全國人大楊明軒常委來校視察工作時，約集教授座談，再三號召大家提意見，幾位系主任，感於楊老的誠懇，初步打破顧慮，擬於第三次座談會上反映一些學校工作中的缺點，這位林校長知道後，要我勸這些系主任不要談，但在公開會議上，卻常常在口頭上號召大家展開自下而上的批評。某次市委約

集一些教師座談，我曾將會中提出的好的建議向他轉達，不料所得的回答，不是抱着「有則改之，無則加勉」的態度，虛心考慮教授們提出的意見，卻強調某人某人歷史上有問題，但在肅反中並未獲得證實。新校舍文科樓、一字樓、拐角樓建築品質低，原因是片面節約，忽視「合用」，盲目爭取上繳基建資金，結果造成了更大的浪費。教師和學生提意見也未虛心考慮，反而一再壓抑，學習八大總結和討論知識分子問題時，對大家提出的意見，也是解釋多，虛心研究少。研究生的助學金，早應按照有關規定發給，卻一再支吾拖延，直到高教部指示後，才不痛不快地發給，研究生座談提意見時，也未坦率承認自己的缺點，反而用帽子阻擋他們的發言。其次是處理問題太主觀，有偏見，不從辦好學校、團結同志考慮問題。例如批評表揚缺乏調查研究，一貫根據少數親信幹部的彙報，常在群眾中造成不良影響。辦好學校，提高教學品質，培養青年教師，開展科學研究，是要爭取一些學有專長的老教師作骨幹的，歷年來我多次的建議，反覆說明，有時一聲不響，不積極支持，有時表示要爭取青年教師，實際上是消極反對，有時表示老教授難於應付，難於領導，有時爭取來校後，又在工資名譽和生活上給予許多困難，費了許多唇舌才解決。高等學校的領導尤其是西北的高等學校的領導，主要任務之一，應該是大力爭取優秀教師，團結優秀教師，依靠他們辦好學校，在這一方面的認識是極其不夠的。尤其令人不解的是在蘭大教師如此缺乏的情況下，還要根據個人成見，向上級反映，把不少可以發揮作用的教師向外調。教學設備費的分配，都是由行政會議決定的，有一次個別系有意見，這位林校長又把自己在當主席時作出的決定，推託給另外一位參加行政會議的黨外負責人。再次，在對待問題上，寵信少數親信，不信任教師，尤其不信任老教師的意見，甚至在工作上給老教師以難堪。這就養成了個別行政幹部違法亂紀，個別行政幹部操縱專權，個別行政幹部能夠在直接保護下培植個人勢力，排擠學有成就的專家。至於對於老教師，則一般是不愛惜，不信任，不支持，有時有意刺激，引起情緒波動，有時協助打擊，造成工作困難，有時支吾拖延，使問題不能解決。在這種情況下，怎能叫人團結一致，發揮創造性和積極性呢？至於民主黨派的作用，在林校長的思想上一向是不被重視的，「長期共存，互相監督」八個字，迄至現在，我沒有聽見林校長談起過，自然更談不上如何貫徹執行。對黨內黨外的態度，他的界限是甚為分明的，例如高教部的黨員科長，司長來校

檢查工作時，則親自準備佈置，陪伴説明，接送如儀，高教部副部長（是非黨員、民盟中委）來校視察工作時，則在約定時間，避不見面，也不交代，任憑這位副部長在百忙中久待，即此一例，可以想像其他。

6月5日，陳時偉在他主持的一次九三學社蘭州分社的會議上提出，在高等學校體制問題上應實行教授治校，取消學校黨委領導。他説：「我認為多數學校可以在黨委指導下，實行校務委員會領導下的校（院）長負責制。黨負責政策方針的指導，而校務委員會應當成為校內的最高權力機關；它由經過革命鍛煉的黨員幹部，學術有根底的教授和少數優秀的青年教師組成；但應以教授為主體；人數以二十至四十八人為宜。負責審查教學計劃、人事、編制、經費的預決算，以及選舉校（院）長和副校（院）長等等重大問題。由校務委員會選舉的校長和副校長，負責處理校內經常性的工作，並對校務委員會負責。」這期間陳時偉一個更大的問題是支持學生代表團上北京請願。在5月下旬到6月上旬的大放大鳴中，蘭州大學各系班紛紛成立鳴放委員會，學生們對學校領導的許多問題紛紛提出激烈的批評，並要求成立全校鳴放委員會，經中共甘肅省委同意，在校黨委的領導下組織全校鳴放委員會，由陳時偉擔任了全校鳴放委員會主任的職務。接着就是組織學生代表團赴京請願了。據《甘肅日報》罵他的文章説：「代表團中的一部分學生動身前，還訪問了陳時偉，問他蘭大的問題怎樣才能得到解決。陳時偉暗示校長林迪生、副教務長陸潤林不走，問題無法解決。這實際上是給學生代表指出請願的題目。」可是代表團才到西安，就被先期到達西安處理交通大學遷校問題的高等教育部副部長劉凱豐阻攔回校了。

參加赴京代表團的十三個學生，除了一人檢舉別人有功以外，其餘十二人全部劃為右派分子。

1957年6月8人中共中央發出毛澤東起草的《關於組織力量準備反擊右派分子進攻的指示》，同一天《人民日報》發表社論〈這是為什麼？〉宣告反右派鬥爭開始。陳時偉很快就成為蘭州大學最早的右派分子，可是他不承認。7月1日他在校內張貼了一張大字報：

全校師生員工同志：

　　搞清蘭大的歷史問題，是分清是非的關鍵，是建立新的團結基礎的主要步驟。敬請全體同志、省委工作組，黨委會和鳴放委員會，就揭發的材料中，深入調查，分析研究，從速作出結論。

關於我的問題：

1. 舒連景主任在「蘭大歷史問題座談會」上的發言（鳴放快訊 7 期）

2. 段重希教授在「九三學社第二次整風座談會」上的發言（九三紀錄稿）

3. 思想改造時的「蘭大學習」（1952 年）

　　均比較具體詳細，可作為代表。如其中有 50% 以上正確時，則在歷史問題上，應確定我為右派分子；如有 30%–50% 的正確，應屬於中間分子；如有 30% 以下正確時，我應屬於左派。我敢向全體同志保證，就歷史問題講，我是左派，根據毛主席六條標準深入分析，我現在仍是左派。

　　此致

　　敬禮

　　　　　　　　　　　　　　　　　　　　　　　陳時偉 7 月 1 日晚

自己不承認也沒有用，他還是被劃為右派分子了。7 月 14 日的《甘肅日報》刊出了〈揭開美妙的畫皮，看陳時偉猙獰的原形！〉不但他自己，他的妻子左宗杞，蘭州大學化學系主任、二級教授也被劃為右派分子。8 月 9 日的《甘肅日報》刊出了〈陳時偉反黨集團的「軍師」和「女將」──右派分子左宗杞〉一文罵她。不但罵她，還要罵她 1951 年就死了的父親。這篇文章說：「其父左益齋早年是個軍閥官僚，後棄官為商，充當湖南長沙總商會會長數十年，經營湖南最大的內河航運民眾輪船公司和長沙火電廠，為湖南屈指可數的資本家。」據 1993 年出版的《湖南歷代人名辭典》：

　　左學謙（1876 –1951）字益齋。長沙人。清代生員。1909 年任湖南省諮議局議員。辛亥革命前夕加入同盟會，與人共創湘路

協贊會、長沙自治公所、圖強社等團體，積極從事反清活動。湖南光復後任省參議院議員、省民政司次長。1920 年後，任長沙總商會會長，曾參與創辦湖南電燈公司、湖南實業銀行、民眾輪船公司等，並經營華楚衣莊、勝利車行。對毛澤東等的早期革命活動、湖南和平解放、社會公益事業，均有資助。建國後，任湖南各界人民代表會議協商委員會常委、長沙市工商聯籌委會主任、湖南省人民政府財連委員會委員、湖南省電燈公司董事長。

到了要給右派分子處罰的時候，陳時偉因為抗拒運動，拒不認罪，於是給予最嚴厲的處罰。

1958 年 1 月 31 日中共中央轉發「對一部分右派分子處理的初步意見」的通知說：「根據『中共中央、國務院關於在國家薪給人員中右派分子處理原則』（1958 年 1 月 30 日發），選擇了九十六名右派分子作為『標兵』，經過反覆平衡與協商，提出了『對一部分右派分子處理的初步意見』。現發給你們，作為處理右派分子的參考標準。」

「對一部分右派分子處理的初步意見」中所列的右派分子多屬於全國知名的代表人物，這九十六個「標兵」裏處理最重的是開除公職，勞動教養，共四人，陳時偉名列其中。他於 1958 年被投入甘肅酒泉夾邊溝農場勞動教養，1960 年末調到甘肅武威黃羊河農場。1973 年陳時偉有美國的同學要來蘭州大學訪問，提出要看他，蘭州大學把他從農場要回來接待。他因同學要來一時興奮，發作心肌梗塞去世。他的獨生女陳緒明，在 1958 年高考中總分很高，可是政治審查不能通過，沒有錄取，幾年後精神失常，離家出走，從此失蹤。

九三學社的成員很有一些知名的科學家，也受到批判了。像孟昭英，他是清華大學校務委員，無線電系系主任，中國科學院技術科學部的學部委員，電子學研究所副所長，是因為和分管無線電系的副校長錢偉長的工作關係受到批判的。據 1957 年 7 月 17 日《人民日報》刊登的〈同錢偉長聯成一氣向黨進攻　孟昭英反社會主義陰謀畢露〉一文報導：

> 最近幾天，清華大學師生在批判右派分子錢偉長的同時，又展開了對右派分子、無線電系系主任孟昭英的反共反社會主義言行的批判。孟昭英利用這次黨整風的機會，和右派分子錢偉長聯成一體向黨進攻。

一貫的反共反蘇言論

許多教師和同學都揭發了孟昭英在人民教師和科學家的幌子下面，一貫反共反社會主義。孟昭英從小就在教會學校上學，大學上的是燕京，後來由於受了司徒雷登的賞識，被送到美國去留學。在他的心目中，美國的一切都是好的。他曾因為英文說得好，被美國人稱讚而沾沾自喜，自命為高等華人。他自己說：「我除了皮膚是黃色的，眼睛是白的以外，簡直就是美國人了。」「在國民黨時代，我甚至希望有一個美國人來中國當總統。」1943 年，他為了要出洋還在偽中央訓練團受訓，參加了國民黨。剛解放時，他準備到美國去工作。孟昭英在談到反蘇反共思想時說，一個反革命分子曾造謠詆譭蘇聯紅軍，他深信不疑，並代作宣傳。對於蘇聯的科學技術，他是非常輕視的。他反對黨的土改政策。他的二哥是一個惡霸地主，在土地改革中被鎮壓了。他總認為共產黨是「亂黨」，實行恐怖政策。

許多教師和同學都指出，在三反以前孟昭英的反蘇反共立場非常鮮明，公開說蘇聯是赤色帝國主義，把黨員看成是監視別人的人，進步分子是「盲從」，是共產黨的尾巴，積極分子都是假的。他自己是硬骨頭。他並且公開反對抗美援朝，反對土改。這些都說明，孟昭英在三反運動中，在思想改造運動中，沒有好好接受改造，所以反對社會主義道路，留戀資本主義道路。到整風開始，他認為有機可趁，就向黨發起惡毒的攻擊。

到處煽動，向黨進攻

整風一開始，孟昭英就開始抓住機會向黨進攻，因此他的反共面目又現了原形。他一方面揚言黨群關係既不正，又不常，黨現在是相當嚴重地脫離群眾了。另一方面，他散佈空氣，威脅黨要聽取各種反動意見。他還想把整風領導權奪過去，提倡用「三反」時的辦法「整」黨。他在座談會上煽動群眾，說什麼黨委沒有決心整風，態度還不端正，校長只陶醉於掌聲、陶醉於清華的成績。他又說什麼統戰部長李維漢很不虛心，他 6 月 4 日在統戰部會上的發言不是放而是收。他又說，自三反以後人與人之間的關係不正常，見面全是一套「馬列主義」，而心裏想的又是一套，不講真心話，這樣的社會風氣是很危險的。他說黨群之間的牆是共產黨砌的，現在共產黨員是吃苦在後，享樂在前。他又說

學校負責同志對群眾的關係是牽導，不是領導。他描寫黨員是一群「唯唯諾諾不動腦筋」的人，説黨員獨立思考能力差，黨的領導説什麼，下面就説什麼，人云亦云，不動腦筋，雖有腦筋也不敢動，是「木腦瓜」。他抓住黨的領導這一環猛力攻擊，説黨動不動就是「階級」「路線」，對黨施加壓力。他還對學生説肅反工作發生了大偏差，把同學的思想批判看作為敵我鬥爭。他對老教師則煽動説，青年黨團員有「取而代之」的計劃。孟昭英到處危言聳聽，煽動點火。

董樹屏教授在批判孟昭英右派言行時説：孟昭英這次是想乘黨整風企圖達到推翻黨的領導的目的。他一向歪曲黨和國家的政策，例如説肅反發生很大偏差，肅反後人與人不説真心話，新社會比舊社會還虛偽等，這是毫無事實根據的。他這樣做的目的在於否定肅反成績。他還對我國實行統購統銷政策不滿，説農村人民生活很苦，下邊幹部做偏了。他在關心什麼人的生活？我看他是在關心地主階級的生活罷！機械製造系王祖唐副教授説，孟昭英口頭上承認黨的領導，實質上是反對黨的領導。他的資產階級思想是根深蒂固的。他罵黨團員「唯唯諾諾」，説自己是「硬骨頭」，其實他是右派的頑固分子。他根本不想改造。近一年來，他藉口工作忙，無時間，不願意參加九三學社的活動，但在整風開始後，他就對九三學社有興趣了，就積極起來了。他是想借此機會來向黨進攻的。

真是有職無權嗎？

孟昭英還拿着一件「有職無權」的武器，一面煽動群眾，一面向黨進攻。在整風中，他一直説他是「有職無權」，「當系主任還不如系參謀」。可是事實上是怎樣呢？孟昭英現在身為清華大學校務委員，無線電系系主任，中國科學院技術科學部的學部委員，電子學研究所副所長，今年年初代表中國科學院出國訪問蘇聯、民主德國和捷克斯洛伐克等國家。無線電系講師吳佑壽質問説「不管是系內新專業的設立，還是關於教學計劃的修訂，或是留助教的問題，以及評薪評級等，你都參加了討論，而且許多事都是最後要和你商量以後才作決定的。從這些工作的討論研究過程中，很難説你是『有職無權』的。如果你還認為在黨委領導下有職有權是空話，那麼到底你還要什麼權？是否要取消黨的領導？是不是要黨對什麼事情都不提意見？是不是這樣孟先生才

認為是有職有權了呢？」董樹屏教授也揭露孟昭英說，他說自己有職無權，自己系裏成立新專業都不知道，其實他是知道的。相反，他獨自答應另外成立一個新專業，而卻不與其他同志商量。他這不是有職無權，而是獨斷獨行。

同錢偉長一唱一和

土木系吳柳生教授說，孟昭英和錢偉長在言行上好像出於一個行動綱領，如毒化青年思想，如說不能用階級立場看問題，醜化黨，離間黨群關係，說黨要將老教授「取而代之」等。徐亦莊副教授說，孟昭英和錢偉長共同舉着一面「反對宗派主義」的大旗向黨進攻。他們都在座談會上煽動，散佈對黨的不滿情緒，挑撥黨群關係，交流所謂宗派主義的材料，這難道是偶合嗎？張維教授、李丕濟教授、韓麗英講師和劉潤生同學等人，還揭露了孟昭英錯誤對待由工程物理系轉交無線電系三個專業一百五十個學生的問題。大家認為，這件事是和錢偉長發動「理工合校」大簽名的計劃互相配合的。劉潤生同學說，孟昭英先生對工程物理系學生的大字報很感興趣。當 6 月 6 日晚上我向孟主任彙報同學的情況時，他很激動地說，叫他們回工程物理系去！我們系裏根本沒有要他們，要鬧就讓他們鬧吧！上街吧！到高等教育部去，搞一搞吧！我當時就問孟先生，這些同學明明調到我們系了，像孟先生所講只會加深矛盾。但他說，矛盾不是我們製造的，讓學校去解決吧！孟先生主張學生去鬧事，用意何在？當時如果把孟的話和同學講，一定會引起混亂的，難道這是幫助黨整風嗎？難道這不是向黨進攻嗎？這件事證明孟的言行是和錢偉長一唱一和，互相呼應的。（7 月 17 日《人民日報》）

在如火如荼的反右派鬥爭中，九三學社的許多重要人物都受到了批判。可是在中共方面看來，九三學社還是反右不力。1957 年 8 月 27 日新華社記者張新辰、卜昭文寫的〈各民主黨派北京市組織反右派鬥爭進度懸殊，農工民進九三亟需迎頭趕上〉一文顯然反映了中共方面的意見，有督戰的意思。其中關於九三學社一段說：

九三學社北京市委主任委員薛愚、秘書長樓邦彥、宣傳部長顧執中等領導人員都是右派骨幹分子，在五十三個基層組織中有三十六個基層組織已發現有右派分子，還有十二個基層組織陷於癱瘓狀態。九三學社北京市組織已將右派分子從反右派領導小組

裏清除出去，但是由於現有領導小組人員中右傾情緒佔優勢，反右派鬥爭仍開展得沒有力量。（8月29日《人民日報》）

中共方面最不滿意的是九三學社主席許德珩的表現。同一天的《人民日報》上刊登了一篇新華社的評論〈九三學社要到哪裏去？〉直接點明「九三學社主席許德珩破壞了九三學社的組織路線，執行了反社會主義的『大發展』的方針」，說：

九三學社要到哪裏去？這是人們從反右派鬥爭展開以來對九三的動向所引起的懷疑。根據最近揭露出的材料證明，九三學社主席許德珩破壞了九三學社的組織路線，執行了反社會主義的「大發展」的方針，結果使九三學社變成了一個充斥反共反人民反社會主義分子的黨派。

九三學社的發展對象是以大、中城市為主的科學、文化、教育、衛生等方面的中、上層人士。可是，許德珩要求「變小黨為大黨」，主張無限制地「大發展」，以致使不少政治上複雜的分子混進了九三，甚至有曾經是「五毒」俱全的資方代理人、反動黨團骨幹分子、地主惡霸分子、歷史特務分子也被拉進了九三學社。

根據新華社記者的調查，在最近一年多來，九三新發展的成員相當於一年以前的235%。在反右派鬥爭中，九三的組織中揭露出大批右派分子，目前已經揭露出來的右派分子的數目佔九三成員總數的3%強。

許德珩在最近一年內沉醉於「大發展」的狂熱中，他通過各種會議、各種場合來宣傳「大發展」。他把發展成員多少作為考核幹部的標準，對發展成績小的幹部進行嚴厲的批評，甚至公然罵不執行他的組織路線的幹部是「九三的罪人」。他竭力反對執行發展與鞏固相結合的方針，他說：「共產黨可以談鞏固，九三不能談鞏固。」為了到處拉人，他甚至說：「就是壞分子，發展進來也沒關係，爛在社裏比爛在外面好。」地方組織中的右派分子大大利用了許德珩這一錯誤的方針、錯誤的路線，他們到處拉人，組織反對共產黨的力量。九三學社南京分社主任委員、右派骨幹分子高覺敷為了搜羅與共產黨分庭抗禮的政治資本，到處招兵買馬，他曾公開在一次會議上對九三學社的幹部說：「我以為

『長期共存、互相監督』提出後，共產黨和我們共同改造，哪知共產黨現在仍抱住不放，還是要改造我們，難道我們不能改造他們？」他為了拉兩個醫師加入九三，對方雖然拒絕，但他仍然叫人把申請入社的表格硬給送去。有些地方甚至不擇手段地互相爭奪發展對象。在遼寧、吉林、河南等地，九三學社的組織是「搶人」最厲害的一個黨派。在遼寧東北財經學院有的人同時接到兩三個黨派邀請開會的通知，弄得這些人分身無術，有的就說：「乾脆參加九三吧，一填表就行。」吉林省有的九三和民盟的基層組織負責人，為了爭奪發展對象竟爭鬧起來。

九三學社中央在去冬今春曾先後派人帶着幾十份私人介紹信去河南幾個大城市招兵買馬，「突擊建立組織」。為了發展成員，他們到處和民革、民盟爭奪發展對象。他們並且欺騙青年學生說：「九三學社是工人階級的政黨」，以此來引誘青年們參加。九三學社洛陽市直屬小組負責人，右派分子朱增祥，在大鳴大放時期以幫助共產黨整風的名義，參加各機關、工廠、學校所舉行的座談會。在這些座談會上，只要是提對共產黨不滿意的意見的人，他就記下名字，會後冒着大風大雨，打着雨傘，挨戶動員他們入社。

通過欺騙拉攏的方式來拉人的情況，各地都有。九三學社昆明分社的主任委員、右派分子秦瓚，強調「發展落後層」。他向老年人宣傳：「九三年紀大的人多，在一起合得來。」對犯過錯誤的人說：「我們社內不開展批評與自我批評。」向無黨派人士說：「入社可以到北京開會、參觀、玩耍。」天津市河北天津師範學院的右派分子王學奇，把大批已經蓋好圖章的入社表格散發給講師、助教等，他封官許願地說：「加入九三以後可以參加學校的領導工作，擔任系委員。」九三學社杭州分社主任委員、右派分子王承基，經常設宴請客來拉人，他對發展對象說：「九三學社每月只過一次組織生活」，以此來迎合某些知識分子不願多開會的心理。由於杭州的組織發展迅速，他們曾受到九三學社中央的右派分子薛愚的表揚。在濟南的九三組織，向發展對象保證「可以不過組織生活，不參加會議，不填思想轉變和履歷表，不交照片」。九三學社南京分社副主任委員，右派骨幹分子周拾祿在江蘇省農業廳發展了一個人，還沒經九三組織上批准，周拾祿就要這個人在農業廳裏去發展別人。

黑龍江省佳木斯市九三直屬小組的發展，是十分值得注意的。這個市在去年冬天以前還沒有九三組織，後來一個師範學校教師貿然寫信給許德珩，「毛遂自薦」，請求入社，並要求在佳木斯市成立小組。許德珩收到這封信以後，竟毫不考慮這個人的情況，立即批示「歡迎」他入社，並要他「趕快發展組織」。在回信時隨函寄去入社的表格，並證明他已成為社員，同時寄給他一封同中共佳木斯市委交涉建社的介紹信。現在，這位教師平地起家，已經拉起了一個三十七人的隊伍，其中成分極為複雜，有三人是歷史反革命分子，有八人是反動黨團分子和封建頭子。

在武漢市，有人批評九三發展組織好像舊社會放「驢打滾」高利貸一樣，三滾兩滾就「連本加利」地發展起來。去年冬，九三中央看到武漢分社發展遲緩，便調派西安分社秘書長、右派分子李壯猷去「協助」，不到兩個月，成員增長了三倍。今年大鳴大放時期，他們又要「打一個滾」，乘機撈一把，結果在五、六兩月發展的人數等於今年頭四個月的一倍。

對於發展遲緩的地方組織，許德珩經常給予批評，甚至施加壓力。今年3月，許德珩曾經批評瀋陽組織的負責人沒有完成發展任務。他在批評北京市分社組織部長王之相時說：「北京發展不如上海，以後排列名次北京不能列在第一，誰發展多就把誰列在第一位。」今年6月1日，九三中央在給武漢分社的指示中批評他們「太保守」，指令他們「抓緊時機，努力發展」，並且要求「在武漢以外地區開闢新的據點」。為此，武漢市九三組織的幹部、右派分子胡儒璋在反右派鬥爭開始的時候，還到黃石市進行政治交易，拉攏非黨副市長等四位知名人士加入九三。

九三學社這樣狂熱的「大發展」，造成了九三組織異常複雜的情況。北京市的九三組織中，目前揭露出的右派分子新社員佔了多數。冶金工業部有一個自稱是「火線入黨」的向共產黨猖狂進攻的右派分子，是在6月4日加入九三的。現在九三學社北京市的五十三個基層組織中，有三十四個組織發現有右派分子，右派分子中有十九人是基層組織的負責人。河北天津師範學院在右派分子王學奇的操縱下，最近半年來發展了十個社員，其中有四個是右派分子，一個因為反革命的父親被鎮壓而對新社會有刻骨仇恨，另外有四個參加過反動黨團。九三學社南京分社在最近的一年零兩個月發展的新成員中，有四十九人參加過青幫、反動

黨、團和軍統等特務組織，佔新發展成員總數的 40% 以上。濟南市的九三組織中目前已發現四十一個右派分子，在濟南市分社籌委會的十個委員中，有四個是右派分子。

武漢市揭露出的十一名右派骨幹分子中，有披着教授外衣的惡霸地主，披着工程技術人員外衣的「五毒」俱全的資本家，有和帝國主義勾勾搭搭從事反共的反動分子。各種貨色，應有盡有。右派分子胡儒璋在大鳴大放時認為武漢水運工程學院三個社員「力量不足」，為了向這個學院中的共產黨組織施加壓力，他電催九三中央從速批准了包括一個惡霸地主在內的四個社員，這樣，就使這個學校的反共逆流迅速形成，猖狂地向共產黨進行攻擊。

九三學社昆明分社是去年 12 月成立的，在大鳴大放期間才大發展起來。在反右派鬥爭中，這個分社內部揭露出兩個右派小集團，一個以分社籌委會主任委員秦瓛為首，一個以籌委會委員苗天寶為首。秦瓛成為雲南右派分子中的急先鋒，他以雲南大學為據點，大鳴大放時期興風作浪，誣衊各種運動，挑撥共產黨和知識分子的關係，並公然要求共產黨「交出人事大權」，要求「學校領導應輪流擔任」。秦瓛和苗天寶並依靠九三組織，分別拉攏一批人，組成小集團，企圖篡奪所在單位的領導權。現在，這個分社組織已呈解體狀態。（8 月 29 日《人民日報》）

事實上，九三學社內部已經對許德珩的錯誤提出批評了。據 1957 年 8 月 23 日新華社〈九三學社中常會作出決定，批判許德珩重大錯誤〉報導：

【新華社北京 23 日電】九三學社中央常務委員會於 8 月 3 日、4 日、7 日、8 日、11 日分別舉行了第十八次、十九次、二十次擴大會議，批判九三學社主席許德珩關於批發「撤銷高等學校黨委制」的錯誤記錄、近二年來他所一貫堅持的大發展和長時期以來他的個人專斷作風等重大錯誤。會議由九三學社中央委員會秘書長兼九三學社中央整風工作委員會副主任委員涂長望主持。到會的有九三學社副主席梁希和全體在京中委嚴濟慈、黎錦熙、周培源、吳學周、孫承佩、魏建功、勞君展、楊鍾健、王之相、薛公綽、趙九章、尹贊勳、黃汲清、葉恭紹、劉及辰、金克木、李毅等三十七人，部分專職幹部和基層組織負責人也參加了會議。

散佈右派謬論盲目追求大發展

會上很多同志指出：從民盟借抄的經章伯鈞等右派分子篡改了的關於「撤銷學校黨委制」錯誤的傳達紀錄，是經過許德珩仔細批改後簽發的，並且接着還批發了普遍佈置傳達討論的通知。由於這一錯誤文件的下達，在鳴放期間給九三學社很多的地方組織、基層組織和社員引出了錯誤的政治方向，在不少高等學校起了點火作用，給黨、給人民、給九三學社帶來了不可彌補的損失。

會上很多同志指出：近二年來許德珩不顧一切地堅持大發展，一味追求數量，不問政治品質，只注意發展，不注意鞏固，只注意發展，不注意思想改造，這不但嚴重地違反了九三學社歷次會議所規定的組織工作原則，而且已經使九三學社不少地方組織和基層組織為右派分子所控制，變成了右派分子反黨反社會主義的小集團。

會上很多同志還指出：許德珩一貫的個人專斷作風，嚴重地破壞了社內的民主集中制和集體領導原則，嚴重地脫離實際脫離群眾，以上兩大錯誤就與他的個人突出、獨斷專行、不按組織原則和組織手續辦事的思想作風有密切關係。

會上很多同志還指出：許德珩的錯誤是有思想根源的，解放以來，他沒有認真地進行過思想改造，個人名位觀念很重，特別是去年中共中央提出「長期共存、互相監督」方針以來，他的資產階級思想更有所發展，甚至不願意九三學社社員加入共產黨。所以很多同志嚴肅地指出：一年多來許德珩右傾了。而且，在他的領導下，一年多來九三學社的政治方向和組織路線也受到很大影響，到鳴放時期，已發展到嚴重程度。

許德珩作了兩次檢討發掘思想根源依然不深

在會上，許德珩作了兩次檢討，在第二次檢討中，他初步認識到所犯錯誤的嚴重性，但在發掘錯誤的思想根源方面，則很不深刻。他承認在高等學校黨委制問題上，「立場動搖，對於章伯鈞的反黨篡改，竟然不加覺察，與他共鳴，造成嚴重的階級立場上的錯誤」；他承認在組織問題上「還存在着大黨派、小黨派以及與別的黨派比高低的庸俗思想」。並認識到「像這樣發展下去，不

但不能使『九三』成為一個為社會主義服務的政黨，相反，必然會走上資產階級政黨的道路」。最後，他說：「這次反右派鬥爭，救了九三學社，也給我敲了警鐘，使我認識到資產階級個人主義思想的嚴重危害性，認識到受資產階級思想影響深重的舊知識分子，若不徹底地進行思想改造，是不能真正為社會主義服務的。」

關於許德珩所犯錯誤九三學社中央的決定

在 8 月 11 日的會議上通過了《關於許德珩主席所犯錯誤的決定》，決定中指出並譴責了許德珩關於批發錯誤的傳達記錄、不顧一切的堅持大發展和他的個人專斷作風等錯誤。還責成許德珩繼續進行檢查，並要求各級組織和社員提供意見，督促社中央整風深入進行，九三學社過去幾年曾經在幫助黨和政府團結教育一部分高級知識分子方面起過一些積極作用；但是由於近年來追求無原則的大發展，放棄社員的思想改造工作，致使右派分子在許多組織中得勢。許德珩的錯誤對反右派鬥爭起了阻礙作用，經過這次批判之後，希望九三學社各級組織在反右派鬥爭中堅決克服各種各樣的搖擺和右傾，把鬥爭進行到底，取得全勝，使九三在共產黨領導下，真正成為為社會主義服務的工具。（1957 年 8 月 29 日《文匯報》）

這一條新華社電訊說到的「許德珩關於批發『撤銷高等學校黨委制』的錯誤記錄」這一個大錯誤，說的是 4 月 30 日毛澤東在中南海頤年堂同民主人士的談話裏談到了撤銷高等學校黨委制意思，章伯鈞羅隆基等人聽了，很是興奮，就在 5 月 5 日民盟中央擴大座談會上作了傳達。隨即又在 5 月 10 日出版的《民盟中央工作簡報》第十五期上全文刊出了章所作的傳達。其中關於撤銷高等學校黨委制問題的一段是這樣的：

毛主席說，大學的管理工作如何辦？可以找些黨外人士研究一下，搞出一個辦法來。共產黨在軍隊、企業、機關、學校都有黨委制。我建議，首先撤銷學校的黨委制，不要由共產黨包辦。請鄧小平同志召集民盟、九三等方面的負責人談談如何治校的問題。

因為毛澤東的講話裏提到了民盟和九三，九三學社也就聞風而動。他們從民盟借抄了章伯鈞的傳達記錄，由九三學社主席許德珩簽發，同時還發了普遍佈置傳達討論的通知。到了反右派鬥爭中，批判章羅同盟，不再承認

章伯鈞的這一份傳達記錄，許德珩簽發章伯鈞的傳達記錄當然是他的又一大錯誤了。關於這件事，千家駒的回憶錄《從追求到幻滅》書中提供了一個細節：

> 許德珩是九三學社的主席（後為名譽主席，1990 年以一百高齡去世），九三是以科技人員為主要成員的民主黨派，其中不少社員是與民盟交叉的（即既是九三社員，又是民盟盟員）。當章伯鈞傳達毛主席最高國務會議的講話發下去後，九三學社的社員就對許德珩主席有所不滿，說許主席亦是出席最高國務會議的人，何以民盟章伯鈞對毛主席講話有傳達，而許卻沒有傳達呢？可見九三的工作沒有民盟做得好。許德珩聽得這個反映以後，遂通過民盟的一個同志把章伯鈞的傳達稿要去，塗去「章伯鈞」三字，而改為：「許德珩」。因為傳達的內容是一樣的，哪知後來章伯鈞出了問題，說他「篡改」主席的指示，而許德珩的傳達與章伯鈞的是一模一樣的，這樣一來，許德珩亦變成「篡改」主席指示「反黨反社會主義」了。於是許德珩亦受到批判，好在許德珩因為周恩來的保護，沒有被劃成右派，但批判的火力也是很猛的，而許德珩猶如啞子吃黃連，有苦說不出，他既不好坦白他的傳達是完全照抄章伯鈞的，又不能承認他也篡改毛主席的指示。（第 229 頁）

當時九三學社的一些地方組織，像青島分社，也從當地民盟組織得到這份傳達記錄，加以翻印傳播。陸侃如後來交代，他看到這個記錄稿，就覺得正中下懷。他在「九三」山東大學和青島醫學院支部聯合召開的民主辦校座談會上說，黨委制與「三害」不是兩回事，而是互為因果。黨委會不撤銷，「三害」就永遠除不掉。他在校刊《新山大》發表〈我對學校黨委制的看法〉一文，表示贊成撤銷學校裏的黨委制。在這篇文章裏，他還說批評他的人「做夢也沒想到這棵所謂『毒草』還是毛主席親手種下的」。（7月 21 日《人民日報》）

就因為九三學社中央出了這些問題，九三學社中央委員會秘書長涂長望在 1957 年 9 月 5 日《人民日報》上發表〈九三學社的嚴重政治任務〉一文，說：

> 九三學社作為新中國的一個民主黨派，應該是忠實於中國共產黨的有力助手，但是，就在幫助黨整風期間，它非但不是黨的

助手，相反的，卻成了進攻黨的「打手」。九三學社的問題非常嚴重，它正在經歷着歷史的嚴重考驗。

從兩個多月來反右派鬥爭所揭發的材料來看：第一，我社全國各級組織已經揭露出大批右派分子。例如北京的儲安平、顧執中、薛愚；蘭州的陳時偉；青島的陸侃如；南京的高覺敷、周拾祿；昆明的秦瓚等等。這些人都是在地方上或者在一個單位中充當了向黨猖狂進攻的主帥或大小頭目。第二，近兩年來執行反社會主義的「大發展」方針，只強調發展，不注意鞏固，一味追求數量，許多政治上複雜的分子也被拉進了「九三」。武漢分社的十五個右派分子中，就有十一個是新社員；去年新建立的太原分社籌委會，八十幾個社員中就有十八個是右派分子。不少地方組織和基層組織為右派分子所控制，形成了反黨反社會主義的小集團。第三，近年來社中央對重大政治問題，特別是知識分子的思想改造問題，漠不關心，只團結，不教育，放棄了社員的思想改造工作，致使右派分子在許多組織中得勢。由此看來，我社一年多來的政治方向和組織路線已經右傾，社的成分正在逐漸起着質的變化，有人問「九三學社到底是一個什麼樣的政黨，要到哪裏去？」這個問題問得非常好，非常及時，社中央和廣大社員應該正視和解答這一問題。社中央深感愧對黨和全國人民，我們懷着沉痛的負罪的心情，決心徹底地檢查中央兩年來的工作。

解放以來，我社社員在國家各級機關的黨政培養下，通過政治學習和歷次偉大政治運動的實際鍛煉，覺悟提高，因而迫切希望組織幫助他們，把他們逐步改造成為勞動人民的知識分子。但是非常慚愧，社中央對推動和幫助社員自我改造的工作，做得很不夠，沒有能夠滿足廣大社員的要求。相反的，最近一兩年來，有人卻企圖把我社引向資產階級右傾的錯誤政治方向，這是為我們所疾首痛心的。這些問題的產生並不是偶然的。就九三學社的成員來說，多是小資產階級或資產階級出身，長期受過資產階級的教育，本質上是資產階級知識分子；九三學社原名「民主科學社」，是在抗日戰爭後期，為發揚「五四」為民主與科學奮鬥的精神而組織成立的。抗戰勝利以後，在中國共產黨的「反對獨裁、反對內戰」的號召和領導下，和各民主黨派及民主人士一道，做了一些反美反蔣有益於人民革命的工作，而九三學社本身並沒有明確的政治主張和奮鬥目標；因此，就它的政治方向、組織成分、思想體系看來，它是一個小資產階級性質的政黨。解

放以後，在黨和人民的愛護與培養下，我社光榮地被列為民主黨派之一，參加了人民政協，才算有了偉大的政治前途。但是由於幾年來我社的政治工作做得很差，沒有經過重大的政治鍛煉和考驗，它的資產階級的性質基本上還原封未動或動的很少。一個資產階級性質的政黨要為社會主義服務是不可能的。在這次偉大的整風過程中，揭發出大批反黨反人民反社會主義的右派分子這一事實，充分說明了這一點。

進行由資產階級政黨到社會主義政黨的本質上的改造，這就是擺在我們面前的一項嚴重政治任務。我認為目前的迫切任務，就是要堅定不移地在黨的領導下，下定鋼鐵般的決心，克服一切溫情主義，領導全國各級組織深入普遍地展開反右派鬥爭。我社中央整風工作委員會第五次會議已經決定召開全國整風工作會議，進一步明確反右派鬥爭的方針任務，統一認識，交流經驗，積極地和有步驟地把這一鬥爭深入到一切基層組織去。只有通過這場尖銳的政治鬥爭，我社各級組織才有可能為進行根本改造創造有利條件，才有可能扭轉過去的錯誤政治方向，重新獲得政治生機，爭取人民的信任，在國家政治生活中發揮它應起的積極作用。

其次，我社要在反右派鬥爭的勝利基礎上，堅決貫徹推動和幫助社員進行脫胎換骨的思想改造。這就是要按照毛主席指示的判別是非的六條標準，進行「破資本主義立場、立社會主義立場」的教育，完成根本的自我改造。我社社員大都是科學文教界的中上層知識分子，他們的舊民主自由思想非常嚴重，資產階級習慣作風相當濃厚，特別是社成員中很大一部分是自然科學工作者，他們中有不少人對馬克思列寧主義本來就不熟悉，可是又自以為自然科學本身就是唯物的，因而片面地強調通過工作實踐進行思想改造，忽視或放鬆了馬克思列寧主義的學習和自我教育；少數人甚至認為自己已經掌握了馬克思列寧主義的科學方法，用不着思想改造了；也有少數人雖然在思想上和口頭上承認黨能領導科學，但一接觸到本崗位具體業務，就片面強調「外行不能領導內行」，不自覺地又否定了黨的領導。我社許多右派分子都是自然科學工作者的事實，足以證明自然科學工作者的思想改造是何等迫切需要！

我們感謝黨對我們敲起了警鐘，感謝社會上的很多朋友和我社廣大社員給我們及時的幫助和監督。在黨的領導和幫助下，在全體社員的努力和督促下，我們有信心有決心取得反右派鬥爭的完全勝利，從而把九三學社改造成為真正為社會主義服務的政治力量，和共產黨長期共存，互相監督，以適應新社會的需要。(9月5日《人民日報》)

據新華社報導：涂長望文章裏說的九三學社全國整風工作會議在9月12日至20日舉行：

新華社21日訊　九三學社全國整風工作會議已在20日閉幕。

會議對九三學社從總的方面來說還是資產階級性的政黨，多數社員還是資產階級知識分子和對反右派鬥爭的重大意義和具體作法都作了比較深入的討論。代表們一致認為：九三學社當前的嚴重政治任務就是動員一切力量，深入全面地把全社反右派鬥爭推進到新的階段。在討論中，對九三學社反右派鬥爭開展的實際情況作了估計，九三學社中央整風工作委員會副主任委員涂長望在會議總結中指出：從全社來講，九三學社的反右派鬥爭不是差不多了，而是正在開始深入，我們不獲全勝，決不收兵。

九三學社副主席梁希在九三學社全國整風工作會議上作了報告：〈堅決深入貫徹反右派鬥爭，為把九三學社改造成為真正為社會主義服務的政黨而奮鬥〉。這篇報告概括了前一段九三學社反右派鬥爭的情況。他說：

我社各級組織在反右派鬥爭中暴露出來的問題是十分嚴重的，截至目前為止，據不完全的統計，我社三十六個地方組織中三十五個組織已經發現右派分子，全社六千多社員中，揭露出來的右派分子已達四百多人。(隨着整風運動的深入開展，特別是基層組織的整風運動的開展，右派分子的數目還必然要增加) 右派分子中有中央委員十二人之多，各地方組織的右派分子中有分社委員四十八人，直屬小組召集人二人。北京的薛愚、蘭州的陳時偉、青島的陸侃如、南京的高覺敷、周拾祿、昆明的秦瓚都把當地的九三組織當成他們反黨反社會主義的工具。若干組織的領導機構為右派把持或佔居優勢，如北京分社主委薛愚、秘書長樓邦彥、宣傳部長顧執中，都是右派分子，合肥分社籌委會九個籌

委中六個是右派分子。若干組織中右派分子佔有驚人比例，如太原分社籌委會右派分子竟佔社員人數的三分之一，濟南分社籌委會右派分子竟佔社員人數的四分之一。我社的右派分子中有不少是右派骨幹分子，他們在右派分子猖狂進攻中，起了籌劃、發動、號召、組織的作用，或者在一個方面、一個地區充當右派將帥。如中央委員兼中央宣傳部副部長儲安平以惡毒的「黨天下」的謬論，全面地攻擊共產黨的領導，妄圖把共產黨的領導從一切部門趕出去，候補中央委員顧執中誣衊憲法為「不如手紙」，並陰謀組織反動政黨，中央委員陳時偉一貫反黨，在鳴放期間特別猖獗，並帶領學生來京請願，中常委兼中央組織部副部長薛愚則煽動藥工人員「吐苦水」，企圖挑動藥房鬧事，中常委陸侃如、中央委員高覺敷則叫囂黨委不能領導高等學校，企圖在高等學校搞匈牙利事件，中常委董渭川惡毒攻擊學校黨委，陰謀取而代之；中常委楊肇燫組織小集團，妄圖獨霸科學出版機關。在地方組織和基層組織中也有極其惡劣的右派骨幹分子。我社右派分子中有小集團也有單幹戶，有的和社內有聯繫，有的和社外有勾結。他們抹煞社會主義革命和社會主義建設的成就，惡毒地攻擊五大運動，特別是肅反運動和思想改造運動，歪曲長期共存、互相監督的方針，企圖削弱和推翻共產黨的領導，狂妄地叫囂「黨委退出學校」、「外行不能領導內行」，醜化共產黨員和積極分子，醜化人事部門。他們利用惡性大發展的錯誤方針，拉攏落後分子，企圖把九三組織變成反黨集團。他們是資產階級右派的重要組成部分，對人民犯下了嚴重罪行。我社的政治面貌和政治方向在一個時期內發生了極大的混亂，走上了極為危險的道路。

梁希的這個報告還公開宣佈了許德珩的錯誤：

　　一年多來，在許德珩主席所堅持的大發展方針之下，違反了社章和二中全會的「發展與鞏固相結合」的決議，我社中央和許多地方組織在實際工作中形成了「一切為了發展，發展就是一切」的局面。（1957年9月22日《光明日報》）

　　從許德珩堅持大發展的方針以及他簽發章伯鈞關於撤銷高等學校黨委制的記錄這兩個大錯誤來説，他完全可以像中國農工民主黨主席章伯鈞和台灣民眾自治同盟主席謝雪紅一樣劃為右派分子了。也許是考慮到了他本人並沒有章伯鈞、謝雪紅那樣的政治能量，只要公開批評一下，進一步剝奪他的政治資本，也就夠了，就沒有給他戴上右派分子帽子。

涂長望發表〈九三學社的嚴重政治任務〉一文，在九三學社全國整風工作會議上發言，都是秘書長職責範圍內的事情。不論是誰做了秘書長，都得做這種官樣文章的，並不一定反映他本人的態度。在人民日報「情況彙編」第二十四期可以看到一個材料：

涂長望要退黨

預備黨員、中央氣象局局長、九三學社秘書長涂長望，整風運動開始後，已三次向氣象局黨組織負責人提出要退黨。理由是：參加黨，會議太多，無法工作。據氣象局黨組織分析，這不是真實原因。黨的活動每週不超過一次，並不影響工作。真實原因估計有四個：1、運動中看到批判黨的意見很多，發生動搖。2、可能想擴大「九三」勢力，和黨爭天下（現正積極發展「九三」組織）。3、對兩年候補期有意見。4、整風中受到一些批評。四個原因中前兩個是主要的。

自氣象局成立以來（引者注：涂長望是 1954 年 9 月被任命為新設立的中央氣象局局長的），涂即要求入黨。去年 4 月被吸收入黨時，因其曾脫過黨，故確定候補期為二年。遠在二十多年前，涂在英國留學時曾參加黨（與楊秀峰同志同時），回國後見情況不好（1931、1932 年間，國民黨剿共最兇時），只繳過兩次黨費，後便自動脫黨。涂這次入黨後表現不算好。平時談話中流露出對「肅反」不滿，他認為最好的三個幹部都被鬥了，他不同意事先不調查就鬥。實際情況不是那樣。這些人雖然不是現行反革命，但都有嚴重歷史問題，經過運動也都弄清楚了。如他認為是好幹部之一的馮秀藻，曾經是地下黨員，1939 年（平江慘案前）在長沙被捕，後又在重慶第二次被捕，被捕後自首出賣了組織，後來參加了國民黨，去美國留學，運動中弄清了這些問題。馮現在自己對肅反並無意見。涂一貫站在資產階級知識分子的立場上。氣象局的技術人員級評得較高，和他也有關係。有人說他們有技術上的宗派。他對派留學生出國的問題上也很有意見。氣象局提出的名單到公安部沒通過，他便要寫信責問公安部，並要聯合科學院共興問罪之師。（原載人民日報「情況彙編」第二十四期，據 1957 年 7 月 18 日新華通訊社編《內部參考》）

這裏說涂長望「回國後見情況不好（1931、1932 年間，國民黨剿共最兇時），只繳過兩次黨費，後便自動脫黨」，恐怕不止是因為這裏說的

「1931、1932 年間，國民黨剿共最兇」，那時他在黨內，是看到了米夫召開黨的六屆四中全會，把中共「布爾什維克化」製造的亂局。

根據 1956 年 9 月 26 日中國共產黨第八次全國代表大會通過的《中國共產黨章程》第十一條的規定：「黨員有退黨的自由。黨員請求退黨，應當由支部大會通過除名，並且報告黨的上一級委員會備案。」不知道涂長望是不是辦完了黨章這一條規定的退黨手續。如果並沒有「由支部大會通過除名，並且報告黨的上一級委員會備案」，就不能說他已經退黨了。人們知道的是：涂長望是九三學社第三屆和第四屆中央委員會的秘書長。1958 年 12 月換屆，九三學社第五屆中央委員會的秘書長就是孫承佩了。

經過整風運動和反右派鬥爭，九三學社對右派分子作出了處理。據新華社 1958 年 1 月 31 日報導：

> 新華社 31 日訊　各民主黨派最近分別舉行了中央常務委員會擴大會議，中央委員會擴大會議或盟員代表會議，討論了在反右派鬥爭勝利的基礎上開展一般整風運動的問題和處理右派分子的問題。
>
> 九三學社第四屆中央委員會 1 月 18 日到 24 日舉行了第三次全體會議。會議決定撤銷顧執中社內的一切職務；撤銷陸侃如中央常務委員、中央委員的職務；撤銷董渭川中央常務委員、中央委員、中央科學文教委員會副主任委員的職務；撤銷袁翰青中央常務委員、中央科學文教工作委員會副主任委員和委員的職務；撤銷薛愚中央常務委員、中央組織部副部長的職務；撤銷儲安平中央委員、中央宣傳部副部長的職務。會議對中央委員會中的其他右派分子，也分別作了處理。

1958 年 3 月 1 日，許德珩、梁希、涂長望等人都在《九三學社的社會主義競賽決心書》上簽名，表示決心「全心全意接受黨的領導，把心交給黨，堅決走社會主義道路」。九三學社的反右派鬥爭就這樣圓滿完成了。

第十五章

章乃器與工商界的
反右派鬥爭

要講工商界的反右派鬥爭，就得從資本主義工商業全行業公私合營講起。

1955 年，中國農村掀起了合作化高潮。1955 年 12 月 27 日，毛澤東在《中國農村的社會主義高潮》的序言中說，資本主義工商業按行業實行全面公私合營的速度方面的問題「已經解決了」。1956 年 1 月 15 日在天安門城樓上，北京工商界代表樂松生向毛澤東報喜：首都已實行全行業公私合營。北京市長彭真同時宣佈：我們的首都已經進入了社會主義社會。《人民日報》說：「遠大的理想，已經開始變成現實，在我們的國家裏，已經出現了第一個社會主義的城市。」這消息廣播開去，全國緊跟上來，各地敲鑼打鼓，掀起資本主義工商業改造高潮。1 月 18 日，天津和西安也宣佈進入了社會主義，接着又來了上海。到 1 月底止，全國大城市和五十多個中等城市實現了全行業的公私合營。

此事的得失，薄一波在多年之後談到，有這樣三條「缺點和偏差」：

第一，「由一家一戶的核算改為全行業統一核算，實際上把注意精打細算的私營企業納入了吃『大鍋飯』體系；實行定息之後，資本家的利潤所得同企業脫鈎，使資本家不關心原來企業的經營好壞了。這些缺點，從長遠看對生產力發展不利，而且也是一個短時期內發生隨意並廠並店，拆毀廠房鋪面，丟棄原有設備而造成損失浪費的一個重要原因。我想，假使當時不搞得那樣匆忙，多花一點時間探討社會主義改造的多種形式，情況可能會要好些。」

第二，「對於一部分原工商業者的使用和處理也不很適當。從『高潮』開始，黨中央就明確宣佈：公私合營之後，對原企業私方在職人員實行包下來給以安排的方針。但實際上這個問題一直沒有解決好。」合營之後的公私關係，薄一波說，「少數公方代表態度生硬，缺乏協商精神，認為和私方人員商量不出什麼名堂，分了工也負不了責，對私方人員的合理建議也往往是置之不理。私方人員中，尤其是資產階級及其代理人中，有不少能幹的人，他們有較豐富的經營管理知識和本領。對他們棄置不用，對發展經濟和改善企業經營管理來說，都是一個損失。」

第三，由於在「高潮」中對小業主、小商小販的處理意見不明確，「因此全行業公私合營時，大批個體手工業者和小商小販

按行業捲入了公私合營，拿了很少的定息。沒有想到，他們從此
就戴上了資本家的帽子，不少人在後來的政治運動中受到歧視，
有的還受到過不應有的打擊，吃了不少苦頭。」（薄一波，《若干
重大決策與事件的回顧（修訂本）》上卷，第 445-447 頁）

這些問題薄一波説得很概括。本書下面就要寫到的工商界座談會上，
對於這些就談得更具體、更尖銳、給人的印象也更深。如果要認真總結歷
史教訓，工商業改造這一事件的根本教訓當不止上述三條。當毛澤東提出
正確處理人民內部矛盾的問題之時，這也就是人民內部亟需調整的重要矛
盾之一。

對於這些情況，毛澤東也逐漸有所了解。1956 年 12 月間他三次同來
京出席全國工商聯代表大會的人士談話，談到中國的民族資產階級，他
説：「資產階級作為一個階級是要消滅的，但人都包下來了。工商業者不是
國家的負擔，而是一筆財富，他們過去和現在都起了積極作用。中國資產
階級在經濟上是現代化的，不是手工業的。在政治上是要求反對帝國主義
的，有兩面性，有要求革命的一面。人民政權建立以來他們是同政府合作
的，企業又公私合營了。做了這樣一些好事，不能説資產階級對國家是無
用的，應該説是有用的，而且是很有用的。」（《毛澤東文集》第七卷，第
176-177 頁）又説，譬如榮毅仁年紀輕輕的，這種人來日方長。在這幾次談
話中，毛澤東流露了在中國實行「新經濟政策」的想法。他説，上海地下
工廠同合營企業也是對立物。因為社會有需要，就發展起來。要使它成為
地上，合法化，可以僱工……這叫新經濟政策。我懷疑俄國新經濟政策結
束得早了，只搞了兩年，退卻就轉為進攻，到現在社會物資還不足。對於
中國社會的經濟成分，毛澤東甚至設想：可以搞國營，也可以搞私營。可
以消滅了資本主義，又搞資本主義。（轉引自薄一波，《若干重大決策與事
件的回顧（修訂本）》上卷，第 448 頁）從這幾次談話中看，毛是有意解決
全行業公私合營中發生的一些問題的。

整風運動開始，中共中央統戰部在邀集民主黨派負責人舉行座談會幾
天之後，又同國務院第八辦公室聯合邀全國工商聯和民主建國會的主要負
責人以及正在北京參加全國工商聯秘書長會議的各省市代表開座談會。這
個座談會從 5 月 15 日至 6 月 8 日舉行。換句話説，就是從毛澤東下決心反
右派之時開始，到《人民日報》發表〈這是為什麼？〉社論這一天為止，

正是反右派鬥爭從開始佈置到公開發動這一段時間。關於這個座談會，李維漢回憶說：

> 工商界人士座談會開始於 5 月中旬。這時，中央要反右的方針在我腦子裏已經清楚了。當時胡子嬰從西北視察回來，在會上講了上海一批工廠搬遷西北，辦得不好。黃炎培從外地考察回來，也講了一篇類似的話，我看到如果讓他這樣講下去，將來要劃為右派不好辦，就宣佈休息，請孫起孟去做黃炎培的工作，保護了他。工商座談會期間，有人提出真正的資本家與會不多，代表性不夠，於是又不斷擴大規模，找了北京的吳金萃、天津的董少臣、上海的李康年等一些人到會鳴放，後來這些人都被劃為右派。這個做法實際上是「引蛇出洞」，把對敵鬥爭的一套用於人民內部，混淆了敵我。這個教訓是深刻的。（李維漢，《回憶與研究》（下），第 834–835 頁）

主持會議的李維漢是腦子裏已經清楚了，可是到會的工商業者並沒有想到座談結束之日即反右派鬥爭公開發動之時，還是對前段私營工商業的改造工作提出了不少尖銳的批評。

一些人提出了公私合營企業管理上的弊病。瀋陽市工商聯副秘書長馬春霖說，私方人員一向有精打細算的習慣和經驗，在試製新產品、提高生產率和技術措施計劃上，一般都能做到少花錢多辦事。現在企業擴大了，好排場作風在企業中逐漸滋長，一般工廠都設有八大科，每個車間又在科的系統下設有八大員，機構龐大，人浮於事的現象非常嚴重。私方人員提過意見，但得到的不是尊重，而是諷刺，說小家子氣，作坊作風，不懂社會主義建設。（5 月 16 日《人民日報》）

一些人談到合營之後私方人員生計困難。四川省工商聯秘書長李仲平說，成都市一個機電廠廠長（私方人員），有技術，每月收入四十元左右，家裏六口人，平均每人七元，去年有長支，今年沒長支了，生活很困難。專業公司要他自己想辦法，他說，我的資本都交了出來，我人在工廠，叫我到哪去想辦法呢？（5 月 16 日《人民日報》）全國工商聯副秘書長經叔平說，據湖南代表反映，高潮後，有少數小商小販因生活所迫自殺了。經叔平提出，要解決小商小販生活困難的問題，就要給他們適當自由經營的出路，不要把自發工廠叫「地下工廠」，叫「地下工廠」就意味着不合

法，而他們做的事是人民需要的，為什麼不讓他們做呢？（5 月 19 日《人民日報》）

　　在公私合營企業中公方私方人員的關係上，全國工商聯副主任委員盛丕華說，公私共事關係中最突出的問題是私方人員的職權問題。許多私方人員反映他們的苦悶說：多做了工作，怕被說成是爭奪領導權；少做了又怕被批評為不負責任，覺得進退兩難。（5 月 29 日《人民日報》）湖南省工商聯秘書長彭六安說，公方人員以改造者自居，相處時總強調階級關係，私方人員得不到企業和黨以及社會輿論的支持，例如有個私方人員有了一件發明創造，但報紙發表時卻說是工人的。有個民建會員提了一件合理化建議，已經試驗成功，並達到國際水準，但輕工業部對這件事評價很低。在私方人員的安排方面，有的有技術卻安排搞一般工作，有的有管理經驗卻安排下車間。在福利待遇方面，私方家屬生病就不能和公方人員、工人家屬一樣到醫院去治療。（5 月 16 日《人民日報》）安徽省工商聯秘書長胡慶照說，安慶市國藥總店公私合營時，公方讓私方提意見，私方提了意見，公方代表說，我是政府派來的，我們對你們客氣，你們卻把它當成福氣，神氣起來了。私方人員就不敢再提意見。後來這件事反映上去，市工商局召集國藥總店全體職工開大會對證，私方人員在這種場合下哪敢再說話。胡慶照還說，合肥市一個搪瓷廠的私方人員（民建會員），為了研究一件產品，不慎把儀器弄壞了，有個團員，不分青紅皂白，說他是破壞分子，並把這事登在黑板報上，他氣得跑到民建會去哭了一場。（5 月 17 日《人民日報》）廣西省工商聯秘書長張國英說，南寧和行臘味店的公方，是個轉業軍人，用軍隊的方法來管理企業，七點鐘上班，私方人員遲到一些馬上批評；私方人員第二天六點半到店，他叫職工不要開門。職工問為什麼不准私方人員提早進店，他說，他們是資產階級，沒有改造好，他們還會偷錢的。他整天站在櫃檯看着。私方人員為了避免嫌疑，就高聲報告每筆營業收入。在工廠裏，私方人員聽見公方代表的皮鞋聲，工作已做完的還得東摸西摸，表示還有工作做。梧州市興華電池廠私方人員是技術副廠長，廠裏改變電池配方時，他提出在沒有試驗成功時不要大量生產。公方代表對他說，你是保守思想，是不是想破壞生產？不准你發言。結果因品質不好，損失四十多萬元。（5 月 17 日《人民日報》）

　　上海市工商聯副主任委員胡子嬰說她到西北視察，看到上海一批工廠搬遷西北以後的情形。她說，當初在遷廠遷店時就有盲目性，沒有很好研

究當地的情況。在提出遷廠遷店要求時，好像皇帝選妃一般，點着哪一家就是哪一家。例如遷到洛陽去的都是上海南京路上第一流的名牌店，這樣並不是太合適的。遷到蘭州去的麗華墨水廠實際上除了水是當地的以外，什麼原料仍都從上海運過去，結果成本反比從上海運去的墨水價錢高。第二，動員時亂許願，說什麼住洋房，牛奶當開水喝等，而實際情況不是那樣。第三，吃飯住房樣樣都分等級，以致造成很深的鴻溝。第四，凡是給領導提意見就認為是落後，甚至提合理化建議，也看成是搗蛋。蘭州麗華墨水廠一位會計因為提合理化建議竟調到別的單位去。從上海遷到蘭州去的王榮康西服店的私方人員王嘉明的兄弟因為提意見，被調到百貨商店當辦事員。蘭州財貿部田廣仁部長對信大祥的職工報告時說，「你要民主，我要專政；你要自由，我要紀律。」甚至在大會上罵王榮康的牌子不值二角錢。這位田廣仁部長去買皮包竟打掉一個私方人員的牙齒，結果告到派出所給了六塊錢的藥費糊糊塗塗了事。第五，是非不明，例如洛陽有的機關人員買布不給布票，問題鬧到專業公司，專業公司經理反把責任推到私方人員身上。此外，胡子嬰還談到蘭州大中華菜館勤雜工打私方人員、信大祥職工打私方人員，向專業公司、民建、工商聯反映都得不到解決。談到有些轉業軍人以功臣自居，轉業幾年仍不學習業務，認為過去有功，現在應該享福了，等等等等。（6月5日《人民日報》）

這就是那篇李維漢聽了覺得有些不好辦的發言。李維漢是多年之後寫的回憶，有記得不很準確之處。照他說的，似乎是黃炎培在胡子嬰之後說了些類似的話，其實胡子嬰是在6月4日才發言，這時座談會已經臨近結束。而黃炎培的發言是在5月25日。至於李維漢說的這兩篇發言有類似之處，那是一點也不錯的。

黃炎培也談到公方和私方的關係問題，他說，我在這次視察中，發現不少合營企業是對私方人員存在着歧視的，其中有些歧視的辦法甚至到了荒謬的程度。例如在南京就有一個廠，今年清明去祭掃烈士墓的時候，到了祭掃完畢，工會的負責人要報告烈士的生平事蹟的時候，就要求私方人員走開。無錫有一個協新毛織廠，今年春節，私方正廠長值班，到車間去巡查，廠內保衛科長竟然要求廠長拿出工作證才許進車間，而對公方副廠長就沒有提這種要求。談到這些事情，黃炎培情不自禁地拿他本人的經歷來做類比。他說，我在輕工業部工作五年，關係搞得很好。當部長總想做些部長的事，我管八九十個廠，我想把局長、廠長的名單抄一份在辦公室

掛出來，秘書說，黨總支不同意，要保密。我說政務院還要公佈名單呢，這有什麼保密。不久，我在一位黨員司長辦公室看見一個名單清清楚楚掛出來了。經過說明工作需要，我的辦公室裏才掛上了局、廠長的名單。在這篇發言中，黃炎培還就私方人員病假工資問題提出了批評，他說，在這一問題上，我認為國務院第八辦公室實在是充分地表現出不關心工商界人士的疾苦，高高在上，十足官僚主義的作風。他認為，在目前私營工商業社會主義改造過程中，還充滿着問題。（5月26日《人民日報》）這就是當時李維漢聽了覺得如果讓他這樣講下去就可能要劃右派的發言。所以這座談會5月26日休會一天，由孫起孟去做他的工作。這以後，就再不見黃炎培的發言了。

座談會上，有好些人談到人事工作。上海制筆工業公司副經理甯思宏說，本來人事部門是職能科室之一，應為生產服務，但現在這些部門的人都整天忙忙碌碌不知所事何事。有人講人事科已成了公安部門的派出所，有人甚至把人事科的幹部看成「打手」。他希望中央勞動和人事部門，對勞動和人事部門的幹部下功夫進行教育；各級勞動人事科室，都應開放，讓非黨人士進去。（5月23日《人民日報》）全國工商聯辦公室副主任壽墨卿說，現在做人事工作的都是黨團員，而且多數是青年幹部，他們年紀輕輕的，面孔冷冷的，同群眾離得遠遠的，他們學會一套老成持重的樣子，卻不懂人情世故，我認為這些年輕人做人事工作是不適宜的。他說，人事部門應該聯繫群眾、關心群眾，同群眾打成一片，而現在的人事部門卻成為機關企業的保密部門，一種特殊的部門，只管追查歷史，卻不關心群眾生活，成為群眾的怨府，成為黨和群眾之間的牆和溝。全國工商聯的人事部門也不能例外。因此，他提出：人事部門應從組織上、任務上以及工作方法上進行必要的改革。第一，一般肅反工作已經結束的機關企業人事制度完全公開，使「賢者在位，能者在職」，不管黨員、團員或群眾都要平等看待。第二，人事任免調動要有請示批核制度。第三，人事工作應該讓非黨幹部參加，而且應該讓群眾有可能進行監督，否則，必然要產生官僚主義、主觀主義、宗派主義。這次整風，人事部門應該是每個機關的重點。聽他說到這裏，主持會議的李維漢問全國工商聯黨員副秘書長黃玠然：「你們那裏人事部門是不是也都是黨團員哪？」黃答：「差不多吧，我不太了解。」李說：「回去了解了解。向大家作個交代。工商聯的人事工作不要都全由共產黨員擔任。」（5月21日《人民日報》）

這次整風運動提出反對官僚主義、主觀主義、宗派主義，參加座談會的工商界人士都表示擁護。但他們對此也不是沒有顧慮的。江蘇省工商聯副秘書長謝惟安說，目前私方人員在百花齊放聲中還不敢大膽放，他們有些話所以不敢公開講，是怕給戴落後分子的帽子，怕鳴了以後在工作中遭到歧視，怕與階級本質聯繫起來，怕以後另一個運動來時作為批判的典型，批判的根據。（5 月 16 日《人民日報》）河北省工商聯秘書長高振聲說，有人怕提了意見解決不了什麼問題，又怕招來麻煩。過去有個私方人員提出有職無權的問題，公方人員就把文件都給他批，弄得這位私方人員吃不消，血壓也高起來了。他還說，共產黨到一個階段有一個階段的工作，如過去的三反五反，這回又來個百花齊放，百家爭鳴，是什麼名堂，是不是誘敵深入聚而殲之呢？（5 月 18 日《人民日報》）

在這個座談會上談得最熱烈的是定息問題。早在 1 月間上海市人民代表大會會議上，鴻興織造廠董事長、中國鐘錶廠總經理李康年提出了一份建議書，建議政府發行中華人民共和國工商企業改造贖買存單，發行額定為人民幣二十二億元，於 1958 年 1 月開始發行，分十八年七十二期兌現。其性質為無記名式的定期存單。到期只兌本金，逾期不給利息。每一季度兌現一次，計人民幣二千七百五十萬元，每年一億一千萬元，到 1975 年第四季度滿十八周年，全部兌訖。對資本家贖買，是根據核資後的核實資本，確定其實佔數目，減除 1956 年、1957 年二年定息，而以贖買存單一次向資本家贖買清楚，收回其企業股票，停止定息制度。在此項存單發行基本上完成後，國內公私合營企業，一律改為國營，私方人員職務即蛻變而為公家職位。（見《上海工商》，1957 年第 10 期）

5 月 12 日《新聞日報》刊出了〈黃炎培答本報記者問〉，一個問題是：「李康年提出『二十年定息』的建議。對此，你有什麼看法？」民建中央主任委員黃炎培回答說：「關於李康年同志的建議，我在民建的座談會上說明過我還沒有來得及仔細研究他的書面材料的內容，因此我還不能表示對他建議內容的意見。但我對於他勇於『爭鳴』的態度，是大大地稱讚的。『百家爭鳴』就是要大家有意見儘管說。李康年同志肯說、敢說，我認為很好！很好！」

但是，李康年的這個被稱為主張定息二十年的建議，在工商界座談會上引起了爭論。

　　中國民主建國會中央委員鄧季惺談了她在定息問題上的意見。她說，定息既然是作為國家贖買私營企業和為了進行社會主義改造和社會主義建設而支出的一筆費用，而且這筆費用又不管企業是否有盈餘都要支付，為什麼不可以由國庫支出，一次贖買呢？這樣可以使工商業者單純以工作人員的身份參加工作，企業內部重重矛盾也就可以得到解決。她參考了捷克斯洛伐克 1945 年頒佈的工礦企業國有化條例，建議政府發行「公私合營企業國有化公債」，用來收回合營企業的股票，合營企業即改變為國營企業。公債發行總額可定為六億至八億元，每半年兌付一次，五年或七年還清。她認為這個方案有四個好處：一，「私方」一詞不存在了，工商業者在國營企業中完全以公家人的身份出現，積極性創造性可以充分發揮，有利於企業內部的團結；二，免除現在三個月付一次「定息」的手續，可以大大節省人力；三，私方不再從企業領取定息，可以簡化企業經濟核算方法；四，更利於工商業者的改造，如中小戶不願意要的可不要，從而摘掉「資本家」的帽子，大戶可以割掉尾巴，對定息不再存有延長的希望。她不同意李康年提的定息二十年的建議，她說，贖買給價是照顧性質的，國家財力有限，付給二十二億是不合理的。而且定息再拖二十年對各方面都沒有好處，中小戶也不願意。不過她認為李康年的建議也有可以吸取的地方。這當是指簡化支付手續這些方面。她這發行公債的建議同李康年發行存單的建議在形式上也確有某些相似之處。當然，發行總額和兌訖期限是大為縮小和縮短了。（5 月 21 日《人民日報》）上海永新雨衣染織廠副經理潘仰堯在書面發言中說，他認為李康年關於定息二十年的建議，是個極大膽、極虛心、極有價值的建議，他同意這個建議。但在具體實施方面有些不同意見，主張贖買時間應該從 1949 年算起。他說，私方接受了贖買存單，並不是就摘下帽子，而應該繼續加強學習，認真改造自己。（6 月 5 日《人民日報》）全國工商聯副主任委員陳經畬說，定息二十年的問題，就我們湖北省和武漢方面的情況來說，絕大多數人都不同意。而且中小戶對陪著大戶領定息七年，不能把帽子早日摘掉意見很多。因此我個人在這裏提個建議，凡是自覺自願放棄定息的，不拘大、中、小戶或數目之寡，是否可以請政府考慮予以接受，但是不登報不搞高潮。至於李康年同志建議中，為免除領息人的種種困難，將領息方法簡化一些手續，我是同意的，請政府考慮。但是，簡化手續不是變更定息的性質。（6 月 7 日《人民日報》）中國民主建國會中央委員、山東省副省長苗海南說，他不同意李康年定息二十年的說法。他肯定說定息還是剝削。果真定息二十年，勢必造成大中

小工商戶的不團結，同時，放鬆了對自己的思想改造，家庭子女也不會和睦。（6月7日《人民日報》）

座談會上許多人都發言反對李康年的主張，倒並不是因為他反黨反社會主義，代表資產階級索要二十二億元這樣巨額的國帑，而是因為對於中小工商戶來説，定息已經成了有名無實有害無益的東西，再拖二十年怎麼受得了。雲南省工商聯副秘書長聶敘倫説，昆明飲食業有一戶照算半年只有七厘錢的定息，有的行業一戶每季只有四分錢的定息。因此有些人要求摘掉定息戶的帽子。（5月18日《人民日報》）天津市第四機械工業公司生產計劃科副科長王金標説，天津百分之九十的青年工商業者不同意李康年提出的延長定息二十年的意見，他們非常憤怒，不願意多扣十三年的帽子。（5月25日《人民日報》）北京市第二五金工業公司副經理于熙鍾説，中小戶青年工商業者看了李康年提出的延長定息二十年的意見都很生氣，有的甚至説再提就咬他的耳朵。（5月23日《人民日報》）全國工商聯副主任委員畢鳴岐在書面發言中説，提出定息延長二十年，工人階級反對是理所當然；民族資產階級中多數的人也不會接受，而我們民族資產階級的子女也不會答應。（6月8日《人民日報》）

對於一些定息只有很少一點錢的中小工商業戶想放棄定息的願望，毛澤東是有所了解的，並且作過同情的表示。1956年12月他在同工商界人士談話中説：

> 我主張把佔百分之九十的中小資本家不劃入資產階級範圍，拿到的定息只夠買幾包香煙的，就叫他們小資產階級。資方代理人也是屬於小資產階級範圍，叫上層小資產階級。
>
> 中小資本家願意放棄定息就放棄，不願意放棄的就讓他拿下去。（《毛澤東文集》第七卷，第179頁）

座談會上許多人發言反對李康年的主張，是因為延長定息對中小工商戶有害無益，這反對是從切身利害出發的，並不是一種理論的批判。從理論上批判了李康年的，是中國民主建國會中央委員、經濟學家千家駒。他在5月24日的座談會上作了長篇發言。他雖是中央工商行政管理局副局長，但他首先聲明，他不是代表工商行政管理局，而是以私人資格來發言的。他從資產階級依然存在兩面性這一點談起。他説，所謂消極一面，即指資本主義一面，僅就李康年主張定息二十年這一點來説，不就是消極

性的一種表現嗎？自然，同意李康年的主張的，在工商界中佔很少數，這也證明消極性一面今天已不佔主要的地位，但不能說這種思想僅是李康年一個人的主張。定息二十年，除了想吃剝削飯吃一輩子的思想以外，同時還包括一個對贖買政策認識錯誤的問題。李康年提議贖買應有二十年才夠本，這根本不了解贖買政策的意義。贖買政策體現黨和國家和平改造資本主義工商業的方針，這是馬列主義創造性的發展，不是修正馬列主義。要建設社會主義，必須消滅生產資料的資本主義所有制，這是馬列主義的基本原理；蘇聯採取沒收政策，我國歷史條件不同，採取贖買政策，方式不同，目標則一。在馬列主義者看來，資本家生產資料是剝削所得，為過去剩餘價值的積累（指整個資產階級說，非指個別人說，個別分子可能是勞動積累來的，但經過若干年後，亦早已收回原投資了）。我們要搞社會主義革命，就必須消滅資本主義所有制。本應沒收，照理亦可沒收，但由於我國民族資產階級歷史條件，我們不採取沒收而採取贖買。應該認識，這些生產資料不是天生屬於資本家的，而是工人階級所創造被資產階級所掠奪去的，現在是物歸原主。憲法上保障資本家所有制，但又規定要經過國家資本主義改變為全民所有制，這證明在人民中國，生產資料資本主義所有制並非神聖不可侵犯。國家付給定息，其目的在使資本家可以安心改造，安心工作，就這一點說，定息有其積極的意義。但是現在有些工商界朋友卻曲解了贖買的意義，在他們看來，贖買是國家欠了資本家一筆債，由國家分期還清，既然贖買就要贖買到底，否則不如乾脆說是沒收。李康年提議二十年，還有的說「我們拿定息是共產黨要給我們的，是維持政府的面子，為了國際影響」。這些思想都是完全錯誤的。其錯誤在於把贖買視為國家欠了資本家一筆債，非還不可；拿定息是理所當然，是光榮的事。這種想法是不利於改造的。因為他們把剝削可恥的根本道理都忘記了。（5 月 25 日《人民日報》）

　　千家駒作這篇發言的時候，他點名批評的李康年並沒有到會。李是到了「梁山泊英雄排座次」的前夜，發覺少了他不行，才臨時從上海找他來參加座談會的，找他來當右派分子的。李康年以前沒有去過北京，他高興地接受了邀請，完全沒有預感到什麼。5 月 31 日《新聞日報》報導：李康年是在前日深夜接到北京民建中央和全國工商聯負責方面的電邀。電話來時，他正在戲院沉吟於馬連良的「諸葛亮上壇台⋯⋯」裏。歸家馬上接通電話。他表示深深感謝黨對「鳴放」的支持。昨天臨行前他對記者說：「不鳴不放，不會進步。黨要我們幫助整風，我李康年決定誠懇反映問題。應

該不應該採納，那是另外的問題。」這篇報導還說：昨天清早，他就到牙科診所去看了牙齒。他愉快地告訴記者：「總得先『裝修一下門面』，到座談會上講話，不能掉下牙齒。」他準備把「定息二十年」的建議，到北京去再詳盡談談。他說：「不怪千家駒等同志對我的建議作了論斷，因為他們沒有看到我的原文。」

　　6月5日他在座談會上出現。他說：我是上海工商業者公私合營鴻興織造廠董事長、中國鐘錶廠總經理、萃眾織造廠經理李康年，就是最近報上標題所謂「定息二十年」或者「贖買二十年」的建議者。他對他的建議的內容作了扼要的介紹之後，說，自從我的建議書提出後，所受到的，多半是無理的謾罵，而得不到真理的幫助與批評。這一次到京以後，讀了千家駒同志的發言，他是中央經濟理論權威，也是我們工商界行政管理領導，他談到了李康年主張定息二十年就是消極性的表現，定息二十年除了想吃剝削飯一輩子的思想以外，同時還包括一個對贖買政策認識錯誤的問題。李康年說，我沒有想吃剝削飯一輩子的思想。我今年六十歲了，難道我一定能活到八十歲麼，孩子們多已大學畢業做醫生了，他們也不會要的，況且我的定息每月不過二三百元，目前都已買公債了，我的家境也不很困難何必要計較這些呢，千家駒同志認為我想一輩子吃剝削飯未免武斷。李康年說，他提出的這個贖買存單年期分二十年，贖買金額應為人民幣二十二億元的建議，是根據 1955 年 11 月 23 日《人民日報》社論〈統一認識，全面規劃，認真地做好改造資本主義工商業的工作〉。他詳細引證社論的內容來解釋他的建議，逐條反駁千家駒的論點。例如千家駒說贖買應自 1949 年算起，他反駁說：這個主張無非欲減少贖買金額，兼可減少定息數字，但事實恰恰與此相反，因為當時通貨膨脹，物價高漲，財產數字是最高的一年。李康年還引證了毛澤東 1956 年 1 月在最高國務會議上說的「從去年夏季以來，社會主義改造，也就是社會主義革命就以極廣闊的規模和極深刻的程度展開起來」。(《毛澤東文集》第七卷，第 1 頁) 據以推論說，可見得社會主義改造是 1955 年夏季以來開始的，1955 年夏季以前，至多說是準備時期，更說不到是贖買開始時期。(6 月 6 日《人民日報》) 李康年這篇四千字的發言看來是花了不少的心思準備的，這也就為他自己劃為右派提供了更多的材料。

　　同李康年一樣，天津造紙公司經理董少臣也是在座談會進行的中途臨時找來參加的，找他來當右派分子的。他被選中的原因，是 5 月 17 日《人

民日報》以〈天津工商聯常委董少臣建議撤出合營企業公方代表〉為題刊登了他的談話。他在這篇談話中指出，公方代表光有政治資本沒有技術經驗，是搞不好生產的。私方人員自己覺得並不是飯桶，過去他們也曾管理好自己的企業；況且合營已經一年多了，國營企業的管理方法也學到了不少。因此他主張：在一個企業裏，只要有黨支部的，在黨支部領導和支援下，把生產管理權交給私方執行一年，試試看行不行？他說，把職權交給私方，把私方這筆「財富」挖出來，把公方代表調到真正需要的崗位上，這也是增產節約。董少臣在「財富」一語上加了引號，表示這是有出典的，出典就是 1956 年 12 月 8 日毛澤東同工商界人士的談話，本書前面已經引用過了。

5 月 30 日董少臣在座談會上發言，他說，自從《人民日報》登出我對公方代表的主張以後，有人說我想篡奪工人階級的領導權，說我要造反，說膽子太大了。後來有人幫我作了解釋，說明這個標題和我的原意有些出入，又有人責怪我說了話不承認。因此，思想上有些沉重，本想申明一下，也有人勸我不要申明，為了「鳴、放」起個帶頭作用。他說，本來《大公報》記者訪問的時候，我並沒有系統的準備，就隨便說了對這個問題的看法。我們資本家接受黨的教育已經七年了。合營後，雖然安排了工作，但作為國家公職人員，總覺得無事可做；衡量自己的能力，又不是幹不了。這反映了私方人員有職無權的苦悶心情。我想，要使私方人員成為自食其力的勞動者，不能只靠空洞的語言教訓一番，必須讓私方人員在企業管理的實踐中去鍛煉才有可能。因此，我建議在企業黨支部領導和支持下，把國家計劃、具體業務交給具有才能的私方人員負責，讓公方代表放到更重要的工作崗位（後來新華社播出來是撤出公方代表），這對私方人員是有積極意義的。我不主張不加區別地把公方代表完全撤出，那樣做是有害的，我只是說選擇幾個點以一年為期進行試驗，成熟後，再全面推行。我認為這樣做有幾個好處：第一，私方人員可以有條件學會社會主義管理技術，成為名符其實的勞動人民；第二，可以精簡機構，公方代表可專做黨的工作；第三，黨的領導可以掌握全面情況，可以密切私方與黨組織的關係，把生產搞得更好。

董少臣發言後，民建天津市委會秘書長、天津油漆顏料公司副經理車重遠表示回應，他說，我個人認為在個別合營階段，公方代表是非派不可的，但是全行業合營以後，情況不同了，一般都成立了專業公司，小的企

業變成了車間，層層都派公方代表是否必要，值得考慮。（5月31日《人民日報》）可見董少臣這意見還有市場，這就更是不能放過了。

北京公私合營裕生祥電機廠副廠長吳金萃也是座談會進行的中途臨時找來開會的。所以會找上他，是因為他在5月7日《大公報》上發表了〈怎樣看工人階級？向工人階級學習什麼？〉一文，對當時提出的「向工人階級學習」的口號表示了異議。文章認為，「中國資產階級向工人階級學習是沒有問題的，但不是具體到每個工商業者都可不加分析地向每個工人去學，也可以說學的時候不能把每個工人的各個方面都籠統地，一概地去學。」為什麼呢？這篇文章說，因為，工人階級「存在於我們國家裏，當然也存在於我們自己所存在的工廠、商店裏。階級是由人集成的，我們就找到了這個階級裏的人 —— 工人和店員，要向他們學習，然而發現他們（也可以說原來就知道他們）並不那樣理想，他們的品質並不那樣高貴，他們的言行當中有很多我們看來不能去學。比如工廠裏的工人有的常常是不愛惜公共財物，浪費材料，損毀工具，有的不遵守勞動紀律，有的請病假去逛公園遛商場，有的打人罵人，甚至偷東西⋯⋯不一而足，在商店裏有的店員服務態度很不好，有的工作不積極⋯⋯具體表現出來不是理想的工人階級品質，相反恰恰是所謂的資產階級品質。這些品質在我們身上去之猶恐不及，萬萬不能去學。」這篇文章還表示不能把這些現象說成是「個別」的現象，因為「在他們當中犯有這樣毛病那樣毛病的實在已不在很少數」。

吳金萃的這篇文章還運用了一點馬克思主義階級分析的方法，具體地分析了中國的民族資產階級和中國的工人階級的情況。關於前者，文章說：

> 中國既沒有構成資本主義社會，只是從封建社會進入半封建半殖民地的社會，中國民族資產階級原就是具有革命和反革命的兩面性的資產階級，解放後又經黨和政府不斷的教育，以及職工群眾的帶動和感染，加以自覺自願的學習，在思想上已有很大的提高，特別是在社會主義改造高潮後，全行業公私合營，生產關係已根本改變，基於社會物質生活條件決定思想意識的道理，思想上又有根本的改變，雖仍具有兩面性已是先進和落後的兩面，並且從一年來工商界在生產經營上的成績來看，在參加社會主義競賽當中獲得先進光榮稱號和得獎人數來看，都能說明先進的因

　　素已經居於主要的地位，而落後的因素只佔次要的地位，並且先
　　進的一面在不斷的增長，而落後的一面在不斷的減退。所以我認
　　為：現在的中國民族資產階級已經根本背叛了資產階級，並且已
　　經具有比重相當大的工人階級思想。黨把這個階級看作財富，不
　　看作是包袱的道理也正在於此。

末了這一句，看作財富不看作包袱，是引證毛澤東 1956 年末同工商界人士
的談話。關於後者，這篇文章説，

　　　　同樣由於中國沒有構成資本主義很發展的社會，所以就沒有
　　很多規模宏大的工廠，因而從全面來看中國工人階級在生產過程
　　中所培養成的集體性、組織性、紀律性……就較弱，同時因為我
　　國工業落後、文化落後，所以就缺少傳統的工人，工人中絕大多
　　數是從農民來的。而農民本身就具有濃厚的小資產階級自私自利
　　的思想意識，和工人階級的思想自有很大區別。若從去年一年來
　　我國工人階級隊伍空前壯大的情況來分析，職工增加的主要來源
　　仍是農民，其次是解放前長時間沒有從事工作的或從來沒有做過
　　工作的社會無業人員和家庭婦女。（參看 1 月 19 日《北京日報》）
　　那麼由於歷史的和目前的這些原因，中國工人店員當中，不能不
　　具有很大分量的資產階級思想或農民小資產階級思想。這些思想
　　表現在行動上就是我們所看到的不遵守勞動紀律、不愛護公共財
　　物等等。

因此，吳金萃認為，「我們不要把説工人階級思想好看成就是每個在我們面
前的工人都很進步，我們也不要把説資產階級思想不好，看成就是説我們
自己很落後。」

　　千家駒在座談會上針鋒相對地批評了吳金萃的這種意見。他説，有人
提出，民族資產階級向工人階級學習什麼？好像説工人階級缺點多得很，
如不愛惜公物，不遵守勞動紀律，自私自利……難道我們還要向它學習
嗎？這裏面其實就意味着一個對工人階級領導不服氣的問題。資產階級向
工人階級學習什麼，我認為應該學習工人階級大公無私、集體主義，紀律
性，革命性的優良品質，應該學習他們自食其力的勞動習慣，應該學習社
會主義的經營管理方法……總之一句話，學習社會主義。學習工人階級就
是學習工人階級的立場、觀點、方法以及社會主義的經營管理方法。這些
都不是抽象的而是具體的東西。有人舉出某些企業工人某些缺點，認為中
國工人是不值得學習的。顯然這是以局部代替全部的片面性觀點。為什麼

不舉出一些中國工人階級的優良高貴品質做例證來學習呢（這種例證也是很多的）？對於某些工人所表現的缺點，我們（引者按：用這兩個字就不是以私人資格而是以領導幹部的身份了）應該進行教育，站在工商業者（引者按：這當然就是你們了）立場，就應該本着「團結──批評──團結」的原則相互教育。千家駒還談到合營企業中的勞資關係問題，他說，勞資雙方長期以來是死對頭，今天要變成好同志，這決不是一朝一夕所能做到的。我們工商業者必須有最大的耐性，不怕碰釘子，從工作和生活上去改變職工群眾對民族資本家的觀感。工人同志對私方確有些不大公平的地方，這一方面要加強對職工的教育，但工商業者如把解放前所作所為設身處地想一想，也就會心平氣和一些了。（5月25日《人民日報》）

吳金萃不接受千家駒的批評，5月31日他在座談會上發言，說：千家駒先生的發言嚇了我一跳，他雖聲明他是以私人資格發言的，但幾年來他是經常教育、領導我們的，誰都知道他是理論專家，他一發言很能影響或引導我們工商界的思想。他一扣帽子，很多人不敢鳴了。他說這裏面其實就意味着一個對工人階級領導不服氣的問題。我曾一再強調工人階級的高貴品質，不過分析了若干工人店員還不完全具備這種品質，並沒有想把若干工人店員的落後思想推廣到整個階級上，為什麼千家駒先生卻硬說我們把它扯到一起了呢？更何況「不服氣」的人根本不會想到向工人階級學習的問題，只有對工人階級領導服了氣的人們，才會深入研究如何向工人階級學習和學什麼的問題。請問難道不許舉出這些缺點麼？舉出來某些工人的缺點就是不服氣，那麼我們今天幫助共產黨整風，提出許多黨員的缺點豈不成了更大的「不服氣」？對於千家駒談到的合營企業中勞資關係問題，吳金萃也表示不能贊同他的意見。他說，這就是說我們遇到「工人階級對私方不大公平的時候」，不要提意見了，只要想以前，不要想公平，而要安心於不公平。吳金萃反問道：事實上這樣談解決得了問題麼？

吳金萃的發言，除了固執地為他發表在《大公報》上的這篇文章辯護之外，還談了他對定息問題的意見。他認為，定息是合營以前的剝削，而絕對不是現在的剝削行為。他主張按七年計算定息，一律用普通公債票一次付給，企業改為國營，資本家的帽子也隨着一律摘掉。當時規定的界線是資本超過二千元的就算資本家。吳金萃說，像我是個四千元股本的資本家，每年定息二百元，除去百分之四十買公債，百分之十交互助金，餘下百分之五十為一百元，每月合八元多。為了這八元多，資本家的帽子戴着

不提（因為還有八角的⋯⋯），病假工資、醫藥費、家屬醫藥費就沒有人管了。對這樣的資本家放棄定息不行，享受勞保不行，中國人的健康條件又是如此，究竟這定息是照顧呢？還是懲罰呢？是使我們安心呢？還是心慌呢？所以我想還是都允許摘了帽子吧！

吳金萃的最後一段話，顯然是含沙射影攻擊千家駒：自然科學家必須把實驗品拿到實驗室裏來作研究工作，不能光靠書本。社會科學家們若是不深入實際，必然脫離實際。小說家、畫家坐在屋裏寫作，不體驗生活，弄出來的東西就是不倫不類的，我們真怕研究工商界工作的人們把我們搞得不倫不類。主觀主義、官僚主義固然可怕，但更可怕的是理論家們的教條主義，因為教條主義是從主觀主義和官僚主義來的，並且在製造新的更厲害的主觀主義和官僚主義。（6月1日《人民日報》）他有這一篇文章和這次發言，就足夠劃為右派分子了。

這種右派言論，不但在中央統戰部召開的座談會上有了不少，外地也有。例如中共天津市委統戰部召開的工商界座談會上，天津市工商聯常委榮子正說，黨對待中國民族資產階級問題，都是根據馬列主義理論辦事，可是許多馬列主義的理論著作，都是很早的時期寫成的，把這些理論搬到中國來運用，很多地方對不上號。譬如，政治經濟學裏面說，獨立勞動者上升為剝削者之後，原來的資金，很快就花光，然後則不勞而獲。中國民族資產階級則不然，我們是勤勞肯幹，賺的多，花的少，而且在我們上升為剝削者之後，也不是坐享其成，不勞而獲，而是操勞更重。因此，我們學政治經濟學，很多地方是聽而不信，不能接受。他還談到，中央說要贖買到底，不會是半贖買半沒收。但事實上，贖買代價的實際等於沒收私方剝削的大半。在企業合營以前，稅務局為了多收稅，查賬稽徵時，把每件東西都估得很值錢。而工業、商業管理部門在企業合營時清估財產，又樣樣估得不值錢，結果減少了私方的股金。這些部門進行上述工作時，都說要實事求是，公平合理，這兩種工作也都是在工人監督下進行的。可是兩個「實事求是」，兩次監督，卻使全國私營企業財產由四十五億元變成為合營後的股金二十二億元。（5月31日《天津日報》）

當年被看作資產階級最大代言人的，還不是李康年、董少臣、吳金萃這幾位，而是章乃器。毛澤東說，右派的老祖宗就是章伯鈞、羅隆基、章乃器。（《毛澤東選集》第五卷，第448頁）章伯鈞羅隆基的情況前面說過了，這裏講一下章乃器其人的情況。

　　章乃器（1897-1977），浙江青田人。十六歲時考入浙江甲種商業學校。五年畢業，入浙江實業銀行，當了一名每月只有生活津貼二元的練習生，從此進入銀行界。在這家銀行裏，他被逐次提升為營業員、營業部主任，直到副總經理兼檢查部主任。

　　他自幼能文，在商業學校念書的時候就在《學生雜誌》發表過文章。後來在業餘廣泛閱讀各類社會科學書籍，就憑着自修得到的學力，使他得以當上光華大學和滬江大學的教授。

　　他很早就有向社會發表意見的強烈欲望。1927 年他寫信給胡適，說：

> 　　我是一個銀行裏的職員，我因為晚上有點空，我的精神又極好，我不願意把他消磨在無聊的地方，而我的進款，又稍微有一點敷餘，所以我想要利用這一點空閒的光陰和敷餘的進款，去辦理一種適合個性，而有益於人類、國家和社會的事業。我經長時間的考慮，我決計去辦一個小規模的言論機關，就是《新評論》半月刊。（《胡適來往書信選》上冊，第 444 頁）

他希望胡適介紹一批作者為刊物寫稿。這件事不知道胡適辦了沒有。但胡適題寫了刊名，表明他對刊物的支持。鄒韜奮也談到，章乃器為了創辦這刊物的事去找他商談過。（韜奮，《經歷》，三聯書店 1978 年版，第 117 頁）1927 年底，這個幾乎是一人唱獨角戲的刊物問世了。封面上，印着「要做潮流的指導者，不要做潮流的追逐者」這樣兩句口號，是反映着這位主編的志向的。因為言論激烈，刊物只存在一年多就被查禁了。後來他自己評論說：「儘管刊物水準不高，立論是那麼天真而幼稚，但勇氣和毅力是得到一般好評的。」（章乃器，〈七十自述〉，見《章乃器文集》下卷，華夏出版社 1997 年版，第 610 頁）後來他在鄒韜奮編的《生活》週刊、《大眾生活》、杜重遠編的《新生》週刊、金仲華編的《永生》週刊等等上發表的那些政論，是更重要，影響也更大些。從這些文章裏可以看出他當時的政治態度。

　　例如，《永生》週刊第一卷第八期（1936 年 4 月 25 日）發表章乃器的〈民族解放鬥爭中的幾個最低要求〉一文，針對國民黨提出的「先安內後攘外」的口號，尖銳地說：「這是亡國滅種的政策，是中了敵人『以華滅華』的毒計！因此，對於這整個的國策，應該有徹底的糾正。我們應該以攘外

安內，以抗敵求統一，以舉國一致對外覓取民族的生機。」這個「舉國一致對外」正是中國共產黨「八一宣言」的精神。

這時，章乃器積極參加了救國會的創立和活動。他在〈七十自述〉中回憶往事，說：「救國會的文件幾十萬言，十分之九是我執筆的。所有的重大活動，如籌措經費直至群眾上街頭的部署，都需要我參加，工作通宵達旦是常有的。」毛澤東 1936 年 9 月 18 日寫信給他以及陶行知、沈鈞儒、鄒韜奮幾位救國會領袖，說，「先生們抗日救國的言論和英勇的行動，已經引起全國廣大民眾的同情，同樣使我們全體紅軍和蘇區人民對先生們發生無限的敬意！」並表示願意跟他們「更親密的合作」（《毛澤東書信選集》，第 63 頁）為了救國會的開銷，章乃器用完了自己的積蓄，最後連房子也賣掉了。

章乃器在救國會的活動，使銀行受到了壓力。上海市長吳鐵城，威脅浙江實業銀行總經理李銘：銀行裏不應容留章某，否則對銀行不利。於是李銘找他談話，希望他到英國去留學三五年，費用由銀行供給。章乃器回答說：我願意辭職以免銀行受累。救國會是一件關係國家民族存亡的大事業，我不能離開它。

1936 年 11 月，救國會的七位領袖被捕，章乃器在內。另外的是沈鈞儒、李公樸、王造時、史良、沙千里和鄒韜奮，世稱「七君子」。到七七盧溝橋事變爆發，才放了出來，關了八個多月。在這期間，起訴、答辯、審判、辯護、抗議、慰問，牽動了千百萬愛國公眾的心，圍繞這一事件形成了一股新的救國熱潮。章乃器在這一事件中，同難的鄒韜奮為他留下了一幀簡單的剪影：

> 上海文化界救國會成立以後，我們晤談的機會才漸漸地多起來。我們的友誼的加深，唯一的媒介可以說是救國運動。尤其使我肅然起敬的，是他為着參加救國運動，雖犧牲二十年辛苦所獲得的行長位置而毫不顧惜。自從他和我一同被捕以後，從捕房的監獄起，中間經過上海特區第二監獄，上海地方法院看守所，上海公安局，以及蘇州高等法院看守所，我們總是羈押在一起。他所念念不忘的只是民族解放的前途，救國運動的開展；至於對他自身的遭遇，我從未聽見過他有一言一語的自怨自艾。（鄒韜奮，《經歷》，第 117 頁）

抗日戰爭爆發，舉國一致對外的局面已經出現。這正是他和救國會同人幾年來追求的目標。1937 年 9 月 1 日章乃器在《申報》上發表了〈少號召多建議〉一文，説明他在抗日民族統一戰線開始形成時的政治主張。他説：

> 在國策還未確定的時候，我們不能不多作政治的號召，使國策能夠早點確定下來。在國策已經確定的今日，我們卻應該少作政治的號召，多作積極的建議，使國策可以早點充實起來。國家到了生死存亡的時候，政府既然已經有確定的國策，有點心肝的人，誰還願標新立異以鳴高？大家應該是集中力量、培養力量之不遑，哪能再存彼此派別之見，在明爭暗鬥中再消耗一絲一毫的國力。（《章乃器文集》下卷，第 376 頁）

毛澤東認為，章乃器發表此種言論，是「小資產階級急進分子政治上的投降舉動」（《毛澤東選集》第二卷，第 392 頁）。因為毛澤東從始至終牢記統一戰線中共產黨的獨立性，章乃器在這裏卻不贊成獨立性。這是章乃器的言論第一次受到毛澤東的批評。

1938 年 1 月章乃器應李宗仁的邀請出任安徽省政府財政廳長。那裏正是新四軍集結和活動的重要地區之一，他以換取統一稅收的名義，每月由省財政補助新四軍三萬元。1939 年 5 月他被免職，即在重慶經營實業，同時繼續從事救國會的活動。

1941 年，蘇聯與日本簽訂《蘇日中立條約》，條約的附件宣言：「蘇日雙方政府為保證兩國和平與友好邦交起見，茲特鄭重宣言，蘇聯誓當尊重滿洲國之領土完整與神聖不可侵犯性；日本誓當尊重蒙古人民共和國之領土完整與神聖不可侵犯性。」這個嚴重損害中國領土主權的完整的條約，在重慶立刻引起了強烈的反應。中國政府鄭重宣佈，條約涉及中國的部分是無效的，並指示駐莫斯科大使要求蘇聯方面澄清。一些長期同共產黨合作的對蘇聯態度一貫友好的民主人士都覺得困惑，不但無法答覆他人的質問，甚至無法解開自己心中的疑問。黃炎培在他的日記中説：

> 1941 年 4 月 13 日下午二時，日松岡與蘇莫洛托夫在莫斯科簽訂中立協定。4 月 17 日十一時，招周恩來、董必武來，舜生、伯鈞亦到，請中共表示態度。周極言蘇聯此約乃其一貫之政策，與對華毫無關係；至中共態度，決不因此變更云云。董略同。

（轉引自周天度主編《七君子傳》，中國社會科學出版社 1989 年版，第 660 頁）

在重慶的救國會的一些領導人，對此也深表憤慨。而且，救國會作為一個有影響的政治團體，對於這一舉國上下嚴重關切的事件，不能不表明自己的態度。他們集會討論之後，於 4 月 19 日發出致蘇聯領導人斯大林的信，同時將此信在中國報紙上公開發表。這封信是公推王造時起草，張申府審查，集體通過後發出的。簽名的是沈鈞儒、劉清揚、王造時、李公樸、張申府、沙千里、章乃器、胡子嬰、史良九人。信中說：

> 今貴國於 4 月 13 日與我們的侵略者日本帝國主義訂立中立協定，並發表宣言相互尊重所謂「滿洲國」及「蒙古人民共和國」領土之完整與不可侵犯性，顯然妨害我中國領土與行政的完整，我們不能不表示莫大的遺憾。故對於我政府宣佈其無效的鄭重聲明，絕對擁護，且深信這是我國四萬萬五千萬同胞的公意。

應該說，這封信措詞還是很溫和的，只表示了遺憾卻沒有抗議，而且對「友邦一時的苦衷」表示了理解，表示了依舊對蘇友好的態度，信中說：「我們亦為景仰貴國之人，並且自信今後亦為能同情貴國之人。對於中蘇兩大民族攜手向人類解放途上邁進，尤具無限的期望。」（轉引自周天度主編《七君子傳》，第 658、659 頁）

這件事情，站在一個中國人的立場上看，是非常自然的，可以說是一種責任。可是如果從國際主義的立場看，發出這封信就是一種嚴重的錯誤甚至罪行。什麼是國際主義呢？斯大林有一個簡明扼要的公式：

> 誰決心絕對地、毫不動搖地、無條件地捍衛蘇聯，誰就是國際主義者，因為蘇聯是世界革命運動的基地，不捍衛蘇聯，就不能捍衛並推進世界革命運動。要知道，誰想撇開蘇聯、反對蘇聯而捍衛世界革命運動，誰就是反對革命，誰就必然要滾到革命敵人的陣營裏去。（《斯大林全集》第十卷中文版，第 47 頁）

按照這個公式，救國會的這封信使蘇聯處於尷尬的境地，當然也就是「滾到革命敵人的陣營裏去」了。

那時共產國際還沒有解散，作為共產國際一個支部的中國共產黨必須對救國會的這一行動表明自己的態度，並設法加以補救，要不然在斯大林

那裏不好交代。那時周恩來正在重慶，就來解決這個問題。關於這事，當時是章乃器妻子的胡子嬰回憶説：

> 1941 年，蘇聯因戰略上的需要，和日本簽訂了互不侵犯的協定，其中有涉及中國主權的地方，國民黨報紙即借此攻擊蘇聯，救國會也發表宣言，對蘇聯提出抗議。周恩來同志知道後，認為這樣做不適宜。沈衡老表示救國會要作自我檢討。章乃器對這件事很不以為然。他認為救國會發表宣言是救國會的事，共產黨無權干涉，救國會也不應該檢討。他爭之不得，就退出了救國會。章乃器退出救國會時，要我隨同他一同進退，我沒有接受。（胡子嬰，〈我所知道的章乃器〉，見《文史資料選輯》第 82 輯，第 80 頁）

夫妻之間的政治分歧，導致了半年之後的離異。

七君子中的鄒韜奮當時不在重慶，沒有簽名於致斯大林的信。5 月 29 日他在香港，同茅盾、金仲華、惲逸群、范長江、于毅夫、沈茲九、沈志遠、韓幽桐一共九人聯名發表了〈我們對於國事的態度和主張〉，其中説：

> 最近一般別有用心之徒，抓住蘇日中立協定，而以各種方式煽動反蘇宣傳，其處心積慮，正要使我與援我最力的蘇聯關係疏遠，而遂敵人的狡謀。是故確定獨立自主外交原則，在今日已為迫切之舉。（轉引自韜奮，《經歷》，第 317 頁）

這裏費解的是「獨立自主外交原則」一語。如果説「恪守國際主義原則」就文從字順了。救國會所作的這篇檢討我未找到，不知是怎樣寫的，想來其要旨當與鄒韜奮等九人的聲明相去不遠吧。

附帶説一説，救國會這封信給斯大林留下了不可磨滅的印象，影響了他對中國民主黨派的看法。伍修權的回憶錄中談到 1950 年初他參加的第一次中蘇會談，説，「當時新中國成立才兩個多月，蘇聯對我國的情況特別是某些方針政策是持懷疑態度的，例如我國的一些民主黨派和無黨派民主人士參加政府，蘇聯就懷疑我們會不會執行親英美的路線等等。」（《中共黨史資料》第 4 輯，第 57-58 頁）

1945 年 12 月，章乃器和胡厥文、黃炎培、施復亮等一起發起建立了民主建國會。他在成立大會上説，國共兩黨，仇恨太深，必須第三者組織起

來，團結起來，以公正之態度做和平統一的基礎才行。表示了成為國共兩黨之間的一種政治力量的想法。

1947 年章乃器流亡香港，那時的情況，他在〈七十自述〉中回憶說：

> 我創設了港九地產公司。在政治活動方面，我又成為「宣言專家」。各民主黨派在香港聯合發表的文件，又幾乎全數是我執筆的。資本主義商業的經營這時也達到了最高峰，我獲得了相當多的利潤。

一些事情，當時同在香港的徐鑄成說得更詳細些：

> 1948 年《文匯報》在港創刊時，他也在香港。在當時流亡香港的民主人士中，他最長袖善舞，經濟上最有辦法。他開辦了一個企業叫「上川公司」，設在大道中的大華大廈裏。主要業務是經營地產，買進地皮，包工建造大廈，分層出賣，業務很順利。他曾經和我談過，香港的市面必定日趨繁榮，地產的總趨勢，必定日益看漲。當時，由於國內局勢的急轉直下，香港很多人對前途是消極觀望的，而今天擁有大量地產的企業家，當時還遠未露出頭角。……我忽發奇想，假使章乃器一直不走，以經濟之長才，如炬之目光，孳孳為利，或者還可以取得政治上的方便，那末，他可能已是億萬富翁，車馬盈門，安享清福了。而現在……不必談了。這當然只是一個不現實的奇想。他是一個為民主英勇鬥爭過來的戰士，怎麼能在久已憧憬的局勢實現時，袖手旁觀呢！（徐鑄成，《風雨故人》，浙江人民出版社 1958 年版，第 85-86 頁）

情況也正是這樣，他自己也說，「正因為圖利生涯同我的理想矛盾，所以，在 1948 年終，我接到中共中央的電召，便毅然捨去，秘密返回瀋陽，參加了新政協的籌備工作。」（〈七十自述〉）

中華人民共和國成立，章乃器被安排為政務院政務委員兼編制委員會主任。1952 年 8 月 7 日中央人民政府委員會第十七次會議決定成立糧食部，又受任為糧食部部長，同時還是全國工商聯副主任委員和中國民主建國會中央副主任委員。

「百花齊放、百家爭鳴、長期共存、互相監督」的方針提出之後，章乃器發表了好幾篇文章和講話，提出了好些頗引起爭議的論點。1956 年 10 月

舉行的中國民主建國會中央常務委員會擴大會議和 11 月舉行的一屆二中全會對他的一些論點進行了批評。當時受到批評的論點，例如，章乃器說，民族資產階級的兩面性，在全行業合營後，已經基本上消滅了。至於思想作風上的兩面性，那是長期的思想改造問題。不單是工商界要這樣，許多人都要這樣。在這個意義上，資產階級的兩面性已經不存在了。在工人階級領導之下成為一個革命階級的中國民族資產階級，說它是紅色資產階級是說不到什麼誇張的。工商界進入社會主義，能交出企業而無所留戀，比那些赤手空拳、喊口號、貼標語的人進入社會主義還好些，等等。一個會議文件的標題就是：《中國民主建國會中央常務委員會關於在 1956 年 10月 11 日到 10 月 29 日十五次中央常務委員會擴大會議上討論章乃器同志所提出的幾個主要原則問題的情況和意見向第一屆中央委員會第二次全體會議的報告》，可以知道：批評章乃器，就是這次常委會和中央全會的中心議題。

章乃器對這些批評卻是很反感、很抵觸的。他在 11 月 17 日向會議提交的一份書面發言中說：

> 本會過去工作中的偏向，主要地是某些自命為革命知識分子者（這中間就有少數教條主義者）的左傾機會主義同某些工商界分子的怕右過左作風的結合……直到今天。這些犯錯誤的人有的仍然以改造者自居，製造政治壓力和群眾壓力，對一般工商界會員實行組織的控制，企圖繼續通過壓力進行思想改造。我以為，他們不應該再錯誤下去了。他們真是左的面目，右的實質；是典型的資產階級和小資產階級的個人利己主義的立場，而絕不是為什麼工人階級的立場。

> 在一個大會上討論理論性的問題，而且造成了群眾鬥爭的形勢，的確是不相宜的。我們今天提出的問題，顯然都不是社會科學的 ABC 所能夠解決的。比如，領導和被領導的關係，階級地位和階級思想的劃分，人的階級性和人的共性等等，我們都不會是茫然無知的。我們的問題不會發生在文字表面的理解，而只會發生在深入到內容的鑽研。因此，爭論的雙方必須互相尊重，平心靜氣地各就對方的論點加以細緻的分析，提出實事求是、恰如其分的批評，這才有利於互相提高、正確解決問題。但一形成了大會上群眾鬥爭的形勢，情況就大大不同：斷章取義、無的放矢……都變成了難以避免，也不能設想沒有嘩眾取寵的人。老實

説，發言中能夠對我有幫助的，還只有那些舉出具體情況的實際工作者。有些理論家的論點是沒有什麼説服力的，例如，千家駒同志的認為人的高級神經的第二信號系統——語言和文字只起工具的作用，這説明他還沒有掌握巴甫洛夫學説的常識。他提出人本主義也是生拉硬套的。如果我們説：階級鬥爭總是在人類社會裏進行的。難道這也是人本主義？（《章乃器文集》下卷，第556-559頁）

可以想見會場上那種類似鬥爭會的氣氛。

毛澤東對於民主建國會這次批評章乃器的會議表示了讚許，他在1956年12月4日寫給民建主任委員黃炎培的信中説：「你們的會議開得很好，謹致祝賀之忱！批評和自我批評這個方法竟在你們黨內，在全國各地工商業者之間，在高級知識分子之間行通了，並且做得日益健全，真是好消息。」（《毛澤東文集》第七卷，第164頁）

章乃器在事實上並沒有接受批評。這次會後，他依然一再發表文章和講話來宣傳這些被批評的論點。

在〈從「牆」和「溝」的思想基礎説起〉一文中，章乃器以為，斯大林所説的「我們共產黨是具有特種性格的人。我們是由特殊材料製成的」這句話是不科學的，是帶着神秘主義的色彩的。這個説法可以被理解為共產黨員一生出來就是做共產黨員的材料。由於這一句話的影響，可能有不少非黨人士便以特殊的眼光看待黨員，某些修養不夠的黨員，也就不免以特殊自居了。這樣，這一句話自然也就成為「牆」和「溝」的一種思想基礎了。

這種黨員以特殊自居的現象在理論方面的表現，這篇文章指出，關於馬克思列寧主義的掌握，也有「只此一家，別無分店」的意味。章乃器説，毫無疑問，黨是革命理論的權威，這是沒有人能夠否認的。但這絕不等於黨對革命理論的「壟斷」；絕不是如某些人所想的那樣，只有黨員可能是馬克思列寧主義者，而非黨人士就不可能在革命理論學習中取得成績。在這種錯誤思想的支配下，就使得黨所推動的理論學習在許多場合變成了教條主義的推廣。某些黨員以「理論大師」的地位出場，旁若無人，當然也容易變成教條主義者。

章乃器説，在「拆牆」、「填溝」的工作中，批判共產黨員是特殊材料製成的這一條教條是必要的。他還以為，如果黨在檢查大國主義和大漢族主義之外也檢查一下大黨主義，情況可能是很嚴重的。當然，在這同時，民主黨派也應該檢查自己的不接受領導的資產階級政黨思想。

這篇文章還談到黨的領導方法問題，認為「以黨代政」的情況的確是存在的；中央較少，愈到下層愈多，不少黨員對國家機構的作用還沒有足夠的認識，沒有充分認識到國家機構是黨進行革命和建設社會主義的武器。章乃器表示同意這樣一種提法：黨的領導猶如神經系統，科學研究領導、文藝領導、行政領導猶如呼吸系統、消化系統、循環系統等等；黨的領導貫徹到各個系統，但不能代替各個系統的作用。他自己還提出了另一個比喻：黨組織猶如戲劇的編導，其他國家機構猶如演員、藝術技術人員和管理人員。編導一般不必自己上前台，更不應代替藝術技術人員和管理人員。他以為這樣領導更加主動。以人民鬧事為例，如果先讓行政負責處理，黨組織加以指導和支持，只有在十分必要的時候才出來作解釋和説明，事情就可以處理得更好一些。如果一開始就親自出馬，處理得好固然沒有什麼，處理不好就鬧僵了。

章乃器還對中共統戰部的工作提了一些批評。認為統戰部在處理民主黨派內部分歧的時候，是強調集中的一面，放鬆了民主的一面，扶植某一個派別，壓服其他意見不同的分子或派別，而沒有堅持講清道理、明辨是非，因而曾經助長了一些獨裁作風和家長作風，自然也就助長了宗派活動。更由於某些黨員的官僚主義和某些非黨人士以「上司」對待黨員，看起來有時似乎統戰部在參加宗派活動。實際上，今天在民主黨派中進行宗派活動，如果不是若隱若顯地拿起統戰部的幌子，是不大可能的。章乃器還指出，統戰部對人的鑒別往往採取簡單化的方式，唯唯諾諾，隨聲附和，容易對待的，以至善於幫同壓服不同意見的，便算積極，便算忠實；歡喜提意見，而又堅持自己的主張的，總不免感到麻煩，便作為「鬧獨立性」。這就為什麼黨一再提出反對個人崇拜，提出不要有無原則的捧場，而個人崇拜和無原則的捧場仍然存在；黨再三要求聽到不同的意見，而不同的意見總難充分發揮。（5 月 14 日《人民日報》）

在〈關於中國民族資產階級的兩面性問題〉一文中，章乃器表示，像毛澤東在最高國務會議上的講話中説的，既然什麼階級、什麼人都有兩面

性，都需要改造，民族資產階級當然有兩面性，當然更加需要改造；民族資產階級比起其他的階級，消極的一面而且還要多一些；除了思想、作風問題以外，而且還有不勞而獲的收入的尾巴——定息。毛澤東這樣說，是完全可以接受的。而像前些時某些教條主義者所說的卻很難使人從思想上接受。因為工商業家所熟知的兩面性是指政治上革命與不革命甚至反革命的兩面性，和經濟上有利於國計民生的積極的一面與不利於國計民生的消極「五毒」的一面的兩面性，也就是「五反」鬥爭中說的兩面性。他們不加分析地提出民族資產階級仍然有兩面性，這不能不使工商業家聽了之後驚心動魄！工商業家問：「是不是還要來一個『五反』？」這對充分發揮工商業家的積極性的方針，不能不起到嚴重的反作用。章乃器說，1956年初發生了資本主義工商業的公私合營高潮，工商業家敲鑼打鼓歡迎社會主義。很自然的，他們在「五反」鬥爭中所理解到的兩面性，是一去不復返了。

章乃器還講了一點邏輯學。他說，歷史上領導者與被領導者的區別，都只能是先進與落後的區別。不能設想：一個先進的階級可以領導一個反動的階級。對於一個反動的階級，唯一的辦法是作為敵人來對待，而絕不可能是領導與被領導的關係。應該看到，只要這兩個階級的區別稍微再擴大一些，民族資產階級由落後變成了「半反動」，領導與被領導的關係就很危險了！

這篇文章中還提到：階級最後必須消滅，但人是可以改造的。從這點來看，階級本質與人的階級特性是有所不同的。教條主義者是不善於分析的，他們機械地把這兩者完全等同起來了。這樣把階級和組成階級的一個個的人分開來看，並不是章乃器的杜撰。毛澤東1956年12月同工商界人士談話，就說了作為一個階級是要消滅的，但人都包下來的話，這裏章乃器不過是引據了這個觀點。他並就此加以發揮說，資產階級的本質——剝削，的確是從「娘胎」裏帶出來的。從資產階級的生命史來說，剝削的本質真是「與生俱來，至死方休」的。資產階級分子——資本家的階級特性卻並不是「與生俱來，至死方休」的。難道曾經有從娘胎裏出來就一定要當資本家的人？因此，他又一次表示不贊成「脫胎換骨」這種說法，以為這樣是把改造工作神秘化起來，使人望而生畏。這意思，他在5月8日統戰部召開的座談會上也說過。

文章的結尾部分說，應該肯定：在民族資產階級的兩面性當中，積極的一面是主導的、發展的，消極的一面是次要的、萎縮的，而主要的消極表現是自卑和畏縮。（《章乃器文集》下卷，第 569–574 頁）

1957 年 5 月 31 日章乃器在中國民主建國會全國工商改造輔導工作座談會上講了一篇話，《大公報》（6 月 1 日）和《人民日報》（6 月 2 日）都作了報導。他認為報導中有幾點同他當時所說的有相當大的出入，於是自己將這些意思寫成〈關於工商改造輔導工作的幾個問題〉一文，其中像民族資產階級兩面性的問題，把階級和人分開來看的問題，都是重複以前文章中說過的話，只是增加了一些對於座談會上聽到的批評的回答，但也有些意思是以前文章中沒有說過的。

章乃器說：何以有些公私合營企業的工作效率反而不如私營時期呢？何以有些社會主義企業甚至有些國家機關的工作效率反而不如現代化的資本主義企業呢？當然，這主要地是由於社會主義要注重整體性，上下左右的關係要複雜得多，行動起來不可避免地要遲緩一些。但，是非不明，存在「三害」，也是很重大的因素。由於「三害」的存在，儘管按整體算起來，我們還是比資本主義國家前進快得多，但不應有的損失已經不少，社會主義制度優越性的發揮，已經打了很大的折扣。何以現代化的資本主義企業會有較高的工作效率呢？理由也很簡單。資本家除了要圖利之外，還有一種企業心，為了圖利，為了搞好企業，他們自然要用人才。他們並不愚蠢，他們很會精打細算。他們知道，只要一個人能做三個人的事，就可以大賺其錢，同時也搞好了企業；反之，如果五個人只能做一個人的事，那就要破產。像我們這次整風當中所揭露的某些企業、機關在人事方面「德重於才，以資代德」等等是非不明的偏向，在現代化的資本主義企業中是很難公然存在的。章乃器說，我曾經這樣想：官僚主義是比資本主義更危險的敵人。因為資本主義已經肯定不可能在我國復辟，而官僚主義卻隨時可以在我們的思想中甚至工作中復辟。在資本主義當中，我們還可以取其精華，去其糟粕，找出一些在生產、經營上有益的經驗和知識，為社會主義服務；而官僚主義則是「一無是處」的糟粕。這就是為什麼一個社會主義企業加上了官僚主義，效率反而不如現代化的資本主義企業的理由。官僚主義如此，「三害」就更不必說了。

這篇文章還提出了一個定息的性質問題。章乃器說，過去有人說定息是剩餘價值；後來有人出來糾正了，認為是剝削，而不是剩餘價值。他認

為這個提法不合邏輯。他說，如果今天的工人仍然被剝削，那就不能不對私方有對抗。那樣，階級關係就不可能是非對抗性的矛盾了。既然已經肯定階級關係是非對抗性的矛盾，就沒有理由說定息是剝削。我想，說定息是不勞而獲的收入是比較合理的。從整個階級來說，定息是剝削的殘餘；而具體到個別的階級分子來說，定息是不勞而獲的收入。他還談到，也不能籠統地說，定息同銀行存款的利息有本質的不同。有些人在解放以後，為了響應政府發展生產的號召，把銀行存款取出來，投入企業；過去幾年的股息收入還不如存款，今天的定息也不如存款，還要負剝削的惡名；他們心中是不服的。

對於當時規定的股本超過二千元的就算是資本家這條界限，章乃器也以為值得重新討論。他說，二千元的數字太小了。據我了解，不少職工的儲蓄存款都超過二千元。資本稍微超過二千元就算一個資本家，似乎不夠合理。（6月9日《大公報》）

在中共中央統戰部和國務院第八辦公室聯合召開的工商界座談會上，好些人的發言都批評了章乃器的這些文章和講話。5月24日千家駒的長篇發言，點名批評了畢鳴岐和李康年，同時在幾處地方不點名的批評了章乃器。例如，千家駒說，工商業者從資本主義社會出身，習慣於老的一套，說全行業合營後，即脫胎換骨，不留戀資本主義，似乎是不符實際的。有朋友說，「脫胎換骨」這句話要不得，易使人想到下句就是「抽筋剝皮」。一聽就知道這裏說的「朋友」是章乃器，千家駒引孫曉村的話反駁說：為什麼下句話不是「超凡入聖」呢？這不是很好一句話嗎？

千家駒的發言中，在提出他不同意畢鳴岐的一些說法的時候，順口說道，我們更不能同意認為民族資產階級放棄生產資料而毫無留戀，比那赤手空拳的工人更加光榮。這種看法是不正確的。畢鳴岐以為這話也是說他的，在下次發言時聲辯說：這句話我不僅是沒有說過，在我的思想深處也沒有，我也沒有聽說民族資本家說過。（5月30日《人民日報》）這是他多心了。千家駒說的是章乃器，這意見在半年前舉行的民建一屆二中全會上批評過，只是畢鳴岐不知道罷了。千家駒還說，有人說，資產階級有兩面性，工人階級中不也有進步、先進與落後保守的兩面性嗎？對於章乃器說過不只一次的這個意見，千家駒反駁說，這不是一回事。工人階級的落後保守一面和資產階級的消極性性質是有不同的，工人階級也需教育，也需改造，但決不是「破資本主義」的問題。（5月25日《人民日報》）

　　看來章乃器並沒有接受千家駒的批評。他在〈關於工商改造輔導工作的幾個問題〉（6月9日《大公報》）一文中作了一點反駁。他說：

　　　　說「脫胎換骨」之下可以加一個「超凡入聖」，那更是想入非非的粉紅色的夢。我想，我們所期求的未來，是大家都成為平凡的勞動人民。倘使要大家都超出凡人，變成聖人，將來出現了一個「聖人社會」，那倒有點像儒家所歌頌的「唐虞之世」，這肯定不是我們的方向。我看，現在可能已經有一些以「改造者」自居的人物，自命為已經「脫胎換骨，超凡入聖」。這種人很危險，他們會在有意無意中變成了特權人物。如果深入地進行檢查，很可能會在他們的身上發現痕跡不斷加深的「小資產階級」的烙印。我坦白地說，我很怕做聖人。做了一名高級幹部，人們平時對你提意見有顧慮，接近也有顧慮，已經很不好受。倘使再做了聖人，在一片歌頌聲中整天受人崇拜，隨便說一句話人們就把它當作「聖旨」，弄得坐立不安，吃飯睡覺都不自在，那可真有點活不下去。我知道，許多人都不願意做聖人，可見「此路不通」。我和許多人一樣，只願做一個平凡而不庸俗的人。（《章乃器文集》下卷，第584頁）

　　千家駒以外，座談會上批評章乃器的還有一些人。民建中央委員、中國人民大學教授吳大琨在六個問題上批評了章乃器，他找出了斯大林《追悼列寧》的全譯本，說章乃器是從《聯共黨史》轉引「共產黨員是由特殊材料製成」一語來立論，是曲解了斯大林。吳大琨以為斯大林的本意只不過是說黨員和普通工人是有區別的，而章乃器反對這一點，實質上就是反對黨是無產階級的先鋒隊的理論。章乃器說《人民日報》社論中「服從公方領導」的提法是片面的，實際上就是反對黨的領導。章反對提脫胎換骨的改造，就是要工商界放鬆自我改造。關於兩面性問題，吳大琨教授在反駁章乃器的時候，除了講了一些道理之外，還舉了一個例：胡子昂同志是工商業者，但他在訪問蘇聯時卻能與赫魯曉夫並坐，受到很大的光榮。這就說明中國資產階級因為有了兩面性，所以才有條件能與赫魯曉夫同志坐在一起。這個「兩面性」是光榮的。對於章乃器說的官僚主義比資本主義更可怕這一點，吳大琨反駁說，章乃器同志只看到資本主義好的一面，沒有看到資本主義壞的一面。資本主義是官僚主義的老巢，如英國、美國政府都有官僚主義，他們就不可能像我們這樣地徹底反對官僚主義。還有，他認為章乃器說的定息不是剝削也是不通的。（6月6日《人民日報》）那

時《毛澤東選集》第五卷尚未出版，吳大琨無法知道毛關於赫魯曉夫的一些內部講話，還把胡子昂同赫魯曉夫坐在一起照相看作難得的殊榮。

王光英也批評了章乃器。他說，定息明明是剝削收入，有人硬說是不勞而獲。這個提法代表不了我們工商界。說官僚主義是比資本主義更危險的敵人，我也不同意這種說法，資本主義就是官僚主義的大本營，沒法和社會主義比，如果說資本主義國家效率高毋寧說是剝削藝術高。（6月6日《人民日報》）

山東省工商聯主任委員、山東省副省長苗海南也批評章乃器。他說，有人聽到「脫胎換骨」，就聯想到「抽筋剝皮」，也有人比喻為「超凡入聖」，我認為這幾種說法都對。請問：「脫」資本主義之「胎」，「換」社會主義之「骨」有什麼不好呢？「抽」資本主義之「筋」，「剝」資本主義之「皮」有什麼不好呢？「超」資本主義之「凡」，「入」社會主義之「聖」又有什麼不好呢？有人問我思想改造到什麼時候完結，我用了唐詩上兩句回答：春蠶到死絲方盡，蠟炬成灰淚始乾。我認為活到老，改造到老。（6月7日《人民日報》）

工商界座談會開到6月8日為止。7日的會，佈置了孫曉村、千家駒、孫起孟三人作長篇發言，駁斥座談會上和會外的種種抵抗改造的錯誤論調，這已經是帶總結性的發言了。

孫曉村首先談到當前合營企業中公私合作共事關係問題，這正是座談會初期來自各地的工商界人士訴了不少苦的題目。儘管他發言的主旨是批駁反改造的言論，也還是承認這方面存在的問題不少，承認這些問題嚴重影響私方人員積極性的發揮，對於企業的生產經營十分不利。他在分析產生這些問題的原因的時候，採取了雙方各打五十大板的公正態度，平分了責任。他認為，從公方人員講來，相當普遍的是由於經驗不足，以及有些人作風不良，但是最重要的還是對工商業者的巨大變化認識不足，他們自以為忠心耿耿，為黨為國，黨性很強，立場很穩，其實是違反了黨和政府的方針政策，使企業的生產經營受到影響，私方人員積極性受到挫折，並且懷疑黨的政策是一回事，執行起來又是一回事。另一方面，孫曉村也認為合營之後私方人員存在工作不夠主動，有自卑感，有作客思想，政治責任感不強，對於有職無權不敢據理力爭，對於黨和政府的政策將信將疑等等問題。

孫曉村表示不同意章乃器在〈從「牆」和「溝」的思想基礎說起〉一文中對統戰部的批評。他認為，在工商界和民建成員中有左、中、右之分，是客觀存在。統戰部與左派既然意見比較一致，當然要多一點接觸，這能說是統戰部在參加宗派活動嗎？

孫曉村在結束發言的時候說，我們幫助黨整風，有一個立場問題，這個立場就是「一切為了社會主義」。他特別提出：最近這一大鳴大放期間，我們工商界和民建同志對黨提出了不少批評和意見，有一部分批評和意見是錯誤的，其中有些意見甚至在不同程度上表現出對黨、對工人階級、對馬列主義、對社會主義這些根本問題上的極端錯誤的態度。孫曉村講的這段話，不知道在場的工商界人士聽懂了沒有，他在這裏可能是對不到二十四小時就要打響的反右派鬥爭作一含蓄的預告。

千家駒的發言就今天民族資產階級的兩面性問題和定息是不是剝削的問題再一次反駁了章乃器。他還談到李康年，認為他的建議雖也包含少許合理的東西，例如簡化手續，但總的精神是牢牢地站在資產階級的立場，替資產階級的打算真可說是無微不至。

千家駒說，工商界今日的心情我們是可以理解的，他們有的人有一肚子委屈，要一吐為快，但不要以感情代替了理智，訴苦不能代替分析。有人說，我們是給黨整風，而不是給工商業者整風，但給黨整風的目的是為了改進黨的工作，是為了建設社會主義，而絕不是用資本主義思想來代替社會主義思想。千家駒談到百家爭鳴，以為這決不是說可以用資本主義來反對社會主義，更不是說，即使有人提出了反對社會主義的論調（自然今天公開提出反對社會主義的人是不會有的，他總是改頭換面以各種不同面目出現），也不許我們加以反駁。他這番話，也可以看作一場空前規模的反駁（反右派鬥爭）即將開始的信號。

孫起孟的發言首先肯定黨在私營工商業的社會主義改造方面的方針政策是正確的，工作成就是根本的一面，主要的一面，他認為民族資產階級的兩面性仍然存在，批評了章乃器那種把資產階級兩面性說成同工人階級一樣的意見。（6月8日《人民日報》）

6月8日《人民日報》發表〈這是為什麼？〉的社論，宣告了反右派鬥爭的開始。工商界座談會到了應該結束的時候了。這天開了最後一次會。

　　全國工商聯副主任委員、中國民主建國會中央副主任委員李燭塵發言。他大約早晨起床之後還沒有來得及閱讀當天的報紙，還不知道政治風向已經突然轉變。他還在說，現在，從中央到地方，熱火朝天地掀起了幫助黨整風、對黨提意見的浪潮，全國工商界座談會上，大家都談得很好。我們工商界存在問題很多，也是黨搞好整風運動的一股不容忽視的值得依靠的力量。從民建會收到的各地的材料看起來，有些工商業者對於「鳴、放」是有顧慮的，他們的顧慮不是沒有原因的，還有不少人正在看北京的風向行事。長沙有一份材料反映：一個會員揭露了公私矛盾以後，又表示後悔了；一個會員錯誤地認為：「北京鳴放情況現在進入分析和收的階段，上海的工人也說話了，自己也有不敢大鳴之感。」這些看法和說法是不應該有的。應該充分地信任黨，因為黨對於接受任何方面提出的任何意見，都是敞開着大門的。李燭塵認為，所有的懷疑顧慮都是多餘的，全國工商業者要破除任何思想障礙，把幾百萬雙眼睛所看到的東西，幾百萬顆心裏所想到的東西，從嘴裏說了出來，讓黨聽到我們的聲音，做到實事求是地有的放矢，而不是感情用事，這正是表示我們對黨、對社會主義事業的無限忠誠。李燭塵還批評了合營企業的公方代表和不少黨內人士，說他們仍然只知道強調階級關係，沒有注意到形勢已經有新的發展，兩個階級的階級鬥爭，已經不是我們國家的主要矛盾。他們低估或者無視工商業者的積極性的一面。

　　既然李燭塵認為座談會上大家都談得很好，所以他沒有批評誰，像李康年、董少臣、吳金萃、畢鳴岐，乃至章乃器的意見，他都沒有批評。

　　民建中央另一位副主任委員胡厥文發言。他說只有大公無私的中國共產黨才能夠這樣虛懷若谷地傾聽人民的意見，樂於接受各種非常尖銳的批評。但是，他認為，決不能認為爭鳴中一切意見都是正確的，黨都應該照單全收。比如，對於章乃器同志最近在報上所發表的幾篇文字和談話中的許多論點，我是不能同意的。他說「脫胎換骨」是增加工商業者無窮憂慮，說官僚主義比資本主義還可怕，說定息不是剝削而是「不勞而獲」等等，不僅是我不能同意，大多數工商業者都是不能接受的。

　　全國工商聯主任委員陳叔通發言。他在兩面性、定息、脫胎換骨等幾個問題上批評了章乃器，說章是在爭鳴的掩飾下販運資產階級思想的突出典型。

這天座談會結束時，李維漢作了總結發言。他說，座談會上提出和接觸到的批評和意見，大多數是正確的，是善意的；有一部分是錯誤的，其中一部分錯誤的性質是嚴重的。李維漢沒有點章乃器的名，但是點出了他的一些論點，說，在我們的座談會上，這種論調受到不少朋友的批駁，不是偶然的。這種論調和攻擊，是在反教條主義的幌子下，進行以修正主義攻擊馬列主義、以資產階級思想反對工人階級思想的鬥爭，這實際上就是社會主義和資本主義之間的兩條道路的鬥爭。（6月9日《人民日報》）

座談會結束之後，收到章乃器提交的一篇書面發言，其中對吳大琨、孫曉村作了反批評。舉例說明他們是在改動了章乃器的原話再來批判的，章說：這不是睜開眼睛撒謊，便是健忘。這樣的辯論作風究竟正派不正派，是值得他考慮的。

孫曉村對他的批評是登在6月8日《人民日報》上的，想必章乃器也看了同一天報紙的社論〈這是為什麼？〉。被徐鑄成稱讚為目光如炬的他，應該立刻明白這篇社論所傳達出來的信息吧。可是有意思的是，他在書面發言的結尾處寫道：

> 我願意告訴工商界：整風運動是一定要進行到底的；共產黨絕不會做半途而廢的事情。共產黨代表了工人階級忠誠老實的品質，是不會表面一套、裏面一套的。我們要完全相信黨的方針、政策，用老老實實，實事求是的態度揭發矛盾，幫助黨做好整風工作。不要怕扣帽子，更不要怕受打擊。整風運動從某一些角落來看，肯定會有曲折，肯定會有過「左」，過右的偏向，但黨是會明是非的，是非最後也一定會明的。

他是不是把社論中提到的匿名信事件只看作是某一些角落裏的曲折呢？或者，他是不是雖然預感到了大的曲折卻還是故意要這樣說呢？

兩天之後，6月12日，全國工商界的反右派鬥爭開始了，就從批判章乃器開始。這天，全國工商聯執委會常務委員會開會批判章乃器。在以後的幾天裏，全國工商聯和民主建國會兩個常務委員會多次舉行聯席會議，批判章乃器。眾口一詞，都說章乃器錯了。

第一個發言的是樂松生，他說，章乃器反社會主義的言論已經發生了很壞的影響。北京工商界短期講習班裏有些學員已受到了迷惑，錯誤地認

為章的意見代表工商界人士的思想。我認為工商界人士應該學習最近《人民日報》的有關社論，辨明是非，給章乃器的反動思想以狠狠的批評。

當敲鑼打鼓慶祝進入社會主義的時刻，樂松生是在天安門城樓向毛澤東報喜的代表人物，這時他當然有資格第一個發言。他忘記了說的是，他本人也曾受到章乃器的迷惑。僅僅四個星期以前，5月16日，他在工商界座談會上，也說了「有些公方存在宗派主義，只相信黨員、團員、工人，不相信私方人員。」「私方交出企業後，剩下的就是工作，如果大膽使用，對社會主義有什麼不好呢？我親身體會到，資本家交出企業不是容易的事，這是脫胎換骨。」「有的公方很小的事情都使私方不愉快。」（5月17日《人民日報》）這樣的小事不必細說，且放過一邊。這時樂松生大約不會想到，十年之後他會慘死在文化大革命之中。

批判會上，胡子昂發言，說章乃器的錯誤不是偶然的。去年民建會二中全會上，大家對他的錯誤曾進行過說明和勸告。最近我還同他進行了爭論，但他一直堅持錯誤的觀點。我們應該對這種錯誤思想給予嚴肅的鬥爭，不能讓它流傳開來。

這裏提到的二中全會的幫助和勸告，章乃器並不領情。他在座談會後提交的書面發言中說，在黨提出了「百花齊放、百家爭鳴」和「長期共存、互相監督」的方針之後，居然還有人對思想問題組織「圍剿」，就是他對這種幫助和勸告的評價。

苗海南說，章乃器的言論在工商界中已引起了壞的影響，工商聯領導上應該趕快起來加以駁斥。我們一方面要趕快寫文章、發指示，澄清工商界的思想；另一方面，大家再對章乃器進行一次同志式的幫助。

朱繼聖說，章乃器針對我們資產階級有動搖性的弱點，向我們灌輸資本主義思想。我們要批判章的言論，同時還要繼續幫助黨整風。

王光英說，章乃器的陰謀詭計，一是給同他辯駁的人亂扣帽子，說是教條主義；二是打拉的戰術，拉李康年畢鳴岐，打擊積極分子；三是掛羊頭賣狗肉，文章開頭引毛主席的話，下面販賣他自己的思想。

畢鳴岐一聽急了，希望能在他和章乃器之間劃一條界線，連忙聲辯說，王光英說章乃器拉我，我要說明，我的思想和章乃器不同。我是要加強資產階級思想改造，走社會主義道路，他則是要把我們拉回到資本主義

道路上去。他説資產階級無兩面性，我説有。我説定息是剝削，他説不是。他同意李康年定息二十年的意見，我不同意。他説資產階級沒有了，我説還存在。他和我是有本質上的不同。章乃器拉不拉我是他的事，我有我的思想。（6月13日《人民日報》）

畢鳴岐此刻來做這樣的表示，已經來不及超拔他自己了，不多久之後的批鬥會上，他也就跟今天的章乃器同樣處在鬥爭對象的位置上。

第二天的會上，陳叔通説，章乃器的思想在工商界已經引起了混亂。在我看來，章乃器的錯誤已經不僅是思想，而且是行動。煽動、威脅還不是行動嗎？要趕快把他的面貌揭開，要不然有些工商業者會被他拖下水去。

陳叔通之後發言的是黃炎培。《人民日報》説：「黃炎培在會上對章乃器的思想品質上的錯誤和缺點作了揭發和批判。」揭發和批判的內容未作報導。以黃炎培的身份，如果他的發言裏有可供摘錄的，大概不會不摘出刊登的吧。想來他的這次發言不甚得體，只好不予摘錄了。

盛丕華説，我5月28日在統戰部召開的工商界座談會的發言中説了「我認為中國民族資產階級是有兩面性的，但是，我不反對別人説沒有。」這兩句話是錯誤的，他表示收回這句話。

畢鳴岐覺得第一天説的還不夠，第二天又説。他首先從章乃器最近的文章和言論中列舉了十六條錯誤論點加以駁斥，他説，章乃器是民主建國會與全國工商聯的負責人之一，在政府中是部長，竟發出這樣似是而非的論點，我們必須同這些錯誤思想劃清界限，並給予批駁，來幫助他分清敵我思想。章乃器的錯誤經過大家的説明後，希望他有所轉變，自己進行深刻檢查。如果他不這樣做，組織上應有個措施。（6月14日《人民日報》）畢鳴岐在這裏第一個提出要給章乃器組織處理的問題，也許是希望以這樣的表示來擺脱自己的困境吧。

李康年也希望能夠縮回去。6月15日的會上，他説，我過去的建議中，最不妥當的一點是主張政府發行贖買存單二十二億元，兑現年期分為二十年，我在這裏聲明撤回這一點。但是這個建議的其餘部分仍備政府採擇。李康年還表示，不能夠同章乃器説的定息不是剝削、關於兩面性問題、關於工人階級分子同資產階級分子沒有本質區別的論點。當然，他的這些表示，也沒有能夠救拔他自己。

章乃器卻是不肯認錯。15 日下午他第一次出席這個會議，在一些人批評他之後接着發言，他說大家的熱情他很感激，但是從講道理來說，不能說服他，他說這是他的老實話，要不然也可以來個假檢討。他說，大家反映下面工作不好搞了，說這是我的言論挑撥起來的，我說不對。這是在黨的「鳴」「放」方針下，在黨的領導下自然發展起來的，許多話是整風運動引起的，不是我的文章挑撥起來的。這個時期的思想工作肯定會遇到許多新的問題，現在是從壓服走向說服的階段，要說服就要相當高的理論水準、政治水準。把這些變化說是我的文章的影響，這是沒有看到形勢的發展。(6 月 16 日《人民日報》)

章乃器不承認這是他挑撥起來的。這使人想起當年救國會七君子受審的一幕。章乃器受審時，法官問：「你是不是煽動過日本紗廠罷工工潮？」章乃器答：「很慚愧！我沒有這樣大的本領！我要有這樣大的本領就好了！」(沙千里，《漫話救國會》，文史資料出版社 1983 年版，第 65 頁)

當年面對的是國民黨的法官，是敵我矛盾，故不必細說道理，只以調侃的態度出之；現在在他看來，是人民內部矛盾，故要說清道理，用語也要委婉得多。他也確實沒有這樣大的本領，能夠煽動全國工商界提出那麼多的意見來的。此刻他要真有這樣大的本領，就壞了。

在這天的會上，章乃器還談了他對「雙百」方針的理解。他說，在理論上唯物主義與唯心主義無時無刻不在鬥爭，但政治上還是要歡迎各種有唯心主義思想的人（如佛教、基督教），否則不利於民族大團結。他認為對某些具體問題的認識有些不同，這是在「百花齊放、百家爭鳴」的範圍內允許的，不是什麼離開社會主義的道路問題，他說別人給他戴這頂大帽子是違反實際，違反憲法精神的。

批判會繼續開下去。現在不但要批判章乃器文章和發言中的右派論點，還要批判他不肯認錯的態度了。6 月 17 日的會上，苗海南說，章乃器那天說，目前工商界的混亂是由於黨的整風運動引起的，這是對黨的惡毒攻擊。他過去強調工商業者的消極性是「五反」運動的副作用，這次又把由於他的謬論引起工商界思想混亂，說成是黨的整風運動引起的，這是十分可惡的。

盧燕南說，章乃器的從壓服到說服的論點，是把過去黨和政府的政策和工作都說成壓服，把資產階級接受改造說成是壓服而來的。這是否定了

和平改造，否定了工商界進步的一面，否定了民主建國會和工商聯的工作成績。

聽了這許多的批評，章乃器故我依然，還是不肯認錯，甚至反而責問這個聯席會議是不是符合黨的整風運動的精神。他引用了中共中央關於整風運動的指示的第三段，批評這個會議沒有貫徹和風細雨的精神，違背了黨的這個指示。他說，他還懷疑目前各地工商界在開會批判章乃器到底是壓服出來的還是說服出來的。（6月18日《人民日報》）

6月19日，經過修改的《關於正確處理人民內部矛盾的問題》公開發表，公佈了劃分右派分子的六條政治標準。大鳴大放的高潮即刻落下。結束了前十來天左右兩派意見都在報上刊登的局面，開始了一邊倒的反右派鬥爭。這天，這個聯席會議通過了《全國工商業者團結起來，立即展開對章乃器的反社會主義的活動作堅決的鬥爭的聯合指示》，同時還以全體到會者一致舉手的表決程序，決定給予章乃器以「停止會內全部職務，責令檢討」的處分。（6月20日《人民日報》）

第二天，章乃器對民主建國會中央派去看他的朱德禽許漢三說，民建和工商聯要他檢討，而他只有反批評，並且表示不想擔任民主建國會和工商聯的職務了，希望兩會開除他的會籍。他還想請求國務院檢查他的全部言論和行動，如果是反社會主義的，就請解除他糧食部部長的職務。至於全國人民代表大會代表的職務，在明年舉行選舉的時候，就不必提他的名了。他還對來訪者說，講工人階級是先進階級，資產階級是落後階級，有什麼不好呢？難道一定要說資產階級是反動階級嗎？

來訪者問他：看了毛主席最近發表的文章後有何感想？章乃器說，他的言論可能有不對的地方，但同毛主席提出的六項標準沒有出入。（6月26日《人民日報》）

6月26日周恩來要向全國人民代表大會一屆四次會議作政府工作報告，報告中反右派的內容佔了很大分量。25日晚，國務院舉行全體會議討論這篇報告。章乃器以糧食部長身份出席會議。在討論中，他表示不能同意這篇報告對他的批評。他說，他的一切言論和行動都是為了調動資產階級的積極性，說服資產階級誠心誠意走社會主義道路。他的關於官僚主義比資本主義更危險的說法，意思是強調反對官僚主義的重要性。他說，他

的言論行動沒有離開毛主席明辨是非的六條標準，沒有離開過馬列主義的基本原則。他要求國務院對他進行檢查，檢查愈徹底愈好。

章乃器還說，他提意見有個分寸，就是照顧中共中央的威信，他愛護黨就像愛護自己的眼珠一樣，他的言論沒有一點批評過中共中央，他批評的是中共的某些人和某些組織。他說他絕對沒有意圖在工商界找市場，找鼓掌。他還說，他不是一個政治家，也不配作一個政客，如果要他作言不由衷的檢討，他沒有力氣。他的意思大約是說，只有政客才能隨便做出言不由衷的檢討吧。章乃器說他在解放前就反對資本主義，他不是口是心非的人，更不是兩面派。他始終是勤勤懇懇地把自己整個生命交給黨，全部精力獻給社會主義，他死了以後，就是把骨頭燒成灰，在骨灰裏也找不出反社會主義的東西來。（6月28日《人民日報》）

章乃器認為自己沒有錯，也不肯認錯。對別人作言不由衷的檢討也很反感。6月15日（這時批判他的會已經開了幾天了）他去出席光明日報社務委員會，遇到了章伯鈞，招呼道：「宗兄，你檢討了，我看早了一點吧！」

章伯鈞說：「有錯，就得檢討。」

這時開會的人尚未到齊，大家在聊天。章伯鈞說起他的遠代祖先是章邯。章乃器接着說道：「你祖先原來是一個投降將軍。」（6月18日《光明日報》）

章邯原為秦將，戰敗後降項羽。章乃器這話有不有借題發揮的意思，不詳，反正當時報紙上的小標題是「章乃器認為檢討就是投降」。章伯鈞的女兒章詒和談她父親的一篇文章對於他的這態度作了說明：「父親是這樣對家人解釋的：『你不認錯，難道讓中共認錯？老毛什麼時候承認自己錯了？再說，我不低頭，繼續頂下去，這個運動怎麼收場？那些受我牽連的民盟、農工（指農工民主黨）的成員，又該怎麼弄？我不曉得自己現在是政治家，還是別人說的政客，但我知道既然搞了政治，就要有接受失敗的能力，儘量做好可能挽回的事情。』」看來，章乃器沒有看出他這位宗兄的深心吧。

7月19日，全國工商聯和民建中央常委的聯席會議上，榮毅仁、盛丕華等六人檢查了自己在前段整風反右中的錯誤言論。三十多年後1993

年 3 月在第八屆全國人民代表大會第一次會議上被選舉為國家副主席的榮毅仁，這時在檢查中說到了他今年 5 月在中共上海市委宣傳工作會議上提出的四明堂藥局公方代表刀傷私方經理的事件。他說，這件事提出是可以的，但是由於他的立場觀點不對，把這樣的個別問題誇大了，用小題目做大文章，他在「要發揚民主必須要維護法紀」的大原則下指出這件事，並且「將」了中共上海市委第一書記柯慶施、副市長許建國的「軍」，要求他們立即處理這個問題。他說：「由於我的這個發言，產生了很壞的影響，擴大了工商界同黨與政府的矛盾，在效果上是為工商界幫了『倒忙』。」（7 月 20 日《人民日報》）

從批判章乃器開始，全國工商界的反右派鬥爭次第鋪開。外地開的這些鬥爭會，這裏只講一場，就是上海鬥爭高方的會。據 9 月 29 日《人民日報》報導：

> 9 月 21 日下午，市工商聯和民建會召開了執委擴大聯席會議，和統益紗廠總管理處副總經理高方進行了一次大規模的說理鬥爭，用擺事實、講道理的方法，徹底駁倒了這個有三十年反人民歷史、曾任偽中央銀行發行局局長的右派分子的謬論，這次大會是上海工商界進行反右派鬥爭以來最盛大的一次會議，到會的近千人。發言者極為踴躍。他們的反駁有充分的說服力，是反右派的說理鬥爭的一個生動的範例。

在這篇報導中，高方第一條被批判的謬論是這樣的：

> 解放前的中國經濟是一個半殖民地的畸形的經濟制度，不是真正的資本主義的經濟制度。社會主義的經濟制度必須在高度發展的資本主義經濟制度的祖先基業上才能夠迅速發展。中國今天沒有這個條件，所以還得要補課。

這篇報導批判說：「右派分子高方嘴裏的所謂『補課』，就是叫囂要我們回到資本主義的老路上去，不走社會主義的道路。」會上批判者的發言，都說在目前的社會主義陣營裏，除了東德和捷克斯洛伐克，革命前都沒有高度發展的資本主義經濟基礎。像蘇聯，更是「赤手空拳地建立了世界上第一個強大的社會主義國家」。

報導中提到被批判的高方的謬論還有這樣一些：

> 社會主義制度的生產動力是靠宣教和運動，不及資本主義的
> 生產動力利用自私心理來得自然。

> 增產節約是鄉下老太婆的經濟。是節我的約，浪你的費；節
> 今天的約，浪將來的費；節單位的約，浪大眾的費。

> 人民失去了儲蓄的對象和儲蓄的目的。

> 西方民主才是真正民主。我們的選舉像棉花抽樣一樣，不
> 民主。

對於這種種謬論，會上都有發言者一一同他辯論。這篇報導最後說：
「在 21 日的大會上，人們也讓右派分子高方起來辯論。可是在真理面前，
他理屈詞窮，只好承認有罪，沒有別的話可說。」(9 月 29 日《人民日報》)

這篇報導原來刊登在 9 月 22 日上海《新民報》晚刊上，標題是〈擺事
實，講道理，比過去，看現在 —— 工商界舌戰右派高方〉。毛澤東批示人
民日報轉載。轉載時標題改為〈這次辯論進行得好 —— 介紹上海工商界對
右派分子高方的說理鬥爭〉。毛的批語是這樣的：

喬木、冷西同志：

> 批評高方，寫得很好，請轉載在人民日報上。以後請鼓勵這
> 樣有充分說服力的批評。現在的批評中，有很大一部分缺乏充分
> 的說服力，提倡浮誇，很不切實。右派浮誇，左派不應當浮誇。

> 　　　　　　　　　　　　　　　　　　　　　毛澤東
> 　　　　　　　　　　　　　　　　　　　　　九月廿五日

看來，毛對批判高方「補課」一說也是贊同的。高方這意見，用後來的用
語表達，不過是一個「生產力標準」問題。對於這一問題，中國共產黨後
來有了不同的認識，趙紫陽在「十三大」報告中說：

> 正因為我們的社會主義是脫胎於半殖民地半封建社會，生產
> 力水準遠遠落後於發達的資本主義國家，這就決定了我們必須經
> 歷一個很長的初級階段，去實現別的許多國家在資本主義條件下
> 實現的工業化和生產的商品化、社會化、現代化。

這個論點並沒有因趙被廢黜而放棄。1989 年 5 月 31 日，已經決心去趙的鄧小平對李鵬、姚依林說：「十三大政治報告是經過黨的代表大會通過的，一個字都不能動。」（《鄧小平文選》第三卷，第 296 頁）江澤民在「十五大」報告中也說：

> 我國進入社會主義的時候，就生產力發展水準來說，還遠遠落後於發達國家。這就決定了必須在社會主義條件下經歷一個相當長的初級階段，去實現工業化和經濟的社會化、市場化、現代化。這是不可逾越的歷史階段。

高方的錯誤，只不過是把這些意見說早了幾十年。

據 8 月 5 日的新華社新聞稿報導，各地工商界劃出的右派分子中較為知名的有：

北京：市工商聯副主任委員劉一峰，市工商聯常委閻少青，裕生祥機電廠副廠長吳金萃，民建北京市委宣傳處副處長張煥堯；

上海：市紡織工業公司副經理汪君良，公私合營新現代勞英教材工藝社私方經理黃苗夫；

天津：市工商聯主任委員畢鳴岐，市工商聯常委榮子正；

武漢：市工商聯主任委員王一鳴，民建中央常委彭一湖；

昆明：民建市主任委員楊克成；

江蘇：省工商聯主任委員錢孫卿；

福州：市工商聯主任委員劉棟業；

山東：袁熙鑒，葛蘭生；

河北：省工商聯秘書長高振聲；

四川：省工商聯秘書長李仲平，康心如；

浙江：沈九如，許祖潮；

貴州：梅嶺先；

湖南：黃英士；

安徽：張善瑞，張東野；

江西：羅時煬；

西安：張士心；

瀋陽：王子仁，齊心；

青島：黃元吉。

8 月 5 日之後鬥爭還在繼續深入，這名單更有所擴大。例如，李維漢說的座談會的特邀人士李康年和董少臣，還沒有出現在這名單中。此外還有如全國工商聯辦公室副主任壽墨卿；上海統益紗廠總管理處副總經理高方；錢孫卿的兒子，擔任民建中委、民建無錫市主委、無錫市副市長的錢鍾漢，他們父子兩代雙雙劃為右派；全國工商聯常委、湖南省工商聯主委向德，不久前他還在全國人大一屆四次會議上發言批判章乃器；民建中委、民建廣東省副主委陳祖沛；民建中央宣教處副處長許漢三，就是不久前受命代表組織去同章乃器談話的……都劃為右派分子了。在另外一些報紙上還可以看到的有：山西省大同市民建支部主任委員郭德恒等人。

這些都是一些頭面人物，工商界最大量的右派分子，是在各地公私合營企業的私方人員中劃出來的。據報載：北京市工商界劃出了二百多右派分子（10 月 6 日《大公報》），天津市工商界劃出了一百三十多人（11 月 20 日《天津日報》），上海是分區舉辦工商界政治學校，把私方人員集中起來搞運動，就這樣在第一期六千學員當中劃出了二百四十八名右派分子（12 月 12 日《解放日報》）。加上中小城市裏的工商業中劃出來的，就是一個可觀的數目了。

前面所引的這篇新華社新聞稿最後說：

　　據有關方面負責人對記者說，這場反右派鬥爭，對於工商業者來說，實際上是 1956 年工商業的社會主義的改造高潮（當時主要是生產資料的資本主義所有制基本上改變為社會主義所有制的社會主義改造）的繼續，不同的是：這次主要是社會主義改造，也就是社會主義革命，是在政治戰線和思想戰線上進行的。目前

鬥爭將繼續深入開展，同時還要更加廣泛地在工商界中展開社會主義教育，使每一個工商業者都能從反右派鬥爭中得到進一步教育和改造。（見《新華半月刊》1957 年第 17 號，第 170 頁）

這位負責人的說明十分中肯。對於工商業者來説，反右派鬥爭正是對私營工商業的社會主義改造的繼續與完成。原來所有的那許許多多大大小小的遺留問題，雖然並沒有得到解決，可是立刻被反右派鬥爭統統取消了。還有誰膽敢提出這些問題來呢？

第十六章

教育界的反右派鬥爭

教育界是反右派鬥爭的重點之一。毛澤東的〈事情正在起變化〉一文說：「最近這個時期，在民主黨派中和高等學校中，右派表現得最堅決最猖狂。」（《毛澤東選集》第五卷，第 424–425 頁）

當年高等學校劃出的右派分子，許多卻並不是以教授的身份被劃的。像 6 月 6 日在全國政協文化俱樂部同章伯鈞座談的民盟六教授，曾昭掄、錢偉長、費孝通、陶大鏞、吳景超、黃藥眠，就是以章羅同盟骨幹分子的身份；像山東大學教授陸侃如，主要就是以九三學社青島市主任委員的身份，報紙上宣佈他罪狀的文章，標題就是「陸侃如想把『九三』分社變成反共司令部」。（7 月 21 日《人民日報》）

那麼，教育界的反右派鬥爭有些什麼獨特的內容呢？一件大事就是撤銷學校中的黨委制問題。前面第七章已經說過，4 月 30 日毛澤東在中南海頤年堂同民主人士的談話裏談到了這個意思，章伯鈞羅隆基等人聽了，很是興奮，就在 5 月 5 日民盟中央擴大座談會上作了傳達，隨即又在 5 月 10 日出版的《民盟中央工作簡報》第十五期上全文刊出了章所作的傳達。其中關於撤銷高等學校黨委制問題的一段是這樣的：

> 毛主席說，大學的管理工作如何辦？可以找些黨外人士研究一下，搞出一個辦法來。共產黨在軍隊、企業、機關、學校都有黨委制。我建議，首先撤銷學校的黨委制，不要由共產黨包辦。請鄧小平同志召集民盟、九三等方面的負責人談談如何治校的問題。

這個意見傳播開去，立刻在高等學校引起了熱烈的響應。北京師範大學教授陶大鏞 5 月 20 日在該校民盟支部座談會上作了贊成「民主辦校」的發言。他主張將來在學校中有關教學和科學研究工作，教授有決定權。他說，為了加強黨在高等學校中的領導作用，將來應把二種類型的工作分開，把行政工作交由行政會議處理；有關教學和科學研究方面的事項由學術委員會處理。他甚至提出學術委員會不一定要遵照黨委的意見執行。不過，他沒有忘記說：我們考慮改變一下黨委制，絕不是要黨委退出學校或削弱黨的領導，而是要通過一個更好的形式來加強黨的領導作用。（6 月 4 日《光明日報》）

6 月 1 日，中國民主同盟廣東省委員會邀請廣州各高等學校的教授和盟員舉行座談會，對高等學校黨委制問題作專題討論。會上不贊成黨委制

的教授還不少。華南農學院的林孔湘説「高等學校的黨委制要取消」，他認為在整個國家範圍來説，方針政策是應該由黨來制定的，但是貫徹執行就不一定由黨來掌握，而應該由最適當的人 —— 包括黨與非黨人士來貫徹執行。他説，中共在高等學校裏是沒有力量來貫徹自己所制定的方針政策的，因為中共直到現在還沒有熟悉高等學校業務的黨員。他又説，不是「內行」的黨員就不要讓他當院長、所長。如果不管他懂不懂業務也派他去當領導，就會使一些人錯誤地以為共產黨打天下的目的是為了爭地位。現在高等學校的黨委制，是以黨代政，「外行」充「內行」，大家的意見很多。

華南師範學院的何紹甲説：任何制度都是在一定的社會基礎上產生的。在解放初期局面亂蕩，敵我鬥爭尖鋭，知識分子對黨還有懷疑的時候，實行黨委制是適當的，而且也起了很大作用的。可是，現在的情況已經起了變化，反革命分子已經基本肅清，知識分子都向黨靠攏，黨委制就沒有必要繼續存在了。他認為早在兩年前就應當提出這個問題，現在才提出已經晚了一些。他説，取消黨委制並不是意味着反對中共的領導，因為方針政策是由中共制定的。何紹甲又説：辦高等學校，「內行」的非黨幹部會比「外行」的黨員好得多，因為他們有學問，有經驗。他同意林孔湘的意見，認為有本領的人就可以當領導。

中山大學政治經濟學教研室主任林楚君説，解放初期實行黨委制是起了積極作用的，是好的；但是，現在解放已經八年，它的積極作用已經消失，它的存在反而帶來了「三害」。因此，他主張黨委制應該取消。他分析説，黨委制的缺點不在幹部能否勝任，而在這個制度本身。制度有缺點，自然不能很好的調動一切積極因素，辦好學校，因為黨委領導人都不是教書的，只採用開會、定制度等行政辦法去辦學校，結果就一定產生官僚主義和教條主義。其次，黨員對中國的知識分子不夠了解，又不願意深入去交朋友，只是坐在辦公室聽聽一些黨員和團員的彙報，這樣就不能不產生宗派主義。他説，黨委制取消後，可以由學校的校務委員會的集體領導和校長個人負責制來代替它。黨可以通過參加校務委員會的黨員來起作用。他認為這樣是加強了黨的領導，而不是削弱它。

中山大學中文系董每戡説：「現在高等學校的領導人不少是中共黨員，因此黨委制是可有可無的。如果一間學校的校長和教務長是黨員，就等於有了黨委的領導。」他認為高等學校應該由教授來領導，黨委也可參加，有事大家商量，商量好了就交由校務委員會去貫徹執行。

華南農學院的吳文暉說：高等學校黨委制在目前情況下與民主辦校存在矛盾，因為，第一，由「外行」人領導「內行」人，也難於做好工作。第二，黨委制不能發揮教授的作用和提高他們的積極性。解放八年來有些教授的思想水準提高很快，馬克思主義水準和黨員已經差不多，為什麼不能讓教授來參加學校的領導工作呢？高等學校的方針政策是由中央制定的，在學校方面來說主要是如何貫徹執行的問題。既然高等學校有行政領導，就沒有必要再增加黨委這一層領導關係。（6月3日《南方日報》）

座談會上，林楚君的發言直指黨委制是「三害」的溫床，當然是十分惡毒的右派言論。這時已經是在具體部署反右派鬥爭的時候了，為了讓他「大吐毒素，暢所欲言」，南方日報派記者專門就這個問題採訪了他，他不知是計，還真說了一大篇，強調指出問題出在制度上，他說，「各個學校，各個地方都出現像龍潛、徐懋庸這樣的人物，不能完全用個人品質來解釋，這是在一定的制度下面的產物。如果不是事事都由黨委決定，他們即使存在，也不會發生那樣大的偏差。」他還說，有人認為，共產黨是正確的，是想做好工作的，只要除了「三害」，工作就可以做好。他不同意這個看法。他得出結論：黨委制是「三害」的溫床（雖然「三害」的來源很多）。必須改變黨委制，才能做好工作，發揮群眾的積極性。（6月8日《南方日報》）他這裏說的龍潛是中山大學的黨委書記，徐懋庸是武漢大學的黨委書記，都是叫知識分子十分害怕的人物。《南方日報》的這篇專訪跟《人民日報》社論〈這是為什麼？〉同一天見報，完全是為劃他為右派分子準備材料了。這篇專訪〈黨委制是「三害」的溫床〉的作者署名僅僅是「本報記者」四個字，大約他知道自己寫的是什麼，才不願意署上自己的大名吧。

這裏順便介紹一下龍潛其人的情況。據新華社記者寫的〈廣州中山大學繼續大「鳴」大「放」學生批評的鋒芒指向前任黨委書記龍潛〉一文說：

> 從已貼出的一百七、八十張大字報（省委材料說有四百張）的內容看來，批評的鋒芒都是針對學校的「三害」。過於露骨的反動言論極少，而且開始時便受到有力的反駁。最使學生不滿的是前任黨委書記龍潛的問題（龍潛現任中央高等教育部某司司長）有相當數量的大字報都集中指向龍潛。題為「龍宮秘史」和「官官相護」等大字報揭露龍潛是貪污犯、盜竊犯、殺人犯。

大字報説龍潛在肅反中曾粗暴無禮地指責某些人是反革命分子，而且橫加追問。一位叫劉雪明的女同志，因不堪其折磨而跳樓自殺，這是殺人犯罪名的來源。

貪污犯、盜竊犯是因為龍潛在離開中大時將自己一部分無用的書籍利用職權強賣給學校圖書館，拿了二千三百多元人民幣。而這些書 90% 對圖書館是無用的。在肅反中龍曾混水摸魚竊走了當時被當作反革命分子趕出學校的曾思濤家中的古玩、花瓶等貴重器皿。在工資改革之前龍曾私自命令總務長給他加薪，總務長力爭無效，最後只好給他加了（加多少不知）。

大字報還説龍潛遺妻棄子。這些事實揭露出來之後，引起許多同學的憤慨，要求通電中央，即把龍潛調回學校參加整風，給與龍潛以法律制裁。（1957 年 6 月 14 日新華社《内部參考》）

在 6 月 1 日民盟廣東省委開了這個座談會之後，6 月 2 日農工民主黨廣州市委也邀請高等學校成員座談，討論高等學校應該不應該撤銷黨委制的問題。《南方日報》的報導説：「很多教授認為黨委制有毛病。究竟黨委制有哪些毛病呢？到會的教授們認為集中表現在兩個方面：第一，黨委制變成黨包辦一切，未能調動一切積極因素；第二，中共黨委多數是『外行人』難於做出成績。」「有些人認為制度本身沒有毛病，只是黨委的個人作風不好和『外行』，這種看法是不對的。因為，全國的高等學校都出現了黨委包辦一切的不很好的現象，難道在這些黨委之中完全沒有内行人，沒有作風好的嗎？」（6 月 6 日《南方日報》）

中共湖北省委統戰部 6 月 4 日邀集武漢地區十九所高等學校非黨校院長、教務長和部分教授，座談了怎樣辦好高等學校問題。應邀參加的有武漢測量製圖學院副院長金通尹、中南財經學院院長馬哲民、教務長劉光華，華中師範學院教務長卞彭、華中師範學院教授陸華柏，華中農學院教授章文才，中南民族學院副院長岑家梧，武漢醫學院院長唐哲，中南政法學院教授章導，華中工學院院長查謙，武漢水利學院教授俞忽，武漢體育學院教務主任范宗先，湖北師專教授吳永成，武漢大學教授吳紀先等多人。據報導：

這次座談會，由省委第一書記王任重同志親自主持，座談前後他都講了話。他說，整風運動，就是要擴大民主生活，反對三個主義，首先要求我們更多的發揚民主。對於合作社來說，我們要民主辦社。對於工廠，要實行民主管理。而對於學校，我們也要實行民主辦校。如何才能辦好高等學校呢？他認為：必須要依靠黨外專家教授的合作，特別是要多依靠和聽取在辦學方面有許多經驗的老教授們的意見。他希望教授、專家們今後還要多多考慮教育事業方面的大政方針問題。王任重同志說：不管意見是否完全正確，對黨總是有益的。有意見就提，正確的意見就要接受。接受了，不改，就再提；再不改，再提。他說：的確，在我們黨內是有少數被叫做「承認錯誤的專家」的同志，他們也認錯，就是堅決不改。但假如我們多提幾次，我想他們也不會老是不改的。真的不改，我們還有黨紀，予以處理。省委有決心和大家在一起解決問題。大家提出問題，綜合分析，研究解決。能儘早解決的問題，就趕快解決，黨一定支持大家。最後，他希望大家，為了一個共同的目標——社會主義，為了一個共同的利益——人民的利益，要堅持真理，向一切錯誤的東西作鬥爭。他說：真理只有一個。我們不能說共產黨人有共產黨人的真理，非黨同志有非黨同志的真理。這一點，黨與非黨是一致的。

這篇報導還反映出會場的空氣頗為活躍：

大家也談到目前高等學校領導幹部業務知識差。卞彭說：高等學校的黨員院長、副院長應該是一位專家，至少應該掌握一門專業，現在很多不是專家，就應該鑽，這對辦好高等學校有重要意義。（王任重插話：對！不能學一個專家，也可學半個專家，現在不是，就應該學！）（1957年6月6日《長江日報》。原題為：〈怎樣辦好高等學校：省委統戰部邀集高等學校黨外人士座談〉）

在這次座談會上，中南財經學院馬哲民院長認為：學校黨委主要是進行政治思想領導，保證監督行政任務的完成，而不應該包辦一切，以黨代政。他說：中南財經學院黨委過去由於包辦一切，反而削弱了政治思想領導，形成了事務主義、官僚主義和宗派主義。談到行政領導，馬哲民主張實行集體領導，反對一長制。他說：過去教授、專家的作用發揮得不夠，教授治校就是在這樣的情況下提出來的；今後應該結合教授治校的精神，主要通過學術委員會來進行集體領導，提高學術空氣，減少事務性和衙門

化，因此讓總務長參加學術委員會是不妥當的。中南財經學院教務長劉光華認為學校裏的重大問題，應該由校務委員會或學術委員會討論通過，黨委參加討論；對不同的意見，只能在討論中進行説服，而會議通過的決議和黨的方針政策不相符的，黨委可以向上級反映，但同時還要執行，必要時由上級行政領導機關檢查糾正。兩人都表示了不贊成學校黨委制的意思。後來馬哲民、劉光華都被劃為右派分子。

可是中南民族學院岑家梧副院長説：要辦好高等學校，就要黨委領導，行政負責，依靠教師，民主辦校。他認為：沒有黨的領導，是不能培養德才兼備的社會主義人才的。在行政領導方面，他主張實行院、校長負責制；不過院、校長要懂得業務，起碼要半懂；不懂的要肯學；多設幾個副院、校長，吸收黨外人士和民主黨派參加。在依靠教師，民主辦校方面，他主張學校重大事情要經過校務委員會或學術委員會進行民主討論，然後交由行政批准執行；行政如不同意，還可以發動大家再討論。華中師範學院陸華柏教授認為黨委不能退出高等學校，問題在於黨委的領導思想、作風必須好好整一下，必須下決心整掉三個主義，才有辦好高等學校的可能。兩人都是表示黨委不能退出高等學校的，結果卻也被劃為右派分子了。

教育界的反右派鬥爭，一件重要的事就是否定章伯鈞關於毛澤東 4 月 30 日約集各民主黨派負責人和無黨派人士在中南海頤年堂談話這份傳達記錄。

這也是陶大鏞在反右派鬥爭中受到批判的重大問題之一。陶又是民盟北京市委副主任委員，6 月 20 日他在民盟市委擴大會議上作檢討，第一個問題就是「民主辦校」問題。他説，「章伯鈞所作的傳達，我從頭到尾讀了一遍⋯⋯於是，在我的思想深處，就把章伯鈞的歪曲了的傳達埋下了根，我堅信不疑，總以為高校黨委制一定會撤銷了，根本就沒有考慮到其他問題。在這個錯誤思想的指導和支配之下，我以為已經摸到了『底』，就比較放肆地在座談會上附合與提出了關於『民主辦校』的一套錯誤的看法，對一些不正確的意見，也未能及時地予以分析和批判。」陶大鏞的檢討繼續説：「在這裏，我必須向盟市委的同志們表示深切的謝意，他們不但幫我發現了這次所犯錯誤的思想根源，後來又找來了一份毛主席 4 月 30 日在最高國務會議上講話的最可靠的原始記錄。」下面他就原文照引了這一段「最可靠的原始記錄」：

　　　　黨章有一條規定，工廠、農村、學校要實行黨委制，現在看來，學校黨委制恐怕不適合，要改一下。應當集中在校務委員會或教授會，共產黨和各民主黨派有什麼辦法和意見，都到那裏去講，人家贊成的就作，不贊成的就不作。這個問題要研究，由鄧小平負責找黨外人士和民盟、九三召開座談會，對有職有權和學校黨委制的問題徵求意見。

陶大鏞在照引了這一段之後接着說：

　　　　大家看一看，這一段話與章伯鈞的傳達相去多遠啊！毛主席明明說是「恐怕不合適」，章伯鈞和羅隆基卻篡改為「首先撤銷」！這不是在偷天換日嗎？這是何等醜惡的歪曲！這是何等卑劣的偽造！這又是何等陰毒的手法！章伯鈞和羅隆基為什麼要搞這一手呢？很明顯，他們企圖混淆視聽，奪取黨在高等學校中的領導權。因為，在全國高等學校的教授中，民盟盟員佔着相當大的比重，《民盟中央工作簡報》既在全國範圍的盟組織中發佈，這就很容易在廣大教授中散佈謬論，說什麼高校黨委要不得啦，快撤銷了，它勢必會影響黨的威信，削弱黨在全國高等學校中的領導作用，這樣，章伯鈞，羅隆基所熱衷的所謂「教授治校」的那一套就吃香了，它的結果當然只會把高等學校引向資本主義的道路。這是多麼毒辣和陰險的勾當！（6 月 24 日《北京日報》）

　　所謂「章伯鈞的傳達」即刊登在 5 月 10 日出版的民盟《中央工作簡報》第十五期上的〈中央常務委員會舉行擴大座談會傳達毛主席 4 月 30 日在最高國務會議上的講話〉，本書前面第七章已經全文引錄，並且從記錄稿中的一處刪節推斷，中共方面審閱了並且已經認可了這份記錄稿的。為什麼現在卻要宣佈章伯鈞的傳達是歪曲、篡改、偽造，是錯誤文件甚至是謬論呢？千家駒的〈從追求到幻滅〉有一個說法：

　　　　「引蛇出洞」最明顯的例子就是毛澤東在最高國務會議上說：「許多大學教授不滿意黨委制，可以考慮取消。」這話是毛澤東說過的，其意也許是在試探。章伯鈞回來傳達時，誤以為真，但章伯鈞在傳達毛這句話時，在座的民盟副主席還有沈鈞儒、胡愈之、高崇民、楚圖南、楊明軒等人，除沈老外，其他幾位都是不公開的黨員，竟沒有一個人糾正章伯鈞的傳達，可見毛是的的確確這麼說的。這份傳達報告發下去以後，民盟中在各大學擔任

高等院校的領導和教授，以為毛主席既有取消學校黨委制之意，於是紛紛加以支持。事後凡是贊成取消學校黨委制的無不劃為右派，民盟成員大叫冤枉，取消黨委制不是毛主席的主張嗎？怎麼會是右派言論呢！共產黨幹部說，毛主席怎麼會主張取消學校黨委制呢？這分明是章伯鈞篡改主席的指示，於是大家無不對章伯鈞恨之刺骨，認為他們如不加入民盟，或者民盟不是章伯鈞故意篡改主席指示，他們是不會成右派的。他們當時哪裏會想到這是毛澤東設下的陷阱，叫「引蛇出洞」的「陽謀」呢？（第228-229頁）

千家駒說的，也可以作為一個旁證，證明章伯鈞的傳達並沒有歪曲篡改之處。現在一口咬定章伯鈞篡改了主席的指示，當然大大有助於教育界反右派鬥爭的開展。不過，如果將章伯鈞的傳達記錄和「最可靠的原始記錄」即中共方面的記錄稿對照來看，就會發現二者文字當然出入甚大，但在有意改變高等學校領導體制這一點看，卻說不上有什麼不同。語氣上有所不同的原因，是章羅按照自己的願望去理解，故意寫得更確定一些呢，還是正式的記錄稿為了不致貽人口實，而故意寫得不那麼確定呢，這就不知道了。

也是受到4月30日毛的這篇講話的鼓舞，5月13日，章伯鈞，羅隆基約集民盟中央有關負責人參加的座談會上，決定成立「黨委負責制」、「科學規劃」、「有職有權」和「監督、爭鳴」等四個臨時工作組。其中「黨委負責制」工作組由黃藥眠、費孝通、吳景超、褚聖麟（北京大學）、侯大乾（中國人民大學）、李酉山（清華大學）、陶大鏞（北京師範大學）、陸近仁（北京農業大學）等人組成。他們討論的結果，由黃藥眠執筆寫成了《我們對於高等學校領導制度的建議》（草案初稿）。這個文件說：

目前高等學校中存在有好些問題，問題之所以產生，我們認為主要是由於：

一、有許多黨員同志對於黨中央的團結、教育、改造知識分子的政策認識不足；

二、有許多黨員同志沒有掌握到學術機關的特點，錯誤地把它和一般的政權機關等同起來；

三、有許多黨員同志的民主作風不夠，高等學校中的重大措施很少和群眾商量，甚至有些人錯誤地以為一切由黨員包辦，才算是實現黨的領導；

四、有些黨員同志沒有充分認識到知識技術力量在近代國家建設中所起的重要作用；

五、有些黨員同志對於目前要辦好高等學校，究竟應該依靠誰，沒有明確的認識。

除了這些有關思想認識的原因以外，學校的領導機構也的確存在着一些問題。

在解放初期，各高等學校是用校務委員會來執行領導的。後來學習蘇聯，採取了一長負責制（實際上也並沒有執行過）。黨「八大」以後又改為黨委負責制。最近人們對於黨委負責制表示了不少意見。但究竟什麼是學校的黨委負責制，直到現在我們還沒有看到黨中央對這方面的具體的規定。比方黨委負責制和普通機關裏面的「黨組」有什麼分別，它和校長，校務委員會之間的關係如何？在系裏面，黨總支書記（黨總支書記常常是兼系秘書）和系主任之間的關係如何？我們也很難說出一個輪廓。既然對於這個制度，我們還沒有研究，因此我們也就很難對它表示意見。

不過就目前的領導機構的情況看，的確已經顯露出好些毛病。如嚴重的以黨代政和黨政不分的現象，如校務會議多流於形式，如非黨幹部有職無權，如教授的教權受到多方面的限制，難於發揮積極性，如群眾意見很難通過一定的組織系統反映上去，發揮監督作用，如系秘書實際上領導系主任，如在教師中佔相當大的比重的民主黨派，直到現在還沒有一定的地位等。

在這樣概括地敘述了高等學校的情況之後，這個文件對於今後的做法提了四點建議：

一、加強黨在高等學校內的思想政治領導。黨的中心任務是黨內黨外的思想政治工作，貫徹黨的文教政策。黨組是作為全校領導的核心。

二、設立校務委員會作為學校行政的最高領導機構，它的中心任務是教學和學術領導。

　　三、設立行政委員會處理學校行政事務，以便更好為教學和學術研究服務。

　　四、在校務委員會和行政委員會之外，另行設立各種委員會，廣泛地吸收教職員工參加，協助各有關單位工作。

　　關於黨的領導方面，這個文件提了這樣一些意見：黨委或黨組對學校內的工作只作一般原則性的規定，關於具體的工作應分別交由校務委員會和行政會議去作詳細討論。黨通過黨組保證黨的方針政策能在校務委員會和行政會議中貫徹下去，但貫徹時候必須注意靈活性和伸縮性，要耐心地用道理來說服人，不應強制執行。黨委或黨組在討論學校工作時，可以約請群眾列席參加。黨委負責人應抽出一定時間學習一門業務，慢慢做到由外行變成內行。黨委必須規定出一種制度，指定負責人和各民主黨派負責人以及無黨派人士定期（假定每一個季度一次）舉行聯席會議，聽取各方面的意見。如遇有重大事件，重大變革或措施可以召集臨時會議。

　　關於校務委員會，這個文件提出：校務委員會是學校的最高領導機關，教授、副教授應在校務委員會佔多數。校務委員會應着重討論有關教學和學術研究的制度和人事問題。如學術研究計劃、教學計劃，如教師的聘任、升級，留學生的選拔等。一般的行政事務工作，交由學校的行政會議討論。但其中比較重大的專案，如預算、決算、基建、重要的人事變動等，都必須交校務委員會討論通過。校務委員會在制定規章制度的時候，黨的負責同志應把黨的政策方針加以說明，並陳述黨委或黨組的意見。（陳述意見可以精簡扼要，不必長篇大論）校務委員會根據這個方針和意見加以討論。（必須避免一切規章制度都由黨委會決定，交由校務委員會形式地通過的辦法）學校內的一切措施和重要的人事變動，必須經過校務委員會的通過才能發生法律效力。校務委員會的決定交由校長負責執行。黨的校長或副校長，對於校務委員會的決議，持不同意見時，他可以有否決權。但如這個決議第二次再被通過時，則決議仍必須執行。

　　關於校行政會議，關於設置各種委員會，這個文件也都提出了一些諸如此類的意見。

　　《人民日報》6月8日發表〈這是為什麼？〉的社論，宣告了反右派鬥爭的開始。反右派的社論一篇接着一篇，空氣一天比一天緊張。有意思的是，九天之後，6月17日，民盟中央辦公廳還把這個《建議》（草案初稿）

印發給一些人，「請先審閱研究，容再另行訂期舉行第二次工作組擴大座談會進一步來討論修改。」難道他們對政治風向轉變的反應如此遲鈍麼，是不是他們認為這個文件同變化了的形勢並無不可調和之處呢？

參加這個《建議》（草案初稿）起草的人多沒有好下場，如北京農業大學昆蟲學教授陸近仁，因此被劃為右派分子，1966 年文化大革命起來，他因此遭到大會鬥爭，被罰跪，被掛牌遊街。他住在農業大學教工宿舍七號樓，1966 年 9 月 1 日和其妻子呂靜貞一起上吊自殺。（王友琴，《文革受難者》，第 300 頁）

在反右派鬥爭中，民盟的這個《建議》當然遭到了批判。出面批判的是中國人民大學副校長胡錫奎，他在北京市人代會上發言，批判説：

> 在這個以「建議」作為幌子的徹頭徹尾的反動綱領的第一部分裏，右派對黨，對黨員進行了惡毒的攻擊，把在高等學校裏工作的黨員刻畫為「獨斷獨行」的「獨夫」。把黨委制描寫為產生「以黨代政」、「黨政不分」的東西，右派分子捏造了這些莫須有的罪狀，正是為了給從各大學裏趕走共產黨員、消滅黨委制的這個陰謀提供論據。綱領的第二部分，窮兇極惡地干涉了黨的內政，甚至限制共產黨開會與説話的自由；這種限制有些類似國民黨反動派的《防制異黨活動辦法》。綱領的第三、第四、第五部分中，右派更是挖空心思地製造了種種委員會，其目的是通過他們的活動，使共產黨的領導權化整為零，全部消滅。其中最狠毒的是右派企圖設立以教授、副教授佔絕對優勢的校務委員會，作為高等學校的最高領導機關，表面上是要擴大民主，而實際上他們的校務委員會是不要校長參加的，他們規定「黨的校長或副校長對於校務委員會的決定持不同意見時，他可以有否決權，但如果這個決議第二次被通過時，則決議仍必須執行」。這就是資產階級右派否定黨委制代之以校務委員會的資產階級的「民主制度」，實行篡奪領導權的明目張膽的陰謀計劃。這個陰謀計劃是要保證右派可以在高等學校中橫行霸道，為所欲為，把高等學校變成資本主義復辟的根據地。（7 月 30 日《人民日報》）

只是胡錫奎的批判中加了引號的「不學無術」、「獨斷獨行」、「獨夫」等等，在這《建議》原文中是找不到的。這也許是胡錫奎寫作批判文章的風格吧，就像他拋出葛佩琦的「發言」，許多話都是葛佩琦沒有説過的一樣，這一件事，下面再詳細説。

　　當年教授中劃出的右派分子，清華大學舉錢偉長為例。他有些什麼右派言行呢？一是關於高等工業學校的培養目標問題，他在接受光明日報記者採訪的時候説了這樣一些意見：高等工業學校的培養目標是工程師的這種想法是不現實的。如果培養目標是工程師，那就必須把有關的各項知識全部傳授給學生，可是事實上是辦不到的。他説，必須把培養學生具有獨立工作能力和把全部知識傳授給學生二者嚴格區別開來。高等學校不可能也沒有必要把全部知識傳授給學生，但是高等學校必須給學生打下一定的理論知識基礎，訓練學生在一定範圍內獲取新知識的能力，為將來成為一個工程師作好準備工作。錢偉長認為，當前高等教育的特點是繁瑣。課程門數花樣繁多，又是基礎課，又是專業課，又是專門化課。學生一學期要學十多門課，每週學習時數在三十小時以上，一天到晚在教室裏換班子，上了這堂課，又是那堂課，以致走馬看花，學得不深不透，更談不上獨立工作能力的培養了。他説，西德的高等學校每週只上課十七小時，美國有的工業大學每週連上課帶實驗在內只有二十小時，它們也同樣培養出了相當水準的人才。他還説，中國學校的專門化設置是採用蘇聯的，可是蘇聯的工業水準要比中國大二十倍，運用人才的靈活性也比中國大二十倍，按中國目前的工業水準來看，分工還不可能過細，對於人才的需求還不可能算得十分精確，因此，專業不宜分得過專過細，以免產生「學用不一致」的傾向。（1月7日《光明日報》）

　　在清華大學批判錢偉長的會上，張子高教授發言，説1月7日《光明日報》發表錢偉長關於教學計劃、培養目標問題的談話，實質上在總的方面是否定了學習蘇聯的方針和教學改革的成績，在教學環節方面否定了生產實習、畢業設計，忽視了專業課和專業設置的意義。他離開社會主義教育制度，即有計劃有目標的培養高級技術幹部，而企圖轉回到資本主義教育制度，即通才教育。章名濤教授説，錢偉長説現在五年制的學生不如解放前四年制的學生。這就是説過去的英美式的教育制度比現在學習蘇聯的教育制度要好得多。難道説英美的教育制度是適應社會主義國家的麼？（7月14日《人民日報》）

　　在全國科聯的擴大會議上，張維教授批判説，錢偉長在教育工作上一貫主張走資本主義路線。他否定教學改革的成就，認為是黨帶來了教條。關於培養目標的問題，錢認為工科可以不以「工程師」為培養方向，反對學生學專業課。張維説，錢偉長的主張實質上是培養「通才」，認為「學

了數理化，走遍天下都不怕」，企圖走解放前舊高等教育的老路。錢偉長反對在教學中政治結合業務，理論聯繫實際。他主張學校裏不需要黨、團組織。錢的這種謬論在學生中影響很壞，有的學生一度把作畢業設計看成是「浪費青春」。（7月19日《新華社新聞稿》）

錢偉長的另一件事是煽動理工合校。6月1日晚，清華大學工程物理系四年級二十多個學生去訪問錢偉長，錢對他們說，我從一開始就是反對理工分家的。院系調整把理工分了家，是一個很大的錯誤。教學改革中，有人說我落後，不願學習蘇聯，甚至說我有反黨情緒，要我作檢討。我是很擁護學習蘇聯的，而且一個人如何能反黨呢？我是不作檢討的。最近有人提出理工合校，有人提議把北大的文法學院合併到人民大學去，而把北大的理學院合併到清華，這是相當理想的方案。不過北大的領導上有些是不同意的，我出面提出這個問題不方便，北大周培源就是我的老師，你們搞好一些。這時，有學生說科學館前已有人簽名主張理工合校了。錢問：有多少人？有人答：六百多人。錢說：這太少，至少要搞六千人簽名的名單還差不多，聲勢浩大，讓高教部看看群眾的意見。（7月6日《北京日報》）

就在這天晚上，清華園裏貼出了第一批質問錢偉長的大字報。錢立刻貼大字報反駁，並且激動地說，今天一晚大字報貼了滿牆，問題很清楚，就是要打我，反正抓不着我的小辮子。這件事我要去告訴周總理，不是我滾蛋，就是蔣南翔滾蛋。我向周總理辭職，允許我辭職，就算啦，不允許我辭職，就得說個明白。（7月14日《人民日報》）

批判錢偉長，還有一件事情要做，就是要肅清他在青年學生中的影響。有時候，他是以青年人的導師，代言人和知心朋友的形象出現的。例如，毛澤東說，右派「他們又知道許多大學生屬於地主、富農、資產階級的兒女，認為這些人是可以聽右派號召起來的群眾。有一部分有右傾思想的學生，有此可能」。（《毛澤東選集》第五卷，第425頁）錢偉長不同意這樣的階級分析。他在中共北京市委的一次座談會上說，說學生百分之八十資產階級出身，受資產階級思想影響也是不對的，這是下了結論去找證明。（7月6日《北京日報》）早在1956，他就發表過一篇〈過嚴地管教青年是封建教育思想的反映〉，其中說：

> 幾千年來封建社會殘留下來的封建教育思想的影響還是很大的。封建社會對青年的「教育」有一整套，現在我們雖然已經不

用那一套「老成持重」,「溫文典雅」的字眼,但是這些字眼的某些內容卻在「服從」,「虛心聽取群眾意見」等另外一套字眼內借屍回魂了,有許多對青年的不合理的要求,就是借助於「服從祖國需要」這樣的光輝的字眼裏混了進來,新名詞混進了舊內容,確實迷惑了不少青年。

約束和管教太多,終究是和發揮青年積極性和創造性的要求不相符合的。

我也曾看見過活潑的青年漸漸地變成沉默寡言,青年們自小在一起的好朋友因為怕被檢查搞「小圈子」而漸漸疏遠了,正當的生活愛好和業餘特長受到了限制,一切好像都有顧慮,甚至像吃根冰棒都可以算做生活浪費。這樣動輒得咎的生活,顯然只會傷害他們的銳氣,是無益於青年的教育的。

批評和自我批評在主要的原則性問題上友愛地進行是有好處的,如果是為了「批評」而「批評」,沒有「對象」找「對象」,則就會產生消極的作用。在目前,這樣代表着友好和關心字眼,像「幫助」和「批評」,都變成了「管教」的代名詞,實在指出了我們的封建殘餘是根深蒂固的。

在學生升學的問題上,……在不少地方……硬性地過多地限制了學生的志願。有一位愛好農業而具有一定基礎農業生物知識的青年,在今年偏偏把他「動員」到師範學院去了,而且限制在只能進某某省的師範學院,才算是「服從了祖國的需要」。

大學畢業以後,學非所用的人也不在少數。如有意見就給你扣上大帽子。我們強調了服從需要,很少照顧到個人的志願和專業的培養,使青年在這些問題上受到了不應有的過多的限制。積極為這些問題提出意見的青年,總是被認為落後分子。

總之,對青年的清規戒律是太多了,管得太緊太厲害了,我們反掉了自由主義,而讓封建主義的殘餘從後門鑽了進來。清規戒律就是不相信革命群眾的積極性,就是封建社會教育思想的殘餘。(《中國青年》1956 年第 15 期)

錢偉長說的,正是青年學生普遍關心的問題,正是他們想要說的話。這可不成。阮銘寫的批判文章,題目就是〈錢偉長和黨爭奪青年的伎倆〉。這篇文章說:

　　由於思想戰線上資產階級和無產階級的鬥爭勝負未決，青年學生又大部分出身於非無產階級家庭。因此，滅資產階級思想、興無產階級思想，是黨在青年思想工作中的長期方針。……錢偉長對抗黨的這一方針，否認學生中存在資產階級思想。他說過：「說學生中百分之八十資產階級出身，受資產階級思想影響是不對的，這是下了結論去找證明。」並且大肆攻擊對學生思想情況進行階級分析的所謂「分類問題」。……他否認學校中存在思想戰線上的階級鬥爭，說什麼「教育和土改不同」，認為階級教育不能適用於青年學生。

　　興無產階級思想、滅資產階級思想；還是興資產階級思想、滅無產階級思想？這是青年思想工作問題上二條道路的尖銳鬥爭。是無產階級和資產階級互相爭奪青年一代的你死我活的鬥爭。錢偉長的所謂「超階級」「超政治」其實都是假的。他只是反對我們分左、中、右，反對我們進行無產階級立場教育，但自己卻有着鮮明的資產階級的階級路線，頑強地向青年進行資產階級立場教育。他的階級路線就是依靠右派，煽動中間群眾，孤立打擊左派，以奪取黨的領導。譬如，錢偉長和社會上、和學校中的右派分子親如兄弟，共同策劃向黨進攻。煽動中間群眾離開黨的領導。（鼓動六千學生簽名搞理工合校）對進步分子和黨團員表現了露骨的仇恨。說什麼：「進步的人也不過是口頭說說，會說幾句漂亮的話。」「大家都要求入黨入團，原因是國家今天幾乎有這麼個制度，團和黨是個台階，小知識分子又想向上爬，不當黨員，不走這條路，其他的路沒有。」對黨員進行了惡毒誣衊。

　　錢偉長宣揚自由主義，在這次整風中更加露骨了，他說什麼「我們的青年人太不豪放了，束縛太多，我年紀比你們大得多；我不怕束縛，人家給我戴帽子，我就不戴，把它扔了。」「現在對青年壓縮的太厲害了，要求循規蹈矩，所以要發作」，錢偉長在這裏把信任黨，服從組織，自覺的紀律性都當作「束縛」來加以反對。而且要求青年「發作」。這種論調已經不僅僅是一般地鼓吹資產階級的自由主義思想，而且已經發展到煽動青年追隨他一起進行反黨、反社會主義的活動了！

　　否定無產階級立場教育，宣揚資產階級個人主義、自由主義思想，宣揚脫離政治、脫離實際的資產階級觀點，篡奪黨對青年

運動的領導，這就是資產階級右派「教育家」錢偉長在青年工作中的資產階級路線。如果他的目的得逞，那麼我們的年輕一代將不能成為社會主義的建設者，革命前輩的接班人，而成為替資產階級殉葬的金童玉女。（《中國青年》1957 年第 15 期）

阮銘當時的身份是共青團候補中央委員、清華大學團委書記，由他來批判錢偉長和黨爭奪青年，是很合適的。因為他在反右派鬥爭中的積極態度，使他成了右派分子的一個攻擊目標。清華大學馬列主義政治理論課教研組的右派分子貼出大字報，要求撤銷他團委書記的職務。（7 月 22 日《人民日報》）有意思的是，時間也太會捉弄人了。當年是阮銘站在共產黨的立場來批判錢偉長，過去三十多年之後，輪到錢偉長可以站在共產黨的立場來批判阮銘了。或者說，幾十年過去，阮銘轉變到了當年錢偉長的觀點上，而錢偉長卻轉變到了當年阮銘的觀點上。向對立面轉化，這辯證法真夠厲害。

清華大學教授還得說到物理系的徐璋本。前面第十章已經說過他在座談會上發言建議取消用馬列主義作為我們的指導思想的，他想要組織一個和共產黨「和平競賽」的政黨。7 月 5 日，這時已經是反右派鬥爭的高潮之中，毛澤東已經發表那篇〈文匯報的資產階級方向應當批判〉社論，徐璋本竟好像完全不知道當時政治形勢，他寫了〈發起組織勞動黨並向政府登記啟事〉和〈勞動黨發起宣言〉。〈啟事〉說：「在中國今天經由共產黨的領導完成了建國的輝煌工作後，我們須要有一個對執政黨隨時隨事堅持理想和真理，合乎最高道德標準的諍友及和平競賽者，來刺激社會和人類的進步。這就是個人不揣愚陋不自量力，呼籲發起組織一個向人民公開全部活動的勞動黨，並向政府申請登記備案的啟事。」〈宣言〉的第（18）條表示：「本黨堅決主張與執政黨精誠合作和衷共濟，不採用任何秘密的暴烈的方法來解決爭論。」對於共產黨的農業合作化政策也表示了擁護，第（22）條說：「本黨擁護現行農業合作社組織，並主張逐步推行機械電氣化集體農莊制。」可是另外有些條文卻是同共產黨對着幹了，也許應該說是針對現實提出來的。例如第（17）條「本黨主張憲法和一切社會法律中不能加入『主義』『革命』『反主義』『反革命』等字眼條文。」第（19）條「本黨主張國家軍隊和員警屬於全體人民，服從人民代表大會和政府的指揮。軍隊員警成員在服役期間停止一切黨派關係和作用，服役期滿或退役後始得恢復黨派關係和活動。」（《新清華》第 217 期）

徐璋本的結局，據丁抒著《陽謀》一書說：「雖然他是毛澤東的老師徐特立的近親，中共還是將他抓起，判了十三年徒刑。1970 年刑滿本應釋放，但當局無端繼續關押他。其子見父親入獄二十年還無音訊，求父執錢學森出面詢問。徐才於 1980 年走出監獄。蹲了二十三年大獄，獲釋時已是年近七十的衰病老翁。」（香港開放雜誌社 2006 年出版，第 181 頁）

清華大學在 1957 年被劃為右派分子的教職員 222 人，學生 349 人。（《清華大學志》，清華大學出版社 2001 年版，第 723 頁）

在當時教師、學生總數不到兩千的蘭州大學，劃出右派分子二百多個，超過百分之十。其中一些遣送到農村監督勞動，1960 年他們在農村中目睹了大躍進的失敗，目睹了餓死人的慘狀，十分悲憤，就秘密辦起了一個油印刊物《星火》，1960 年 7 月，這就成了一個「蘭州大學張春元、苗慶久右派反革命集團」的大案，涉案的蘭州大學的右派有張春元（歷史系）判無期徒刑、苗慶久（物理系）判刑 20 年、向承鑒（化學系）18 年、何之明（物理系）15 年、胡曉愚（化學系講師）15 年、顧雁（物理系研究生）15 年、譚蟬雪（中文系）14 年、孫和（歷史系）8 年、楊賢勇（中文系）10 年、田昌文（數學系）3 年、陳德根（生物系）8 年、謝誠（中文系）3 年、胡學忠 5 年。到了 1970 年 3 月的「一打三反」運動中，張春元在蘭州市的一次公審大會後處死。

中國人民大學在反右派鬥爭中，反出了計劃統計系教授吳景超、勞動專修科教授李景漢，侯大乾、工業經濟系講師葛佩琦、工業經濟系講師王德周、新聞系教授許孟雄、法律系學生程海果（筆名林希翎）、工業經濟系講師賀安、新聞系副教授汪同祖、法律系講師吳家麟，郭振淮、出版社曹達夫（筆名老山）等一大批人。其中程海果即林希翎一案前面已經說過了。在教師右派裏葛佩琦一案更是轟動一時。他在人民大學黨委 5 月 24 日召開的非黨教授、副教授、講師座談會上發言，據報紙上刊出的摘要，葛佩琦說了這樣一些話：

> 我認為今天黨群關係與解放前相比，差了十萬八千里。學校是這樣，老百姓也是這樣，老百姓把豆餅做的豆腐叫做日本的混合麵。統購統銷搞糟了，所以物資供應緊張，老百姓吃不上，有人說這是生活水準提高；生活水準提高的是哪些人呢？是過去穿破鞋，現在坐小臥車，穿呢子制服的黨員和幹部。說良心話，物資供應之所以緊張，這是由於執行黨的政策的人犯了錯誤（引者

按：他還沒有說政策犯了錯誤），例如豬肉哪裏去了呢？不是被老百姓吃光了，而是因為執行糧食統購統銷政策發生了偏差，老百姓不肯養豬所造成的。

1949 年共產黨進城時，老百姓都是「簞食壺漿，以迎王師」來歡迎。今天老百姓對共產黨是「敬鬼神而遠之」。老百姓幾時也是這樣，中國歷史上好多這樣的例子，當統治者沒有得到統治地位的時候，老百姓總是歡迎他們的，但他們一旦得到了統治地位，而不顧人民的利益時，人民就要反對他們。例如，1945 年抗戰勝利時，受了日本人壓迫了八年的老百姓也歡迎過國民黨，後來國民黨的大員搞「五子登科」，人民就反對他們。現在的情況不同了，老百姓對共產黨的意見很多了，共產黨若不自覺也是很危險的。

過去在學校做地下工作時，是用聯繫進步，爭取中立等一套方式，而今天是用黨員來領導，所以看黨員的成績就是看彙報多少，彙報得多，就是好黨員，黨員起了監視群眾的便衣員警的作用。這事不能怪黨員，因為黨組織叫他們作情報，所以責任在黨組織，因這是組織給的任務。

共產黨對我三心二意，我對你也三心二意。中國是六億人民的中國，包括反革命在內，不是共產黨的中國。黨員有主人翁的態度是好的，但是，你們認為「朕即國家」是不容許的。你們不應因自己是主人翁而排斥別人，不能只有黨員是可靠的，而別人都是可疑的，特別是對愛發牢騷的黨外人士，共產黨可以看看，不要自高自大，不要不相信我們知識分子。搞得好，可以；不好，群眾可以打倒你們，殺共產黨人，推翻你們，這不能說不愛國，因為共產黨人不為人民服務，共產黨亡了，中國不會亡。因為不要共產黨領導，人家也不會賣國。(5 月 31 日《人民日報》)

據《人民日報》報導，在 6 月 5 日的座談會上，葛佩琦又說了這樣一些話：

群眾在鳴放中還有顧慮，這反映了兩個問題：一、反映了八年「民主」制度的結果，群眾對「禍從口出」有深刻體會，串個門，說句話，就要被寫進「材料」中，群眾對憲法規定的言論自由已經頗感生疏了；二、群眾對共產黨的話不敢信任，怕打擊報復。如果群眾繼續對黨不信任，總有一天黨會滅亡的。

共產黨對這一點應特別重視。因為「民無信不立」。我還要
重述一遍，群眾是要推翻共產黨，殺共產黨人。若你們再不改，
不爭口氣，腐化下去，那必走這條道路，總有那麼一天。這也是
合乎社會主義發展規律的，只空喊萬歲也是沒有用的。（6月8日
《人民日報》）

這只是當時報紙上的一面之詞，實際情況據《葛佩琦回憶錄》的記載
是這樣：

1957年春，黨內整風開始後，中國人民大學黨委會連續三次
書面通知我，要我參加「黨外人士座談會」，幫助黨整風。我想
我是一個冒險犯難，為黨做過十多年地下工作的共產黨員，由於
地下組織被破壞，單線領導人被捕，斷了組織關係。黨委並沒有
對我請求恢復組織關係的申訴信，作出任何答覆，為什麼要把我
列為「黨外人士」？我有些想不通，所以接到頭兩次通知，我沒
有出席座談會。第三次通知送來之後，有總支的一位同志來動員
我，他說：黨委三次書面請你參加黨外人士座談會，你都不去，
不太合適。我就勉強地去參加了座談會。

到了會場，黨委書記（注：即胡錫奎）宣佈開會之後，他
接著說：「黨的政策是知無不言，言無不盡；言者無罪，聞者足
戒；有則改之，無則加勉。」他並說：這是毛主席說的，請大家
打消顧慮，踴躍發言。在一些人發言之後，我站起來發言。我根
據說明黨整風的意願，就外行辦不好大學，不要脫離群眾、不要
看不起知識分子、黨員幹部不要生活特殊化，要克服主觀主義、
宗派主義和官僚主義等方面，給黨委提了一些意見。這是1957
年5月24日，在中國人民大學黨委召集的「黨外人士座談會」
上，我根據「知無不言」的政策，提的意見。5月27日，在中國
人民大學內部刊物——《人大週報》上，登出了我的「發言」（篡
改了的發言）。其中說：「不要不相信我們知識分子。搞的好，可
以；不好，群眾可以打倒你們，殺共產黨人；推翻你們，這不能
說不愛國，因為共產黨人不為人民服務。」這段話不是我說的，
歪曲了我發言的原意。我當天下午，到中國人民大學黨委會要求
更正。黨委副書記、副校長聶真同志接見的我。當時我的性情有
些急躁，我指著《人大週報》上登的那段話說：這不是有意誣陷
我嗎？聶副校長說：葛佩琦同志，你不要著急，共產黨是實事求
是的，登錯了，可以更正。

6月8日《人民日報》以葛佩琦發表「反共言論」為標題，報導說：「群眾總要推翻共產黨，殺共產黨人；若你們再不改，不爭口氣，腐化下去，那必然走這條道路。總有這麼一天，這也是合乎社會主義發展規律的；只空喊萬歲，也是沒有用的」。我從來沒有說過這段話。《人大週報》刊登的我那個發言的全文中，也沒有這段話。這段報導純屬捏造。我看到之後，當即給《人民日報》寫了更正信，6月9日上午，我親自送到人民日報社。（這封更正信，現在已查出，但費了很大力氣）

《人民日報》對我的更正信，隻字未登，卻連篇累牘地發表批判我的文章。例如：6月8日《人民日報》除刊登了上述那篇誣陷不實的報導外，還發表了〈要跟葛佩琦劃清思想界限〉等三篇批判我的文章。6月14日《人民日報》以本報南京電、保定電、瀋陽電，同時發表了三篇外地批判我的報導；這一天還發表了〈葛佩琦的學生痛斥葛佩琦〉的文章。6月15日登出某著名人士寫的〈我對葛佩琦的言論發表一些意見〉（引者注：指馬寅初的〈我對儲安平葛佩琦等的言論發表些意見〉），《人民日報》是黨中央的機關報，這樣不惜篇幅地發表批判我的文章，在社會上起了動員作用。所以全國大、小報刊紛紛發表批判我的文章，形成了一個批判葛佩琦的高潮。使我這個無名的老百姓，一時成了新聞人物，我真有點承受不了。

我葛佩琦和「殺共產黨人」毫無關係，不但事實上沒有關係，就是從上述那段誣陷不實之詞的文法上分析，也不是我葛佩琦要「殺共產黨人」。有人移花接木，硬把「葛佩琦」三個字和「殺共產黨人」捏合在一起造成一個新的句子——「葛佩琦要殺共產黨人」。這句誣陷不實之詞，成了劃我為「極右派」的主要依據，也是判我無期徒刑的主要罪名之一，這真是「欲加之罪，何患無辭」。（中國人民大學出版社1994年版，第137–140頁）

中國人民大學黨委常委李新的回憶錄《流逝的歲月》中說：「反右派鬥爭的高潮中，人民大學的教師葛佩琦被打成右派也是轟動一時的事件。葛被劃右派沒有經過黨委常委的討論，所以當時我對這一事件的經過並不很清楚。」（山西人民出版社2008年版，第343頁）可見這是黨委書記胡錫奎一人決定的。一個人對他人的禍福乃至生死有這樣大的決定權力，這種體制真是太可怕了。

《人民日報》把葛佩琦的發言歪曲地概括成他主張「殺共產黨人」。他寫給人民日報編輯部的更正信又不給登出。而《人民日報》說他主張「殺共產黨人」這話，給整風領導小組組長鄧小平留下了深刻的印象。多年之後還一再說他「殺氣騰騰」，在《鄧小平文選》第二卷裏就有：「1957 年的反右是必要的，沒有錯。有些人是殺氣騰騰的啊！當時不反擊這種思潮是不行的。」（第 243 頁）「1957 年的反右派鬥爭還是要肯定。我多次說過，那時候有的人確實殺氣騰騰。」（第 294 頁）「1957 年的反右派鬥爭，我多次講過，那個時候確實有人殺氣騰騰，但是我們處理得過重了，擴大化了。」（第 380 頁）他緊緊抓住這個失實的報導來作證據，證明反右派鬥爭是正確的、必要的。

葛佩琦被劃了右派分子之後，就還要查他的歷史。查的結果，就在人民大學學報的一篇批判長文中間公佈出來：

> 1937 年 7 月，葛佩琦由北京大學畢業，隨平津學生流亡到河南洛陽一帶。1938 年 8 月加入了中國共產黨。1940 年，葛佩琦找到了胡宗南，被委擔任天水行營西安辦公廳上校戰地視察和通訊所主任。不久，任第一戰區長官部的少將參議。瀋陽解放前夕，由東北跑到北京，以後混入了中國人民大學。（《教學與研究》1957 年第 7 期）

哦，原來是胡宗南部的少將軍官，主張殺共產黨人就毫不奇怪了。他就以這樣一種身份，於 1957 年 12 月被捕，判了個無期徒刑。他真是胡宗南部的「少將軍官」麼？從《葛佩琦回憶錄》裏可以知道，全不是這麼回事。他是 1938 年 7 月由劉子久（中共河南省委委員、豫西特委書記、八路軍洛陽辦事處主任）發展為中共黨員（第 77 頁），奉命打入敵人營壘，《葛佩琦回憶錄》裏說，「我打入敵人營壘做地下工作，都是黨組織派遣的。」（第 181 頁）他先後在天水行營（主任是程潛）擔任特派員（第 88 頁），在第一戰區長官部（司令長官是蔣鼎文）擔任少將參議。他一生都沒有和胡宗南這人以及胡宗南部發生過關係。是這篇批判文章的作者把第一戰區和胡宗南等同起來了，於是這篇材料就把他扯到了胡宗南。內戰爆發之後他為黨做的工作就更加多了：

> 國共兩黨在東北的一場血戰，即將開始。黨組織派我到東北的主要任務是搜集敵人的軍事情報。於是我辭去了余紀忠要我留

在北平擔任政治部駐北平辦事處處長的職務，到瀋陽（東北保安長官部所在地）去了。（第116頁）

到了瀋陽，余紀忠分配我代理政治部第一組組長。這個組是管軍隊政治工作的。國民黨部隊從關內調到東北時，部隊的政治部，都要把該部隊的番號、主官姓名、駐地、人數、編制等，書面報給長官部政治部。長官部政治部第一組根據這些材料，編成國民黨在東北全部駐軍一覽表。我將這份「一覽表」報給了我黨地下組織。（第117頁）

這一類的事情他還做了不少，這裏就不多引用了。有興趣的讀者可以去看他這本回憶錄。他說的這些，後來有鄧力群為他作證。《鄧力群自述（1915–1974）》裏面說：

面對這些蛇出洞，主席和中央的方針是讓他們出來，讓他們講話，會上講，報上登。特別有一條，凡是罵共產黨的話，都不扣住，在報紙上發表。很多報紙都如此。《人民日報》對這條想不通，毛主席派胡喬木去整頓。不論那些人講什麼，都在報上登，激發了工人和農民對右派分子的不滿：你們這樣罵共產黨，不公平。同時，也出了一些問題。有些人的發言經過記者整理、加工，與人家的原意不一樣了。當時影響大的如葛佩琦，他是我北大同學，秘密黨員，在敵人軍隊裏做過工作，後來到了人民大學。在大鳴大放時，他說了這樣的話：如果共產黨這樣或那樣的話，人家就要殺共產黨。報上登出來，被說成他主張要殺共產黨，那還不是大右派！（人民出版社2015年版）

葛佩琦本人蒙冤入獄，還連累到親屬，他在天津大學任教的哥哥葛佩倫，就因為對反動的弟弟批判不夠，界線不清，也送去勞改了。（見《唐寶心回憶錄》，非賣品，第197頁）這些事情在李新的回憶錄《流逝的歲月》中說得要詳細一點：「從此葛佩琦受盡折磨，不僅他的妻子兒女因他而遭難，連他二哥的家也在1966年被紅衛兵抄了，他二嫂被打死，二哥被遣返回山東老家，病中無醫療條件，很快也就死去。」（第344頁）

到1975年12月寬大釋放在押國民黨縣團級以上人員的時候，他又以這個少將軍官的身份獲得寬大釋放，關了十八年。

又過了十八年，他死了。這十八年裏中國發生了許多事情，發生了許多變化，對葛佩琦，也有了另外一種說法。他死後，新華社報導說：

新華社北京 2 月 17 日電　　中國人民大學教授葛佩琦同志因患心臟病搶救無效，於 1993 年 1 月 13 日在北京逝世，終年八十二歲。

葛佩琦同志 1911 年生於山東省平度縣，1935 年參加革命，1938 年加入中國共產黨。他在「一二‧九」運動時期任北京大學學生會副主席，是當時北大學生抗日救亡運動領導人之一。他曾兩次遭國民黨政府逮捕入獄，在獄中他堅貞不屈，表現出革命者的氣節。他多次受黨指派，在國民黨軍政機構長期從事地下工作，不顧個人安危，為革命事業做出了很大貢獻。

葛佩琦自 1951 年起在中國人民大學任教。1957 年被錯劃為右派並被捕入獄。雖長時間蒙受冤屈，但他襟懷坦白，心胸開闊，正確對待個人不幸遭遇，保持革命者氣節。1975 年獲寬大釋放。1980 年在黨中央直接關懷下獲平反，1983 年恢復了中斷多年的黨的組織關係。

葛佩琦同志的一生是革命的一生。他剛正不阿，心胸豁達，堅韌頑強，忍辱負重，在極端困難的情況下，思國憂民，堅信真理，對革命的信念始終沒有動搖過。在冤案平反之後，他以新的姿態投入四化建設，抱病著述，積極參加社會活動，為人民奉獻餘生。他嚴於律己，寬以待人，從不以老革命的身份自居，始終保持一個革命者的本色。

這條電訊中，「被錯劃為右派並被捕入獄」一語，是寫得簡略了一點。根據當年規定的辦法，對右派分子最重的處罰是開除公職勞動教養，如果他僅僅具有右派分子的身份就不會被捕入獄。他被捕入獄了，就表明他還有另外的罪名，即反革命的罪名。當然，如果葛佩琦不說這些不中聽的話，不被劃為右派分子，也就不會算做反革命分子而判無期徒刑了。這個案例也說明了反右派鬥爭是肅反運動的進一步擴大。

張強華是北京大學生物系的學生右派，跟也是北大出身的右派分子葛佩琦在監獄裏相遇，後來成了忘年交。在他的自述《煉獄人生》中記下了 1988 年他訪問葛佩琦的一些交談。當時葛說了這樣一些話：「或許，胡適的選擇還是對的。」「早知道現在這樣腐敗，當初在東北時，跟着他們一走也就算了。」再過四年，他就死了。這大約可以看作他最後的想法吧。

計劃統計系教授吳景超、《辭海》中有他的詞條，

　　吳景超（1901–1968），中國社會學家。安徽歙縣人。1923至1928年留學美國，獲博士學位。回國後，先後任金陵大學、清華大學教授、教務長。主編《新經濟》、《社會研究》、《新略》等雜誌。建國後，歷任清華大學等校教授，並當選為第二、三、四屆全國政協委員和民盟中央委員。一直重視社會經濟現象的研究。著有《第四種國家的出路》、《都市社會學》等。

　　1952年院系調整，社會學系撤銷。吳景超從清華大學調到中央財經學院任教。一年以後學院停辦，又調到中國人民大學。他對於撤銷社會學系是很不贊成的，1957年1月號的《新建設》雜誌上，他發表了〈社會學在新中國還有地位嗎？〉一文，提出：「在百家爭鳴的時代，我認為在我國的哲學系中，還有設立社會學一門課程的必要。」這篇文章後來被加上「主張恢復舊社會學」的罪名受到猛烈批判的事，在下面第十八章裏再細說。

　　6月6日章伯鈞和北京六教授談話，其中就有他一個。6月7日他又在本校黨外人士座談會上作了長篇發言：〈要求提高中國人民大學的工作品質〉，談了五個問題。

　　第一個問題是黨委制問題，他一開頭就說：「黨委領導學校這一原則，我認為是不可動搖的。不承認黨委領導，就是不承認共產黨的領導，而沒有黨的領導，我們的行動就將迷失方向。」這樣的表態當然是可以的，不過他提出的具體做法卻是「任何重大的有關方針政策的問題，都應由黨委會在各個委員會的調查研究及建議的基礎上，作出決定，提交校務會議討論通過，然後由學校的行政當局付諸實施。黨委會不對學校行政各級，發號施令」。這就大錯特錯了。

　　第二個問題是教條主義問題，他指出：「中國人民大學的教條主義是根深蒂固的。」並且舉例說明：「談民族問題的，並不去認真研究中國有哪些少數民族，分佈在什麼地方，有些什麼特點，但是都會背誦斯大林所講的四個基本特徵。研究帝國主義的人，並沒有去搜集有關美國英國的大量事實來進行分析，只知道背誦列寧在1916年所提出來的五個基本經濟特徵，以致我們對於帝國主義的認識，還停留在第一次歐洲大戰那個階段。」吳景超「提一個初步的建議，就是在各系的教學計劃中，取消四分之一或五分之一的必修課程，改為選修，另外加添一些新的選修課程。在這些選修課程中，可以談談馬列主義系統以外的理論，以及蘇聯以外的經驗」。

第三個問題是教員水準問題。他指出：「在成立中國人民大學的時候，學校中需要大批師資，而社會上現有的師資，在當時的高教部領導看來，在政治上和業務上都是可以懷疑的。於是小學沒有畢業的，中學沒有畢業的，大學沒有畢業的，只要他是黨員，有過革命的經驗，經過蘇聯專家短期訓練之後，也就在大學中當起教師來了。在大學中當教師，但是本人從來沒有進過大學，這是古今中外所罕見的。」他提出了解決這個問題的辦法：「把他們分批培養成為一個至少有大學畢業的文化程度的人。這就要補文化課，基礎課，專業課，以及中文外文等文字工具。」

接着在談到科學研究問題和工作效率問題的時候，都對學校當局有所批評。（《人民大學週報》第 152 期）憑着這些材料吳景超當然要劃為右派分子了。

7 月 23 日《光明日報》報導：「中國人民大學師生員工四千餘人，於 7 月 20 日在西郊舉行集會，揭露和批判章羅聯盟的謀士吳景超的反黨、反社會主義的言行。會上，吳景超雖然和會前一樣，百盤狡賴，不肯認真交代，但在大家有力的揭露和批駁，吳景超的反動醜惡面目還是暴露於光天化日之下。」會上有多人發言，中國人民大學副校長鄒魯風以〈為吳景超等右派分子反黨、反社會主義方案作注〉為題作了發言。他說：右派集團提出的〈我們對於高等學校領導制度的建議（草案初稿）〉與企圖恢復資產階級社會學的陰謀，對於參加大會的教師、學生們來講似乎是新東西，但是對於他自己卻是早就熟知的了。在整風運動以前，吳景超就一次再次地向黨委和他本人談過這些污衊黨、篡奪黨在高等學校領導權的陰謀。吳景超在民盟高等學校黨委負責制工作組第一次彙報座談會發言說，「這樣才能做到民主辦校，見不得人的事，就不會發生了。」鄒魯風憤憤地說：「共產黨向來光明磊落，是沒有任何見不得人的東西的；你們右派分子那些見不得人的東西，才應該徹底交代。」鄒魯風說：「參加這些陰謀活動的，都是些高級知識分子，他們的陰謀也是『高級』的。說它『高級』，是因為他們不僅要篡奪高等學校的領導權，而且要篡奪我們國家的領導權企圖發動匈牙利事件，使千百萬人人頭落地。」他號召大家起來，揭露右派分子的陰謀，堅決粉碎他們的猖狂進攻。

勞動專修科教授李景漢，《辭海》中有他的詞條：

李景漢（1895-1986），中國社會學家。北京通縣人。1917至 1924 年赴美國主修社會學，獲碩士學位。曾任清華大學等校教授、中國社會學會顧問。並歷任中華文化及教育基金委員會社會調查部主任、中華平民教育促進會定縣實驗區社會調查部主任、清華大學國情普查研究所調查組主任、聯合國東南亞數國農業普查顧問、中國人民大學調查研究室主任等職。中國民主同盟盟員。著有《實地調查方法》、《中國農村問題》等。

在 5 月 14 日《學習》雜誌編輯部邀集的高級知識分子座談馬列主義理論學習的會上，李景漢說：「在大學的理論學習方式不能養成獨立思考，僅僅限於在規定的框框裏思考，鼓勵人云亦云和接受權威任何看法的習慣。我已經快養成了接受別人看法的習慣，也能接受教條和背誦原文，否則就有考試不及格的危險。」（《學習》1957 年第 11 期）

5 月 30 日李景漢又在本校黨外人士座談會上作了發言，他說：「希望黨對知識分子，特別是經過屢次運動的挑剔，而找不到什麼大毛病的人，應該相信他，認為他是可靠的。如果你懷疑他，對他不放心，儘管可以在內心保持最高的警惕，也不要去傷害他們自尊心。中國有句民諺：水能載舟，亦能覆舟。這句話很可玩味。僅靠左手拿着馬列主義書本，右手拿着蘇聯武器，是不能解決所有問題的。」（《人民大學週報》第 150 期）《人民日報》刊登的一篇〈請看李景漢的反動面目〉中說：「在黨提出了『百花齊放，百家爭鳴』的方針之後，李景漢認為有機可乘，就積極地參加了章羅集團恢復資產階級社會科學的右派小集團。與右派分子費孝通、吳景超、吳文藻、潘光旦等勾結在一起，在批判舊社會學的合法外衣之下，積極地，有計劃有步驟地陰謀復辟資產階級社會學。」（8 月 16 日《人民日報》）

中國人民大學在反右派鬥爭的高潮已過之後，還反出了勞動專修科教授趙承信。趙承信（1907-1959），廣東省新會縣人。美國芝加哥大學、密執安大學留學生，獲博士學位。回國以後擔任過燕京大學法學院院長兼任社會學系主任。1948 年 1 月，學校派他去美國考察戰後美國教育情況。11月 2 日人民解放軍解放瀋陽，他立即提前回國，於 11 月 23 日趕回北平，積極投入燕京大學的護校鬥爭，滿懷熱情迎接解放。1952 年院系調整，燕京大學撤銷，他先調到中央財經學院，後來又轉到中國人民大學。他在勞動專修科任教，致力於鑽研我國過渡時期的勞動工資和人口問題。1954 年

他被安排為北京市人民代表大會代表。反右派鬥爭中，因為他主張恢復社會學，被劃為右派分子，下放到豐台農村勞動。1959 年 10 月 9 日因肺癌去世。

中國人民大學的反右派鬥爭，還必須說到一位奇人，他就是經濟學說史講師孟氧。他還是參與了人民大學創建的教員。他的著作《〈資本論〉歷史典故注釋》，是閱讀《資本論》的一本有用的參考書，人民大學出版社多次印刷，在校內校外都有影響。到了反右派鬥爭中，他被劃為右派分子了。據中共中國人民大學委員會編印的《高等學校右派言論選編》一書，孟氧有這樣一些右派言論：「黨的知識分子政策是用文明棍來解決思想問題。解放後知識分子的精神生活並沒有得到滿足。」「教研室學校無論在人事安排、教學工作、科學研究等方面都存在宗派主義。黨的宗派主義絞殺了科學，自己不是黨員，勞動死了也不行。」「老黨員不學無術級別高，工資高，是廢料。缺德少才，是靠德吃飯。新黨員雖有熱情，但無真才實學，是些唯唯諾諾沒有稜角的人。積極分子是些看領導眼色行事的人。」

到了文化大革命那一場大動亂中，他又受到了新的迫害。1968 年 3 月的一天，一家三口正在吃晚飯的時候，孟氧忽然被造反派揪走，關了起來。拖到 1975 年 12 月 24 日，孟氧被北京市中級人民法院以現行反革命罪「判處死刑，緩期二年，強迫勞動，以觀後效」。他不服，上訴到北京市高級人民法院。市高院於 1976 年 4 月 13 日作出終審判決：「駁回上訴，維持原判。」判決時，孟氧已從北京半步橋看守所轉押至山西臨汾監獄六年了。他在獄中，用了十五年的時間，寫下了一部五十萬字的書稿《經濟學社會場論》。

多虧了他的好女兒孟小燈。她從十二歲起就千里探監，稍稍長大以後就四處為平反父親的冤案奔走呼號。她去找了中國人民大學負責覆查改正右派工作的副校長張騰霄，去找了北京市高級人民法院的院長薛光華。在當時平反冤假錯案的大背景之下，她的努力終於有了結果。1979 年 7 月 8 日，中國人民大學黨委做出了《關於孟氧 1957 年反右運動中問題的覆查結論》，宣佈他「屬於錯劃，予以改正」，撤銷 1957 年劃孟氧為右派分子的決定，撤銷開除團籍、降職降薪的處分，而且還「恢復講師職稱，恢復政治名譽。從 1978 年 10 月起恢復高教七級工資待遇。工作由中國人民大學安排。」1980 年 8 月 19 日，北京市高級人民法院終於對孟氧作出了再審判決：無罪釋放。

孟氧回到中國人民大學以後，加入了中國共產黨，並被評為「優秀黨員」；職稱也由講師逐級晉升為副教授、教授，直至博士生導師，並列名為中國人民大學三十七名「最佳講課教師」榜首；1987 年他榮獲全國「五一」勞動獎章，同年年底被評選為北京市「十大新聞人物」。

1997 年 1 月 18 日，孟氧以癌症去世。兩年之後中國人民大學出版社出版了他的獄中著作《經濟學社會場論》一書。他的老友謝韜在〈我和孟氧的交往〉一文中說，這一本《經濟學社會場論》「是非常有分量的學術著作，體現了他獨具匠心的創建和成就」。這篇文章裏還記下了孟氧對他說的一句話：「一個大學如果只要求學生死記硬背課本，不鼓勵學生打破陳舊觀念，不去開拓創新，這種大學的教育就是失敗的。」（《炎黃春秋》2007 年第 5 期）

從李新的回憶錄《流逝的歲月》中可以知道，胡錫奎對於自己在中國人民大學製造出了林希翎、葛佩琦這樣全國著名的右派分子並不感到滿足，他還有意把人民大學黨委常委李新也劃為右派分子。李新在這本回憶錄中說：

> 當時人民大學的反右派鬥爭，正搞得熱火朝天。因為我事先知道黨的策略，我想什麼話都不說，等一陣熱潮退去也就完了。誰知就在把吳景超、李景漢等人打成右派後不久，人民大學的領導人（黨組書記）（注：即胡錫奎）竟然想趁機通過北京市委把一頂右派帽子安在我的頭上。現在想起來，也覺得實在可怕極了。

> 就在我從編書組回到西郊的一個晚上，黨委辦公室的一個好同志，匆匆忙忙地把剛出版的《黨內參考資料》（北京市委的內部刊物）送給我，要我立刻打開來看。我打開一看，呀，不好！那上面的顯著地方，登着一則人民大學反右派的報導：人大黨委常委李新居然擅自召集校務委員會，讓大右派分子吳景超、李景漢參加，引起廣大群眾不滿，連黨外教授趙錫禹等人都提出了批評意見。這個報導讓讀者看了，一定認為李新是吳景超、李景漢的後台，是隱藏在黨內很深的右派分子。我看了這個報導，怒不可遏，來不及和何干之打招呼，就立刻趕回城市裏。回到家中，我連忙寫了一封要求更正的信，準備送交《黨內參考資料》編輯部，希望他們於下期登出來，以正視聽。

在要發信的時候，一想這麼大的事情，還是該先請教吳老才好。我於是拿着信和刊物，忙到吳老家去。（第 339 頁）

這一步他真走對了。吳玉章看過材料之後，只説了一句話：「他們就是要你跳嘛！」李新領會了吳玉章的深意：「這封信是發不得的。《黨內參考資料》是市委的黨刊，你若有不同意見，就可能説你反對市委。」於是就有劃你右派的根據了。就這樣，吳玉章幫助李新躲過了這一厄。

毛澤東説：「大學裏，一個中文系，一個歷史系，唯心論最多。」換句話説，也就是要劃的右派分子也最多。中文系教授劃為右派分子的有楊伯峻、朱君允（女）（均北京大學）、程千帆（武漢大學）、董每戡、詹安泰（均中山大學）、許傑、徐中玉、施蟄存（均華東師範大學）、汪馥泉（東北人民大學）、胡山源（上海師範專科學校）、吳奔星（南京師範學院）、鄭朝宗、徐霞村（廈門大學）、張默生（四川大學）、劉盛亞（西南師範學院）、林煥平（廣西師範大學）、蔣錫金（東北師範大學）、陳子展（復旦大學）、魏猛克（湖南師範學院）、王捷三（西安師範學院）、李白鳳（開封師範學院）等等；北京師範大學中文系一共有十八位教授，就有八位劃為右派分子，他們是：黃藥眠、鍾敬文、李長之、穆木天、彭慧、啟功、陳秋帆和俞敏；此外還有南開大學中文系主任、語言學專家邢公畹。

歷史系教授被劃為右派分子的有北京大學的向達（1900-1966），敦煌學專家；王鐵崖（1913-2003），國際關係史專家、國際法專家。南開大學的雷海宗（1902-1962）。東北人民大學歷史系主任丁則良（1915-1957），當他聽到要開他的鬥爭會就投水自殺了。還有傅築夫（1902-1985），中國經濟史專家，這時是南開大學經濟研究所教授兼所長。中央民族學院的王鍾翰（1913-2007），清史滿族史專家。華東師範大學的戴家祥，金文甲骨文專家。北京師範大學的朱啟賢。山東大學的趙儷生（1917-2007）、許思園。在 1955 年的肅反運動中，許思園被編入「束星北反革命集團」鬥爭了一年，沒有查出任何問題，這時就把他劃為右派分子了；他的妻子唐郁南是外文系教員，九三學社社員，就因為幫丈夫説了話，也被劃為右派分子。此外還有湖南師範學院的皮名舉、雷敢。中南財經學院的汪士楷（1894-1959），原名汪澤楷，他又因為是著名的托派分子，新老賬一起算，以反革命罪判刑五年，不久死於勞改單位。中南民族學院副院長、少數民族史專家岑家梧，復旦大學的王造時、陳仁炳等。此外還有人文地理學專家、南京師範學院地理系教授兼主任李旭旦，還有廣州中山大學的羅應

榮。廣西師範學院歷史系教授、中國農工民主黨成員黃現璠，在各種座談
會上說了這樣一些意見：現在一般說非黨人士作負責人的都是傀儡，全國
都是如此。醫學院要高中畢業生作院長。初中水準的縣委書記，怎麼能領
導大學畢業生呢？(7月5日《廣西日報》) 不久他就被劃為右派分子。

　　還有瀋陽師範學院歷史系教授周傳儒 (1900–1988)。他在北京師範大
學史地系畢業後，於1925年考入清華研究院，受業於王國維、梁啟超、陳
寅恪。後留學英國，在劍橋大學專攻世界史和近代外交史，曾在國內多所
大學任教。1957年在瀋陽師範學院被劃為右派分子。劃他為右派的材料，
一個是整風期間，他作為列席代表在瀋陽市政協會上，以〈何必在人民內
部製造矛盾〉為題作了發言，他說：

　　　　焦書記在大會上，動員在座的委員和代表們大膽鳴放、幫助
　　黨來整風。作為知識分子之一，我誠懇地提出我們對黨和黨員們
　　的請求。

　　　　知識分子，屬於人民民主專政的四大階級的範疇，是工人階
　　級政黨的友人，而不是敵對階級分子，一切建設事業，不能脫離
　　他們，事實上，他們有權接受黨的團結，同時自己要爭取改造。

　　　　黨的統戰政策，如毛主席所指示，要團結一切可能團結的
　　人，動員一切可能動員的力量，加速社會主義建設事業。不幸
　　這幾年來，中下級黨的組織，黨員幹部，以及一般黨員，滋長了
　　功臣思想和優越感，特殊感。自高自大、輕視知識分子，排斥知
　　識分子。雖亦表現在三反、五反運動中，特別表現在肅反運動
　　中，學校的肅反運動中。對於中老教師，毫無根據地懷疑，把一
　　切中老知識分子，作為敵人來處理，無情地打擊、鬥爭、侮辱、
　　沉重地損傷了中老教師的人格、自尊心，這是不對的。瀋陽各大
　　專學校，一般是打擊面過廣，每校數百人受到鬥爭、侮辱、檢查
　　和非法檢查。市委為糾偏起見，到各校認錯，承包一切，但不能
　　解決問題。造成領導與被領導之間，黨員與群眾之間，新老教師
　　之間，有一道深溝或長牆，影響到團結，工作效率，和向科學進
　　軍。具體事例，各小組座談會議上，揭發得很多。

　　　　這幾年來，各校工薪沒有正確標準，黨員加得多，群眾加
　　得少，加得慢，親信行政幹部，加得又多又快，一年三升，三年
　　五提，教師加得又少又慢。突出地表現在幾年調整工薪工作。一

般說來，瀋陽師範學院中黨團員、青年助教們，加百分之三十，講師教授加百分之十。後來講師們提出抗議，由市委追加到百分之二十。教授副教授仍為百分之五到百分之十。個別教授六年不加，調整工薪，反而減少。反映了領導的宗派主義，重視黨團員、輕視知識分子，特別是中老教師。

由於這些宗派主義，官僚主義，主觀主義作風，青年群眾，對黨員取遠距離，中老教師垂頭喪氣不能安心工作，連日小組反映，各校皆然。瀋陽師範的領導，三大壞主義，非常突出。院長除三大壞主義之外還有家長制的作風。中老教師，人人求去。黨委吳書記，動員教授，座談整風，十一個教授中，只到六人，其餘認為黨無誠意，不願參加。到會六人中，五人求去，包括領導所拉攏的某主任。據教育部人談，瀋陽師院規模雖小，要求調助工作者，有二三十人。領導不在自己作風上檢討，而把反動帽子亂扣，打擊報復，使得中老教師，去志更堅。這種情形，瀋陽各校，大概相同。

黨發現了三大壞主義的危害性和嚴重性，及時提出整風，是賢明的。知識分子，響應號召，大膽揭發，但是鳴得不夠，放得不深。要想搞好整風運動，在學校中，首先要發動學生群眾，他們接觸面廣，知道黑暗事情多。其次要發動團員，他們有愛黨的熱情，而對壞主義有憎恨，不可抑制團員，不讓說話。又次要展開黨員的互相揭發，互相批評，不可官官相衛，給黨留下禍胎。

由於整風政策的賢明，提起了知識分子的勇氣，他們要求團結在黨的周圍；共同為社會主義建設事業而奮鬥。知識分子，有一顆赤熱的心，充滿着沸騰的血，迫切地希望把他們的知識、經驗、科學、技術、貢獻給黨和祖國。

第一、請求黨了解他們，作他們的知己。他們甘心為知己而死。肅反之後，繼以審幹，黨已掌握了充分材料，足夠徹底了解每一個知識分子。不可以再對他們懷疑，這是拆牆填溝的初步。第二，請求黨對他們信任，量才使用，務期人盡其才。幾年來，中下級黨部，對於知識分子，恭順者錄用、倔強孤高者排斥，造成擱置、積壓。領導上責任，在於掌握政策、專門業務，應當委之專門人才。這是拆牆填溝的進一步。第三，請黨支援他們。有一部分被錄用的知識分子，表示有職無權，一般是拿來做擺設。

知識分子，雖不是特殊材料製成的，但亦絕不是陶土作成專供陳列的花瓶。不用便擺，要用就信任、支持。有職無權，只有奴才才幹。萬不可以在上層擺上太上皇，在下層擺上後台老闆，叫他們在夾層中間受罪。這是拆牆填溝的最後一步。

革命事業，是人類全體事業。建設事業，是幾個階級的聯合事業，而不是一部分人的壟斷事業。如何發揮天下為公的精神，發揮統戰政策的妙用，是值得考慮的。我上面所提出的要求，雖然是根據普遍現象，主要是照顧着瀋陽師院的特殊現象。三害不除，人心思去、小之可以亡校，大之可以亡國，何必在人民內部製造敵人！

在這篇發言之外，還搜集了他另外一些右派言論。如：

有人說群眾和黨之間有座高牆有個溝，我看是黨排斥群眾，而不是群眾排斥黨，拆牆不要叫群眾拆一半黨拆一半，這是把罪惡和群眾平分。拆牆要黨員先拆，因為牆是由黨員官僚主義，主觀主義造成的。劉備三顧茅廬，從劉備看來是禮賢下士，而諸葛亮才更有價值，假若諸葛亮三顧劉備，諸葛亮就變成無恥下流向上爬的人……要群眾也主動，群眾是不了解黨的意圖的，人心隔肚皮，群眾要推心置腹，可是你（指黨）把心關上，我們就上當了就是傻瓜了。我們也得把肚皮縫上。

肅反政策「是不冤枉一個好人，不漏掉一個壞人」，我看壞人沒有捉到幾個，好人卻打了一大堆……搞得死的死，亡的亡，但領導作總結時卻說「肅反成績是主要的，健康的」，這是自欺欺人。我們學校中除少數的個別人外，全部中、老教師被污辱了。還有一個職員跳井死了，還有一個學生跳樓摔斷了脖子，這些都是罪惡。叫人無法生存，現在還有的被關在監獄裏，真是盡粗暴野蠻之極。還恬不知恥的說「成績是主要的」、「基本的」，死的人沒有覺悟等等。

肅反中發動攻勢，有的跳樓、有的跳井、有的被拷打、被污辱……這次搞法是狂風暴雨而不是和風細雨，是 11 級，12 級甚至是 13 級的大颱風。過去發動學生辱罵教師，今天又叫教師培養他們，莫爾根孟德爾法則被打死，老教師也被打死，三分氣只剩下一分，英文書不敢看。肅反中發動學生打老師、罵老師，反

過來又叫老師培養學生，說這些都是真理，可是這些真理學生接受不了。

黨群之間的牆和溝高極了，如果不整風匈牙利事件就要來臨，共產黨就要滅亡。

這次放誰也不敢放，造成積重難返的現象。言路不廣。真正能說話的是學生，他們啥也不怕，但是學校怕學生，不敢把他們放出來，怕放了以後無法收拾。我們學院根本沒有發動學生，只是聽班支部的意見，這是靠不住的。好壞的標準在群眾中反映不同，認為好的學生是幹部，群眾卻認為不好，因為他是打了別人才有了功，才能被培養被保送。只有發動學生才能放起來，必須發動學生，「肅反」、「思想改造」都發動學生，這次為啥不敢發動學生？

周傳儒煽動學生說：「整風提問題要集中，雞毛蒜皮的事少提，提出來不解決問題，因此一切問題都要對準領導，領導整倒了，什麼問題就都迎刃而解。」又說：「北大、東北工學院都停課了。『你們不勇敢』，沒有『五四』光榮傳統，要集中主要力量對付黨委，光靠幾個非黨非團是不行的，必須發動黨員相互批評，團員和群眾也要配合。」

6月8日開始反右派鬥爭、來勢很猛。6月11日瀋陽師範學院舉行批判本院的右派分子張百生黃振旅的教職員辯論會，周傳儒也發言說了一些隨大流的話。他說：「張黃兩人的文章，第一部分先從歷史分析，得出結果是錯誤的，因而得出結論錯誤根源在中央。第二部分對現在提出很多問題，特別是要取消黨的絕對領導權，這種分析方法也是錯誤的、片面的，結論是錯誤的。」

不過這時候作這種表態已經沒有用處了。周傳儒還是被劃為右派分子。他劃為右派分子以後的情況，據散木〈學人周傳儒和其前妻呂雲章的故事〉說：

1957年，周傳儒被劃為「右派」，被開除公職，並降為「資料員」。周傳儒負氣不就，並且拒領工資，遂以拾破爛為生，這就是他「拾荒」二十一年的生涯了。

再至「文革」爆發，周傳儒前後被抄家數十次，乃至「存書存稿多致毀滅」。然而他說：「過去二十一年中，息影北陵區，沒有書，不能進圖書

館，各雜誌、書刊不收稿，我還是打起精神，在萬難中，寫出、保存了一些材料。」（即《六十年來中國史學界變遷發展史》、《戊戌政變軼聞》、《梁啟超與王國維》、《史學大師王國維》、《李鴻章環遊世界與中俄密約》、《蘭亭序真偽問題考證》、《原始積累與獨佔公司》等）

及「文革」結束，周傳儒其人亦恐怕被人遺忘殆盡，然而他不久便獲得了平反，人稱其速度之快為前所未有，這又是一個離奇的故事了。原來，1979 年初，鄧小平訪美，當時周傳儒的一個兒子周阿斗在美國報界任職，其委託美國國會參議員傑克遜投書於鄧，要求查尋其父。鄧回國後即責成有關部門處理，月餘，周傳儒被尋找到，並且獲得了平反昭雪，恢復了教授職務。同年 10 月，周阿斗攜妻女回國，與父團聚。當時《人民畫報》為此還作了整整兩頁的專題報導。

終於，二十一年結束了，周傳儒回到了他在遼寧大學的宿舍，並於1983 年以八十三歲高齡赴美國講學和考察。晚年的周傳儒發願要搶回失去的時間，擬完成關於中俄外交史、中英外交史、中美外交史以及有關英、德兩國的諸多歷史論著，可惜他 1988 年因病逝世。晚年周傳儒寫有《自傳》、《自述》，不久前《周傳儒文存》也問世了。（《書屋》2017 年第 3 期）

中文系教授裏的右派，這裏先說一個武漢大學程千帆的情況。早在1952 年的思想改造運動中，武漢大學黨委書記、副校長徐懋庸在執行已經夠左的知識分子政策中還要別出心裁，給一些老教授以打擊和羞辱。只是弄得太過分了，徐因此也就被撤了職。程千帆也是受到徐懋庸打擊和羞辱的一人。對於反對官僚主義、宗派主義和主觀主義的整風運動，他是歡迎的，他有話要說。整風鳴放期間，他在各種座談會上說了這樣一些話：（有關程千帆材料，全部引自中共湖北省委宣傳部編《右派言論選集》，湖北人民出版社 1957 年版）

> 總說三反、思想改造的成績是主要的、偉大的、偉大個屁！我在北京碰到很多人一說起思想改造就搖頭，什麼成績是主要的，趕快收起吧！三反思想改造的時候，要我作檢討，撤我的職，都是當眾搞的，以後徐懋庸撤職，若干黨員在這件事上作檢討，卻是悄悄地搞，待遇太不公平。有人說人事處簡直是員警特務機構，我們幾十歲的人的一切就操在他們十幾歲的小孩子手裏，今後我要看人事材料，我不同意要由我寫不同意。三反、思

想改造的檢討是苦打成招，我不承認，要重新寫過。群眾為什麼不可幹人事工作，為什麼非黨團員不可。

我們歷次運動中常常捕風捉影，就去搜家，結果只道個歉。但有教條主義和特權思想的人，是不知道思想上有創傷是不能一下子磨滅的。憲法規定人民權利不受侵犯，但民法、刑法都沒有公佈，人民無權，憲法沒有保證，這是肯定的違法，是不能保障憲法的實現的。

人事工作全是黨員，人事處、科變成了獨立王國，加上腐朽，變成了黑暗的王國。系主任要查學生的檔案袋不行，一定要黨員去查。他們犯了錯誤別人無法監督，而他們可以隨便處治人，使人身加上了陰影，食欲減退，工作不起勁。人事工作幹部應該是德才兼備，不一定非是黨團員不可。

知識分子迫切要求信任，老是像對民族資產階級一樣改造、改造，什麼時候才信任我們。

劉真（注：武漢大學黨委書記）問向誰爭自由民主，他自以為問得很巧妙，其實這問題很好回答。向誰爭人權？向侵犯人權的人爭人權。向誰爭民主？向不民主的人爭民主。向誰要自由？向不給人自由的人要自由。現在事實如何呢？選先進工作者，選人民代表，什麼代表都是指定的，這民主麼？「三反」時×××教授被叫做×犯××，隨便把人家關起來，這自由麼？

肅反時有些青年人當時的態度粗暴，這些錯誤可以原諒，不能容忍的是在這次運動中，還有借機報復陷害無辜的嫌疑，當時公安局帶手槍逮捕了圖書館專修科兩個教員（其中一個上校特務），但×××說，武大敵情嚴重，還有更隱蔽更高級的反革命，現在才開始露頭，希望大家提高警惕，以後煙消雲散，沒有了。這只可能有兩種解釋，一種是×××容忍還有超乎上校的特務存在，沒有查出，一種就是×××胡說。原來×××、××、××× 等是準備把法律系主任×××當作最大的特務來狠狠地整一下的，為什麼要整他呢？×××是一個很有威望的教授，前後擔任過副秘書長、副教務長，法律系系主任，在工作中常常不同意宗派主義的作法，選人民代表時，他雖非上級指定的候選人，卻得了很多票，這就犯了宗派主義的忌，為了陷害他，就組織人偽造材料。例如×的太太罵李校長這個老先生好拐等

等（×的妻子是江蘇人，不會講湖北話）。這也算×的反革命理由之一，幸而上級了解他，沒有批准，否則，×就要當成反革命來整了。×××不是反革命，你一定要動員人家寫材料，人家不好不寫，但他們也有他們的辦法，以兩面派的辦法對付之，即白天寫了材料，晚上又去告訴×先生。所以誰寫了材料，寫些什麼，他全部了解。

關於高等學校的黨委負責制、共產黨員和群眾的關係等等問題，程千帆說了些這樣的意見：

> 上海有人提出取消黨委制，這是好的──他們想把工作搞好，不是想把工作搞壞，等到群眾不提意見就完蛋了，領導上應該明確一個東西，在學校裏應該依靠專家教授來搞好學校。共產黨應該認識這點，中國乃中國人之中國也，非共產黨之中國也，如果中國共產黨把全中國人都趕到維吾爾自治區，你共產黨也活不了。

> 在武大入黨的人，人們並不向他學習。我對×××的入黨是很有意見的，為了培養他入黨，指定他為先進工作者，並替他偽造材料，他當時新文學史稿還沒有出版，就說出版了。黨要捧什麼人，就要為他搞什麼名堂，選先進工作者是活見鬼，要就和清朝一樣，欽賜文正公，現在分明是賜的，還要說是群眾選的，善良的人選上積極分子自己也感到慚愧。

程千帆在一次座談會上的發言中尖銳的批評了系主任和副校長。《學習簡報》刊出的他的發言被修改得溫和一些了。他不同意，寫信給《學習簡報》編者說：

> 《簡報》第一期第四版所登載我的談話有××在「業務上並不突出」一語和我的原意不符。我是說：××的政治水準不高業務也很壞，根本不配當中文系主任。他當主任，乃是武大中文系的恥辱。試舉一個例子。有一次開會，××忽然引了幾句《呂氏春秋》，將音樂的樂，念成「洛」，將「闋」字念成「癸」。連最普通的學識都沒有，還不如一個學生，除了憑黨員的特殊以外，還憑什麼作主任呢？此外，這篇報導還暴露了這位「作者」對官僚主義的回護。誰不知道是總務處某些阿諛逢迎的人出些壞主意逼迫劉老將房子讓給了×××副校長，座談會上談得很清楚，

> 為什麼在報導中連 ××× 的名字都不敢提；××× 的名字又不
> 是封建皇帝的御諱。

這態度頗有一點凌厲。大約是因為受到當時整風鳴放氣氛的鼓舞吧。他對形勢的估計比較樂觀，在座談會上說，「看來領導上有決心把這次學習搞好」，「自從同學大鳴大放後，運動顯然起了大的變化，增加了新的血液，同學們很英勇，今後運動不能忽視這個力量，有人看見過漫畫中諷刺，覺得似乎有問題，我認為目前運動進展得很健康，與歷次運動比，這次運動很正常，群眾有理智，也很有節制，雖然個別地方看來有點膿瘡，但是主流是正確的，同學們絲毫沒有錯，不要氣餒。」

可是程千帆錯了，他沒有預料到整風運動會變為反右派鬥爭。6 月 8 日《人民日報》發表了〈這是為什麼？〉社論，這天他在中文系學習會上發言，說：

> 幫助黨整風我現在才明白，我們是客人，主人請我們吃饅頭，你卻要吃麵，主人要你提三大主義，你卻要提爭民主，主人自然不高興。群眾在整風中究竟處於什麼地位？現在我才明白，我們是做客的，這像主人出門，請客人看門，也好像請人炒菜。黨請我們幫她洗臉，我們卻全身洗到了，一直洗到腳，這當然不合規格。主人要你提三個主義，三個主義以外，你就不要多嘴。我們這些人在迷魂陣中積極地鑽了一個多月，現在比較看清了自己的地位，痛心的是我的講義沒有寫。現在有三條出路，一條是自動退出，我現在還沒有決定，將來是要自動退出的。

程千帆又錯了，他以為還要實行非黨員自願參加整風運動允許隨時自由退出的章程，不知道國務院就要發出一項決定，要求所有工作人員都要積極參加整風和反右派鬥爭，已經不能自動退出了，眼前在他面前並沒有可以聽憑他自由選擇的三條出路，而只有當右派分子這樣一個前景了。他終於明白了這一點，對同事說：我是關門家中坐，禍從天上來。

程千帆被劃為右派分子，徐懋庸很覺得開心。在他的感覺中，當年他在武漢大學的作為，就是今天反右派鬥爭的彩排，他就是被向黨猖狂進攻的右派分子弄下台的黨員幹部。這時他已經調到中國科學院哲學研究所了，還是未能忘懷舊事，寫了雜文《大學裏的右派》（筆名弗先），說武漢大學的右派分子如程千帆等人，早在 1953 年就搞「右派的大學」運動，在整風中大鳴大放，以「民主戰士」的姿態出現，結果是那個黨員幹部下

台了。這在黨是嚴肅處理，在黨員是重新鍛煉，而在右派則是「革命的成功」。（7月24日《大公報》）徐懋庸寫這篇文章，只起了聊以洩憤的作用，為自己翻案的目的卻沒有達到。程千帆攻擊黨員，攻擊歷次運動，攻擊人事工作，當然要劃右派，而徐懋庸鬧翻案，就是對上級黨委的處分不服，同樣是反對黨的領導，同樣要劃右派。

武漢大學的右派分子還應該說到袁昌英（1894–1973），湖南醴陵人，曾經在英國愛丁堡大學、法國巴黎大學留學。1929年任武漢大學外文系教授，講授希臘神話、希臘悲劇、莎士比亞戲劇和歐洲近代戲劇。抗日戰爭期間，隨學校遷往四川樂山。抗戰勝利後，隨學校復員回到武漢。1949年以後，在向蘇聯一邊倒的基本國策的影響之下，她又開始學習俄語。1952年在高等院校院系調整的時候，把武漢大學的外文系撤銷了。袁昌英只是因為丈夫楊端六是武漢大學經濟系教授，才沒有調出，改任中文系教授，講授西洋文學。她還是一位有影響的作家，創作有劇本《孔雀東南飛》等多種，在武漢市文代會上被選為文聯執行委員。她參加了中國民主同盟，被安排為武漢市政協委員。

1957年的反右派鬥爭中，袁昌英被劃為右派分子。她的右派言論，主要是在《光明日報》邀集的兩次座談會上發言。第一次：

> 武漢大學教授袁昌英先生說：別的學校的先生說，在他們那裏，黨群之間有一垛牆，在武漢大學，就不是一垛普通的牆，而是銅牆鐵壁。有人說，這座銅牆鐵壁是以前徐懋庸在這裏築起的，可是徐懋庸離開武大已經四年，而這座銅牆鐵壁依然屹立不動，原因何在。

> 我感覺到，武大黨群之間的銅牆鐵壁，徐懋庸，有「功勞」，但總的說來，是有些黨員的特權階級的作風築成的。比如平日在我們非黨的先生之間，見了面總是點頭招呼，話話家常，談談工作，人情味很重。可是黨員見了我們，便正襟危坐，兩眼朝天，顯出一付黨員樣子。見了面有時還略一點頭，有時連頭也不點。根本不同我們接近，大約是怕與我們這些「落後」的人接近，失掉「黨性」吧。他們既然以冷臉對人，知識分子也有知識分子的性格，也難熱臉相向。這樣，在黨群之間怎能不有一座銅牆鐵壁。

有人說，武大這座銅牆鐵壁，把人分作三個方面了：黨員是甲方人員，黨外的知識分子是乙方人員，還有一些積極分子是丙方人員。這些積極分子是鑄牆的積極分子，因為黨員從來不與黨外的知識分子接近，只是依靠這些積極分子來了解黨外知識分子的思想情況，而這些積極分子彙報的，又不是真實情況，而是為着表示自己積極的情況，這樣一來，這垜牆壁自然是愈來愈是加深加厚了。

在武大，黨員的特權階級作風，隨處可以看到，隨便舉一個小例子，有一次，家屬委員會檢查各住宅的防火工作，檢查到人事處一位黨員家裏，這位黨員卻大聲叫罵，把那位負檢查責任的女同志罵得哭着出來了。大家只好搖頭歎息，有什麼辦法。又如各家有客人留宿，必須到保衛委員會去報告一下。可是有的黨員家裏來了客人，要他去報告，便說他不必報告，說他們黨員家裏來的客人，沒有什麼靠不住的人。這當然難怪人家把黨員看作特權階級了。

我覺得，在武大，民主空氣非常不夠，誰提意見，便會被扣上一頂大帽子。有一次，我們住宅區的合作社要撤銷，大家感到買菜等等要上坡下坡，非常不便，請求不要撤銷，沒有允許，於是大家便簽名上書再一次要求考慮不要撤銷，可是結果不但事情沒有辦到，還扣上了一頂大帽子，說這是請願，是「反黨、反領導」。這真是把大學教授當作小孩子來嚇唬了。「長期共存，互相監督」的方針提出來以後，學校黨的領導叫大家提意見，我當時心裏有顧慮，但覺得不提又不好，就提了些小意見，不敢提大意見。後來又怎樣呢？有些黨員不高興了，「袁昌英意見可多哪！」

我認為，解放起到「百花齊放、百家爭鳴」方針提出來以前，那才是初春天氣，乍暖乍寒，正合着「四月八，凍煞鴨」的一句俗話，知識分子一方面心裏非常歡喜，一方面又有些畏寒。自從聽了毛主席的講話，這才感到是春暖花開的時季了。要把武大搞好，必須打破這垜銅牆鐵壁，黨員有責任，群眾也有責任。黨團領導不能自視為特殊人物，應當把群眾，把黨外知識分子看作一家。不過，現在離這個要求還遠得很，還是希望而已。
（1957 年 5 月 17 日《光明日報》）

第二次她說：

　　武漢大學教授袁昌英先生希望報紙替她叫一叫，問一問高
教部。她説：高等教育部在院系調整的時候，隨隨便便把武漢
大學的外文系取消了，當時對外文系的先生和學生來説，是一個
莫大的打擊。有一位老先生聽到這個消息，當場就氣得吐了血。
去年説要恢復英文專業，大家很高興，叫我做計劃，很快便做好
了。可是送上去，卻石沉大海。問學校，學校也説不知道。希望
高教部給一個明確的指示，到底辦不辦？不辦，又是什麼理由？
（1957 年 5 月 19 日《光明日報》）

又據 6 月 10 日新華社的一篇《內部參考》報導：

　　新華社武漢 5 日訊　武漢大學學生 4 日提出一項新的口號：
維護民主，維護人權，維護社會主義法制，維護憲法所給予人們
的權利，許多學生要求擴大民主，對黨委（有的説對黨）施加壓
力；中文系有學生建議學校召開全校師生員工會議，起草宣言，
提出維護人權的口號。

　　武漢大學學生自發組織的各種大字報，漫畫的記者和編輯，
4 日聚在一起研究了武大「鳴」、「放」的現狀及今後的方向。部
分教師參加了這個會議。會上大部分是教師的發言，學生們提出
爭取人權的口號是從教師的發言中明確起來的。

　　這篇報導摘錄的袁昌英的發言有這樣一句：「中文系教授袁
昌英：三害的本質是制度問題。建議成立改善學校行政委員會，
提出方案，呈請高教部甚至國務院。」

她的晚景，據李揚〈作家、學者袁昌英〉一文説：

　　到了 1957 年，她積極參加鳴放，被錯劃為右派分子，開除
教授職務，下放到圖書館勞動。一年後，又聯繫到她早已交代清
楚的歷史問題，由法院判為歷史反革命，開除公職，交街道監督
勞動，每日掃街……1964 年，她的右派帽子被摘去了，但並未
重新起用。她這樣一個熱愛工作並有着旺盛精力的人被迫呆在家
裏，同家庭婦女、保姆們一道開會學習，這種沉重打擊並未使她
完全絕望，她每天仍練楷書，讀文學刊物，打算在有生之年重譯
莎士比亞著作。1966 年，她遇到家庭的慘變。9 月，她患難與共
的廝守四十五個春秋的楊端六先生病故。1970 年她又遭到新的災
難，被當作五類分子遣送回鄉，回到湖南醴陵農村老家，住在一

個遠親家裏。1973 年春天，當地公社調查了她的問題，作了不是歷史反革命屬人民內部矛盾的政治結論。但是，多年的折磨摧殘，耗盡了她的生命力，就在這一年的 4 月 28 日，含恨與世長辭。（《新文學史料》1981 年第 4 期）

華東師範大學中文系主任許傑，又是中國作家協會上海分會副主席兼書記處書記，又是中國民主同盟的中央委員。在 5 月 9 日《文匯報》上發表〈牆是怎樣形成的〉一文中指出在三反五反、思想改造、資產階級思想批判和肅反運動這歷次政治運動中有些黨員「希望在運動中立功，在政策的執行上，可能還有寧『左』毋右的思想，這就容易形成不夠和諧的地方了」。他沒有說對人的傷害，只說是「不夠和諧」，這也就夠溫和、夠委婉了。當然，文章裏也有一些有刺激性的話：「有些黨員領導同志，時常露出解放者的面孔，如說『要是他們再嚕蘇，我就叫他們沒有飯吃』，如說『我們是靠革命吃飯不靠業務吃飯的』等等，那完全是功臣自居、居功自傲的態度，說是不要在黨群之間，築成一垛高牆，這又哪裏可能呢？」不久他就被劃為右派分子。6 月 27 日《光明日報》的一篇〈上海高等學校反右派鬥爭波瀾壯闊〉的報導中說：「許傑主張整風要狂風暴雨，開小會談心會不夠熱火朝天，口口聲聲說黨整風無誠意，有顧慮。在學生出了大字報後，他大加讚賞說，學生也應該大放大鳴。人們責問他為什麼要打亂師大的整風步驟。」

華東師範大學要把許傑劃為右派分子還很用了一些心計。中文系同事徐中玉在〈歷史真相的一角——追念許傑先生〉一文中回憶說：

> 本來（華東師範大學）黨領導對他一直尊敬，可運動一來，馬上翻臉，竟咬定他必然也幹了糾眾策劃、點火的勾當。師大民盟絕無此種舉動，他自然不肯承認。大概了要找一個缺口，上面於是想到了我，認為我們原是熟人，在師大又同為盟員，同負責中文系，關係很好。我們必是同謀至少是知情人。於是先由已兼了市委教育衛生部長的校黨委兼常務副校長常溪萍找我談話。

> 在常那裏，也許還有點「挽救」我的意思吧。談話不在校內而選在市委他的辦公室裏，當為特表鄭重。他先表示了對我的善意，接著痛斥許老對一位黨員教學副校長的批評，認為這不只是對一個黨員的指責，而是對黨的誣衊，進而還上升到是對民盟中央「章羅聯盟」和六教授密室之會策劃點火的回應。他說他們知

道各地民盟的動向，情況十分嚴重。我只得説我不知道有什麽，民盟組織鬆散，除平時偶開小組會閒談外，從無其他活動，我和許老只談業務和學術問題，民盟事務無甚可談。要我們助黨整風，從來都是各説各，各寫各，從不商量，彼此説些寫些什麽，也不知道。我説的這都全是實情。他聽了冷笑，顯然不信。他説：「不要這樣關門，許傑的事情你一定清楚，隱瞞下去，絕無好處，對你自己太危險。你應像舒蕪一樣對許傑反戈一擊，還來得及。」聽他如此説，心裏極生氣，但只好忍着搖頭不答。最後他站起來這樣總結道：「我是好心對你，今晚請你和這裏兩位同志去文化俱樂部便飯，好好再談談，你得鄭重考慮。」

當晚，我只得如約去和兩位女幹部會面了。她們還是老問題，我也還是老回答。因為事實如此。我們曾被國民黨疑為「奸匪」，哪會策劃反黨，點什麽火？都是在肯定黨的巨大成就前提下遵囑提了點問題的，可能有不當之處，可以批評幫助，但這全是個人所説所寫，絕非有什麽策劃、共謀。兩人最後一定要我兩天內把所知道的許老的情況書面寫給她們，還明白地説，「只要能對許傑反戈一擊，就可不扣你右派帽子，這是最後的機會了。」（《隨筆》2000 年第二期）

徐中玉不肯賣友，拒絕合作，於是也就被劃成右派分子了。

中山大學中文系教授董每戡，又是中國民主同盟廣東省委員會的委員。5 月 19 日，中共廣東省委第一書記陶鑄到中山大學同教授們作了六個小時的座談，董每戡在會上説，學校的一部分黨員有兩副面孔，平時是封建時代的寡婦面孔，不苟言笑；（陶鑄插話：是冷若冰霜）不去接近群眾；運動中是屠夫面孔，很兇惡，知識分子很怕他們。其次是黨員的兩種作風，運動一來拼命動員人家提意見，遇到另一種場合就報復人家，黨委在幾次會議上都沒有表示態度，因此教師們雖放，卻不多，現在還需要大放。第三是建議不能有兩種法律，黨員犯錯誤檢討了事，非黨人士犯錯誤可不得了，結果某些黨員就不怕犯錯誤。一般人的看法，是群眾和黨員並不是一樣看待的。座談會結束的時候，陶鑄表示：黨組織是不會報復誰的，要大家不要怕。（5 月 21 日《廣州日報》）反右派鬥爭公開發動以後，民盟中央的章伯鈞、羅隆基受到集中火力的批判。6 月 15 日在民盟廣東省委常委擴大會議上，董每戡説，章伯鈞、羅隆基的言論不是憑一時靈感而發的，而是有歷史根源的。他們又是民盟的領導人，在盟內外都有影響，

因此要他們進行檢查。但是，他認為，直到現在，報上對他們的錯誤都沒有具體分析，不能說服人。對章伯鈞等的錯誤，不是要處分他們或是把他們拉下來，而是要幫助他們站起來。（6月16日《南方日報》）不久，董每戡被劃成右派分子，被撤銷一切職務，每個月只發給生活費二十元。妻子胡蒂子受他的牽連也被劃為右派分子，月工資由九十元降低到三十元。廣州生活費用昂貴，他們只好全家遷居胡蒂子的家鄉湖南長沙了。當年我有幸在長沙結識了董每戡教授。

還有南開大學中文系主任、語言學家邢公畹。他曾經在中央研究院歷史語言研究所從李方桂學漢語方言、漢語上古音、侗台語系等學科。1942年到昆明西南聯大中文系任教，又從同事羅常培學漢語音韻學、漢藏語言調查。並且到雲南羅平縣調查布依語，到新平縣磨沙地區調查傣雅語。在少數民族語言、古今漢語語法、古聲韻、方言學等學科都深有研究。1953年至1956年奉派赴莫斯科東方學院和莫斯科大學講學。可見他是受到共產黨的信任的。可是在1957年的整風運動中，他卻說出了自己的真實意見。據新華社的一份《內部參考》報導：「南開大學教授邢公畹認為：1955年以前，黨有很大成績，有很高威信；但1955年以後威信日降，許多黨組織和黨員的行為，令人血管爆裂。他在工會小組會上說完這番話之後，當眾宣佈撤回自己的入黨申請書，並表示永不再申請入黨，『不想借入黨騎在人民頭上，取得高官厚祿。』」（1957年6月10日新華通訊社編《內部參考》）這樣的發言，就等於自己報名劃為右派分子了。

中文系教授被劃為右派分子的還有西安師範學院語言文學系的王捷三，本書前面第十二章已經說過了。

北京師範大學中文系教授穆木天貼出的大字報〈我的呼籲〉，其中說：「我呼籲：請黨中央像搭救王蒙一樣，救救師大罷！讓黑暗王國有一線光明罷！」在批評學校領導者的宗派主義的時候，舉了學校副校長、黨委書記何錫麟與中文系一個外國文學女進修生關係的醜聞為例：「某黨員首長老婆孩子一大堆，還違法亂紀亂搞男女關係，我認為黨委、行政不處理，這是宗派主義的行為，可是，黨員首長，把我的話完全給打回來了。他說那位黨員已經處理過了。處理的內容就是自己作了檢討。並且本人（何）也不知道女方是有愛人的。更不知道她的愛人為此而動刀自殺的事，這也不算宗派主義。」5月22日《光明日報》刊出的時候，稍有改動，像「某黨員首長」就改成「某黨員」了。儘管這樣，據黨委副書記張斧說：「運動一開

始，黨委就擔心這件事，所以穆木天〈我的呼籲〉在《光明日報》一發佈，我們就感到被動了。」（見〈不肯沉睡的記憶〉，第 16 頁，《光明日報》刊出的見第 317 頁）

穆木天的這一張大字報果然引起了軒然大波。新華社記者丁寶芳寫的「內部參考」〈北京師大學生準備派代表到黨中央請願〉這篇報導説：

新華社北京 26 日訊　北京師範大學今天上午有學生代表準備到黨中央請願。學生們認為現在學校黨委已不能領導整風，要求中央派工作組來學校領導整風，撤換何錫麟（學校黨委第一書記）副校長。

事情的經過是這樣的：中文系教授穆木天（脱黨分子）在小組會上揭發何錫麟校長亂搞男女關係的事情後，穆木天説領導上就從此打擊他，他並在 5 月 22 日的《光明日報》發表了〈我的呼籲〉。這一來這個事情就在學生中傳開了。24 日下午黨委副書記張斧和宣傳部部長張剛動員學生進一步大「放」大「鳴」時，對於何錫麟的事件作了解釋，説何錫麟亂搞男女關係是在到師大任職以前，而在 1954 年和俄語系一研究生只是關係比較密切，後來又作過檢討等語。在解釋評穆木天為二級教授的理由時，又説群眾對穆木天很不滿意，説在一次工資評級座談會上，王古魯教授罵穆木天是叛徒，因為他是脱黨分子，而穆木天也罵王古魯是漢奸。學生聽了這些解釋後，情緒大為激動，認為學校黨委領導有宗派情緒，包庇何錫麟，並在這樣的大會上，揭露黨外老教授的缺點是別有用意的。因此立刻就貼了很多大字報，批評張斧、張剛是用宗派主義參加整風。

這個事件到昨晚就更發展到頂點：俄語系黨支部在學生組織的「自由論壇」上徹底揭露了何錫麟的亂搞男女關係，因此學生就更認為張斧、張剛鬧宗派，欺騙學生。據黨委會趙樹荐對記者説：張斧、張剛的報告事先沒經過很好討論，所以很多話都有毛病，學生這種情緒是正常的。《師大教學》（校刊）的編輯劉福惠對記者説：目前師大黨委沒有人好出面説話，只有副書記方銘在群眾中還有些威信，但他沒有表示出對領導這次整風的信心。

北京師範大學除「何（錫麟）穆（木天）事件」外，還有「謝昕事件」（謝在肅反中被監禁一年又四個月，她在昨晚自由論壇上提出控訴）、「李筠（中文系黨支部書記）事件」（在李筠主持

的一次教授座談會上，一位黨員批評黨外教授穆木天，學生認為李筠是把整黨變為整群眾）和「張斧、張剛拉攏朱啟賢入黨事件」等三個事件。「張斧張剛事件」據說前幾天張斧、張剛曾專門拜訪朱啟賢，問他是否要入黨，如要入黨可以給入黨申請書，朱啟賢說，「現在是整風，不是暫不吸收入黨嗎？」張斧、張剛說「高級知識分子可以例外」。而朱啟賢就對同學說及這個經過，認為張斧、張剛在這個時期要他入黨是拉攏他入黨。

今天中午，學生還在繼續張貼大字報。據說，今天下午五時後，學生還要組織自由論壇。（1957 年 5 月 27 日新華社《內部參考》）

穆木天就憑這一張大字報，也就必定要劃為右派分子了。當然，還要另外收集一些材料寫入定案材料，那是很容易辦到的事情。8 月 5 日《人民日報》刊出了一篇記者孫祖年寫的報導〈為資產階級叫囂的貓頭鷹──穆木天〉，其中說：「在整風期間，穆木天同他的妻子彭慧共謀興風作浪，到處煽動群眾搞『大民主』，對黨進行惡毒的誣衊，企圖搞垮黨委，達到個人野心的目的。」這篇報導就穆木天的外國文學講義參考了蘇聯大百科全書等書，就說他「剽竊他人文稿」，還因為他在「左聯」時期被捕過就說他成了革命的叛徒。在「唯恐天下不亂」這個小標題之下，揭露了他的右派言論，如說「師大領導是不學有術」，所謂「有術」就是有整人之術。「黨員入了黨就脫離了人民。」這篇報導還株連到他的妻子：「彭慧作為一個共產黨員，平時作風惡劣，不少人反映她早已不像個共產黨員了。在反右派鬥爭中，她不但沒有站穩黨的立場，卻墮落入右派的泥坑中和她的丈夫穆木天在一起，夫唱婦隨地向黨發動猖狂進攻，她洩露黨的機密，發表反黨言論，惡毒地攻擊師大黨委，成為右派分子在黨內的內應。」

談到北京師範大學的反右派鬥爭，不能不說到生物系主任、一級教授武兆發（1904-1957），他是美國留學生，解放初期回國。細胞學專家，組織胚胎和細胞生物學權威，全國性學術刊物《生物學報》的主編，中國海洋湖沼學會第一屆理事會常務理事。因為有海外關係，在肅反運動中把他鬥苦了。整風鳴放開始，他就要求給他一個說法。反右派鬥爭起來，就抓他為典型，開大會鬥爭他，極力醜化和侮辱他。他就以自己用的手術刀自殺以示抗議。他死了之後，校園裏還給他貼大字報，說他「畏罪自殺」，「自絕於人民」。他是反右派鬥爭中北京師範大學自殺的第一個人。（見同上書，第 21、288 頁）

北京師範大學俄語系主任胡明，早在 1955 年 4 月就向來學校視察的教育部高等教育司司長李實寫信，揭露北師大黨委書記、副校長何錫麟的許多問題，可是沒有得到答覆。就憑這封信，他也夠定為攻擊黨的領導的右派分子了。這次整風鳴放期間他又在各種座談會上積極發言，如說「系秘書不是系主任的助手，而是他的監護人」，「系秘書專政害多利少」，並且舉出俄語系黨員秘書楊邁在工作中處處和他作梗的實例。他當然被劃為右派分子。（《「陽謀」下的北師大之難》，香港真相出版社 2013 年版，第197–216 頁）

上海復旦大學外文系教授兼圖書館館長潘世茲，他從英國劍橋大學留學回來，歷任聖約翰大學歷史政治系主任、教導長、代理校長。他的父親潘宗周是一位很富有的藏書家，解放以後，他把他父親的珍貴收藏都捐獻給國家。1952 年聖約翰大學撤銷，他調到復旦大學。他參加了民盟。1957年被打成右派分子。文化大革命中又坐了八年牢。（據賈植芳，《我的後來者潘世茲先生》）

南京大學外文系教授陳銓（1905–1969），四川富順人。曾經留學美國和德國。回國後曾在武漢大學、清華大學任教。抗日戰爭爆發後，到昆明西南聯大任德文教授。1940 年和雷海宗、林同濟合辦《戰國策》半月刊。1942 年又發表四幕話劇《野玫瑰》。這個刊物和這個劇本當時都受到左翼人士的批評。抗戰勝利後曾在上海同濟大學、復旦大學任教。1952 年到南京大學，就在這裏被打成右派分子。

天津南開大學的反右派鬥爭，是從批判歷史系教授雷海宗開始的，很快就牽連到歷史系的副教授辜燮高和研究生王敦書和陳生璽，以及學生張鎮強、張雲鵬、張孝純等好些人。經濟系是反右派鬥爭的一個重點，反出了教授傅築夫、楊敬年、李寶震、劉君煌、林和成，副教授陳國慶、任振威，講師孫兆祿、孟憲揚和一些學生。中文系反出了教授邢公畹，講師朱以玄以及學生汪正章、張步明、施建偉等等許多人。此外物理系、數學系、化學系、生物系都劃出了右派分子，就不舉例了。總之全校師生一共劃出右派分子四百人。

巫寧坤，揚州人。在昆明西南聯大外文系念書的時候，珍珠港事件發生，他即中斷學業，成了美國人士援華的「飛虎隊」的譯員。1943 年他去了美國，為在美國受訓的中國空軍人員擔任翻譯。戰後他進了印第安那州

曼徹斯特大學讀書，後來又進了芝加哥大學研究院英文系。1951年新年，他收到北京燕京大學校長陸志韋的電報邀請，請他回國任教。8月，他就到了北京燕京大學西語系任教了。1952年院系調整，巫寧坤調到了天津南開大學，擔任英國文學史、美國文學選讀和中譯英這些課程。1955年，他成了肅反運動的對象。折騰一年之後，沒有事了。1956年6月，他被調到北京國際關係學院。不久還調出參加翻譯中共第八次全國代表大會文件的工作。

1957年整風鳴放期間，學校領導一直動員巫寧坤發言。他在教職員大會上的發言記錄如下：

> 他首先簡要地回述了他六年前中斷了博士論文的寫作，應邀回來為新中國工作。沒想到回國後卻碰上種種困難，然後重點談到肅反中他在南開的遭遇，「那是毫無道理、十分荒謬的，肆無忌憚地違反民權，明目張膽地官方私刑。即便來我家搜查的人手裏捏著所謂的『搜查證』，他們有什麼權力對我懷孕的妻子和生病的老母親進行搜身？南開大學至少應該向我們道個歉吧？」繼而他讚揚黨的「雙百」方針，讚揚目前廣泛徵求知識分子的意見和鼓勵言論自由的氛圍。他引用了「防民之口勝於防川」的古訓，並發揮為「防知識分子之口勝於防洪」的高度。從而他說在我們幾億人口中，知識分子少得可憐，應當鼓勵他們作為民族的良心，而不應當讓他們繼續當封建王朝那樣卑躬屈膝的士大夫。

> 在外交方面，他認為「一邊倒」的親蘇政策，未必最符合國家利益。談到英語教育，他對中國大學聘請蘇聯專家來指導英語教學的做法提出疑問。他說難道有一天我們還要請蘇聯專家來中國大學指導中文教學嗎？

> 關於文藝理論與批評，他認為毛主席〈在延安文藝座談會上的講話〉強調政治標準第一是不全面的，因為那是由於戰爭年代宣傳工作的需要，現在是否可以按照「百花齊放」的精神加以補充。

他這一席發言使他成為極右分子，被送到凱興湖勞改農場去勞動教養。後來又被移到河北省清河農場，經受著饑餓的折磨。萬幸的是，他居然活了下來，在美國和英國幾所著名大學做過客座教授，1993年在紐約出版了他用英文寫的自傳《一滴淚》，現在已經有了日文、韓文、瑞典文的譯本。在

境外也有一個中文本。(以上全部據戴煌,〈巫寧坤教授回國落難記〉,見《炎黃春秋》2007 年第 4 期)

除了教授之外,當年還有一些很有發展前途的青年教師也被打成右派分子了。傅璇琮在〈北大的學風與良師〉一文裏,講到了他們北京大學的一個案例:

> 1958 年初,我們幾個剛處於學術上升時期的年輕助教、研究生,如樂黛雲、金開誠、譚令仰、褚斌傑、裴斐、劉群和我,說是 1957 年 4、5 月間辦同人刊物(實際未辦成),屬「反黨」性質,劃為右派集團,有的去勞動,有的貶至外單位。我與褚斌傑先後到了商務印書館和中華書局。我記得我於 1958 年 3 月離開北大前,楊晦先生特地要我到他家裏坐一坐,吳組緗先生邀我到他家去吃一頓飯,算是餞別,由此也可見北大前輩學者那種不同尋常的寬宏的氣度。那時我確實不期而然地湧出如《論語·衛靈公》篇所說的「君子不可小知,而可大受也」的親切之情。我於 1958 年初到中華書局,到現在已將近四十年。先是做一般的古籍編輯工作,「四人幫」粉碎後,政治問題得到改正,環境逐步有所改善,七十年代後期曾任編輯室主任,八十年代初為副總編,1991 年任中華書局總編。(見《我們的學校》,北京大學出版社 2010 年版)

1957 年的教育界還有一件不大不小的風波,就是交通大學遷校問題。交通大學在上海,是一所有六十多年歷史的、有聲望的大學。1955 年,高等教育部決定將它遷到西安去,上海的校舍移交給造船學院。到 1956 年,只遷去了一二年級學生和擔任一二年級課程的基礎理論和基礎技術課的教師。這一來,學校立刻受到影響,華東區尤其上海區以第一志願報考交通大學的考生大大減少,降低了新生的品質。遷到西安的人也覺得,這裏科研、教學直到生活條件都不如上海,許多人都希望搬回上海去。整風鳴放期間,他們活躍了起來。5 月 9 日晚飯後,他們開始聚眾鬧事,敲鑼打鼓,鳴放鞭炮,一直鬧到深夜。鬧到學校停課一星期,最後只好推派代表赴京請示,直接向周恩來訴說。

當時交通大學西安部分的師生關於遷校問題爭論的激烈情況,可以看看 5 月 10 日新華社《內部參考》的一篇報導:

新華社西安 10 日訊　5 月初，交通大學西安部分的一部分學生自發地展開關於遷校問題的爭論。學生宿舍區的佈告欄內貼滿了五光十色的大字報，言論十分激烈。大字報的標題有〈交大在上海真的不能發展嗎？〉〈遷西安降低了教學品質〉〈交大回家去〉等等，有的大字報上還插畫了一輛火車頭，表示堅決回上海的意思。目前有十來個班級學生（佔全部班級十分之一）不經班會和團組織同意，自動組織了遷校籌委會，集會討論遷校問題。他們還發出了電報給上海交大校委會，表示反對學校西遷。少數同學已提出要求停課來討論遷校問題。據說，他們還準備派代表到上海或北京請願，大有發展到運用「大民主」的趨勢。

中共交通大學西安部分委員會事先對這些情況發展的認識不足，所以有些措手不及。黨內對遷校看法也很不一致，黨員師生多數對遷校問題認識不清，只有少數認為遷來西安是正確的。當學生們自動地組織討論後，5 月 5 日學校召開了緊急會議，由副教務長張鴻向學生作遷校問題解釋的報告，學生們當場遞了很多責難的條子，並且發出噓聲，表示不滿意。6 日，學校行政和黨委連續召開一系列會議，訓練幹部，準備深入學生中作解釋工作。據記者了解，學校領導還是願意讓大家「放」的，如職工方面也已展開了遷校問題的討論，但是對目前情況還缺乏辦法來正確領導，有觀望中央和上海的傾向。黨委宣傳部一個同志反映，如果一旦說學校決定不遷西安來了，交大仍留在上海的話，那是黨內黨外「皆大歡喜」。

交大西安部分的教師目前表現得還較平靜，不如學生激動。前些日子，他們已首先對遷校問題展開了爭辯。工會教師現已派出四個代表，到上海參加正在召開的校委會，並且提出他們對於遷和不遷的兩方面意見。據了解，上海來的教師中有百分之八十以上的人，對遷校西安懷疑，有意見，甚至反對。師生們對於成立「兩個交大」一般表示反對。

歸納全校師生們提出同意遷校的意見有如下幾點：一、這裏地下資源豐富，遷校符合工業佈局的原則；二、西安原有文化基礎差，遷校可以發展西北地方文化，配合工業發展；三、交大任務重，適合設置新專業的條件；四、當前國際形勢決定遷，很多工廠也往內地遷；五、就地培養幹部快而多；六、交大師資力量強，能接受大任務，等等。

主張不遷校的師生們理由是：

一、國際形勢需要這個論點目前已不成立，好些報告提到可以有一、二十年和平環境。

二、經濟是基礎，文化是上層建築，不能先辦學校後辦工廠。最近中共西安市委副書記馮直向學生們作了一次報告，談到西安工業發展主要方向是精密儀器和航空國防方面。因而同學們認為目前西安還沒有很多很好的機械工廠，學校遷來是不必要的。材料力學教研室反映，遷交大辦南洋（指在上海辦南洋工學院）是錯誤的，古今中外是沒有遷校的。莫斯科大學沒因有新的工業基地而遷校，包爾曼大學已有一百二十五年歷史，但工業中心仍在烏拉爾。其他如英國劍橋、牛津大學也都沒有遷校。

三、西安高等學校太多，文化科學中心會自然形成。學生們在大字報上提到西安已有西北工學院和西安動力學院等工業學校，根據交大和上海各方面的傳統聯繫，應該搬回去。

四、遷校師資力量受影響，科學研究要推遲，教師沒有地方進修，交大原有一百二十多名正、副教授，這次遷校後因有一部分教師併入造船學院等原因，現全校只有八十名左右正、副教授了。西安沒有理工研究所，教師進修成問題。上海有許多專門為科學研究的工廠，而西安沒有。好多科學資料圖書都是先供應北京、上海，而西安買不到。有的教師還談到，去上海參觀各工廠、實習等都很方便，有熟人（許多工廠總工程師是交大畢業生），這裏卻困難重重。

五、遷校各種損失太大。大家提到學校環境綠化就花了五萬元。從上海到西安的各種搬運費也相當可觀。同時，各種儀器因運送要受損失，有的壞了還無法修理。學生們貼出的大字報上寫道，學校儀器設備目前只運來七分之一，所以搬回上海還不遲。

六、遷校學生品質受影響，招生來源有問題。

七、遷校對西安城市的壓力大，增加供應困難，人員安插有問題。許多學生並以中共西安市委副書記馮直同志談到的關於這些方面情況作不遷理由的根據。

八、生活水準高，職工生活困難很大。據說西安和上海的工資待遇是一樣的，但西安的日常生活水準要高出上海百分之十到百分之十五，很多職工反映生活受影響很大。每年回家的人很多，從西安到上海往返的路費極大。

主張不遷的師生還提出下面幾點意見：一、回上海的車費盡可能自己負擔，教、職、工中領到的安家費、棉衣費退還國家；二、今年先搬回二年級，明年搬一年級；三、校舍不夠可以利用上海交大後面的空軍療養院等地進行擴建，臨時搭上草棚。動員學生走讀；四、這裏的一些校舍建築可交給西北工學院和西安動力學院使用。

堅持主張遷校的一部分師生也提出了遷西安的要求：一、所有專業都來，教師要有百分之九十以上遷來。據了解全校師生員工對於因遷校而使師資力量的削減很為不滿。大家都希望能保持交大學生品質高的傳統。二、生活、教學和科學研究等問題必須專門處理解決，高教部和當地黨委應該大力支持，要在經費、儀器、圖書、基建材料等問題上迅速幫助解決。（1957 年 5 月 10 日新華社《內部參考》）

為了處理這件事，高等教育部部長楊秀峰風塵僕僕，奔波於西安上海間，花了一個多月的時間來解決這個問題。6 月 19 日的《新華社新聞稿》上，刊登了楊秀峰的答新華社記者問，傳達了周恩來對交通大學遷校的意見，報上的小標題說：「交大全搬西安雖有困難，但好處多。」「交大搬回上海有好處，也有不少困難，但支援西北的方針不變。」傾向顯然是想要遷就既成事實，搬了算了。但是最後還是表示「遷西安，回上海，由交大師生研究考慮」。最後這問題的解決辦法是：1959 年 8 月 18 日，教育部通知上海市、陝西省高等教育局：經國務院同意，將交通大學西安和上海兩個部分作為分別獨立的兩個學校。西安部分改稱西安交通大學，上海部分改稱上海交通大學。可是當年積極主張遷回上海的那些人，卻被劃為右派分子了，其中包括在北京當面向周恩來反映情況的沈三多，動力機械系工會部門委員會主任委員袁軼群，共產黨員楊為民、潘震滄，以及學生李其家、陸友全、宗慕渝等人。

西安交通大學劃出的右派分子還有李希泰，男，山西省靈丘人，1916 年 10 月生，西安交通大學電工教研室副教授，高教五級。李希泰曾經留學

美國，1957 年被劃成右派分子。文革中被關押審查，主要審查問題為：參加國民黨工業建設協會，破壞學運，協助特務去香港，李希泰還被指控書寫反動標語。李希泰於 1970 年 7 月 12 日上吊自殺身亡。（王友琴，《文革受難者》，第 230 頁）

還有陸家訓，男，1925 年生於江蘇海安，西安交通大學理論力學教研室教師。1957 年被劃為右派分子。文革中因其右派分子身份和被懷疑有歷史問題（中統成員）而被批鬥，於 1966 年 8 月 27 日跳樓自殺身亡。（同上書，第 300 頁）

西安交通大學劃出的右派分子還有黃永年。黃永年（1925–2007），江蘇常州人。1950 年在復旦大學歷史系畢業後，分配到上海交通大學任政治課助教，講授中國革命史。1956 年升為講師，隨遷校到西安，就在這裏被劃為右派分子。他所在的馬列主義教研室的七個教師全部劃為右派，無一倖免。劃右派的原因，據《黃永年自述》，是「因反對學生鬧事，主張深入群眾化解矛盾，反被錯劃為右派」。（第 297 頁）看來就是與遷校引起的風潮有關。劃右派之後，他被投入草灘農場果園勞動。兩年後調到寶雞汫河水庫工地勞動。1962 年摘去右派分子帽子，安排在西安交通大學圖書館工作。閱讀的便利給了他返回歷史專業的條件。1978 年 9 月調入陝西師範大學圖書館工作。1979 年 2 月，他的右派分子問題「改正」後調入歷史系，1981 年任副教授，1982 年任教授。他是國內外知名的唐史專家。兼任的職務有：教育部設立的全國高等院校古籍整理研究工作委員會委員；國務院古籍整理出版規劃小組（後改為全國古籍整理出版規劃領導小組）成員；北京大學中國古文獻研究中心兼職教授。他同時還是一位藏書家、版本學家、校勘學家。所著如《古籍整理概論》、《舊唐書與新唐書》、《唐代史事考實》、《唐史史料學》、《古文獻學四講》、《六至九世紀中國政治史》等書都深受業內人士的重視。他於 1988 年被安排為第七屆全國人民代表大會代表，並且在這一年加入中國共產黨。（以上均取材於曹旅寧撰《黃永年先生編年事輯》，中華書局 2013 年版。其中所注即該書頁碼）

毛澤東在《組織力量反擊右派分子的猖狂進攻》這個秘密指示中作了這樣的佈置：「最好讓反動的教授、講師、助教及學生大吐毒素，暢所欲言。」（《毛澤東選集》第五卷，第 432 頁）接著，他又在〈文匯報的資產階級方向應當批判〉這篇社論中談到右派分子，説：「這是一小撮人，民主黨派、知識分子、資本家、青年學生裏都有，共產黨、青年團裏也有，在

這次大風浪中表現出來了。」（同上書，第 438 頁）這就是說，高等學校的反右派鬥爭，不但要在教師中劃右派，還要在學生中劃右派。

在大學生中，要劃多少右派分子呢？毛澤東以最先發起「五·一九運動」的北京大學為例，他說：

> 拿學生來說，北京大學有七千多人，右派只有百分之一、二、三。什麼叫百分之一、二、三呢？就是堅決的骨幹分子，經常鬧的，鬧得天翻地覆的，始終只有五十幾個人，不到百分之一。另外百分之一、二的人，是為他們拍掌的，擁護他們的。……講到教授、副教授，那就不同一些，大概有百分之十左右的右派。（同上書，第 440–441 頁）

這百分之一、二、三，他心目中的當是譚天榮這些人吧，當然，還有人民大學的程海果即林希翎。反右派鬥爭的高潮起來，他們即受到了集中火力的批判。鬥爭的情況，報紙刊出的北京大學六千七百名在校學生簽名致全國高等學校同學的一封信中作了這樣的描寫：

> 現在我們正對右派分子展開全面的、系統的批判和反擊，我們要從骨子裏揭露右派的反動本質。目前，揭露批判右派分子的大字報和小冊子更大量出現了，廣播台天天播着批判右派分子的稿件，全校召開了群眾大會，全面批判了譚天榮、龍英華等右派分子。戰鬥的洪流正以排山倒海之勢，沖洗着前進道路上的一切污穢，奔向那浩瀚的社會主義海洋。（6 月 28 日《人民日報》）

不要以為大學生裏劃出的右派分子都是像譚天榮、林希翎那樣的飛揚跋扈桀驁不馴的人。亡友包子衍是在山東大學歷史系畢業的前夕被劃為右派分子的，當時他還不滿二十三歲。在學校領導看來，他從來是個好學生，讓他當了學生會宣傳部副部長兼山大廣播站站長。他這個右派分子是怎麼當上的呢？同班同學章振華在紀念他的文章裏說：

> 1957 年春天，黨的整風運動開始，山大因「青島日報事件」出現鳴放高潮。校園內大字報鋪天蓋地，「民主講壇」的辯論日夜進行。當時已顯露了一些偏差，像大字報裏出現了人身攻擊；「民主講壇」秩序很差。對此，子衍與我等都有看法。山大黨委組織部長和團委書記分別找喬幼梅（現任山東大學副校長。當時為全校學生會主席，共產黨員，班團支部書記）、包子衍談話，要

他（她）們扭轉混亂局面。要包子衍控制廣播站，使大辯論秩序正常。同時暗示在必要時可以成立一個組織，由團委直線領導，所需物資也由團委供給。一天夜晚，小喬、子衍等來我的寢室議論怎樣貫徹黨委、團委的指示。最後由喬幼梅、包子衍及我等七人發起成立「鳴放社」。當時我們只知道以往在各項運動和活動中我班一直跑在前面，這一次卻落後了，既然黨委、團委要我們積極投入，就應該迎頭趕上。在「鳴放社」成立大會上，包子衍被推舉為社長，我被選為秘書。也就在這次會議上，同學們討論了使鳴放正常健康發展的意見，最後匯總成了三項十三條。此意見公佈後，全校大部分師生表示贊同。校園內亂糟糟的狀況有了改觀。廣播站在子衍的努力下也趨於正常。應該說「鳴放社」是在黨、團的關心、指導下誕生的。社員中絕大多數是黨、團員，也為幫助黨整風做了一些對黨和人民有利的事。可在以後 6 月份的反右鬥爭中，我班一部分人卻硬說「鳴放社」是右派組織，喬幼梅、包子衍以及重要骨幹近十人都是右派分子。（《包子衍紀念集》，非賣品，第 53 頁）

就這樣，這個三十七名學生的班，劃出了七名右派分子。包子衍、喬幼梅都在內。

他接受不了。同班同學李道銘寫的悼文說：

> 包子衍也不是那麼好講話的。他挺胸而出，在全班反右鬥爭會上，他舌戰了十幾個回合，辯論了兩天半。終於，子衍從報上看到了丁玲、艾青、馮雪峰都成了右派，就被迫承認「糊里糊塗地成了右派」，但仍然堅持動機是好的。（同上書，第 56 頁）

我同包子衍是在共同參加新版《魯迅全集》的編注工作中成為朋友的，1980 年我們都被借調到人民文學出版社，朝夕相見，共事一年。他於 1990 年 7 月 4 日以癌症去世，終年五十六歲。我在這裏寫到他，還不全是為了對亡友的懷念，也是為了讓讀者知道：當年大學生中所劃的右派分子還有這樣一種類型。那時，大學生中的右派分子中，有不少都是跟他一樣「糊里糊塗地成了右派」的。

對大學生中的右派分子如何處理，在 1957 年暑期畢業這一屆的分配工作中就有所反映了。國務院發佈了一個《關於高等學校 1957 年暑期畢業生分配工作的幾項原則規定》，其中第六項是：

在這次整風運動中發現高等學校（包括中等技術學校、中等專業學校）本屆畢業生中有極少數思想行為嚴重反對社會主義的分子和其他壞分子。對於這種分子，一般地國家仍應該給以生活的出路和繼續改造的機會。他們之中，凡是考試及格的，同樣發給畢業文憑；凡是考試不及格的，不要留級，只發給結業證書。對本屆畢業生，各校都應該根據他們的日常表現，特別要根據這次整風運動最後的表現給他們作出政治審查結論。今後每屆畢業生，都應該作出政治審查結論。其中思想行為嚴重反對社會主義的分子和其他壞分子，除了有反革命罪行和違法亂紀行為的應該依法判處勞動改造或者勞動教養以外，其他都應該給以工作考查。考查的期限可以分別定為一年，兩年或者三年，考查期間，分配他們做輔助工作，不給名義，不正式評級評薪，只給以生活補助費。他們之中錯誤嚴重的，應該留校考查；其他則由國家統一分配，由用人部門負責考查。如果他們不願意或者不服從國家分配，可以由他自找職業，由他們所在地區的政府機關負責考查。（7月12日《人民日報》）

當初佈置整風運動，是只在縣團級以上機關，大的廠礦和大專學校進行。中小學校屬於基層單位，並不在這個規劃之內。那時主張在基層單位也要進行整風的，就被認為是右派的存心煽動。整風運動轉變為反右派鬥爭了，開始也只在上述範圍內劃出右派分子。拿教育界來說，是在大專學校和中等專業學校。可是中小學教師也是一支人數甚多的隊伍，這也是不應該忘記的。10月15日，中共中央發出《關於在中等學校和小學的教職員中開展整風和反右派鬥爭的通知》，《通知》說，全國中等學校和小學校現有教職員二百多萬人，其中大多數人都是好人，但是隊伍很大，社會出身和政治思想情況可能比大專學校還要複雜。城市學校教職員可以採用機關整風的辦法。農村學校教職員可以參加當地農村中的社會主義大辯論。思想政治問題，利用寒暑假集中起來解決。要做到整風和教學兩不誤。

據我所知，湖南一些縣的小學教師，是在1957年寒假期間，也就是1958年1月或2月間，集中到縣城裏進行整風學習。這時不但章伯鈞羅隆基早已劃了右派，城市裏那些機關單位的反右派鬥爭也大都早已結束。可是這些鄉村小學教師，一年到頭忙忙碌碌教一點書，平日連報紙也少看，他們竟是如此閉塞，不知忌諱。套用金聖歎的名言，他們的這頂右派帽子，可說是於無意得之，大奇！我的妻子鄭柏齡當時在湖南湘陰縣黃柏墈

小學（現屬汨羅縣）教書，就是這樣在 1958 年初的寒假裏成了一名右派分子。我問過她，究竟是因為說了一些什麼話才劃為右派的，她已經說不出一個頭緒來了。她只記得，她所在的那個學習小組裏，開頭一個人說了些什麼，於是大家接着話頭說下去，結果全組只有擔任記錄的一人沒有劃為右派分子，因為他專門記錄別人的發言，記錄本上沒有他的發言。

當過小學教員的毛澤東是這樣談論這件事的，他在 1958 年 5 月中國共產黨第八屆全國代表大會第二次會議上說：實際上去年 12 月以後還在小學教員中搞出十幾萬右派，佔全國三十萬右派的三分之一。他們還猖狂進攻，你說章羅劃右派，就不進攻了嗎？他照樣進攻。

教育界的反右派鬥爭，毛澤東最先考慮的只是大學教授。後來才擴大到中小學教員和大學的在校學生。至於未成年的中學生並沒有進入他的視線。是李井泉，用濃墨重彩為教育界的反右派鬥爭寫下了最後的一筆。當時李井泉是中共四川省委第一書記，他在四川省搞了一場「高中畢業生寒假社會主義教育運動」。這裏只說一下成都市的做法。1958 年 1 月下旬，全市十九所中學的近三千名高中畢業班學生被集中到四中、九中、十三中三個點。要求大家寫大字報向黨交心。還給他們發下了一份「參考提綱」，羅列了一些去年被批判了的典型的右派言論。這些十六七歲、十七八歲的小孩子哪裏知道輕重呢，這樣折騰了十多天之後，在 2657 個學生裏面，劃出第三類（落後）493 人，第四類（反社會主義）92 人。成都市在中學生中進行社會主義教育運動的經驗在全省推廣，全省劃出了上萬名第三、第四類學生。（李臨雅，〈高中生遭遇「模擬反右」〉，見《炎黃春秋》2008年第 8 期）

據當時主持其事的中共成都市委宣傳部副部長蕭菊人後來對訪談者說，「我現在記得當時杜心源（注：中共四川省委書記處書記、省委宣傳部部長）講的，據他說大學生的右派現在清查出來了，現在的問題是要防止新進入大學的右派分子，要查清這一批學生，不能讓這一批人進入大學。」果然，這些劃為第四類的學生根本無權參加高考，第三類的學生不論你高考成績多麼好，也一律不予錄取，只能在社會的底層從事最卑賤的勞動。像成都市第十二中學學生孔繁緒，家庭出身城市貧民。學習成績很好，特別是數理科成績優異。不幸在社會主義教育運動中被劃為第四類，上不了大學。他先到集體企業成都金屬二廠當學徒，後來又到消防隊作消防員，後來他到四川夾江一個工廠子弟學校去教書，可是不多久不讓他上課了，

叫他到收發室去做門衛。他厭倦了，1987 年在悲憤中自殺身亡，才四十八歲。死前他多次對家人說：「我是完全能考上大學的呀！」當然也有命運不像他遭遇悲慘的人，成都市第七中學學生呂濤，當時被劃為第三類，也是上不了大學。他先在重慶鋼鐵公司耐火廠燒窯三年，後來又到巫山桃花鐵礦井下放炮。中國科學院數學研究所關肇直副所長發現了他的數學才能，調他到中國科學院成都數理科學研究室從事研究工作。1988 年被聘為研究員。後來是四川大學數學學院教授，博士生導師。一個沒有本科學歷的博導。（以上據王建軍主編《五八劫 ── 1958 年四川省中學生社會主義教育運動記實》，自印本）

第十七章

《文匯報》的
資產階級方向應當批判

　　《文匯報》是一張在戰火中誕生的報紙。1937 年 11 月上海淪陷。一些報紙不願接受日本人的新聞檢查自動停刊。一些有愛國心的報人於 1938 年 1 月在淪為「孤島」的租界創辦了《文匯報》。這張報紙旗幟鮮明地堅持抗日立場。出刊才半個月報社就挨了炸彈，炸死一人，傷二人。到 1939 年 5 月終於被迫停刊。抗日勝利後復刊，成了一張很有特色，深受知識分子歡迎的報紙。1946 年內戰爆發，《文匯報》即傾向於支持共產黨方面，因而於 1947 年 5 月又被國民黨當局勒令停刊，到 1949 年上海解放後才復刊。

　　中國共產黨對復刊的《文匯報》是什麼態度，從 1950 年 2 月 8 日在華東局宣傳部副部長兼上海市委宣傳部部長夏衍寫給中央宣傳部副部長周揚的一封信中看得很清楚：

　　　　第三件，是關於《文匯報》的事，在去年九十月間，《文匯》只銷二萬份，長江同志（按即新聞總署副署長范長江）認為可聽其自生自滅，中宣部亦有此意電知此地。但現在情形有點改變，其一是《文匯》已銷到四萬到五萬，與《大公》相差無幾，在知識分子中有相當影響。其二是上海地下黨方面有意見，以為在最困難的時間（一九四六、七），《大公》是政府幫的，《文匯》是跟我們的，現在我們幫了《大公》很大的忙，而一任《文匯》自生自滅，就顯得太「勢利」，因它銷路小而渺（藐）視，劉曉同志（引者注：地下時的中共中央上海局書記，當時的中共上海市委副書記）認為應該小幫它一下才對。這就和原來的意見有出入了。《文匯》內部的確很複雜，徐鑄成，我們對他的印象都很壞（據說他這次入京，宦鄉對他很不好），但地下黨的意見也值得考慮，因為我們現在的方針，對這些人還是團結改造為主也。此次舊年他們過不來，結果還是陳市長同意借了五千萬才過去的。不久幾天，他們又會來談今後領導問題的，希望你們（你和胡喬木）也商量一下後，給我們一個方針。（《讀書》2019 年 12 月號，第 21 頁）

　　在《文匯報》這一方面，有二十多年辦報經驗的總主筆徐鑄成也很快就感覺到，他很難適應解放區辦報的那些規矩。他在回憶錄中談到復刊不久的兩件事情：

　　　　無奈解放後一些套套，每使人瞠目束手。舉例言之。在長沙解放之日，我們已在無線電中收到確訊，而翌日刊出，即被指為搶新聞，是資產階級辦報作風，因新華社尚未正式公告也。再如

〈論人民民主專政〉發佈之日，要聞編輯鄭心永按所列問題，作分題以醒眉目，亦被指為離經叛道。如此重要文件，只能作經典鄭重排版，安可自由處理！總之，老區方式，蘇聯套套，只能老實學習，不問宣傳效果，此為當時必經之「改革」。

　　因此，我對社論也難以執筆，因數十年記者經驗，從不慣於人云亦云，思想未通即先歌頌，每以此為苦。（《徐鑄成回憶錄》，三聯書店 2010 年版，第 165-166 頁）

本書第六章曾經寫到徐鑄成同儲安平的一次談話，他對儲安平說的，採訪「出發前及回來後，都與領導同志商談，反覆請教」的態度頗不以為然。他想到，復刊後的「《文匯報》之被歧視，殆即由予之不善應付歟？」可是，江山好改，「本性難移，要我俯首就範，盲目聽從指揮，寧死亦不甘也」。（同上書，第 177 頁）

一方面是寧死也不願改變，另一方面是對舊知識分子和舊報紙的改造抓得很緊很緊的既定方針。這裏就有了一個改造與反改造的鬥爭。1950 年春天，徐鑄成到北京出席了全國新聞工作會議。他在回憶錄中，這樣記下了這次會議的精神：

　　從此提出報紙要反對刊載社會新聞，不得發表抒發個人感情及黃色、迷信的報導和作品；反對「資產階級辦報思想」，報紙宣傳要為黨的當前政策服務；新聞「寧可慢些」，但要「真實」。總之一大套蘇聯模式的清規戒律確定下來了。（同上書，第 186 頁）

從這一段話裏可以看出徐鑄成對會議精神的反感和抵觸。他不滿意這一套，可是黨對於他的這張報紙也是愈來愈不滿意，已經在考慮如何處置這張報紙的方案了。徐的回憶錄記下了就在他出席這次全國新聞工作會議期間發生的一件事情：

　　有一天，喬木和我單獨談話，說團中央準備創刊一報紙，介紹我去聯繫。過天，我到了團中央，廖承志先生和榮高棠先生和我談話，表示願與《文匯報》合作。我希望能保留「文匯」名稱，報名或稱《青年文匯報》，商談未做結論。我回滬後不久，聽說已吸收開明書店一部分人員參加，籌備創辦《中國青年報》了。（同上書，第 186-187 頁）

團中央的機關報《中國青年報》是 1951 年 4 月 27 日創刊的，並沒有借助文匯報的任何幫助和合作。胡喬木介紹徐鑄成去團中央商談辦報的事，與其說是為了《中國青年報》的創刊，還不如說是為了《文匯報》的停刊：用一種溫和的手段改造或者說消滅一張看着不順眼的報紙。這事不遲不早在全國新聞工作會議期間發生，推想起來這次會議的任務，一是定出那麼一套精神讓今後各報遵循，二是要給不想保留的報紙作出適當處置吧，於是才有新聞總署署長胡喬木親自出面介紹徐去團中央商談的一幕。無奈徐鑄成太愛他的報紙了，連「文匯」這兩個字都捨不得放棄。團中央要辦一張不倫不類的《青年文匯報》幹什麼呢？這商談當然也就沒有結果。這一回雖說沒有談妥，但是將文匯報變成另外一張什麼報的既定決心是這樣執着。到了 1953 年，報社接到了一紙命令。徐鑄成的回憶錄說：

> 1953 年，報紙奉命轉向以中小學教師及高中學生為主要對象，由教育局長戴白韜及青年團市委之孫軼青、陳向明諸同志參加編委會。學習蘇聯為主要任務。外勤科調整為教育（高等學校）、中小教育、一般新聞等幾個小組，號召學習「凱洛夫教育法」，我義應帶頭，亦刻苦鑽研。（同上書，第 199-200 頁）

既然商談不易有結果，用行政命令來解決問題當然乾脆得多。徐鑄成心愛的報名沒有改變，可是報紙改變了，不再是原來的《文匯報》了，可說是已經跨出改為《教師報》的第一步。不但報紙正在改造，人也得到改造。他在回憶錄中說，像在「三反」「五反」運動中，「每一『戰役』都事先有具體部署，我奉命參加旁聽，自然也要寫些遵命的社論和長短文章。」（同上書，第 200 頁）過去以此為苦難於下筆的現在也能寫一點了。

徐鑄成終於認清了形勢，思想也多少得到了一些改造。這時，將《文匯報》改為《教師報》的條件就漸趨成熟了。1954 年 9 月，徐鑄成到北京出席全國人大一屆一次會議。他在京期間的日記，多處記下了同教育部的副部長董純才、林礪儒、柳湜、韋愨等商談報紙改名、遷京的事。到 1956 年 4 月，《文匯報》終於在上海宣佈停刊，教育部的報紙《教師報》於 5 月 1 日創刊，徐鑄成被任命為教師報的總編輯。這時，1950 年春天全國新聞工作會議期間提出的變《文匯報》為另外一張什麼報紙的任務終於完成了。

《文匯報》變成了《教師報》，是徐鑄成生平恨事。為什麼會發生這件事呢？他先後有過幾次不同的說法。1957 年他在中共上海市委召開的宣傳工作會議上說，「聽說消滅《文匯報》改出《教師報》的方案，就是彭柏山

提出的」。(徐鑄成,〈「牆」是能夠拆掉的〉,載 1957 年 5 月 19 日《文匯報》)而在 1988 年寫的〈「陽謀」親歷記〉中說的卻是「當時上海的第一書記(有名的「一言堂」)認為上海報紙太多,不便於控制,主張《文匯報》停辦」。(同上書,第 334 頁)將責任歸到柯慶施名下。直到 1998 年《徐鑄成回憶錄》出版,人們才知道這事的詳細經過,其實同彭柏山柯慶施二位說不上有什麼關係,甚至根本不必提出個人責任問題。徐鑄成先後將責任歸之於被打成胡風分子的彭柏山和後來也被否定的柯慶施,這也反映了知識分子的可悲處境。

正當《文匯報》在上海停刊,《教師報》在北京出刊的時候,毛澤東提出了他的「百花齊放、百家爭鳴」的方針。這時候停掉這張聯繫了相當數量知識分子作者和讀者的報紙真不是時候。為了推動百家爭鳴,開闢發言之地,幾乎是《文匯報》剛剛停刊就有人考慮它復刊的事了。復刊《文匯報》這主張,是毛澤東首先想到,或是別人想到向他建議,弄清楚這一點並不重要。總之這主張必定是他贊同的。

7 月下旬,中共中央宣傳部分管新聞工作的副部長張際春約見徐鑄成浦熙修,正式通知他們中央已經決定《文匯報》復刊,要他們立即寫出《復刊後言論方針》和《復刊計劃》兩份方案,迅速送中共中央審批。當時徐鑄成向張際春提出的一些要求,後來也都得了滿足。例如在人員方面,他要求把已經在人民日報工作的欽本立還給文匯報,要求把一些在文匯報工作過的得力的編輯記者從各處調回來,要求把那兩位無法合作的仁兄調離文匯報,這些都做到了。

至於要寫復刊後的編輯方針,徐鑄成很費躊躇。他想,中央決定《文匯報》復刊,大概認為它與知識分子一向有聯繫,應以宣傳「雙百方針」為重點,但如何宣傳,他心中無底,於是向人民日報總編輯鄧拓討教。鄧拓說:

> 我們《人民日報》已千方百計鼓勵知識分子鳴放,但知識分子看來還有顧慮,不能暢所欲言。你們《文匯報》歷來就取得知識分子的信任,你們首先要說服知識分子,拋開顧慮,想到什麼說什麼。使廣大知識分子思想上的障礙消除了,他們才能盡其所長,為社會主義建設盡其力量。我看,這應是《文匯報》復刊後主要言論方針。

其次，我們被帝國主義封鎖，也自己封閉多年，你們應多介紹各國科技、文化發展的新情況，以擴大知識分子的眼界，以利於他們研究，提高水準。

也要關心知識分子的生活，他們有什麼困難，你們可以反映。再如室內外環境應如何合理佈置，業餘生活知識分子喜歡種花養鳥等等，你們也不妨闢一個副刊，給知識分子介紹一些知識，談談這些問題。

應同時注意廣大農村的知識分子。毛主席講過：三大改造完成後，不可避免地在廣大農村會出現文化高潮。過去《大公報》所載的旅行通訊，這形式很受讀者歡迎，你們不妨派一部分記者，深入各地農村採訪。我一向反對由各級黨委介紹下去，到合作社找人談。這樣，必然報喜不報憂，只說好的，不談問題。你們不妨直接派記者到基層了解情況，寫出旅行通訊，這會有利於得到真實的新聞，有利於文化高潮的來到。

最後一點，我認為《文匯報》也應注意國際宣傳，目前，新華社和《人民日報》的影響，還只能偏重於蘇聯及東歐國家，《文匯報》和《大公報》，因歷史的關係，更可以影響日本、東南亞及西歐各國，在這方面，《文匯報》有不少有利條件，比如，通過香港《文匯報》，多進口些最新國際書刊，總之，對這方面多發言，多報導，可以彌補我們的不足。（轉引自徐鑄成，〈「陽謀」親歷記〉，見同上書，第339-340頁）

徐鑄成大體即按照鄧拓說的這些意見寫了《文匯報言論方針計劃》送給張際春。張當面詳細看了一遍，對徐說：「很好，很好，你們不必等中共中央批示，先照此計劃，着手籌備復刊工作。」不久，中共中央也就批准了這個方案，批文中還特別寫明「要讓徐鑄成同志有職有權」。

10月1日，《文匯報》在上海復刊。從7月下旬開始具體談論這事，到出報才花了兩個多月，這樣的速度和效率，在中華人民共和國可說是不多見的。這一方面說明徐鑄成這些人是幹事的人，特別是復刊《文匯報》這事使他們興奮，激發出了極大的熱情和幹勁。更重要的因素，是中共中央迫切希望這張報紙復刊，把這事作為推行新方針的一項重大措施，因而給予種種便利，排除種種障礙。在中華人民共和國，沒有共產黨的支持這一條，決不可能這麼容易就辦成一件事情的。

《文匯報》一復刊，徐鑄成立刻使出了渾身解數。這不但是他的事業，而且可說是他身體的一部分。他一定要辦出一張他理想中的報紙來。後來他在〈「陽謀」親歷記〉一文中以頗為自得的心情回憶說：

> 新復刊的《文匯報》，力求革新，全面打破蘇聯式老框框。內容主要以貫徹雙百方針為主，多姿多彩。除刊載各方面專家「言之成理、持之有故」的文章之外，還連載了安娜・路易絲・斯特朗的回憶錄。老一代革命家朱德同志及魏文伯、陳同生等同志的詩詞，也特寄我報刊載。編排、標題也有所革新，使讀者喜聞樂見，耳目一新。副刊中有《彩色版》，主要為落實鄧拓同志的建議，關心知識分子的生活情趣，如書齋如何佈置，如何綠化環境，如何提高情操等等。極受讀者歡迎。編者黃嘉音同志，編輯《西風》月刊，富有經驗且有豐富學識，經柯靈同志介紹，特請他兼任主編。

> 我還接受鄧拓同志的建議，派記者赴各地採訪，撰寫旅行通訊，如派黃裳同志赴滇，派宦邦顯同志赴四川，全一毛同志赴浙江等，都寫出了極有內容，富有文彩的報導，並就地組織作家撰寫作品，深受廣泛的歡迎。這就是後來被指為我「向各地放火」的罪證，這是後話。（同上書，第 343 頁）

這裏說的安娜・路易斯・斯特朗的回憶錄，是她在蘇共二十大以後寫的一本新書《斯大林時代》，其中〈巨大的瘋狂〉一章，寫 1936 年斯大林對無辜者的大規模鎮壓。范長江看了這書，推薦給徐鑄成翻譯連載。那時中國還只有很少數人知道赫魯曉夫秘密報告的內容，是《文匯報》上連載的這篇作品打開了人們的眼界，第一次比較詳細地知道蘇聯的肅反是怎麼一回事。從而也引起讀者思考 1955 年中國的肅反運動。說點火，這篇作品也是起了點火作用的。

1957 年 3 月徐鑄成應邀赴京參加全國宣傳工作會議。毛澤東在同新聞出版界代表的談話中，當面誇獎他：「你們的《文匯報》辦得好。」同時毛還肯定了《文匯報》關於電影的討論。

毛澤東這一次同新聞出版界代表談話的情況，在前面第六章已經詳細說過了。徐鑄成聽了這些談話，興奮，陶醉，產生了一種知遇之感。他決心把報紙辦得好些，更好些，要辦出一張使毛澤東更加中意的報紙來。於是，他向毛澤東請示：在宣傳「雙百方針」的時候，怎樣才能既不犯教條

主義的錯誤，又不犯修正主義錯誤。後者也就是後來毛澤東說的資產階級方向。這個錯誤，是徐鑄成力圖避免的。

剛剛參加過全國宣傳工作會議，3月下旬，徐鑄成被安排為中國新聞工作者訪蘇代表團團長。這件事，欽本立在〈留在記憶裏的片斷〉一文提供了一個細節：

> 1957年初，北京決定徐鑄成參加中國新聞代表團訪蘇，並宣佈他任副團長。為了提高文匯報的聲望，我立即去信鄧拓，建議改任徐鑄成為團長。鄧拓接受我的意見，報請中央有關領導批准，讓徐鑄成當了團長。事後聽說，中央原來決定由中蘇友協總幹事林朗（黨員）任團長，當鄧拓提名徐鑄成後，毛主席說，為什麼一定要黨員當團長，徐鑄成是黨外人士，我看他當團長就很好嘛。在當時，讓一個黨外民主人士任訪蘇新聞代表團團長，規格算是很高的了。（《文匯報回憶錄①從風雨中走來》，文匯報報史研究室編，文匯出版社1993年版，第137頁）

從這件事可以知道這時候毛澤東是很看好徐鑄成的。

徐鑄成在蘇聯訪問了四十四天，於5月初回國。他一面訪問，一面還是惦記着自己的報紙。事後他回憶說：

> 在莫斯科時，看到《文匯報》，認為有些標題太尖銳，火氣太大，根據我多年從事新聞工作的經驗，有些題材尖銳的新聞，標題應求平淡；反而內容一般的，標題不妨「打扮」得突出些。這是老編輯的一般的常識。為什麼這一段《文匯報》標題如此「火上加油」，我很不安。到京的當晚，我和欽本立同志通了長途電話，說了我的看法，問他為什麼標題火氣這麼大？他對我含糊答覆了。（直到「文革」以後，原《文匯報》參與編輯的同志告訴我，在那一段時期，編輯部負責人幾乎天天接到市委一言堂的指示，要《文匯報》加溫再加溫，原來這也是引蛇出洞，「陽謀」的一個手法）（《徐鑄成回憶錄》，第354頁）

訪蘇歸來，在北京停留的時間裏，徐鑄成還去訪問了鄧拓。鄧拓對他說：「你們出國後，《文匯報》在貫徹『雙百』方針及幫助我黨整風方面幹得很好，所以很受讀者歡迎，聽說發行數已經接近三十萬了。」徐說，「有些標題太火辣辣了，我是不放心。」鄧說，「這些是小毛病。」可見，鄧拓

這一位中共中央機關報的總編輯,對於這一段時間裏《文匯報》的宣傳方向是肯定的,有毛病也不過是小毛病。

第一個批評《文匯報》宣傳方向的是姚文元。6 月 10 日的《文匯報》刊出了他的短文〈錄以備考〉,對比了幾家報紙對於同一新聞稿的不同處理。例如,毛澤東接見共青團代表時的講話,《解放日報》和《人民日報》都作了十分突出十分醒目的處理,而《文匯報》呢?卻縮小到簡直使粗枝大葉的人找不到的地步,或者看了也覺得這是一條無足輕重的新聞。其全部地位,大約只有《解放日報》標題用的「鉛字」二個鉛字那麼大。又例如,李維漢在民主人士座談會結束時的講話,姚文元注意到,《人民日報》是突出了「社會主義是長期共存的政治基礎」作為標題,並且用「……總的說來,從各方面提出的批評和意見,有很多是正確的應該認真地加以接受和處理;有相當一部分是錯誤的,還須要進一步加以研究和分析」作為副標題,而《文匯報》則以「中共誠懇歡迎監督和幫助」為標題,以「認為很多批評和意見有助於克服三大主義進一步加強和鞏固共產黨的核心領導作用」為副標題。姚文元說:「明眼人一見就可看出彼此着眼點是不同的。」他當然是個明眼人,從這裏看出了「編排也有政治性,『各取所需』即是」。

這篇文章正合了毛澤東的需要。他讓《人民日報》在 6 月 14 日轉載了它,並且借這個由頭,寫了一篇〈文匯報在一個時期內的資產階級方向〉,公開批評《文匯報》和《光明日報》。這篇署名為「人民日報編輯部」的文章認為,「這兩個報紙的基本政治方向,卻在一個短時期內,變成了資產階級報紙的方向。這兩個報紙在一個時間內利用『百家爭鳴』這個口號和共產黨的整風運動,發表了大量表現資產階級觀點而並不準備批判的文章和帶煽動性的報導,這是有報可查的。」毛還誇獎說:「姚文元的文章只是含蓄地指出《文匯報》的資產階級方向,看到了《文匯報》的一些人站在資產階級立場上向無產階級進行階級鬥爭的這個明顯的和有害的傾向,是一篇好文章。」這裏,毛澤東對《文匯報》批評的分量應該說是夠重的了。

徐鑄成的反應,以為這批評同他個人的關係似乎並不很大。後來他回憶說:

> 我當時心裏還很坦然,《文匯報》復刊的編輯方針,是經中央審批的。……在中央宣傳工作會議期間,毛主席親口對我肯

定並表揚了《文匯報》，可見這裏指的一個時期，是指中央宣傳工作會議以後，而這次會議剛閉幕，我就到蘇聯去訪問了四十四天，回京在 5 月中旬，所謂大鳴大放的高潮已經過去。而且回滬已近 5 月下旬，到 6 月初這一「號角」吹起時，我趕寫〈訪蘇見聞〉，尚未全面抓起工作，心想，我有什麼責任呢？有什麼可檢查的呢？

鄧拓同志十分關心《文匯報》和我，在《人民日報》這篇社論發表前，就電告我和欽本立同志，希望我們爭取主動，先自我檢查。我怎樣也想不通，如何落筆？到深夜才勉強湊成一篇社論，大意說：我們響應號召，展開雙百方針的宣傳，想不到引起讀者這麼大的反響。（同上書，第 356-357 頁）

這樣的檢討當然過不了關。後來，毛澤東在他為《人民日報》撰寫的社論〈文匯報的資產階級方向應當批判〉中說：

《文匯報》在 6 月 14 日作了自我批評，承認自己犯了一些錯誤。作自我批評是好的，我們表示歡迎。但是我們認為《文匯報》的批評是不夠的。這個不夠，帶着根本性質。就是說《文匯報》根本上沒有作自我批評。相反，它在 14 日社論中替自己的錯誤作了辯護。「我們片面地錯誤地理解了黨的鳴放政策，以為只要無條件地鼓勵鳴放，就是幫助黨進行整風；多登正面的意見或者對錯誤的意見進行反批評，就會影響鳴放。」是這樣的嗎？不是的。《文匯報》在春季裏執行民盟中央反共反人民反社會主義的方針，向無產階級舉行了猖狂的進攻，和共產黨的方針背道而馳。其方針是整垮共產黨，造成天下大亂，以便取而代之，真是「幫助整風」嗎？假的，真正是一場欺騙。

又說：

《文匯報》是按照上述反動方針行事的，它在 6 月 14 日卻向人民進行欺騙，好像它是從善意出發的。《文匯報》說：「而所以發生這些錯誤認識，是因為我們頭腦中還殘存着的資產階級辦報思想。」錯了，應改為「充滿着」。替反動派做了幾個月向無產階級猖狂進攻的喉舌，報紙的方向改成反共反人民反社會主義的方向，即資產階級的方向，殘存着一點資產階級思想，夠用嗎？（《毛澤東選集》第五卷，第 436、437 頁）

7月1日《人民日報》發表的這篇社論的意義遠遠不只是批判一兩張報紙，本書前面已經說過，它是正式向以章伯鈞羅隆基為主要代表的中國民主同盟簡稱章羅同盟宣戰的檄文，是這一場反右派鬥爭中最重要的文獻之一。

在這一篇社論裏，毛澤東將反右派鬥爭的策略中可以公開的部分作了概括的說明，並且稱之為「陽謀」：

> 在一個期間內不登或少登正面意見，對錯誤意見不作反批評，是錯了嗎？本報及一切黨報，在 5 月 8 日至 6 月 7 日這個期間，執行了中共中央的指示，正是這樣做的。其目的是讓魑魅魍魎，牛鬼蛇神「大鳴大放」，讓毒草大長特長，使人民看見，大吃一驚，原來世界上還有這些東西，以便動手殲滅這些醜類。就是說，共產黨看出了資產階級與無產階級這一場階級鬥爭是不可避免的。讓資產階級及資產階級知識分子發動這一場戰爭，報紙在一個期間內，不登或少登正面意見，對資產階級反動右派的猖狂進攻不予回擊，一切整風的機關學校的黨組織，對於這種猖狂進攻在一個時期內也一概不予回擊，使群眾看得清清楚楚，什麼人的批評是善意的，什麼人的所謂批評是惡意的，從而聚集力量，等待時機成熟，實行反擊。有人說，這是陰謀。我們說，這是陽謀。因為事先告訴了敵人：牛鬼蛇神只有讓它們出籠，才好殲滅他們，毒草只有讓它們出土，才便於鋤掉。（《毛澤東選集》第五卷，第 436-437 頁）

「陽謀」在毛澤東是輕車熟路的手法。1949 年 3 月 13 日他《在中共七屆二中全會上的總結》就曾說過：「整風運動提高了同志們的嗅覺，縮小了教條主義的市場。有人說，這是陰謀，是要取而代之。其實，這不是陰謀，而是陽謀。也是要取而代之。」（《毛澤東文集》第五卷，第 264 頁）這裏的「有人說」就是「王明說」。這篇講話是經過整理才編入《毛澤東文集》的。據王明的《中共 50 年》，毛澤東的原話是這樣說的：「用王明的話來講，整風運動是一種陰謀。我說，這不是陰謀，而是『陽謀』。我當時公開說過，我想取代王明的地位，並把這寫進了《關於若干歷史問題的決議》；將來我還要寫歷史。怎麼能說這都是陰謀呢？我認為，所有這些統統都是陽謀。」（王明，《中共 50 年》，東方出版社 2004 年 3 月版，第 160 頁）

從這篇社論也就可以知道，他提出香花和毒草的劃分，並不是討論什麼哲學的範疇，而是實施陽謀的一項必不可少的準備。也可以知道，章伯鈞羅隆基徐鑄成輩事先就已經被看作是敵人了。

對於毛澤東十分自負的「陽謀」一說，郭道暉在〈從我的經歷看反右〉一文中作過這樣的一種分析：「由整風鳴放轉到反右，有多種因素，其中毛澤東怕脫離廣大黨內幹部，怕批評他發動鳴放搞錯了，有損他一貫『英明正確』的清譽，恐怕也是原因之一。所以他趕快大轉彎，並改口說他早有反右洞見，是故設的『引蛇出洞』的『陽謀』！其實不過是為掩飾他對形勢估計的錯誤和倡導鳴放方針的失算，而自圓其說。以示他早就有神機妙算，洞察一切，從而取得黨內保守勢力的支持，消除對他發動鳴放的怨氣，挽回廣大黨員幹部對他的絕對信任和崇拜。」（《炎黃春秋》2009 年 5 期）

7 月 2 日，《文匯報》發表了題為〈向人民請罪〉的社論，完全接受了《人民日報》社論的批評，承認《文匯報》這幾個月是確確實實成了章羅聯盟向無產階級猖狂進攻的喉舌。6 月份的自我批評，是徐鑄成寫的，他寫得很吃力，不知道如何落筆。這篇向人民請罪的社論就不必他費心了。已經另外有人執筆，而且還點了他的名：「章伯鈞、羅隆基的鑼鼓怎麼敲，徐鑄成浦熙修就怎麼唱。」徐鑄成本人卻不肯接受這個批評。為了一定要他承認是在章羅同盟的指揮之下辦報，中共中央統戰部部長李維漢找他去談了一次話。徐鑄成在〈「陽謀」親歷記〉一文中記下了這次談話的經過：

> 李維漢部長問我檢查得怎樣了。我說：我苦苦思索，實在是什麼都倒出來了，但還得不到同志們的諒解，說沒有交代清楚和章羅同盟的關係。他說：我知道你和章羅沒有特殊的交情，我也了解你是一貫對黨有感情的，為什麼把報引到這條道路上去？受了什麼人的鼓勵報才這麼辦的？你應該講講明白。我說：「我這個人，脾氣很頑固，向來沒有什麼人會誘導我走邪路。《文匯報》如果辦的方針不對頭，一切責任在我。」他說：「你的思想不用太褊狹，想想你的上下左右，和什麼人接觸過？有意無意受到什麼影響？」我心想：《文匯報》復刊方針、計劃是黨中央審批的，鄧拓同志、夏衍同志、姚溱同志最關心《文匯報》，但這些，我能講嗎？萬萬不能講。他又再三逼我，我只得說：「我平素最欽佩的是傅雷、宋雲彬兩位，關於文學藝術問題我知識不夠，有時向他們求教。主意還是我自己定的。」這間房子裏本來只有李維

漢、劉述周和我三個人，講到這裏，我忽然看見旁邊一間小屋
裏，有兩個人在記筆記，而「一言既出，駟馬難追」了。

宋雲彬同志先我陷入羅網，而傅雷同志則因我這一句話，可
能要受牽連了，自己追悔莫及。（同上書，第360-361頁）

《文匯報》的這篇〈向人民請罪〉的社論還表示，《文匯報》正全心全
意投入反右派鬥爭，用我們的筆，與右派決一死戰，而且今後還要堅決與
資產階級新聞觀點和立場作不調和的不懈怠的鬥爭。3日，《文匯報》又以
〈痛切改造自己〉為題發表社論，表示文匯報的全體工作人員，決心通過這
次反右派鬥爭，改造自己，堅定立場，改變資產階級新聞觀點，辦好一張
為社會主義建設服務的報紙。2日和3日《文匯報》上，還連續發表了由該
報編輯部署名的〈我們的初步檢查〉，對前一時期發表的言論和版面的編排
作了揭發和批判。

《文匯報》這篇連載兩天的「初步檢查」長達一萬多字，內容很多。
例如關於電影問題的討論，這在全國宣傳工作會議的時候毛澤東表示過讚
許的，現在，卻檢查說：「去年年底和今年年初，我們組織了電影問題的討
論。在這個討論中，我們大量刊登了一些抹殺解放以來電影事業成績的文
章，特別是刊登了朱煮竹所寫的〈為了前進〉和轉載了發表在《文藝報》
上的〈電影的鑼鼓〉。這兩篇文章，將人民的電影事業描寫得一團漆黑。
在討論期間和以後，有同志向本報提出意見，希望我們注意這種傾向。然
而，忠言逆耳，編輯部沒有重視。」

「檢查」還涉及到對羅隆基發言的處理。3月18日羅在第二屆全國政協
第三次全體會議上發言，當天浦熙修主持的北京辦事處以專電發來，第二
天就以大字標題在第一版刊出。羅的這篇題為《加強黨與非黨知識分子的
團結》的發言，本書第六章已經作過介紹和分析。現在《文匯報》作檢查，
以為其中「批評黨員，不管批評得是否妥當，不等於反黨，更不等於反革
命」這些話是以煽動的口吻說的，是「為右派分子向黨猖狂進攻開路」，而
《文匯報》的這樣處理，就是「積極支持了羅隆基的這種謬論」。

毛澤東寫的批判《文匯報》的社論中說了民盟和農工民主黨「點火於
基層」，於是《文匯報》的檢查就包括這方面的內容，說，「這種唯恐天下
不亂的錯誤做法，還表現在到處點火，進行煽動性的報導。」「點火的範
圍，不僅遍及全國各主要城市，而且還要點火到基層。」還舉了一些報導

方面的實例。例如柯慶施在市委宣傳會議上説的目前基層暫時不整風，可是在報導的時候沒有將這意思在標題上表示出來，卻刊出了右派分子王造時〈把放鳴的重點放到基層去〉的發言。《檢查》説，王的這一篇是「企圖打亂整風步驟，主張在基層『放火』的文章。」王造時這篇發言的要點，本書第十章已經作過介紹了。看來他最犯忌諱的是這樣一段話：「到今天為止，來自基層的呼聲，還是稀少而微弱得可憐。我們難得聽到成千成萬的中小學教師和學生的呼聲；我們也難得聽到各機關小職員及各店鋪小商人的意見；尤其是我們還難得聽到千百萬的工人和農民的心頭話。今天我們可以摸出一個放鳴情況的規律，就是愈到下面，愈不敢放鳴，愈不知道如何放鳴；愈到鄉村，愈不敢放鳴，愈不知道如何放鳴，也就是説：哪裏最沉寂沒有聲音，哪裏的官僚主義就可能是最彌漫。因此我認為：從中央到地方，從城市到鄉村，我們應當把這放鳴運動及時推行到人民生活和生產各部門的基層單位上去。」

在這個問題上，《文匯報》的這篇檢查還説，「除原已有記者或特約記者的北京、重慶、成都、廣州、南京、新疆等等地區之外，又派出了記者到杭州、鎮江、揚州等地點火。編輯部還指示各地記者召開教師座談會，向教育部『提意見』，進行過不少歪曲事實的報導。而在每一個地方放火，差不多都和當地黨委鬧對立，把黨委説成是『高牆仍在』、『縮手縮腳』，把當地的政治空氣描寫成『似暖還寒』，沒有『春風』，『密雲不雨』，『未揭蓋子』等等。形成打擊黨的領導，製造緊張空氣。」這些在外地記者的活動，「檢查」説，「顯著的例子之一，是本報記者所寫的〈流沙河談《草木篇》〉。《草木篇》是毒草，是向社會主義進攻的毒箭，這是盡人皆知的了。但在西南的本報記者站在流沙河的立場，寫了訪問記，顛倒是非，誣衊別人『侵犯人身自由』致使一些不明真相的讀者遠道寫信給四川省文聯的黨組織提意見，弄得皂白不分。接着，記者還連續拍發多次有關四川文聯討論《草木篇》的專電，一再為流沙河的錯誤思想辯護。」

毛澤東撰寫的這篇社論，不僅提出了「《文匯報》在春季裏執行民盟中央反共反人民反社會主義的方針」，而且提出了他們之間的組織系統問題。社論説：「嚴重的是文匯報編輯部，這個編輯部是該報鬧資產階級方向期間掛帥印的，包袱沉重，不易解脱。帥上有帥，攻之者説有，辯之者説無；並且指名道姓，説是章羅同盟中的羅隆基。兩帥之間還有一帥，就是文匯

報駐京辦事處負責人浦熙修，是一位能幹的女將。人們說：羅隆基——浦熙修——文匯報編輯部，就是文匯報的這樣一個民盟右派系統。」

這裏羅隆基、浦熙修兩人是指名道姓地提出來了，而「文匯報編輯部」指的是什麼人呢？後來的事實表明，這是指徐鑄成的。可是現在已經知道，當初中共上海市委對這件事有過一點猶豫。徐鑄成的兒子徐復侖寫的〈石西民談徐鑄成劃成右派實情〉一文透露了當年考慮的情況：

> 某日，石（西民）隨同時任中共上海市委分管宣傳工作的書記張春橋到中共上海市委第一書記柯慶施處去商定《文匯報》編輯部的帥，途中張問石：「你看此帥應是誰？」當時浦熙修是《文匯報》的副總編輯，浦的領導只有總編輯徐鑄成和黨委書記兼副總編輯欽本立兩人。石答道：「徐鑄成3月27日就出國訪蘇了，這幾個月《文匯報》由欽本立主持工作。徐出國前，毛主席曾親自接見，並對徐和《文匯報》給了很高的評價。這個鬧資產階級方向的帥應該是欽本立。」張春橋說：「你說得不錯，但是老人家（指毛澤東）的心思誰也吃不透，哪天他又要揪欽本立的後台，豈不揪到你我身上來了嗎？還是定徐鑄成。再要揪徐鑄成的後台，往章羅聯盟身上一掛不就了事了嗎？」隨後柯慶施同意了張春橋的意見。這樣，徐鑄成的右派分子帽子在未經群眾揭發批判之前早就內定下來了。

> 為了說明中共《文匯報》黨委在中共上海市委的正確領導下與以徐鑄成為首的、堅持資產階級方向的民盟支部作堅決鬥爭，《文匯報》社中要多定民盟盟員為右派分子，中共黨員一個不定。因此，連原來內定為右派分子的欽本立和唐海都成了反右英雄，溫崇實理所當然也就倖免於難了。（《炎黃春秋》2006年第11期）

欽本立在〈留在記憶裏的片斷〉裏有一段記載可以參看：

> 文匯報復刊初期，我同徐鑄成合作得很好，因為有共同的辦報思想嘛。在徐鑄成3月至5月訪蘇的一個半月中，報社的實際工作是我在負責，不能歸咎於他。他訪蘇回來後，去市裏開會，在發言中講「拆牆」經驗，也是我們動員他去講的，不是他自己提出來的。所以，當時我們認為不應該劃他為右派。我把這個意思向柯慶施說了。柯慶施對我講了三條意見：第一，徐鑄成的問題作為認識問題，不作為政治問題；第二，他還是當總編輯；第

三，還是有職有權。……這是人民日報發表「七一」社論之前的事。可事隔幾天，北京就點了徐鑄成的名。（前引書，第 139 頁）

《文匯報》的這篇「檢查」也接受了這個所謂「文匯報的民盟右派系統」的批評，說：「浦熙修和羅隆基關係的密切是人所共知。當《文匯報》去年復刊前夕，羅隆基就約了浦熙修同去北戴河。《文匯報》復刊後，浦熙修在報紙工作中，就貫徹着羅隆基章伯鈞的反動觀點。浦熙修不是向黨靠攏，而事事向羅隆基、章伯鈞等右派野心分子請示，佈置本報北京辦事處的工作。她還經常在北京辦事處進行『傳達』。現在檢查證明，她所『傳達』的，不是黨中央的指示，而是右派分子章伯鈞、羅隆基的指示。這樣，就使得北京辦事處的編輯和記者，在執行工作的時候，被浦熙修引往錯誤的道路。有時候，羅隆基還直接對本報北京辦事處發號施令，居然狂妄地申斥記者，說他們不該不將某些新聞以專電拍發上海。其活動之猖狂，由此可見。」

浦熙修在開始還不能接受這個批評。7 月 6 日《人民日報》報導說：「在 7 月 4 日繼續舉行的新聞工作座談會上，浦熙修拖延、抵賴、拒不交代羅隆基 ── 浦熙修 ── 文匯報編輯部這一民盟右派系統的真實情況，遭到了大家有力的抨擊，在群情憤慨下，浦熙修說她將在明天『老老實實地交代對人民的罪行』。」到 7 月 10 日新聞工作座談會上，她終於交代了羅隆基與《文匯報》的關係。她說：羅隆基曾經千方百計要我搞文匯報辦事處的工作，不讓我去學習和作其他報刊的工作。去年 4 月 2 日羅隆基從莫斯科給我來信，叫我在文匯報的人事安排上，「不必太老實，當爭的應該爭」。去年 10 月，《文匯報》復刊時，他又對我說，「《文匯報》是一張大有搞頭的報紙，這應該是你一輩子的事業了，不必再埋怨我把你安排在文匯報辦事處的工作崗位上。」羅隆基又指使他的親信劉光華到文匯報辦事處來工作，並且要重用劉。以後在整風期間，劉光華就到處點火。《文匯報》復刊時，原來想以中層知識分子為中心，兼顧大知識分子，羅隆基認為要多搞大知識分子，代表他們，多替他們說話。我們也聽從了他的意見。所以《文匯報》在復刊之初就貫徹了章羅聯盟的「鳴放為主」的方針。羅隆基還要我們不要聽黨組的話。我們告訴他黨組換了人，他說：「不管換人不換人，黨組總是黨組。」在工作中我有事總是問他，我們每天總有電話來往。他常常在我的面前誹謗黨員負責幹部。正是這樣，我才拒絕中宣部介紹黨員來文匯報辦事處工作。（7 月 11 日《人民日報》）這裏說的劉光華，後來和他的母親劉王立明都被劃為右派分子。

羅隆基在全國人大一屆四次會議上作的檢討，也回答了這個問題。他說：

> 這些年來我對《文匯報》的創立和復刊是相當關切的，這是無可否認的事實。這一方面由於十年來我同浦熙修的私人友誼，我希望她把她的事情做好，另一方面，我亦錯誤地認為在中國還應該有社會上所謂的民間言論機關。因此我遇有機會就鼓勵文匯報不要辦成同《人民日報》一模一樣的報紙。由於文匯報徐鑄成一再向我發表埋怨黨組的牢騷，我的確曾一再直接間接向文匯報負責人表示過，認為報館不要過於迷信黨組領導，有事到北京來反映。我與浦熙修是日常見面的，她亦經常向我徵詢有關文匯報的意見。通過她我向文匯報灌輸了一些不健康不進步的意見，無形中使她的工作犯了右傾的錯誤，間接又使文匯報犯了錯誤。《文匯報》在今年3、4月間是受人誇譽的報紙，今天為反右派鬥爭的對象，主要在整風時期文匯報犯了錯誤。這是今年5、6月間的事情，今年5月間浦熙修到東北視察去了，等到她視察回來，我6月3號又出國了。即使我真有利用文匯報，在整風期間，來擴大右派宣傳，事實上這個時期亦無法利用的。我只說明事實，並非洗刷責任。文匯報的右傾，徐鑄成、浦熙修兩人自己的資產階級思想已經承認了他們的責任，但我以往勸文匯報不要迷信黨組的荒謬主張，我通過浦熙修經常灌輸右派思想的影響是不能推卸責任的。（7月16日《人民日報》）

他承認了同文匯報有很深的關係，但是，對於毛澤東在社論裏說的「文匯報在春季裏執行民盟中央反共反人民反社會主義的方針」這一點，羅隆基排出日程表來為自己洗刷了。

《文匯報》的這篇「初步檢查」中還提到：「徐鑄成在本報復刊的時候，將兩位黨員負責同志趕走，作為他的『拆牆經驗』。對此，不僅津津樂道，還在上海宣傳工作會議上作為發言內容；還寫成文章在報紙上刊出。」這裏說的，就是那篇〈「牆」是能夠拆掉的〉，本章前面已經介紹過了。現在已經到了秋後算賬的時候，有冤報冤，有仇報仇。幾個月前被「趕走」的兩位仁兄也就可以出來討還舊債了。在7月2日繼續舉行的新聞工作座談會上，據《人民日報》報導：「被徐鑄成等從文匯報排擠出來，現在在教師報工作的共產黨員張樹人揭露章羅同盟和浦熙修把文匯報作為反黨工具是

由來已久的。」（7月4日《人民日報》）並舉出了一些事例。因為不但有公憤還有私仇，發言者當然就有更高的熱情了。

《文匯報》不但在版面上發表〈向人民請罪〉的社論和檢查，在報社內部，也像突然發生了一場地震一樣。7月8日，中共上海市委調派上海市文化局副局長陳虞孫來文匯報社主持工作。在一場熱火朝天的反右派鬥爭中，全社劃出右派分子二十一人，其中梅煥藻、江顯良二人自殺身亡。徐鑄成在〈「陽謀」親歷記〉一文中說：

> 最使我終身負疚的是梅煥藻同志。他中英文流暢，長期任《大公報》駐印度記者，勝利回國後，任當時《大公報》總經理胡政之先生的秘書，而傾心進步，當《文匯報》因經濟困難招讀者股時，他是《大公報》內少數積極應募者之一。後來，《大公報》北遷，他自願留在上海。《文匯報》1956年復刊時，我再三登門邀請他任社長辦公室秘書。平時，他工作十分負責、認真，但從不參與編輯部事務，他心直口快，有時對《大公報》的要員，也表示不滿。罡風匝地時，有位原《大公報》要員調《文匯報》任總編輯，曾找梅煥藻同志談話，問他對運動有何看法，他只說了一句：「徐鑄成成為右派，我思想有些不通。」一言既出，立即受到圍攻，要他交代，他走出會場，立即跑上屋頂，跳下樓了！他是《文匯報》第一個壯烈犧牲者！（前引書，第362頁）

毛澤東在〈文匯報在一個時間內的資產階級方向〉一文中，是將《光明日報》與《文匯報》相提並論的。他批評的，其實也只是「一個時間內」即儲安平任總編輯時期內的《光明日報》。在這以前，這張號稱民主黨派的報紙，並沒有顯現出與共產黨黨報不同的面貌。這樣的報紙當然不會受到批評。而在6月8日儲安平辭職之後，報紙又回到原來的路線上去了。所以7月1日發表的毛澤東撰寫的社論就不再批評它，而說，「光明日報工作人員開了幾次會議，嚴肅地批判了社長章伯鈞、總編輯儲安平的方向錯誤，這種批判態度明朗，立場根本轉過來了，由章伯鈞、儲安平的反共反人民反社會主義的資產階級路線轉到了革命的社會主義的路線。由此恢復了讀者的信任，像一張社會主義的報紙了。」

儲安平主持《光明日報》編輯工作的時間並不長，卻是當年一件大事。他是4月1日到職的，頭三個星期，他只在編輯部「了解情況」。4月19日，中共中央統戰部邀請各民主黨派負責人和無黨派民主人士協商決定，

光明日報完全由民主黨派獨立自主來辦，並撤銷黨組。儲安平從這個時候開始實際掌握編輯業務。據光明日報總編室主任高天揭發，儲對這一決定的反應是：「這句話說得好，我倒要看看怎樣讓我獨立自主，我要撞撞暗礁，擔擔風險，用我的肩膀扛扛斤兩，看到什麼時候會受到阻力。」有人問他：宣傳上的重要問題是不是要和中共中央宣傳部聯繫？他說：我們民主黨派報紙用不着。（6月20日《人民日報》）

6月8日儲安平看到《人民日報》社論〈這是為什麼？〉之後，即向社長章伯鈞遞交了辭呈。「6月11日，民盟光明日報社支部舉行全體大會，對儲安平所謂『黨天下』的言論『進行了嚴厲的駁斥，並堅決表示決不容許把光明日報拉出社會主義的軌道』。在大會上發言的有光明日報編輯部各部主任、副主任和部分編輯、記者：張蔭槐、熊劍英、謝公望、黃卓明、潘文彬、陳季子、張又軍、張西洛、徐亦安、丘林、巴波、王少桐、許子美、陳端紹、荒煙、于友，以及《新建設》雜誌編輯主任劉一農等。」（皮學軍，〈光明日報社的「反右」運動〉，載《炎黃春秋》2012年第6期）

後來，7月15日，以該報編輯部名義發表的〈光明日報在章伯鈞、儲安平篡改政治方向期間所犯錯誤的檢查〉中，可以看到他這時間內所做的事沒有一件不被認為是錯的。

第一件錯事。這篇「檢查」說，儲安平抓業務的第一步，就是派出記者到九大城市召開座談會，處處點火，打亂整風步驟，煽動人民對黨不滿。「檢查」說，九大城市座談會是儲安平親自指揮的一個大規模的陰謀活動。他在章伯鈞的支持下，既不同中共中央統戰部聯繫，也沒有向各民主黨派中央請示，就作了佈置。在記者出發前，儲安平面授機宜，指示記者，要找有代表性的、素來有不滿情緒而又敢於說話的人參加座談。有一個記者曾經向儲請示，如果有些人雖有代表性而「無事可鳴」，有些人雖「敢於鳴放」而卻沒有什麼代表性又怎麼辦？儲安平肯定地指示，邀請後者。這就充分表明了他是企圖利用那些心懷不滿的人，利用知識分子落後的一面來為章羅聯盟的陰謀打先鋒。這裏，對儲安平的意圖可說是作了深刻的分析。不過，這篇「檢查」實際上還告訴了人們，儲安平並不是一位真正享有權威的總編輯，他的「指示」是可聽可不聽的。「檢查」說，例如復旦大學的王恒守，是上海第一個提出取消高等學校黨委負責制、主張所謂「教授治校」的右派分子，儲安平就指示駐上海記者一定要邀王恒守參加座談，可是駐上海記者並沒有接受這個指示。

再一件錯事。5月4日那天發表了一篇紀念「五四」的社論。「檢查」說，這篇題為〈大膽貫徹百花齊放、百家爭鳴的方針〉的社論，是「向知識分子和青年學生進行煽動的一篇具有綱領性的文章」。為什麼呢？「檢查」說，「社論中把『百花齊放、百家爭鳴』的政策和『五四運動』相提並論，顯然是原則性的錯誤。『五四運動』是反帝反封建的文化革命。『百花齊放、百家爭鳴』政策『是人民內部的自由在文藝工作和科學工作領域中的表現』（陸定一）。一個是對敵人的革命運動，一個是人民內部的自由問題。而這篇社論卻是號召『繼承和發揚五四的文化革命運動的傳統』，把敵我的界限混淆了。」關於五四運動，毛澤東在〈新民主主義論〉中說過，「五四運動所進行的文化革命則是徹底地反對封建文化的運動」（《毛澤東選集》第二卷，第700頁），這是一個思想啟蒙運動，思想解放運動，是人民群眾自我教育的運動。它是啟封建主義之蒙。「雙百方針」的出發點，也是為了破除一種新的蒙昧，也可以看作一場思想解放運動。在這個意義上，說「雙百方針」繼承了五四傳統似乎並沒有錯到哪裏去。而在這篇「檢查」的執筆者看來，在共產黨執政之後，這「繼承和發揚五四的文化革命運動的傳統」竟是一個反動口號了。

又一件錯事。「檢查」說，在這一段時期的許多新聞報導和座談會發言中，把叫囂民主黨派不受重視、沒有發揮作用以及民主人士有職無權等等，用顯著的地位登在報上，企圖在讀者中造成「黨天下」的印象。幸好「檢查」的執筆者還沒有說儲安平造謠，因為它接着說，對於報導有些民主黨派基層組織不受重視，發揮作用不夠，以及對某些擔任政府領導工作的非黨人士的職權尊重不夠，是有一定事實根據的。問題是誇大了這些個別現象，得出了普遍性的結論。

又一件錯事。「檢查」說，是5月26日發表的〈北大開闢「民主牆」〉。這是儲安平跑到北京大學看了大字報，回來就通知本報學校教育部立即報導的。總編室主任高天提出：這樣報導一定會起煽動作用，擾亂整風步驟。儲安平說：這我不管，是事實我就要發表！

諸如此類的錯事，檢查出了不少，這篇「檢查」長達一萬六千餘字，摘引起來不勝其煩。這裏只再講一件，即儲安平任內反映在報紙版面上的最後一件錯事。6月9日報紙上發表了民盟中央科學規劃問題小組的〈對於有關我國科學體制問題的幾點意見〉，也就是被郭沫若稱之為「一個反社會主義的科學綱領」的，這已經是大錯了。錯上加錯的是，同時還配發了

短評。這篇題為〈為互相監督開拓了新路〉的短評認為，民盟的這個文件表明，「民主黨派在協助共產黨的整風運動中，不僅是揭露人民內部的矛盾和問題，而且經過調查研究之後，進一步提出建設性的意見，協助解決人民內部的矛盾和問題。同時，也可以看出：民主黨派在參與國是，代表其成員的正當利益、合理要求以及體現相互監督等方面，豐富了新的內容，開拓了新的道路。」短評還從民主黨派的工作方式方法來看這一文件，說：「過去，民主黨派在一些重大問題上，也曾發表意見或提出建議，但很少是通過各級組織廣泛徵求意見，經過集中研究然後提出的，顯然，現在這一作法，在發揮組織作用上是大大提高了一步。」〈檢查〉認為，「這是惡毒地挑撥了科學家和共產黨的關係」。對於短評提出的民主黨派作為一個組織來活動，來參與國是這一點，「檢查」未作分析批判，其實這是很觸忌諱的一點。這〈幾點意見〉和短評 6 月 9 日見報，前一天下午儲安平已經辭去了總編輯職務，這應該是他簽發的最後稿件。

對於儲安平這個右派分子來說，比較起來，人們並不很注意他在光明日報工作中的錯誤，而更注意 6 月 1 日他在統戰部座談會上關於「黨天下」的發言。

6 月 7 日，光明日報社內已貼出批評儲安平的大字報。他說，「我當時還很遲鈍，以為這只是個人意見問題。到了 6 月 8 日《人民日報》已登出對我的批評，我看情形不能再工作下去了，不能不向章伯鈞辭職，當時他同意留下了我的辭職信。」（7 月 8 日《人民日報》）儲辭職之後，即由總編室主任高天主持編輯部的工作，很快地，在毛澤東撰寫的七一社論中，就承認它又「像一張社會主義的報紙了」。

儲安平辭職了還是不能解決問題。《光明日報》在 6 月 19 日發表題為〈民革中央對光明日報問題的四項聲明，譴責章伯鈞儲安平要求追究責任〉的報導。聲明說：「光明日報是我們各民主黨派共同的報。近兩個月來社長章伯鈞、總編輯儲安平把光明日報從社會主義的政治方向變為資產階級的政治方向，儲安平更假借『各民主黨派中央機關報光明日報總編輯』的名義，發表反共產黨、反社會主義的言論，我們對於章伯鈞、儲安平這種利用職權，有意篡奪光明日報的行為，不能容忍，極為憤慨，嚴加譴責。」並且提出「對於章伯鈞在這一時期內擅改光明日報的路線方針，儲安平假借光明日報總編輯名義發表反動言論，我們決定要追究他們應負的責任。」

《光明日報》社內部反右派鬥爭的情況，據前引皮學軍〈光明日報社的「反右」運動〉，一文説：

> 1957 年夏季，儲安平、章伯鈞被打成右派後，《光明日報》內部也全力以赴轉入「反右」。這時，光明日報社「反右」運動由黨總支書記張友、編輯部黨支部書記吳克之領導。張友是位很有同情心的老領導，當劃定右派佔報社人數百分之五時，他就想收兵。為了「安全」起見，張友請示文化部整風領導小組：光明日報劃的比例是不是多了？一位陳姓的領導（引者按：當是文化部副部長陳克寒）回答：「光明日報是重點，劃右派沒有比例，有多少劃多少。」這個電話詢問後來作為張友的嚴重錯誤記入檔案。也因這電話，光明日報社「右派」直至劃到近百分之二十的比例才甘休。當時不到八十人的光明日報編輯部，1957 年就劃定右派分子十五人。在 1958 年「向黨交心」運動中，于友、丘林又因言行不慎，被補為右派。這樣，光明日報社除儲安平和章伯鈞外，共有右派十七人：學校教育部主任潘文彬（筆名「文冰」）、黨派部第二主任王少桐、要聞部副主任張蔭槐、國際部主任于友、編輯，記者鄭笑楓、徐穎（女）、許子美、殷毅、錢統綱、蕭恩元、謝捷（女）、歐至培、韓洪文、李笑、丘林、范愉曾、韓逸雲。其中有五人被開除公職，交專政機關處理。

這些人中間，王少桐、殷毅、潘文彬、丘林、錢統綱、鄭笑楓等人，都是儲安平派出去「放火」的記者。韓逸雲是財務科長。他們有些人的結局很悲慘，據殷毅的回憶錄《回首殘陽已含山》説：

> 其中，被開除公職、曾在黑龍江興凱湖農場勞改、滿肚子「錦繡文章」的原學校教育部主任潘文彬，「文革」中過早病逝，令人萬分惋惜；同我一起去瀋陽「放火」、後來流放貴州的原黨派部副主任王少桐，「文革」中自沉烏江，死得十分慘烈。據説，他投江前慮及被人救起，身上綁了一塊大石頭，才縱身一躍；岸邊留有遺書一紙：「供魚鱉飽餐一頓，亦人生樂事也。」（北京十月文藝出版社 2003 年版，第 225 頁）

11 月 11 日，光明日報社務委員會邀請各民主黨派中央負責人舉行會議，一致決議撤銷右派分子章伯鈞的光明日報社社長職務和右派分子儲安平的光明日報總編輯職務。任楊明軒為光明日報社社長，陳此生為副社長

兼總編輯，穆欣、高天為副總編輯。這樣，無產階級就從資產階級右派手中奪回了一塊重要的新聞陣地。

毛澤東批判《文匯報》的社論中還涉及了《新民報》。社論說：「新民報犯的錯誤比文匯報小，它一發現自己犯了錯誤，就認真更正，表示了這張報紙的負責人和記者們對於人民事業的責任心，這個報紙在讀者面前就開始有了主動。」社論還拿《新民報》將《文匯報》的軍：「看來新民報的自我批判給文匯報出了一大堆難題，讀者要問文匯報哪一天趕上新民報呢？」

說新民報犯的錯誤比文匯報小，就是說並不是沒有錯誤。例如，5月13日《新民報》上發表的雜文〈先鋒何在？〉，文章說，「在思想戰線上，新聞記者幹的就是這種先鋒工作。」應該是「先天下之放而放，先天下之鳴而鳴」。作者作了一點今昔對比：「而今天，就在我們思想戰線上新聞工作的一般情況來說，能說我們新聞記者有這個急先鋒的氣慨嗎？說起來，我們新聞記者應當慚愧，也應當自劾 —— 我們沒有很好地盡我們的天職，先鋒的英俊之氣是日漸消磨了。『想當年』，不論在解放區或蔣管區，我們是出現過一批好先鋒的。有白盔白袍的趙子龍，也有掄着板斧的李逵；有丈八蛇矛的張翼德，也有赤膊上陣的許褚。而今，說起來很難為情，我們個個都是廖化，甚且不免為賈化。」文章接着具體談到現在新聞記者採訪中的種種困難：

> 且看我們思想戰線上的先鋒是怎樣工作的吧：
>
> 入公門，鞠躬如也；看首長顏色，弄點新聞回來，這簡直像乞丐，是「討」新聞。不是嗎？不是有人叫新聞記者「滾」了嗎？
>
> 「保密」擴大化，到處是牆，碰來碰去，費盡心思，勉勉強強搞出一點東西，這是硬着頭皮「碰」來的新聞。
>
> 人海茫茫，心中無數，想找一些負責同志了解全面情況吧，首長忙得很；只好碰運氣，在渾水裏瞎摸，「摸」它一點新聞。
>
> 有的時候，實在完成不了任務，只好來個「苦肉計」，橫下心來準備挨四十軍棍，換取一條新聞的發表。苦啊！

這篇雜文被毛澤東注意到了，他問新華社社長吳冷西：「你看過 5 月 13 日《新民報》沒有？報上有一篇文章，題目叫做〈先鋒何在？〉，署名林放（新民報社長趙超構筆名），內容相當尖銳，但文筆比較客氣。」毛澤東還向吳冷西介紹了一點這篇文章的內容：「記者應當是先鋒，『先天下之放而放，先天下之鳴而鳴』。過去出過許多名記者，現在沒有，個個都是廖化。」（吳冷西，《憶毛主席》，新華出版社 1995 年版，第 33–34 頁）

在 8 月 24 日上海新聞工作者座談會上，趙超構作檢討說：在〈先鋒何在？〉的文章中，「我不但完全抹煞了新中國報紙在黨領導下的進步事實，並且污衊了新中國的記者，加以醜化，說我們的記者是靠『討』、『碰』、『摸』、『拼』來進行採訪的。」（8 月 26 日《新華社新聞稿》）

又如，5 月 19 日《新民報》關於民盟司法座談會的報導，中間就有王造時說的中國現在是「人治」不是法治，有李國機說的「現在的審判員都可以隨便立法，要怎樣判就怎樣判」，還有人說了「字都識不了幾個的人就可以當審判員，審判員不會寫判決書現在是一種普遍現象」等等。為了糾正這一錯誤報導，新民報編輯部在 6 月 24 日邀請上海一部分司法工作者舉行座談會，逐一反駁 5 月 19 日報導中的意見。（7 月 2 日《人民日報》）

又如，《新民報》5 月 20 日發表杭州專電：〈放、鳴風還沒有吹到浙江〉，說，「跟上海大放大鳴情況相反，浙江的鳴放，至今還沒有多大動靜。」「省委至今還沒有明白表示支持爭鳴。省委負責同志也沒有出面主持會議，讓黨內外知識分子提意見。」21 日又發表〈從葛嶺瞻望杭州城的城牆〉，說，「浙江省委有些領導同志卻怕看見矛盾的揭露，總是希望提意見的人愈少愈好，——這沒有別的辦法，只好少放或不放，不讓人發言，有人提了意見，被粗暴的幹部扣上大帽子。從最近省委宣傳工作會議的召開到整風學習的展開，好像都還是無聲無息地進行，和中央關於整風指示中說的『防止關門整風』的精神和全國宣傳會議的方式，都有所差異。」後來，新民報編輯部主動檢查，承認這「是兩篇歪曲真相、誇張失實的報導」。這篇檢查說，事實的真相是：「那次省委宣傳工作會議上，開始大家對『鳴』、『放』不是完全沒有顧慮的，可是後來經過學習，特別是聽了周恩來總理的講話後，浙江省放、鳴的空氣就開始活躍起來了。中共浙江省委第一書記江華、省長沙文漢、副省長楊思一、省委宣傳部長呂志先和各地、市委書記還按各業務系統分別召開了黨內、外同志座談會或各地區座談會，虛心徵求大家的意見。當時因為剛巧碰上伏老訪問杭州，大家工作

很忙，再加上周總理的報告基本上解決了大家的思想問題，大家都同意把發言放到即將召開的省政協一屆三次會議上去。」（7月4日《人民日報》）從這個更正看來，報導中沒有說明那些座談會提意見少的原因：原來是正碰上伏羅希洛夫來訪！這裏附帶提一下：這篇檢查中同江華並列作為重視鳴放的領導人的沙文漢、楊思一不久之後都被劃為黨內右派分子，這裏說他們「虛心徵求大家的意見」，被認為是支持右派分子向黨進攻。新民報作檢查的時候還是將這作為領導幹部支援鳴放的事例，來證實原來說的「放、鳴風還沒有吹到浙江」是錯了。

在6月28日的新聞工作座談會上，中國人民大學新聞系的劉貫文批評了5月份《新民報》所載林放的幾篇雜文，認為〈沒有圈圈〉是說大鳴大放不應該有範圍，而且反對劃範圍；〈先鋒何在？〉是說現在的新聞自由還不及過去的新聞自由；〈土官僚〉是主張打亂黨的整風步驟，要求把整風推向基層。劉貫文說，如果說在資產階級右派分子向社會主義進攻時，光明日報、文匯報是在放火，新民報起碼也是在為這些放火者煽風。（6月29日《人民日報》）

7月2日的新聞座談會上，趙超構檢討了新民報的錯誤。他說，新民報這次所犯的錯誤是嚴重的，是政治性的錯誤，不是平常的思想錯誤。主要是工人階級立場不穩，愛憎不分明，不是喜工人階級之所喜，怒工人階級之所怒，因而使得一度批判過的資產階級辦報思想在腦子裏復辟。一年來主要力量在搞技術工作，對政治思想關心很少，只求生動活潑，忽視報紙內容。強調報紙特點，削弱了報紙基本方向。一麻痺就為資產階級右派分子鑽了空子。趙超構還檢討了他說過的「教條主義比機會主義更可怕」的錯誤，現在他認識了，教條主義是好心人把事辦壞了，機會主義則是立場問題。他表示要接受教訓，從思想上接受黨的領導，並且用黨的思想武裝自己，加緊改造自己。（7月4日《人民日報》）他這檢討其實是經不起仔細分析的。你說你的錯誤是強調報紙特點，削弱了報紙基本方向。這豈不是說所要堅持的基本方向是同報紙特點相矛盾的嗎？事實上也正是如此，強調報紙特點就是修正主義，而這種基本方向是只有抹殺報紙特點才能堅持的。

這時，趙超構正在北京出席第一屆全國人民代表大會第四次會議。和他同是四川省代表的巴金都住在前門飯店，房間相鄰。多年之後，巴金在他的《隨想錄》裏記下了趙超構作檢討過關的事：

> 雜文家（指趙超構）當時的處境似乎更差一些。那幾天他臉上不見笑容，我也替他擔心，卻又不便問他有什麼情況，在北京我看不到上海的晚報，但是過兩天我就聽見了他的笑聲。原來他得到暗示寫了一篇自我檢討的文章，連夜打長途電話到上海，在晚報上發表了。檢討得到諒解，態度受到表揚，他也就放了心：過了關了。（《巴金全集》第十六卷，人民文學出版社 1991 年版，第 596 頁）

毛澤東對趙超構網開一面，有其歷史原因。吳冷西的《憶毛主席》中記下了毛說的這一段話：

> 上個月去上海，看了幾天《新民報》，辦得還是比較嚴肅的。趙超構是有見解而又誠實的人，他 1944 年訪問延安，我同他談過話，他回去後寫了〈延安一月〉，在國民黨統治區影響很大。（第 34-35 頁）

吳冷西還回憶說：「6 月間，毛主席還特意接見了趙先生，勉勵他繼續進步。」

毛澤東 6 月 14 日批評《文匯報》的文章中，說「其他有些報紙的一些編輯和記者也有這種情形」。例如《大公報》，就在 7 月 5 日刊出了編輯部關於幾個錯誤報導的檢查。一篇是〈內蒙古採訪撲空記〉。內容是該報記者到內蒙古採訪，要求組織一些單位負責人開座談會，向國務院提意見，被內蒙古宣傳部拒絕，會沒有開成的事。這篇檢查說，內蒙古宣傳部不同意開這樣的座談會，是正當的措施，而這篇文章的寫作和刊登，反映了在大公報內存在着的「無冕之王」思想。「你接見我，是新聞；你不接見我，也是新聞」。筆在我手裏，愛怎麼寫就怎麼寫，以致產生了惡劣的影響。又如「六一」兒童節關於北海幼稚園的報導，同時還配發社論，提出了一個革命幹部應當如何教育子女的問題，主張取消招收高級幹部子女的特殊的學校和幼稚園，以為這是「拆牆填溝」的措施，希望一定辦到。這篇檢查說，這是主觀的、片面的、不負責任的採訪和言論，實際上起了「點火」和煽起人民不滿的作用，是錯誤的。

在反右派鬥爭中，大公報不僅有版面上的問題。一些大公報的老人，對於中央確定大公報以財經為主，同時進行國際宣傳的全國性、政治性報紙的方針是不滿的，他們希望恢復舊大公報。有些人貼出大字報要求讓徐

盈、彭子岡回來。這些意見被指為「企圖復辟反動舊大公報的陰謀」，表示了這些意見的趙恩源、朱啟平、蕭離、顧國權等人都被劃為右派分子。

大公報的反右派鬥爭中的最大事件，是黨組書記、總編輯袁毓明被劃為右派分子。袁毓明（1916-1973）是 1941 年入黨的共產黨員，1950 年初，在南充創辦《川北日報》（中共川北區黨委機關報），擔任社長兼總編輯。不久調任重慶《新華日報》（中共中央西南局機關報）總編輯。1954 年8 月 31 日《新華日報》因大行政區撤銷停刊，他就被任命為《大公報》總編輯了。他被劃為右派分子的導火線是：他在 6 月 1 日貼出了一張匿名小字報〈我對黨團員的看法〉，被追查了出來。8 月 15 日，新任黨組書記、總編輯常芝青來大公報社上班。袁毓明就被劃為右派分子了。據 9 月 15 日《今日新聞》刊出的〈大公報總編輯袁毓明無恥反黨〉一文公佈的材料說：

> 6 月 1 日中午，這位整風領導小組長竟偷偷摸摸地，改換筆跡貼出了一張匿名招帖，對給他提過意見的黨團員進行惡毒的人身攻擊，辱罵一位女同志是「母夜叉」。

> 反右派鬥爭開始之後，袁毓明深恐自己的密謀暴露，就竭力庇護右派分子，以便阻撓這一鬥爭。在右派分子趙恩源已在民盟支部座談會上作了一兩次交代之後，袁毓明還去安慰他，他以黨組書記和整風領導小組長身份的口吻對趙恩源說：「我們是顧全大局的，是保護你的。」他還把整風領導小組對某些問題和對某些黨團員、積極分子的分析意見全盤告訴了趙恩源。袁毓明還一再打擊民盟支部整風領導小組的負責人，主張讓趙恩源參加民盟支部整風領導小組。他說：「不要弄得太僵。」

> 袁毓明這個階級異己分子的反黨陰謀，曾經使大公報的黨組織處於極端困難的境地。

楊奎松作〈王芸生與 1949 年以後的《大公報》〉一文中也說到了袁毓明被劃為右派分子一事。可參看：

> 8 月 15 日，常芝青正式到社辦公。16 日，整風領導小組副組長謝邦定在全社職工大會上公佈了袁毓明的問題，宣佈：「上級黨委決定撤銷他的黨組書記及整風領導小組長等一切黨內職務，並號召群眾對他進行堅決的鬥爭。」

報告稱：「袁毓明在整風開始以前，就對整風顧慮重重，生怕群眾提意見會影響自己的職位。早在中央發佈整風指示以前，他就歪曲中央號召全黨整風的精神，揚言這次整風的對象主要是沒有參加過 1942 年整風的新黨員，言外之意是他可以不整風。等到中央發佈了整風指示，報社內部也因為開展增產節約運動和討論改進報紙工作而出現了不少意見，他的個人打算和患得患失的情緒就嚴重起來。」「在這種情況下，袁毓明為了討好群眾，竟然發展到不擇手段的地步。他的目的是把群眾提意見的鋒芒轉移到別的黨員領導幹部的頭上。同時用拉攏人的辦法進行非組織的宗派活動。」甚至於在 6 月 1 日匿名張貼小字報對幾位黨團員進行「威脅」。

報告稱：此事被揭發後，整風領導小組曾對袁毓明進行了嚴肅的批評和鬥爭，並且向中宣部和文化部黨委作了彙報。因部黨委考慮到運動當時處在緊張階段，故沒有馬上給予袁黨紀處分。

8 月 17 日，在全社大會上，中宣部、文化部負責人正式宣佈了對常芝青的任命。常接替袁毓明擔任大公報社的黨組書記，並擔任副社長兼總編輯。

8 月 21 日，大公報整風領導小組就召集了全社幹部大會聽取袁毓明的檢討並進行揭發批判。對許多人的批判，常芝青特別提醒說：袁所犯錯誤主要不是政治生活上和日常生活上的衰退現象，「而是鳴放中的反黨問題」。國際部主任隨後發言，結合了匈牙利事件中總理納吉倒向反共派的事例，等於為袁反黨問題的程度定了性。他說：如果說不久前報紙上批判人民出版社社長曾彥修是「人民出版社的納吉」，那麼，「袁毓明就是『大公報的納吉』」。「納吉的特點是什麼？就是站在黨的領導崗位上，在黨對敵人鬥爭的緊急關頭，卑鄙地背叛了黨。」（楊奎松，《忍不住的「關懷」》，廣西師範大學出版社 2013 年版，第 183-184 頁）

1958 年 2 月 13 日中華人民共和國文化部整風領導小組作出的《對右派分子袁毓明的處理結論》如下：

袁毓明，男，四十二歲，河北省邢台人，家庭出身富農，本人成分學生，1938 年參加革命，1941 年入黨，歷任太行新華日報校對科長，人民日報辦公室主任，第一兵團新華分社社長，川北日報副社長，重慶新華日報總編輯等職。現任大公報總編輯。

主要右派言行:

(一) 誣衊整風運動,説:「整風是一場混戰,你在背後打我,我在背後打他,他又在背後打你」,「1942 年整風運動傷了很多人,到現在還不能忘。」

(二) 鳴放期間,為了轉移目標,張貼匿名條子,攻擊謾罵幾個黨團員為「兩面派」,「母夜叉」,並在右派分子向黨進攻的大字報上簽名,寫道「這樣揭發黨內黑暗好得很」。

(三) 在報社右派分子猖狂向黨進攻的時候,同右派分子肖離,肖鳳,朱啟平,單于越,吳永良,謝牧等人談話,説「我到報社感到孤苦伶仃,沒有三親四故……中宣部也沒有什麼熟人」,「我也是有苦説不出來,大家感到苦悶我也感到苦悶」,「人之相知,貴相知心,士為知己者死」。為了對肖離等右派分子討好,向他們説「對吸收你們入黨的事我一直關心,……這回我替你們負上責,加把勁,趕快解決你們的問題」。此外並將 1956 年黨組對他蜕化墮落思想的批評説成是「宗派傾軋」等等。

(四) 為了討好肅反對象,他説:「文化部在肅反問題上,曾經兩次通報批評我右傾,現在看來你們還是正確的。」對肅反對象蘇濟生説:「你們幾個人的問題是我當時儘量壓住,才沒有公開鬥爭。」

鬥爭中態度:

經過鬥爭,低頭認罪,表示願意悔改。

處理意見:

開除黨籍,撤銷大公報總編輯職,另行分配待遇較低的職務。(原載《關於清除黨內右派分子的決定彙編(四)》,中共中央監察委員會辦公廳編,1959 年 12 月)

後來袁毓明被遣送太原,安排了一個山西省文聯副秘書長的名義。在文化大革命的折磨裏鬱鬱而死。

一場反右派鬥爭下來,《大公報》全社劃出右派分子二十人。他們是:總編輯袁毓明,副總編輯、在舊大公報幹過二十多年的趙恩源,記者部副主任蕭離,記者蕭鳳、戈衍棣、單于越、尤在、顧國權、吳永良,理論部

編輯朱沛人、毛健吾，副刊部編輯高汾（當時在高級黨校學習，在黨校被劃為右派，轉回報社的），國際部編輯徐梅芬，總編室編輯曹銘，通聯組編輯余悅，香港《大公報》駐京記者朱啟平；經理部人員是：副經理趙英達，業務科副科長馮雋民，財務科科員徐文蘭，業務科科員石文華。（見吳永良，《雨雪霏霏》，中國戲劇出版社 2002 年版，第 8 頁、香港五七出版公司 2010 年增訂本，第 5 頁）。此外早已調離大公報的徐盈和彭子岡，也被劃成了右派分子。

趙恩源是 1930 年燕京大學新聞系首屆畢業生，畢業後即加入天津《大公報》，歷任編輯、北平辦事處主任。抗戰八年間，隨同報社奔波於漢口、昆明、香港、重慶等地，屬於資深的《大公報》人。

朱沛人（1917-1977），因為擔任過南京《中央日報》副總編輯，1948 年 6 月 11 日，他和報社另一副總編輯陸鏗聯名在《中央日報》上刊登廣告，宣佈脫離《中央日報》，同時向國民黨中央組織部遞交報告，自願脫離國民黨。其後，他應北平《世界日報》社長成舍我之邀，北上擔任總編輯。北平和解放後，他經過一個短期培訓班培訓，分配到天津《進步日報》。1951 年末，在天津市鎮壓反革命運動中，朱沛人被公安部門定為歷史反革命，管制兩年，從編輯的崗位上調整到報紙檢查工作。《大公報》、《進步日報》兩報合併之後，他調到北京參加貿易合作組的編輯工作。1957 年 5 月間的鳴放階段，他在報紙上發表了幾篇短文，對當時機關工作的官僚主義和社會風氣提出一些批評，因此就被劃為右派分子。又因他曾在國民黨《中央日報》擔任過要職，於是被新賬老賬一起算，1958 年以反革命罪給他判了十年徒刑，1968 年刑滿，留在黑龍江省嫩江農場九分場就業，1976 年，重病中的他摘去了反革命分子帽子，可是還是不讓他回家。1977 年 4 月 11 日在孤獨中淒然死去。

毛健吾（1905-1968），1937 年創辦《大剛報》，擔任社長。這張報紙最初和國民黨軍方有關，後來成為一張民營報紙。1948 年 7 月 8 日國民黨當局勒令《新民報》南京版「永久停刊」的時候，新聞界簽名抗議的就有他毛健吾。1949 年毛健吾在香港和龍雲、黃紹竑等四十四人一起宣佈起義，隨即回到北京，進入華北革命大學學習，1951 年被安排到天津《進步日報》工作，不久《進步日報》併入《大公報》。1957 年 5 月他應邀出席新聞記者協會召開的新聞工作座談會，會上的空氣很使他興奮，以為中國新聞改革的時期即將到來，隨後他又在報社的鳴放座談會上發言，對肅

反、對老報人的安排説了一些意見。不久，他即被大字報點名，開會批判鬥爭，劃為右派分子。1958 年初，又因為「歷史問題」，由公安部門宣佈他是反革命分子，逮捕法辦，給他判了十八年徒刑，送到黑龍江省興凱湖農場勞動改造。1968 年 3 月 28 日就死在那裏。

大公報社社長王芸生在反右派鬥爭中，也是只差一點劃為右派分子了。在新聞工作座談會上，他表現出了非常合作的態度，以自己三十年出頭的新聞工作經驗，來否定所謂老報人的辦報經驗，他説，什麼老報人，舊傳統？在真理和大學問面前，應該作總的否定。剩下的一些東西，只是些零零碎碎的技術。(7 月 4 日《人民日報》) 儘管這樣，他還是遇到了很大的風險。他的兒子王芝琛在《一代報人王芸生》一書中記下了這經過：

> 王芸生連續幾天參加中華全國新聞工作者協會召開的批判會。有一天，大會剛剛開到一半，會議突然將火力轉向王芸生，來勢相當兇猛，這兇猛的來勢都是集中在「反蘇」問題上，無論歷史的、現行的，一齊上。據知，當時要抓一個「反蘇典型」的全國性大右派，已經內定是王芸生。

> 形勢愈來愈明確，鬥爭日甚一日，壓力愈來愈大，王芸生已預感到自己即將成為右派，而且還是一個大右派。可誰也沒有料到，情況有了突變。第二天即將召開更大型交代和批判會時，報社突然派曹谷冰來對王芸生説，只要在某幾個問題上做些檢查就可以了。王芸生深感突然，很想摸摸底細，但曹谷冰根本不知道所以然，只得作罷。在交代會上，氣氛顯得十分寬鬆。主持人很客氣。王芸生念完檢查稿，立即有人走到台邊把他接下來，護送出門，坐上汽車回了家，事情就算完結了。王芸生一直很納悶，總感到事出有因，很長時間惴惴不安。

> 直到 1960 年，楊東蓴先生作為黨與王芸生的連絡人，才將真相告訴了他。原來是毛澤東將他保了下來。毛澤東認為當時只有三家全國性的黨外報紙，而《文匯報》和《光明日報》的總編輯都已劃為右派，《大公報》的總編輯就不宜再劃右派了。是毛澤東讓胡喬木打電話通知了中宣部長陸定一。

青年報也作了檢查。一件事是「5 月 7 日發表的本報攝影記者洪克同志寫的〈部長助理和攝影師〉，是一篇有很大片面性的報導」。這是關於「左葉事件」的第一篇文章。本書第十章所記陸詒的發言中已經提及這個事

件，因為它轟動一時，這裏稍微詳細說一說。那是在蘇聯伏羅希洛夫訪問北京的時候，4月17日要去參觀北京農業展覽會。農業部部長助理左葉負責為國賓帶路和維持秩序。當時中央新聞紀錄電影製片廠的攝影師拉開擋住了鏡頭的他，他生氣了。據說，他說了「你重要還是我重要？你們給我滾出去！」又據說，當場就有好幾個記者扯下記者證以示抗議。《中國青年報》發了洪克的文章以後，第二天《文匯報》又發表北京專電〈新聞記者的苦悶〉報導此事，同時配發社論〈尊重新聞記者〉，其中尖銳地提出：

> 我們可以下這樣一條定律。當一個政權反人民的時候，它是排斥記者、懷疑記者的。國民黨在重慶、南京的年代時常封鎖新聞，設新聞檢查機構，甚至毆打、逮捕、處死新聞記者。記得採訪「國民參政會」新聞，記者們也曾受過搜身以及參政員走大門、新聞記者走旁門的傷害人權的污辱……

> 我們人民政權是尊重新聞記者的。但是把新聞記者看作討厭人，防範而不是合作，卑視而不是尊重，種種舊作風還是存在的。這證明了人的思想意識的改變確是落後於經濟制度的改變，即上層建築的改變落後於經濟基礎的改變。

> 八年以來，新聞記者們所遇見的官僚主義、宗派主義、主觀主義也是特別多的，因為這項行業是有特殊性：接觸面廣。這倒也是新聞工作者應該不平則鳴的時候了。

5月10日《人民日報》副刊上也有了此事的反應，其中包括袁水拍的諷刺詩《官僚架子滾開》，梁汝懷的雜文〈要學會尊重人〉和方成的漫畫。

到了反右派鬥爭中，對於這一事件必須有一個另外的說法了。7月13日新聞工作者協會在會長鄧拓主持下開會調查和分析此事之後，宣佈原來的報導失實。左葉在會上檢討了自己當時態度急躁，說話的口氣也不妥當。他承認他說了「你的工作重要，還是我的工作重要？」而不承認說了「再擠就叫你們滾出去」這句話。在場的一些農業部人員也都證實，只聽見他說了「你的工作重要，還是我的工作重要」的話，卻沒有聽到「再擠就叫你們滾出去」這樣的話。鄧拓在會上說，我們不能孤立地來看這件事情。這件事情是被新聞界右派分子加以誇大渲染，藉以發動反對人民、反對社會主義、反對共產黨領導的政治進攻的一個導火線，它的嚴重性就在這裏。袁水拍在會上作了檢討，他說：我不經調查核對，就寫了這篇實際上為資產階級右派分子向黨進攻加添火力的東西。我沒有站穩無產階級立

場、黨的立場，在風浪中有了動搖，做了一件損害黨的利益的錯事，我非常痛悔我所犯的錯誤。梁汝懷和方成也都作了檢討。8 月 14 日《人民日報》就此事發表社論〈對新聞工作者的一個教訓〉，說「左葉事件」是右派進攻全國新聞界所使用的武器之一。當時的上海《文匯報》，在這件事情上表現得最兇狠、最惡毒。社論提出，在目前的反右派鬥爭中，不但要用新聞這個工具來反對右派，而且要在新聞界內部揭露右派分子和批判右傾思想。

因為報導「左葉事件」而受到牽連的還有人民日報攝影記者高糧。當時他在農業展覽館現場，後來在中共中央宣傳部為了這件事召開的對證會上，在回答主持人問題的時候，如實說了目睹的經過，於是他就成了「『左葉事件』中推波助瀾、向右派充實炮彈、使之向黨的新聞事業發起猖狂進攻的罪魁禍首。」（高糧，《歷史的腳印》，第 170–171 頁）他就在 1958 年的反右派補課中被定為漏網右派。中國青年報文藝部主任吳一鏗因為編發了〈部長助理和攝影師〉一文，被劃為右派分子，後來含冤而死。

中國青年報的這篇檢查還提到了該報編委劉賓雁和記者陳伯鴻合寫的通訊〈上海在沉思中〉（載 5 月 13 日《中國青年報》），說這「是一篇對黨對文化藝術領導惡毒污衊、煽動向黨進攻的反動文章。在這篇通訊中，把目前上海文化藝術界的狀況，形容得甚至比國民黨反動統治時期都不如」。究竟它是如何反動的，不妨看一看原文：

> 在這號稱中國話劇運動發源地的上海，一個人一年裏買到一張話劇票竟被認為是件大幸事，而唯一的話劇團體人民藝術劇院的演員們又閒得發慌；許多中國與西方的文學名著無論新舊書店裏都買不到，作家與翻譯家卻又因出版社長期不印重版書而不滿；反動統治時期上海是全國出人出書出戲最多的所在，解放後反而有點蕭條。

> 一個根本問題是黨究竟應該怎樣領導文學藝術？人們的指責是：過去黨的領導忽視文化藝術以及創作活動的特點，因而未能創造出繁榮創作所必須的足夠條件。作協、劇院變成機關，各種行政職位與送往迎來的活動妨礙藝術家從事創作。某些領導機關把文化事業當作工商業來辦，關心最多的是財務計劃而不是人民的文化需要或藝術本身。往往是外行的行政幹部在藝術問題上有著比藝術家更大的發言權……出版社的過分專業化和集中造成它的壟斷，編輯的疏忽可以埋沒一個作家。

要領導，就需要了解。黨的領導人應該有一定的文化興趣與藝術素養這個問題已提到日程上來。作曲家黎錦暉要求重新考慮他的《毛毛雨》、《葡萄仙子》是否黃色歌曲，對這一問題表示意見自然要比指導一個工廠的增產節約運動複雜得多。此間文藝界人士所以懷念陳毅同志，就因為他曾廣泛接觸文藝界人士並給以各種無微不至的支持。沒有一般的藝術興趣與素養，要關心或指導文藝顯然是困難的。一位作家說，假如黨市委委員都看看小說，那就是作家榮幸的事了。

人們着重提出了過去缺乏藝術創作所不可或缺的自由空氣問題。有權有勢的教條主義左右風雲不可一世。電影界在《文匯報》討論自己的問題被懷疑為想造反，巴金的一篇小雜文引起滿城風雨。即使藝術界與社會輿論的態度完全相反，個別領導人也可以把一種意見或一部作品置於死地。人們認為，今天所以不可能有一個二十多年前膽敢與周揚抗衡的魯迅，乃是由於一個作家與黨委宣傳部長的關係不同。

上海的放，僅僅是開始。值得注意的是許多人還不肯說話，有人儘管說了幾次仍未暢所欲言，怕「釣魚」、怕彙報、怕檢討是主要顧慮，也有人仍然懷疑解決問題的可能性。黨內幹部有的比黨外人士顧慮還多。這種沉默和另一種沉默是分不開的。人們注意着一些黨內負責幹部的動向，現在的印象是：他們參加會，不說話，沒表情，也不知打的是什麼主意！這種顧慮與過去黨的領導某些反覆無常表現是分不開的。去年的一放與秋後的一收，以及今年3月中的一放一收，人們記憶猶新。

中國青年報的這篇檢查，從這篇通訊中摘錄出一些字句，然後加以分析批判，說「這篇通訊形容黨的領導幹部是一群連小說都不看的、缺乏文化興趣與藝術素養的人」，提到魯迅抗衡周揚，是「明目張膽地煽動向黨進攻、煽動推翻黨對文藝的領導」，說有許多人還不肯說話，就是「這篇通訊對當時上海右派反動言論氾濫的狀況猶嫌不足」，說一些負責幹部不說話，就是「攻擊黨的領導沒有向右派反動言論投降」。通訊中可以批判之處可說是都批到了。只是還剩下一條沒有批判。那就是懷念陳毅。懷念前任的陳毅，就是開罪現任的柯慶施。這柯慶施，可是一位得罪不起的人物。這篇檢查說：「在編發這篇通訊的時候，報社領導在當時是明確地認識到這是一株毒草，是有意讓它放出去的。我們的錯誤是放出去之後，遲遲地甚

至在反右派鬥爭開展很久以後，還未給予批判，使毒草沒有得到及時的剷除。」這樣一定要把事後諸葛亮說成未卜先知，卻有一個困難。因為，這5月13日見報的文章，發稿時間最晚也是12日，而據現在人們所知道的，通知將要轉變風向的第一個文件，是5月14日發出的。本書第八章已經說過，像中國作家協會黨組書記邵荃麟，是5月18日晚上才被告知這個新精神的。很難相信這篇檢查在這裏說的是真話。不過如果把這看作對柯慶施的交代，說明發稿時即知道是毒草，卻是可以理解的了。

劉賓雁不只是一位記者，更是一位作家。一年前他發表了報告文學作品《在橋樑工地上》、《本報內部消息》等等，抨擊時弊，在讀者中引起很大反響。在反右派鬥爭中，這些作品成了重點批判的對象。這些在本書下一章裏將要談到。

說一點本書作者所在的新湖南報社內部反右派鬥爭的情況，據中共中央辦公廳編印的秘密文件《情況簡報（整風專輯）彙編》（十五）（1957年8月22日）刊登的一篇中共湖南省委整風辦公室張瑞潔的彙報材料〈新湖南日報社的反右派鬥爭情況〉說：

> 新湖南報社在反右派鬥爭中，揭發了兩個反黨、反社會主義的小集團：一個是以蘇辛濤（副總編輯、黨員）為首的黨內右派小集團，它的主要成員是傅白蘆（副秘書長、黨員）、蔡克誠（編委委員、黨員）；參加的還有袁家式（編委委員、黨員）、張雨林（農民報的副總編輯、黨員）。這個小集團的由來已久，今年3月間就開始有所暴露。他們在報社黨內外的編輯中拉攏了一批人，堅持資產階級的辦報方向，對抗省委，進行一系列的反黨、反社會主義的活動。另一個是以唐蔭蓀（文教部編輯、民盟盟員）、鍾叔和（工業部編輯、團員）為首的黨外右派小集團，參加的還有幾個非黨員的編輯。此外，報社內還有兩個單幹戶的右派分子和三個有嚴重右傾言行的人。目前，報社對兩個右派小集團已開展了鬥爭；對兩個右派單幹戶在一兩天內也可突開。
>
> 總之，報社內的右派分子較多，不僅黨外有，黨內也有，而且在領導成員中也有。這些右派分子有的是合作社，有的是生產隊，有的是單幹戶，他們的關係錯綜複雜，問題牽涉較廣。因此，報社在作了較長時期的準備後，從7月18日才正式開始對他們進行鬥爭。首先對黨外的唐、鍾右派小集團展開鬥爭，用

座談會的形式，先後鬥爭了唐蔭蓀及他的小集團內的兩個成員。7月28日對黨內的右派小集團也展開了鬥爭，現對蘇、傅、蔡都已打了第一個回合。從初戰的情況看，目前群眾已初步發動起來，並積極向黨靠攏。

在報社的編輯部內，資產階級的新聞觀點由來已久，反黨的宗派活動的影響也較深，不僅是一般的編輯、記者受到了影響，而且有些中層的黨員骨幹也積極參與其活動。在這次反右派鬥爭中，這些人都寫了書面材料進行揭發，並且在鬥爭會上同右派分子展開了面對面的鬥爭，他們在立場觀點和思想感情上，正在起質的變化。現在群眾的情緒飽滿，鬥志旺盛，黨內外的兩個右派小集團也正在分化瓦解。黨內右派小集團成員之一的袁家式已經起義，並且在會上對右派分子進行了鬥爭；右派小集團的內部，也在互相揭發材料，蔡克誠、唐蔭蓀也已經開始低頭認罪，繳械投降；蘇辛濤也承認了一部分錯誤；傅白蘆的威風還未打下，尚在頑抗。但是，兩個小集團在群眾中都已經孤立起來。目前，我們已經掌握了他們的不少材料，鬥爭正向深入開展。

在《情況簡報（整風專輯）彙編》（三十一）（1957年10月25日）裏又有9月15日中共湖南省委辦公廳書面彙報〈湖南省目前整風運動的基本情況〉，說到了新湖南報社反右派鬥爭的情況：「加強對右派分子的分化瓦解工作，爭取右派分子中的一部分人起義。反右派鬥爭開始以來，我們在分化瓦解右派分子方面有了一定成績，如新湖南報分化瓦解了蘇辛濤右派集團，爭取了丁明凱、袁家式等人起義，嗣後又分化瓦解了唐蔭蓀小集團，這樣就使黨內右派分子前副總編輯鄧鈞洪的反黨社會主義罪行完全暴露出來，使湖南報的反右派鬥爭進入新的階段。」

這裏說報社存在兩個右派集團，一個黨內右派集團，一個唐蔭蓀小集團。關於黨內右派集團的情形，在《中共湖南省委監察委員會關於右派分子鄧鈞洪的處理結論》裏說：

鄧鈞洪於1956年4月親自在報社先進生產者、工作者給獎大會上為了貫徹他的反黨新聞觀點，作了一次「關於改進報紙工作」的報告。他主張將取消報導先進經驗技術的反黨決議分送省委、農村工作部、農業廳，「讓他們也知道知道」。積極支持搞反黨的展覽會，攻擊省委指定刊登的一些稿件。並排擠打擊總編輯官健平同志，他攻擊說：「官不僅文字不通，而且很驕傲，不

懂、不鑽，光靠黨性吃飯，官過去只在偽國民日報當過校對。」
並指使傅白蘆等人找省委第一書記周小舟同志反映報社所謂「全
面情況」，說「黨內有這樣一種人，對上級裝得畢恭畢敬，對下
面就沒有人家説的，粗暴跋扈得很，應該省委了解了解幹部」。
傅白蘆便按鄧的授意寫了一篇〈沒有意見的人〉發表在新湖南報
湘江副刊上攻擊官健平同志，還公開提出要官退到第二線。鄧是
新湖南報反黨集團的首腦分子。

而唐蔭蓀小集團就是想要辦同人報的。下面會要詳細説到。

這裏還説「有的是單幹戶」，就是指沒有集團歸屬的、原來的肅反對象
劃為右派分子的，我就是個這樣的零散右派分子。

就這樣，在總共只有一百多個幹部的新湖南報社劃出了右派分子
五十四人，比徐鑄成主持的《文匯報》和章伯鈞、儲安平主持的《光明日
報》兩個報社劃的右派加起來還要多！是全國新聞界反右派鬥爭的第一
大案。

最後説一下人民日報。據藍翎的回憶錄《龍捲風》説，在反右派鬥爭
中，人民日報社劃出了二十九名右派分子，其中包括東方部主任蔣元椿，
漫畫家沈同衡，特別是幾年前受到毛澤東讚許的「兩個小人物」之一的藍
翎（楊建中）也在內。兩位副總編輯楊剛和黃操良，都在反右派鬥爭中自
殺身死。（上海遠東出版社 1995 年版，第 121-124 頁）先説楊剛之死。《龍
捲風》中説：

> 她是 1928 年加入中國共產黨的老黨員。先從事文藝活動，
> 參加過「左聯」，四十年代後成為《大公報》著名的新聞記者。
> 1955 年調《人民日報》任副總編輯，分管文藝部的工作，用筆名
> 「金銀花」在副刊上發表過詩作。1956 年遇車禍，健康受影響。
> 反右運動初期，她還參加過批判曾在《大公報》當過記者的蕭乾
> 的會議。但是，不知為什麼，10 月 6 日夜晚，她同老同事西方
> 部主任高集聞談到十一點多，待高集辭別後，她即服安眠藥長眠
> 而逝。社長鄧拓經過向上級請示，在全社大會上宣佈此事，既不
> 按黨紀的常規處理，也不發消息，寂靜地辦理了後事。但是，她
> 的不幸逝世，卻令人深思。我也百思不得其解。我不懷疑她的逝
> 世同反右運動有什麼直接關係，然而根據我同她不多的接觸和從
> 旁觀察，我認為她是一位有陽剛之氣的女社會活動家，不像心胸

狹窄的人，為什麼在這樣一個時機突然辭世？為什麼不早不晚一些？直到今天我也未想通。（第122-123頁）

楊剛為什麼要自殺？後來胡喬木在為《楊剛文集》寫的序言裏提出了這樣一個說法：

她在1955年不幸遭遇車禍，造成嚴重的腦震盪，以後雖經休養，卻一直沒有能恢復正常。1957年10月，她偶然遺失了一個筆記本，儘管沒有受過任何責怪，而且許多同志都曾勸解她務必不要為此着急，她仍然感到十分緊張（這無疑跟當時的十分緊張的政治空氣有關），竟在10月7日在精神極不正常的情況下不幸離開了人間。（《胡喬木文集》第三卷，人民出版社1994年版，第364頁）

這裏，楊剛丟失筆記本的事情沒有說得很清楚。和楊剛在中共中央宣傳部同過事的黎辛把這事說得要清楚一些，他同擔任中共中央組織部部長的安子文有一點私交。他在〈我常想起安子文〉一文中說：

1957年反右派鬥爭時，有一次安子文來訪，我問他：楊剛這樣好而堅強的幹部為什麼突然自殺呢？安子文說這件事知道的人不多，我說我不會外傳的。安子文說：楊剛丟了一個筆記本，撿到的人交給周總理了。周總理和我商量將她調到人民日報社當副總編輯，一切待遇不變。可她免不了會想到這是周總理和黨中央不信任她了。這時候，不知誰讓她參加了作家協會批鬥丁玲，馮雪峰最厲害的那次會。那次會上，丁玲、馮雪峰都站着哭泣交代與檢查。楊剛可能感到這也是她的前途，就服大量安眠藥自殺了。其實，她調到人民日報社工作就算處理了，再沒事了。我問：楊剛的筆記怎麼這麼重要？安子文說：記了她與費正清（美國漢學家，抗戰時期到中國，為美國新聞處工作）的交往與聯繫辦法。（《黨史博覽》2011年第5期）

可見楊剛丟失筆記本是1955年她在中共中央宣傳部擔任國際宣傳處處長時候的事情。她於1955年7月調離中央宣傳部，調到人民日報社，就是對這事的處理。胡喬木說的「1957年10月，她偶然遺失了一個筆記木，」沒有把時間交代清楚。「1957年10月」是她自殺身死的時間。

再說黃操良之死。《龍捲風》中說：

黃操良，1938 年加入中國共產黨。1955 年調《人民日報》，任國際部主任、副總編輯。1958 年 4 月上旬，報社的反右運動即將結束，辦公樓下的走廊裏突然貼出了幾張大字報，説他是隱藏最深資格最老職位最高的大右派，要挖出來示眾。這又引起了不小的震動，報社領導人中也有「右派」啊！黃操良不堪屈辱，4 月 11 日服安眠藥而逝。……就這還不甘甘休，立即又貼出大字報鞭屍，聲討他是自絕於黨，自絕於人民，罪該萬死，死有餘辜。（第 123 頁）

至於藍翎（楊建中）本人，幾年前和李希凡合作發表了批判俞平伯的〈紅樓夢研究〉的文章，受到毛澤東的讚許，這「兩個小人物」都調到《人民日報》。他怎麼劃為右派的，《龍捲風》中有詳細的記載。簡單些説，他寫了一篇題為〈面對着血跡的沉思〉的文章，這篇雜文是對一個名叫小蘭的姑娘被迫害致死一事的思考。文藝部領導運動的劉甲把這篇草稿拿去，將作者刪改之處全部復原，這就成了劃他為右派分子的罪證。在人民日報社內部反右派鬥爭情況的報導裏説：「右派分子楊建中就在他寫的一篇沒有發表出來的題為〈面對着血跡的沉思〉的文章裏，把新社會歪曲地描繪成到處『血跡累累』、漆黑一團。」（1958 年 1 月 6 日《人民日報》）

人民日報社反右派鬥爭的重災區是記者部。記者部劃出的右派分子劉衡在她的回憶錄《直立行走的水》裏説：

記者部的人數比國際部少得多，挖出來的右派分子比國際部還多二人，共十人。佔報社第一位。除了當時的大氣候以外，記者部的小氣候也有一定影響。

記者部主任陳浚曾經對我説：「我沒有當過鬥爭對象。在歷次政治運動中，從來就是鬥爭別人的積極分子！我就是你們罵的整人的人，是打手！」他還説：「你們都恨汪琦，其實，汪琦立場堅定，革命性比我還強！」他是報社反右領導小組的成員，對記者部進行遙控，很少與我們直接衝突。（第 38 頁）

副主任汪琦（劉白羽的妻子），1940 年至 1944 年在延安馬列學院學習期間，在搶救運動中，就是打手。曾在馬列學院學習的王匡一直記得她在大會上張牙舞爪的表演：「王匡，你這個狗特務，你要好好交代！」王匡曾經警告過我們記者部的林里：「汪琦當你領導？你可要小心，這不是個好惹的女人！」1950 年汪琦到人民日報，當工業組副組長、記者部副主任。

她在當記者期間，沒有寫出像樣的稿子。據以前和她同過事的人們反映，她在東北日報當記者時，拿不出稿子，就經常請病假。一搞運動，不但病好了，而且勁頭比誰都大，她是靠運動靠踩着別人的身體爬上來的。（第166頁）

汪琦在鳴放期間曾到上海各報社取經，回來後稱讚《文匯報》、《新民晚報》。她說：《解放日報》說，市委對他們干涉太多，使他們報紙沒有生氣。她還寫了〈新民晚報為什麼那樣受歡迎？〉，文中表揚了《新民晚報》的記者們點子多、動作快。稱讚了該報負責人趙超構的三句口號：「廣些廣些再廣些，短些短些再短些，軟些軟些再軟些。」其實這些言論並沒有錯誤。一反右派，她感到自己的話和報上批判的右派言論一樣，很擔心弄到自己頭上，於是在反右中表現得十分積極，領着大家批這個，鬥那個。

支部書記傅冬（傅作義的女兒）沒有去過解放區，她對來自解放區的老黨員、老幹部、頂頭上司汪琦十分尊敬，以為跟着她走，就是跟着黨走。鳴放初期，傅冬和林鋼都在首都記者組。他們在閒談中，曾就政治、時事和文藝問題坦率交換過意見，觀點完全一致，傅冬比林鋼說得還多。一反右派，有些看法成了「問題」，傅冬立刻揭發林鋼，說這些意見都是林鋼說的。弄得林鋼有口難辯。（第38頁）

記者部另外一位副主任劉時平因為是肅反運動的對象而被劃為右派分子的。他的妻子蔣如萁是報社職工業餘學校副校長，說她丈夫不是反革命，就是攻擊了肅反運動，也被劃為右派分子。

《人民日報》1958年1月6日在一篇標題為〈不准右派分子混入黨的宣傳隊伍，人民日報社揭發蔣元椿等人的反黨言行〉的文章裏總結了他們報社前一段反右派鬥爭的情況：

> 《人民日報》訊：人民日報社的反右派鬥爭已經告一段落，目前正在進行整改工作。
>
> 人民日報全體工作人員，從6月下旬開始，開展了反右派鬥爭。在五個月中，通過大會、小組會、大字報，揭發和批判了右派分子十三人，這對從政治上、思想上和組織上純潔人民日報的新聞工作者隊伍，起着重要的作用。在清查出的右派分子中，有編輯部東方部主任蔣元椿；記者林鋼、劉衡（女）；編輯楊建中、蒼石、沈同衡、胡平等人。

這些右派分子，同社會上的右派分子遙相呼應，乘大鳴大放的機會，在報社內外，煽風點火，積極進行反黨反社會主義的罪惡活動。他們藉口幫助黨整風、改進人民日報的工作，惡意誹謗黨中央對人民日報的領導是「聖旨口」，是「金箍咒」。他們認為，黨中央規定報紙的宣傳方針和政策，具體指導報紙的宣傳工作就是「聖旨口」；而編輯部在自己的活動中，忠實地執行黨中央的方針政策，接受並貫徹黨中央對編輯部工作的具體指導，就是憑「聖旨口」辦事，就是用「金箍咒」來「束縛」自己的腦筋。右派分子蔣元椿竟狂妄地主張「聖旨口」要「封口」，要把領導上的意見「頂回去」。他們販賣資產階級新聞觀點的私貨，反對人民日報刊登黨和政府的公報、決議、指示、文件等，認為登載了這些，報紙就是「佈告牌」、「傳聲筒」、「報喜不報憂」。他們追求資產階級新聞的「趣味性」、「客觀性」，要求給記者以所謂「絕對自由」，採訪「一切」新聞。右派分子林鋼還惡意攻擊黨的文藝政策，歪曲宣傳「百花齊放」的方針，極力鼓吹筱翠花演出壞戲「馬思遠」。

這些右派分子，詆毀黨和政府在各項工作中所取得的巨大成就，並反對五大運動和三大改造、攻擊黨的人事制度和幹部政策等等。有的右派分子誣衊共產黨「只居功，不居過」，要所謂「無才缺德」的人「退位讓賢」。右派分子楊建中就在他寫的一篇沒有發表出來的題為〈面對着血跡的沉思〉的文章裏，把新社會歪曲地描繪成到處「血跡累累」、漆黑一團。

這些右派分子經過幾個月來群眾性的說理、批判和鬥爭，已經陷於完全孤立。

從清查出的右派分子來看，他們反黨反社會主義是有根深蒂固的階級根源和思想根源的。右派分子中有十分之七的人，是出身於地主、資本家等剝削階級家庭，他們本人或家庭在土改、鎮反、肅反等政治運動中被鬥爭或被審查過，長期拒絕改造，仇視黨的領導和各項重要政策措施。右派分子中有一半左右的人，是極端的資產階級個人主義者。他們極端狂妄自大、目空一切、個人至上，以致最後走上反黨反社會主義道路。

在反右派鬥爭告一段落以後，人民日報全體工作人員正在進行整改，研究和討論克服報紙工作中的缺點和錯誤的辦法，

以便更好地完成黨中央交給人民日報編輯部在新聞戰線上的重大任務。

從這篇文章看，1957 年人民日報社只劃了十三個右派分子，到 1958 年的反右補課中又劃出了十九個，這以後到第二十七章再說。

蔣元椿被劃為右派分子的情況，季音在〈我是怎樣被「補」成右派的〉這篇文章也寫到了：

> 我對反右派發生明顯的懷疑和動搖是在運動日益擴大時，我所熟悉和信賴的一些朋友先後「落難」，使我大為吃驚。最先傳來的是人民日報國際部東方部主任蔣元椿被劃為右派的消息。蔣曾和我在第三野戰軍新華社前線分社共同做過戰地記者，我們在戰爭第一線曾共度過一段艱難歲月。他是一個為人耿直、對工作認真負責的好同志。抗美援朝時期，他作為新華社評論員，以「江南」的筆名寫了大量抨擊美帝國主義侵略行徑的評論文章，名噪一時。批判他時，我在上海，聽說他獲罪的主要原因是「鳴放」期間，在國際部《呼風喚雨》的壁報上貼了一張題為「聖旨口」的小字報，主要批評胡喬木在領導國際宣傳上作風不夠民主等問題，可能意見寫得比較尖銳。（《炎黃春秋》2007 年第七期）

前面已經說過，4 月 10 日毛澤東嚴厲批評了《人民日報》，說最高國務會議和宣傳工作會議已經開過一個多月了，共產黨的報紙沒有聲音，而讓非黨的報紙抓住這面旗幟，非黨報紙在起領導作用。《人民日報》「按兵不動」，「無動於衷」，多半是同中央的精神唱反調。鄧拓是「死人辦報」，「佔着茅坑不拉屎」。也幸好是這樣，到了反右派的時候，人民日報才沒有什麼大過錯。當年鄧拓的副手胡績偉在多年之後回憶說：

> 說鄧拓對毛主席關於正確處理人民內部矛盾的新精神「無動於衷」嗎？以後想起來，他是「有動於衷」的，只是他比較我們更有遠見，更了解這位偉大領袖。他不僅看出毛主席這番話很快會變，而且還很可能潛伏着一場「引蛇出洞」的災難。因而，他當時用自己的腦子進行了一些獨立思考。……他的政治經驗比我們豐富，政治警覺性也高，他對毛主席的講話採取「經過中央批准以後再宣傳」的辦法，而不是聞風而動，趕快緊跟，是動了一番腦筋的。

以後的事實證明，他的憂慮是完全正確的。緊接着毛主席的兩個報告而來的，是反右鬥爭；公開發表的《講話》，對原來的講話作了原則性的修改。所以，鄧拓可以稱得上是對「引蛇出洞」的「陽謀」有預見的人物之一。在反右鬥爭開展以後，他悄悄地對我說：好歹《人民日報》沒有像《文匯報》、《光明日報》那樣大鳴大放，不然，《人民日報》也會被打成右派報紙，中央黨報被打成右派報紙對中央也很不好；《人民日報》沒有大鳴大放，也挽救了社會上和報社內很多同志沒有當右派。（胡績偉，《報紙生涯五十年》）

鄧拓是這樣的態度，毛澤東不再需要書生或者說死人去辦他的報紙。1958 年末，鄧拓調任中共北京市委文教書記，離開了人民日報。1966 年 5 月文化大革命開始，即服毒自殺而死。

多年之後回頭看鄧拓在反右派鬥爭中的處境，很令人感歎。儘管他對政治形勢已經有了相當清醒的認識，卻還是不得不作出緊跟的姿態。前面已經說過，7 月 13 日他以中國新聞工作者協會會長的身份主持調查會，宣佈「左葉事件」報導失實。他說：「現在大家可以看得很清楚，文匯報關於這件事情的報導和社論是借題發揮，別有用心的；此外的大多數報紙對這件事情的報導也都違背了新聞必須真實這個根本原則，並且在客觀上替右派分子張目，起了推波助瀾的作用。」（8 月 14 日《新華社新聞稿》）到了 1958 年初，他又在中共中央直屬各機關、中央國家機關、中共北京市委和人民解放軍駐京部隊幹部大會上以〈新聞戰線上的社會主義革命〉為題作報告，給新聞界的反右派鬥爭作了一個官方的總結。在這個報告裏，他批判了「資產階級右派在新聞界的頭目，如儲安平、徐鑄成、浦熙修、陸詒等」，也批判了「混入共產黨內部的右派分子，包括王中、劉賓雁、范四夫、彭子岡以及其他叛變分子、內奸分子」。例如他說：「當時新華社有個叫鄒震的，是留美學生，他學的是資產階級新聞學。他要中共中央宣傳部為資產階級的新聞自由『開放綠燈』。他攻擊黨報有三大缺點：一是有些話不敢講，二是有些話不便講，三是有些話不准講。人民日報也有個右派分子叫蔣元椿的，大肆攻擊人民日報的領導人員只按照黨中央的意圖辦報，說這就是『聖旨口』、『緊箍咒』，束縛了他的天才和積極性。」這篇報告很長，適應大躍進正在開始的形勢，大談什麼新聞工作的多快好省，講什麼改掉書生氣，成為政治家。（《新聞戰線》1958 年第 5 期）可惜的是這種姿態完全無助於改變他自己的命運。

中央廣播事業局的反右派鬥爭，在副局長溫濟澤的自述裏有一點記載。先説他自己：

　　1957年6月，我看到一個文藝界座談會的記錄稿，上面記錄了周揚在會上的講話，大意是：香花和毒草在分辨不清的時候，可以讓它們先放出來，大家再來辨別；如認為有毒草的話，再把它鋤掉，還可以肥田嘛！我覺得這種説法不適用於對國外廣播，因為我們是廣播，這次聽到的人下次就不一定聽了，怎麽「鋤」法呢？差不多同時，我在報紙上看到統戰部長李維漢在一次統戰工作會議上提出各黨派要「長期共存，互相監督」，我覺得這在國內是比較容易理解的，但在對外宣傳中就可能發生誤解，應當在這八個字前加上以各民主黨派共同致力於社會主義事業這個大目標為前提。在中聯部開會時我提出了這個問題，並且發表了自己的意見，希望大家同意的話就注意不要這麽對外宣傳。主持會議的是秘書長熊復（以後任副部長），他同意我的看法，並且説，中央同志已經指出周揚的説法有錯誤，他關照到會的人，在宣傳工作中要注意，但不要再向下面傳達。

　　兩三個月以後，廣播局局長兼黨組書記梅益找我談話，問我：「你説『周揚有錯誤』是怎麽回事？」他問得很突然，我實在想不起來，便説：「我沒有説過這話啊。」梅益拿出我傳達會議精神時一個同志的記錄本，指着説：「這裏不是寫着『周揚有錯誤』這幾個字嗎？難道不是你説的嗎？」我心裏有點不高興，心想，有什麽問題為什麽不直截了當、開誠佈公地問我？何必背着我檢查筆記呢？我拿過筆記仔細看了兩遍，回憶了片刻，就回答説，是有這回事，我覺得我的話沒有錯，只是熊復要求不要傳達，我在我們編委的小組裏傳達了，我犯了組織上的錯誤。他説：「是周揚同志問我，你還是自己去向周揚同志説明一下吧。」

　　我覺得很彆扭，這事已經過去了兩三個月，梅益才來問我，其實周揚早就問過他了。我覺得專門找周揚不大必要，他是中宣部常務副部長，以後開會時碰到他説明一下就行了。不久，中宣部召開一個時事報告會，周揚作報告，我也參加了，坐在講台下面第一排。會間休息時，我走上去對周揚解釋説：「有個問題我想向你説明一下，我沒有説你有錯誤。」周揚是不大抽煙的，這時他點起一支煙説：「你説我有錯誤我就有錯誤啦？你沒有想想

你説這句話會得到什麼後果。」我心想你好厲害呀。他轉身去了休息室，我沒有跟進去。

幾個月後，1958 年 3 月，梅益又來查問我那次事情是怎麼回事？我説我不是説清楚了嗎？我承認我組織上有錯誤，但我不能不向他們傳達，因為對外廣播有那麼多種語言，如果我不告訴發稿的人，怕發生錯誤。梅益説，你還是去和周揚談談吧。

我説，既然周揚又問你，那就請你和我一起去跟他説明。梅益答應了。

我們一起見了周揚。我詳細地説明了情況，強調我沒有執行熊復的指示，也沒有告訴梅益就向別人傳達了，我組織上有錯誤。周揚聽得還耐心，他聽完之後説：「你不要以為是我查問你，這是陸部長讓我查問的，要問你的問題是，為什麼在右派向黨進攻的時候，你要説我和李維漢同志兩個中央委員有錯誤？」我説：「右派向黨進攻是一回事，我提意見是另一回事，我是站在黨的立場上捍衛毛澤東思想的，怎麼能同右派向黨進攻聯繫到一起啊！？」周揚説：「我還要向陸部長彙報。」

很快，廣播局召開黨組會，要我檢查這件事，中宣部派來了新聞處和出版處的兩個處長參加會議。看這個架式，他們確實認為我是在向黨進攻，要進一步追查了。我詳詳細細地敍説了事實，反覆回答大家的提問，我誠懇地表示，我在政治上沒有什麼錯誤，但擅自向其他同志作了傳達，這是在組織紀律上犯了錯誤，願意接受紀律處分。

黨組會開了幾次，我反覆做了説明、檢討，後來再沒有人提起這件事，中宣部也沒有繼續追查。但是黨組把我跟右派連到一起，卻是從這件事開的頭。（《溫濟澤自述》，中國青年出版社2000 年版，第 274–276 頁）

有了這一條，再加上他同一把手梅益工作意見上的分歧，也就很可以劃他為右派分子了。更要命的是他還「抗拒了反右派鬥爭」！這是怎麼一回事呢？《溫濟澤自述》裏面説：

全局的反右派鬥爭由黨組統一領導，黨委辦公室承擔具體工作。我是對外廣播部門的負責人，又是黨組成員，黨委辦公室負責人告訴我，對外廣播部門有二百多人，很多人長期在國外生

活，因而要作為重點單位來抓，按照百分之五的指標規定，起碼要劃十幾個右派。

我問他，反右能規定人數嗎？我看不能這樣做。我會執行中央指示，如果我這裏有百分之六，我不會放過；如果不到百分之五，我也不能多劃。我嚴肅認真地說：「你們也經歷過抗日戰爭時期整風運動中的搶救運動，切不可忘記過去的教訓。那時的新華社、解放日報社百分之七十的同志被打成『特務』，可是後來甄別，除了個別人需要繼續審查外，沒有一個是特務。雖然後來向被冤枉的同志賠禮道歉，但畢竟傷害了感情，損傷了元氣。那時候運動所及的範圍還小，今天一個執政黨在全國這樣搞，如果搞錯了，那影響是很大的。」（第 279 頁）

這就是他「抗拒反右派鬥爭」的材料！1958 年 10 月 8 日中央廣播事業局黨組《對右派分子溫濟澤處分決定》列舉了溫濟澤的許多錯誤：

（一）在宣傳方面：

在對外廣播宣傳中，以溫濟澤為首的反黨小集團篡改了黨的政治方向，以修正主義的、右傾機會主義的觀點代替了馬列主義，以資產階級的立場代替了黨的無產階級的立場。他反對宣傳黨的領導，在許多對外廣播的稿件上刪去了「黨的領導」的字句。他不准選送歌頌領袖的歌曲出國，甚至《桂花開幸福來》等民歌也在被禁之列。在宣傳上經常不執行中央的指示和規定。例如對台灣的宣傳，也不許揭露蔣介石集團的賣國殘民的罪行，而簽發讚揚蔣氏父子「有民族氣節」的稿件，在少奇同志指示可以作適當的揭露以後，他竟然繼續反對揭露蔣介石賣國集團的罪行。去年鳴放期間，中央規定對外不報導右派言論，溫在口頭上也說不報，但實際上並未執行，以致對外廣播大量地報導了右派分子言論，而事後溫濟澤卻向中聯部寫假報告，說對外廣播這一期間的報導基本上是正確的。他認為對外廣播的主要對像是資產階級，並因而取消了同資產階級思想的鬥爭和社會主義思想的宣傳。溫一再說：「對外廣播沒有指導性」，在毛主席已經指出東風壓倒西風之後，他還是說：「世界革命是遙遠的下一世紀的事情」，「對外廣播根本不存在滅資興無的任務」。他認為外國資產階級害怕社會主義革命，就不宣傳我國在政治戰線上和思想戰線上的社會主義革命；對於社會主義建設成就的宣傳，同樣也採取

消極的態度。他以對外主要是宣傳工業化為藉口，不宣傳農業發展綱要四十條；當中央提出十五年趕上英國這一個與工業化密切關聯的具有重大國際意義的口號以後，溫又以不知道「如何向國外宣傳」為藉口拒不佈置宣傳。對於宣傳社會主義陣營的強大和團結溫也採取消極態度，在毛主席指出「東風壓倒西風」以後，溫長時間沒有佈置宣傳。在送給波蘭和南斯拉夫的賀詞中，溫濟澤刪掉了「以蘇聯為首」五個字，並且把「陣營」改為「大家庭」。溫主張對外廣播不播蘇波會談等有關社會主義國家相互關係的重要消息，甚至蘇聯成功地發射洲導彈的消息也沒有廣播。溫濟澤拋棄了無產階級的根本立場，為討好國際資產階級大談其所謂「全面、客觀、公正」，並且不同意宣傳帝國主義的矛盾和危機，他根據對內部國際生活組播出稿件的統計，認為「談蘇聯多了」，是「片面性」，「對資本主義國家的經濟發展和科學成就很少報導，僅是介紹他們的矛盾、危機」，認為也是「片面性」。他在一篇稿件上刪掉了「台灣人民反美情緒愈來愈高漲」等字句，並且不准在稿件裏提「立即」制止美軍強姦台灣婦女的罪行，説用「立即」、「迅速」的字眼就是一種「速勝論」。兩年來，在所謂「和平共處」、「不干涉內政」的藉口下，溫反對對外廣播進行有關各國工人階級社會主義運動的宣傳。他提倡資產階級的新聞觀點和文藝觀點，強調對外廣播要適應資產階級的「興趣」和「需要」。1957年初，他在對外廣播部門大力推廣以輕鬆、荒誕、談情説愛、厚古薄今和言不及義的東西爭取聽眾的日語組的「先進經驗」。在他的這種思想指導下，英語廣播規定了每天要播一條奇聞和有「人情味」的消息，以致大烏龜的消息成了重要新聞。對外部國內生活組在兩年內一共發了588篇這一類的稿件（如胡同裏的叫賣聲、活捉三郎、兔子的尾巴為什麼是短的等），佔全部發稿920篇的63%，其中充滿毒素的有163篇，佔總數的18%，這些東西顯然只能博取國際資產階級的歡心，麻痺國外勞動人民的思想和意識，為帝國主義效勞。

（二）在組織方面：

溫濟澤和鄒曉青、張紀明結成反黨小集團，帶頭反黨，嚴重地違反民主集中制原則，抗拒黨組、編委會的領導，製造分裂，破壞黨的統一和團結。為了抗拒和分裂黨組、編委會的領導，把對外廣播部門變成他們的獨立王國，溫濟澤公然否認中央台統一領導的存在，説：「中宣部尚且不能領導對內對外的宣傳，中

央台編委會還能統一領導對內對外廣播？」並且製造了一套理論──「對外特殊論」、「具體領導論」、「小同大異論」、「四大不同論」，作為欺騙和拉攏群眾、進行分裂黨的活動和綱領。溫濟澤在對外廣播部門實行家長式的領導和宗派主義的幹部政策，封官許願，提拔重用親信，排斥打擊不同意他的做法的幹部，並私自定所謂對外局副局長和其他負責人的人選。溫錄用人員敵我不分，主張「只要不是現行反革命都可以用」。去年10月，全局討論機構問題，溫濟澤及其小集團利用這個時機，大肆進行非組織的活動，煽動群眾，散佈流言蜚語，製造宗派主義情緒，竭力把對外廣播部門結成一個宗派集團，公開抵制黨組提出的加強統一領導的機構方案並以上述那一套荒謬的理論，堅持對外廣播和對內廣播分家。溫濟澤還說有關對外部門的問題，黨組、編委會無權作出決定。溫濟澤還貼出大字報抬高自己，大肆詆毀攻擊編委會和總編輯的領導，破壞編委會和總編輯的威信，企圖拉攏群眾和他一道來搞垮編委會，使他們的獨立王國進一步合法化。利令智昏，溫濟澤的反黨活動極其猖狂，而他的資產階級個人主義野心家的原形因而也徹底暴露。

（三）在外事工作方面：

在外事工作中，溫濟澤目無組織和紀律，嚴重喪失立場。兩年來，他主辦的按規定應向中央或局黨組請示而未請示的事件達77件。在〈再論無產階級專政的歷史經驗〉發表以後，溫濟澤還私自積極活動要去訪問南斯拉夫。他私自決定和處理有關和資本主義國家國際組織發生關係的重大問題，私自訪問羅馬尼亞，擅自對日本共同社記者發表政策性的談話。他未經中央同意竟擅自兩度擔任國際廣播組織副主席。他向資本主義國家的國際性廣播組織討好、勾搭，採取了「叩頭政策」；對資本主義國家外交人員遷就逢迎，表現了一副奴才相；而對兄弟國家的外交人員和廣播工作者卻態度冷淡，甚至盛氣凌人，拒不接見蘇聯外交人員。他的這種惡劣的作風，引起了朝鮮、蒙古廣播電台的同志不滿，說我們是大國主義。

（四）對整風和反右鬥爭的態度：

以溫濟澤為首的小集團站在資產階級的立場，阻撓和抗拒整風運動和反右鬥爭。整風期間，溫濟澤強調「業務太忙，整風和

反右不能抓得太緊」。他身為黨組成員和對外部門的負責人，卻把整風領導工作交給鄒曉青，自己不掛帥。在整風運動期間，從不發動群眾，但在專題鳴放階段卻乘機煽動群眾，藉以為自己的反黨活動助威。為了逃避思想鬥爭，整風每一階段，他都主張草率收兵。他對群眾提出的意見採取了極端官僚主義的不負責任的態度，寫了幾條千篇一律的答案，叫秘書填寫答覆。對於貼大字報批評他的幹部，則粗暴地予以打擊。他認為「國內經過幾次大運動，反革命基本肅清了，階級鬥爭趨於緩和了」，因此私自決定調進相當數量的反革命分子、壞分子和有嚴重政治問題的人。在反右鬥爭中，溫提出種種藉口，力圖縮小鬥爭面，甚至同情和包庇錢敏齊、陳潤康等右派分子，並且為其弟弟右派分子溫濟中到處叫冤說情。

最後給予溫濟澤開除黨籍處分。行政撤銷原有一切職務，留用察看。

就這樣，溫濟澤本人，加上在編委會上發表和溫濟澤類似意見的兩個編委鄒曉青和張紀明打成了一個「反黨小集團」。中央廣播事業局劃出的右派分子，據《溫濟澤自述》所舉的例有這樣幾個：

陳潤康，當年三十歲，長期僑居法國，回國後在對外廣播部門任翻譯。反右派鬥爭時，組裏提出劃他為右派，我問：「根據是什麼？」組長回答說：「他攻擊我們黨有官僚主義。」我說：「我們黨不是承認有官僚主義才整風的嗎？他攻擊誰呢？」組長回答說：「他用資本主義國家虛偽的民主來攻擊我們不民主。」我問：「他是怎樣具體攻擊的呢？」組長說：「他就是反對我這個組長。」我說：「這就算反黨了嗎？不是規定對華僑要慎重，不要輕率劃嗎？」回答說：「按照規定華僑歸國三年以內不劃，他已經過了三年。」我問：「過了多少？」回答說：「過了一個星期。」我說：「過了一個星期也不要劃，看看情況再說。」但以後七鬥八鬥，陳潤康還是被劃成了右派，以後他下放勞動，一年多就死了。

錢敏齊，女，當年二十四歲，是人民大學畢業的研究生，見習編輯。組裏要劃她為右派，理由是她的丈夫在外交部被劃為右派，她跑到外交部辦公廳去哭鬧。我問：「她自己有沒有右派言論？她看了右派向黨進攻的大字報後有什麼反應？」回答說：「都沒有。」我說：「應當研究一下，她只是因為感情而一時認識不清呢，還是她本身就是右派？這應有所區別。妻

子為丈夫辯護，這是一種特殊情況，不能當作政治問題。」在開始批判她時沒有劃成右派，但以後鬥來鬥去還是劃成了右派。她在被定為右派以前就留下條子「辭職回家」了。

邵燕祥，當年二十四歲，中央台編輯，屬於對內廣播部門，11月初，梅益到莫斯科參加十月革命四十周年慶典，局裏的反右派鬥爭臨時交我「掛帥」，因此，對內部門提出把他劃為右派時要我批准。我了解他在十六歲時，中法大學還沒有畢業，就調到中央台工作，有才華，愛寫詩，就問劃右派是根據什麼，回答説：「他寫的詩裏有反黨思想。」我看了幾首被認為是反黨的詩，不過是些諷刺詩，有些是《中國青年報》副刊〈辣椒〉上發表的，如有一首批評顧客藉口「百拿不厭」「百換不煩」而故意刁難營業員，其他也是這一類的內容。我想，這怎麼能説成反黨呢？為慎重起見，我到中宣部找了文藝處長林默涵，他聽了我的看法以後，也認為不應劃為右派。但是十幾天後，我不再「掛帥」，再未過問邵的事，不久知道他還是被劃成右派了。

趙節，原是對華僑廣播部主任，反右派前到中央黨校新聞班短期學習。反右派鬥爭中，黨校來人向我調查，説準備劃他為右派，問他以前在工作中的表現怎樣。我説：「過去的表現是好的，現在為什麼要劃成右派呢？」回答説：「他為反革命分子胡風辯護，説逮捕胡風沒有按法律手續，逮捕後也沒有按法定時間審訊。」我説：「光憑這些話，不能劃為右派。」不久，聽説黨校還是把他劃成右派。（第280–281頁）

毛澤東在批判《文匯報》的社論中還提到，「新聞記者協會開了兩次會，一次否定，一次否定之否定，時間不過一個多月，反映了中國時局變化之速。會是開得好的，第一次黑雲壓城城欲摧，擺出了反動的資產階級新聞路線。近日開的第二次會，空氣變了，右派仍然頑抗，多數人算是有了正確方向。」

第一次會是5月開的。那時正是鳴放高潮，空氣是批評缺點和錯誤。黨內外一些新聞工作者在座談會上提的意見不少。例如，中國人民大學新聞系的莫如儉説，我國目前報紙的性質和作用是根據列寧1901年的定義：「報紙不僅是集體的宣傳者和集體的鼓動者，而且還是集體的組織者。」這個定義不完全適合我國目前情勢了。因為一、1901年是革命前，階級鬥爭很尖鋭的時期。我國現階段是和平建設時期，主要矛盾是人民內部的矛盾

了。二、過去在解放區的時候，都是工農兵，現在讀者包括知識分子，廣大的小資產階級還有民族資產階級。他們有他們的要求和興趣。除了指導性和鼓動性的題材外，還要有些別的。而目前我國報紙受那個定義的教條束縛，報紙只限於指導性思想性。因之不能滿足他們，產生矛盾。

又如人民航運報記者趙琪，把當時佔多數的報紙即共產黨的黨報稱為「領導機關所有制的報紙」，認為它的特點是：一、公文指示多，二、教訓口吻多，三、首長言行多，四、有些話不便於講，五、有些話不敢講，六、有些話不准講。他把《文匯報》、《新民報》等等稱為「人民群眾所有制的報紙」，認為這種報紙新聞多，服務周到，新聞人物活動多，什麼話都可以講。趙琪認為，單純代表領導機關意見而不為讀者服務的機關報，它的生命已經危險了。（這裏插說一下趙琪的最後結局。他被劃為右派分子後，送到北大荒雲山畜牧場基建大隊勞動改造，1960 年 5 月因饑餓致死。據吳永良著，《雨雪霏霏》，香港五七出版公司 2010 年增訂本，第 114 頁）

中國新聞社的鄭白濤說，我們的國家裏是沒有新聞檢查的。但即使沒有新聞檢查，主管部門的教條主義，認為這不能發，那也不能發，結果壓死了很多新聞。而這些新聞卻是客觀的重大事件而且是為社會所關心為人民所注意的。我們中國新聞界的單調、枯燥，是這些教條主義者造成的。一個主觀主義、教條主義的官僚式的社長總編輯，比一個檢查官更妨礙新聞工作的發展。

新華通訊社的鄒震說，新聞工作的鳴放問題，就是徹底實現新聞自由，言論自由和出版自由的問題。過去，這三大自由，被官僚主義、宗派主義和教條主義給限制在極狹窄的範圍裏去。我們的自由被「三害」給剝奪了。我們要向三個主義索還被它蹂躪了的新聞自由。他還說，我覺得今天應該喊出「民主辦社」和「民主辦報」的口號來，使中國出現更多的非黨的報紙和通訊社，出現更多的民主黨派和無黨派的或民營的報紙和通訊社。

新民報的鄧季惺說，各級黨報和其他機關報的資金來自國庫，領導權則屬於各級黨委，在黨委的直接領導下進行工作。由這一性質，決定着報紙的功能，主要還是從上而下傳達政策方針，指導各個工作部門和人民群眾在某一時期應該做什麼怎樣做。至於下面不同階層的群眾的需要，讀者的愛好就不能照顧得周到了。如果要為百家爭鳴提供更多的講壇，為百

花齊放提供更多的園地，為民主黨派和無黨派人士利用報紙來進行監督，為廣大群眾反映他們的意見和要求，除了更加辦好現有的幾份非黨報紙以外，我認為各地還應該多辦幾家集體所有制報紙。新民報的陳銘德也指出了當時報紙的一些缺點，提出了辦同人報的建議。中國青年報總編輯張黎群不贊成社會主義報紙指導工作的說法，認為現在的報紙是佈告牌、留聲機。

座談會上諸如此類的一些發言，就是毛澤東說的黑雲壓城城欲摧，是擺出了反動的資產階級新聞路線。不論用什麼說法，主張新聞自由也好，主張辦同人報也好，其目的都是為了擺脫共產黨對報紙的領導。而不受控制的民間報紙，是同社會主義制度不能並存的。提出這種主張，是右派分子猖狂進攻的一個重要方面。

反右派鬥爭開始以後，從 6 月 24 日起舉行的第二次新聞工作座談會，空氣變了。一些人作了自我批評。陳銘德說，我忽視了社會主義報紙作為集體的宣傳者、鼓動者和集體的組織者的主要功能，又把幾年來一些報紙的可以克服的非本質的缺點看成了本質的缺點，因而提出了辦同人報紙的建議，這反映了我的濃厚的資產階級新聞觀點。在開始反右派以來，我認識到這個錯誤。我現在聲明撤回這一建議，同時我還要繼續檢查產生這一錯誤的思想根源。（6 月 28 日《人民日報》）鄒震說，他的思想原來就是非常反動的。他在國民黨統治時期爬上過反動頭子于斌辦的南京益世報總編輯的位置，瘋狂地反對過蘇聯和中國共產黨。大「鳴」大「放」以來，他以為反黨的機會到了，積極要求參加新聞界座談會，想在新聞界放一把火。鄒震說，他那次發言是站在當年益世報總編輯那個立場上說話的。他所叫喊的要中宣部對報紙開放「綠燈」，實際上是要報紙對黨隨便謾罵，自由攻擊；所謂民主辦報、民主辦社，就是想要黨讓出新聞陣地，由右派分子來佔領；他把新華社的稿件描繪得一團糟，是想鼓勵報紙不用新華社稿件，給新華社製造困難，以便他在社裏放第二把火，並表示願意悔改。（7 月 20 日《新華社新聞稿》）

當然，也有右派分子在負嵎頑抗。例如鄭白濤說，社會主義下的報紙可以唱對台戲，可以小罵大幫忙。他認為我們報紙上的新聞都是「組織出來」的。他還說人民日報的社論全國報紙不必要轉載，紐約時報的社論美國其他報紙就不轉載。他還說儲安平派光明日報記者到九個城市開座談會不能算到處點火。（6 月 25 日《人民日報》）顧執中在會上作了題為《新聞

的階級性、真實性、時間性、趣味性及其相互關係》的發言，據這篇報導說，他大量引用了加里寧、陸定一、胡喬木、周揚的言論以及《解放日報》的社論和新華社某一年關於工作的指示，但是儘量避免涉及自己最近發表的關於憲法、言論自由和新聞工作問題的種種言論。他在談到階級性時，他說光明日報前一時期的錯誤只是儲安平模糊了報紙的階級立場，採用舊的資產階級的辦報方法來辦報，文匯報的錯誤主要是犯了編排技術第一忽視政治的毛病。(6月28日《人民日報》)

這第二次會上多數人的發言卻是批判右派的。人民日報的沙英批判了莫如儉等的「列寧的辦報原則過時了」的言論。沙英認為，列寧的報紙是集體的宣傳者、鼓動者和組織者的原則不僅適合於革命時期也適合於建設時期。他說，我們今天正在建設社會主義，從資本主義到社會主義的過渡還沒有完成，我們必須用報紙對人民進行組織教育，使人民積極參加社會主義建設。而且報紙這個階級鬥爭的工具我們不利用別人就要利用，光明日報、文匯報的最近一個時期的情況就是如此。沙英說，我們根據列寧的原則和學習蘇聯的經驗來辦報，當然要結合我們國家的具體情況，不能教條的搬用，但立場、觀點是不能變的。(6月25日《人民日報》) 中國新聞社孫殿偉批判鄭白濤，說鄭在中國新聞社內就有許多反動的謬論，他同意章伯鈞的言論，主張中國要實行兩院制，主張辦反對派的報紙。在章伯鈞、章乃器、儲安平等人的反黨活動被揭露後，他仍然替他們辯護，說「黨天下」的說法是對的，定息不是剝削，甚至不是不勞而獲，而是和在銀行裏存款的利息一樣。他認為目前報紙上對右派分子的駁斥是官僚主義、教條主義的作法。他主張辦「同人通訊社」，不要共產黨領導；中國新聞社的同志批評他，他說這是共產黨的愚民政策的成功，並把這些人稱作打手。中國新聞社的何耕新也批判說，鄭白濤口頭標榜新聞沒有階級性，但是他在工作中卻非常有階級性。章伯鈞的所謂「政治設計院」的謬論提出後，他主張馬上發消息。李康年的定息二十年的建議他立刻編發了，李後來撤銷這建議，他卻不發。看到報紙反右派的言論他就唉聲歎氣，對反動作品〈花叢小語〉他就到處向人宣傳。他所寫的對外用的稿子幾乎和資產階級通訊社記者寫的一樣，片面地說我們經濟困難、原料不足。他對我們實際是大罵而不是小罵。他口稱新聞要像語言一樣普遍地為各階級服務，實際他卻是堅持反社會主義觀點。(6月26日《人民日報》) 北京大學新聞系的方漢奇批判顧執中，對於顧所說的憲法有的被徹底破壞，有的有名無實，言論、出版、集會、結社的自由事實上都沒有得到保證的謬論進行了

駁斥。方漢奇援引了很多歷史上的材料，說明解放前中國新聞的歷史，是一部記者之血的歷史，曾有無數的新聞記者被殺害被監禁，無數的報刊被封閉。在舊中國只有一小撮的統治者有言論自由，絕大多數的人民是沒有言論自由的。我們新中國的報刊是新型的報刊，它是為勞動人民服務的，每一個勞動人民都可以通過報紙對政府的工作進行批評。當然我們這裏是沒有反革命、地主的言論自由的（6月28日《人民日報》）。在座談會上，有更多的人對徐鑄成、浦熙修、儲安平等人作了更多的批判，那是不用說的了。

毛澤東在〈文匯報在一個時間內的資產階級方向〉中還說，「一些大學的一些新聞系教師也有這種情形」。這些教師中最有名的代表是復旦大學新聞系主任王中。他在1956年發表了《新聞學原理大綱》一書，在其中「報紙的性質」一節中有這樣一些提法：

> 報紙是上層建築的一部分。可以為政治服務，但不是政治的本身。報紙與法權在性質上不同：在一個國家內只能建立一種法權，報紙則多種可並存，法權具有強製作用。報紙與政黨不同，政黨只存在於階級社會，在完成歷史任務後即行消失，但在無階級的社會裏人類即有了解情況的需要和行為，所以沒有報紙只是因為條件不具備，在政黨消滅後報紙仍應存在。

> 就報紙刊載文字內容論，多數文字有階級性（氣象預報、自然變化、自然科學知識等則沒有階級性），為一定階級利益服務。就其為讀者獲得的方式論，是任何人以至敵對的階級均可以一定代價獲得之商品，與情報、內部文件不同，亦與標語、傳單不同。

> 任何政黨的機關報具有兩重性，報紙產生於政黨形成前，是政黨運用社會已存在定期出版物的工具作為政黨的宣傳工具。政黨機關報：一方面是受政黨機關的意志約束，力求使報紙按政黨的意志影響讀者，另一方面又保存了政黨利用前的報紙性質──人們藉以了解新聞的印刷商品，是兩個方面相結合的。「辦報賣」與「買報看」兩方面的結合。沒有讀者的報紙則根本不能發生機關報的作用。

> 黨報和一般報紙一樣，獲得報紙必付一定代價，通過買賣關係達到宣傳對象手中，與標語、喊話不同。

　　在新聞工作座談會上，王中說的，也就是這樣一些意見。他說，有些業務部門不懂宣傳原理、報紙的性質，一味地要求在報上給他本單位發工作指示。把報紙變成各機關的聯合佈告牌。他說，有些單位盲目「保密」，據新聞日報說，呢絨漲價，商店櫥窗標價都改過了，主管部門還要保密，不讓報紙報導。談到黨委對報紙的領導，王中說，黨委很容易忽視報紙的特點，或者仍然習慣於抗戰時期和階級鬥爭時期的作法，對新形勢下報紙應起的作用認識不足。報社如按着黨委的舊習慣去辦報，便會造成報紙脫離群眾。黨委不僅是對報社要放手，而且要積極領導報社，使黨報辦成為群眾所喜愛的讀物。報紙，在黨委看來是指導別人的工具，但是在讀者看來，報紙是藉以獲得新聞和知識的出版物，讀者花錢買報，我們要對得起人家的五分錢，如果贈閱的話，人家可能沒有什麼理由責備報紙。王中還提到《新民報》，他說，在過去，新民報的方針是指導文化工作，結果銷數不足三萬份，很難維持。「百家爭鳴」後，就走豐富的文化生活的道路，就馬上上漲，最高到二十餘萬份，絕大部分是零售和個人訂閱。（現在因紙張困難，壓到十三、四萬份）上海都排隊買《新民報》。王中提到，有人以為新民報的變化是值得從新聞學的理論上加以研究的。（《新聞與出版》第17號）

　　王中的這些意見在會上遭到了批評。新聞工作者協會研究部部長安崗批判說，這種新聞學觀點在客觀上同右派分子的進攻起了某種程度的策應作用，模糊了人民報紙的戰鬥方向。王中認為報紙同讀者的關係是「五分錢」的關係，說什麼報紙只有商品的基礎才能發生作用，還說什麼報紙是「買後才有用」，說報紙要在買賣這一點上「適應社會需要」，並且說不注意報紙商品性的黨報是「一片教條主義」、「寡婦臉」、「官報」。正是在這種觀點上，王中就為上海新民報捧場。安崗說，我們的黨報是人民的代言人，和人民絕不是買賣關係，王中等的這種修正主義的觀點，對人民新聞事業的危害性是很大的。（6月29日《人民日報》）鄧拓批判說，王中是一個有綱領有行動的黨內右派分子，他在人民革命剛剛打垮資產階級的新聞陣地後不久，就撿起資產階級反動新聞理論的武器，在新聞戰線上為資產階級保鏢，向黨進攻。他在政治上和思想上早已背叛了黨和人民。王中在向黨進攻時，並且把持復旦大學新聞系作為他的陣地，以支持他的反動論點的復旦大學學生作為他的隊伍。鄧拓說，由於王中在反對黨對新聞事業的領導時，製造出來了一套取消新聞的黨性和階級性的資產階級反動理論，從根本上否定了黨對新聞事業的領導，並且到處販賣他的謬論，為資

產階級右派分子張目，因此，王中向黨進攻的性質，就要比一般的資產階級右派分子更加嚴重，更加惡毒。鄧拓說，王中現在已經面臨着政治上完全毀滅自己的危險的邊緣，如果他在回到上海後的繼續交代中不能正視這一點，他就將徹底地自絕於人民。（8月13日《人民日報》）

當年，新聞界的許多右派分子都提出了辦同人報紙的主張，也有一些人因為真想去辦一張同人報紙而成了右派分子。這裏插說一件本書作者直接知道的事情。1957年整風期間，中共中央書記處書記譚震林到了湖南，他在湖南的一次講話中提到每個省可以辦兩個報紙，一個黨外辦，唱對台戲。其實這並不是譚本人的意見，本書第六章已經說過，這是4月間上海局在杭州開會，毛澤東在會上的插話，譚是在會上聽來的。這話傳到了民盟湖南省委秘書長杜邁之的耳朵裏去了。儘管他並不知道毛說過這意思，就是譚震林的意見，中央書記處書記也已經夠權威了。1949年長沙剛解放時，民盟是有過一張《民主報》的，出刊不久即停刊。杜邁之聽到譚震林說了這話，於是躍躍欲試，想重新辦起一張報來。當時新湖南報有幾個編輯記者唐蔭蓀、朱純、鍾叔河、李長恭和鄭昌壬這五個人也對此事表現了積極性，願意同杜邁之合作，去為民盟辦報。反右派鬥爭開始，這幾個人就成了新湖南報社第一批右派分子。

新聞界所劃的右派分子，還不能不提到新華社國際部副主任李慎之。毛澤東提出「兩類矛盾」這個新論點之後，李慎之聯繫新聞工作的實際作了深思，寫了〈試揭新聞工作中的一個矛盾〉一文。文章說：

> 現在是大家都在忙碌着思索和揭發人民內部矛盾的時候，《新聞業務》的編者要我也來談一談新聞工作中的矛盾。我對新聞工作的理論知道得很少，實踐也十分貧乏，勉強應命，只敢從日常工作的體會中試揭一個矛盾，倘能成為引玉之磚，就是萬幸了。

> 幾年以來，不時使我苦惱的一個問題是在我們工作中常常可以感到存在着某種「宣傳與報導的矛盾」。所謂宣傳也可以理解為指導性或者教育性，總之是為一項具體政策服務與向人民供應一般消息之間的矛盾。

> 從開始作革命的新聞工作起，我們大家就都懂得，我們報導的東西第一必須是真實的第二必須是對人民有利的。我們過去從

來沒有懷疑過這樣的原則，現在也決沒有任何理由可以懷疑這些原則。

但是，在實際的工作中，許多同志都逐漸發現，要正確地判斷報導什麼，怎樣報導才能對人民有利，並不常常是一件容易的事情。

迄今為止，我們判斷一件事情報導出去是否對人民有利的時候，標準就是同這件事情有關的政策。如果有利於這項政策的推行的，就能夠報導，否則就不能。就我所一直從事的國際新聞工作而言，判斷的標準就是外交政策。

我們曾經不止一次地不報導某一類消息，或者只按照一個固定的觀點去報導某一類消息，我們的格言是「小不忍則亂大謀」。

我們大多能夠親自看到採取這種報導方針的好處，它有助於統一群眾的認識，集中群眾的意志，在過去的生活中充滿着激烈戰鬥的年代裏，由此而產生的作用無疑是肯定的。

但是在長期執行這種報導方針以後，我們也能同時看到這種做法會造成使人民「蔽聰塞明」的後果，而且在人民中間培養了主觀主義和教條主義。事情發展的邏輯看來竟有一點是「愛之適足以害之」。

「小不忍則亂大謀」。一方面是推行某一項政策的利益，另一方面是讓人民得到充分的消息而能夠對事物有全面的了解的利益。兩者相較，到底孰為大？孰為小？

對於我說來，這是一個常常引起困惑的問題。

我們都十分明確人民是國家的主人，而人民要行使作為國家主人的權力，能夠廣泛地了解國家各方面的情況乃是一個先決條件。一項政策既然是為人民的利益而制定的，人民就應該有權知道它所以制定的根據，有權在實際生活中去考驗它，有權在發現其缺點以後去修正它，否定它，或者再制定另外一項政策去代替它。正是在這裏，新聞工作可以起極大的作用。如果我們報導的新聞僅限於證明某一項既定政策之必要、正確和英明，那麼，我們的工作對人民來說就很難避免出現「民可使由之，不可使知之」

的作風，而對執政者或者決策人來說，也就很容易助長他們的偏聽自得的可能。

看來，如果把一般的新聞報導工作和為具體政策而作的宣傳工作作一定的劃分，可能是適當的。但是這需要在多方面加以衡量。我模糊地感到它可能牽涉到如何認識客觀事物的哲學問題，也可能牽涉到權力的淵源或者歸屬的法學問題。要進一步探討這個問題不是我力所能及的。但是，我相信，這個問題的解決也許會幫助我們克服日常工作中碰到的許多困難。希望同業諸同志有以教之。（《新聞業務》1957 年第 6 期，6 月 15 日出版）

《新聞業務》是新華社總社出的一種內部刊物。現在的《李慎之文集》沒有收入早年作品，這裏是據當年的原刊錄入的。這篇文章不長，卻提出了一個重要問題。可以說是指出了所謂新聞工作黨性原則的實質。就是後來，所謂輿論導向和新聞的真實性也常常是難以兩全的。這篇當然是惡毒的右派言論。李慎之當年寫的一篇檢討書〈向黨、向人民請罪〉中説：

我是一個入黨將近九年的共產黨員，長期受到黨的教育和培養。然而在今年 5 月的大鳴大放期間，在社會上的資產階級右派分子利用整風的機會向黨發動猖狂進攻的時候，我也從內部參加了這一進攻，對黨的領導，對無產階級專政，對社會主義的政治制度作了惡毒的誣衊和攻擊。這期間，我在國際部「春雷」壁報上發表了〈只有大膽地放，才能真正解決問題〉的文章，號召人們去懷疑，去反對我們的社會主義政治制度。在同一期的壁報上，我還推薦了《人民日報》上的一篇反動文章，卜無忌寫的〈廢棄庸人政治〉（按：卜無忌是鄧拓的筆名，文章發表在 5 月 11 日）。反對黨的思想政治工作。此外，我還在《新聞業務》上發表了〈試揭一個矛盾〉的文章，表示懷疑新聞服從政治的原則，實際上是誣衊我們的新聞工作是「愚民政策的」而要求絕對的「新聞自由」。（《書屋》2009 年 3 月號）

「愚民政策」這話之所以使人覺得特別刺激，就因為把事情說穿了。在反右派鬥爭中，李慎之最有名的一件事，是他無意之間創造出了「大民主」和「小民主」這兩個用語。波匈事件發生，毛澤東派他的秘書林克去徵求李慎之的意見。李說，蘇聯東歐出問題的根本原因就在於沒有在革命勝利後建立起一個民主的制度。談到中國，他以為「我們的大民主太少，小民主太多」，人民群眾沒有多少議政參政的權利，這都是跟蘇聯模式學習的

結果，現在蘇聯既然出了問題，中國也必須改弦更張，實行大民主，即人民對國家大政方針有討論的權利與自由，以免重蹈蘇聯的覆轍。他所謂的小民主，是指那些為了調資定級、分房子、調工作之類的事情的無休止的爭吵，以及上班遲到早退，辦公拖拖拉拉這些現象，他認為這都是共產黨太講人情，不講法制的結果，這是他所厭惡的。李慎之在這次談話中發明的「大民主」和「小民主」這兩個詞，毛澤東按照自己的意思作了解釋。他在 1956 年 11 月中共八屆二中全會上說：「有幾位司局長一級的知識分子幹部，主張要大民主，說小民主不過癮。他們要搞的『大民主』，就是採用西方資產階級的國會制度，學西方的『議會民主』、『新聞自由』、『言論自由』那一套。他們這種主張缺乏馬克思主義觀點，缺乏階級觀點，是錯誤的。不過，大民主、小民主的講法很形象化，我們就借用這個話。」（《毛澤東選集》第五卷，第 323 頁）這裏所引是經過整理正式發表的，原話是：「大民主就是要上大街，是對敵人的。我們不能搞大民主，只能搞小民主，搞小小民主。」毛並且認為這不僅是幾個人的思想問題，而是一個思潮。當林克再次來找李慎之的時候，李聲明：「我根本沒有上大街的想法。我的大民主是對小民主而說的，而且正是因為敵人已經被打倒了，我們才可以搞大民主。」毛對這一聲明的反應是：「他們主張的議會民主、新聞自由實際上與上大街沒有什麼不同。」到了反右派鬥爭中，李慎之被定為極右分子，開除黨籍。只是「定案材料」中沒有寫上「大民主」這一條。那上面寫的第一條罪狀，是「企圖利用內參影響中央」。把這件中央一再表示滿意而且嘉獎過的工作也算作罪行了。（李慎之，〈大民主和小民主〉，載《風雨蒼黃五十年》，明報出版社 2003 年版，第 105-117 頁，又見《荊棘路》，經濟日報出版社 1998 年版，第 114-123 頁）

新華社記者戴煌也劃為右派分子了。1957 年 8 月 7 日新華社電訊：

> 新華社總社最近揭露和駁斥了黨內右派分子戴煌的反黨、反社會主義和反對蘇聯的一系列的反動言行。

> 戴煌是新華社記者，1944 年入黨。長期以來他就對黨不滿，以至企圖推翻中國共產黨。戴說他要組織新黨叫「新共產黨」，或者叫「共產黨革命委員會」，或者叫「第三黨」。按照他的說法，這個新黨的綱領、目的就是要「消除幹部和人民之間的生活剪刀差」、「實現民主自由」和「消滅特權階級」。他所說的「特權階級」就是對中國共產黨黨員和國家機關幹部的誣稱。去年 11

月，戴煌就開始寫給中共中央和毛主席的「萬言書」（此信還未寫完），對中共中央和毛主席進行了惡毒的誣衊和攻擊。他在「萬言書」中肯定地說，「特權階級是存在的；即使它沒有構成全國統一的階級，但是作為這個階級的胚胎，正在全國各地形成和發展中。」戴煌攻擊中央是同樣的官僚。直到反右派鬥爭開始以後，戴還向黨放出了一支最惡毒的箭，他說，他對國家的意見，「用五個大字來概括──神化和特權──這就是國家矛盾的根源」。他對黨和國家的幹部極盡誹謗之能事，他說今天的幹部是「在老百姓頭上拉屎拉尿，作威作福」。他硬說，「高級幹部違法亂紀，低級的基層幹部無法無天」，「除殺人放火外，無惡不作」。他強調這一切都「應該由中央負責」。他狂妄地攻擊中國人民敬愛的偉大的領袖毛主席，說他對毛主席是「早就懷疑的」，說自從蘇共第二十次代表大會以後他就「開始懷疑毛主席犯錯誤」。

戴煌還不惜從各個方面來詆毀新中國。他甚至把今天我們國家偉大的建設事業也看成是「令人詛咒的『嘩眾取寵』的事情」。他認為，建造武漢大橋、飛機工廠和改造黃河，那也不過是「全世界的科學技術不斷發展的必然結果」，是不值得「自豪」的。戴煌還公然站在帝國主義的立場來詆毀蘇聯，反對蘇聯出兵援助匈牙利鎮壓反革命叛亂。戴煌對黨的新聞事業進行了惡意的攻擊。他強烈地要求取消黨對新聞事業的領導，向黨要求新聞事業的「獨立性」。他誣衊人民新聞事業是「愚民政策」。

戴煌還同社會上其他右派分子互相呼應。他認為葛佩琦說要殺共產黨員的說法「有其道理」，他同意章伯鈞的「政治設計院」和儲安平的「黨天下」等謬論。

後來他被送到北大荒去勞動改造。

新華社黑龍江分社社長章洛被劃為右派分子，一個重要的原因是他和《人民日報》發表批評中共黑龍江省委特殊化的〈此風不可長〉一稿有關。這件事，新華社黑龍江分社整風領導小組《關於處理右派分子章洛的決定》裏說了：

> 章洛誣衊省委領導「特殊化」的〈此風不可長〉反黨稿件，是他反黨活動的集中表現和總暴發。〈此風不可長〉能在《人民日報》上發表，是章洛把黑龍江日報「內參」（按指〈此風不可長〉稿件）轉給新華總社內參組，他並附信說如不能用請轉給《人

民日報》而引起的，特別是他抗拒省委對這個反黨事件的批評與省委分庭抗禮，採取非組織活動與省委較量。在他領導下的幹部中，散佈對省委抗拒情緒，他表示不當社長也要和省委爭清楚。

〈此風不可長〉一稿的作者是黑龍江日報財貿部主任王知曉。起因是1956年9月哈爾濱市商業部門舉辦了一個高級商品展覽會，邀請省、市領導幹部前往參觀購物，王知曉到展覽會去採訪，了解了情況之後，對工作人員說：「這個事情不揭發不行，這明明是為照顧領導幹部，搞特殊化。」於是寫成〈此風不可長〉這篇文章。文章送審，省委不同意在《黑龍江日報》上刊登。副秘書長戚貴元就把它拿到《黑龍江日報》「內參」上刊出了。章洛的責任是把《黑龍江日報》「內參」上刊出的這篇〈此風不可長〉轉給新華總社內參組，促使它在1956年10月6日的《人民日報》上刊出，轟動一時。到了反右派鬥爭中，這成了黑龍江日報社一件大案。不但作者王知曉劃為右派分子，和這篇文章有過關係的兩個副秘書長戚貴元、張國昌也都劃為右派分子，並且說成一個反黨集團。說他們對這篇批評稿「從幕後極力支援，為他修改這個稿件，有意把展覽會歪曲捏造為『秘密商店』」。（見新華社1957年12月9日《內部參考》）其實，把普通消費者不可能進入購物的展覽會稱為「秘密商店」，是並沒有「歪曲捏造」的。

因為發表批評稿付出代價，章洛不是最先的一人，也不是最後的一人。

新聞界的右派分子還有新華社的英文翻譯劉乃元，他1924年生於北京。1945年畢業於上海聖約翰大學英文系，1946至1947年在軍調處執行部美國方面任翻譯，1948至1949年任美國國際新聞社（現合眾國際社的前身）南京分社記者。1949年人民解放軍進駐南京，劉乃元不肯赴台灣繼續作美國記者，堅決留在大陸為新中國效力。1956年中共中央召開知識分子會議後不久，被招聘到新華社擔任英文翻譯。可是由於過去同美國人的聯繫引起懷疑和歧視，得不到信任和正確使用。1957年整風鳴放期間，他並沒有發言，還是被劃為右派分子，受到勞動教養處分，在勞改農場度過二十一年。（見劉乃元回憶錄《歷劫不悔》，河南人民出版社1999年版）

一場反右派鬥爭下來，新聞界劃了多少右派分子，這裏有一份不完全的統計可供參考：

據9月底的初步統計，人民日報、光明日報、文匯報、大公報、新聞日報、教師報、健康報，以及北京、天津、河北、山西、湖南、廣西等

二十二個省（市）和省轄市的黨委機關報編輯部門，在報紙上進行了批判的右派分子就達二百一十二人，其中有十二人已經竊據了報社總編輯的領導職位，如光明日報總編輯儲安平，文匯報總編輯徐鑄成、副總編輯浦熙修，大公報總編輯袁毓明，新聞日報副總編輯陸詒等等，都是新聞界十分惡毒的大鯊魚。（遲蓼洲編寫，《1957 年的春天》，學習雜誌社 1958 年版，第 54 頁）

　　這二百一十二人是報紙上進行批判了的，據 7 月 9 日毛澤東起草的中共中央的一項通知，在報上點名的右派骨幹分子只要右派百分之十左右，其他百分之九十的右派骨幹，則在所在單位點名批判，不要登報。倘若按照這個比例計算，報上點名二百一十二人，應該是劃了二千一百二十人左右。再說這一統計截至 9 月底為止，這時這一場鬥爭並沒有結束。即以本書作者當年所在的新湖南報社而言，到 9 月底劃出的右派分子才二十餘人，還不到全部劃出的右派的一半。到鬥爭結束時，全社劃出的右派分子是五十四人。

　　不要以為新聞界的右派分子都有修正主義的新聞理論和資產階級的辦報路線，有一些不過是犯了「可惡罪」，被他的上級領導認為可惡而成為右派的。當時擔任中共山東省委副書記、書記處書記夏征農回憶說：「《大眾日報》總編輯劉健曾在幾次會上向省委一再提出批評意見，思想認識上有問題。反右一開始，省委即內定他為右派，要放到群眾中去批鬥。後來劉健自殺了。除此之外，再加上其他一些個人偏見，就這樣以反右派不力和同情右派的罪名撤了我的職。」（〈夏征農談他的文藝生涯及其他〉，見《新文學史料》1990 年第 4 期，第 89-90 頁）

　　順便講一下出版界的反右派鬥爭。這裏有一個不完全的統計數字：「就中央一級的出版社到 1957 年 9 月底止的統計，右派分子佔工作人員總數的百分之六點二三，而擔負領導工作的右派，就有三十個，例如人民出版社的曾彥修、通俗讀物出版社的藍鈺等，都對社會主義的出版事業作了許多惡毒的攻擊。」（遲蓼洲編寫，《1957 年的春天》，第 54 頁）

　　他們對社會主義的出版事業作了些怎樣的攻擊呢？曾彥修在人民日報座談會上說了這樣一些話：

　　　　我們長期看不出整個出版界的方向，只看到教條主義，盲目崇拜蘇聯的情況存在好多年。很少談到我們中國的文學……，而

只能看到把我國所有的編輯、印刷、出版的制度一套徹底打垮，編輯只做些改標點、改阿拉伯字等。解放後基本上停止了學術著作，而讓蘇聯的小冊子氾濫於市場。

體制問題不要老限制在現有一套，可以辦同人出版社。

不能因紙張不夠把幾十個學報停刊，甚至可以少印馬列主義。一些專門刊物內容是不太豐富，但不應隨便砍掉。把出版局砍掉中國不會亡，把這些學報砍掉，中國沒有科學，卻要亡的。

在文化部出版局召開的座談會上，曾彥修又說了這樣一些話：

蘇聯的出版機構，組織制度要具體研究一下。我去了一趟蘇聯，覺得他們的機構和制度是落後的，是一套束縛思想的、教條的東西。我們現在把自己的傳統完全革掉了，而搬來一些不符合「二百」方針的大一統的作法。

我認為過去學習蘇聯是有偏的。可能有成績，但表現在哪裏？是不是專業分工，出版、印刷、發行分家以及一些編輯人員注意技術小節等都算成績呢？我以為不是。反之，這些卻妨礙了出版事業的發展。又如計劃發行算不算成績呢？像現在這樣一調查就是七、八十天，也不見得好。總之我暫時還看不到具體表現出來的成績，這方面的教條主義、公式主義很厲害。如果說成績，那也是「缺點是主要的，成績是次要的」。

解放後直到「百花齊放、百家爭鳴」提出以前，我認為在出版方面沒有方針，也沒有領導。紙張分配不算領導，如果我們向百貨公司買紙，照樣可以出書。

解放後幾年來，光出了一些教條主義小冊子，連環畫，沒有真正出過一些有分量的東西。似乎國家就是靠着這個來吃飯。過去出版局的總結上的成績也就是這些，對於我們的文化怎樣、科學怎樣？沒有方針。在反胡風後又突然更加緊縮了，如曾經說過古籍書只出皇帝的禁書，那還出什麼，只好關門。

去年局裏搞了個十二年遠景規劃，召開會議討論，我對這個計劃很有意見。因為其中第一要出馬列主義，第二要出社會科學……而文藝、科學技術都沒有了。難道我們單靠一些教條主義

的小冊子就能立國嗎？這種草案使人沒有發言的基礎，也損害了領導威信。

出版工作去搞一些沒有味道的事，也是不行的，如為了規定《毛選》在全國同一天發行的組織工作花了不少力氣，實在是無聊。

過去搞七、八年出版，結果出了不少三、四流的翻譯書，反特小說。著作出不了，而對外國人的胡說八道的小冊子卻浪費了不少紙張。

文化部個別領導同志的領導方式是文化太少，武化太多。我過去檢討寫得不多，來北京不到幾個月就檢討了一次。因為出版了惲逸群的《蔣黨真相》，陳克寒打電話語氣很不好聽，金燦然也要檢討。一次不夠，說不深刻還要重新檢討，不知道根據是什麼？難道是「武化部」嗎？

在出版局座談會上，曾彥修還談到了他自己對雙百方針的認識，可說是很深的反省：「毛主席提出有百分之九十的高級幹部反對或者不贊成『二百』方針，我起先想自己大概不是，因為我參加了不少座談會，寫了一些短文章來反對教條主義，擁護百家爭鳴。可是現在檢查起來，一接觸實際，總給『人民出版社』的牌子束縛着，不戴一頂馬克思主義的帽子，沒有馬列詞句外衣，不能進人民出版社的門。所以我只是形式上同意了實際並未同意，要劃起來是在百分之九十以內的。我們當然不敢公開抗拒中央『二百』政策，但實際執行結果，由於水準低，而是屬於百分之九十內的。」

事實上這並不是曾彥修一人的思想，相當數量的老幹部也是這樣一種心態。在主觀上，感覺到自己是能夠接受新方針的，可是多年的習慣，又使他只能在舊的革命的軌道上運行。曾彥修能夠看出這一點，並且把自己劃入百分之九十之內，正是他的過人之處，他想得比一般人深。正是多數幹部的這種思想狀況，決定了當年試行新方針只能以失敗告終，百家爭鳴只能一變而為兩家爭鳴，再變而為反右派鬥爭。這樣的角色只能演出這樣的戲劇。

再說曾彥修，他當年不只是對社會主義的出版事業作了許多惡毒的攻擊，他還說了一些更要命的意見。人民出版社內部的黑板報（！）發表他的答黑板報記者問，其中說了這樣一些意見：

　　我個人深深感到人社內部黨群的界限和鴻溝達到了原來意想
不到的驚人程度。……最近一週感到很沉重，內心也感到很痛
苦。痛苦不是因為揭發多，可怕；而是痛苦在於自己過去認識不
夠，沒有想到支部在群眾中這樣孤立，群眾對支部已到敢怒而不
敢言的程度；痛苦在於：我們進城八年來，作為無產階級政黨的
共產黨，具體到人社支部，原來和廣大群眾矛盾如此之深！雖不
是說「民怨沸騰」，但已有些「怨聲載道」。

　　八年來相當大的一部分黨員，沾染了骯髒的腐朽的東西。
未得政權以前是革命的，批判的，對現狀不滿的，入黨時是參
加革命，拋棄名譽地位享受。但執政以後部分同志特別是負一定
領導責任的同志（包括我在內）產生了保守主義（不是指一般
工作保守），要把持政權，思想深處要保住我自己相當地位和身
份。……因為他已得到某種東西了，官方身份，統治者一分子，
生活職業有保障，有東西可保守了，這樣就使得有些人不求進
步，不聽取意見，暮氣沉沉，（我自己也是一個）這種保守主義
與宗派主義分不開。從人社支部很多同志身上都看出來這些東西
與共產主義革命家不相容，廣大群眾是從同甘共苦，廣闊胸襟，
自我犧牲來要求我們黨員，廣大黨員沒有做到，人社存在黨員享
受特權現象。再說一句，所有這些，首先是對我自己說的。

　　這種認為黨處於執政地位時受到腐蝕的意見，曾彥修說過不只一次，
他在世界知識出版社的一次座談會上，引用了杜甫的「在山泉水清，出山
泉水濁」這一聯詩來說明這意思。這可糟了。據黃秋耘說，「康生對『在山
泉水清，出山泉水濁』這兩句詩特別反感，用紅鉛筆在《簡報》上劃上了
杠杠，批示：『單憑引用這兩句詩，曾彥修就該劃成右派。』曾彥修的命運
就從此決定了」。（《黃秋耘文集》第四卷《風雨年華》，第156頁）

　　曾彥修的這篇答黑板報記者問，還得罪了人民出版社出版部主任趙
曉恩和行政處副處長王志明。黑板報記者問曾：你對有人提出停止趙、王
二人學委一事意見如何？曾答：趙曉恩民憤很大，各方面揭露他專橫主觀
很厲害，從這嚴重毛病看，他不當學委可以。王志明是使人怕（我知道陳
原、范用等都怕他，我也有些怕），因為會整人家。他作風不好搞，黨內外
有意見，是突出的。至於王當不當學委的事，曾彥修倒認為，作為長期支
部書記、行政處主任，他知道許多事，工作也需要他參加。他應在工作中
改正錯誤，通過聽取自己工作造成的矛盾邊整邊改。

到了反右派鬥爭中，首都出版界連日召開座談會批判曾彥修。有人質問他：為什麼要硬說解放以來沒有出版什麼有分量的學術著作，難道馬列主義的經典著作和毛澤東同志的著作算不得有分量的學術著作嗎？曾所謂有分量的學術著作是指的什麼？有人分析說：曾彥修主張辦「同人出版社」，就是不要黨的領導，要恢復資本主義的所謂出版自由。（7月8日《人民日報》）

在人民出版社，也開會批判曾彥修。有人批判他的答黑板報記者問，說曾彥修猶如匈牙利的納吉，他說的「怨聲載道」，「八年來相當大的一部分黨員，沾染了骯髒的腐朽的東西」，就充分說明了他的「納吉」身份。還批判了他引用杜詩「在山泉水清，出山泉水濁」來罵黨員腐化了這件事。王志明、趙曉恩也都在批判會上積極發言。（7月13日《人民日報》）如果說，在批鬥會上的發言者中，有的只不過是奉行故事，不得不作出聽黨的話的姿態，那些曾彥修得罪過的人就不同了，這反右派鬥爭同時也是他私人的事情。

1957年7月13日的《人民日報》刊出了批判曾彥修的文章說：「黨內也有右派分子　曾彥修蛻化變質了。」文章說：「7月11日，人民出版社和世界知識出版社舉行座談會，揭露和駁斥身為共產黨員的人民出版社副社長兼副總編輯的曾彥修的反黨、反社會主義的惡毒言論。」內容不外上述這些事情。報紙上抓住這樣一些、做文章，不過是造輿論的需要，曾彥修自己感覺到真正的原因還不在這裏。後來他在回憶錄《平生六記》一書中說：「我之劃右，恐怕與我徹底否定戴文葆是『特嫌』之事有關。」因為幾個月以前，陸定一就已經向王子野、又向曾彥修兩次提出了戴文葆的「特嫌」問題，而他在肅反運動中，卻否定戴文葆「特嫌」問題，這時候他就得為此付出代價。

曾彥修劃為右派分子的經過，倒是很有一點與眾不同。因為這時他是人民出版社五人小組的組長，正是他在主持本單位的反右派鬥爭。他這右派分子是他自己決定要劃的。《平生六記》一書中說了這經過：

> 上面催要「右派」名單了。五人小組急急議了幾次很難擬定。倒不是大家要劃我的「右派」，而是我不能不自報「右派」，其餘四人不大同意。我擬的「右派」名單大約共三個或四個，其中有我。五人小組討論更困難了，幾次定不下來，無一人對我列入「右派」表示贊成。但上面催名單很緊。可王子野、陳原、周

保昌、譚吐四人（引者按：他們是五人小組成員）仍久不表態。因為平時關係好，哪裏「反革命」要來就來呢！我說，事情擺在這裏，上報得用五人小組全體的名義。久無動靜是上面在觀察我，愈拖事情愈大，你們也會被拖進去。這裏，除陳原同志外都是老「運動員」，親身經歷很多。全國轟轟烈烈，我們這裏冷冷清清，又是重點單位，這預示着什麼？暴風雨前的暫時沉寂啊！一旦一個「反黨集團」下來，整個單位就成粉末了。……經我詳說之後，算是說服了五人小組，譚吐說，那就照彥修說的辦理罷，不然，未來確是可能更嚴重。這樣，五人小組就算通過了曾起草包括曾某在內的三四個「右派」名單的報告。（生活書店2014年版，第148-150頁）

不久曾彥修就遇到了一次險情。據後來擔任人民出版社社長的張惠卿寫的〈憶「反右」時的公審大會〉一文說：

那是在1957年的10月份，離《人民日報》公開點名曾彥修是第一個「黨內右派」已過去三個多月。大院裏忽然開來了一輛載重大卡車，還有兩輛吉普車，帶來了發電機、探照燈、汽油桶、電纜、電線等一大堆東西，電纜從外面拉到了後面禮堂裏，許多人忙碌了很多天，禮堂裏四面八方都裝滿了探照燈，主席台兩邊也有探照燈，不知道他們要幹什麼，大家猜想是不是黨中央要對曾彥修採取什麼嚴重措施了，要當場攝影存檔？！看來凶多吉少。

此事人民出版社的同志一無所知。後來聽說在開會的前兩天，人民出版社的領導才接到上面來的通知，說要開曾彥修的公審大會，要人社配合。

剛吃過午飯，就通知人民出版社所有職工去禮堂開會。曾老由本單位的幾個小伙子陪同着走進禮堂時，門外就有閃光的探照燈對着曾照相，大家看見，裏裏外外都貼滿了打倒曾彥修的大標語，也不知是什麼時候貼的。禮堂裏坐得滿滿的，連我社職工在內，足足有千把人，另外這些人也不知是誰，是從哪裏請來的。兩邊探照燈從高空往下射，攝影機對着曾彥修不停地拍照。我們才知道今天是開曾彥修的公審大會，來勢兇猛，會場寂靜得可怕。主席台上坐着十來個人，除了本單位的陳原同志外，其他人我一個也不認識。主席台兩邊還站着一些人，估計應該都是穿便衣的公安人員，準備隨時執行任務。

待曾老在第一排坐下後，大會立即開始。執行主席向大家
宣佈説：「今天大會由最高人民檢察院的××司長代表譚政文副
總檢察長發言，控訴『右派』分子曾彥修在廣州的罪行。」這一
宣佈，引起台下一陣頗大的騷動，原來這次公審大會是國家最高
人民檢察院召開的，要清算曾彥修在廣州的什麼事情，主席用了
「控訴罪行」這種字眼，問題肯定相當嚴重。我們都替曾老捏着
一把汗擔心會發生大家意想不到的事情。（《炎黃春秋》2015 年 3
月號，第 24-25 頁）

原來這一次「公審大會」是對曾彥修擔任《南方日報》社長時候的一件
事的報復。1951 年 4 月，廣東省公安廳突然交給了《南方日報》一個
一百四十多人的名單，説明天要槍斃這些人，要報社配合宣傳。曾彥修一
看，罪狀寫的都是一些「一貫反動，民憤極大」之類的空話，並沒有多少
具體材料，報紙無法配合宣傳，再説，對於這麼一件人命關天的事情，也
不應該這樣草率呀。曾彥修只好請示中共中央華南分局書記葉劍英，葉劍
英要曾彥修立刻去他那裏討論這件事，廣東省公安廳長譚政文，和他屬下
的一個處長也背着兩個麻布口袋來了。結果葉劍英支持曾彥修的意見，制
止了這一次草率的行動。這件事曾彥修在回憶錄《平生六記》的〈鎮反記
慎〉一章裏有詳細的記述。當然曾彥修也就得罪了譚政文和他屬下的那一
位處長。沒有想到這時譚政文已經是最高人民檢察院的副總檢察長，並且
把那個處長帶到最高人民檢察院來擔任司長了。今天他們就來討還舊債，
開會公審曾彥修。幾乎要把他捉將官裏去。只是曾彥修從容應對，作了一
小時的發言，説明當年的情況，並且提出了一些證明人。這件事也就不了
了之，沒有下文了。這件事在《平生六記》（第 166-170 頁）裏有詳細的
記述。

在曾彥修之外，人民出版社和世界知識出版社還反出了一批右派分
子。據報載：

人民出版社、世界知識出版社在反右派鬥爭中聯合作戰，兩
個月來已經獲得初戰勝利。兩社配合首都出版界座談會，鬥倒了
人民出版社副社長兼總編輯、黨內右派分子曾彥修；同時還揭發
和批判了一批右派分子。

在揭露出來的右派分子當中，有民盟盟員、世界知識出版社圖書編
輯室副主任彭世楨，民盟人民出版社支部委員、人民出版社編輯董秋水，

民主促進會人民出版社支部主任委員、出版部副主任劉龍光。彭世楨和劉龍光都曾企圖把出版社的黨組織置於民盟、民建組織的領導、監督之下。例如彭世楨宣傳他的謬論，說互相監督要有條件，條件就是對共產黨實行「事先監督」，他們還極力誹謗共產黨，把黨說成是自私自利的「宗派主義集團」。董秋水惡毒地污衊說黨員對群眾有三板斧，「先是教條，教條碰壁時就壓服，壓服不行就打一棍子，再戴上一頂帽子。」

揭露的另一個右派分子是人民出版社前第三編輯室主任史枚。這個右派分子在大鳴大放時期一反平常不問政治的態度，猖狂地鼓動群眾反對整風領導小組，並以退出整風相要脅。他誣衊說黨和政府是人民的「統治者」，認為黨在解放後搞的歷次運動都不對頭，誣衊群眾性肅反運動「是不折不扣的教條主義」。

另一個右派分子張梁木（人民出版社編輯部地理組組長）在鳴放時期篡奪了黑板報的領導權，與兩社的右派分子日夜串連，密議舉行三反、肅反不滿分子的座談會，把黑板報變成攻擊黨的武器。他還和右派分子曾彥修一唱一和，讓曾彥修在黑板報上發表了瘋狂反黨的「答記者問」，從此掀起了兩社右派分子向黨進攻的高潮。（9 月 21 日《人民日報》）

上面這個名單是遠不完全的。人民出版社劃出的右派分子還有戴文葆、王以鑄、吳道弘、鄧蜀生等人。

中國青年出版社把副社長兼總編輯李庚劃成了右派分子。報紙上刊登的材料說：

> 李庚是該社右派分子的幕後指揮人。他趁大鳴大放的機會，拉攏、聯絡了一批右派分子和對黨不滿的人，猖狂地發起向黨進攻。鳴放期間，該社右派分子如彭子岡、劉重、姚平等人向黨進攻的炮彈——他們所謂的「理論」和「事實」，比如說「出版社的政治工作太『左』了」；「做政治工作的幹部不懂業務，不了解知識分子，要把他們調走一批」；「團中央不能領導出版社」，「肅反擴大化了」，「合併開明書店是政策上的錯誤」等等，都是一模一樣。這些反黨言論，追溯源本，幾乎絕大部分來自李庚。
>
> 李庚在鳴放期間向黨進攻的活動是數不勝數的，他的氣焰是十分囂張的。費孝通的〈早春天氣〉一文發表後，他深表贊同，並且說什麼「黨內知識分子也有這樣的心情」，他要寫一篇描述

黨內知識分子心情的文章。李庚要為右派分子譚天榮、林希翎寫「列傳」，説他們是「歷史人物」「應該讓後人知道」。（9月24日《中國青年報》）

這裏説到的彭子岡是該社《旅行家》雜誌的主編，據報紙上刊登的材料説：她一方面參加浦熙修、費孝通等右派分子策劃向黨進攻的活動，企圖單純從法理的觀點，為儲安平「黨天下」的謬論打掩護，一方面又積極在中國青年出版社內部點火。彭子岡別有用心地污衊中國青年出版社的肅反是「無中生有」，「危言聳聽」，肅反審查是根據「神乎其神，誇大其辭的彙報」，「左得沒有一點道理，一點也不馬列主義」。（8月1日《新華社新聞稿》）

通俗讀物出版社副總編輯藍鈺在文化部出版局召開的座談會上，也攻擊了從蘇聯學來的出版體制。他説：

> 現在出版、印刷、發行三個環節是孤立起來的。出版和發行分家，搞得矛盾百出，笑話百出。例如：書店營業員不了解書，一位支店營業員自己愛拉胡琴，就進了一些拉胡琴的書，把《費爾巴哈與德國古典哲學的終結》一書進了不少，在一個縣裏像《怎樣寫博士論文》的書也進了等等。

> 出版與印刷的分家據説是為了印刷的統一。現在是否真的統一了呢？沒有。實際上文化部只有統幾家直屬出版社的本事，而非直屬出版社大都有自己的印刷廠，地方上問題好解決，苦就苦在直屬出版社的頭上了，印刷排不上隊，出書很慢。

藍鈺還對出版社專業分工表示懷疑，以為有些作家的稿子就無處出了，各出版社踢皮球。他還以為，現在社會上提出了新的要求，但是除掉國營而外，誰也不能搞出版社，如果不開個口子，矛盾始終解決不了，還要發生問題，不如讓搞一些私營出版社。他還主張開放同人出版社。

他的這些意見，在首都出版界的座談會上，在通俗讀物出版社的座談會上，都受到了批判。藍鈺（1919–1966），四川瀘州人。1938年在延安加入共產黨，擔任過《邊區群眾報》編委、西北《群眾日報》採通室副主任、新華社新疆分社社長、新華總社地方新聞部副主任。他在通俗讀物出版社副總編輯任上被劃為右派分子之後，發配到北大荒勞動改造。文化大革命開始，他就在迫害中自縊身亡了。

還有通俗讀物出版社副社長楊賡（1915-1957），原名楊隆譽，別名愛吾，湖南長沙人。曾就讀北京大學法律系。抗日戰爭爆發後與黎澍等人創辦《火線下》三日刊，1938年1月加入中國共產黨，是國際新聞社最早成員之一。擔任過《觀察日報》總編輯。1941年參加重慶《新華日報》工作。1946年在北平《解放報》工作時被捕，經軍事調處執行部中共代表提出抗議後獲釋。解放戰爭中任新華社東北前線分社社長、《東北日報》通訊採訪部部長、新華社東北野戰軍總分社社長和總社副社長等職務。部隊新華社撤銷後，改任《新觀察》雜誌主編。後來擔任通俗讀物出版社副社長兼總編輯。他說過：「黨對出版事業統得太死」，「出版局統得太死，在紙張分配、印刷力量、人員任用上，都卡得太緊。希望在企業自治範圍內給出版社以適當的機動之權。」他很贊同副總編輯藍鈺的那些意見，說：「藍鈺的發言反映了我的意見。」他是在中共中央高級黨校普通班學習的時候被劃為右派分子的，當時揭露他的右派言論有這樣一些：關於三反運動，他說「中央批示的『凡大批管錢管物者，必有貪污犯』的批語，說得過於肯定了。」「中央限時限量要老虎，是搞出一批假老虎的原因。」這裏楊賡說的，是指毛澤東1952年1月15日的一個批語：「無論黨政軍民哪一系統，哪一機關，只要是大批地管錢管物的，就一定有大批的貪污犯。」（《建國以來毛澤東文稿》第三冊，第62頁）關於肅反運動，楊賡說「肅反擴大了打擊面，傷害了一些知識分子的感情，勞民傷財」。開了他幾回批判會之後，他就在10月9日自縊身亡了。（據中共中央高級黨校校部辦公室編印的《整風學習討論問題參考資料》第42期，1957年10月31日）

科學普及出版社副總編輯王天一，多年從事科學普及工作，解放前辦了一家民本出版公司，發行《科學大眾》月刊。這時他是九三學社社員，擔任九三學社北京分社宣傳部副部長。他被劃為右派分子的材料，據報載有這樣一些：「王天一還喊出『外行不能領導內行』的口號，意思是指黨不能領導科學普及工作。」他還「企圖煽動一些在肅反運動中被審查過的和過去被批評過的知識分子起來鬧事」。中華全國科學技術普及協會召開全體幹部大會批判他。（9月21日《人民日報》）

科學普及出版社另一個副總編輯周志成也被劃為右派分子。他是浙江大學物理系的高材生，物理學泰斗王淦昌、束星北的及門弟子。1943年畢業後留母校任教多年。1957年。他只是為恩師束星北被劃為右派抱屈，他也就被劃為右派了。1979年，右派問題解決了，他到了中國大百科全書出版社工作，不久擔任副總編輯，對《中國大百科全書》的編輯和出版作出了許多貢獻。（《出版史料》2007年第3期，黃鴻森文）

像周志成一樣後來到了中國大百科全書出版社顯出才能的右派分子有：

王伯恭，湖南臨湘人。1943年畢業於四川教育學院教育行政系。曾任重慶《大公報》記者、編輯、特派記者，南京《新民報》編輯，上海民治新聞專科學校教師。解放後，曾在北京新華總社國內部任編輯。1957年整風運動期間，他被打成「右派」。1979年他調到中國大百科全書出版社，任《中國大百科全書》〈戲曲·曲藝〉卷責任編輯、《天文學》和《外國文學》兩卷編輯，並負責《中國文學》卷的二審和終審工作。曾任出版社編審組副組長、大百科全書出版社編委會委員，參加了《中國大百科全書》編寫體例的研究和修訂，及許多學科卷的框架審定工作。

徐慰曾，江蘇無錫人，1950年7月畢業於上海財經學院國際貿易系。畢業後，曾在東北進口公司、中國機械進口公司工作。1957年在某外貿機關劃為右派分子。1978年他到剛剛成立的中國大百科全書出版社做臨時工，當時，社裏為參考《不列顛百科全書》，組織了一批青年做翻譯工作，徐慰曾英文很好，讓他帶着年輕學生在北京馬神廟全總幹校翻譯條目，後來，他正式成為責任翻譯。1979年他的右派問題解決後，才正式調入中國大百科全書出版社，任《簡明不列顛百科全書》和《不列顛百科全書》國際中文版編委會總編輯。

王福時原來是國際書店進口部副主任。1957年10月9日《人民日報》刊出〈王福時等妄想篡奪國際書店領導權　職工們以事實駁倒他的謬論〉，宣佈他是右派分子。1979年他的右派問題解決後，調入中國大百科全書出版社，任圖書館館長。

此外還有原來在各單位劃的右派分子杜友良、鄭伯承、張尊修、張雲鷯、戴中器、高林生、韓大鈞、吳書年、楊公瑾這些人，後來在中國大百科全書出版社成為編輯業務的主力。

中華全國總工會所屬的工人出版社文藝編輯室負責人何家棟也被劃為右派分子了。何家棟（1923-2008），河南信陽人。1938年他十五歲的時候參加八路軍。後來從事過報紙工作。在他擔任工人日報印刷廠廠長之時，碰上了三反運動，被當作老虎打了一頓。「查不出經濟問題，就查政治問題；沒有現行問題，就查歷史問題。最後以『歷史不清來路不明』清除出黨，行政職務一抹到底，也不分配工作，放在校對科打雜，形同無業遊民。」這時他在報紙上看到了戰鬥英雄吳運鐸的事蹟，就主動去找他，

幫助他寫了一本回憶錄《把一切獻給黨》。這是當年發行幾百萬冊的暢銷書。正好這時候他的歷史疑點也查明了，社裏就建立一個文藝編輯室讓他負責。他是因為編輯出版劉賓雁的報告文學作品《本報內部消息》而被劃為右派分子的。（據彭仲夏、何先培，〈灑向人間都是淚 —— 祭何家棟先生〉，見《新文學史料》2009 年第 1 期）

人民教育出版社的反右派鬥爭和語文教材改革一事有關。本書第六章談到 1956 年「漢語」和「文學」分設兩科、人民教育出版社編印「漢語」和「文學」教科書、陸定一在全國人大常委會上批評人民教育出版社「一意孤行」的事。葉聖陶聽到這話很覺憤慨。他 1957 年 5 月 31 日的日記說：「陸定一在人大常委會擴大會議上之發言，未經調查，明其原委，意若曰此事為閉門妄為，貽害非淺。」正好這天《文匯報》《教師報》的兩個記者上門採訪，葉聖陶即向他們說明了「漢語」和「文學」分科這事的原委，並且對陸定一的批評作了反批評。這時已經是反右派鬥爭公開發動的前夕，有必要保護陸定一的形象，決不能讓葉聖陶這樣有身份的人發表這種有真憑實據的批評文章。於是胡喬木出面勸阻了。葉聖陶 6 月 4 日日記：

> 飯後方睡，而胡喬木來電話謂欲來訪。既而喬木至，告余《教師報》之一則訪問報導稿已讀過，系報社中之馬君送與，緣其中談改進語文教學之事，涉及喬木。次為陸定一開脫，言陸常因病離京，關於語文教學方面之討論與措施，渠實不甚詳知。至其在人大常委會擴大會議上之發言，確有未當之處。喬木又謂語文分科、文學課本編輯之經過，外間確不甚明曉，今後最近期間，宜有所表示，使眾周知。上午已討論過，擬由一負責同志在適當場合說明此事，唯尚未有具體決定。次言既有此辦法，訪問報導似可不必刊載。問余可否告《教師報》《文匯報》，撤去此稿。至於何以不便批評陸定一，喬木未言，余亦不好意思問。察其顏色，聽其辭氣，頗有希余必允之意。余乃告以兩報記者訪問之經過，系他們欲知其事，非余拉他們來訪。余於陸之發言確憤憤，故徑語記者。今於語文改革之經過情形既有辦法明告國內，余自可依喬木之意，以自己名義撤回此報導稿。惟希陸定一今後於任何公開場合，自言其前次發言之失當。喬木含糊答應。以下雜談整風，頗融洽。喬木坐一時許而去。

> 喬木特別叮嚀，《文匯報》方面非余自請撤稿不可，不宜言及其他。彼固深恐《文匯報》就此事做文章也。

葉聖陶的孫子葉永和和孫媳婦蔣燕燕寫了篇〈1957年語文教材改革風波〉（見《炎黃春秋》2011年第二期），文章第一次發表了葉聖陶的這些日記。文章最後說：「當時反右運動已經開始，爺爺因其『名』，未被打成右派。但是在人民教育出版社的反右運動中，因教材改革的這場風波，被打成右派的有十四人之多。」

人民教育出版社內部反右派鬥爭的具體情況，在葉聖陶的日記裏有一點反映：

1957年8月16日，星期五：下午再至社中。今日社中百餘人為會，聽田世英作檢討。評判田世英之右派言行，已開會四次，今日為第五次矣。田自認為右派分子，謂緣出身於地主家庭，故與社會主義有抵觸，漸致有反黨反社會主義之言行。談約兩小時。葉立群言，田檢討尚不徹底，責令再自檢查坦白交代，並請同人繼續予以批判與揭發。白韜來余室中，長談。先告余我社反右鬥爭之概況，謂已暴露者六人，恐不止此。

8月23日，星期五：下午三點再至社中，參加批判右派分子劉淑珍之座談會，到者約百人。劉為大資本家家庭出身之婦女，來我社歷史編輯室已數年，與其夫王永興偕。其謬誤之言行亦為反黨反社會主義。發言者十餘人，皆有充分準備，故言之有物。劉尚未能誠懇表示悔改。為劉開會，次數已不少，以後尚須續開。會以六點三刻散。

8月30日，星期五：下午兩點半，開關於田世英之座談會。聽田作檢討。其詞歷一小時有餘而畢。至此，為批判田世英開會，大會小會已廿次矣。於是分小組討論，究論其檢討之善否。五點半再開大會，多人發言，謂田經眾人批判，理屈詞窮，不得不表示投降，自認為右派分子，願立功自贖。然其檢討尚不夠，須繼續深入云。

9月5日，星期四：下午一點半再到社中，參加批判徐保衡右派言論之會。徐懷疑社會主義之各個方面，羨慕英美之民主與自由。其想法成為一套。已開過批判會多次，今日集中於英美民主自由方面。發言者將十人。皆準備充足，擺事實，說道理，指出所謂英美民主自由究為何物。如此開會，余亦深覺其有意義。不特於被批判之人有益，其他參加者，平日亦未必究心此類問題，經此辯論，俱皆了然，自可提高不少。

9月25日，星期三：下午一點半再至社中。今日開全社之會，批判劉淑珍之言行，集中於其所稱教育工作毫無成績之一

點。發言者皆準備充足,就各方面指出解放以來教育工作之根本改變與發展。劉國正訪一數學教員,以此教員之親身經歷為講說材料。呂冀平與數同人訪問第三十三中學,此是一平常之中學,然八年來之變更,大有可以感動人者。如此發言,大家聽之,均有裨益。會以六時半散,一坐竟至五小時。

9 月 27 日,星期五:下午一點半再到社中。參加全體大會,批判陳爾康、劉淑珍二人。發言者十數人,有頗精當者,亦有意極平常者。要旨集中於駁斥二人所談教育部與共產黨不能領導教育工作之一點。五點四十分散。

10 月 9 日,星期三:上午到社中。白韜來談兩小時。詳述社中反右派情況,被批判之人或多或少俱有新認識,知改其錯誤。最後謂芷芬於鳴放期間亦多謬誤之言行,日內將提出批判。

10 月 10 日,星期四:下午一點半再至社中。今日開全體大會,批判龍在田。龍往時為國民黨少將教官,與特務及高級軍人頗有往還,所事為訓練特務人員之工作。解放後交代歷史,多所隱瞞。肅反運動中,渠亦為研究之對象,多方調查研究,渠乃漸吐其實。為作結論,斷為歷史問題而非現行反革命。渠當時表示感激。今年鳴放期間,渠乃大放厥詞,謂認以為肅反對象,實系錯誤。並誣言整個肅反運動甚糟,與多數右派分子相同。故提出而批判之。今日發言者十餘人,語皆切實。有二人系前年參加肅反工作者,詳述當時四出調查,無遠弗屆,實事求是,始下結論,余甚心折。若此情形,余前亦未知之如是其詳盡也。會以五點半散。余于成都始識龍。渠以其英文文法稿《渡船》來投稿,叔湘以為佳,余收其稿,乃相識。當時僅知其為軍校教官,後知其離軍校而入一中學教英文。他無所知也。來我社在 1953 年,系余所招致。其時渠在南京中蘇友協之俄語訓練班任教云。(見《萬象》2011 年,第 1 期)

這裏所說龍在田的這本書,書名是《渡船——英語動詞研究》,是一部用英語寫成的書,1944 年在開明書店出版的時候,作者署名龍志霍。葉聖陶寫的廣告詞說:「讀者如能仔細讀過,對於英文也就近乎『通』了,書名《渡船》就是這個意思。」(見《葉聖陶集》第 18 卷,第 384 頁)評價不可謂不高了。

人民教育出版社被打成右派分子的,除了這裏提到的田世英、劉淑珍、徐保衡、陳爾康、盧芷芬、龍在田幾個人之外,還有孫功炎(語文學家)、李賡序(歷史學家)、凌伶(圖書館長)等人。其中職務最高的是總

編室主任盧芷芬，他是開明書店的老人，和葉聖陶的關係也最深。他的結局也最悲慘。劃為右派分子之後，他被送到了北大荒，1960 年就在那裏病餓而死。他的老朋友巴金在〈我與開明〉一文裏說起他：「盧芷芬先生甚至給送到北大荒去勞改，竟然死在那裏，據說他臨終前想『喝上一碗大米稀粥而不可得。』」（《隨想錄》，三聯書店 1987 年版，第 795 頁）他的妻子王漢華是中國圖書發行公司的財務會計人員，也被打成右派分子，也被送到北大荒去勞改，卻有幸生還了。（盧元鎮，〈盧芷芬之死：語文教材改革風波的餘波〉，見《炎黃春秋》2011 年第 5 期）

老出版家、原來開明書店的老闆章錫琛（1889-1969）也被劃為右派分子了。他字雪村。浙江紹興人，原是商務印書館《婦女雜誌》的主編，1926 年 8 月創辦開明書店，自任董事兼總經理。1949 年 10 月中央人民政府成立。出版總署的署長是胡愈之，副署長是葉聖陶和周建人，都可以說是他的老同事、老朋友了。12 月，胡愈之安排他擔任出版總署專員，不久又改任出版總署調查研究處處長。在這期間，他草擬了一個「著作權暫行法」（草案），並應約為《蘇聯大百科全書》撰寫「中國出版」條目。1954 年他調古籍出版社任編輯、副總編輯，後來又調任中華書局副總編輯。1956 年他隻身前往上海校對《資治通鑒》標點本（這書在上海印造）。1957 年，章錫琛在中華書局被劃為右派分子。不必問他是為什麼被劃為右派分子的了，只要看 1988 年 6 月 29 日中華書局黨組織《關於章錫琛同志右派問題的重新修改結論》說的，是他「為真誠地幫助黨整頓作風，出於善意，發表了正確意見」！在文化大革命中他家又受到新的衝擊。在妻子和長子相繼病死之後不久，章錫琛偶染小恙，得不到及時治療，也就在 1969 年 6 月 6 日謝世了。

老出版家被劃為右派分子的，還有原來北新書局的老闆李小峰。北新書局出版過《語絲》週刊，出版過魯迅、周作人的許多著作，很有點名氣。解放後對私營工商業進行社會主義改造，1954 年北新書局和廣益、大中國、人世間這幾家私營出版社合組為四聯出版社，李小峰任副社長兼代理總編輯（總編輯名義上由顧頡剛擔任）。1955 年又併入春明、神州國光、文娛等幾家私營出版社，成立公私合營上海文化出版社。李小峰任私方代表兼編輯部第一副主任（未設編輯部主任）。他就這樣連人帶店進了這個社。後來他參加了中國農工民主黨，為社裏農工民主黨支部主任委員，還安排他為上海市政協委員。8 月 14 日《人民日報》上的一篇報導說他們是「忠實執行章伯鈞反動路線的基層支部之一」。這篇報導還說：「去年 12

月，文化出版社的共產黨支部召開了一個民主黨派座談會，傾聽他們的意見，但這些野心家們不同意『民主黨派座談會』的名稱，要改為『黨派聯席會』，意思就是他們與共產黨應處於分庭抗禮的地位。農工支部主任委員李小峰說得更明白：『互相監督首先是監督共產黨，因為共產黨行動多，容易犯錯誤。』」李小峰還有一個想辦同人出版社的問題，據說他有意退出文化出版社，恢復北新書局。

上海文化出版社被劃為右派分子的，還有第一編輯室副主任許君遠，7月 24 日《人民日報》刊登的〈右派急先鋒許君遠詭計多端妄圖篡奪新聞出版事業的領導權〉一文中說：

> 許君遠平日在上海文化出版社，常常尋找各種藉口，不參加社的會議。但是整風一開始，他參加會議就起勁了。每次出席必另作記錄。社裏成立「體制小組」，他自動報名參加，而且推薦小組成員，由他負責召集會議。許君遠對「體制」問題為什麼這樣感興趣呢？原來文化出版社是由四聯出版社（北新、廣益、人世間等）、春明、國光、文娛等私營出版社改造而成的。許君遠（他原是四聯的）是不甘心於這種改造的，就利用「鳴」「放」的絕好機會策劃復辟，煽動這些書店的資方恢復私營，甚至要黃嘉音恢復早已歇業了的「家」出版社和《西風》雜誌。他就是這樣處心積慮地要搞垮黨領導的出版社，要把出版事業拖回到資本主義的老路上去。

許君遠（1902-1962），河北安國人，是個老報人。抗日戰爭時期，他擔任過重慶《中央日報》副總編輯。1945 年以《益世報》記者的身份採訪了三藩市的聯合國成立大會。抗戰勝利以後，他是上海《大公報》的編輯主任和資料室主任。現在雖然改行幹了出版，還是未能忘情於新聞工作。他在 5 月 21 日的《文匯報》上發表〈報紙應當這樣幹下去嗎？〉一文，批評說：「大部分的黨報還在擺着『黨員面孔』，沒有笑容，難道這就是黨報必備的風格嗎？」許君遠還提出了一個報人的地位問題。他回憶到過去「無冕之王」那頂帽子，那時，一些好的記者，「他們都有一種恢宏的氣度，昂首闊步出入於『大人先生』之門，而大人先生也樂與他們交往。這樣，他們的採訪工作便利無往而不利。」而現在的情況呢，「解放後報館機關化，不照顧新聞記者的職業特徵，硬把他們當作一般機關幹部看待，會使他們產生自卑的情緒。」許君遠還提出：「解放後的報紙只顧說教，忽視趣味。而趣味性正是中國報紙的一種優良傳統」，「成天板起面孔來說道理」，「報

紙和讀者之間有了一道高牆」。他提出了加強報紙趣味性的建議：「趣味性愈強，愈能引人入勝；報紙愈能大量爭取讀者，愈能發揮指導性的作用。趣味和指導性應該並重，這中間是沒有矛盾的。」文章的結尾説：「最後，我提一個問題：目前同人辦學校，同人辦刊物的聲音喊出來了，那麼同人辦報是不是也可以考慮呢？」反右派鬥爭開始，他的這篇文章被宣佈為「向黨和黨報的挑戰書」，他被劃成右派分子了。（7 月 24 日《人民日報》）《人民日報》的這篇文章還説，許君遠已經和陸詒、顧執中等老報人「作了辦『同人報』的具體準備」。許君遠在上海文化出版社內部的右派活動，《人民日報》的這篇報導説：一件事是「煽動這些書店的資方恢復私營，甚至要黃嘉音恢復早已歇業了的『家』出版社和《西風》雜誌。」又一件事是「就像他想辦『同人報紙』一樣，許君遠還想搞什麼『同人出版社』、『專家出版社』，他甚至擬定了一個包括二十多人的同人出版社的名單，可就是沒有一個黨員或團員。」

上海文化出版社第四編輯室主任黃嘉音也被劃成右派分子了。《文匯報》復刊的時候，他應邀主編副刊《彩色版》。《徐鑄成回憶錄》中説：「副刊中有《彩色版》，主要為落實鄧拓同志的建議，關心知識分子的生活情緒，如書齋如何佈置，如何綠化環境，如何提高情操等等，極受讀者歡迎。編者黃嘉音同志，編輯《西風》月刊，富有經驗且有豐富學識，經柯靈同志介紹，特請他兼任主編。」（前引書，第 343 頁）黃被劃成右派分子是因為妻子的牽連。據陶亢德在《陶庵回想錄》中説黃的妻子朱綺：「她可以説是我的老朋友黃嘉音的愛人，我進新知識出版社後才與她相識，雖然識黃嘉音還在他讀大學的時代。朱女士能力很強，在我看來，她的國文水準，恐在嘉音之上。她説話很多，在編輯室裏於整風之初就嘩啦嘩啦地指張三之短處批李四的缺點，特別是對於正在中央黨校學習的室主任。她的作風顯然與她的愛人黃嘉音不同，他在我的朋輩中年紀要算最小，但老成持重卻堪稱第一。不久朱綺果然成了右派，連黃嘉音也是了。她成右派好像當然的事，他為右派卻出乎我的意表。後來才聽説他的不滿是由於他做精神病醫生的開業執照被政府吊銷了，而他，是認為他的精神治療可以大有成就轟動世界的，他不甘心於在出版社（他在文化出版社）當個室主任終一生，有雄心要同佛洛德輩見一個高下。「利令智昏」，本來沉默寡言胸有城府的他，於是成了資產階級的右派分子。（《陶庵回想錄》中華書局 2022 年 6 月版，第 359 頁）據 11 月 17 日《文匯報》刊登的〈上海出版界批判右派分子黃嘉音〉説，他「在 1937 年即和文化買辦林語堂等合辦《西風》雜誌」，「在鳴放期間，黃嘉音惡毒地攻擊社內黨員領導幹部，咒罵『人

事檔案是一垛牆』，主張『開放人才自由市場』，反對彙報制度。」還說他
「惡性發展盟員，企圖擴大民盟右派勢力，與共產黨對抗」。

陶亢德（1908–1983），浙江紹興人，是上海新知識出版社第二編輯室
編輯。上世紀三十年代曾經協助林語堂編輯《論語》《人間世》《宇宙風》
雜誌。1957 年被劃為右派分子，受到勞動教養處分。2022 年中華書局出版
了他的遺著《陶庵回想錄》。

右派還有人民出版社的高級編輯謝和賡，這可是一個奇人。他 1933
年 2 月二十一歲在北平讀大學時就參加了中國共產黨，被黨的北方局選派
去張家口，協助馮玉祥將軍籌組察哈爾抗日同盟軍，成了吉鴻昌軍長的秘
書，兼任一個師教導隊的社會學和政治經濟學教員。察哈爾抗戰失利，黨
中央派他回到老家廣西，利用家庭影響打入桂系軍閥上層領導機關，頗受
李宗仁、白崇禧的賞識，先後擔任了白崇禧的上校秘書，兼任國民黨大本
營國防會議秘書、軍政委員會秘書及第五戰區司令長官李宗仁的秘書，後
又兼任桂林行營秘書、全國回教救國會理事長秘書、軍訓部西北戰事巡迴
教育班主任秘書，成了周恩來、董必武、葉劍英直接領導下的「特密」地
下黨員，代號「八一」，為我們黨中央獲取了國民黨高層的大量重要情報，
功勳卓著。（據戴煌，《九死一生——我的右派歷程》，中央編譯出版社
1998 年版，第 103 頁）

抗日戰爭後期他來到美國，在美國和周恩來手下的女情報人員王瑩結
婚。他們夫婦於 1955 年回到北京。王瑩分配在北京電影製片廠做編劇，謝
和賡被分配到人民出版社做《世界知識》高級編輯兼歐美組組長。1957 年
整風運動開始，他採取很合作的態度，在整風會上他說：「整風才數日，勝
讀十年書。」大概是因為他過於複雜的歷史問題最後還是被打成右派分子，
送到北大荒去勞動改造去了。

出版界在反右派鬥爭中還有一個很奇特的案例。朱希 1916 年生於浙江
寧波，1938 年於武漢入黨。因為他在上海從事過進步書店的管理工作，有
這方面的經驗。北平和平解放以後，1949 年 2 月 6 日，朱希隨中央宣傳部
進入北京。他先後出任國際書店經理、文化部出版局圖書審讀處處長，是
個行政級別十三級的幹部。這時他認識了擔任新華書店經理的儲安平，對
儲安平印象不錯。1957 年他為儲安平的「黨天下」論辯護，再加上他一些
別的錯誤言論，就把他劃為右派分子了。他在山西大辛莊天堂河強勞農場
勞動改造的時候寫的文章批判了林彪，到了 1970 年「一打三反」運動中定

了他的死罪了。中國人民解放軍晉東南地區公檢法軍管會向山西省革命委員會請求批准執行的報告已經送出。只是因為審批的程序還沒有走完，林彪已經摔死在蒙古溫都爾汗，這樣他算是撿回了一條命。（據叢維熙，《走向混沌》，花城出版社 2007 年版，第 430–435 頁）

8 月 13 日文化部負責人對新華社記者發表談話，說到了到當時為止的出版界反右派鬥爭的戰果：

　　這次反右派鬥爭，是在各個基層單位的鬥爭和出版界聯合的鬥爭相互配合，內外夾攻的形勢下進行的。從上月初開始對曾彥修、藍鈺、胡明、于干等為首的右派分子的反動言行展開的揭露和批判，給予了出版界的右派分子以嚴重的打擊。在首都五十六個出版社中（全國共有出版社一百零五個），也都揭發出為數不等的右派分子或右派小集團，進行了激烈的鬥爭。現在右派分子已開始呈現潰退跡象，鬥爭正向深入發展，戰果在逐步擴大中。這位負責人說，右派分子為了篡改出版事業的政治方向和奪取領導權，一方面在社會上到處散佈空氣，根本否定解放以來的出版事業的方針和成績，另一方面在各出版單位中叫囂「外行不能領導內行」，妄圖把黨和國家對出版事業的領導搞垮。根據揭發出的材料，右派分子在所有的出版單位都放了火。例如，外文出版社中國文學編輯部副主任和民盟支部主任委員馮亦代，惡毒地攻擊外文出版社是黨員的「家天下」，拉攏利用肅反被鬥對象向黨進攻，公開要求撤掉黨員領導幹部，並得意忘形，準備「收拾殘局」，散佈要由他擔任外文出版社副社長的流言。人民文學出版社由舒蕪、顧學頡、李易等人組成的右派小集團，辱罵這個社的黨員領導幹部都是「庸才」，「應該送去學習」，提出所謂「人才歸隊」的口號，私下散佈要由非黨作家擔任社長。與此同時，他們還積極籌組所謂「同人刊物」《藝文志》，以便從內部篡奪人民文學出版社的陰謀不能得逞時，作為退身之計，與黨所領導的古典文學出版事業相抗衡。人民交通出版社副社長、交通部民盟支部主任委員丘克輝是章伯鈞的「文化策士」，他一方面高唱「同人出版社」、「民主辦社」的濫調，一方面積極拉攏各科室負責幹部和主要編輯參加民盟，企圖把這個出版社完全變成章伯鈞的私產。古籍出版社的章錫琛囂張地捏造這個社副社長王乃夫的罪狀，威脅出版事業管理局限期將王撤職。人民出版社出版部副主任、民主促進會支部主任委員劉龍光，公開揚言這個社黨員領導幹部全是外行，認為「這是一個主要矛盾」，提出了取消黨的領導的「編輯辦社」的口號。通俗讀物出版社以藍鈺、于干等為首

組成的右派反黨集團，也打着「徹底改革」出版事業的旗號，主張把黨所領導的《時事手冊》變成「同人刊物」，擺脫黨和國家的領導。外文出版社右派分子江澤塘，更公開辱罵「外文出版社像中世紀的封建貴族古堡」，狂妄地號召「古堡中的人們『覺醒』過來」，「衝出去和『群眾』匯合」，把黨衝垮。不但在出版社的編輯和出版等業務部門的右派分子如此，在書刊發行、美術設計等部門，右派分子的進攻，一時也很猖獗。譬如，美術出版社設計組組長曹辛之，曾誣衊美術出版社是「官僚主義加小商人的領導」，公開要求黨員領導幹部下台下轎，他還和人民出版社的張慈中、世界知識出版社的孫正、財經出版社的衛水山、人民文學編輯部的唐祈和呂劍等相勾結，活動另外組織「書籍裝幀協會」和「書籍裝幀設計聯合辦公室」，實行資本主義的經營，企圖壟斷書籍的美術裝幀設計事業。新華書店北京第四發行所副主任章士揚是民主促進會北京市委的候補委員，他為了篡改這個發行所的政治方向，曾企圖將這個所 50% 的幹部即三百人發展為民主促進會的會員。文化部負責人說，經過前一階段的鬥爭，已經基本上將右派骨幹分子的謬論擊敗，並且提高了廣大出版界幹部思想認識。文化部負責人最後指出，各基層單位的反右派鬥爭正在擴大戰果，首都出版界的聯合鬥爭將繼續進行。邊整邊改的工作，也在積極進行，除各基層單位可以即行改進的已有改進外，有關整個出版工作方面若干較重要的問題，正在提出方案，準備經過討論，作出決定，逐步予以實現。(8 月 14 日《人民日報》)

出面批判出版界右派分子的最高級官員，是文化部副部長陳克寒。他發表了〈出版工作必須實行計劃化〉一文，其中說：

> 出版界的右派分子曾彥修、藍鈺、彭子岡等人，都竭力反對出版事業實行社會主義的計劃化。他們認為：計劃化「把個人的積極性限死了」；「選題計劃根本不必要」。藍鈺故意把解放以後的出版工作描繪成「矛盾百出」「笑話百出」，並且把它歸咎於出版事業的計劃化。他們特別攻擊紙張的計劃供應制度，提出所謂「自由買賣」「自由出版」的荒謬主張。

> 右派分子否定出版工作計劃化，反對出版計劃和選題計劃，強調所謂「民主」「自由」，提倡讀者要什麼出什麼，其目的，是要否定黨的領導和馬克思主義的思想指導，使出版工作處於資本主義自由競爭的無政府狀態，以便傾銷資產階級的私貨，為資本主義復辟開闢道路。(10 月 9 日《人民日報》)

新聞出版界的右派分子還不能不特別說到馮亦代。他是外文出版社《中國文學》編輯部的副主任和民盟支部的主任委員，又是民盟北京市委的副秘書長和北京市的人民代表。他1939年在香港參與創辦英文刊物《中國作家》；1941年在重慶參與創辦古今出版社、美學出版社；1945年在上海創辦《世界晨報》。中央人民政府成立，被任命為新聞總署國際新聞局秘書長兼出版發行處處長。1952年國際新聞局改組為外文出版社，他因為不是共產黨員，就不能擔任社辦公室的主任，只能以副主任的名義代理主任。1957年7月30日《人民日報》上以〈馮亦代陰謀篡奪外文出版社〉為題刊出長篇材料，宣佈已經將他劃為右派分子。他的右派罪行有這樣幾項：一是動員他們社裏民盟支部的成員「帶頭鳴放」，說「今後鳴放是盟的中心工作」，鼓勵平時心懷不滿的人向黨進攻。一是攻擊肅反運動，說「肅反是憑主觀、宗派、教條主義辦事」，為肅反運動中被鬥的人喊冤，動員他們寫申訴材料，要求平反。一是攻擊黨員領導幹部，說師哲實行家長式統治。一是還到社外各處點火，幾次到北京工藝美術學院、北京師範大學去煽動。這篇材料不但公佈了他的這些現行的右派罪行，還利用他的檔案材料宣佈了他的歷史罪惡，例如說他參加過青紅幫，和幫會把頭、軍統特務結拜過把兄弟，還參加過國民黨。有了這許多材料，也就足夠劃他為右派分子了。這人後來又被某機關招募，奉派到章伯鈞家中臥底，本書第二十八章會要詳細說到。

新聞出版界領導幹部中劃出的右派分子還有新華社國際部主任王飛；《中國青年報》社長兼總編輯陳緒宗，副總編輯、共青團中央委員陳模，編委兼文藝部主任吳一鏗；外文出版社社長兼《人民中國》總編輯吳文濤，《人民畫報》總編輯李千峰；《中蘇友好》雜誌總編輯莊方；《人民鐵道報》副總編輯范四夫、劉萍；《健康報》總編輯王立章；《高等教育》副總編輯郭蕻生；《浙江日報》第一副總編輯高光；《廣西日報》社長兼總編輯王潭；山東《大眾日報》副總編輯方正；《青島日報》總編輯顧膺；《重慶日報》副總編輯賈唯英；《戲劇報》評論組組長戴再民；科學出版社副社長兼副總編輯楊肇燫；雲南人民出版社社長兼總編輯王起；民族出版社副社長翟宜地（維吾爾族）；《內蒙古日報》社漢文編輯部民族部副主任色道爾吉（蒙古族）；新華社黑龍江分社社長章洛，新華社江西分社社長金凱；《青海日報》副總編輯雷鳴；浙江人民廣播電台台長顧耕初，副總編輯何其、梅寒白；《新湖南報》副總編輯鄧鈞洪、蘇辛濤，湖南人民廣播電台長陳明等人。